인간 커뮤니케이션과 미디어

소통 공간의 확장

나은영 지음

전면
개정판

인간 커뮤니케이션과 미디어

소통 공간의 확장

나은영 지음

한·나래 아카데미

인간 커뮤니케이션과 미디어
소통 공간의 확장
전면 개정판

지은이 | 나은영

펴낸이 | 한기철

2015년 3월 5일 2판 1쇄 펴냄

2021년 4월 15일 2판 4쇄 펴냄

펴낸곳 | 한나래출판사

등록 | 1991. 2. 25. 제22-80호

주소 | 서울시 마포구 토정로 222 한국출판콘텐츠센터 309호

전화 | 02) 738-5637 · 팩스 | 02) 363-5637 · e-mail | hannarae91@naver.com

www.hannarae.net

ISBN 978-89-5566-180-4 93300

* 이 도서의 국립중앙도서관 출판예정도서목록(CIP)은 서지정보유통지원시스템 홈페이지
(http://seoji.nl.go.kr)와 국가자료공동목록시스템(http://www.nl.go.kr/kolisnet)에서 이용하실 수 있습니다.
(CIP제어번호: CIP2015004947)

차례

머리말

드디어 개정판을 출간하게 되었다. 우리 주변의 미디어 환경이 빠르게 변화하는 데 비해 인간의 본성은 그리 쉽게 변하지 않는다. 그래서 인간 커뮤니케이션의 기본 원리들 중에는 아직 변화하지 않은 것이 많다. 사람이기에 다른 사람과 항상 무엇인가를 공유하며 관계를 유지하고 싶어 하고, 자기가 좋아하는 사람에게 좋은 일이 일어나면 기뻐하고, 자기와 의견이 다른 사람은 껄끄럽지만 그래도 소통하며 함께 가야 하는, 모든 과정에 내재되어 있는 인간 커뮤니케이션의 원리는 상당 부분 본질적이며 보편적이기에 유행을 타지 않는다.

그러나 인간 커뮤니케이션의 수단으로 활용되는 미디어는 하루가 다르게 눈부신 변화를 거듭해 왔다. 이 책의 초판을 썼던 2002년 무렵만 해도 휴대 전화는 일종의 '전화'로서 대인 커뮤니케이션의 기능을 가진 미디어로 간주되었지만, 2015년인 지금 스마트폰의 기능은 더 이상 대인 커뮤니케이션 미디어로 한정되지 않는다. 초기에 휴대 전화와 인터넷이 별도의 미디어로 사용되고 연구되던 것이 어느덧 미디어 기술의 융합으로 인터넷 기능을 갖춘 스마트폰이 됨에 따라, 인간의 거의 모든 활동을 스마트폰으로 할 수 있게 되었다.

초판에서 인간 커뮤니케이션을 '정보의 흐름을 통해 사람과 사람이 의미를 공유하는 과정'이라 정의했다. 그 사이에 미디어를 경유하든 경유하지 않든, 사람과 사람이 의미를 공유하면 모두 인간 커뮤니케이션의 범주로 보았던 것이다. 이렇게 함으로써 매스 커뮤니케이션까지 인간 커뮤니케이션 안에 들어오는 개념으로 포괄했던 관점이 요즘 '소셜 미디어'를 통한 사람들의 활동이 증가하면서 더욱 타당한 관점임이 입증되고 있다.

원래 사회적이었던 인간은 늘 다른 사람들과의 연결을 갈구하며 서로 만나고 교류해 왔다. 시간적, 공간적 제약을 당시의 상황에 맞게 최대한 극복하면서 서로 관계를 맺고 정보를 교환했다. 그러다가 요즘은 '항시 연결되어 있는' 대인 미디어 네트워크, 즉 SNS의 발달로 그러한 시공간적 제약이 거의 없어졌다. 이제 원하면 언제 어디서든 그 누구와도 쉽게 소통할 수 있게 되었다.

촘촘한 네트워크를 형성하고 있는 미디어를 이용하는 주체는 역시 인간이다. 따라서 사람과 사람 사이의 커뮤니케이션을 결정하는 요소들 중 상당 부분은 미디어 요소라기보다 인간 요소다. 진정한 사람이 진정한 메시지를 전달하면 중간의 미디어가 전화든 편지든 SNS든 그 진정한 의미가 공유된다. 그러나 상대방을 속이려는 불순한 의도를 가지고 소통하려 하면 그것을 아무리 발달된 미디어를 통해 전달하더라도 결국은 참된 의미의 공유를 발생시키지 못한다.

미디어의 발달이 인간 커뮤니케이션에도 큰 변화를 가져오고 있는 것은 사실이다. 그래서 이번 개정판에서는 놀라운 속도로 발전하고 있는 미디어로 인해 인간 커뮤니케이션의 어떤 속성들이 어떻게 변화하고 있는지와 관련된 최근의 연구 결과들을 많이 포함시켰다. 특히 페이스북, 트위터, 카카오톡과 같은 SNS 서비스가 인간 커뮤니케이션에서 어떤 기능들을 하고 있는지, 사람들이 그것을 어떻게 활용하고 있는지 등을 구체적으로 소개했다. 그러면서도 인간 커뮤니케이션의 보편적 원리들을 알려 주고 있는 고전 연구들을 삭제하지 않고 남겨 둠으로써, 전통과 새로움의 조화가 균형을 이룰 수 있도록 했다.

이 책의 구성은 초판과 마찬가지로 인간 커뮤니케이션의 정의와 원리에서 시작하여 개인 간의 만남과 인상 형성, 언어적 및 비언어적 커뮤니케이션, 대인 커뮤니케이션의 시작과 유지 및 그 과정에서의 갈등, 리더십을 포함한 소집단 커뮤니케이션, 의견 극화를 포함한 집단 간, 문화 간, 및 세대 간 커뮤니케이션, 설득 커뮤니케이션, 공공 커뮤니케이션 등으로 점차 범위를 넓혀 가며 서술했다. 각 장에 해당하는 커뮤니케이션에 최근의 미디어들이 어떻게 활용되고 있는지, 그것이 인간에게 주는 변화와 의미는 어떠한지도 함께 논의했다.

특히 2장에는 미디어를 경유한 인간 커뮤니케이션의 원리를 첨가했고, 3장에는 스마트폰을 포함한 컴퓨터 매개 커뮤니케이션에서의 인상 형성과 소통적 자기 제시, 그리고 SNS의 소셜 어포던스(social affordance)에 관해 상세히 소개했다. 5장에서도 공간과 시간의 비언어적 메시지 부분을 확장·서술함과 동시에, 이미지의 영향력 증가를 강조했다. 또한 8장 후반부에서는 가까운 관계의 커뮤니케이션을 잘 하기 위해 어떻게 하는 것이 좋은지에 관한 사례도 포함시켜, 이론뿐만 아니라 실제로도 소통에 도움이 될 수 있는 내용을 담았다. 이어 10장의 문화 간 커뮤니케이션에는 새로운 문화 차원(구속-방종, 빠듯함-느슨함)도 등장시켰고, 최근까지 이루어진 가치관 변화와 세대차 연구도 포함시켰다.

13~14장은 제목과 내용이 모두 크게 달라졌다. 13장에서는 '소셜 미디어와 한국 사회의 커뮤니케이션'에 관해 최근 한국 사회에서 발생하고 있는 커뮤니케이션 현상에 관한 구체적 자료들을 소개하면서, 그 문제점과 가능한 해결책을 담으려 노력했다. 14장에서는 '대인 공간 인식의 변화와 미래의 인간 커뮤니케이션'이란 제목으로 미래의 인간과 미디어, 그리고 커뮤니케이션이 어떠한 방향으로 변화해 갈지, 그 전망과 우려 및 대응 등을 추론해 보았다.

미디어가 인간 바로 옆에 존재하기에 거의 인간 자신의 확장 기능을 해 감에 따라, 사람들이 인식하는 사회적 공간 자체가 변화하고 있다. 즉 예전에는 옆에 사람이 있어야 교류가 가능한 사회적 공간으로 인식이 되었으나, 요즘은 옆에 사람이 없어도 '사람과 언제든 연결될 수 있는 미디어'를 지니고 있기 때문에 그 미디어의 SNS 기능을 시작하는 순간 '다른 사람과 함께할 수 있다'는 사회적 공간의 인식이 가능해진다. 이러한 변화와 관련된 논의들을 마지막 부분에 첨가하면서 이 책을 마무리했다.

하루가 지나면 또 어떤 새로운 세상이 나타날지 기대가 된다. 그러나 빨리 변화하는 것보다 오랜 세월이 지나도 변화하지 않는 것이 본질에 더 가깝다고 볼 때, 서로에 대한 사랑으로 함께하고자 하는 인간의 본성은 기술의 발전을 뛰어넘어 아주 오랜 기간 지속될 것이다.

세월이 흘러 어느덧 학과에서도 줄곧 큰 지지를 보내 주고 계신 교수님들 사이에서 중견을 넘어선 교수가 되어 있고, 내 제자들이 또 그 제자들을 가르치고 있는 상황이 되었다. 초판이 나왔을 때부터 이 책을 과분하게 사랑해 주신 모든 독자분들, 그리고 언론학회, 방송학회, 및 심리학회의 선후배 분들께도 감사드리며, 이번 개정판에 대해서도 크고 작은 조언을 아끼지 않으시리라 믿는다.

부쩍 커 버린 딸과 아들도 이제 슬슬 부모로부터 독립을 준비하는 나이가 되었다. 25년을 한결같이 살아 온 우리 부부는 크게 달라진 것이 없는 것처럼 느껴지는데, 주변의 많은 것들이 변화를 겪고 있다. 세월의 변화 속에서도 이 책이 많은 분들께 소통을 통한 행복 찾기에 조금이나마 도움이 되기를 바란다.

이 책의 편집에 노고를 아끼지 않으신 한나래출판사의 편집진과 개정판의 완성을 묵묵히 기다려 주신 한기철 사장님, 그리고 전 편집장이었던 이리라 님께도 감사의 말씀을 드린다.

2015년 2월, 나은영

대부분의 사람들은 가장 중요한 것을 잊고 사는 경우가 많다. 산소가 있기에 우리가 항상 숨을 쉴 수 있음에도 불구하고 산소의 존재를 잊고 살듯이, 커뮤니케이션이 없이는 한순간도 인간으로서의 삶이 불가능함에도 불구하고 우리는 커뮤니케이션의 중요성을 잊고 사는 경우가 많다. 뿐만 아니라, 커뮤니케이션이 없이는 사회과학 자체가 불가능해진다. 정치학에서 이야기하는 권력 관계, 법학에서 이야기하는 계약 관계, 사회학에서 이야기하는 시민 사회, 인류학에서 이야기하는 문화 — 이 모든 것들은 바로 커뮤니케이션이 있기에 가능한 것이다. 이 책은 위와 같이 우리에게 너무나 중요하기 때문에 잊어버리기 쉬운 인간 커뮤니케이션의 원리를 폭넓게 조명해 보고자 집필되었다. 인간의 의사소통 과정을 조명하면서 그 사이의 연결 고리 역할을 하는 미디어, 그리고 개념적 바탕이 되는 사회심리학 연구들도 함께 소개함으로써, 커뮤니케이션학과 사회심리학의 만남으로 인한 시너지 효과를 창출하고자 했다

이 책을 쓰면서 시종일관 노력한 점이 몇 가지 있다. 첫째, '정보의 흐름을 통해 사람과 사람이 의미를 공유하는 과정'을 인간 커뮤니케이션으로 보고, 인간 이외의 미디어를 통한 정보 공유도 사람과 사람 사이에 이루어지는 인간 커뮤니케이션의 한 측면으로 해석하고자 했다. 둘째, 이성과 감성, 과학과 예술, 언어적 메시지와 비언어적 메시지, 남성과 여성, 동양과 서양이 대립적인 개념이지만 상대 개념을 보다 잘 이해하기 위해 반드시 필요한 대립 개념임을 강조했다. 우열 개념이 아니라 대등한 공존 개념으로서 분석하고자 하였다. 셋째, 사람과 미디어를 군이 구분하려 하기보다, 사람과 사람을

연결해 주는 수단으로서 미디어의 존재를 인간 커뮤니케이션 속에 통합시키고자 노력하였다. 미래의 커뮤니케이션 체계는 미디어가 사람과 하나가 되어 네트워크를 형성하는 통합 커뮤니케이션 구조라고 볼 수 있고, 이것은 인간이 중심이 된 하나의 '열린 커뮤니케이션 체계'로서 기능한다고 보았기 때문이다. 넷째, 아직은 부족하지만 사회심리학, 커뮤니케이션학, 언어학, 예술을 커다란 커뮤니케이션 체계 속에 들어오는 하나의 분석 틀 속에 녹여내 보려는 향후의 희망을 조금이나마 담고 싶었다. 다섯째, 딱딱한 이론과 살아 있는 실제 사례의 조화, 그리고 모든 인간에게 적용되는 보편적 원리와 문화 특수성을 지닌 상대적 원리의 균형을 이루어 보고 싶었다. 마지막으로, 인간 자체와 그들 간에 이루어지는 커뮤니케이션 과정을 따뜻한 눈으로 바라볼 수 있는 낙관적인 인간상을 시종일관 유지하였다. 커뮤니케이션을 통해 행복해질 수 있는 인간의 모습을 추구하는 것이 목표였다고 할 수 있다.

평소에도 사회심리학과 관련된 모든 주제들이 신문방송학, 정치학, 사회학 등 많은 다른 사회과학의 바탕이 된다고 생각해 왔다. 심리학적 개념들은 겉으로 화려하게 드러나지는 않지만 어떤 사회과학을 하든 그 내부를 보다 충실하게 채워 줄 수 있는 일종의 '영양분' 역할을 할 수 있다고 보았다. 지금까지 여러 학문 분야에서 비슷한 이야기를 하면서도 서로 다른 용어로 표현하고 있음을 발견하는 때가 많았고, 보다 근본적인 뿌리로 내려가 보면 서로 연결되는 개념들이었다. 서로 다른 시각의 다양한 관점들을 하나로 묶을 수 있는 학문 통합적인 작업은 바로 필자와 같은 연계 전공자가 아니면 하기 어려운, 그러나 누군가가 반드시 해야만 하는 작업이라고 생각했고, 그 첫 단계로서 이 책을 내놓게 되었다. 학문 간 연계 영역을 넘나드는 독특한 위치가 작으나마 이러한 기여를 하기에 적합할 수 있다고 생각했다. 이러한 노력은 앞으로도 계속되겠지만, 부족하게나마 첫 선을 보이는 이 책이 신문방송학, 특히 인간 커뮤니케이션과 사회심리학을 공부하는 사람들뿐만 아니라, 사회과학 전반에 관심을 두고 계신 모든 분들, 그리고 사람과 사람 사이에서 실제로 커뮤니케이션을 하며 일상생활을 살아가는 모든 분들께 조금이나마 보탬이 될 수 있다면 필자로서는 더 이상 바랄 것이 없겠다.

항상 그렇지만, 나름대로 이유 있는 꿈과 이상을 가지고 집필을 시작했으나 막상 내놓게 된 결과물은 애초의 목표에 훨씬 못 미치는 것 같아 부끄러움이 앞선다. 다만 이것이 끝이 아니라 단지 시작일 뿐이라는 변명 아닌 변명을 학계의 많은 선배·동료들께서 따뜻한 눈길로 수용해 주시기를 바랄 뿐이다. 아울러 이 책에서 발견될 많은 부족한 점들을 지적해 주시어, 향후의 학문적 발전에 큰 도움이 되어 주실 것으로 믿는다.

이 책을 내면서 주변에 감사드려야 할 분들이 많다. 예일 커뮤니케이션 연구팀의 최종 주자이자 필자의 박사 과정 지도 교수였던 로버트 P. 에이블슨(Robert P. Abelson) 교수님은 심리학과와 정치학과의 연계 전공 교수로서 언어와 인지, 잘 변하지 않는 신념, 스크립트(행동 과정 스키마) 연구에 이르기까지 독특하고 창의적인 생각을 그 누구보다 강조함으로써 필자에게 항상 용기를 불어넣어 주셨다. 학문에의 열정이 남다르셨던 서울대학교 차재호 교수님은 정통 사회심리학의 진수를 일깨워 주셨다. 그리고 무엇보다 필자의 전공 영역을 가치 있게 인정해 주시고 항상 옆에서 큰 힘이 되어 주시는 서강대학교 신문방송학과의 동료 교수님들, 또한 학구적인 분위기 속에서 열심히 진지하게 수업에 임하여 자극이 되어 주는 학부와 대학원의 학생들이 없었다면 연구도 집필도 불가능했을 것이다. 언론학회와 심리학회를 오가며 이도 저도 충실하게 하지 못하는 필자에게 항상 용기와 기회를 주시는 두 학회 은사님들과 선배·동료·후배 회원들 — 이 분들의 성함을 여기에 일일이 열거하기에는 지면이 협소하여, 이 자리를 빌려 모든 분들께 깊은 감사의 뜻을 전한다.

끝으로, 짧지 않은 기간 동안 불편함을 감내하면서도 아내에게 줄곧 전폭적인 지지를 보내 주는 남편, 엄마 역할을 잘 못하는 엄마에게 늘 기쁨을 주며 스스로의 일을 잘 해 나가는 연우와 정우, 그리고 평생을 선하게 살아오시면서 잔잔한 미소로 자식의 성공을 기원해 주시는 양가 부모님께 이 책을 바친다. 졸고를 흔쾌히 출판해 주신 한나래 출판사 한기철 사장님과 이리라 편집장님, 그리고 더운 날씨에도 불구하고 편집에 진땀을 흘린 한나래 편집팀 여러분들께도 감사드린다.

2002년 8월, 나은영

1장

인간 커뮤니케이션의
영역과 미디어

아침에 눈을 뜨면서부터 잠자리에 들 때까지, 그리고 태어나서 죽을 때까지 사람은 마치 숨을 쉬듯이 커뮤니케이션을 하며 살아간다. 커뮤니케이션은 인간을 가장 인간답게 만드는 의사소통 과정이며, 인간이 이루는 모든 사회 조직과 사회 현상의 기본을 형성한다. 커뮤니케이션이 없으면 사람들 간의 정보 교환이나 정서 교류도, 개인 또는 집단 간의 계약 관계나 권력 관계, 그리고 문화의 세대 간 전이도 모두 불가능하다. 테크놀로지의 발달로 커뮤니케이션의 일부를 기계가 대신하거나 매개할 수는 있지만, 항상 커뮤니케이션의 주체는 바로 '인간'이다. 미디어를 사용하든 사용하지 않든, 커뮤니케이션 과정에 인간이 없을 수는 없다. 그래서 커뮤니케이션의 세부 영역들을 보다 잘 이해하기 위해서는 무엇보다 먼저 인간 커뮤니케이션의 원리와 과정들을 잘 이해하고 있어야 한다.

1. 인간 커뮤니케이션의 정의와 모델

1) 커뮤니케이션이란?

소통이 시대의 화두가 되고 있다. 그만큼 중요하다는 의미일 것이다. '의사소통'이라고도 번역되는 커뮤니케이션의 어원은 '공통되는' 또는 '공유한다'는 뜻의 라틴어 'communis'에서 유래하며, '공동체' 또는 '지역 사회'라는 뜻을 지닌 영어 'community'와 그 뿌리가 같다. 커뮤니케이션이 잘 되었다는 말은 곧 메시지의 전달자와 수신자가 '의미를 공유'하게 되었다는 뜻이다(강길호·김현주, 1995). 여기서 메시지란 전달자가 수신자에게 전달하고자 하는 의미의 내용, 즉 "수신자에게 자극으로서의 역할을 하게 되는 신호 또는 신호들의 집합"을 뜻한다(DeVito, 2000, p.418).

만약 전달자는 AB를 전하고 싶었는데 수신자가 그것을 BC로 받아들였다면, 이 상황에서 의사소통이 된 것은 바로 B 부분이다. 이때 전달자와 수용자가 진정으로 의미를 공유하게 된 부분은 B이므로, B만이 커뮤니케이션되었다고 볼 수 있다. 예를 들어, 전달자인 정부가 수신자인 학생과 학부모에게 '학생들의 부담을 덜어 주기 위해 입시 제도를 바꾸겠다'는 내용을 발표했을 때, 학생과 학부모는 '입시 제도가 바뀌니 부담이 더 커지겠구나' 하고 생각했다면, 이때 소통이 된 B부분은 '입시 제도가 바뀐다'는 것이다. 전달자는 A(입시 제도가 바뀌면 부담이 줄어든다)라고 생각하고 있지만, 수신자는 C(입시 제도가 바뀌면 부담이 커진다)라고 생각하기 때문에 이 부분은 소통이 되지 않은 것이다.

커뮤니케이션의 정의가 126가지나 된다고 한다(Dance & Larson, 1976, p.43). 하지만 가장 중요한 '의미의 공유'라는 측면에서 간단히 정의한다면 '전달자와 수신자 사이의 의미의 공유 과정' 또는 '전달자와 수신자 간에 공유된 의미의 내용'이라고 할 수 있다. 이런 커뮤니케이션에는 '서로 이야기를 나누는 것'뿐만 아니라 '정보를 확산하는 것'까지 포함된다(Fiske, 1990/2001, p.21). 피스크(Fiske, 1990)는 커뮤니케이션을 "메시지를 통한 사회적 상호작용"이라고 정의한다. 여기서 사회적 상호작용의 의미는 다음 두 가지로 나뉜다.

① 심리학과 사회학에 뿌리를 둔 '과정학파': 사회적 상호작용이란 한 사람이 타인과 관계를 맺는 과정, 혹은 타인의 행위나 정신 상태 또는 감정적 반응에 영향을 미치는 과정
② 언어학과 예술에 뿌리를 둔 '기호학파': 사회적 상호작용이란 개인이 어떤 특정 문화나 사회의 일원이 되는 과정

이에 준하여 과정학파는 커뮤니케이션을 '메시지의 전달'이라고 정의하며, 전달자와 수신자 사이에 오해가 발생하면 커뮤니케이션이 실패했다거나 효과를 얻지 못했다고 말한다. 반면에 기호학파는 커뮤니케이션을 '의미의 생산과 교환'이라고 정의하며, 오해는 전달자와 수신자 간의 문화적 차이에 기인할 수도 있기 때문에 반드시 커뮤니케이션의 실패라고 생각하지 않는다(Fiske, 1990/2001, pp.23~24).

드비토(DeVito, 2000)는 커뮤니케이션의 정의에 다음 세 가지가 모두 포함되며, 세 번째 정의에 더 적합한 용어는 커뮤니케이션학이라고 말한다(p.410).

① 의사소통의 과정 또는 행위
② 보내고 받는 실제 메시지 또는 메시지들
③ 메시지를 보내고 받는 과정에 관한 연구

'메시지'에는 '정보'가 포함되어 있으며, '정보의 흐름'이 '의미의 공유'와 함께 커뮤니케이션 과정의 핵심 부분을 차지한다. 정보의 흐름이 없이는 의미가 공유될 수 없기 때문이다. 이 두 가지 요소를 모두 포함시킨 포괄적인 정의로 이 책에서는 커뮤니케이션을 '정보의 흐름을 통해 한 개체와 다른 개체가 의미를 공유하는 과정'이라고 정의하고자 한다. 같은 맥락에서 인간 커뮤니케이션은 '정보의 흐름을 통해 한 인간과 다른 인간이 의미를 공유하는 과정'으로 정의할 수 있다.

가설적으로는 커뮤니케이션이 인간과 인간 사이뿐만 아니라 인간과 우주인 사이, 동물과 동물 사이, 그리고 인간과 동물 사이에 일어날 수도 있다. 영화 〈아바타〉에서처럼 두 개체가 서로 '촉수'를 접촉함으로써 상대가 생각하는 내용을 알게 되었다면, 이것도 커뮤니케이션이 된 것이다. 무엇인가 정보의 흐름이 있다 하더라도(예컨

대, 우주인이 보내온 해독 불가능한 신호) 두 개체 간에 '의미의 공유'가 없으면 커뮤니케이션 시도는 있었지만 커뮤니케이션이 된 것은 아니다. 그리고 커뮤니케이션을 하는 개체가 모두 사람인 경우, 사람과 사람 사이에 오가는 정보(언어적·비언어적, 부호와 실물 모두)가 있고 그로 인해 의미의 공유가 일어나면, 그 사이에 미디어의 종류나 존재 여부와 무관하게 모두 인간 커뮤니케이션이라고 할 수 있다.

사람들이 의사소통하는 상황, 즉 커뮤니케이션 장면에 있게 될 때 대부분 머릿속과 가슴속이 비어 있는 상태로 임하지는 않는다. 이미 상당량의 정보를 머리와 가슴속에 지니고 있는 상태에서 커뮤니케이션에 임하게 된다. 사람들마다 겪어 온 과거의 경험들이 다르고, 커뮤니케이션의 수단이 되는 언어에 대한 지식과 유창함의 정도도 다르고, 상대방에 대해 생각하는 방식도 다르기 때문에, 똑같은 문자나 언어로 전달한다고 해도 그 의미와 내용이 똑같이 받아들여지는 것이 아니다. 바로 이 지점에 커뮤니케이션의 가장 큰 어려움이 자리하고 있다. 따라서 미디어 사용 여부와 무관하게 인간들 사이에서 이루어지는 커뮤니케이션을 잘 이해하기 위해서는 커뮤니케이션 과정에 어떤 요소들이 개입되어 커뮤니케이션을 돕거나 방해할 수 있는지를 우선적으로 알아야 한다.

2) 커뮤니케이션 과정에 관한 모델

전달자와 수신자 사이의 의미 공유 과정, 즉 커뮤니케이션 과정은 그림 1–1과 같이 나타낼 수 있다. 전달자(화자, 작가)와 수신자(청자, 독자)가 모두 상징 체계인 언어를 사용하여 메시지를 전달하고 수신하기 때문에, 생각을 언어로 바꾸는 '부호화' 과정과 언어를 그것이 의미하는 내용으로 바꾸는 '해독' 과정이 메시지의 커뮤니케이션에 반드시 개입된다. 피스크는 이 과정을 다음과 같이 표현하고 있다. "메시지는 배달되는 소포처럼 언어로 포장된다. 그러면 수신자는 소포를 풀듯이 언어 속의 핵심적인 메시지를 밝혀내는 해독 작업을 한다"(Fiske, 1990/2001, p.63).

대부분의 커뮤니케이션 상황에서 발신하는 메시지를 부호화하는 역할과 수신하는 메시지를 해독하는 역할이 교대로, 또는 동시에 진행된다. 이 과정에서 수신자 또

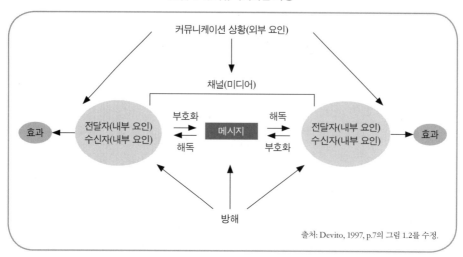

그림 1-1. 커뮤니케이션 과정

커뮤니케이션 상황(외부 요인)

채널(미디어)

전달자(내부 요인)
수신자(내부 요인)

부호화   해독

메시지

해독   부호화

전달자(내부 요인)
수신자(내부 요인)

효과

효과

방해

출처: Devito, 1997, p.7의 그림 1.2를 수정.

메시지 전달자의 부호화와 수신자의 해독 과정에서 전달자와 수신자의 외부 조건(커뮤니케이션의 시공간적 상황, 문화적 규범 등)과 내부 조건(기존의 믿음, 사전 태도, 지식, 성격, 가치관 등)이 참된 의미의 공유를 돕기도 하고 방해하기도 한다.

는 전달자의 내부 요인과 외부 요인이 커뮤니케이션을 돕기도 하고 방해하기도 한다(그림 1-1 참조). 전달자와 수신자가 지니고 있는 신념(믿음), 사전 태도, 지식, 성격, 가치관, 및 편견 등이 '내부 요인'에 해당하며, 전달자와 수신자 밖의 외부 조건으로서 커뮤니케이션의 물리적·시공간적 상황, 문화적·사회적 규범, 미디어 사용 여건 등이 '외부 요인'에 해당한다.

부호화와 해독 과정에서 전달자의 상징 체계와 수신자의 상징 체계 사이의 차이로 인하여, 전달자의 머릿속에 있는 것이 변형되지 않고 그대로 수신자의 머릿속으로 전달된다고 보기 어렵다. 같은 단어라도 그 의미하는 바가 사람에 따라 천차만별이기 때문이다. 그러므로 전달자의 입장에서도 자기가 머릿속에 가지고 있는 생각을 언어로 표현할 때 그것이 수신자에게 어떤 뜻으로 받아들여질 수 있는지를 항상 염두에 두어야 한다. 상대방은 내가 말하려는 뜻 이외에 다른 뜻으로 받아들일 가능성이 항상 있기 때문이다.

"화자와 청자가 공유하고 있는 공통의 지식, 신념, 가정"을 '공통 기반'이라고 하며, 서로 공유하고 있는 지식을 의미한다(Clark, 1992; 김영진, 1996, p.269). 두 대화자 간에 공통 기반이 없으면 같은 생각을 전하는 데 많은 말이 필요하지만, 공통 기반이 있으면 더 적은 말로 의사소통이 가능해진다. 함께 지내는 시간이 많고 대화를 길게 할수록 공통 기반은 점점 더 많아져 적은 수의 단어로 충분한 의사소통이 가능해진다. 예를 들어, "그 사람 결국 그렇게 되었대" 하고 A가 말했더니 B가 "저런, 참 안됐다"라고 응수했다면, 이 두 사람 간에는 이미 공통 기반이 넓은 것이다. 제3자가 볼 때는 이 두 사람이 누구의 무슨 이야기를 하는지 이해하기가 어렵다.

우리가 대화할 때 흔히 저지르는 실수는 자기가 이미 알고 있는 것을 상대방도 당연히 알고 있으리라 생각하고 배경 지식의 설명 없이 바로 본론을 이야기하는 것이다. 같은 메시지를 전달하려 할 때도 상대방에 따라 공통 기반의 정도와 영역이 다를 것이므로 그에 따라 어디부터 설명해야 할지를 조절할 필요가 있다. 예컨대, 직장 동료와 이야기할 때는 직장에 관해 알고 있는 공통 기반은 넓겠지만 가족 이야기에 관한 공통 기반은 좁을 것이고, 가족 구성원과 이야기할 때는 가족들과 관련된 공통 기반은 넓겠지만 직장에 관한 공통 기반은 좁을 것이다. 그러므로 누구와 어떤 이야기를 하느냐에 따라 상대방과 공유하는 부분이 다르고, 이것을 잘 고려할 줄 아는 사람이 커뮤니케이션을 잘 할 수가 있다.

전달자와 수신자의 내·외부 조건들 중에서, 특히 "커뮤니케이션 과정에서 메시지를 왜곡하는 방해 요인"을 '잡음(noise)'이라고 한다(DeVito, 2000, p.16). 잡음의 네 가지 유형은 표 1–1과 같이 분류할 수 있다. '물리적' 방해 요인은 화자와 청자의 외부에 있는 방해 요인으로서, 메시지가 물리적으로 전달되는 과정에서 주변이 너무 시끄러워 전달되기가 어렵다거나 잘 보이지 않는다거나 하는 것을 말한다. 일종의 기계적 방해 요인이라고 할 수 있다. '생리적' 방해 요인은 화자와 청자 내부의 신체적 장애 요인으로서, 시각적·청각적 장애와 기억 장애, 발음 문제 등이 여기에 포함된다. '심리적' 방해 요인으로는 인지적 또는 정신적으로 전달자나 수신자가 편견을 가지고 있다든지(예컨대, 사투리를 쓰는 사람은 전문성이 떨어진다고 생각하는 경우), 마음의 문을 닫고 있어서 가치 있는 메시지도 평가 절하하는 경우 등을 말한다. '의미적' 방해 요인은 물리적·생리적 방해 요인도 없고 심리적 방해 요인도 없지만 서로 사용하는 언어 체계 자체가 다르거나 특수한 용어들을 사용하여 의미적으로 이해가 안 되는 경우를

표 1-1. 커뮤니케이션 과정에서 작용하는 네 유형의 방해 요인(잡음)

유형	정의	사례
물리적 방해 요인	전달자와 수신자의 외부에 있는 방해 요인으로서, 신호나 메시지의 물리적 전달 과정의 장애	지나가는 자동차의 시끄러운 소음, 컴퓨터 소음, 선글라스
생리적 방해 요인	전달자와 수신자 내부의 신체적 장애 요소	시각 장애, 청각 상실, 발음이 똑똑하게 안 되는 경우, 기억 상실
심리적 방해 요인	인지적 또는 정신적 방해	전달자와 수신자의 편파와 편견, 닫힌 마음
의미적 방해 요인	화자와 청자가 다른 의미를 부여함	다른 언어를 사용하는 사람들, 청자가 이해할 수 없는 특수 용어 또는 지나치게 복잡한 용어를 사용함

출처: DeVito, 2000, p.16의 표1.2.

말한다. 전달자와 수신자 사이에 이 네 가지 중 어느 하나라도 개입되면 메시지의 효과적인 전달과 이해는 어려워진다.

보통의 커뮤니케이션 상황에서는 대개 신호와 잡음이 섞여서 들어온다. 여기서 커뮤니케이터들은, 특히 청자 쪽에서 잡음을 잘 걸러 내고 신호에 집중하도록 해야 한다. 화자도 물론 자기가 이야기하려는 내용이 어떤 내부 또는 외부의 잡음이나 방해 요인으로 인해 주요 전달 내용인 신호가 제대로 청자에게 전달되지 않을 가능성이 있는지를 잘 살펴서 전달해야 한다.

근래에는 인터넷으로 인한 정보의 홍수 속에서 어떤 것이 유용한 정보이고 어떤 것이 불필요한 정보인지를 잘 가려내야 하는 과정이 더 중요해졌다(Shenk, 1997/2000). 커뮤니케이션의 범위를 조금 넓혀서 보면, 인터넷을 통해 수많은 곳에서 들어오는 무수한 메시지들 가운데 정작 중요하지 않은 것들이 일종의 잡음으로서 정말 중요한 메시지들을 처리하는 데 방해 작용을 할 수 있다. 전달자의 입장에서는 자신의 메시지가 수신자에게 잡음으로 처리되지 않고 신호로서 접수되기를 희망할 것이고, 수신자의 입장에서는 표 1-2의 신호 탐지 이론에서 보는 것과 같이 신호의 탐지를 성공적으로 하여 중요한 신호를 신호로서 받아들이고 잡음을 올바로 거부하기를 희망할 것이다.

실제로 커뮤니케이터가 분명히 인식하고 있고 또 인식할 수 있는 잡음도 중요하

표 1-2. 신호 탐지 이론의 틀에서 본 커뮤니케이션 오류 여부

신호 판단	신호 존재	실제 신호의 존재 여부	
		신호 있음 (신호)	신호 없음 (잡음)
신호 판단	신호가 있다고 판단 (신호로 판단)	올바른 수용 (hit)	오경보 (false alarm)
	신호가 없다고 판단 (잡음으로 판단)	신호 놓침 (miss)	올바른 거부 (correct rejection)

* 음영 부분이 커뮤니케이션 오류 부분.

지만, 전통적인 인간 커뮤니케이션에서 더욱 큰 문제가 될 수 있는 것은 커뮤니케이션에 분명히 방해가 되고 있는 잡음 요소임에도 불구하고 커뮤니케이터 자신이 인식하지 못하는 편견과 같은 심리적 방해 요인이다. 어린아이가 아주 훌륭한 아이디어를 냈는데도 화자가 단지 어린아이라는 이유만으로 청자 쪽에 부지불식간에 편견이 작용하여 그 아이디어를 무시한다면, 이것은 그 어린아이가 말한 내용 중에 중요한 메시지로서의 신호가 있음에도 불구하고 신호가 없다고 잡음으로 판단해 버리는 '신호 놓침'에 해당하는 현상으로, 실제로는 청자 쪽의 편견이 심리적 잡음 역할을 하여 커뮤니케이션 오류가 일어난 경우에 해당한다. 반대로, 실제로 좋은 후보자가 아님에도 불구하고 겉으로 보이는 외적 조건에만 집착하여 무엇인가 중요한 내용을 연설하고 있다고 착각하는 것은 '오경보'에 해당하는 커뮤니케이션 오류라고 할 수 있다. 정보화 시대가 진행될수록 커뮤니케이션 속의 신호와 잡음을 현명하게 구분해 내는 것이 더욱 중요해질 전망이며, 이것은 물리적, 생리적, 심리적, 및 의미적 방해 요인으로서의 잡음이 최소화되었을 때에만 가능해지는 것이다.

인간 커뮤니케이션이 이루어지는 과정 가운데 또 한 가지 중요한 부분이 바로 그림 1-1의 커뮤니케이션 채널, 또는 미디어 부분이다. 예전에는 흔히 미디어라고 하면 매스 미디어만을 떠올리는 경우가 많았지만, 소셜 미디어가 보편화된 지금은 전달자와 수신자 사이에서 주고받는 메시지를 연결해 주는 모든 수단이 커뮤니케이션 채널이며 미디어임을 부정하는 사람은 없을 것이다. 이제 사람과 사람 사이의 대인 커뮤니케이션 중 상당 부분이 미디어를 경유하여 이루어지고 있다. 구두로, 편지로, 전화

로, 이메일로, 문자 메시지로, 심지어 화상 전화로 시각 자극과 청각 자극을 자유자재로 전달하고 있다. '채널'을 통해 신호가 보내지는 것이므로, "신호가 보내지는 수단 또는 미디어"가 바로 채널이라고 정의된다(DeVito, 2000, p.409). 인간이 미디어를 생산하고 이용하지만, 인간이 생산해 놓은 미디어가 또 이후의 인간 커뮤니케이션에 제약을 가하기도 한다.

2. 인간 커뮤니케이션의 영역과 미디어

그렇다면 어디까지를 인간의 커뮤니케이션으로 보아야 하는가? 이제 인간 커뮤니케이션의 연구 범위를 알아보고, 그 속에서 미디어는 어떤 위치를 점하고 있는지를 살펴보자.

1) 인간 커뮤니케이션의 연구 범위

일차적으로는 인간 자체가 커뮤니케이션의 미디어로 활용되는 것이 인간 커뮤니케이션의 주요 영역이다. 즉 인간이 어떤 기계나 도구의 도움 없이 그 자체로서 지니고 있는 발성 기관이나 외적 표현 방식 등에 의해 언어적 및 비언어적으로, 예컨대 목소리, 얼굴 표정, 제스처 등으로 자신의 생각이나 느낌을 전달하는 것이 바로 인간 본연의 커뮤니케이션이다. 인간 커뮤니케이션의 연구 범위를 전달자의 의도와 수신자의 인식에 따라 구분한 것이 표 1-3에 나와 있다. 구분 기준에도 여러 가지가 있지만, 여기서는 그중에서 메시지를 전달하려는 사람이 의도적으로 전달하려고 했는지, 그리고 그 메시지를 받는 사람이 그 내용을 수신했는지의 여부에 따라 나눈 개념들을 소개한다. 표 1-3의 각 항목에 해당하는 예를 들어 보면 다음과 같다(Littlejohn, 1999/1996, pp.27~28 참조 수정).

표 1-3. 전달자의 의도와 수신자의 수신 여부에 따른 인간 커뮤니케이션의 연구 범위 구분

수신자의 행동	전달자의 행동		
	비의도적 행동	의도적 행동	
		비언어적	언어적
수신되지 않음	1A: 인식되지 않은 증후적 행동	2A: 수신되지 않은 비언어적 메시지	3A: 수신되지 않은 언어적 메시지
우연히 수신됨	1B: 우연히 수신된 증후	2B: 우연히 수신된 비언어적 메시지	3B: 우연히 수신된 언어적 메시지
주의 집중하여 수신됨	1C: 주의 집중하여 수신된 증후	2C: 주의 집중하여 수신된 비언어적 메시지	3C: 주의 집중하여 수신된 언어적 메시지

출처: Littlejohn, 1999/1996, p.27의 표 1-3을 일부 수정함.

1A (인식되지 않은 증후적 행동): 내가 하품을 했으나 아무도 보지 못했을 때.

1B (우연히 인식된 증후): 내가 하품하는 것을 친구가 우연히 보게 되었을 때.

1C (주의 집중하여 수신된 증후): 내가 하품하는 것을 친구가 유심히 보고 반응할 때.

2A (수신되지 않은 비언어적 메시지): 내가 손을 흔들었으나 친구가 보지 못했을 때.

2B (우연히 수신된 비언어적 메시지): 내가 손을 흔드는 것을 친구가 우연히 보게 되었을 때.

2C (주의 집중하여 수신된 비언어적 메시지): 내가 손을 흔드는 것을 친구가 유심히 보고 반응을 함.

3A (수신되지 않은 언어적 메시지): 내가 친구를 불렀으나 친구가 듣지 못함.

3B (우연히 수신된 언어적 메시지): 내가 다른 사람에게 친구의 험담을 하는 것을 그 친구가 지나가면서 우연히 듣게 됨.

3C (주의 집중하여 수신된 언어적 메시지): 내가 친구에게 이야기하는 것을 친구가 열심히 들어 주고 반응함.

표 1-3과 같은 아홉 가지 경우 중에서 인간 커뮤니케이션의 가장 핵심이 되는 부분은 2C와 3C, 즉 전달자가 의도를 가지고 언어적 또는 비언어적 메시지를 전달하고 여기에 수신자가 주의를 기울여 반응을 하는 경우다. 그러나 수신자가 주의를 기울이지는 못했지만 전달자의 의도된 언어적·비언어적 메시지를 우연히 수신하게 되는

경우(2B와 3B), 그리고 전달자가 의도하지는 않았지만 수신자가 우연히 또는 주의 집중하여 전달자의 상태에 관한 신호를 수신한 경우(1B와 1C) 모두 이후의 전달자와 수신자 간 인식과 그에 따른 상호작용에 영향을 주기 때문에, 이 책에서는 일단 전달자의 메시지가 수신자에게 수신되는 경우를 모두 커뮤니케이션으로 간주하는 '수신자 모델'을 따르고자 한다.

커뮤니케이션의 수신자 모델은 앞서 정의한 '의미의 공유'에 입각한 커뮤니케이션의 정의와도 관련된다. 왜냐하면 메시지가 수신되지 않으면 의미가 공유되었다고 보기 어렵기 때문이다. 전달자 쪽이 의도적이었든 비의도적이었든, 수신자가 우연히 수신했든 주의를 기울여 수신했든, 전달자의 행동이 수신자에게 접수되었으면 곧 공유 부분이 생겨 커뮤니케이션이 된 것으로 간주할 수 있다. 예를 들면, 전달자가 '내가 피곤하다'는 사실을 상대방에게 전달하려는 의도가 없었다 하더라도 내가 하품하는 것을 상대방이 우연히 또는 유심히 보고 나서 '저 사람이 지금 피곤한 모양이구나' 하고 생각했다면, 이는 분명히 공유된 의미의 부분이 생긴 것이고, 따라서 커뮤니케이션이 된 부분이 있는 것이다.

2) 인간 커뮤니케이션에서 미디어의 위치

사람과 사람을 연결시켜 주는 것이 미디어다. 전화나 편지, 휴대 전화나 이메일과 같은 미디어를 통해 만날 약속을 정하고 업무를 진행시키고 관계를 유지하며, 신문, 책, TV 등과 같은 매스 미디어를 통해 이쪽 사람이 전하는 메시지가 저쪽 사람에게 전달된다. 근래에는 미디어가 인간과 동떨어져 존재하는 것이 아니라 소형화된 컴퓨터로서 인간 바로 옆에 놓여 인간과 불가분의 관계를 맺으며 사람과 사람 사이를 연결하는 데 이용된다. 미디어와 사람이 같은 공간에 존재하지만, 미디어들 사이에 사람이 있는 것이 아니라 사람들 사이에 미디어가 놓여 있는 것이다. 사람들이 사회를 구성하고, 사회를 구성하는 사람들 간에는 다양한 공식적·비공식적 관계가 형성되고 유지되며, 이 과정에서 반드시 필요한 커뮤니케이션 활동에 미디어가 개입된다. 면대면 (FTF: face-to-face) 커뮤니케이션을 제외한 거의 모든 커뮤니케이션 과정에 어떤 형태로든 크고 작은 미디어가 활용되고 있다.

피스크(Fiske, 1990/2001, pp.49~50)는 채널과 미디어를 다음과 같이 정의한다.

① 채널: 채널은 단순히 신호가 전달되는 물리적인 수단이다. 주요한 채널들은 광파, 음파, 무선전파, 전화선, 신경 체계 등과 같은 것이다.

② 미디어: 미디어는 기본적으로 메시지가 채널을 통해 전달될 수 있도록 하나의 신호로 전환하는 기술적인 혹은 물리적인 수단이다. 예를 들면 나의 목소리도 하나의 미디어다.

미디어는 여기서 더 나아가 다음과 같은 세 종류로 나뉜다.

① 현시 미디어: 목소리, 얼굴, 신체 등 현시 미디어는 '자연스런' 구어적인 언어, 표현, 제스처 등을 사용한다. 송신자가 곧 현시 미디어기 때문에 의사소통 현장에 있어야만 한다.

② 재현 미디어: 책, 그림, 사진, 건축물, 인테리어, 정원 등 어떠한 유형의 '텍스트'를 창조하기 위해 문화적이고 심미적인 관습을 사용하는 수많은 미디어가 이에 해당한다.

③ 기술 미디어: 전화, 라디오, 텔레비전, 스마트폰 등 기술 미디어는 엔지니어에 의해 만들어진 채널을 사용한다.

위에서 살펴본 현시 미디어, 재현 미디어, 기술 미디어가 모두 정보의 흐름을 통한 사람과 사람 사이의 의미의 공유 과정을 도와주고 있다. 좁은 범위로 이야기한다면 인간 커뮤니케이션의 범주를 '현시 미디어에 의한 의사소통'에만 한정시킬 수도 있지만, 사람과 사람이 정보의 흐름을 통해 의미를 공유하는 과정이 현시 미디어 이외의 채널에 의해 훨씬 더 많이 이루어지고 있는 현 상황에서 볼 때 이 세 종류 미디어에 의한 커뮤니케이션을 모두 포함시키는 것이 더 타당해 보인다. 오늘날은 미디어가 인간과 한 몸이 되어 돌아다니거나(예: 휴대 전화) 미디어가 인간과 혼연일체가 되어 작동하는 경우(예: 인터넷)가 흔하게 벌어지고 있기 때문에, '미디어의 인간화' 또는 '미디어는 인간의 확장'이라는 관점에서 볼 때 현시 미디어에 의한 커뮤니케이션만을 인간 커뮤니케이션으로 보는 관점은 인간 커뮤니케이션의 중요한 측면을 놓칠 수 있다.

사회심리학의 정의가 "타인의 실제적, 상상적, 암묵적 존재가 개인의 생각, 감정, 및 행동에 미치는 영향을 연구하는 학문"임을 상기할 때(Allport, 1968), 이와 같은 현시 미디어, 재현 미디어, 또는 기술 미디어를 통해 각각의 개인에게 타인이 실제적, 상상적, 또는 암묵적으로 존재하는 상황이 된다고도 볼 수 있다. "인간은 사회적 동물이다"라는 유명한 말을 굳이 인용하지 않더라도, 인간은 혼자서 살아갈 수 없으며 반드시 누군가와 함께 살아야만 인간으로서의 존재 자체가 의미를 지닌다는 사실은 그 누구도 부정하지 않는다. 사람은 항상 어떤 식으로든 '다른 사람과의 연결'을 필요로 한다. 일정하게 한정된 같은 공간에 살든 그렇지 않든, 타인과의 연결을 반드시 필요로 하는 것이다. 이때 타인과의 연결에 반드시 필요한 것이 커뮤니케이션이고 이를 효율적으로 실행 가능하게 해 주는 것이 미디어다.

면대면 접촉이 거의 전부였던 원시 시대에는 미디어의 영향이 거의 없었겠지만, 오늘날은 거의 모든 '인간과 인간의 연결'에 미디어가 개입된다. 미디어가 연결해 주는 인간은 개인일 수도 있고 집단일 수도 있고 때로는 인류 전체일 수도 있다. 따라서 미디어는 인간의 본질인 인간과 인간의 연결을 가능하게 해 주는, 거의 본질적으로 인간 옆에 있을 수밖에 없는 필수적인 수단이라고 할 수 있다.

기술이 발전해 감에 따라 미디어도 인간의 표현 방식을 닮아 간다. 소리만이 아니라 화상 채팅까지 가능해져, 사람끼리 마주 보고 이야기하는 효과가 미디어를 사이에 두고 재현되고 있다. 나중에는 냄새와 촉감까지 전달될 수 있는 미디어가 개발될지도 모른다. 그러므로 굳이 인간 사회와 시스템의 전 영역에 파고들어 있는 인터넷 패러다임으로의 총체적인 전환을 들먹이지 않더라도, 인간 커뮤니케이션 원리를 미디어와의 관련 속에서 보다 넓게 바라볼 필요가 있다.

미디어는 매스 미디어만을 이야기하는 것이 아니다. 사적 관계에서도 메시지를 전달하거나 상호 의사소통을 하기 위해 매개적 수단으로 이용하는 모든 방편을 미디어라고 할 수 있다. 간단한 메모 쪽지부터 대중을 향한 정규 방송에 이르기까지 사람과 사람을 연결시켜 주는 커뮤니케이션의 전 과정에 크고 작은 미디어의 역할이 존재한다. 맥루언의 유명한 "미디어는 메시지다"라는 말이 끊임없는 관심을 유발시켜 오고, 또 근래 들어 이 말이 더욱 중요해지고 있는 이유도 바로 뉴 미디어 시대의 커뮤니케이션이 상호작용적 인간 커뮤니케이션을 많이 닮아 있기 때문이다.

미디어의 유형이 메시지의 내용을 제한할 수 있고, 사람들이 어떤 내용을 전달하고 싶은가에 따라 이용하는 미디어가 달라진다. 오늘날은 미디어의 소유와 전달 채널의 소유가 점차 개인 단위로 되어 가고 있고, 네트워크 속에서 기본적으로 전달자와 수신자가 상호작용을 주고받게 되는 쌍방향적 의사 전달 체계를 형성하고 있기 때문에, 일대일의 대인 커뮤니케이션만이 아닌, 일대다, 혹은 다대다의 커뮤니케이션도 마치 얼굴을 마주 보고 대화하듯 인터넷이라는 미디어를 통해 즉각적으로 광범위하게 이루어지고 있다. 그렇기 때문에 모든 커뮤니케이션 과정을 이제는 인간 커뮤니케이션의 맥락 속에서 크게 바라보아야 할 필요가 생긴 것이다.

표 1-4는 인간 커뮤니케이션의 각 영역에서 어떤 미디어들이 사용되고 있는지를 요약해 놓은 것이며, 표 1-5는 개인 내 커뮤니케이션, 대인 커뮤니케이션, 소집단 커뮤니케이션, 조직 커뮤니케이션, 공공 커뮤니케이션, 및 매스 커뮤니케이션으로 나뉘는 인간 커뮤니케이션 각 영역의 정의와 이론적·실용적 관심사들을 열거해 놓은 것이다.

표 1-4에서 알 수 있듯이, 인간 커뮤니케이션의 거의 모든 영역에서 다양한 미디어들이 이용될 수 있다. 물론 매스 커뮤니케이션을 제외하고는 모든 커뮤니케이션 영

표 1-4. 인간 커뮤니케이션의 영역과 각 영역 수준에서 사용하는 미디어

인간 커뮤니케이션의 영역		사용하는 미디어
미시적 ↑ ↓ 거시적	개인 내 커뮤니케이션	일기장, 앨범, 컴퓨터를 이용하여 일기와 사진 관리, 다이어리 앱 등
	대인 커뮤니케이션	전화, 편지, 휴대 전화, 이메일, 컴퓨터 매개 커뮤니케이션(computer-mediated communication: CMC), SNS(social network service/site)
	소집단 커뮤니케이션	채팅룸, 전자 그룹(e-group), 포커스 그룹(focus group), CMC, 밴드나 카카오스토리와 같은 폐쇄형 SNS
	조직 커뮤니케이션	네트워크, CMC, 화상 회의, 공문서, 회의 시 노트북 이용, 단체 이메일, 메모, 게시판, 폐쇄형 SNS
	공공 커뮤니케이션	구두 표현에만 의존하던 방식에서 탈피하여 유인물, 파워포인트 프리젠터와 같은 각종 시청각 미디어와 동영상 제공 기능
	매스 커뮤니케이션	TV(IPTV, UHD TV 등 포함), 신문(온라인판 포함), 라디오(팟캐스트 포함), 책(전자북 포함), 잡지(온라인 저널 포함), 개인화된 모바일 단말기로 모든 매스 미디어 콘텐츠 접근

표 1-5. 인간 커뮤니케이션의 영역별 관심사

인간 커뮤니케이션의 영역	정의	주요 목표	이론적·실용적 관심사
개인 내 커뮤니케이션	자기 자신과의 커뮤니케이션	생각, 추론, 분석, 반성	자아 개념 발달, 문제 해결 및 분석 능력 향상, 성격과 커뮤니케이션 간의 관계, 자아 존중감·자기 인식·문제 해결 능력·자기 통제력 향상, 스트레스 감소, 대인 간 갈등 처리
대인 커뮤니케이션	2인 간의 커뮤니케이션	발견, 관계 형성, 영향력 행사, 놀이, 도움	대인 간 효과성, 관계 형성과 결별 및 회복의 원리, 우정과 사랑 및 가족 관계의 원리, 효과적인 일대일 커뮤니케이션 방법, 우정·사랑·가족 관계의 형성과 유지, 갈등 해결법
소집단 커뮤니케이션	소수의 인원으로 이루어진 집단 속의 커뮤니케이션	정보, 아이디어 산출, 문제 해결, 도움	리더십의 유형, 집단 구성원의 역할, 집단의 효과적 수행, 집단 구성원으로서의 효과성 향상, 리더십 능력 향상, 특수 목표(문제 해결, 아이디어 생산) 성취를 위한 집단 커뮤니케이션
조직 커뮤니케이션	공식적인 조직 속의 커뮤니케이션	생산성 향상, 사기 향상, 정보, 설득	효과적인 조직의 조건, 조직원의 사기와 생산성 향상에 필요한 조건, 조직 안에서의 커뮤니케이션, 상향·하향·수평 커뮤니케이션의 효율성, 사기와 생산성 향상을 위한 커뮤니케이션, 정보 과부하, 효율성 증대를 위한 네트워크 구조화
공중 커뮤니케이션	공중을 향한 연설자의 커뮤니케이션	정보, 설득, 오락	정보적·설득적 연설에 가장 좋은 구조, 청중 분석, 효과적 전달을 위한 아이디어 개발, 효과적 정보 전달, 설득 능력의 향상, 효과적 메시지의 구성 및 전달 방식 개발
매스 커뮤니케이션	시청각적 수단을 매개로 하여 아주 큰 대중을 향해 보내는 커뮤니케이션	오락, 설득, 정보	미디어의 기능, 미디어의 영향, 우리가 미디어에 영향을 주는 방식, 미디어 정보의 감시 과정, 광고의 역할, 미디어를 효과적으로 이용하기 위한 능력 향상, 미디어 통제 능력 향상, 광고와 저널리즘에 끌려가지 않는 방법

출처: DeVito, 2000, p.3의 표1.1을 일부 수정함.

역에서 "인간 자체"라는 매개체 이외에 아무런 미디어를 이용하지 않는 것이 가장 기본적인 단계의 커뮤니케이션이며, 기술 미디어를 경유한 커뮤니케이션도 기본적으로는 이러한 비매개성(immediacy)을 추구한다(Bolter & Grusin, 1999/2006). 즉 미디어를 경유하면서도 마치 직접 마주 보고 이야기하는 것처럼 느끼고 싶어 한다는 것이다.

혼자서 조용히 계획을 세우거나 반성을 하거나 생각을 한다면 개인 내 커뮤니케이션, 마주 보고 있는 사람과 이야기를 나눈다면 대인 커뮤니케이션, 몇몇 친한 사람들끼리 한자리에 모여 대화를 나눈다면 소집단 커뮤니케이션, 직장에서 상사와 부하 직원 간에 공적·사적인 일로 이야기를 한다면 조직 커뮤니케이션(사적인 대화는 대인 커뮤니케이션의 특수한 경우로 볼 수도 있음), 그리고 한 사람이 여러 청중들을 향해 연설을 한다면 공공 커뮤니케이션이 된다.

인간 커뮤니케이션의 각 영역에 이용될 수 있는 미디어의 종류는 표 1-4에 예시한 것 이외에도 많이 열거할 수 있다. 가장 대표적인 것들은 개인 내 커뮤니케이션에 이용될 수 있는 일기장과 컴퓨터, 대인 커뮤니케이션에 이용될 수 있는 편지, 이메일, 유선 전화와 휴대 전화, 소집단 커뮤니케이션에 이용될 수 있는 채팅룸, 조직 커뮤니케이션에 이용될 수 있는 공문서, 메모, 게시판, 및 단체 이메일, 그리고 공공 커뮤니케이션에 이용될 수 있는 유인물, 파워포인트 프리젠터와 동영상 등이 모두 인간 커뮤니케이션 과정을 도와주는 매개체다. 물론 인간 커뮤니케이션의 한 하위 영역으로 분류될 수 있는 매스 커뮤니케이션에는 TV, 라디오, 잡지, 신문 등과 같은 매스 미디어가 이용되며, 인터넷 발달 이후 매스 미디어와 대인 미디어 간 구분이 점차 모호해져 가고 있다. 최근에는 이 모든 종류의 매스 커뮤니케이션이 개인 모바일 단말기를 통해 언제든 원하는 대로 이용할 수 있을 정도로 개인화되어 '매스 커뮤니케이션의 개인화, 대인 커뮤니케이션의 매스화'가 구현되고 있다(나은영, 2010). 컴퓨터를 이용한 커뮤니케이션은 일기장이나 앨범 관리와 같은 개인 내 커뮤니케이션에서부터 인터넷 방송과 같은 매스 커뮤니케이션에 이르기까지 인간 커뮤니케이션의 전 영역에 걸쳐 분포해 있다. 오늘날 네트워크로 연결된 컴퓨터, 특히 무선화된 작은 기기로 사람 개개인 옆에서 기능하고 있는 스마트폰은 인간의 소통 기능을 확장한 융합 커뮤니케이션 도구로서 인간의 삶의 공간을 확장시키고 있다.

컴퓨터 매개 커뮤니케이션 초기에는 이것을 인간 커뮤니케이션과 분리했으나, 무선 인터넷이 가능해진 소형 컴퓨터가 개인 휴대 전화로서 통합 기능을 갖추게 됨에 따라 대인 미디어와 매스 미디어의 융합이 자연스럽게 일어났다. 따라서 오늘날과 같은 융합 미디어 시대에는 컴퓨터 장치를 경유하든 경유하지 않든 '사람과 사람 사이에 이루어지는 모든 의미 공유'가 크게 보아 인간 커뮤니케이션의 범주에 포함된다고 할 수 있다(그림 1–2 참조). 인간 커뮤니케이션을 이처럼 넓게 정의할 경우, 소셜 미디어를 통한 사람과 사람 사이의 커뮤니케이션도 자동적으로 인간 커뮤니케이션의 범주에 들어온다.

대인 미디어와 매스 미디어 사이의 구분이 사라져가면서, 동시에 연구 영역 간의 경계도 사라져가고 있다. 인터넷을 대인 미디어로 사용할 수도 있고 매스 미디어로 사용할 수도 있으며, 그 선택은 미디어를 소유하고 이용하는 개인에게 달려 있다. 따라서 인터넷 소통을 연구한다고 하면, 그 주제는 개인 내 커뮤니케이션부터 대인 커뮤니케이션은 물론 소집단 커뮤니케이션, 조직 커뮤니케이션, 및 매스 커뮤니케이션까지 거의 모든 영역의 주제를 포함한 연구가 가능하다.

또 한 가지 중요한 점은 미디어의 무선화와 모바일화다. 모바일화로 인해 위에 이

그림 1–2. 사회심리학과 소셜 미디어를 품은 인간 커뮤니케이션 모형

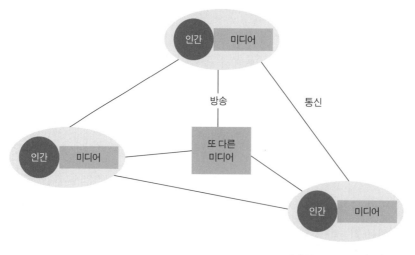

출처: Na, 2009, p.111; 나은영, 2002, p.438.

야기한 거의 모든 영역의 커뮤니케이션이 시간과 공간의 구애를 받지 않고 이루어질 수 있다. 개인 시간, 개인 공간은 물론 커피숍이나 광장과 같은 공공의 공간에서도 무선 신호를 수신할 수 있는 곳이면 어디서든지 본인의 편리에 따라 시간을 할당하여 본인의 선택에 따라 개인을 대상으로 혹은 다수 대중을 대상으로 메시지를 공유할 수 있다. 인간 커뮤니케이션의 범위가 실로 광범위해졌다고 할 수 있다.

현재까지 커뮤니케이션 학계의 관심은 인간보다 미디어에, 그리고 다른 영역보다는 매스 커뮤니케이션 영역에 과도하게 집중되어 온 것이 사실이며, 이런 현상은 특히 한국에서 더 심하다(강길호·김현주, 1995). 그러나 인터넷 시대로 접어들면서 네트워크 커뮤니케이션에 관심을 돌리기 시작했고(성동규·라도삼, 2000; 윤준수, 1998; 최영, 1998), 20세기 매스 미디어 시대의 "효과 패러다임"이 멀티미디어 시대에는 "인간 패러다임"으로 바뀌어야 한다는 주장도 주목을 끌고 있다(김정탁, 1998). 또한 인터넷 심리학, 인터넷 저널리즘, 사이버 공동체, 전자상거래, 전자 민주주의, 인터넷 정치 등과 같은 말들이 학문의 거의 모든 영역에서 등장하고 있다(강미은, 2001; Smith & Kollock, 1999/2001; 한국언론재단, 2000; Wallace, 1999/2001; Smith & Kollock, 1999; Wallace, 1999). 사람과 사람 사이의 물질적·비물질적 거래에 인터넷이라는 미디어가 끼어들어 있고, 사람과 사람 사이의 의견 토론들이 모여 여론을 형성하고 정치에 참여하는 과정에도 인터넷이라는 미디어가 끼어들어 있다(김영석, 1996; Price, 1989). 인터넷이 등장하면서 인간과 인간 사이의 커뮤니케이션이 그 형태를 불문하고 더욱 활발해지고 있다. 미디어로 얽혀 있는 '네트워크 인간' 패러다임의 전성기라 할 수 있다.

근래에는 사람들 간의 개인적인 커뮤니케이션에서뿐만 아니라 매스 미디어에서도 쌍방향적 의사소통과 수용자의 적극적 개입이 중요해졌다는 사실을 부인하지 않는다. 이제는 인간 커뮤니케이션이라는 전체적인 맥락 속에서 어떻게 인간이 미디어를 이용하고 관계를 형성, 유지하며 갈등을 해결해 가는가를 통합적으로 보아야 할 때임이 분명하다.

3. 사회심리학과 소셜 미디어를 품은 인간 커뮤니케이션

처음부터 사회적이었던 인간 옆에 모두와 연결되어 있는 개인 미디어가 갖춰짐에 따라, 사회심리학과 소셜 미디어의 융합은 자연스러운 트렌드가 되었다. 방송(broadcasting)과 통신(communication)의 융합도 결국은 사람과 사람 사이의 콘텐츠 교환이 보다 광범위하고 신속하게 개인 단위로 이루어질 수 있는 방향으로 인간 커뮤니케이션이 확대된 것이라고 볼 수 있다. 인간 개인의 위상이 과거 매스 미디어 시대의 방송국 수준으로 격상된 것이다(Na, 2009, 그림 1-2 참조).

그림 1-2는 사회심리학과 소셜 미디어를 품고 있는 현재의 인간 커뮤니케이션 모습을 모형화한 것이다. 예전에는 사람 바로 옆에 붙어 있는 미디어가 없었고, 사람과 사람 사이의 소통을 위해 사용하던 전화나 편지도 거대한 '또 다른 미디어'와는 별개로 존재했었다. 그런데 지금은 그림 1-2와 마찬가지로 사람 바로 옆에 미디어가 붙어 함께 움직이고 있을 뿐 아니라, 이것이 '또 다른 미디어,' 즉 예전의 방송국 역할을 하던 매스 미디어 채널의 서비스와 거의 동급으로 연결되어 있다. 그 의미는 방송국의 송출과 개인 간의 소통이 거의 유사해졌음을 의미하며, 방송과 통신의 융합마저도 큰 범주의 인간 커뮤니케이션 시각으로 바라볼 수 있게 되었음을 뜻한다.

동일한 모형을 사람과 사람 사이의 연결과 그 사이에서 발생하는 심리적 교류를 중심으로 바라보면 사회심리학이라 할 수 있고, 사람 옆에 붙어 있는 미디어와 미디어 사이의 연결을 중심으로 바라보면 소셜 미디어라 할 수 있다. 소셜 미디어의 '소셜(social)'이란 결국 '사람과 사람 사이,' 즉 '대인 간(interpersonal)'을 의미하기 때문에, 사람이 없는 미디어만의 연결은 이미 소셜 미디어로서 존재할 수가 없다. 따라서 소셜 미디어라는 말 속에 이미 사람들의 연결이 포함되어 있고, 따라서 사회심리학의 원리가 적용될 수밖에 없다는 것이다.

그런 의미에서 이 장의 앞에 나왔던 '사람과 사람 사이의 의미 공유'로 정의되는 인간 커뮤니케이션은 사회심리학과 소셜 미디어를 품고 있는 폭 넓은 개념이라고 할 수 있다. 어찌 보면 '미디어' 자체가 '연결'의 숙명을 지니고 있고, 연결의 대상은 바로 사람과 사람이기 때문에, 인간을 떼어 놓은 미디어 자체만으로는 그 의미를 온전히 살리기 어렵다고 할 수 있다. 미디어가 발전할수록 '비매개성'을 추구하여 마치 직접 마주 보며 이야기하고 있는 듯한 느낌을 주려는 방향으로 가고 있기 때문에(Bolter & Grusin, 1999/2006), 발전을 거듭할수록 인간의 일부가 되어갈 가능성이 크다. 따라서 인간과 미디어 네트워크 속의 관계 사회 안에서 휴대 전화는 '자기 자신'의 확장이며, 인터넷은 '인간 사회'의 확장(나은영, 2002, p.438)이라고 볼 수 있다.

사회심리학과 인간 커뮤니케이션 영역에서의 중요한 변화 중 하나는 미디어를 경유한 타인의 존재, 미디어를 경유한 타인과의 의미 공유도 연구 범주에 들어오게 되었다는 것이다. 사람과 사람 사이에 심리적으로 항시 연결되어 있고 선택만 하면 즉시 연결될 수 있는 상태가 충족되는 환경에서는 타인이 동일한 공간에 물리적으로 공존하지 않아도 얼마든지 사회심리학적 소통과 행동이 가능해진다.

따라서 우리가 인간 커뮤니케이션을 논의할 때 군이 미디어를 경유한 사람 사이의 의미 공유를 빼 놓을 필요가 없다. 미디어를 경유한 사람들 사이의 의미 공유가 거의 면대면 인간 커뮤니케이션에 가깝게 변화를 거듭하고 있기 때문이다. 따라서 이 책 전반을 통해 인간 커뮤니케이션과 사회심리학의 원리를 터득함과 동시에, 사람과 사람이 함께 살아가는 사회 속에서 서로 어떻게 의미를 공유해 가는지, 그 과정에서 미디어는 어떤 역할을 하는지, 미래의 인간과 미디어, 그리고 우리 사회는 어떤 방향으로 변화해 가게 될지에 관한 통찰을 함께 얻게 될 것이다.

2장

커뮤니케이션의
개념과 원리

모든 사회 현상들이 어떤 질서와 원리를 가지고 있듯이, 사람들이 커뮤니케이션을 하는 과정에서도 일정한 법칙들이 발견된다. 이 법칙과 원리들 중에는 어떤 문화권에 있든 관계없이 보편적으로 적용되는 것들도 있고, 해당 문화에 특수한 것들도 있다. 물론, 개개인마다 다른 부분들도 있다. 이 책에서는 일단 대부분의 인간들에게 보편적으로 적용되는 커뮤니케이션 원리에 초점을 두어 설명을 할 것이다. 이어 컴퓨터 매개 커뮤니케이션의 원리에 관한 논의를 제공함과 더불어, 문화적 차이와 개인적 차이에 관련된 원리들을 소개한다.

1. 커뮤니케이션의 원리

1) 하나의 묶음으로 전달되는 신호들의 집합

커뮤니케이션은 언어적 메시지와 비언어적 메시지가 하나의 묶음으로 전달되는 신호들의 집합이다. 우리의 생각과 느낌을 표현할 때, 우리의 몸 전체가 하나의 세트로 움직인다는 것이다. 즉 웃는 모습으로 슬픈 이야기를 한다든지, 화난 표정으로 칭찬을 한다든지 하는 것이 아니라, 슬픈 이야기를 할 때는 얼굴 표정이나 몸짓과 같은 비언어적 표현과 언어적 내용들이 모두 일관성 있게 슬픔을 표현하는 방향으로 합쳐지고, 기쁜 이야기를 할 때는 얼굴에도 기쁨이 가득하고 몸 전체가 들떠있는 듯하고 말하는 내용도 기쁨을 나타내는 용어들로 채워진다. 아주 예외적인 몇몇 경우, 예컨대 코미디 프로그램에서 사람들의 웃음을 끌어내기 위해 의도적으로 불일치를 표현하는 경우도 있지만, 대부분의 커뮤니케이션 상황에서 언어적 및 비언어적 신호들이 일관성을 지니는 하나의 묶음으로 전달된다는 것이 보편적인 원리다.

언어적 메시지들이 일관성이 없거나, 혹은 언어적 메시지와 비언어적 메시지가 불일치할 때, 특히 어린이들은 이해하기도 어려워하고 궁극적으로 해가 되기도 한다. 예를 들어, "나는 너를 많이 사랑한다"는 말을 하면서 머리를 쓰다듬는다든지 안아 준다든지 하는 비언어적 메시지를 일관성 있게 표현하지 않으면(예를 들어, 그냥 무덤덤한 표정으로 멀리 떨어져서 말로만 사랑한다고 할 때), 메시지가 잘 전달되지 않는다. 결국 어린이는 양가감정적 태도를 갖게 된다. 어린이들에게는 신호등을 잘 지키라고 말하면서 어른이 행동으로 위반하면, 어린이들은 그런 불일치를 이해하지 못할 뿐만 아니라 좋지 않은 영향을 받는다. 어른이 말하는 것뿐만 아니라 몸소 보여 주는 것도 어린이들에게는 아주 중요한 커뮤니케이션이 된다.

간혹 어쩔 수 없이 언어적 메시지와 비언어적 메시지가 불일치하는 상태에서 커뮤니케이션이 이루어지기도 한다. 예를 들면, 오래 기다리던 사람이 마침내 찾아 왔을 때, 찾아왔기 때문에 반가운 마음과 기다리느라 서운했던 마음을 동시에 느끼는 경우가 있다. 이때 언어 표현으로는 "뭐 하러 왔어?" 하고 퉁명스러운 척 이야기하지만 얼굴 표정이나 눈빛으로 '와 주어서 반갑다'는 뜻을 전달할 수 있다. 혹은 반대로, 마음속으로는 친구의 서운한 행동 때문에 석연찮아 하고 있는데 친구가 찾아왔을 때, 언어 표현으로는 "반갑다"고 하면서 눈을 마주치지 않고 바닥을 보면서 몸 전체가 시큰둥하게 반응하는 경우도 있다. 어떤 경우든 언어적 메시지와 비언어적 메시지가 불일치하는 경우 대부분은 진짜 마음이 비언어적인 쪽에 더 많이 반영된다(Beier, 1974). 그리고 사회적으로 용인될 수 있는 메시지는 언어적으로 표현되고, 사회적으로 용인되기 힘든 메시지는 비언어적으로 표현되는 경향이 있다(DeVito, 2000, p.21).

2) 커뮤니케이션은 교류적 행위

커뮤니케이션은 대부분 교류적(transactional)이다(Barnlund, 1970; Wilmot, 1987). 교류적 커뮤니케이션이란 각 사람이 화자이면서 동시에 청자가 되어, 메시지를 보내고 받는 과정이 동시에 이루어짐을 의미한다(그림 1–1 참조). 또한, 커뮤니케이션은 정지되어 있는 과정이 아니라 계속 진행되며 변화해 가는 과정임을 의미하기도 한다. 커뮤니케이션은 멈추어 있는 정적(static) 과정이 아니라 계속 움직이는 역동적(dynamic) 과정이다.

커뮤니케이션을 교류적으로 보는 관점과 유사하지만 조금 다른 '상호작용적' 관점은 화자와 청자가 말하고 듣는 과정을 '동시에' 하는 것이 아니라 '교대로' 하는 것이다. 화자가 말하는 동안 청자가 듣고, 그 청자가 다시 화자가 되어 말하는 동안 조금 전에 화자였던 사람이 청자가 되어 듣는 역할을 한다. 즉 화자 역할과 청자 역할 사이에 약간의 시간 간격이 있는 것이다. 반면에, 교류적 커뮤니케이션은 내가 말하고 있는 순간에 '상대방이 보내는 반응'과 '내가 말하는 메시지'를 화자인 나 자신이 청자로서 함께 듣고 반응하는 '동시적' 과정이다.

대인 커뮤니케이션이 면대면으로 이루어질 때는 교류적 커뮤니케이션의 성격을 띠지만, 컴퓨터나 전화와 같은 미디어를 매개로 이루어지는 경우는 상호작용적 커뮤니케이션의 특성을 지닌다. 왜냐하면, 후자의 경우 짧더라도 일정 시간 간격을 두고 송신과 수신이 교대로 발생하기 때문이다. 그러나 컴퓨터 매개 커뮤니케이션이라 하더라도 화상 채팅과 같은 경우는 내가 말하는 동안 상대의 표정이 어떻게 변하는지

등을 동시에 관찰할 수 있기 때문에 교류적 커뮤니케이션에 근접하게 된다.

3) 적응의 과정과 협동의 원리

커뮤니케이션은 두 당사자, 즉 메시지의 전달자와 수신자가 서로에게 맞추어 가는 적응의 과정이다. 개인 내 커뮤니케이션을 제외하고는 커뮤니케이션이란 혼자서 하는 것이 아니다. 상대방이 개인이든 집단이든 반드시 상대가 있기 때문에, 상대와의 협응 과정이 필요하다. 기본적으로 두 당사자가 사용하는 신호의 전반적인 체계가 같아야 커뮤니케이션이 일어날 수 있다. 즉 사용하는 언어가 같아야 커뮤니케이션에 무리가 없다는 것이다. 그러나 같은 나라의 언어를 사용한다 해도 사람마다 각기 다른 의미 체계와 지식 체계를 지니고 있기 때문에, 완전히 똑같은 상징 체계를 가진 사람은 없다고 보아야 한다. 마치 똑같은 한국인이라 하더라도 그 생김새가 각양각색인 것처럼, 눈에 보이지 않는 머릿속의 상징 체계도 완전히 똑같은 사람이 없다.

오래전부터 알아 온 사람이 새로 만난 사람보다 더 대화하기 편한 이유는 그 사람의 머릿속에 들어 있는 상징 체계에 익숙해져 있기 때문이다. 1장에서 설명한 '공통 기반'이 넓기 때문이다. 상대방이 잘 사용하는 언어적 표현의 의미뿐만 아니라, 상대방의 비언어적 표정이나 제스처만 보아도 그 의미를 알 수 있는 것은 그만큼 오래 알아 오면서 공유되어 온 지식 체계의 공유 부분이 넓기 때문이다. 처음 만나는 사람은 같은 용어도 나와 다른 의미로 사용할 수 있고 그 차이를 알아내는 데 시간이 걸리기 때문에, 더욱 큰 적응의 과정이 필요해진다.

대화 시의 적응 과정과 관련된 이론 중에서 커뮤니케이션 조절 이론(communication accommodation theory)이 있다. 이 이론에서는 화자가 사회적 인정, 즉 다른 사람의 인정을 받기 위해, 그리고 커뮤니케이션의 효율성을 더 증가시키기 위해 청자의 스타일에 맞추게 된다고 주장한다(DeVito, 2000, p.23; Giles, Mulac, Bradac, & Johnson, 1987). 말하는 속도가 비슷한 사람끼리 서로 더 호감을 가지게 되며(Buller, LePoire, Aune, & Eloy, 1992), 커뮤니케이션 스타일이 유사할수록 즉각적인 반응, 사회성, 친밀성도 증가한다(Buller & Aune, 1992). 뿐만 아니라, 청자와 말하는 강도가 비슷한 화자가 청자에게 더 신뢰감을 주는 것으로 밝혀졌다(Aune & Kikuchi, 1993).

6장에서 논의할 대인 관계 형성 및 유지 과정에서의 유사성 원리가 커뮤니케이션 과정에도 그대로 적용된다. 유사성의 원리는 자기와 비슷한 태도를 지니는 사람에게 더 호감을 가지게 된다는 사회심리학적 원리로, 어떤 측면에서든(예컨대, 말하는 속도와 강도, 기존의 태도와 가치관 등에서) 자기와 비슷한 면이 있는 사람에게 더 끌린다는 유유상종(類類相從)의 원리다. 그러므로 내가 말하는 것이 상대방에게 호감을 주고 따라서 내 말을 더 신뢰하게 하려면, 내가 말하는 스타일이 상대방과 유사하여 상대방에게 거부감을 주지 말아야 한다.

유사성의 원리는 어느 커뮤니케이션 상황에서나 통용된다. 예를 들어, 설득 커뮤니케이션 상황에서도 설득자가 상대방으로 하여금 자기와 유사하다는 느낌이 더 많이 들게 할수록 더 믿음직하고 설득력 있게 들릴 수 있다. 공공 연설 장면에서도 그 연설이 더 설득력을 지니려면 청중 분석을 하여 청중이 공감할 수 있는 내용과 형식으로 전달하는 것이 중요하다(12장 참조). 연설자가 청중 자신들과 유사하다고 생각할수록 청중들이 더 호감을 갖게 되며, 청중 자신의 가까운 일상생활과 직결되는 내용일수록 더 큰 공감을 얻는다.

대체로 지위가 높은 사람보다 낮은 사람이 더 커뮤니케이션 조절 행동을 많이 하며, 지위가 같을 때는 상호 조절 행동이 나타난다. 남녀 간 대화에서는 친밀도에 따라 다르기는 하지만 대개 남성들보다 여성들이 웃음으로 대응하는 경우가 더 많음을 보인 연구도 있다(Bilous & Krauss, 1988). 말의 속도와 내용은 유사할수록 좋게 받아들여지지만, 억양까지 비슷하게 하면 오히려 부정적으로 받아들여지기도 한다(Giles & Smith, 1979; 한규석, 1995, p.217 참조).

커뮤니케이션 조절 행동도 다른 커뮤니케이션 행동과 마찬가지로 문화에 따른 차이를 보인다(언어적 메시지와 비언어적 메시지의 문화 차이 논의는 4장과 5장 참조). 그림 2-1에서 보듯이, 대화 상대에 맞추어 가는 조절 행동의 하나로 볼 수 있는 역채널 단서(backchanneling cue)의 이용 정도가 화자와 청자의 문화적 배경에 따라 달리 나타났다. 역채널 단서란 청자가 화자의 말을 잘 듣고 있다는 표시의 피드백을 화자에게 되돌려 주는 것으로, 대화 시 조절 행동 중 하나로 볼 수 있다(이 장의 후반부 참조). 예를 들어,

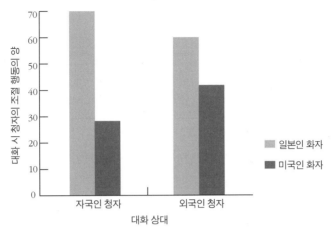

그림 2-1. 미국인과 일본인의 커뮤니케이션 조절 행동 차이

출처: White, 1989; 한규석, 1995, p.217의 그림을 수정.

대화 상대방에게 머리를 끄덕이며 동의나 잘 듣고 있음을 표시하는 조절 행동이 전체적으로 미국인에게서보다 일본인에게서 더 많이 나타났고, 일본인은 미국인보다 자국인에게 조절 행동을 더 많이 보였으며, 미국인은 자국인보다 일본인에게 조절 행동을 더 많이 보였다(White, 1989). 다시 말하면, 일본인이 미국인보다, 그리고 대화 상대자가 미국인일 때보다 일본인일 때 커뮤니케이션 조절 행동을 더 많이 보였다는 것이다.

대화하는 두 사람이 서로에게 적응하는 과정을 함께 놓고 보면 협동의 과정이다. 그라이스(Grice, 1975)는 정확하고 효율적인 커뮤니케이션을 위해 양 당사자가 서로 협동하려고 노력하는 것을 협동의 원리라고 말한다. 이것은 다시 다음과 같은 하위 원리로 나뉜다(김영진, 1996, p.267).

- 양(qnantity)의 원리: 요구되는 적절한 양만큼만 대화에 기여할 것
- 질(quality)의 원리: 사실이라고 믿는 정보만으로 대화에 기여할 것
- 관계(relation)의 원리: 관계에 도움이 되도록 진행 중인 대화에 적절히 기여할 것
- 예절(manner)의 원리: 언어 사용 시 모호함, 중의성, 수다스러움을 피할 것

적응의 과정과 협동의 원리는 대화하기 전에 의식적·명시적으로 '이제부터 협동

하자'는 약속을 하는 것이 아니라, 대화를 하는 과정 중에 무의식적·암묵적으로 진행된다는 점이 중요하다. 예를 들어, 대화하다가 갑자기 상대방에게 속삭이듯이 이야기해 보라. 그러면 아마 상대방도 속삭이듯 반응해 올 가능성이 많다. 반대로, 대화하다가 갑자기 상대방에게 큰소리로 이야기해 보라. 그러면 상대방도 따라서 큰소리로 이야기할 가능성이 높다. 이것은 바로 대화자들이 거의 자동적으로 상대방에게 적응하고 협동하고 있음을 시사한다. 그러므로 부드러운 대화를 원한다면 내가 먼저 부드럽게 말하면 된다. "웃는 얼굴에 침 못 뱉는다"는 우리 속담도 대화 시의 자동적 협동과 적응 과정을 나타내는 것이라고 볼 수 있다.

4) 내용 차원과 관계 차원

커뮤니케이션을 잘 하려면 커뮤니케이션의 '내용' 차원과 커뮤니케이터들 간의 '관계' 차원을 잘 구분하고 둘 모두를 고려해야 한다. 우리는 흔히 '무엇을' 말하느냐 하는 것보다 '어떻게' 말하느냐 하는 것이 더 중요한 경우를 경험한다. 예를 들어, 윗사람이 틀린 말을 했을 때 그것을 바로잡는 충고를 한다면, 윗사람의 입장에서 아랫사람의 커뮤니케이션 내용에는 수긍한다 하더라도 "자네가 어떻게 나한테 그런 말을 할 수가 있나?" 하고 반박하기 쉽다. 그 이유는 윗사람이 커뮤니케이션의 내용만큼이나 관계를, 혹은 내용보다 관계를 더 중요시하기 때문이다.

특히 한국처럼 권력 거리(power distance)가 큰 문화, 즉 아랫사람이 윗사람과의 거리를 많이 느끼는 권위주의 문화에서는 커뮤니케이션의 내용 자체보다 적절한 관계의 틀을 벗어나지 않는 커뮤니케이션인지를 오히려 더 중요시하는 경우가 많다 (Hofstede et al., 2010/2014). 특히 아랫사람이 윗사람에게 이야기할 때는 이야기하는 내용의 타당성 여부를 떠나 그것을 예의바르고 공손하게 전달함으로써 '관계'에서 마땅히 지켜야 하는 것으로 가정되고 있는 규범들을 벗어나지 말아야 그 커뮤니케이션이 참된 의미의 공유라는 측면에서 더 효과를 발휘할 수 있다.

예시 2-1의 커뮤니케이션 예에서 A와 B는 내용은 같은데 관계가 다른 커뮤니케이션을 보여 준다. A와 B는 모두 회의 후 만나자는 뜻을 담고 있지만, A는 화자가 청

▶ 예시 2-1. 내용 차원과 관계 차원의 구분

• 내용은 같은데 관계가 다른 커뮤니케이션의 예

　A: "회의 끝나고 나 좀 잠깐 보세."

　B: "회의 끝나고 잠시 뵐 수 있을까요?"

• 관계는 같은데 내용이 다른 커뮤니케이션의 예

　C: "오늘 주말에 나가도 괜찮을까요?"

　D: "오늘 저녁에 제가 차를 써도 괜찮을까요?"

출처: DeVito, 2000, pp.24~25.

▶ 예시 2-2. 대화 진행에서 관계 차원의 중요성

(1) 관계 차원을 무시함으로써 대화가 잘 진행되지 않는 경우

　남편: 나 내일 볼링 치러 갈 거야.

　아내: 왜 우리는 함께하는 게 아무것도 없지요?

　남편: 우리는 언제든지 뭐든 함께할 수 있어. 내일은 팀을 만드는 날이야.

(2) 관계 차원을 고려함으로써 대화가 잘 진행되는 경우

　남편: 내일 볼링 팀을 만드는 날이야. 나도 그 팀에 꼭 들어가고 싶은데, 내일 내가 팀 만드는
　　　모임에 나가도 될까?

　아내: 그거 참 좋겠네요. 그렇지만 저는 내일 무엇이든 함께하고 싶어요.

　남편: 그럼 내일 팀 만들고 나서 당신이랑 나랑 레스토랑에서 식사를 함께하는 건 어떨까?

　아내: 좋아요. 스파게티가 정말 먹고 싶어요.

출처: DeVito, 2000, pp.25~26.

자보다 더 높은 위치에 있는 사람임을 뜻하고, B는 화자가 청자보다 더 낮은 위치에 있는 사람임을 뜻한다. 반대로, C와 D는 전혀 다른 내용을 담고 있지만, 둘 모두 화자가 청자보다 더 낮은 위치에서 허락을 요청하는 관계를 나타내고 있다.

커뮤니케이션을 할 때 내용 차원뿐만 아니라 관계 차원도 잘 배려해야만 커뮤니케이션이 잘 이루어지는 예는 우리 주변에서 얼마든지 찾아볼 수 있다. 예시 2–2의 부부간 커뮤니케이션에서 첫 번째 대화는 관계 차원을 무시한 반응으로 인해 대화가 잘 진행되지 않는 예를 보여 주며, 두 번째 대화는 관계 차원을 고려한 반응으로 대화가 잘 진행되는 예를 보여 준다.

위의 부부간 대화에서 (1)의 경우, 남편과 아내가 서로 상대방의 마음은 헤아리지 않은 채 자기의 생각만 이야기하고 있다. 그리고 아내는 원하는 바를 직접적으로 말하지 않고 "함께하는 게 아무것도 없다"는 식으로 간접적 표현을 하고 있다. 여기서 "아무것도 없다"는 것은 정말로 아무것도 없다는 사실을 말하고자 하는 것이 아니라, 서운하다는 감정의 강도를 나타낸다(Gray, 1992/1993). 그런데 남편은 언제든 함께할 수 있다고 함으로써 사실과 내용에 근거한 자기주장만을 반복하고 있다. 이 대화는 관계 차원을 무시한 대화일 뿐만 아니라, 아내가 '감정의 강도'를 표현한 것을 남편이 '사실'로 해석하고 이를 반박하며, 아내도 요구 사항을 직접적으로 말하지 않고 간접적으로 말하여 서로 원하는 바를 얻지 못한 채 더욱 어긋나는 예를 보여 준다.

반면에, (2)의 경우는 (1)과 달리 남편이 아내에게 자기 계획을 일방적으로 통보하는 것이 아니라 자기 희망을 이야기하고 아내의 의사를 물어 보고 있다. 거기에 아내도 일단 긍정적인 반응을 보인 다음, 자기가 원하는 바("내일 무엇이든 함께하고 싶다"는 것)를 직접적으로 표현하고 있다. 여기에 다시 남편은 자기 원하는 바도 이루면서 관계 차원을 고려하여 아내가 원하는 것도 함께할 수 있도록 제안을 하고, 아내가 여기에 긍정적인 반응을 보인다. 대화 상대와의 관계를 고려하면서 원하는 바를 직접, 솔직하게, 그리고 부드럽게 요구하는 것이 좋은 결과로 이끌 수 있는 지름길이다.

이와 같이 대화의 과정은 대화의 내용뿐만 아니라 두 사람 간의 관계도 고려해야 잘 이루어질 수 있는 속성을 지니고 있으며, 관계를 고려할 때 염두에 두어야 할 점은 사람에 따라 '사실' 표현과 '감정' 표현에 비중을 두는 정도가 다르고 '직접적' 표현과 '간접적' 표현을 선호하는 정도가 다르기 때문에 상대에 대한 관계를 고려할 때 이 점을 감안해야 잘 적응된 대화를 유지해 갈 수 있다는 것이다. 또 한 가지 중요한 점은 위의 예에서 알 수 있듯이 대화가 잘못 이루어지는 경우도 어느 한쪽의 잘못이 아니라 양자 모두에게 잘못이 있을 때가 많고, 대화가 잘 이루어질 때에도 어느 한쪽만 잘 하는 것이 아니라 양자 모두 노력하고 잘 하는 부분이 있기 때문에 잘 되는 경우가 대부분이라는 것이다.

5) 연속적인 커뮤니케이션 흐름에서의 매듭점

계속 이어지는 커뮤니케이션의 흐름에서 일단락되는 매듭점(punctuation)도 커뮤니케이션에서 중요한 역할을 한다. 연속적인 커뮤니케이션 과정에서의 매듭점은 한 단위의 이야기가 마무리됨과 동시에 다른 이야기가 시작되는 지점이다. 좀 더 정확히 정의하면, 매듭점이란 "자극과 반응의 연속으로 이루어지는 다양한 커뮤니케이션 교류를 의미 있는 조각으로 나누어 보는 지점"을 뜻한다(DeVito, 2000, pp.26, 421). 사람들은 대개 자기가 이해하고 기억하기 쉬운 형태로 커뮤니케이션의 매듭점을 구분한다. 예를 들어, 학생들은 교수가 강의 준비를 잘 해오지 않으니까 수업에 무관심해진다고 생각하고, 교수는 학생들이 수업에 무관심하니까 강의 준비에 열의가 생기지 않는다고 생각한다면, 계속 이어지는 동일한 일련의 사건을 놓고 서로 매듭점이라고 생각하는 부분이 다른 것이다. 요즈음 한국의 청소년들이 예전에 비해 어른을 존경하는 마음이 낮다는 사회적 현상도 청소년의 입장에서는 존경받을 만한 어른들이 없으니까 존경심이 낮을 수밖에 없다고 어른 쪽부터 끊어 해석하고, 어른의 입장에서는 요즘 아이들이 어른을 존경할 줄 모르니까 애정이 가지 않는다고 아이들 쪽부터 끊어 해석할 수 있다. 이 경우 똑같은 사건의 흐름이 되풀이되는 악순환의 연결 고리에서 청소년과 어른이 생각하는 매듭점이 각기 다른 것이다.

앞에서 본 '관계를 무시한' 대화의 예를 자세히 들여다보면, 처음에 남편이 독단적인 의견을 이야기했기 때문에 아내도 함께하는 것이 없다고 불평을 하고, 아내가 불평을 하니까 남편도 덜 수용적이 되는 악순환을 되풀이하고 있음을 알 수 있다(갈등 상황의 커뮤니케이션에서 매듭점의 역할은 7장에서 더 자세히 논의된다). 부정적 커뮤니케이션 고리의 어느 한 지점에서 한 당사자가 매듭점을 잘 선정하여 갈등의 연결 고리를 끊을 수 있다면, 그 후의 대화의 진행은 훨씬 더 원활해질 수 있다. 역지사지(易地思之)의 입장에서 상대방의 매듭점을 잘 파악하여 나와 어떻게 다른지를 알 수 있다면, 훨씬 더 상대와의 대화를 쉽게 풀어 갈 수 있을 것이다.

　　매듭점에 따라 달리 보일 수 있는 커뮤니케이션 악순환의 연결 고리는 중독으로 이어질 수 있는 사이버 커뮤니케이션에서도 일어난다. 사이버 커뮤니케이션 내에서도 현실에서와 마찬가지로 한 사람의 언급이 기분 나쁘게 인식되면 다른 편에서도 비방을 하고, 서로 누가 먼저라고 할 것 없이 사이버상의 언어 폭력이 이어질 수 있다. 더욱이 사이버 커뮤니케이션(예: 채팅, 게임)에 중독이 되는 사람들의 경우, 현실 속의 친구가 없거나 만족스럽지 못하니까 사이버 커뮤니케이션에 빠져들고, 사이버 커뮤니케이션에 빠져드니까 더욱 더 현실 세계의 친구에게 무관심해져 현실적 커뮤니케이션이 어려워지고, 그래서 점점 더 중독 증상이 심해지는 악순환을 되풀이하게 된다 (http://www.psyber119.com 참조). 좋은 현상이 연결 고리로 계속 이어지는 것은 바람직하지만(예컨대, 사랑한다고 말하니까 더욱 잘 해 주게 되고, 잘 해 주니까 더욱 사랑하게 되는 것), 바람직하지 못한 현상이 지속되는 악순환의 연결 고리는 어느 지점에서든 매듭점을 잘 찾아 끊어 주는 지혜가 필요하다.

6) 대칭적 교류와 보완적 교류

커뮤니케이션 과정에서 이루어지는 교류는 대칭적 교류와 보완적 교류로 구분된다. 그림 2–2에서 x축은 호감(사랑)과 미움(증오)의 정도로, 이 차원의 교류는 (항상 그런 것은 아니지만) 대체로 대칭적으로 이루어진다. 즉 내가 상대방을 좋아하면 상대방도 나를 좋아하고, 내가 상대방을 미워하면 상대방도 나를 미워하는 경우가 많다. 반면 y축은 지배와 복종의 정도로, 이 차원의 교류는 (항상 그런 것은 아니지만) 대체로 보완적으로 이루어진다. 즉 내가 상대방에게 지배적이면 상대방은 나에게 복종적이 되고, 내가 상대방에게 복종적이면 상대방은 나에게 지배적인 경우가 많다.

그림 2-2. 지배-복종, 사랑-증오로 이루어지는 2차원 공간 속의 인간 커뮤니케이션

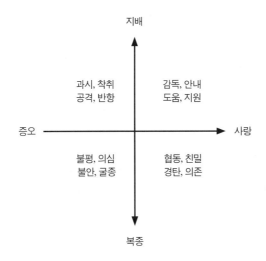

출처: Wilmot, 1987/1996, p.210의 그림 4-9를 단순화시킴, Leary, 1955 참조.

대칭적 교류에서는 두 사람의 행동이 거울처럼 대칭적으로 서로에게 반영되어 나타난다. 한 사람이 질투를 하면 상대방도 질투를 하고, 한 사람이 좋아하면 다른 사람도 좋아한다. 평등적인 관계에 가깝다. 그러나 한 사람이 공격적일 때 상대방도 똑같이 공격적이 되거나, 한 사람이 화낼 때 상대방도 똑같이 화내는 상황에서는 대칭적 교류가 바람직하지 못한 방향으로 흐른다. 대칭적 교류는 경쟁적 대칭, 복종적 대칭, 중립적 대칭으로 다시 나뉠 수 있으며, 그 예는 예시 2-3의 지수와 민수 간의 대화 (1)부터 (3)까지에 나와 있다.

보완적 교류에서는 두 개인이 서로 다른 대조적인 행동을 보인다. 한 사람의 행동이 자극이 되어 다른 사람의 보완적 행동을 유발한다. 예를 들어, 한 사람이 상대방을 지배하려 하면 상대방은 그 사람에게 복종하고, 한 사람이 적극적으로 앞장서면 상대방은 소극적으로 따라가는 경우가 보완적 교류다. 연인 관계나 부부 관계에서뿐만 아니라 부모와 자식 관계에서도 이런 보완적 교류가 나타난다. 즉 지나치게 보호적인 부모는 지나치게 의존적인 아이를 만들 수 있고, 지나치게 무관심한 부모는 독립성이 지나쳐 반항적인 아이를 만들 수 있다. 적절히 양육적이면서 지나치게 보호적

▶ 예시 2-3. 교류에서의 대칭, 보완, 및 전이

(1) 경쟁적 대칭

　지수: 그거 지금 해. ↑

　민수: 내가 준비되면 할 거야. 그게 싫으면 네가 해. ↑

(2) 복종적 대칭

　지수: 우리 저녁 뭐 먹을까? ↓

　민수: 네가 좋아하는 건 뭐든 나도 좋아. ↓

(3) 중립적 대칭

　지수: 영수에게 새 신발이 필요해. →

　민수: 그리고 새 재킷도 필요해. →

––

(4) 선통제와 후복종의 보완 관계

　지수: 이렇게 해 봐. ↑

　민수: 아하, 그거 좋겠다. 정말 똑똑하네. ↓

(5) 선복종과 후통제의 보완 관계

　지수: 새 팀을 잘 관리하는 방법을 모르겠어. ↓

　민수: 아, 그거 쉬워. 나는 몇 년 동안 비슷한 팀을 관리해 보았어. ↑

––

(6) 경쟁적 메시지를 중성적 메시지로 받는 전이

　지수: 나 극장에 가고 싶어. ↑

　민수: 이번 주말에 볼 게 아주 많아. →

(7) 복종적 메시지를 중성적 메시지로 받는 전이

　지수: 나는 도구를 어떻게 사용하는지 모르겠어. ↓

　민수: 많은 사람들이 그런 어려움을 느끼지. →

(8) 중성적 메시지를 경쟁적 메시지로 받는 전이

　지수: 그것을 할 수 있는 방법은 여러 가지야. →

　민수: 자, 여기 올바른 방법이 있어. ↑

(9) 중성적 메시지를 복종적 메시지로 받는 전이

　지수: 그것을 할 수 있는 방법은 여러 가지야. →

　민수: 네가 하는 방식이면 무엇이나 좋아. ↓

출처: DeVito, 2000, p.29.

이지 않은 수준을 유지할 수 있는 부모 아래에서 자란 자녀가 안정된 애착 관계를 형성하여 독립적이면서도 따뜻한 인간으로 성장할 수 있다. 조직 장면에서도 보완적 교류는 많이 나타날 수 있으며, 그 가능한 예가 예시 2-3의 대화 (4)와 (5)에 나와 있다. 지배적인 메시지 후에 복종적인 메시지를 보이는 보완 관계와 그 반대의 경우가 모두 가능하다.

대칭성과 보완성 이외에 전이 유형도 있다. 이것은 지배적 메시지에 복종적으로 반응하지 않고 중립적으로 반응하는 경우, 복종적 메시지에 지배적으로 반응하지 않고 중립적으로 반응하는 경우, 그리고 중립적 메시지 후에 지배적이거나 복종적인 방식으로 반응하는 경우로 나뉜다. 그 예가 예시 2-3의 대화 중 (6)부터 (9)까지에 나와 있다.

지배-복종 관계는 보완적인 경우에 마찰이 적고, 지배가 대칭적으로 나타나거나 미움이 대칭적으로 나타날 때 갈등이 빚어진다. 호감이 대칭적으로 나타나거나 복종이 대칭적으로 나타나면 호감을 증폭시키는 상승 작용이 일어날 수 있다. 대인 커뮤니케이션에서뿐만 아니라 소집단 커뮤니케이션에서도 리더와 구성원들 간의 지배-복종, 호감-미움 차원의 위치에 따라 커뮤니케이션 양식이 달라지고, 다회에 걸친 커뮤니케이션과 행동의 누적 결과에 따라 그 집단 전체의 성과나 구성원의 만족도도 달라진다.

7) 커뮤니케이션의 필연성, 비가역성, 및 비반복성

커뮤니케이션은 피할 수 없고, 취소할 수 없으며, 똑같이 반복할 수 없다. 즉 필연성, 비가역성, 비반복성을 지닌다. 좀 더 구체적으로, 커뮤니케이션의 필연성은 우리가 어떤 상황에 놓여도 커뮤니케이션을 하지 않을 수가 없다는 것, 즉 반드시 커뮤니케이션을 할 수밖에 없음을 의미한다. 아무 말도 하고 싶지 않아 입을 꾹 다물고 있어도, 그 자체로서 바로 '나는 말하고 싶지 않다'는 뜻이 상대방에게 전달되어 그 의미를 공유하게 됨으로써 커뮤니케이션이 이루어졌다고 볼 수 있다.

커뮤니케이션의 비가역성은 한 번 쏟아낸 말은 되돌릴 수 없다는 것이다. 한 번입 밖으로 나간 말은 이미 '엎질러진 물'이라고 보면 된다. 아무리 취소해도 이미 커뮤니케이션되었다는 사실을 돌이킬 수는 없다. 이 '돌이킬 수 없음'의 파장은 꼬리에 꼬리를 물고 무한정 확장될 수 있는 인터넷 상황에서 더 커질 수 있다. 한 번의 클릭으로 몇천 명 이상의 수신자에게 동시에 메시지를 전달할 수 있고, 또 그 메시지 받은 사람이 또 다른 몇만 명 이상의 수신자에게 동시에 그리고 순식간에 전달할 수 있기 때문에, 이미 떠난 메시지를 주워 담기란 바닷가의 모래알을 다시 주워 담는 것만큼이나 불가능하다.

커뮤니케이션의 비반복성은 완전히 똑같은 커뮤니케이션은 두 번 다시 반복될 수 없다는 것이다. 최대한 동일한 내용을 동일한 양식으로 반복한다 해도 이미 그 메시지가 전달되는 시점이 다를 뿐만 아니라, 조금 전의 메시지가 반복된다는 사실 자체가 이미 이전과는 다른 의미를 포함하게 된다.

커뮤니케이션을 포기하는 것은 곧 인간이기를 포기하는 것과 다름 아니다. 뿐만 아니라, 우리가 포기하고 싶어도 마음대로 포기할 수 없는 것이 또한 인간의 커뮤니케이션이다. 인간과 인간을 연결해 주는 언어 자체가 바로 미디어이며(김정탁, 1998), 미디어가 발달할수록 미디어는 곧 인간 자신의 확장이 되기 때문이다(McLuhan, 1964/2002).

8) 커뮤니케이션의 다목적성

커뮤니케이션은 다양한 목적을 지니고 행해지는 행위다. 우리는 왜 커뮤니케이션을 하는가? 우리가 모르던 것을 알기 위해서, 다른 사람과 관계를 맺기 위해서, 돕기 위해서, 설득하기 위해서, 그리고 오락을 위해서 등이다(DeVito, 2000, p.33). 가장 흔히 언급되는 커뮤니케이션의 목적은 관계 유지와 정보 교환, 그리고 오락과 휴식이다. 도움을 주고 설득하는 것도 크게 보면 관계 유지와 정보 교환의 한 유형으로 묶을 수 있다. 커뮤니케이션의 동기를 즐거움, 애정, 참여, 도피, 휴식, 통제라는 여섯 종류로 나눈 학자도 있지만(Rubin & Martin, 1994, 1998), 즐거움, 도피, 휴식은 오락과 휴식으로, 애정, 참여, 통제는 관계 유지로 묶일 수 있다.

커뮤니케이션의 다양한 목적을 하나로 묶을 수 있는 개념은 불확실성 감소 (uncertainty reduction)다. 정보에 대한 불확실성을 줄이기 위해서, 그리고 다른 사람들에 대한 불확실성을 줄이기 위해서 우리는 커뮤니케이션을 한다(Littlejohn, 1999/1996; Berger & Calabrese, 1975). 원래 불확실성 감소 이론은 개인들 간의 초기 상호작용 과정에서 자기 자신과 타인에 대해 점점 많은 부분을 알아 가게 됨으로써 불확실성이 감소되어 가는 부분을 다루어 왔다. 그런데 커뮤니케이션 과정에서 사람에 관한 정보뿐만 아니라 사물이나 사건에 대한 정보도 처음에는 불확실성이 큰 상태에 있다가 커뮤니케이션이 진행되어 감에 따라 점차 불확실성이 감소된다는 측면에서 '불확실성 감소' 자체를 커뮤니케이션의 전반적인 기능 또는 목적으로 분류할 수 있다.

우리가 커뮤니케이션을 하는 목적은 우리가 미디어를 이용하는 목적과 유사하다. 그 이유는 우리가 커뮤니케이션을 할 때 미디어를 이용하는 경우가 많기 때문이다. 매스 미디어의 이용과 충족 이론에서 말하는 미디어 이용 목적은 학습, 확산, 모임, 도피다(Dominick, 1994). 학습은 정보 추구, 모임은 관계 추구, 그리고 확산과 도피는 오락과 휴식으로 재분류가 가능하다. 따라서 우리가 미디어를 찾는 목적들이 위에 언급한 인간 커뮤니케이션의 다양한 목적들과 일맥상통할 뿐만 아니라, 뉴 미디어 시대 인터넷 이용자들의 능동적 이용 동기와도 상당 부분이 공유된다(강미은, 2000; 은혜정·나은영, 2001).

커뮤니케이션의 목적과 미디어 이용 목적 중 가장 공통되는 부분이 바로 '관계' (또는 '접촉')와 '정보'다. 우리는 끊임없이 누군가와 관계를 유지하려 하고 무엇인가를 알려 한다. 여기에 꼭 필요한 것이 커뮤니케이션이요, 그 커뮤니케이션에 크게 도움이 되는 것이 바로 미디어인 것이다.

2. 미디어를 경유한 인간 커뮤니케이션의 원리

지금까지 언급한 인간 커뮤니케이션의 원리는 주로 면대면 커뮤니케이션에 적용되는 원리다. 1장에서 언급했듯이 미디어의 개인화와 무선화로 인해 인간 커뮤니케이션의 범위가 확대되었기 때문에, 미디어를 경유한 인간 커뮤니케이션의 원리도 기본적인 원리에 포함시켜야 할 필요가 생겨났다.

컴퓨터 기능을 활용한 기술 미디어가 미디어의 주류를 이루고 있기 때문에, 결국 미디어를 경유한 인간 커뮤니케이션의 원리는 상당 부분 CMC, 즉 컴퓨터 매개 커뮤니케이션의 원리와 중첩되며, 최근에는 특히 사회관계망 서비스(social networking service/site, 이후 SNS)가 사람들 사이의 커뮤니케이션을 주도하고 있어 SNS의 원리와도 연결된다.* 미디어의 변화에 발맞춰 이 원리들도 변화를 겪겠지만, 현재 상태에서 미디어를 경유한 인간 커뮤니케이션의 원리를 정리해 보면 다음과 같다.

1) 미디어 심리적 소통 공간의 형성과 공유: 마음의 할당

면대면 인간 커뮤니케이션에서는 물리적 공간의 공유가 중요했지만, 미디어를 경유한 인간 커뮤니케이션에서는 물리적 공간보다 심리적 공간, 더 정확히 이야기하면 미디어 심리적 공간의 공유가 더 중요해졌다. 한국과 미국에 몸이 떨어져 있더라도 동일한 미디어 서비스로 심리적 공간을 공유한다면 소통이 가능하다.

일단 소통을 먼저 시도하는 전달자의 입장에서 본인에게 가장 편리한 소통 공간의 선택이 발생한다. 사무실에서, 집에서, 커피숍에서, 공원에서, 또는 대합실이나 전철 안에서 소통을 하기에 적절하다고 생각되는 공간을 선택한다. 또 한 가지 중요한 점은 공간의 선택에는 시간의 선택이 함께 작용한다는 점이다. 소통을 위해 미디어 서비스를 활용할 때, 적절한 시간과 공간의 선택이 함께 이루어져야만 소통이 가능해진다.

소통에 적절해 보이는 공간을 선택하는 것은 인간이 환경을 지각하는 과정에서 이루어지기 때문에 미디어 환경의 '어포던스(affordance)'가 중요해진다. 어포던스란 '환경이 내게 무엇을 해 줄 수 있는지'에 대한 기능 지각을 말하며(3장 참조), 미디어의

---

* 이 책에서 이야기하는 '컴퓨터 매개 커뮤니케이션(computer-mediated communication, 이후 CMC)'에는 일반 컴퓨터뿐만 아니라 스마트폰, 태블릿 PC, 노트북 등 각종 디지털 및 모바일 기기를 매개로 한 커뮤니케이션이 모두 포함된다. 휴대 전화도 이제는 전화 또는 가전 기기가 아니라 명실상부한 컴퓨터이기 때문이다.

지속적인 발전은 사람이 미디어의 어포던스를 지각하는 방식을 끊임없이 변화시켜 오고 있다.

예를 들어, 초기의 유선 전화는 '전화기 앞에 있을 때 다른 사람의 목소리를 들을 수 있게 해 주는' 것으로 그 기능이 지각되었던 반면, 요즘의 스마트폰은 '언제 어디서나 다른 사람과 영상을 포함한 각종 콘텐츠를 교환할 수 있는' 것으로 그 기능이 매우 광범위하게 지각된다. 시간과 공간으로 구성되는 물리적 환경의 범위를 쉽게 뛰어넘는다는 점, 전달할 수 있는 자료의 형태도 매우 다양하고 대량화되었으며 빨라졌다는 점 등이 요즘 미디어가 우리에게 주는 어포던스의 특징 중 하나다.

소통에 필요한 요소들을 열거하고 정의해 보면 다음과 같다.

① 공간(space): 대화하기 좋은 공간으로 보이는 곳

② 존재(presence): 상대가 이쪽 또는 저쪽에 존재하고 있다고 느껴짐

③ 공존(copresence): 상대가 바로 옆 또는 저쪽에서 나와 함께 있는 것처럼 느껴짐

④ 공감(empathy): 상대와 나의 생각이 잘 공유된다고 느껴짐

소통의 공간이 물리적 공간이든 컴퓨터를 통한 가상적 공간이든(그림 2-3 참조), 상대와 소통이 시작되면 현재의 공간에 몰입해 다른 공간을 인식하지 못하는 '다른 공간과의 단절'을 경험한다. 그러한 타 공간과의 단절을 본인이 의식하든 의식하지 못하든, 공간의 선택이 이루어지고 있는 것이다. 따라서 CMC에 몰입할수록 물리적 공간과의 단절이 심해져 물리적 공간 내의 타인에 대한 배려가 부족해질 수 있다.

주변에 관심을 두어야 할 대상(사람이든 환경이든)이 있으면 심리적 대화 공간이 생기지 않는다. 심리적 대화 공간이 어느 정도 생기더라도 그 공간에서는 피상적 대화만이 가능하다. 즉 물리적 공간이 어디든 심리적 몰입이 필수적이라는 뜻이다. 결국 인간 커뮤니케이션에서 가장 중요한 것은 대화 상대, 즉 사람에 대한 몰입이며, 그 사람과 나누고 있는 대화 내용에 대한 마음의 집중이다. 시간과 공간의 할당은 마음의 할당에 따라 적절히 이루어지는 것이다. 본인이 중요하다고 생각하는 사람과 중요한 대화를 나눌 때는 마음의 거의 100%를 할당할 수 있는 준비 상태가 되는 것이고, 이

그림 2-3. 면대면 커뮤니케이션(FTF)과 컴퓨터 매개 커뮤니케이션(CMC)의 소통 공간 도식화

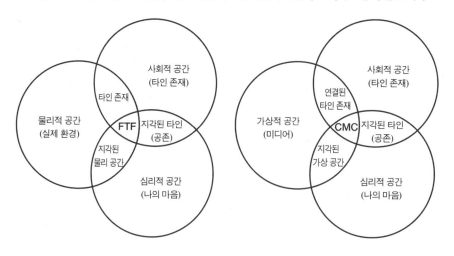

럴 경우 시간과 공간으로 이루어지는 주변의 물리적 환경에서 최대한 소통 공간을 찾아내 가상적 대화 공간을 만들어 낸다.

시간이 하루 24시간으로 한정되어 있는 것처럼, 사람의 마음도 무한정의 사람에게 무한정의 관심을 줄 수는 없다. 따라서 특정 상황에서 어떤 사람과 어떤 대화를 하는 것이 자신에게 가장 중요한지를 '선택'하여 '할당'하게 된다. 시간 할당, 마음 할당, 공간 찾아내기 등 이러한 과정에서 사람은 환경이 자신에게 어떤 기능을 해 줄 수 있는지에 대한 어포던스를 지각하고, 그에 따라 가용한 자원들을 활용하는 것이다. 어포던스의 개념과 사례에 관한 내용은 3장에서 자세히 살펴볼 것이다.

2) 시간의 배분과 재할당

소통을 하기 위해서는 일정 시간의 할당이 필요하다. 미디어가 변화하면 그 변화에 걸맞은 시간의 재할당도 필요하다(이재현, 2005). 개인이 휴대하며 언제 어디서나 소통 공간을 구성하여 소통 시간을 가질 수 있는 현재의 미디어 환경에서는 본인에게 주어진 하루 24시간을 공적 업무를 위한 소통과 사적 관계 유지를 위한 소통에 어떻게 할당할 것인가 하는 것이 커뮤니케이션의 중요한 과정 중 하나로 자리 잡았다.

소통을 위한 개인의 시공간 선택의 자유는 소통을 시도하려 하는 당사자에게는 장점일 수 있으나, 상대의 상황을 알지 못하기 때문에 상대에게는 단점으로 작용할 수도 있다. 본인이 편리한 시간을 선택해 소통을 시도하면, 상대에게는 공교롭게도 불편한 시간이 되어 의도하지 않은 피해를 줄 수도 있다.

동시적 소통이 전형적인 소통으로 간주되던 때도 있었으나, 요즘은 전달자와 수신자가 반드시 동시에 접속하지 않아도 서로 편리한 시간을 이용해 메시지를 확인하거나, 동시 접속이 가능한지 확인한 후에 소통을 시도하는 경우도 증가했다. 소통은 혼자서 하는 것이 아니기 때문에, 본인이 시공간을 선택할 수 있는 만큼 상대방의 시공간도 고려하고 배려해야 한다는 원리가 더 생겨난 것이다.

3) 미디어 기기와 서비스 활용의 공유

동일한 미디어를 소유하고 있더라도 동일한 미디어 서비스를 이용하지 않으면 소통이 불가능할 수 있다. 예를 들어, 한 사람은 카카오톡을 사용하는데 다른 사람은 라인을 사용한다면, 두 사람은 원활한 소통을 하기 어려워진다.

미디어가 발전해 감에 따라 모든 인구 집단이 동일한 속도로 새로운 미디어 서비스를 받아들인다면 소통에 장애가 발생하지 않겠지만, 미디어 발전 속도가 빠를수록 이를 즉시 따라잡는 집단과 뒤늦게 받아들이는 집단 사이의 소통 장애는 예전보다 더 커질 수밖에 없다. 이러한 이유로 인해 미디어의 발전이 반드시 사람 사이의 의미 공유, 즉 공감의 비율을 높이는 것은 아니다.

모든 것을 볼 수 있는 사람과 시각 장애인 사이에는 '보는' 기능을 하는 '즉각적 미디어(immediate media)' — '즉각적'이란 말을 '비매개적'이라고 표현하기도 한다 (Bolter & Grusin, 1999/2006) — 가 공유되지 않았기에 의미 공유에 한계를 지닌다. 사람들은 이를 극복하기 위해 점자를 개발했다. 점자는 볼 수 있는 사람과 볼 수 없는 사람이 함께 가지고 있는 '촉각'으로 소통하는 것이다. 이와 유사하게, 들을 수 있는 사람과 들을 수 없는 사람은 그들이 함께 가지고 있는 '시각'을 활용한 수화로 소통을 한다. 이처럼 사람과 사람 사이의 참된 의미 공유를 위해서는 소통 수단의 공유가 선행되어야 한다.

4) 신뢰와 진실성의 누적

진실성이 있을 때 신뢰가 생기고 의미 공유가 더 잘 일어나는 것은 당연하다. 신뢰와 진실성은 같은 내용의 말이라도 상대에게 전해지는 공감의 무게를 더 강하게 하는 힘을 지닌다. 진심이 담긴 메시지는 덜 발달된 미디어로 전달되어도 사람의 마음을 움직일 수 있지만, 진심이 담기지 않은 메시지는 아무리 발달된 미디어로 전달되어도 사람의 마음을 움직일 수 없다. 일시적으로는 효과가 있는 것처럼 보일 수 있으나 그 효과는 단기적이고 피상적일 뿐이다.

신뢰와 진실성의 원리는 미디어를 경유하든 경유하지 않든 모든 커뮤니케이션에 중요하다. 그러나 현장에서 한 번 말을 내뱉고 나면 그것을 녹음하지 않는 한 사라져 버리던 예전과는 달리, 디지털화된 데이터로 저장되는 CMC에서는 커뮤니케이션의 흔적이 누적된다. 따라서 눈앞에서는 화면에서 '흘러가 버리는' 메시지의 휘발성 때문에 아무 말이나 함부로 해도 괜찮다고 생각하기 쉬우나, 실제로는 면대면 커뮤니케이션보다 훨씬 더 신중하게 언어 표현을 해야 하는 이유가 바로 이 커뮤니케이션 흔적의 누적성에 있다.

미디어 네트워크로 거미줄처럼 연결되어 있는 사람들의 현재 상황에서, 자신과 연결되어 있는 링크(link)의 수 자체보다 링크를 흐르는 정보의 질이 훨씬 더 중요하다. 링크를 흐르는 정보의 질이 확보되지 않은 정보의 양만으로는 신뢰를 쌓는 데 한계가 있다. 특히 편집과 가공이 용이해진 디지털 미디어를 경유한 커뮤니케이션에서는 진실성의 힘이 더욱 크게 작용할 수 있다. 가공되지 않은 진짜 모습을 주고받을 때 참된 의미 공유가 일어났다고 할 수 있기 때문이다.

3. 커뮤니케이션의 종류와 단계

커뮤니케이션의 종류를 나누는 방법은 무수히 많겠지만, 여기서는 간단히 몇 가지만 살펴보기로 하자.

1) 공식적 커뮤니케이션과 비공식적 커뮤니케이션

인간 커뮤니케이션의 영역을 분류한 1장의 표 1-4와 표 1-5에서, 위로 갈수록 비공식성이 높고 아래로 갈수록 공식성이 높다. 즉 개인 내 커뮤니케이션 쪽으로 갈수록 사적(personal)이며 비공식적이고, 매스 커뮤니케이션 쪽으로 갈수록 공적(public)이며 공식적이다. 대부분의 영역이 모두 공식적 커뮤니케이션과 비공식적 커뮤니케이션으로 나뉠 수 있으나, 어떤 영역에는 비공식적 커뮤니케이션이 더 많고 어떤 영역에는 공식적 커뮤니케이션이 더 많다.

공식적 상황과 비공식적 상황에서 사용하는 언어에 차이가 있다는 연구들도 이루어져 있다. 액센트를 보면 사회 계층을 알 수 있으며(Ellis, 1967), 중상층 사람들이 하층 사람들에 비해 "긴 문장, 정확한 문법, 종속절"을 많이 사용한다는 결과를 얻었다(Argyle, 1992, p.27). 그림 2-4에서 알 수 있듯이 계층 간의 언어 사용의 차이는 비공식적 커뮤니케이션 상황보다 공식적 커뮤니케이션 상황에서 더 크게 나타났으며(Lindenfeld, 1969), 고급 영어("관계대명사절을 많이 사용하고, 많은 어휘를 한 문장에 표현"하는 영

그림 2-4. 공식적-비공식적 상황에서 계층에 따라 사용하는 언어의 차이

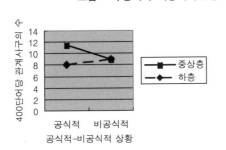
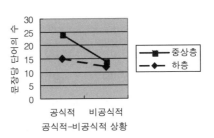

출처: Lindenfeld, 1969; 한규석, 1995, p.227.

어)는 정보 교환에, 평범한 영어는 대인 관계 유지에 더 효과적인 기능을 한다(Brown & Fraser, 1980; 한규석, 1995, p.227 참조).

조직 상황에서의 공식 커뮤니케이션과 비공식 커뮤니케이션은 표 2–1과 같이 구분되는데, 이러한 공식적–비공식적 커뮤니케이션의 구분은 불과 2~3인으로 구성된 아주 작은 조직(예컨대, 공동 프로젝트 회의)에서부터 수천만의 사람들로 구성된 국가 또는 국제 조직에 이르기까지 모든 커뮤니케이션 상황에 적용되는 구분으로 확대 해석할 수 있다.

공식적 커뮤니케이션과 비공식적 커뮤니케이션의 구분은 공식적 상황과 비공식적 상황에서 내보이는 커뮤니케이션의 불일치가 특히 높은 한국과 같은 문화에서 더 중요해진다(나은영, 2001a; Na & Min, 2000). 공식적 커뮤니케이션은 아주 예의바른 형식을 갖추지만 실제적으로 중요한 정보의 흐름은 비공식적 커뮤니케이션 속에서 이루어지는 경우가 많다(박승관, 1994). 공식적 커뮤니케이션과 비공식적 커뮤니케이션의 차이는 공적 영역과 사적 영역의 행동 규범과도 연결된다. 한국인의 경우 특히 공적 영역의 '공정성'과 사적 영역의 '인정' 간 갈등을 느낄 때, 예를 들어 교통 경찰관의 아주 친한 친구의 아버님이 교통신호를 위반한 경우 경찰이라는 공적 역할에 충실하여

표 2–1. 공식 커뮤니케이션과 비공식 커뮤니케이션의 비교

	공식 커뮤니케이션	비공식 커뮤니케이션
메시지 공급자	조직 내 역할·지위와 관련됨	조직 내 역할·지위와 무관함
미디어	공문서, 서한, 게시판 등	대화, 담소, 대면, 전화 등
장소	부서, 사무실 등 근무 공간	휴게실, 복도 등 비업무 공간
시간	일과 중, 근무 시간	일과 후, 퇴근 후, 휴식 시간
방향성	수직적, 하향적	수평적
메시지 성격	업무 지향적	비업무적
메시지 구속력	공적, 강제적	사적, 잠정적, 일회적
메시지 구조	사전 준비, 심사숙고됨, 제한적, 정형적	사전 준비 없이 즉흥적, 융통적, 비정형적
메시지 스타일	문어적, 직설적	구어적, 은유적

출처: 강길호·김현주, 1995, p.222.

범칙금을 물릴 것이냐 아니면 친한 친구의 아버님이라는 관계적·위계적 예의를 따라 범칙금을 물리지 않고 눈감아 드릴 것이냐를 고민할 때, 한국인은 공정성보다 인정을 따르는 사람을 더 호의적으로 생각하는 경향이 있다(한규석, 2000). 모든 경우에 항상 그런 것은 아니지만, 공적 임무에 너무나 충실한 나머지 사적 관계와 인정을 무시하는 사람은 매몰찬 인상을 주는 것이 한국 문화의 현실이다. 바로 이와 같은 공과 사의 혼동, 즉 공적 영역에 사적 연줄을 동원하고 사적인 일의 처리에 공적인 인력을 동원하는 부분에서 자칫 부패의 씨앗이 자라기도 한다(10장 참조). 공적 영역의 공식적 커뮤니케이션보다 오히려 사적 영역의 비공식적 커뮤니케이션이 더 실질적인 강한 힘을 지니고 있는 경우가 아직은 많지만, 이 두 가지가 균형을 이루는 커뮤니케이션이 바람직하다고 본다.

2) 표현적 커뮤니케이션과 도구적 커뮤니케이션

사람들은 왜 커뮤니케이션을 하는가? 자기의 생각과 느낌을 다른 사람에게 전달하고 이해받을 때 사람과 사람 간의 관계가 원활히 유지되고, 또 그래야만 인간 개인으로서의 삶도 의미를 지니기 때문이다. 이때 커뮤니케이션은 사람에게 어떤 기능을 하는가? 자기가 표현하고 싶은 생각과 느낌을 거리낌 없이 각종 언어적 또는 비언어적 수단을 이용하여 표현할 수 있는 표현적 기능을 한다. 뿐만 아니라, 커뮤니케이션을 통해 다른 목적을 이룰 수 있는 도구적 기능도 한다.

(1) 표현적 커뮤니케이션

표현적 커뮤니케이션은 자기 자신에 대한, 또는 다른 대상에 대한 태도와 정서를 표현하는 역할을 한다. '저 꽃이 예쁘다' 또는 '나는 기쁘다'와 같은, 표현 이외의 목적을 거의 지니지 않은 커뮤니케이션을 말한다. 또 한 가지 대표적인 '표현적 커뮤니케이션'의 예를 든다면 '시'라는 형식의 문학 작품, '그림'이나 '음악' 등의 예술 작품이다. 시는 주로 다양한 '언어적' 표현 양식을 동원하여 메시지를 전달하고, 그림과 음악은 주로 '비언어적' 표현 양식을 동원하여 메시지를 전달한다. 표현적 커뮤니케이션도 자신의 '생각(인지)'을 표현하느냐 '느낌(정서)'을 표현하느냐 또는 이 둘을 모두 표현하느냐에 따라 더 세부적인 구분이 가능하겠지만, 대체로 그 비중의 차이는 있겠으나 생각과 느낌이 함께 표현되는 경우가 많을 것이다.

'칭찬'이나 '감탄'이 표현적 커뮤니케이션일 때 바람직하다. 다른 사람의 업적에 대한 감탄이나 칭찬이 그 사람으로부터 어떤 다른 목적을 끌어내기 위한 '도구'로 사용된다면 이것은 겉보기에는 표현적 커뮤니케이션으로 보이겠지만 사실은 도구적 커뮤니케이션에 해당한다. 대체로 '정치적' 또는 '외교적' 발언이라는 말을 '어떤 다른 목적을 얻기 위한' 커뮤니케이션을 지칭할 때 많이 사용한다. 이런 커뮤니케이션은 어느 한편이 소기의 목적을 달성하는 데는 도움이 될지 모르지만 참된 '사람과 사람 사이의 의미 공유'에 오해를 유발할 소지가 크기 때문에 바람직한 것은 아니다. 더구나 이런 커뮤니케이션이 도구적이라는 사실 자체가 상대방에게 지각되면 커뮤니케이터에 대한 신뢰감이 떨어져, 장기적 관계에서 좋지 않은 결과가 나올 수 있다. 어떤 이야기를 해도 믿지 않을 정도로 신뢰가 떨어진다면 이미 그 사람의 커뮤니케이션은 커뮤니케이션으로서의 의미를 상당 부분 상실하게 된다.

(2) 도구적 커뮤니케이션

도구적 커뮤니케이션은 단순한 표현 이외의 다른 목적을 얻기 위한 커뮤니케이션을 말한다. 두 커뮤니케이터 간에 대화가 오고 갈 때 상대방을 도구적으로 이용하려는 시도는 분명히 바람직하지 않다. 그러나 도구적 커뮤니케이션이 항상 바람직하지 않은 것은 아니다. 예를 들어, 교육 장면에서 새로운 정보를 전달하고 후세를 학습시키려는 목적으로 이루어지는 커뮤니케이션은 도구적 커뮤니케이션이다. 학생들에게 어떤 메시지를 전달하는 것이 좋을지 기획하고, 그것을 어떻게 전달하는 것이 가장 효율적일지 연구하고, 각종 시청각 미디어까지 동원하여 언어적·비언어적 전달 방식을 총망라하면서 커뮤니케이션을 한다고 할 때, 이것은 철저히 사전에 준비되고 계획된 도구적 커뮤니케이션이지만 바람직한 것이다.

도구적 커뮤니케이션의 예는 대인 간 커뮤니케이션에서부터 국가 간 커뮤니케이션에 이르기까지 무척 많다. 과학적 지식을 전달하는 커뮤니케이션도 도구적 커뮤니케이션이다. 사실 인문학적·예술적 표현 영역을 넘어서는 커뮤니케이션 중에는 도구적 커뮤니케이션의 범위가 훨씬 더 넓다고 할 수 있다. 대표적인 도구적 커뮤니케이션은 설득 커뮤니케이션이다(11장 참조). 대인 관계에서 자기 의견이 옳다고 믿게 하기 위해 설득하는 것, 자사 제품을 판매하기 위한 광고 메시지, 선거에 당선되기 위해 득표를 목적으로 하는 설득 캠페인이 모두 도구적인 설득 커뮤니케이션이다. 뿐만 아니라, 취업 면접에서 자기가 그 회사에서 일할 수 있는 적임자라는 사실을 설득시키기 위해 좋은 인상을 주려고 말하는 것, 자기가 사랑하는 사람의 사랑을 얻기 위해 각종 언어적·비언어적 수단을 직간접적으로 동원하여 사랑을 고백할 때의 커뮤니케이션도 '표현'으로서의 커뮤니케이션 비중보다 '도구'로서의 커뮤니케이션 비중이 더 큰 상황이라고 할 수 있다. 더 나아가 노사 협상, 국제 협상 등도 상대 집단이나 국가가 자기 집단이나 국가의 의견을 받아들이도록 하기 위한 고도의 도구적 커뮤니케이션이다. 도구적 커뮤니케이션의 목적은 포괄적으로 자기 생각을 다른 사람이 받아들이도록 하고, 더 나아가 행동에 옮기도록 하는 것이다.

사람은 자신을 표현하기 위해서 뿐만 아니라 자신의 목적을 달성하기 위해 다른 사람과 끊임없이 커뮤니케이션을 한다. 이 과정에서 각종 미디어를 사용하며, 미디어 자체가 표현적 또는 도구적이라기보다는 커뮤니케이션을 하는 사람의 의도가 어떠하냐에 따라 표현적·도구적 커뮤니케이션이 구분된다. 같은 미디어도 어떤 사람은 보다 표현적인 방식으로 사용할 수 있고 또 다른 사람은 보다 도구적인 방식으로 사용할 수 있다.

3) 과학적 커뮤니케이션과 예술적 커뮤니케이션

과학적 커뮤니케이션은 논리적·이성적이고 딱딱하며 사실을 전달하는 데 주안점을 둔다. 반면에 예술적 커뮤니케이션은 감성적이고 부드러우며 정서를 전달하는 데 주안점을 둔다. 여기서 중요한 점은 반드시 전자가 후자보다 훌륭한 것은 아니라는 점이다. 둘 모두가 인간의 커뮤니케이션을 보다 풍부하게 해 줄 수 있는 요철과 같은 필수 요소다.

언제부터인지 인간은 과학과 예술을 서로 대립되는 것으로 보아 왔다. 실제로 '과학'이라는 용어가 "신학적·형이상학적인 것을 배제하고 물리적·실험적 지식을 표현하는 것으로 공식적으로 못 박아진 사용례가 발견된 것은 1867년"이다(김학수 외, 2000). 그리고 '과학자'라는 용어도 '예술가'를 모방해서 1834년에 만들어졌다고 한다(Snow, 1993). 레오나르도 다 빈치나 미켈란젤로 등과 같은 옛날 학자들은 과학과 예술에 모두 능한 사람이 많았다. 그런데 학문이 점차 복잡해지면서 전문화가 진행되었고, 그 과정에서 학문 간의 경계가 그어지면서 가장 뚜렷한 경계가 과학과 예술 사이에 그어지고 말았다. 어떤 한 개념을 보다 잘 이해하기 위해 그 대립 개념을 이해해야 한다는 것은 소쉬르 때부터 믿어 온 생각이다. 과학을 이해하기 위해서는 예술을 알아야 하고, 예술을 이해하기 위해서는 과학을 알아야 한다.

대체로 사람들이 즐겨 사용하는 이분법은 다음과 같다.

과학 대 예술

기술 대 문화

이성 대 감성

남성 대 여성

서양 대 동양

언어적 대 비언어적

도구적 대 표현적

구체적 대 추상적

사실적 대 상징적

하드웨어 대 소프트웨어

이와 같은 이분법의 논리가 잘못되었다는 것이 아니라, 대립되는 개념이라고 하여 상대 개념을 배척해서는 안 된다는 사실을 강조하고 싶다. 뿐만 아니라, 어느 한쪽이 우월하고 다른 쪽이 열등하다는 전제하에 이루어지는 논의도 바람직하지 않다. 위에 열거한 이분법적 대립 중에 대체로 왼쪽에 놓여 있는 것이 더 우월하고 바람직한 것으로 여겨져 온 것이 사실이다. 그러나 '인간'에게는 양자 모두가 필요하다. 극단적인 예로서, 두 대립쌍 중에 한쪽만 있는 상황을 생각해 보면, 과연 그런 상황에서 인간의 삶이 가능할 것인가? 사람은 커뮤니케이션을 통해 서로 관계를 맺으며 살아가야 하는 존재다. 그렇지 않으면 이미 인간으로서의 존재 가치가 사라진다. 대립쌍 간의 균형을 상실할 때 인간에게 위기가 올 수도 있다. 우주의 원리든 인간의 원리든 음과 양이 모두 필요하며, 둘 중 하나만으로 우주와 인간이 이루어질 수는 없다. 하드웨어와 소프트웨어도 둘 모두 함께 작동해야만 정상적으로 굴러간다. 위에 말한 대립쌍들 중 왼쪽의 요소끼리 대체로 대응되며 오른쪽의 요소끼리 대체로 대응되는 부분이 많기는 하지만, 반드시 그런 것은 아니다. 이성적이면서 추상적인 커뮤니케이션도 가능하고, 이성적이면서 구체적인 커뮤니케이션도 가능하다.

4) 커뮤니케이션의 단계

커뮤니케이션의 가장 기본적인 형태인 2인 간의 대화는 ① 개시(대화 시작), ② 사전 신호(힌트), ③ 주 메시지(본론), ④ 사후 반응(피드백), ⑤ 마무리(대화 종결)와 같은 다섯 단계로 나뉜다(DeVito, 2000). 이것을 더 압축시키면 ① 사전 신호, ② 주 메시지, ③ 사후 반응이라는 세 단계로 줄일 수 있으며, 이러한 단계는 2인 간의 단순한 대화뿐만 아니라, 소집단 커뮤니케이션이나 공공 커뮤니케이션에 이르기까지 모든 커뮤니케이션에 적용될 수 있는 일반적인 단계라고 볼 수 있다. 예를 들어, 면접관 앞에서 면접시험을 치르거나 청중 앞에서 어떤 내용을 발표할 때도 이와 유사한 단계를 거친다.

물론, 각 단계를 구성하는 구체적인 내용들은 커뮤니케이션의 수준과 종류에 따라 달라질 수 있지만, 그 기능과 형식은 똑같다. 예컨대, 대인 커뮤니케이션에서의 비언어적 사전 신호는 이야기를 시작하기 전에 고개를 갸우뚱하며 이제 시작하겠다는 신호를 보낸다든지, 살짝 미소를 지으며 이제 내가 이야기할 차례라는 것을 상대방에게 신호한다든지 하는 것이다. 언어적 사전 신호는 "어제 학교에 무슨 일이 있었는지 들었니?" 또는 "우리 방학 계획을 이야기해 보자"와 같이, 이제 이야기할 주제를 서두로 꺼내는 것이다. 공공 커뮤니케이션의 하나인 강의를 시작할 때도 본론에 들어

가기에 앞서 오늘 강의할 부분은 이러이러한 내용들이 될 것이라는 안내를 하는 단계가 사전 신호에 해당한다. 혹은 교수가 출석을 부르며 학생들이 모두 잘 앉아 있는지 둘러본다면 이것도 본론에 들어가기에 앞서 강의의 사전 신호가 되는 것이다. 면접이나 연설을 시작할 때에도 마찬가지다. 대화의 기분을 이야기한다든지(예: "오늘 이런 이야기를 하게 되어서 참 유감이다"), 혹은 이야기에 걸릴 시간을 미리 말한다든지(예: "5분이면 돼") 하는 것들도 모두 사전 신호에 해당한다(Frentz, 1976; Reardon, 1987).

사후 반응은 사전 신호의 역단계로, 2인 간의 대화 후에 "그럼 그렇게 합시다"라고 정리하여 말한다든지, 강의 후에 "오늘은 이러이러한 것들을 다루었다"는 식으로 요약·정리하는 단계다. 즉 대인 커뮤니케이션이든 공공 커뮤니케이션이든, 말하는 사람의 입장에서 이제 할 말을 다 했으니 대화를 곧 종료할 것이라는 신호를 보내는 것이 바로 사후 반응이다. 예를 들어, 민수가 다쳤다는 이야기를 한 다음, "그러니까 민수한테 위로 전화라도 좀 해 주렴" 하고 정리한다든지, 또는 어제 학교에서 일어난 일을 다 이야기한 다음 "정말 이런 일은 난생 처음이야" 라고 이야기하는 것이 사후 반응의 예다. 듣는 사람 쪽에서 이에 동의하면 대화가 종결되는 것이고, 그렇지 않으면 계속 이어질 수도 있다. "그런데 어느 병원이야?"라고 묻는다든지 하면 다시 처음부터 대화의 단계가 시작된다. 물론, 사후 반응을 듣는 사람 쪽에서 보일 수도 있지만, 여기서는 일단 커뮤니케이션을 보내는 사람 쪽에서 메시지를 구성하고 전달하는 과정의 단계를 논의하는 것이다.

정상적인 대화에서는 다섯 또는 세 단계의 커뮤니케이션 과정을 모두 거치지만, 위급한 상황에서는 '주 메시지'만을 황급히 전달하기도 한다. "불이야!"라고 외치는 소리를 앞뒤 단계 다 갖추어 할 수도 없을뿐더러, 급하면 저절로 주 메시지만 튀어나오게 된다. 그러나 잘 살펴보면, 급하게 나오는 대화 속에서도 비언어적인 부분으로나마 사전 신호와 사후 반응이 담기기도 한다. 예를 들어, 너무 많이 화가 나서 소리치게 될 때에도 그 직전에 얼굴 표정이 험하게 변한다든지, 소리치고 나서 숨을 몰아쉰다든지 하는 비언어적인 단서로 사전 신호와 사후 반응이 메워질 수도 있다.

대화의 단계가 파괴되는 것 자체가 바로 뭔가 비정상적이거나 위급한 상황이라는 것을 알려 주는 신호로 작용할 수도 있다. 친구가 전화해서 다짜고짜 "너 어떻게 그럴 수가 있니?" 하고 말했다거나, 전화를 하자마자 "너 나한테 꾼 돈 빨리 갚아"라고 했다면, 이것은 대화를 시작하자마자 바로 주 메시지가 튀어나온 것이고, '대화 단계의 파괴' 자체로서 상대방이 많이 화가 나 있다는 신호가 전달된 것이다.

5) SNS에서의 커뮤니케이션 단계

네트워크 미디어로 사회연결망 서비스가 제공되는 SNS에서는 커뮤니케이션의 단계 중 일부가 생략되는 경우가 더 흔하다. 짧은 내용, 즉각적인 느낌을 시기 놓치지 않고 전달해야 하기 때문이다. 생략될 때 특히 첫 단계와 끝 단계가 빠진 채 주 메시지 부분이 강조되는 경우가 많다. 일단 페이스북이나 트위터에서 친구 관계를 맺고 난 후에는 전달할 주요 메시지가 있을 때 SNS를 활성화시키기 때문에, '자, 그럼 지금부터 페이스북 대화를 시작해 볼까요?' 같은 첫 단계와 '그럼 이걸로 트위터 메시지를 끝냅니다' 같은 마지막 단계가 생략된다. 본인이 다른 곳에서 뉴스나 블로그를 둘러보다가 좋은 내용이 있어 지인들과 공유하고 싶을 때도 커뮤니케이션 시작 단계를 건너뛰고 바로 그 내용을 연결하여 공유하기도 한다.

물론, SNS에서도 커뮤니케이션의 단계를 모두 갖추어 소통할 수도 있다. 예를 들어 '다들 잘 지내시죠?' 하며 단체 카카오톡이나 밴드에 오랜만에 메시지가 올라왔다면, 이것은 주 메시지를 전달하기 이전의 개시 단계에 해당한다. 그런데 오프라인에서 어떤 친구의 좋지 않은 소식을 들은 후 SNS로 확인하기 위해 '괜찮은 거지?' 하고 물었다면, 이것은 커뮤니케이션 개시와 동시에 주 메시지의 내용을 함께 담고 있는 것이다.

특히 140자 이내로 메시지를 전달해야 하는 트위터에서는 주 메시지의 내용을 더욱 압축적으로 전달하거나 몇 단계로 나누어 전달하는 방식도 활용한다. 또한 보다 자세한 내용 전달을 위해 해당 사이트의 주소(URL)를 직접 연결할 수 있도록 하는 방식을 선호하기도 한다.

중요한 점은 '미디어는 메시지다'라는 맥루언의 말처럼 미디어 서비스의 제한이나 전달 방식의 변화에 따라 사람들이 이를 이용해 메시지를 전달하는 단계와 방식이 달라질 수 있다는 점이다. 일단 기술로 확정되고 나면 사람들은 그 기술에 자연스럽게 적응되어, 어떤 방식의 커뮤니케이션이 제한되고 있는지조차 의식하기 어려워진다.

4. 인간 커뮤니케이션과 문화 차이

지금까지 이야기한 모든 커뮤니케이션 수준에서 문화 간 커뮤니케이션이 가능하다. 심지어 개인 내 커뮤니케이션에서도 한 개인이 한 문화에서 다른 문화로 이민을 갔을 경우 '이민 전 문화'와 '이민 후 문화' 간 커뮤니케이션이 가능하다. 나라들 간의 문화 차이만 존재하는 것이 아니라 한 나라 안에서도 여러 하위 집단들 간의 문화 차이가 존재하고, 남녀 간의 문화 차이와 세대 간의 문화 차이도 존재한다. 그리고 집안마다 서로 다른 문화를 지니고 있어서, 같은 사람이라 하더라도 결혼 전과 결혼 후에 서로 다른 가족 문화의 차이를 경험하게 된다. 뿐만 아니라, 조직마다 서로 다른 문화를 지니고 있어서, 새로운 조직으로 들어갈 때, 혹은 한 조직에서 다른 조직으로 옮길 때 적응해야 하는 문화 차이를 경험하게 된다.

문화가 다르다는 것은 커뮤니케이터가 지금까지 익숙해져 있던 경험과 지식 체계가 다르다는 것을 의미한다(10장 참조). '정상적인 것'과 '이상한 것'으로 생각되는 말이나 행동들이 문화마다 다르고, 유사한 표현도 문화에 따라 전혀 다른 상징을 뜻하기도 한다. 그러므로 '정보의 흐름을 통한 사람과 사람 사이의 의미의 공유'가 있기 위해서는 전달자와 수신자의 지식 체계와 가치관이 어떻게 다른지, 서로 당연하다고 여기는 것들이 어떻게 다른지를 알아야 한다. 그래야만 그림 1-1과 같은 커뮤니케이션의 전 과정에 개입되는 메시지의 부호화와 해독 등의 과정이 효율적으로 일어나 사람과 사람 사이의 이해를 증진시키고 오해를 줄일 수 있다.

사람들은 '머리와 가슴이 비어 있는 상태'로 커뮤니케이션에 임하는 것이 아니다. 사람들이 커뮤니케이션 장면에 들어오기 전에 머리와 가슴이 일종의 '소프트웨어'로서 채워지는 내용은 자기가 태어난 문화권에서 보고 배우며 자라는 과정에서 습득한 것이다. 이것이 문화 차이와 개인 차이를 형성한다. 커뮤니케이터 간의 공통 기반이 되는 지식 체계 안에 각자의 경험 축적에 의한 문화 차이가 자연스럽게 포함되기 때문에, 문화 차이를 고려하지 않고서는 커뮤니케이션의 상당 부분을 놓치기 쉽다. 커뮤니케이션 시점에 이르기까지 누적되어 온 사전 지식, 경험, 가치관 등에 비추어 새로 커뮤니케이션되는 내용을 판단하고 해석하는 것이 인간이기 때문이다(3장 참조). 미디어를 이용하든 이용하지 않든, 자기 메시지를 만들어 전달하는 과정과 타인의 메시지를 해석하는 과정 모두에서 문화 — 즉 사람들의 머리와 가슴속 소프트웨어 — 는 큰 역할을 한다. 결국 어느 문화권에서나 '인간'으로서 경험하게 되는 인간 커뮤니케이션의 근본적인 원리들은 함께 작용하지만, 구체적인 상황에 적용될 때 문화 간의 차이를 조금씩 보이면서 적용되는 것이다.

문화에 따른 커뮤니케이션 양상의 차이에 관한 사례들은 이 책 전체에 걸쳐 조금씩 논의될 것이다. 따라서 여기서는 문화 차이 중에서 커뮤니케이션에 가장 핵심적인 차이를 가져오는 부분만 간단히 살펴보자.

문화에 따라 커뮤니케이션에 차이를 보이는 가장 대표적인 구분은 '저맥락 커뮤니케이션(low context communication)'과 '고맥락 커뮤니케이션(high context communication)'의 차이다. 저맥락 커뮤니케이션이란 화자가 겉으로 표현하는 뜻 이외에 숨은 뜻이 거의 없는 커뮤니케이션으로서, 대화나 판단을 할 때 상황이나 맥락 정보를 상대적으로 덜 중요시하는 개인주의 문화에서 주로 이루어지고 있다. 누가 식사를 권할 때 "괜찮습니다. 금방 식사 했습니다"라고 말한다면, 정말 식사를 했으니 더 이상 먹지 않아도 된다는 언어 그대로의 뜻을 의미할 뿐 이면의 속내를 유추할 필요가 없는 커뮤니케이션이 바로 저맥락 커뮤니케이션이다.

반대로, 고맥락 커뮤니케이션이란 화자가 겉으로 표현하는 뜻 이면에 겉으로 표현된 내용과 조금 다르거나 보충하는 깊은 뜻이 숨어 있는 커뮤니케이션을 말한다. 고맥락 커뮤니케이션에서는 청자가 화자의 말을 액면 그대로 받아들이기보다 그 이면에 숨어 있는 뜻을 잘 알아차려야 한다. 즉 상황 정보나 맥락 정보에서 표현 이면의 뜻을 유추해야 하는 것이다. 이런 커뮤니케이션은 개인을 판단할 때 그가 속한 상황이나 맥락을 중요시하는 집단주의 문화에서 보편적으로 일어나고 있다.

특히 윗사람이 체면 때문에 노골적으로 말하지 못하는 것을 아랫사람이 눈치껏 헤아려 의중을 알아차리는 것이 고맥락 커뮤니케이션의 한 과정이다. 예를 들어, 지하철에서 직장 상사를 만나 자기가 앉아 있던 자리를 양보하려 할 때 상사가 "괜찮네. 자네가 계속 앉아서 가게"라고 이야기했을 때 그 말을 액면 그대로 받아들이고 계속 앉아서 간다면 그 사람은 고맥락 커뮤니케이션을 암묵적으로 요구하는 사회적 규범을 잘 모르는 것이다. 상사가 체면 때문에 한번 사양을 했더라도 재차 권하여 (실제로는 바로 앉고 싶었지만) 마지못해 앉는 것처럼 상황을 만들어 주는 부하 직원이 상사에게 호감을 줄 것이고, 이렇게 상사의 체면도 살리면서 상사가 정말 원하던 것을 얻게 해 줌으로써 좋은 대인 관계가 유지되는 것이 고맥락 문화다. 이로 인해 때로 오해가 발생하기도 하고 부정적 결과가 나오기도 하지만, 각 사회마다 익숙해져 있는 기본적인 커뮤니케이션 양상에 차이가 있다는 사실은 부정할 수 없다.

3장

커뮤니케이션의 첫 단계: 만남과 지각

커뮤니케이션은 사람과 사람의 만남에서 시작된다. 직접 만나든 미디어를 사이에 두고 만나든 일단 두 사람 이상이 '접촉'해야만 커뮤니케이션이 이루어진다. 이 만남과 접촉 단계에서 사람들이 감각 기관을 이용해 서로를 보고 듣고 느끼는 지각 과정, 그리고 생각을 통해 판단하는 인지 과정이 개입된다. 이 과정을 잘 알아야만 커뮤니케이션에서 이해와 오해를 잘 구분할 수 있다

1. 만남의 시작과 커뮤니케이션

1) 만남의 시작과 사회 지각

누군가와 커뮤니케이션을 하기 위해서는 그 누군가를 어떤 식으로든 '만나는' 과정이 반드시 있어야 한다. 직접 얼굴을 마주하여 만나든, 서면으로 만나든, 전화로 만나든, 이메일이나 SNS로 만나든, 혹은 그 사람이 쓴 책을 통해 만나든 관계없이, 두 사람 또는 그 이상의 만남이 있어야 한다. 이것을 행동적인 용어로 말하면 접촉이라 할 수 있고, 심리적인 용어로 하면 자극 접촉 초기의 지각(perception) 과정이라 할 수 있다.

지각 과정은 원래 우리의 다섯 가지 감각 기관(시각, 청각, 후각, 촉각, 미각)으로 들어오는 자극 정보를 조직화하여 평가함으로써 차후의 판단에 영향을 미치는 과정을 말한다(DeVito, 2000, p.39 참조). 그중에서 물리적 자극이 아닌 사회적 자극, 즉 '사람'이라는 자극의 처리 과정을 사회 지각(social perception)이라고 한다. 따라서 사회 지각이란 우리가 다른 사람(들) 혹은 나 자신을 볼 때 우리의 감각 기관으로 들어오는 정보들에 근거하여 이를 조직화함으로써 우리가 만나 이야기하고 있는 사람 또는 나 자신이 어떤 사람으로 보이는지를 거의 자동적으로 해석하는 과정이라고 개념화할 수 있다. 여기서 '사회' 또는 '사회적'이라는 용어는 거시적인 'society'를 뜻한다기보다 사람과 사람 사이에서 일어나는 일, 즉 'interpersonal'의 뜻으로 보는 것이 더 타당하다. 사회 인지(social cognition) 과정은 엄밀히 말하면 사회 지각 과정보다 조금 더 고차적인 사고 및 판단 과정을 포함한다는 측면에서 사회 지각 과정과 구분되지만, 이 장에서는 사회 지각과 사회 인지를 함께 논의하려고 한다.

"타인의 실제적, 암묵적, 상상적 존재가 개인의 생각, 느낌, 행동에 미치는 영향"을 연구하는 것이 사회심리학이기 때문에(Allport, 1968), 이는 사람들 간의 관계와 그 영향을 연구하는 학문이며 그 관계에는 어떤 형태로든 커뮤니케이션이 개입된다. 인간 커뮤니케이션 과정에 사회심리학적 개념들이 흔히 논의되는 것은 지극히 당연한 일이다. 다른 사람을 보고, 또 그 사람이 이야기하는 것을 듣고 내가 그 사람에 대해 어떻게 생각하느냐 하는 것이 그 이후의 상호작용과 커뮤니케이션에 지대한 영향을 주기 때문이다.

특히 최근에는 면대면 만남뿐만 아니라 카카오톡이나 페이스북과 같은 SNS를 통한 만남도 직접 만남에 못지않은 심리적 만족과 사회적 지지감을 주고 있어, 이런 과정도 인간 커뮤니케이션의 범주 안에서 새로이 바라보아야 할 필요성이 증가하고 있다.

2) 첫인상의 형성과 그 영향력

첫인상의 효과는 매우 강력하다. 인상(impression)이란 어떤 사물이나 사람에 대해 총체적으로 요약된 평가라고 할 수 있다. 우리가 다른 사람이나 사물을 보고 인상을 형성할 때 그에 대한 단편적인 정보들을 어떤 식으로 종합하여 요약된 평가를 내리는지에 관한 원리에는 크게 두 가지가 있다. '평균 원리'에서는 어떤 사람이나 사물의 긍정적 또는 부정적인 여러 특성들을 모두 합한 다음 그것을 특성의 수로 나누어 평균치에 해당하는 값을 최종적인 인상으로 갖게 된다고 말한다(Anderson, 1962). 반면에 '가산 원리'에서는 여러 특성들이 모두 합해진 값이 그대로 최종적인 인상이라고 주장한다(Triandis & Fishbein, 1963).

예를 들어, 표 3-1은 민지가 미팅에서 만난 준서에 대해 인상을 형성하게 되는 과정에서 평균 원리와 가산 원리가 예측하는 인상 평정치를 나타낸다. 두 경우 모두 긍

표 3-1. 평균 원리와 가산 원리에 의한 인상 형성 과정

개별적인 특성	평균 원리 평가	가산 원리 평가
유머 감각이 있다	+10	+10
지적이다	+10	+10
예의바르다	+4	+4
키가 아주 작다	−5	−5
옷을 깔끔하게 입지 못한다	−9	−9
전반적인 인상	+10/5 = +2	+10

출처: 나은영, 1996, p.334; Sears, Peplau, & Taylor, 1991, p.40 수정.

정적인 인상을 형성하게 되지만, 그 절대치에서는 차이를 보인다. 그리고 이 표에서 또 중요한 점은 '유머 감각이 있다'는 것을 아주 긍정적으로 평가하게 된 근거가 반드시 이성적인 판단에만 있는 것이 아니라 감성적으로 즐겁게 느꼈기 때문에 좋은 평가가 나오게 되었을 수 있다는 점이다. 뿐만 아니라, '옷을 깔끔하게 입지 못한다'와 같은 것은 상대방의 언어적 행동에 대한 판단이 아니라 의도적이든 비의도적이든 그 사람이 보여 준 비언어적 단서를 근거로 판단되었다는 점도 중요하다. 즉 평균 원리든 가산 원리든 민지가 준서에 대한 여러 정보를 취합하여 그 가치들을 종합해서 이성적으로 판단을 하는 과정에 대한 원리지만, 그 가치 판단의 이면에는 정서적인 부분과 비언어적인 측면이 모두 포함되어 있다는 점을 간과해서는 안 된다.

평균 원리와 가산 원리의 가장 큰 차이점은 ① 아주 강력한 장점(+3 정도의 값을 지니는 특성) 하나를 강조하는 경우와 ② 작은 장점(+1 정도의 값을 지니는 특성) 여러 개(3개)를 내세울 때 어느 쪽이 더 좋은 인상을 형성하는가 하는 상황에서 잘 비교된다. 평균 원리에 따르면 전자의 인상이 +3, 후자의 인상이 +1로 판단되어 ①이 더 좋은 인상을 줄 것이라고 예상되며, 가산 원리에 따르면 양자 모두 +3으로 판단되어 둘 모두 같은 인상을 줄 것이라고 예상된다. 지금까지 여러 연구에서 약한 장점 여러 개보다 강한 장점 하나를 강조하는 편이 더 좋은 인상을 주는 데 효과적임이 밝혀져 왔기 때문에(예시 3-1 참조), 현재로서는 평균 원리가 더 타당한 것으로 여겨지고 있다.

인상 형성 과정에서 평균 원리의 예외에 해당하는 몇 가지 규칙들도 있다. 그것은 다른 특성들보다도 '따뜻하다–차갑다'는 이미지가 아주 큰 영향을 발휘하여 더 큰 가중치를 지닌다는 '중심 특성' 효과, 부정적 정보가 긍정적 정보보다 더 큰 영향을 준다는 '부정성 효과(negativity effect),' 처음 들어온 정보가 나중에 들어온 정보보다 더 큰 영향을 준다는 '초두 효과(primacy effect),' 그리고 한 가지 좋은 특성을 가지고 있으면 다른 특성들도 모두 좋은 방향으로 가지고 있을 것이라고 기대하는 '후광 효과(halo effect)' 등이 대표적이다(나은영, 1996, pp.334~335).

컴퓨터상의 가상 환경에서도 상대방이 '따뜻하다'고 지각될수록 더 많은 텍스트 대화를 하며, 관계에 대한 확신도 더 강하고, 대화에 더 많이 개입하는 경향이 있다 (Pena & Blackburn, 2013). 전체적으로 실제 환경에 비해 가상 환경에서는 상호작용이 더

▶ 예시 3–1. 광고 커뮤니케이션에서의 평균 원리와 가산 원리

타인에 대한 인상 형성의 원리를 광고 상품에 대한 인상 형성에 적용한 연구 결과들도 흥미롭다. 서양의 연구와 한국의 연구 모두에서 가산 원리보다 평균 원리가 더 타당함이 입증되었다. 트라우트만과 그의 동료들은 일회용 기저귀의 광고 커뮤니케이션을 작성할 때 A 광고는 타제품에 비해 흡수력이 매우 뛰어나다는 장점만을 강조했고 B 광고는 흡수력이 뛰어나고 질기다는 정보를 추가했다(Troutman et al., 1976). 예를 들어, 흡수력이 +3 정도의 강도를 지니는 장점이고 질기다는 것이 +1 정도의 강도에 해당하는 장점이라고 할 때, 평균 원리에 의하면 A 광고의 인상은 3/1=3, 그리고 B 광고의 인상은 (3 + 1)/2=2이기 때문에 A 광고의 인상이 더 호의적일 것으로 예상된다. 반대로 가산 원리에 의하면 A 광고의 인상은 그대로 3이지만 B 광고의 인상은 3+1=4로서 B 광고가 더 좋은 인상을 주는 것으로 예상된다. 출산을 앞둔 산모들을 대상으로 한 연구 결과, 평균 원리의 예상대로 강력한 장점 하나를 내세운 광고가 더 호의적으로 평가되었다(Tedeschi et al., 1985, p.118에서 재인용).

국내에서는 양윤(1993)이 운동화에 대해 두 가지(편안함과 우수성) 또는 한 가지(편안함 또는 우수성) 정보를 제시하면서 각 특성을 네 수준(높음, 평균 이상, 평균 이하, 낮음)으로 평가해 알려 주었다. 그의 연구에서 한국과 미국의 대학생이 모두 한 가지 특성을 알려 주었을 때 품질이 낮은 것은 더욱 낮게, 높은 것은 더욱 높게 지각했고, 두 가지 특성을 모두 알려 주었을 때는 덜 극단적인 평가를 했다. 문화나 평가 대상에 관계없이 보편적으로 평균 원리가 가산 원리보다 더 잘 지지되었다.

출처: 한규석, 1995, p.93의 곁글 3–1을 참조하여 수정.

형식적으로 지각되기는 하지만, 여전히 지각된 따뜻함의 긍정적 효과는 유지된다는 것이다.

인상 형성의 원리는 대화하고자 하는 상대방뿐만 아니라, 구매하고자 하는 상품이나 투표하고자 하는 선거 입후보자들에 대해서도 적용될 수 있다. 상품에 대해 좋은 인상(요약된 평가)을 형성하게 하는 상업 광고 메시지는 구매 행동으로 이어질 수 있고, 선거 후보자에 대해 좋은 인상을 형성하게 하는 정치 광고 메시지나 연설은 해당 후보자를 지지하는 투표 행동으로 이어질 수 있다(나은영, 2001c).

일단 인상을 형성하고 난 다음에는 그 이후에 들어오는 커뮤니케이션의 내용이 액면 그대로 받아들여지지 않고 왜곡되어 수신될 가능성이 높다. 왜냐하면, 이미 형성되어 있는 인상과 일치하는 정보는 받아들이고 일치하지 않는 정보는 아예 거부하거나 일치하는 쪽으로 그 의미를 왜곡시켜 해석하기 때문이다.

어떤 사람이 보여 주는 외적 특성들(외모, 옷차림, 장신구 등)과 내적 속성들(지적 능력, 성격, 지도력, 커뮤니케이션 능력 등), 그리고 커뮤니케이션 과정의 언어적 특성들(표준어를 사용하는지 사투리를 사용하는지, 품위 있는 용어를 사용하는지, 어법에 맞게 이야기하는지 등), 유사 언어적(paralanguage) 특성들(말투, 발음, 말하는 속도, 강도, 굵기, 높낮이 등), 그리고 비언어적 특성들(얼굴 표정, 제스처, 자세, 대화자와의 거리 등)이 모두 종합적으로 고려되어 그 사람에 대한 전반적인 인상을 형성하고, 이렇게 형성된 인상이 차후의 커뮤니케이션과 행동적 상호작용에 순차적으로 지속적인 영향을 준다(Giles & Farrar, 1979; Giles & Powesland, 1975).

한 연구에서(Kalin, 1982), 직장을 구하는 사람들의 취업 면접 내용을 연구 참여자들에게 들려주고 해당 응시자가 그 직업에 얼마나 적합한지를 평가하게 했다. 연구 결과, 똑같은 응시자라 하더라도 사투리를 사용했을 때보다 표준어를 사용했을 때 더 좋은 직업에 적합한 것으로 평가되었다. 조사 연구를 위한 응답자 면접 상황에서도 면접자가 사투리를 사용할 때보다 표준어를 사용할 때 32~77% 정도 더 많은 반응 비율(응답자가 사용한 단어의 수)을 보였다(Giles & Farrar, 1979). 표준어를 사용하는 면접자에게 더 적극적인 반응을 보인다는 결과다. 아동의 경우도 표준어를 사용하는 아동이 사투리를 사용하는 아동보다 미래의 성취 가능성과 고등 교육 잠재력이 더 높다고 평가되었다. 이런 결과는 화자의 사회 경제적 위치나 사회적 성취 등을 동일하게 통제한 조건에서도 마찬가지로 나타났다(Elwell et al., 1984; Giles & Sassoon, 1983; Seligman et al., 1972; Wiemann & Giles, 1988, p.207; 한규석, 1995, p.226 참조).

2. 컴퓨터 매개 커뮤니케이션에서의 인상 형성과 자기 제시

스마트폰을 포함한 컴퓨터 매개 커뮤니케이션(computer-mediated communication: CMC)을 통해서도 사람과 사람 사이의 의미 공유가 가능하기 때문에 CMC도 넓게 보아 인간 커뮤니케이션의 일부임을 이미 이야기한 바 있다. 그렇다면 이와 같은 디지털 기기를 사이에 둔 사람과 사람 사이의 각종 커뮤니케이션에서는 과연 어떤 방식의 자기 노출과 자기 제시가 이루어지며, 이를 통해 어떻게 상대방의 인상을 형성하고 대인 관계를 발전시켜 나가는지 살펴볼 필요가 있다.

1) 소통적 자기 제시와 어포던스

(1) CMC에서 강화되는 단서와 약화되는 단서

CMC에서는 글과 이미지의 중요성이 커지는 반면, 말과 제스처 등의 중요성이 줄어든다. 대체로 말이 아닌 글로 소통한다는 점에서 CMC는 면대면 커뮤니케이션과 차이점을 지닌다. 그 결과, 면대면 상황에서는 커뮤니케이션 불안을 느끼던 수줍은 사람도 CMC 상황에서는 커뮤니케이션 불안을 덜 느낄 수 있다. 또는 반대로 컴퓨터에 익숙하지 않은 사람은 면대면 상황보다 CMC 상황을 더 불편해 할 수도 있다.

CMC 중에서 특히 네트워크 형태의 사회적 상호작용으로 이루어지는 SNS 커뮤니케이션은 최근 가장 대표적인 대인 커뮤니케이션의 한 형태로 자리 잡았다. SNS에서는 '자발적 자기 노출'이 자주 일어나며 그 규모도 크기 때문에 효과적인 자기 제시의 수단이 된다. 초기에는 트위터나 페이스북과 같은 개방형 SNS로 시작되어 점차 밴드나 비트윈과 같은 폐쇄형 SNS로도 발전해 왔으며, 앞으로도 계속 변형된 형태가 나타날 것이다. 어떤 형태의 SNS든 공통점은 촘촘한 네트워크 사이로 사람들에 관한 정보를 순식간에 많은 사람들이 공유할 수 있게 되었다는 것이고, 그만큼 SNS에서의 인상 형성도 소통의 중요한 단계가 되었다.

예전의 미디어는 기능별로 분화되어 있어서 전화는 대인 미디어로서 소통의 수단이었고, 신문과 TV는 매스 미디어로서 정보 획득의 수단이었으며, 앨범은 개인 저장 미디어로서 필요한 순간 자기 제시의 수단으로 활용될 수 있었다. 그런데 지금은 이러한 소통, 정보, 및 자기 제시 기능이 모두 융합된 "소통적 자기 제시"의 형태를 띠게 되었다(Kneidinger, 2012, p.128). 즉 자기 제시로 끝나는 것이 아니라 이를 통해 지속적인 소통을 기대하며 유용한 정보 교환을 암시하기도 한다.

면대면 커뮤니케이션에서 자신의 생각과 느낌을 이야기하는 것에 비해, 페이스북 담벼락에 자신의 생각과 느낌을 노출하는 것은 훨씬 더 다양한 기능을 한다. 자기 특성을 표현함과 동시에 많은 사람과 연결되어 있음을 과시할 수도 있고, 자기가 지닌 정보는 여기까지 업데이트 되어 있음을 알리는 역할도 한다. '좋아요' 버튼을 누르는 행동도 단순히 해당 메시지에 호감을 표시하는 기능뿐 아니라 그 메시지를 보게 되는 다른 연결자들에게까지 자기 관심의 강도를 표현함과 동시에, 해당 커뮤니티에 늘 주의 집중을 하고 있음을 보여 주기도 한다. 따라서 SNS에서의 자기 제시는 '소통적 자기 제시'라 할 수 있으며, 사람들에게 SNS는 소통적 자기 제시를 할 수 있는 수단으로 지각된다.

(2) 인상 형성과 SNS의 소셜 어포던스

생태학적 심리학에서 이야기해 온 '어포던스'의 개념은 깁슨(Gibson, 1977)이 공간 지각을 연구하며 등장시킨 개념이다. 사물을 지각할 때 '이것으로 무엇을 할 수 있을까' '이것은 내게 어떤 기능을 해 줄 수 있을까'를 생각하게 되므로, 넓게 보아 환경 속의 존재(사람과 사물 모두 포함)에 대한 인상이라 할 수 있다. 다만 어포던스는 좀 더 '기능'의 측면에 초점이 있으며, 환경(타인 포함)과 사람 사이의 관계에 따라 달리 나타날 수 있다.

예를 들어, 트리니티 초등학교에 있는 창틀 사례를 보면, 창틀도 넓고 올라갈 수 있는 단도 있어서, 아이들이 볼 때 창틀이면서 동시에 올라가 놀 수 있는 놀이 기구로도 보인다. 디자인이 어떻게 되어 있느냐에 따라 사람이 그것을 어떻게 사용할 수 있다고 보는지가 달라지는 것이다.

어포던스(affordance)는 자기를 중심으로 한 주변의 환경이 자신에게 어떤 기능을 할 수 있을지에 대한 지각이기 때문에, 타인과 주변 사물 및 환경에 모두 적용되는 개념이다. 즉 '저 사람은 나에게 무엇을 해 줄 수 있을까'를 생각하며 '내가 사랑할 수 있는 대상'으로 지각한다면 그 사람에 대해 내가 어포던스를 갖게 되는 것이고, 이는 그 사람과 나 사이의 관계에 따라 상대적으로 규정된다. 즉 나는 그 사람을 사랑의 대상으로 생각하지만 다른 사람은 증오의 대상으로 생각할 수도 있기 때문이다.

마찬가지로, 대학생은 낮은 테이블을 보고 '잠시 걸터앉아 쉴 수 있는' 의자의 기능을 어포던스로 지각할 수 있지만, 유치원 어린이는 팔을 위로 뻗어 물건을 올려놓을 수 있는 선반의 기능을 어포던스로 지각할 수 있다. 동일한 환경도 사람에 따라 다른 어포던스로 지각되는 것은 사람과 환경 사이의 관계가 중요하기 때문이다.

휴대 전화와 같은 미디어도 하나의 기기로 존재하는 주변 사물의 하나로서, 이 휴대 전화로 내가 원하는 사람과 언제 어디서나 연결을 시도할 수 있다는 어포던스를 제공한다. 다만, 휴대 전화로 SNS 기능을 자주 이용하는 사람과 음성 통화를 자주 이용하는 사람에게 그 휴대 전화는 약간 다른 어포던스를 제공한다. 연결 가능성이라는 어포던스를 주지만 그 방식이 약간 다른 것이다.

여기서 특히 중요한 사실은 SNS의 발전으로 미디어의 새로운 어포던스가 생겨났다는 점이다. 우리가 페이스북이나 카카오톡에 접속하는 순간 이것은 우리가 많은 사람들과 연결될 수 있다는 느낌을 준다. 더 나아가 여기 연결된 사람들과 정보와 자료들을 신속하게 공유할 수 있다는 느낌을 준다. 이것이 바로 사람에게 주는 SNS의 소셜 어포던스(social affordance)이며, '다른 사람과 상호작용할 수 있는 사회적 공간'으로 지각되는 것이다(Kennedy, 2012). 이것은 사람과 사람 사이의 커뮤니케이션에서 매우 중요한 기능을 한다.

요즘의 미디어는 많은 사람과 순식간에 연결하게 해 준다. 내 생각을 많은 사람에게 순식간에 전달할 수 있다. 또한, 많은 사람의 힘을 순식간에 모을 수 있다. 그러면서도 집단이 아닌 개인 단위의 연결이기 때문에 요즘 시대를 '네트워크화된 개인주의'라고 부른다(Wellman, 2002; Rainie & Wellman, 2012).

개인 단위로 네트워크된 미디어는 어포던스 측면에서 매스 미디어와 매우 다르다. 특히 2장에서 언급한 시간과 공간의 측면에서 그렇다. 예를 들면, 우리가 SNS에 접속할 때 그에 연결되어 있는 사람들과 서로 대화를 나눌 수 있다는 심리적 공간을 지각한다. 또한 상대와 자기가 서로 다른 물리적 공간에서 서로 다른 시간적 행동을 하고 있더라도 함께 접속해 있는 그 시간만큼은 함께 대화를 나누는 시간으로 공유하게 된다.

소셜 미디어에 제시되는 정보의 신근성과 신뢰성 간의 관계를 연구한 결과 (Westerman et al., 2014), 대체로 최신 정보로 업데이트가 잘 되어 있을수록 더 믿음이 가는 곳으로 인식되는 경향이 발견되었다. 즉 SNS에서는 정보의 업데이트가 잘 될 수록 신뢰성이 높아지기 때문에, 첫인상의 효과와 함께 신근성의 효과도 중요해질 수 있음을 시사한다. 첫 프로필만 좋게 꾸미고 이후에 업데이트를 하지 않으면, SNS에서는 첫인상의 긍정적 효과가 줄어들 수도 있다는 것이다. 결국 SNS에서의 인상 관리에는 시간에 따른 업데이트 여부도 중요한 요소가 될 수 있다.

어포던스를 인상 형성의 측면에서 정리하면, 사람에 대한 어포던스, 미디어에 대한 어포던스, 그리고 미디어를 통해 보이는 사람에 대한 어포던스로 구분할 수 있다. 미디어 기기와 서비스가 변화를 겪을수록 미디어 자체에 대한 어포던스도 달라지겠지만, 미디어를 통해 보이는 사람에 대한 어포던스도 달라질 수 있다. 미디어는 사람의 전체 모습을 있는 그대로 보여 주기보다 선택적으로 발췌되어 편집된 모습을 보여 주기 때문에, 어떤 편집 기능을 가지고 있는 미디어 서비스인가에 따라 같은 사람도 다른 모습으로 보여질 수 있다는 점을 염두에 둘 필요가 있다.

2) SNS에서의 인상 형성

(1) 트위터와 페이스북에서의 인상 형성

트위터 프로필 사진의 유형과 타임라인 메시지 유형에 따라 트위터 계정 소유자의 인상이 어떻게 형성되는지를 살펴본 연구에서(김아름 외, 2011), 호감도는 프로필 사진이 비격식적일 때 높았지만 신뢰도는 격식적인 사진일 때 더 높다는 결과를 얻었다. 또한 일상적 메시지일 때보다 정보적 메시지일 때 트위터 계정 소유자에 대한 신뢰도가 높았고 온라인 관계 형성 의지도 더 높게 나타났다. 메시지의 내용이 일상적이면서 비격식적 사진이 함께 제시될 때 신뢰도는 가장 낮았지만 호감도는 가장 높았다.

페이스북의 경우(Heide, D'Angelo, & Schumaker, 2012), 프로필 사진과 텍스트 정보가

따로 제시되면 텍스트가 인상 형성에 더 큰 영향을 준다. 반면에, 사진과 텍스트가 함께 제시되면 사진이 더 큰 영향을 준다. 사진이 외향적이고 밝은 모습이면 텍스트에 관심을 두지 않고 그 자체로서 인상을 형성하며, 사진이 내향적인 모습이면 텍스트도 함께 읽어 보고 인상을 형성하는 경향이 있다.

스코트(Scott, 2014)는 최근에 페이스북 프로필을 인기 있어 보이게 만드는 정도에 따라 그 사람의 사회적 매력이나 신체적 매력이 어떻게 달리 평가되는지를 실험했다. 인기 있는 프로필 조건은 친구 수 330~340명, 사진 200~250개, 그리고 스스로 포스팅한 내용 2개와 친구들이 포스팅한 내용 5개로 구성했다. 인기 없는 프로필 조건은 친구 수 90~99명, 사진 60~80개, 그리고 스스로 포스팅한 내용 5개와 친구들이 포스팅한 내용 2개로 구성했다. 남녀는 같은 비율로 조정했다.

그리고 나서 페이스북의 이 친구가 사회적으로 얼마나 매력적인지, 신체적으로 얼마나 매력적인지, 얼마나 접근 용이한지, 그리고 얼마나 외향적인지를 7점 척도로 물었다. 그 결과가 그림 3-1에 제시되어 있다. 여기서 알 수 있듯이, 페이스북에서 친구 수와 포스팅 수 등에 기반을 두어 인기 있는 것으로 보이도록 프로필을 만들었을 때 사회적 매력, 신체적 매력, 및 외향성이 더 높게 평가되었다. 접근 용이성 평가에서는 인기도에 따른 효과가 상대적으로 약하게 나타났다.

그림 3-1. 인기도에 따라 달리 평가되는 사회적 매력, 신체적 매력, 접근 가능성, 및 외향성

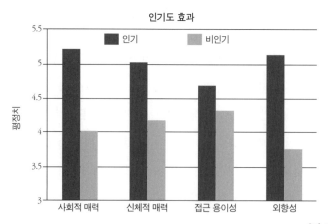

출처: Scott, 2014, p.366.

(2) 페이스북 프로필 사진의 효과

오프라인 만남에서 첫인상의 효과가 큰 것과 마찬가지로, 온라인 만남에서도 첫인상은 중요하다. 최근 한 연구에서(김인희·심민선, 2014), 페이스북 프로필 사진이 있는 경우와 없는 경우, 그리고 있는 경우 그 사진이 매력적인 경우와 그렇지 않은 경우로 나누어, 친구 요청 의도와 친구 수락 의도를 살펴보았다. 연구 결과, 친구 요청 및 수락 의도 모두 페이스북 프로필 사진이 매력적일 때 더 높았다(표 3-2 참조). 더 나아가, 프로필 사진이 매력적일수록 친구 요청 및 수락 의도가 높아지는 경향은 사생활 보호 욕구가 클수록 더 두드러지게 나타났다.

온라인 인상 형성에서도 성별과 문화에 따른 차이가 어느 정도 나타난다. 두 사람 간의 컴퓨터 매개 커뮤니케이션에서 특히 여성들의 경우 자기의 아바타가 덜 매력적일 때는 더 긍정적인 행동을 해서 보완하려는 경향을 보인다는 연구 결과도 있어(Heide et al., 2012), 성별에 따른 차이가 일부 발견되었다. 또한 동서양 모두 대상의 세세한 특징에 주목한다는 데는 차이가 없었지만, 동양에서는 성격적 특성 요소들을, 서양에서는 활동 모습을 나타내는 요소들을 더 다양하게 지각하여 이를 바탕으로 인상을 형성하는 것으로 나타났다(김자영 외, 2012).

표 3-2. 페이스북 프로필 사진의 매력도에 따른 친구 요청 의도와 친구 수락 의도 차이

종속변인	사진 관련 실험 조건	평균(표준편차)
친구 요청 의도	사진-무	1.92(.92)[a]
	사진 매력도-고	2.36(1.25)[b]
	사진 매력도-저	2.05(1.04)[ab]
친구 수락 의도	사진-무	2.93(1.57)[a]
	사진 매력도-고	3.46(1.72)[b]
	사진 매력도-저	2.91(1.42)[a]

* 평균(표준편차) 옆에 제시된 알파벳이 다를 경우, 집단 간 차이 분석(LSD) 결과 p < .05 수준에서 유의미한 차이가 있었음을 의미한다.

출처: 김인희·심민선 (2014), p.111.

3. 자기 개념, 자기 노출, 및 커뮤니케이션 불안

1) 자기 개념과 자기 노출

자기 개념은 자기에 대한 여러 방향의 지각이 합해져 생긴다. 자기 자신이 자기에 대해 생각하는 것, 중요한 타자들이 자기에 대해 생각하는 것, 그리고 일반인들이 자기에 대해 생각하는 것이 모두 합쳐져서 '내가 나를 어떻게 생각하고 있는가' 하는 자기 개념이 생긴다. 자기 개념은 다른 사람들과 커뮤니케이션을 할 때 자기 노출을 하는 정도와 커뮤니케이션 불안을 느끼는 정도 등에 영향을 미친다. 자기 자신에 대해 긍정적으로 생각하고 있는 사람은 더 자신감 있게 다른 사람에게 다가갈 수 있다. 따라서 커뮤니케이션에 대한 불안도 적고 자기 노출을 많이 꺼리지도 않는다. 반면에 자기 자신을 부정적으로 보고 있는 사람은 자신감이 없어 다른 사람과 커뮤니케이션을 시작할 때 불안감이 크고 자기 노출도 꺼린다.

자기의 개념을 더 구체적으로 나누어 볼 수 있는 '조해리(Johari)의 창'은 나의 어떤 측면을 '내가' 알고 있는지의 여부와 '다른 사람들이' 알고 있는지의 여부에 따라 네 가지의 자기 개념으로 나눈다(표 3-3 참조). 나도 알고 있고 다른 사람도 알고 있는 나의 측면은 '개방된 자기'로, 이 부분이 넓은 사람은 대체로 열린 커뮤니케이션을 한다. 나는 알고 있는데 다른 사람은 모르는 나의 측면은 내가 숨기고 있는 부분으로 '숨겨진 자기'에 해당한다. 이 부분이 큰 사람은 대체로 자기 노출을 많이 하지 않는 사람이다. 반대로, 나는 모르는데 오히려 다른 사람이 알고 있는 나의 측면은 '가려진 자기'로, 자기가 인식하지 못하는 습관이나 성격 등을 의미한다. 예를 들어, 나는 내

표 3-3. 조해리의 창: 자기와 다른 사람에게 비친 자기의 모습

타인 기준 자기 기준		자기가	
		알고 있음	모르고 있음
다른 사람들이	알고 있음	개방된 자기	가려진 자기
	모르고 있음	숨겨진 자기	미지의 자기

출처: Luft & Ingham, 1955; DeVito, 2000, p.76.

가 말하기 시작할 때마다 살짝 웃음 짓는다는 사실을 모르는데 다른 사람들은 모두 알고 있다든지, 나는 내가 깐깐한 사람이라고 생각하지 않는데 다른 사람들은 모두 그렇게 생각한다든지 할 때, 자기가 자신의 실제 모습을 모르는 '가려진' 상태라고 할 수 있다. 끝으로 '미지의 자기'는 나도 모르고 다른 사람들도 모르는 나의 측면을 이야기한다.

자기 노출에서 시작하는 커뮤니케이션을 효율적으로 하여 숨겨지거나 가려진, 또는 미지의 자기가 점점 열려 갈 때 다른 사람과의 상호작용도 벽 없이 행해질 수 있다. 자기 인식을 확대함으로써 가려진 자기를 더 넓힐 수 있으며, 이 확장된 부분을 다른 사람에게까지 노출시킬 때 숨겨진 자기도 줄어들면서 개방된 자기가 점차 넓어지게 된다. 컴퓨터를 통한 가상 환경에서도 상대방이 자기 노출을 더 많이 하는 것으로 보일수록 덜 형식적이라고 생각되며, 또한 대화에 몰입하는 정도도 더 높다고 여겨지는 경향이 있다(Pena & Blackburn, 2013).

상대방이 자기 노출을 할 때 부정적 피드백을 전혀 주지 않고 긍정적으로 수용하는 것은 그리 쉽지 않다. 그리고 자기 노출을 100% 하는 것이 모든 상황에서 예외 없이 건강하고 바람직한 행동인 것도 아니다. '사려 깊은 노출' 또는 '적정 수준의 노출'이 가장 좋다고 하지만(Bochner, 1984), 어느 정도가 적정 수준이며 사려 깊은 수준인지를 가늠하기란 쉬운 일이 아니다. 커뮤니케이션 상황이 공식적 상황이냐 비공식적 상황이냐에 따라서도 다르고, 상대방이 얼마나 가까운 사람이냐에 따라서도 다르다. 이 단계에서 그런대로 적절한 결론은 '상황의 요구에서 벗어나지 않는 한도 내에서 최대한 솔직히 노출하는 것이 관계의 진전과 커뮤니케이션에 도움이 된다'는 것이다.

'나와 다른 사람' 또는 '보통 사람들과 다른 사람'에 대한 편견이 심한 한국에서는 특히 동성연애자의 커밍아웃에 대해 겉으로는 '용기 있는 행동'이라고 칭찬하는 듯하지만 결국은 긍정적인 영향보다 부정적인 영향이 훨씬 더 많은 것이 현실이다(예시 3-2 참조). 2000년 9월 연예인 홍석천의 커밍아웃(사실은 본인의 의사가 충분히 반영되지 않은 '아웃팅')으로 인해 아동 프로그램 출연도 정지되고 연예 활동도 한동안 중단하게 되었다. 1년 반이 지난 후 다시 활동을 재개하기는 했지만 사람들이 느끼기에 그는 이미 커밍아웃 이전의 연예인이 아니다.

▶ 예시 3-2. 동성연애자의 자기 노출: 커밍아웃

'홍석천, "난 호모다"' 지난 9월 17일자 〈일간스포츠〉 1면에 홍 씨의 얼굴 사진과 함께 실린 기사 제목이다. "사실…… 난 남자가 좋습니다"로 시작하는 이 기사는 커밍아웃 인터뷰라면 당연히 상세하게 실었어야 할 직접 인터뷰 내용은 거의 없고 이른바 '카더라' 방송으로 일관하고 있다. "용기 있는 행동" 운운하고 있지만 커밍아웃한 연예인이 사용했 리 만무한 "호모"라는 용어를 제목으로 달고 있었다. 뭔가 미심쩍었다. 아니나 다를까. 당시 홍 씨는 한 여행사의 올림픽 응원단과 함께 오스트레일리아 시드니에 가 있었다. 그리고 커밍아웃 기사가 나간 사실을 모르고 있었다. 한국에 있던 매니저로부터 보도 사실을 전해들은 홍 씨는 "우선 황당했고 (보도한 기자에 대한) 배신감도 들었다"고 토로했다. 이번 보도를 한 〈일간스포츠〉의 오 아무개 기자는 홍 씨와 친분이 있는 사이였다고 한다. (……)

'아웃팅'은 일종의 정신적 테러

"왜 그랬느냐"는 물음에 홍 씨는 짐짓 진지한 표정으로 "그게 나니까. 거짓말 할 수 없으니까"라고 담담하게 답했다. 하지만 그가 무조건 보도를 허락한 것은 아니었다. 홍 씨는 "아직 부모님이 (동성애자라는 사실을) 모르시기 때문에 먼저 부모님을 설득한 다음 기사를 내보내자"는 조건을 붙였다. 일종의 '오프 더 레코더(off the recorder)'였던 셈이다. (……)

이런 상황에서 홍 씨는 시드니로 떠났다. '복잡한 머릿속을 정리하고 오자'는 마음이었다. 물론 자신이 시드니에 있는 사이 커밍아웃 인터뷰 기사가 나오리라고는 전혀 생각지 못했다고 한다. 하지만 출국 바로 다음날 〈일간스포츠〉를 통해 기사가 나가 버렸다. 한마디로 날벼락이었다.

홍 씨는 '아웃팅(outing)'당한 것이다. 자의와는 달리 누군가에 의해 한 사람이 '동성애자'라는 사실이 알려질 때 이를 '아웃팅당했다'고 한다. 연예인들은 아웃팅을 노리는 파파라치들의 좋은 먹잇감이다. 사실 동성애자들에게 "커밍아웃시켜 버리겠다"는 위협만큼 폭력적인 말은 없다. 특히 '아웃팅'은 공인한테 더욱 치명적이다.

커밍아웃은 반드시 예견되는 주변의 반응을 이겨낼 만한 충분한 준비가 되었을 때 하는 것이 보통이다. 무엇보다 본인의 준비와 판단이 우선이다. 물론 그 사이 수십 번의 치열한 심사숙고의 과정을 거치게 마련이다. 그만큼 커밍아웃은 한 개인의 침범할 수 없는 실존의 문제이자 당사자와 가족, 한 개인과 사회를 아우르는 관계의 문제이다.

하지만 아무런 준비 없이 일방적으로 당하는 아웃팅은 한 개인을 정신적 공황 상태에 빠뜨릴 뿐 아니라 그 가족들을 심각한 정신적 충격으로 몰고 간다. 더구나 아직 한국 사회의 동성애 공포증이 만만치 않은 현실에서 자행되는 아웃팅의 위험은 서구 사회의 그것에 비할 바가 아니다. 홍 씨는 "기사가 나간 뒤 가족들이 받은 충격은 이루 헤아릴 수 없다"고 되뇌었다. 무엇보다 당당한 커밍아웃의 기회를 영원히 빼앗아 버린다는 점에서 아웃팅은 일종의 '정신적인 테러'에 해당된다.

출처: 〈한겨레21〉, 2000. 9. 26, 제327호.

자기 노출은 자기 자신에 관한 정보를 다른 사람들에게 어느 정도 노출할 것인지를 자의적으로 조절할 수 있는 과정이다(Gilbert & Horenstein, 1975). 그러나 '아웃팅(outing)'은 "자기 이외의 누군가 다른 사람이 '숨겨진 자기' 부분에 관한 정보를 가져가서 공개하는 것"을 말한다(DeVito, 2000, p.85). 미디어 과정으로서의 아웃팅은 한 게이 잡지에서 처음 시작되었다고 한다(Gross, 1991). '사람들의 알 권리'와 '개인의 사생활 보호' 두 가지 사이에서 균형을 이룬 미디어 활동이 필요하지만, 연예인이 대상인 경우 특히 사생활 보호 쪽이 많이 희생되는 것이 사실이다.

문화 간 커뮤니케이션의 증가로 예전에 비해 많이 열린 문화 쪽으로 변화해 가고 있기는 하지만, 한국인은 아직 '나와 다른 종류의 사람'에 대한 열린 마음이 부족한 듯하다. 장애인도 편파적 시각으로 바라보며, 무엇인가 좋은 방향으로 독특해도 그것이 너그러이 받아들여지기 어려운 분위기가 존재한다. 이런 분위기는 솔직한 자기 노출을 더욱 위축되게 할 뿐 아니라, 사람들이 각자 지니고 있는 독특한 속성들이 장점을 발휘하기 더욱 어렵게 만든다. 나와 다르더라도 서로 '차이'를 인정하고 수용하는 정신이 미래 사회 발전의 밑거름이 될 것이다.

자기 노출의 정도는 커뮤니케이션을 원만히 유지하는 데 무척 중요한 요인이며, 개인 차이도 있지만 문화 차이도 존재한다. 서양 문화에서는 대체로 자기 노출을 꺼리지 않으며, 사적인 부분은 서로 지켜 주는 경향을 보인다. 반면에 동양 문화에서는 지나친 자기 노출을 달가워하지 않지만, 한편으로 상황에 따른 노출을 하게 된다.

스스로의 커뮤니케이션 특성을 판단하게 했을 때도 국가 간의 문화 차이가 발견되었다. 미국인들은 자기들의 커뮤니케이션 스타일을 "자기주장적, 솔직, 격의 없음, 즉흥적, 말이 많음"으로 표현했고, 일본인들은 "자제함, 격식적, 과묵함, 조심스러움, 회피적, 심각함"으로 표현했다(Barnlund, 1975). 한국 대학생들은 "의존적, 따뜻함, 격식적, 가까움, 심각함, 협조적, 솔직함"의 순서로 자기들의 커뮤니케이션을 평가했다(오세철·정항철, 1982; 한규석, 1995, pp.235~236).

커뮤니케이션에서 자기 노출의 정도는 상대가 누구인가에 따라서도 많이 달라진다. 특히 상대에 따라 큰 차이를 보이는 것은 집단주의 문화로서, 집단주의적 성향을 보이는 폴란드인은 상대가 친구인지 낯선 사람인지에 따라 자기 노출 정도를 달리

했고, 미국 대학생들보다 한국과 일본의 대학생들이 같은 반 동료들과의 커뮤니케이션에서 더 사적이고 협동적인 교류를 보였다(Gudykunst et al., 1987; 한규석, 1995, p.236). 이것은 나와 친한 사람이기 때문에 내가 모르는 사람에게 하는 것보다 더 잘 해 주어야한다는 차별성에 근거한 반응이라고 볼 수 있으며, 이러한 내집단 편애가 집단 소속에 관계없이 모든 사람을 공정하게 대해야 하는 상황에서 부작용으로 나타날 수 있다. 내집단의 끈끈한 인간관계에 해가 되지 않도록 내집단에 잘 해 주는 것이 상대적으로 외집단을 배척하는 결과로 이어지기 때문이다.

상대에 따른 행동의 차이는 집단주의 성향을 지닌 아동들에게서도 나타났다. 어른들뿐만 아니라 아동들도 갈등 상황에서 결정을 할 때 홀로성향(개인주의 성향)의 아동들은 상대에 따라 선택 행동이나 의사 결정에 큰 차이가 없는 데 비해, 두레성향(집단주의 성향)의 아동들은 상대에 따라 큰 변동 폭을 보였다. 두레성향 아동들일수록 나와 친한 친구인지 낯선 아이인지에 따라 행동에 큰 차이를 보였고, 자기 의견을 자제하고 손위 사람의 의견을 따르는 경향을 보였다(갈등 상황의 커뮤니케이션 논의는 7장 참조).

자기 노출을 너무 적게 하는 것도 원활한 커뮤니케이션을 방해하며 관계의 진전과 정신 건강에 해롭지만(Jourard, 1964), 상황을 가리지 않고 자기 노출을 지나치게 많이 하는 것도 좋지 않다(Gilbert, 1977). 자기 노출에서 오는 긍정적 효과는 무엇보다 자기 자신의 행동을 깊이 있게 이해할 수 있고 상대방과의 커뮤니케이션 향상 및 관계의 진전에 도움을 준다는 것이다. 자기 노출로 인한 부정적 효과는 지나친 사생활 노출로 인한 사회적 거부감 증가(예시 3-2 참조), 물질적 손실과 개인적 곤란함의 증가 등이다(DeVito, 2000, pp.83~84). 대체로 중간 정도의 자기 노출이 심리적 적응에 가장 긍정적인 영향을 준다는 설이 지배적이다(Wilmot, 1987/1996, p.366).

자기 노출은 자기 감시(self-monitoring) 개념과 관련이 된다. 자기 감시란 마음속의 내용을 밖으로 표출할 때 그대로 표출해도 되는지를 스스로 점검하는 과정을 말한다. 따라서 자기 감시가 높은 사람들은 마음을 표출하기 전에 스스로 많은 감시를 하여 속마음을 그대로 내보이지 않는 경향이 많고, 자기 감시가 낮은 사람들은 그다지 많은 점검을 거치지 않고 바로 속마음을 그대로 표출하는 경향이 있다. 따라서 자기 감시가 낮은 사람들이 자기 노출의 정도도 더 많고 솔직하다고 볼 수 있다. 그러나 상황 적합성 측면에서는 자기 감시가 높은 사람들이 더 적절한 수준의 자기 노출을 한다고도 볼 수 있다.

2) CMC에서의 자기 노출과 나르시시즘적 자기 제시

(1) 친밀성과 위험성에 따른 인터넷 공간의 자기 노출

인터넷 공간에서의 자기 노출은 교류 대상과의 친밀성 및 인터넷 공간의 위험성 지각에 따라 달라진다. 교류하는 사람들과 얼마나 친한지, 그리고 인터넷이 얼마나 위험하다고 생각하는지에 따라 인터넷 교류에서 자기 노출을 많이 하기도 하고 적게 하기도 하며, 때로는 자기와 다른 모습을 보여 주는 이중 자아 제시도 나타난다(조윤경 외, 2012). 대체로 친밀감이 높고 위험성이 낮으면 반가운 지인, 친밀감은 높으나 인터넷 위험성이 높으면 부담스러운 지인, 친밀감은 낮으나 인터넷 위험성이 높으면 도구적 타인, 친밀감도 낮고 인터넷 위험성도 낮으면 의례적 타인으로 분류된다(표 3-4 참조).

조윤경 등(2012)의 연구 결과, 자기 노출의 정도는 고친밀 집단에서 높게 나타났고 이중 자아 제시는 고위험 집단에서 높게 나타났다. 뿐만 아니라, 내집단 신뢰가 높으면 소속 커뮤니티에 대한 친밀감은 높지만 전체 인터넷에 대한 신뢰는 낮고, 외집단 신뢰가 높으면 전반적인 친밀성 인식이 높고 인터넷에 대한 위험성도 낮게 지각하는 경향을 보였다.

표 3-4. 친밀성과 인터넷 위험성 지각에 따른 인터넷 커뮤니티와 지인/타인 분류

	빈도(%)		지인/타인 분류
	전체 인터넷 (2,037명)	소속 커뮤니티 (1,543명)	
고친밀성-저위험성	376(18.4)	334(21.7)	반가운 지인
고친밀성-고위험성	321(15.8)	111(7.2)	부담스러운 지인
저친밀성-저위험성	398(19.5)	447(29.0)	의례적 타인
저친밀성-고위험성	942(46.2)	651(42.1)	도구적 타인

출처: 조윤경 외, 2012, pp.329~330.

(2) 온라인 인상 관리의 전면과 후면

오프라인에서와 마찬가지로 온라인에서도 다른 사람에게 자기가 괜찮은 사람임을 나타내기 위한 인상 관리가 이루어진다. 고프만(Goffman, 1959)이 이야기한 연극에서의 배우와 같은 활동이 온라인 인상 관리에서도 관객에게 보이는 전면 영역과 그 이면의 후면 영역으로 나타난다(박석철, 2010). 어쩌면 미디어를 경유한 자신의 존재 나타내기에서는 후면 영역을 바탕으로 전면 영역을 보여 줄 때 연출의 비중이 더욱 커질 수도 있다.

표 3–5에서 알 수 있듯이, 인스턴트 메신저를 통한 일상적 대화에서 자아의 신비화를 위해 다양한 방식을 사용한다. 귀여운 신세대의 이미지로 보이려는 의도가 있으면 그에 어울리는 이모티콘을 사용하며, 신중하고 지적으로 보이려 맞춤법을 검토한 후에 보내기도 하고, 유머 감각이 있는 사람으로 보이려 미리 유머를 준비했다가 보내기도 한다.

뿐만 아니라, 비난의 대상이 자신이 되는 것을 피하려 제3자에 대한 비난에 동조하기도 하며, 호감이 가는 사람과 대화를 지속하기 위해 공통의 관심사를 꺼내기도 하고 궁금증을 유발시키기도 한다. 반대로 타인의 기분을 상하지 않으면서 적절히 대화를 회피하기 위해 다른 용무 중이라는 핑계를 대기도 하고 모르는 척하기도 한다. 또한 적당한 수준의 역할 분담을 위해 비주도적으로 대화를 전개하기도 하며, 반대로 자신의 의견을 관철시키기 위해 적극적으로 대화에 참여하기도 한다.

이 모든 과정은 다른 사람과의 만남이 개별적으로 이루어지거나 집단적으로 이루어지는 상황에서, 그 만남이 미디어를 경유한 만남이든 직접 만남이든 무관하게 자신을 타인에게 어떻게 보일 것인지 인상 관리 차원에서 커뮤니케이션 행동을 조절한다는 사실에는 변함이 없다. 다만 면대면 만남에서는 표정이나 자세, 그리고 말로 그러한 바람을 표현하는 데 비해, 메신저를 통한 만남에서는 이모티콘이나 사진 또는 글로 표현한다는 점이 다를 뿐이다. 결과적으로 전달자 측의 의도와 수용자 측의 효과가 면대면 상황에서처럼 '거의 동시에' 발생하는 것은 아니지만, 서로 메시지를 주고받으며 순식간에 공유한다. 미디어를 통해 달라지는 것은 그 '방식'일 뿐이며, 주고받고자 하는 '내용'이나 그 심리적 효과의 측면에서는 대동소이하다고 할 수 있다.

표 3-5. 온라인 인상 관리의 전면과 후면: 인스턴트 메신저에서의 인상 관리와 의도

상황	전면: 인상 관리(표현)	후면: 의도
일상적 대화(자아의 신비화)	동조, 호응	이해심이 높은 사람 경청하고 있다는 것을 알려 주기 위해
	밝고 긍정적 표현	착하고 긍정적 성격의 소유자라는 것 강조 밝은 기분 상태라는 것을 알리기 위해
	유머의 사용(미리 준비한 유머)	유머 감각이 있는 사람으로 보이기
	예의를 갖춘 종결(~습니다)	예의바른 사람으로 보이기
	다중 작업을 통한 지식의 검색 맞춤법과 띄어쓰기에 철저한 표현 글 쓴 후 전송 전 재검토	지적인 사람으로 보이기 교양 있고 신중한 사람으로 보이기
	귀여운 이모티콘의 사용	귀여운 이미지, 신세대 이미지
	솔직한 표현 오프라인과 비슷한 표현	자아 표현의 일관성 유지
	로그인 방식의 조정(부재 중, 다른 업무 중, 로그오프)	한가한 사람으로 보이지 않도록, 대화 상대를 신중하게 고르기 위해
특정 상황	딱딱하고 차가운 말투의 사용, 대화를 빠르게 전개하기	화가 난 상태의 정확한 전달을 위해
	사과의 표현과 이모티콘의 사용	심각하지 않은 문제에 대한 사과
	사과의 표현과 경청	즉각적인 대답, 가식적으로 보이지 않기, 화냄의 정도가 심한 경우 상태의 감정을 진정시키기 위해
	제3자에 대한 비난의 동조	비난의 대상이 자신이 될 것을 염려하여 제3자에 대한 비난에 동조
커뮤니케이션의 지속과 회피	유머의 동원 공통적 관심의 유도 궁금증 유발 대화 속도 높이기(짧은 글 입력) 말 많은 사람으로 보이기	호감 가는 사람과 대화를 지속하기 위해, 지루해 하지 않고 대화가 오랫동안 지속되도록 하기 위해
	다른 용무 중이라는 핑계 로그온 방식의 조절 모른 척하기	타인의 기분을 상하게 하지 않고 대화를 회피하기 위해
공동 과업	호감이 가는 표현	잘 모르는 사람에 대한 예의
	말수 줄임	착하고 무난한 사람으로 보이기 위해
	비주도적 대화 전개	적당한 수준의 역할 분담
	적극적, 능동적 참여	자신의 의견을 관철시키기 위해
	짧게 말하기, 맞장구(동조) 논리적, 이성적 말투	필요한 대화만 하고 대화를 빨리 끝내기 위해

출처: 박석철 (2010), pp.39~40.

(3) 나르시시즘적 자기 제시의 긍정적 편파

사람들은 SNS에 거짓 모습을 올리지는 않더라도 조금이라도 더 긍정적인 방향으로 편집하거나 선택한 자기 모습만을 올리는 경향이 있다. SNS라는 미디어의 특성 때문에 본인의 정체성이 많은 사람들에게 부정적으로 보일 것을 염려하는 자기 제시의 긍정적 편파가 심해질 수 있다.

특히 나르시시즘적 성격이 강한 사람일수록 '멋져 보이려는' 시도는 더 강해진다 (Utz, 2012). 나르시시즘은 자기 고양 동기와 자기 보호 동기에 의해 나타난다(Back et al., 2013, p.1015). 자기 고양 동기는 자기가 독특하고 우월함을 보임으로써 사회적 세력을 확보하려는 방향으로 이어지며, 자기 보호 동기는 자기에게 위협이 된다고 생각되는 대상에게 라이벌 의식을 느낌으로써 상대를 깎아내리고 공격성을 보이는 사회적 갈등으로 이어지기도 한다.

전반적으로, '조해리의 창'에서 개방된 자기 부분이 SNS처럼 네트워크화된 미디어에서는 훨씬 더 넓어지면서 최대한 긍정적인 모습으로 포장하려 하며, 본인은 알고 상대는 모르는 '숨겨진 자기' 중에는 자기의 부정적인 측면의 비율이 더 높아질 수 있다. 또한 자기도 모르는 사이에 (이것은 '가려진 자기'에 해당할 수 있다), 자신에 대한 신상 정보를 다른 사람들이 열람할 수도 있고 심지어 악용할 가능성도 있다. 중요한 점은 SNS의 발달로 자발적 자기 노출의 형태와 그 영향력이 면대면 커뮤니케이션에서와는 다른 양상으로 나타날 수 있다는 것이다.

3) 커뮤니케이션 불안과 학습된 무력감

(1) 커뮤니케이션 불안과 학습된 무력감

커뮤니케이션은 대개 마음 편한 상황에서 이루어지는 것이 원칙이지만, 불안을 느끼며 진행되는 경우도 많다. 커뮤니케이션 불안은 시험 불안이나 고소공포증(높은 장소를 두려워함) 등과 같은 불안이나 공포증과 마찬가지로 '상태 불안'과 '성향 불안'으로 나뉜다. 상태 불안은 어떤 상태에 있을 때만 보이는 불안으로 상황에 특수한 것이며, 성향 불안은 보다 일반화된 증상으로서 언제 어떤 상황에 있더라도 일관성 있는 한 사람의 특성으로 나타나는 속성을 말한다.

커뮤니케이션 상황에서의 상태 불안은 대체로 모든 사람에게서 나타난다. 예를 들어, 아무리 배짱이 있는 사람이라 하더라도 많은 사람들 앞에서 연설을 해야 하는 상황이나 아주 중요한 면접 상황, 또는 TV 카메라 앞에 처음 서는 상황 등에서는 어느 정도의 불안을 느낀다. 이때의 불안은 그 사람 탓이 아니라 상황 탓이다. 그러므로 누구에게나 불안을 유발시키기 쉬운 이와 같은 상황 속의 커뮤니케이션 불안을 '일반화된 상황 커뮤니케이션 불안'이라고 명명하기도 한다. 이와 유사하게 특정 집단의 사람들(예컨대, 테러 집단이나 조직 폭력 집단)을 누구나 두려워한다면, 이것도 일종의 상태 불안으로서 '사람-집단 커뮤니케이션 불안'이라고 말한다(Littlejohn, 1999/1996, pp.150~151 참조).

커뮤니케이션 상황에서의 성향 불안은 특수한 상황 때문에 두려운 것이 아니라 모든 상황에서 두려움을 느끼는 개인의 문제로 귀결된다. 즉 다른 사람들은 대체로 불안을 느끼지 않을 상황에서까지 항상 불안을 느낀다면 이것은 병적인 증상이며 치료를 요하는 것이다. 맥크로스키(McCroskey, 1984)는 학교에서의 커뮤니케이션 불안 연구를 통해, 불안 성향이 높은 학생들이 낮은 학생들보다 시험이나 적성 검사에서 실력 발휘를 못하며 소집단으로 이루어지는 토론 수업에서 특히 어려움을 겪는다는 사실을 확인했다. 그리고 커뮤니케이션 불안은 유전적이라기보다 후천적 학습에 기인할 가능성이 높음을 지적했다. 왜냐하면, 다른 사람과 만나서 커뮤니케이션하는 것이 어떤 결과를 가져올 것인지를 과거의 누적된 경험에 비추어 예측할 수 있기 때문에, 또다시 부정적 결과가 오게 될까봐 두려워한다는 것이다.

중요한 점은 부정적 결과는 긍정적 결과와 달리 차후의 반복적 행동을 억제한다는 점이다. 만약 내가 수업 시간 중에 발표를 해서 칭찬을 받았다면 다음에도 자신감을 갖고 발표할 가능성이 높아지지만, 발표 후 부정적인 피드백을 받았다면 (다음에는 부정적인 피드백을 받지 않을 수 있음에도 불구하고) 다시는 발표를 하지 않으려 할 수 있다. 그만큼 부정적 피드백의 결과는 돌이키기 어렵고, 따라서 특히 어린 학생들의 학습 장면에서 부정적 피드백을 줄 때는 상당히 조심할 필요가 있다. 자칫 잘못하면 '학습된 무력감'에서 헤어나기 어렵게 만들 수도 있기 때문이다.

학습된 무력감이란 부정적 결과를 반복적으로 경험함으로써 이제 그 부정적 상황이 없어졌음에도 불구하고 다시 시도조차 하지 않게 되는 것을 말한다. 한 학습 심리학 실험에서 반으로 나눈 상자의 한쪽에 쥐를 넣고 발밑에 전기 충격을 가했다(Overmier & Seligman, 1967). 나머지 반쪽은 안전했지만 문이 잠겨 있어서 아무리 발버둥을 쳐도 넘어갈 수가 없었다. '아무리 해도 안 된다'는 경험을 장시간 한 후에는 문을 열어 놓아도 그 쥐는 넘어갈 생각을 하지 않고 그냥 전기 충격이 들어오는 쪽에 포기한 채 계속 앉아 있게 된다. 사람의 경우도 마찬가지다. 바람직한 시도가 계속해서 좌절되면 나중에는 상황이 개선되었는데도 시도조차 하지 않는 무력감에 빠진다(Maier & Seligman, 1976). 그리고 일단 학습된 무력감에 빠지면 그 이후에 성공적인 경험을 한다 해도 크게 긍정적인 영향을 미치지 못한다.

커뮤니케이션 불안도 반복된 부정적 경험의 누적으로 인한 학습된 무력감의 소산일 가능성이 크다. 특히 권위주의적인 문화에서는 아랫사람이 윗사람에게 자신의 희망을 소신껏 이야기하기가 어려운 경우가 많은데(Hofstede et al., 2010/2014), 이는 권위주의적 문화 속에서 살아오면서 윗사람에게 자기 의견을 이야기했을 때 윗사람이 흔쾌히 받아들이지 않는 부정적인 피드백을 반복적으로 경험함으로써, 이야기해 보았자 아랫사람만 피해를 볼 수 있다는 인식에서 상향 커뮤니케이션을 더욱 기피하게 된다. 그리고는 상황이 개선되거나 덜 권위주의적인 윗사람을 만나도 '아마 안 될 거야'라고 지레짐작하여 미리 포기하는 '학습된 무력감'에서 헤어나지 못한다. 대인 커뮤니케이션이나 공공 연설 장면에서의 커뮤니케이션 불안을 극복하기 위해 많이 사용되는 체계적 둔감화 방법, 그리고 점차 조금씩 더 적극적인 커뮤니케이션 시도를 가능하게 하는 행동 형성 절차는 이 책의 후반부에서 상술될 것이다(12장 참조).

(2) 불확실성 감소와 긴장 감소

만남의 초기에는 불확실성의 감소가 중요한 동기로 작용하며, 만남의 지속적인 유지를 위해서는 긴장 감소와 일관성 유지가 중요한 역할을 한다. 크게 볼 때 초기 커뮤니케이션의 동기는 사람이나 사건에 대한 정보를 점점 더 많이 알아 감으로써 불확실성을 감소시키는 데 있음은 2장에서 논의한 바와 같다(Berger & Bradac, 1982; Berger &

Calabrese, 1975 참조).

불확실성 감소 이론이 나온 후 몇 년간의 검증 연구들을 검토하여 어느 부분이 이 이론으로 잘 설명되지 않는지를 분석한 다음, '예측된 결과 가치'라는 변인을 도입하여 불확실성 감소 이론을 수정하고 검증한 연구자도 있다(Sunnafrank, 1986, 1990). 수정된 이론이 원래의 이론과 달리 예상하는 부분을 간단히 줄여서 언급하면 다음과 같다.

① 불확실성 감소 이론의 예상: 관계 초기에 언어적 커뮤니케이션의 양이나 비언어적 표현성 등이 증가하면서 불확실성이 감소한다. 불확실성이 계속 감소함에 따라 언어적 커뮤니케이션의 양이나 비언어적 표현성이 더욱 증가한다.

② 예측된 결과 가치 이론의 예상: 관계 초기에는 언어적 커뮤니케이션의 양이나 비언어적 표현성 등이 증가하면서 불확실성이 감소한다. 이후에는 불확실성 감소가 긍정적인 결과 가치로 이어지면 언어적 커뮤니케이션의 양과 비언어적 표현성 등이 증가하지만, 불확실성 감소가 부정적인 결과 가치로 이어지면 언어적 커뮤니케이션의 양과 비언어적 표현성 등이 감소한다.

초기에 상대방과 언어적·비언어적으로 많은 의견을 교환하면서 서로 상대방에 대해 점점 더 많은 사실을 알게 되고, 따라서 불확실성이 차츰 감소한다. 원래의 불확실성 감소 이론에 따르면 불확실성이 감소되어 점점 친해질수록 더욱 많은 의사소통을 하게 된다는 것이었다. 그러나 그 이후의 예측된 결과 가치 이론에 따르면 초기 불확실성의 감소로 상대방에 대해 많이 알게 되고 나도 상대방에게 많이 노출됨으로써 좋은 결과가 나오면 계속 커뮤니케이션의 표현성이 높아지지만, 상호 간의 불확실성 감소와 지나친 노출로 인해 좋지 않은 결과가 나오면 커뮤니케이션의 표현성이 감소한다는 것이다.

커뮤니케이션의 표현성은 개방성과 유사한 개념이다(DeVito, 2000, p.167). 자기 감시가 낮은 사람, 커뮤니케이션 불안이 낮은 사람, 자기 노출을 쉽게 하는 사람이 더 표현적이고 개방적이라고 할 수 있다. 이러한 표현성이나 개방성은 불확실성이 상대적으로 더 높은 상황이라 할 수 있는 타문화 집단과의 접촉 시에 위축될 가능성이 더 크다. 불확실성이 높은 교차 문화적 상황에서 더 큰 커뮤니케이션 불안을 느끼기 때문이다(Gudykunst, 1988, 1989). 기본적으로 자기표현을 서슴없이 하는 저맥락 문화에 익숙해져 있는 사람이 자기표현을 머뭇거리는 고맥락 문화를 접할 때 불확실성이 더 높게 지각된다. 그리고 고맥락 문화 속에서의 의사소통이 저맥락 문화 속에서의 의사소통보다 더 높은 불확실성과 불투명성을 지닌다. 문화에 따라 불확실성을 인내하는 정도에 차이가 있기는 하지만, 근본적으로 초기의 불확실성과 불투명성이 점차 걷히면서 표현성과 개방성이 증가되어 원활한 커뮤니케이션이 가능해지는 것은 보편적인 원리다.

일단 관계가 형성된 다음에 해체되지 않고 계속 유지되는 데는 불확실성 감소 원리보다 긴장 감소와 일관성 유지 원리가 더 잘 적용된다. 가장 잘 알려져 있는 친교의 변증법 이론에서는 서로 대립되는 변증법적 긴장들을 잘 관리해야 한다고 주장한다(Baxter, 1988; Rawlin, 1989, 1992). 변증법이란 "두 개 이상의 논쟁적인 요소들 간의 긴장"을 말하는 것으로(Littlejohn, 1999/1996, p.341), 종속과 독립, 애정과 수단, 및 판단과 수용 간의 긴장이 대표적인 상호작용적 변증법이다. 사랑하는 애인에게 종속되어 의지하고 싶은 마음과 그로부터 독립하고 싶은 마음 간에 늘 긴장이 있게 되고, 이 긴장을 잘 관리해야 관계가 잘 진전될 수 있다. 그리고 상대방과의 관계를 진정한 애정 표현으로 보느냐 다른 목적을 위한 수단으로 보느냐 하는 것 사이에도 긴장이 존재한다. 친구가 이용당하고 있다고 느끼지 않도록 하면서 친구에게 도와 달라고 요청하려면 어떻게 해야 하는가? 진정한 관계라면 당연히 수단보다는 애정에 더 큰 비중이 가야 하지만, 어떤 식으로든 수단의 역할이 어느 정도 존재한다. 예를 들면, 아기가 예뻐서 진정으로 애정 표현을 하지만, 그 아기로부터 얻을 수 있는 즐거움과 기쁨을 생각하면 아기가 즐거움과 기쁨을 주는 수단으로 볼 수도 있기에, 아기마저도 전적으로 0% 수단에 100% 애정이라고 보기는 어렵다. 판단-수용 간의 긴장이란 친구가 지금의 내 모습을 있는 그대로 수용할 것을 가정하면서도 한편으로는 나의 잘못된 점을 비판하고 판단하며 충고해 줄 것도 기대하는 양자 간의 긴장을 뜻한다. 판단이 옳다고 생각하면서 수용을 기대하기도 한다.

상호작용적 변증법과 아울러 상황적 변증법도 존재한다. 예컨대, 공적–사적 갈등에서는 친구와 개인적인 영역의 활동들을 하면서도 사회적·문화적 규범이 요구하는 공적 영역에서 자유로울 수가 없다. 그 다음은 이념과 현실 사이의 갈등으로, 이상적으로는 부모가 모든 자녀들을 똑같은 정도로 사랑해야 하지만 현실적으로는 왠지 말썽부리는 아이에게 애정이 덜 가는 경우를 예로 들 수 있다.

그 밖에도, 자기가 좋아하는 사람과는 같은 대상에 대해 같은 태도를 지니는 것이 더 균형을 이루며(즉 내 애인이 내가 좋아하는 것을 좋아하고 내가 싫어하는 것을 싫어할 때 균형 상태가 됨), 그렇지 못한 불균형 상태는 긴장을 일으켜 균형을 회복하기 위한 압력이 작용함을 보인 균형 이론(Heider, 1958), 그리고 나의 태도와 반대되는 행동을 내가 했을 때는 그 행동에 일치하는 쪽으로 태도 변화가 생기게 됨을 보인 인지 부조화 이론(Festinger, 1957) 등도 모두 우리의 마음속에 일관성을 추구하려는 동기가 존재함을 주장하는 이론들이다. 사람은 대체로 긴장이 없는 편안한 대인 관계를 선호하고 부조화를 싫어하지만, 경우에 따라 약간의 긴장이 관계 향상에 도움이 되기도 한다. 대인 관계에서의 일관성 추구 성향에 관한 더욱 자세한 논의는 6장에서 다루고자 한다.

4. 귀인 과정과 타인 지각 및 판단 오류의 가능성

1) 귀인 과정과 타인 지각

우리가 다른 사람과 커뮤니케이션을 하면서 관계를 지속시켜 갈 때, 항상 그 사람이 하는 말이나 행동을 '왜' 했을까를 생각하게 된다. 같은 말이나 행동이라도 어떤 의도로 했느냐에 따라 완전히 다른 의미를 지닐 수 있기 때문이다. '귀인(attribution)'이란 '원인을 귀속시킨다(歸因)'는 뜻으로, 말과 행동의 원인을 추리하는 과정을 말한다. 다른 사람의 얼굴이나 옷차림새를 눈으로 보거나 그 사람이 말하는 것을 귀로 듣고 인상을 형성하는 과정도 중요하지만, 그 사람의 말과 행동을 듣거나 보고 왜 그렇게 했을까를 생각하는 귀인 과정도 다른 사람에 대한 지각 과정의 하나로 볼 수 있다. 즉 넓게 보면 귀인 과정도 타인 지각 과정의 하나로서, 엄밀히 말하면 지각 과정보다 좀 더 깊은 판단 과정이 들어가는 사회 인지 영역이다.

가장 잘 알려져 있는 귀인 이론은 그림 3-2와 같은 입방체 모델이다(Kelley, 1973). 이 이론에서는 우리가 다른 사람의 행동을 보고 그 원인을 추리할 때 세 가지 정보를 이용한다고 본다. '합의성' 정보는 다른 사람들도 그와 같은 행동을 하는지(고합의성) 아니면 그 사람만 그런 행동을 하는지(저합의성)에 관한 정보이며, '특이성' 정보는 그 사람이 다른 대상에게도 그와 같은 행동을 하는지(저특이성) 아니면 그 대상에게만 그런 행동을 하는지(고특이성)에 관한 정보다. 그리고 '일관성' 정보는 그 사람이 그 대상에게 바로 그때 또는 그 장소에서만 그런 행동을 하는지(저일관성) 아니면 언제 어디서나 그런 행동을 하는지(고일관성)에 관한 정보다. 사람들은 이 세 가지를 종합하여 그 사람의 행동이 행위자 속성으로 인한 것인지(행위자 귀인), 대상의 속성으로 인한 것인지(대상 귀인), 아니면 상황의 속성으로 인한 것인지(상황 귀인)를 판단한다는 것이다.

예를 들어, A라는 교수가 B라는 학생을 C라는 상황에서 큰 소리로 꾸중을 했다고 가정하자. 여기서 이 교수가 '큰 소리로 꾸중하는' 행동의 원인이 A 교수라는 행위자에게 있는지, B 학생이라는 대상에게 있는지, 아니면 C라는 상황에 있는 것인지를 판단할 때 우리는 세 가지 정보를 이용한다. 만약 다른 교수들은 B 학생을 꾸중

그림 3-2. 입방체 귀인 이론에 따른 세 가지 귀인 판단 정보의 모형화

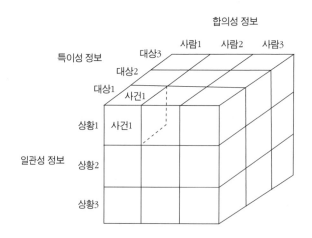

출처: Kelley, 1973.

하지 않는데 유독 A 교수만 B 학생을 꾸중하고(저합의성), A 교수는 B 학생뿐만 아니라 다른 학생들도 꾸중을 하고(저특이성), 또 그때뿐만 아니라 다른 때에도 꾸중을 한다면(고일관성), 그때 A 교수가 B 학생을 꾸중하는 행동의 원인은 A 교수라는 행위자에게 있을 가능성이 높다. 즉 A 교수는 꾸중을 원래 잘 하는 사람이라는 것이다. 반대로, A 교수뿐만 아니라 다른 교수들도 B 학생을 꾸중하고(고합의성), 다른 학생은 A 교수로부터 꾸중을 듣지 않는데 유독 B 학생만 꾸중을 듣고(고특이성), 그때뿐만 아니라 다른 상황에서도 꾸중을 들었다면(고일관성), A 교수가 B 학생을 꾸중하는 원인은 대상인 B 학생에게 있을 가능성이 높다. 즉 B 학생이 원래 학업에 충실하지 못하거나 불성실한 특성을 지니고 있기 때문일 수 있다. 꾸중하거나 꾸중 듣는 사건이 일관성 있게 반복되지 않고 어떤 특수한 상황일 때(예컨대, 논문마감일 직전)에만 일어났다면(저일관성) 그 행동은 상황으로 귀인되기가 쉽다.

여기서 주의해야 할 점은 사람은 이 세 가지 정보가 모두 채워질 때까지 기다리지 않고 한 가지 정보만으로도 다른 정보를 유추하여 충분히 귀인을 한다는 사실이다(나은영·차재호, 1988; 차재호·나은영, 1987). 그 이유는 1장에서도 언급했듯이, 우리가 어떤 사람의 행동(커뮤니케이션도 하나의 행동이다)을 접할 때 머리와 가슴이 비어 있는 상태로 접하는 것이 아니기 때문이다. 사람들은 자기가 이미 가지고 있는 정보에 근거해 성급하게 미리 판단하려는 습성이 있기 때문에 공정한 커뮤니케이션과 객관적 판단을 위해서는 부단한 노력이 필요하다.

자기와 타인의 성취 행동에 대한 귀인의 방향은 표 3-6과 같이 네 종류로 나뉜다. 행위자의 내부 요인에 원인을 돌리는 것(내부 귀인)과 외부 요인에 원인을 돌리는 것(외부 귀인)이 각각 쉽게 변하지 않는 안정 요인과 상황에 따라 변화할 수 있는 불안정 요인으로 나뉘어, 안정 내부 요인은 능력, 불안정 내부 요인은 노력, 안정 외부 요인은 과제 난이도, 불안정 외부 요인은 운에 해당한다. 예를 들어, 민수가 동시통역사 시험에서 떨어졌다는 사건에 대해, 그것이 민수의 능력 때문인지, 노력을 안 했기 때문인지, 동시통역이라는 과제가 원래 어렵기 때문인지, 아니면 운이 나빴기 때문인지를 판단하는 것이 성취 행동의 귀인 과정이다.

표 3-6. 성취 행동에 대한 귀인의 방향

안정성	행동 통제력의 위치	
	내부	외부
안정	능력	과제 난이도
불안정	노력	운

출처: Weiner, 1974, p.6.

표 3-6과 같이 네 종류로 나뉘는 귀인 과정이 대인 관계 장면에 응용되기도 한다. 예를 들어, 민수(남편)가 지수(아내)에게 화를 냈을 때 그 행동을 어디에 귀인하느냐가 그 이후의 두 사람 간 관계와 커뮤니케이션에 영향을 준다. 민수가 화내는 것을 민수의 안정된 내부 요인(이 경우는 성격)에 귀인한다면 민수는 원래 화를 잘 내는 사람이기 때문에 화를 냈다고 생각한다. 그러므로 나중에 더 좋은 상황이 되어도 화를 낼 가능성은 여전히 높아 개선될 여지가 적게 여겨지고, 따라서 관계가 악화되는 경우가 많다. 이와 유사하게 민수가 화내는 것을 안정된 외부 요인에 귀인할 때, 항상 함께 지내게 되는 지수가 민수의 입장에서는 안정된 외부 요인이 된다. 즉 지수의 안정된 어떤 요인 때문에 매번 민수가 지수에게 화를 내게 된다면, 이것도 앞으로 개선될 여지가 적어 관계가 악화될 가능성이 크다.

반대로, 민수가 지수에게 화를 냈는데 그것이 민수의 불안정한 내부 요인, 예를 들어 잠시 기분이 안 좋은 상태 때문에 일어난 커뮤니케이션 행동이었다면 (또는 최소한 대화 상대자인 지수가 그렇게 귀인했다면), 이 경우에는 민수가 화낸 행동은 일시적일 뿐이고 상황이 좋아지면 화내는 행동이 사라질 가능성이 크기 때문에 관계가 악화될 가능성이 적다. 또한, 민수가 화낸 것을 외부의 불안정한 요인, 예를 들어 불쾌지수가 높은 날씨였기 때문이라고 생각한다면, 그런 상황만 벗어나면 민수의 화내는 행동은 없어질 가능성이 많다고 보아 관계가 장기적으로 악화될 가능성은 줄어든다.

요약하면, 상대방의 부정적 커뮤니케이션이나 부정적 행동을 그 사람의 안정된 요인(변화하기 어려운 요인)에 귀인하는 경우에는 관계가 악화될 가능성이 크고, 불안정한 요인(변화를 기대할 수 있는 요인)에 귀인하는 경우에는 관계가 악화되지 않을 가능성이 높다. 반대로, 상대방의 긍정적 커뮤니케이션(예: 사랑한다고 말하는 것)이나 긍정적 행동(예: 포옹하는 것)은 안정된 요인에 귀인할수록 관계가 호전될 가능성이 높고, 어쩌다 그랬겠지 하고 불안정한 요인에 귀인할수록 관계가 호전될 가능성은 낮다. 실제로 행복하게 사는 부부들이 배우자의 긍정적 행동은 안정 요인에 귀인하고 부정적 행동은 불안정 요인에 귀인하는 경향이 있다.

2) 커뮤니케이션에서 판단 오류의 가능성

데이비스(Davis, 1949)도 지적했듯이, "사람은 다른 사람의 행위로부터 자기가 전달하려 하는 생각이나 느낌을 추론한다. 그 다음 그 사람은 그 행위에 반응을 보이는 것이 아니라 추론된 생각이나 느낌에 반응을 보이는 것이다." 우리 주변에 널려 있는 인쇄물, 소리, 움직임 등에 포함된 기호가 상징하는 것으로부터 사람이 의미하는 바를 추론하는 과정이 항상 커뮤니케이션 관계에서 필요하며(Schramm, 1982/1990, pp.18~19), 이 과정에 편파가 개입될 여지가 존재한다.

(1) 사전 지식으로 인한 왜곡 가능성

스키마(schema)는 과거 경험의 누적으로 인해 사람의 머릿속에 형성된 지식 체계다. 사람이 커뮤니케이션할 때 '머리가 비어 있는 상태'로 임하지 않는다는 말은 곧 일정한 스키마를 지니고 있는 상태로 커뮤니케이션을 한다는 뜻이다. 일단 스키마가 생기면 사람들은 그 이후에 입력되는 정보의 내용을 기존의 스키마와 맞추어 본다. 기존 스키마와 잘 맞는 내용은 더 빨리, 더 기꺼이 처리되며, 맞지 않는 내용은 더 느리게 처리되면서 왜곡되거나 무시될 가능성이 많다. 뿐만 아니라, 사람은 현재 가지고 있는 머릿속의 스키마에 근거하여 다음에 들어올 정보를 스키마에 맞추어 예상하면서 듣는다. A라는 정치 후보자가 특정 지역 출신이라는 말을 들으면, 해당 지역과 관련된 스키마가 작동하여 모든 것을 그 관점에서 해석한다.

　스키마와 유사한 개념이 스크립트(script)다. 스키마가 어떤 대상의 특성과 관련된 내용들로 이루어진다면, 스크립트는 어떤 사건의 진행 과정과 관련된 내용들로 이루어진다(Schank & Abelson, 1977). 예를 들어, 레스토랑 스크립트는 '레스토랑에 가면 메뉴판이 나오고 주문을 한 다음 조금 기다리면 음식이 나온다. 음식을 먹은 후 값을 지불하고 나온다'와 같은 일련의 과정에 관한 틀을 과거 경험에 의해 머릿속에 가지고 있는 것이다. 따라서 이미 경험해 본 일이 있는 상황에서는 스크립트에 맞추어 예상을 할 수 있고 그에 따라 더 효율적으로 빨리 정보 처리가 일어나 도움이 된다.

그럼에도 불구하고 사실은 새로운 상황에서 열린 마음으로 바라보아야 하는데도 이전의 스키마나 스크립트에 근거해 미리 짐작하고 거기에 맞지 않는 정보를 무시하거나 왜곡하여 받아들일 가능성을 인간은 가지고 있다. 예를 들어, 담임 선생님이 '말썽꾸러기 아동의 행동에 대한 스크립트'를 가지고 있을 때, 한 아이가 말썽꾸러기라는 이야기를 들으면 그 이후 그 아이에 대한 모든 행동은 '말썽꾸러기 행동 스크립트'의 측면에서 보이게 된다. 따라서 그 아이가 말썽꾸러기 스크립트에 맞지 않게 모범적으로 행동하면 '지금은 학기 초라서 좀 얌전한가보다. 언젠가 말썽을 부리겠지' 하고 예상하게 되고, '언젠가는 (말썽꾸러기 스크립트에 따라) 말썽을 일으키겠지' 하고 기대 또는 예상하는 것 자체가 어린 학생에게 자기 충족적 예언(self-fulfilling prophecy)으로 작용하여, 정말 말썽을 부리게 된다. 스키마나 스크립트가 일종의 선입견으로 작용하게 되는 것이다.

(2) 자기 충족적 예언과 피그말리온 효과

자기 충족적 예언은 자기가 사실이라고 믿는 대로 실현되어 나타나는 현상을 말하며, 다음과 같은 네 단계를 거치면서 강화된다(Insel & Jacobson, 1975; DeVito, 2000, p.41).

① 어떤 사람이나 상황에 관한 예측을 하거나 신념을 형성한다. (예: 애인이 나를 사랑하지 않는다고 믿는다.)

② 그 예측이나 신념이 사실인 것처럼 그 사람이나 상황에 대해 행동한다. (예: 애인이 정말로 나를 사랑하지 않는 것처럼 내가 행동한다.)

③ 그 신념이 사실인 것처럼 행동하기 때문에 그것이 사실로 나타난다. (예: 애인이 정말로 나를 사랑하지 않는 것처럼 내가 행동하기 때문에, 애인이 나를 이상하게 생각하고 실제로 사랑하는

마음이 식는다.)

④ 사실은 자기 때문에 그 사람이나 상황이 영향을 받아 그런 효과가 나타난 것인데, 그 결과만을 보고 처음에 가졌던 신념이 더 강화된다. (예: '거봐, 역시 사랑이 식은 것이 틀림없어'라고 생각한다.)

자기 충족적 예언은 교육 장면에서 많이 인용되는 '피그말리온 효과'로 더 잘 알려져 있다(Rosenthal & Jacobsen, 1968). 피그말리온 효과는 자기 충족적 예언의 한 특수한 사례라고 할 수 있다. 원래 피그말리온은 그리스 전설에 나오는 조각가이자 키프로스의 왕이었다. 그가 상아로 아름다운 여인을 조각하여 그 조각상을 사랑하자, 아프로디테 여신이 그 조각상을 살아 있는 여인으로 만들어 주었다. 이 전설의 현대판이라고 할 수 있는 버나드 쇼(Bernard Shaw)의 희곡 《피그말리온》(1913)은 한 영국인이 시골 처녀에게 말하는 법과 행동하는 법을 가르쳐 기품 있는 상류 사회의 우아한 여성으로 변화시키는 과정을 그렸고, 〈마이 페어 레디〉라는 영화로 제작되기도 했다.

피그말리온 효과의 효시인 로젠탈은 하류층 초등학생들에게 지능 검사를 실시하면서 '미래의 영재'를 예견하는 검사라고 이야기했다. 각 학급에서 20% 정도의 학생들을 무선적으로 선택하여 '영재'라 했고, 선생님들에게 그 아이들이 다음 해에 좋은 성적을 거둘 것이라고 말했다. 실제로 이 아이들과 다른 아이들의 차이는 없었으며, 유일한 차이는 '선생님이 영재라고 생각하느냐' 여부였다. 즉 이 조건이 바로 독립변인이었다. 8개월 후에 다시 지능 검사를 받았을 때 선생님들이 영재라고 생각했던 학생들의 지능지수가 평균 4점씩 증가했다(Rosenthal & Jacobsen, 1968; Wilmot, 1987/1996, p.231). 또 다른 연구에 의하면, 상담 교사들에게 문제 소년에 대한 보고서를 보여 주되, 한 집단에는 이 소년이 상류층이라고 알려 주고 다른 집단에는 하류층이라고 알려 주었다. 그 결과 상담 교사들은 문제 소년이 상류층 출신이라는 이야기를 들었을 때 더 주의를 기울일 가치가 있고 기꺼이 상담할 용의가 있다고 응답한 비율이 높았다(Garfield, Weiss, & Pollack, 1973).

사람들은 인지적 구두쇠이기 때문에, 자기가 가진 정보가 충분하다고 생각하면 더 이상의 정보를 찾지 않고 섣불리 결론을 내려 버리기가 쉽다. 이와 관련된 개념으로 충분성 역치(sufficiency threshold)란 지금 내가 가지고 있는 정보로 이미 충분하므로 더 이상의 추가 정보가 필요 없다고 생각하는 수준을 말한다(Eagly & Chaiken, 1993). 어떤 사람이나 사물에 대한 인상이나 태도가 마음속에 너무나 확고하게 자리 잡고 있는 경우에는 강한 태도, 즉 확신으로 견고히 굳어 있어서 추가 정보를 더 이상 찾지도 않을뿐더러 주어지는 정보도 무시하거나 기존 생각과 일치하는 방향으로 왜곡하게 된다.

(3) 귀인 및 판단 과정의 오류

다른 사람을 보고 판단할 때, 그리고 다른 사람의 이야기를 듣고 판단할 때 끼어들 수 있는 오류의 종류는 무척 많다. 거의 대부분의 상황에서 오류를 범한다고 보는 것이 오히려 타당하다. 나름대로 객관적 판단을 한다고 하지만, 자기중심적 판단에서 자유롭기란 쉬운 일이 아니기 때문이다.

먼저, 기본 귀인 오류는 어떤 행동 하나를 보고 왜 그런 행동을 했을까를 생각할 때 일단은 행위자의 외부 요인보다 해당 행위자의 내부 요인에서 원인을 찾는 오류를 말한다. 예를 들어, 한 학생이 선생님에게 인사를 하지 않고 지나갔다고 가정해 보자. 인사를 하지 않은 행동을 보고 그 선생님이나 다른 학생들이 그 학생의 다른 여건이나 상황은 생각하지도 않은 채 서둘러 "예의바르지 못한 학생이다"라고 생각한다면, 이것이 바로 기본 귀인 오류다. 이것은 근본적으로 관찰자의 입장에서 행위자의 행동을 보고 판단할 때 저지르는 오류에 해당한다.

기본 귀인 오류와 유사하지만 조금 다른 '행위자-관찰자 귀인 편향'은 같은 행동이라도 행위자는 상황 탓으로 돌리고 관찰자는 행위자 탓으로 돌리는 경향을 말한다(Jones & Nisbett, 1972). 예를 들어, 한 학생이 테이블에 커피를 쏟았다고 가정해 보자. 행위자인 그 학생은 테이블이 미끄러웠다고 생각할 가능성이 크고, 관찰자인 다른 학생들은 그 학생이 조심스럽지 못했다고 생각할 가능성이 크다. 그 이유는 행위자에게는 자기 모습보다 상황이 더 눈에 잘 들어오고 관찰자에게는 상황보다 행위자의 모습이 더 눈에 잘 들어오는 '관점'의 차이가 있기 때문이다. 또 다른 이유는 행위자는 자기가 다른 상황에서는 커피를 쏟는 행동을 자주 하지 않는다는 정보를 가지고 있지만 관찰자는 대부분 그 행위자가 다른 상황에서는 커피를 쏟지 않는다는 정보를 가지고 있지 않은 경우가 많아, 행위자와 관찰자가 지니고 있는 '정보'의 차이에 기인한다.

좌석 배치에 따라서도 누가 대화를 주도했다고 생각하는지에 대한 판단이 달라 진다. 면대면 토론 집단에서 맞은편에 앉은 사람이 말한 직후에 말하는 경향을 스타 인저 효과(Steinzor effect)라고 한다. 대체로 소집단 모임에서 상석을 차지하는 사람들 이 지배적 성격을 가진 경우가 많고(Hare & Bales, 1963), 이야기를 많이 하며, 대인적 영 향력도 많이 행사하는 경향이 있는데(Strodtbeck & Hook, 1961), 이것을 테이블 상석 효 과라고 부른다. 테이블 상석 효과도 지각적 현저성, 즉 관점의 차이와 개념적 연관성 을 지닌다(Sommer, 1969). 자기가 마주 보는 사람과 눈 맞춤을 많이 할 수 있고, 커뮤니 케이션 연결망의 중심으로 이어질 뿐만 아니라, 스타인저 효과에서 보듯이 더 자주 코멘트를 하게 된다는 것이다. 소집단 토론 장면을 외부의 관찰자가 볼 때도 관찰자 의 위치에 따라 관찰자에게 얼굴이 더 잘 보이는 쪽에 앉은 사람이 그 토론을 주도적 으로 이끌었다고 생각하는 경향이 있었다. 보이는 위치에 따라, 즉 지각되는 상황에 따라 그 커뮤니케이션 상황과 커뮤니케이터들에 관한 생각, 대화의 양, 주도성 등이 달리 보이는 것이다. 이것은 선거 입후보자들의 TV 토론 장면에서 시청자들에게 더 주도적으로 보이도록 서로 중앙의 위치를 차지하려 하는 현상, 따라서 제비뽑기를 하 여 좌석 위치를 정해야만 하는 사실에서도 그 중요성이 잘 드러나고 있다.

자기 본위적 편향은 한마디로 자기중심적 편파성을 뜻한다. 똑같은 일이라도 자 기가 하면 좋은 것이고 남이 하면 좋지 않은 것으로 생각하는 경향을 말한다. "잘 되 면 내 탓, 못 되면 조상 탓"이라는 속담도 자기 본위적 편향을 나타내는 예다.

(4) 고정관념과 편견

고정관념과 편견은 그 대상이 대체로 개인이라기보다는 집단이나 범주다. 한 개인이 나 대상에 대한 넓은 의미의 태도는 '신념(태도의 인지적인 면),' '좁은 의미의 태도(태도의 감정적인 면),' 그리고 '행동(태도의 행동적인 면)'으로 나뉘는데, 어떤 범주 또는 집단에 대 한 태도의 경우 인지적인 측면을 '고정관념,' 감정적인 측면을 '편견,' 그리고 행동적 인 측면을 '차별 행동'이라고 부른다. 내가 어떤 후보자에 대해 부정적인 태도를 가지고 있을 때 그 구성 요소를 생각해 보면, '그 사람은 포용력이 없다'라는 '생각,' '나는 그 사람이 싫다'라는 '느낌,' 그리고 '그래서 나는 그 사람에게 투표하지 않는다'라는 '행동'으로 이루어져 있다. 이 세 부분은 각각 태도의 인지적-감정적-행동적 측면으로 기능한다.

그런데 집단에 대한 고정관념과 편견이 개인을 판단할 때도 작용한다는 사실이 중요하다. 어떤 개인이 단지 어떤 집단에 속한다는 이유만으로 평가 절하되는 경우가 많다. 〈단지 여자라는 이유만으로〉라는 제목의 영화가 있었는데, 이것도 '여자'라는 범주에 대한 편견 때문에 희생될 수 있는 한 개인의 이야기를 다룬 것이다. 어느 지역 출신이기 때문에, 어느 나라 사람이기 때문에, 또는 어느 학교 출신이기 때문에 개인적인 특성에 관계없이 모두 똑같이 (특히 부정적으로) 평가하지 않도록 주의하는 것이 커뮤니케이션에 장애가 되는 벽을 제거하는 지름길이다.

(5) 이해와 오해

이해와 오해는 커뮤니케이션 당사자 간 의미의 공유가 잘 되었는지 그렇지 않은지를 나타내는 것으로, 공유 부분이 많이 생겼으면 이해가 된 것이고 그렇지 않으면 오해가 된 것이다. 커뮤니케이션 당사자들 간에 공통 기반이 적을수록 이해가 어려워지고 오해가 생길 가능성이 크다. 예를 들어, 한쪽에서는 분명히 자신의 말이 상대방에게 '이런 뜻으로' 전달되었을 것이라고 믿고 있는데, 상대방은 엉뚱하게 '다른 뜻으로' 받아들이는 경우가 바로 '오해'된 것이다.

서로 간에 의견 차이가 있더라도 차이가 있다는 사실 자체, 그리고 어떤 부분에서 어떻게 차이가 나는지를 분명히 서로 이해한다면 이것은 오해가 아니다. 즉 '의견 차이가 있는 것'과 '오해'는 분명히 다른 것이다. 예를 들어, 노사 협상에 실패했다고 해서 반드시 노동자 측과 경영진이 서로 오해했다고 말할 수는 없다. 왜냐하면, 서로의 '의견 차이'를 확인함으로써 '차이가 있다는 것'에 대한 의미 공유 부분이 상당 부분 생겼기 때문에, 이 경우는 서로의 커뮤니케이션을 이해한 것이라고 할 수 있다.

어떤 차이가 있는지도 잘 모른 채 서로 상대방의 의견을 미루어 짐작하며 '잘못' 생각하고 있을 때 오해가 발생하는 것이다. 과정학파의 관점에서는 두 사람 간에 의견의 차이가 없을 때 최상의 정보 공유가 일어나 풍부한 커뮤니케이션이 가능하다고 볼 수 있지만, 기호학파의 관점에서는 이런 '차이의 인식'이 오히려 의미를 더 풍부하게 만들어 줄 수 있다고 본다(Fiske, 1990/2001, p.342). 바람직한 커뮤니케이션은 단순히 커뮤니케이션을 통해 상대방과의 의견 차이를 좁히는 것 자체가 아니라, 서로 차이가 있다면 어느 부분에서 어떻게 차이가 있는지를 서로 잘 파악하여 상호 간에 공유 영역을 넓히는 것이다. 즉 커뮤니케이션의 중요한 기능 중 하나는 '다양성의 공존'을 돕는 것이라고 할 수 있다.

4장

언어적 메시지의
전달과 미디어

전달하고자 하는 메시지의 내용을 언어적으로 표현하는 것은 가장 기본적인 커뮤니케이션 과정이다. 언어적 메시지는 반드시 정보만 전달하는 것이 아니라, 언어를 통해 어떤 정서를 느끼게 할 수도 있고, 똑같은 언어적 메시지를 접해도 사회적 상황에 따라 다른 반응이 유발되기도 한다.

1. 언어적 메시지

1) 언어와 의미의 본질

언어란 "같은 공동체나 국가, 지역, 또는 문화 전통에 속한 사람들이 공통적으로 의사소통하는 데 사용하는 단어와 체계들의 집합"이라고 정의된다(Verderber & Verderber, 2001, p.105). 언어에는 사전적 의미와 함축적 의미가 있다. 사전적 의미는 언어 기호 그 자체의 상식적인 의미를 말하며, 함축적 의미는 개별적인 수신자에 의해 부여된 의미를 말한다. 예를 들어, '죽음'의 사전적 의미는 의학적으로 더 이상 생명이 지속될 수 없는 상태를 설명하는 것(① 목숨이 끊어짐, ② 생명을 잃음, ③ 움직이던 물건이 그 동작을 중지함)과 같은, 수신자와 동떨어져 있는 객관적인 뜻의 모음으로 이루어져 있다. 반면에, 바로 얼마 전에 사랑하던 외아들을 불치의 병으로 잃은 어머니에게는 '죽음'이라는 말이 뼛속들이 사무치는 함축을 지니고 있을 것이다. 함축적 의미가 뜻하는 바는 수신자 자신의 과거와 현재 경험에 토대를 둔, 정서적인 함의까지 함께 들어 있는 의미를 뜻한다.

언어를 사용할 때 사전적 의미보다 경험자의 함축적 의미를 더 많이 담고 있는 언어를 사용할수록 직·간접적으로 유사한 경험을 한 수신자에게 더 절실한 공감을 불어넣을 수 있다. 언어의 함축적 의미는 그만큼 '정보의 흐름을 통해 사람과 사람이 의미를 공유'하게 되는 커뮤니케이션 과정에서 사전적 의미를 넘어서는 중요성을 지닌다. '한(恨)'이나 '정(情)'과 같은 단어가 한국인에게만, 또는 한국인에게 더 깊은 함축적 의미를 지닐 수 있는 것은 몇천 년 역사 속에서 한국인만이, 그러나 한국인은 모두 공통적으로 겪어 온 경험들을 공유하고 있기 때문에 가능한 것이다.

비언어적 메시지나 울음소리와 같은 유사 언어도 함축적 의미를 지닐 수 있다. 예를 들어, 최명희의 소설 《혼불》에서 청암 부인은 열아홉 나이에 청상이 되어 쓰러져 가는 이 씨 집안을 일으킨 종갓집 맏며느리로 나온다. 손자며느리인 주인공 효원이 마침내 아주 오랜 세월 동안 학수고대하며 치성을 드리던 아들을 낳아, 청암 부인이 그토록 기다리던 증손자가 태어난 순간을 '응아아아' 하고 막 태어난 아기 우는 소리로 묘사했다. 이 소리를 산부인과 간호사들이 들었을 때는 '어느 아기가 울든 비슷한' 한낱 아기 울음소리로밖에 안 들리겠지만, 그 시절 청암 부인에게는 평생을 기다려 온 종갓집 손자며느리의 아들 출산을 알리는 소리라는 함축이 진하게 배어 있는 소리로 들릴 것이다. 같은 울음소리지만 간호사에게는 그냥 겉으로 드러나는 객관적 의미만을 지닐 뿐이며, 청암 부인에게는 그 안에 많은 뜻을 담고 있는 함축적 의미를 지니는 것이다. 그래서 "이 세상에서 가장 여리고, 가장 힘 있는" 소리로 들리는 것이다.

언어든 비언어든 커뮤니케이션 신호의 의미는 사람 속에 있다. 같은 말을 하더라도 사람에 따라 다른 의미를 지닐 수 있고, 같은 말을 듣더라도 사람에 따라 다른 의미로 받아들일 수 있다. 특히 당대를 살아가는 사람들 속에서, 공통 경험을 많이 가지고 있는 사람들 사이에 더 구체적인 의미의 공유가 가능하다. 언어의 특성은 다음 몇 가지로 요약할 수 있다.

① 언어는 상징이다.
② 언어는 체계다.
③ 언어는 구조화되어 있다.
④ 언어는 커뮤니케이션 기능을 달성하기 위한 수단이다.

(강길호·김현주, 1995; DeVito, 2000.)

언어가 상징이라는 것은 언어도 일종의 기호로서 언어와 그것이 지칭하는 사물이나 사상 간의 관련성이 필연적이 아니라는 사실을 의미한다. '어머니'라는 단어가 '나를 낳아 주신 여성'이라는 뜻으로 와 닿기 위해서는 후천적인 학습이 이루어져야 한다. 즉 "상징을 사용하는 사람이 상징과 의미 대상인 사물이나 생각을 자의적으로 연결"한다(강길호·김현주, 1995, p.91). 언어를 학습하는 능력 자체는 선천적이지만, 어떤 언어를 어떻게 학습하는지 하는 것은 후천적으로 이루어진다. 따라서 한국에 태어나면 한국어를 습득하고, 미국에 태어나면 영어를 습득하지만, 인간이면 누구나 언어를 습득하여 커뮤니케이션할 수 있는 능력을 천부적으로 타고난다.

언어가 체계라는 것은 언어가 하나하나의 요소로서 따로 떨어져서 그 기능을 다하는 것이 아니라 하나의 '유기적으로 조직화된 묶음'으로서 기능함을 의미한다. 체계는 대개 "상호 연관된 하위 체계(혹은 구성 요소)들이 모여서 새로운 기능이나 수단을 창출하는 것"을 말한다(강길호·김현주, 1995, p.92). 사람들이 살아가는 사회와 사람들이 이용하는 언어가 모두 별개의 요소들로 구성되어 있는 것이 아니라 유기적인 관계 속에서 더 큰 의미를 지니는 '체계'를 이룬다. 일단 '체계'가 되면 그 자체로서 단순한 부분의 합 이상의 기능을 하며 움직여 간다. 서로 체계가 다른 두 언어를 동시에 습득하는 것이 유사한 체계를 지니는 두 언어를 동시에 습득하는 것보다 훨씬 어려운 이유도 언어가 바로 체계이기 때문이다. 언어가 체계라는 사실은 언어가 구조화되어 있다는 사실과도 연결되며, 일정한 규칙에 따라 움직인다. 무질서한 체계가 아닌 질서 있게 잘 정비되어 구조를 형성하고 있는 체계라는 점에서 언어는 구조화되어 있다고 할 수 있다.

언어의 가장 중요한 특성은 '커뮤니케이션 기능'을 달성하기 위한 수단이라는 점이다. 언어가 '커뮤니케이션 전달 수단'이라는 점에서 언어도 일종의 미디어다. 여기에 언어를 보다 효율적으로 전달하기 위한 기계적 미디어의 도움을 받다 보니 마치 기계적 미디어만이 미디어인 것으로 오해가 되기도 한다. 언어는 사람과 사람의 정보의 흐름을 통해 의미 공유를 일으킴으로써 커뮤니케이션을 완성해 주는 가장 핵심적인 미디어라고 할 수 있다. 언어, 사람의 발성 기관, 그리고 신체를 이용하여 의미를 전달할 수 있는 모든 언어적·비언어적 방편들을 통틀어 인간과 밀착되어 있는 '즉각적 미디어,' 즉 비매개적 미디어라고 명명할 수 있다.

미디어가 더욱 발달하면 우리의 언어적 및 비언어적 커뮤니케이션 수단을 도와주는 기계적 미디어가 더욱 비매개적 미디어에 가까워질 수 있다(14장 참조). 청각 장애인이 사용하는 보청기를 완전히 우리 신체의 일부에 부착한다면, 이것은 기계적 미디어 중에서 가장 즉각적인 미디어에 가까운 커뮤니케이션 미디어라고 할 수 있다. 보다 멀리 떨어져 있는 사람을 직접 보면서 대화를 나눌 수 있는 안경과 헤드폰이 발명된다면, 이것은 우리의 눈과 귀를 확장시켜 공간을 뛰어넘은 언어적·비언어적 메시지 교환에 기여하는 비매개적 미디어에 근접하는 것이다. 무선적 정보 전달 방식이 발전하면서 유선 전화가 휴대 전화로 변화해 왔듯이, 언어 이외의 미디어로서 언어와 비언어의 전달을 도와주는 각종 미디어는 점차 이렇게 개인화 되어 인간의 신체에 점점 더 가까이 부착되어 오고 있다.

2) 포함적 대화와 배제적 대화

언어 사용이 개인마다 다르기도 하지만 대체로 세대별·성별 차이, 속해 있는 사회 문화적 또는 지역별 하위 집단별 차이가 뚜렷이 나타난다. 대화 상대자가 속해 있는 집단 또는 범주에서 어떤 유형의 언어를 사용하고 있는지를 알고 이해해야만 전하고자 했던 바가 오해 없이 전달될 수 있다. 같은 집단에 속하는 사람들끼리 공유하는 상징의 범위가 넓고, 집단 외부 사람들에게는 빨리 이해되지 않거나 잘못 이해될 수 있는 상징들이 있다.

'포함적 대화'란 커뮤니케이션 장면에 있는 모든 사람이 알아들을 수 있는 용어로 이야기하는 것을 말하며, '배제적 대화'란 커뮤니케이션 장면에 있는 사람들 중에서 특정 그룹에 속해 있는 사람들(예: 의사, 법률가, 교수 등)만 알아들을 수 있는 용어를 섞어서 이야기하는 것을 말한다. 우리가 대화에 임할 때는 당연히 포함적 대화가 되도록 노력하며 해당 커뮤니케이션 장면에서 소외되는 사람(들)이 없는지를 살펴야 한다.

최근에는 폐쇄된 SNS 공간에서 한 사람을 집중적으로 괴롭히거나 대화에서 배제시키는 일이 청소년들 사이에서 발생하고 있다고 한다. 이는 극단적인 형태의 배제적 대화이며, 절대로 참된 의미의 소통이 될 수 없다. 이것은 일종의 반사회적 행동에 해당한다. 무엇보다 공감 능력 향상이 소셜 미디어 시대의 미디어 교육에 꼭 필요해 보인다.

3) 언어가 사람과 사회에 미치는 영향 및 상호작용

언어가 사람의 사회 인식에 영향을 주는가, 아니면 사람의 사회 인식이 언어에 영향을 주는가? 이 두 가지는 모두 타당하며, 사회가 변화해 감에 따라 언어도 변화해 가고, 언어가 변화해 가면서 사회를 구성하는 사람들의 인식도 변화해 간다.

한국어에는 정서 표현이 다양하다. 특히 색채 지각 및 감정 표현과 같은 지각 과정과 정서 경험 표현 방식이 다양하다. 예를 들면, '불그스름하다,' '붉다,' '빨갛다,' '발그레하다'가 모두 영어로는 'red'에 해당하여, 영어에서는 그 미묘한 차이를 구분하기가 어렵다. 또한 한국어에는 '두세 개,' '서너 시경'과 같은 어림수의 표현이 많지만, 영어는 그렇지 않다. 영어가 그만큼 더 명확한 표현을 선호한다고도 볼 수 있으나, 정서가 포함된 미묘한 차이를 다양한 언어로 나타낼 수 있는 한국어에 익숙한 사람이 그러한 정서를 더 민감하게 느낄 수 있다.

예를 들어, 이른 봄에 강물이 풀리는 소리가 '소살소살 소살소살' 하는 것처럼 들린다고 표현한 최명희의 소설 《혼불》을 읽기 전에는 물소리가 '졸졸졸' 또는 '콸콸콸' 하는 것으로만 들리던 것이, 그 표현을 접한 이후 봄에 강물이 풀리기 시작해 자갈 사이를 흐르는 소리를 실제로 들으면 정말 '소살소살 소살소살' 하는 것처럼 들린다. 작가는 이 표현을 찾아내기 위해 늦은 저녁 북한강까지 달려가 들어 보았다고 한다(KBS, 2001. 1. 21. 참조). 물론 모든 사람이 그렇게 열심히 듣는다고 해서 모두에게 '소살소살' 하는 소리로 들리지는 않는다. 그러나 한 민감한 작가에 의해 일단 최적의 표현이 찾아지고 나면, 다른 사람들도 그런 소리를 듣고 느끼기가 더 쉬워진다. 콜럼버스의 달걀처럼, 다른 사람이 생각하지 못한 것을 일단 생각해서 표현하고 나면, 나머지 사람들이 따라 하기는 훨씬 더 쉬워진다.

언어는 생각을 규정하는 특성을 지니고 있어서, '너는 나쁜 아이다'라고 일단 이름을 붙이고 나면, 정말 상대방이 하는 행동이 모두 나쁜 것으로 인지될 수 있다. 보통 중성적이거나 긍정적인 이름을 붙이는 것은 단순한 '명명'이라고 할 수 있지만, 부정적이거나 편견에 가득 찬 이름을 붙이게 되면 이것은 일종의 '낙인'을 찍는 것으로 그 이후의 모든 생각이 이미 붙여진 낙인과 일관성이 있는 방향으로 유도될 가능성이 크다.

에스키모인들에게는 '눈(snow)'을 뜻하는 단어들이 많다. 여러 종류의 눈을 우리는 구분하지 못하며, 모두 똑같은 '눈'으로 보일 뿐이다. 그러나 눈을 평소에 많이 접하고 사는 에스키모인들은 눈을 변별하는 기준을 더 많이 가지게 되고, 따라서 각기 다른 이름을 붙이게 된다. 일단 이름이 여러 가지로 붙고 나면 여러 종류의 눈은 더욱 쉽게 구별된다. 그러므로 사회 환경이 언어 차이를 가져오고, 언어 차이가 다시 우리의 사회 환경 지각에 영향을 주는 과정이 반복되는 것이다.

워프(Whorf, 1956)와 사피어(Sapir, 1949)는 우리가 인식하는 세계는 언어의 한계를 벗어날 수 없다고 주장한다. 한국인이지만 태어나자마자 영어권에서 영어만 사용했다면 영어에서는 표현할 수 없고 한국어로만 표현 가능한 정서, 예컨대 '한(恨)'이라든지 '정(情)'이라는 것을 느끼기가 어려울 것이다(최상진, 2000). '워프와 사피어의 가설'은 언어 사용자 자신이 지각하는 세계가 자기가 사용하는 언어에 의해 규정된다고 주장한다. 또한 '폭스(Fox) 박사의 가설'은 말하는 사람의 말하는 스타일에 따라 연설 내용이나 연설자를 '다른 사람들이' 어떻게 지각하는지가 달라진다고 주장한다(Cory, 1980; 강길호·김현주, 1995). 같은 내용의 연설이라도 전문적인 용어를 많이 섞어가며 그럴듯한 형식에 맞추어 전달할 때 훨씬 더 좋은 연설이며 신뢰할 만한 연설가라고 다른 사람들이 지각한다는 것이다.

2. 언어적 메시지의 전달과 미디어

1) 문자와 음성: 글과 소리

문자는 언어의 시각적 상징이며, 글은 문자로 나타낸다. 문자를 소리 내어 읽을 때 그것은 언어의 청각적 상징으로 나타나며, 따라서 '언어'라고 하면 시각적 글로 표현한 것과 청각적 소리로 표현한 것을 함께 지칭하는 것이다. 예컨대, 어떤 사람이 '영어'를 잘 한다고 할 때 읽는 것과 듣는 것, 말하는 것을 모두 잘 해야 명실상부하게 그 언어를 정복했다고 할 수 있다.

문자는 시각적 지각에서 시작하여 사람 간의 이해와 의미 공유에 도달하는 것으로, 책이나 신문과 같은 '종이'에 인쇄된 문자, 또는 돌에 인쇄된 문자 등을 매개로 하여 한 사람에게서 다른 사람(들)에게로 정보가 흐르거나, 또는 TV 수상기나 컴퓨터

모니터의 화면을 매개로 하여 정보가 흐른다. 반면에 음성으로 전달되는 소리 언어는 청각적 지각에서 시작하여 이해와 의미 공유에 이르는 것으로, 전화, 라디오, 전축 등과 같은 미디어를 이용할 때 소리 언어가 문자 언어보다 우위에 놓인다. TV나 영화에서는 문자와 음성뿐만 아니라 그 이외의 시각적 배경 이미지나 청각적 배경 음악 등을 시청각적으로 함께 종합적으로 제시함으로써 사람 사이의 이해와 의미 공유가 최상에 도달하는 데 도움을 준다. 사람과 사람이 직접 만나 커뮤니케이션하는 경우에는 글과 소리를 모두 이용할 수 있지만 주로 소리 언어를 이용하며, 시각적 자극으로는 문자가 이용되는 것이 아니라 대화 상대가 보여 주는 다양한 비언어적 단서 정보를 처리하는 데 시각을 이용한다.

사피어는 대화를 시작하는 사람의 의도가 있을 때 명시적 커뮤니케이션이라 하고, 의도가 전제되지 않은 상태에서 의미의 공유가 일어나면 암묵적 커뮤니케이션이라 했다. 명시적 커뮤니케이션은 부호화와 해독을 중심으로 하는 의도적 커뮤니케이션이며, 암묵적 커뮤니케이션은 "비의식적 상징 행위에 대한 참여자들의 직관적 해역이나 문화적 패턴의 비의식적 동화"를 의미한다(조종혁, 1992, p.32). 언어적 커뮤니케이션은 명시적 커뮤니케이션에 가깝고 비언어적 커뮤니케이션은 암묵적 커뮤니케이션에 가깝다고 할 수 있지만, 예외 없이 일대일 대응이 되는 것은 아니다.

지역 방언, 즉 사투리는 대체로 언어적 표현(음절의 차이)과 유사 언어적 표현(억양의 차이)이 함께 작용하여 표준말과 구분된다. 방송에서 사투리가 사용되는 경우, 해당 사투리를 들을 때 활성화되는 고정관념과 편견이 그대로 청자에게 활성화된다. 드라마에서 가사도우미 역할, 조직폭력배 역할, 의리 있는 사업가 역할 등에 특정 지역 사투리를 사용하는 사람이 많이 등장하면, 해당 지역 사투리를 사용하는 사람은 모두 그런 특성을 지니고 있을 것으로 생각하는 경우가 많다. 드라마나 영화에서 분장을 통한 비언어적 이미지와 함께 언어적 억양 표현으로 다양한 캐릭터를 보임으로써 그것을 보고 듣는 사람들에게 정보를 주며 감정을 유발시키는데, 이것이 현실 속에 그대로 투영될 때 미치는 악영향도 고려해야 한다.

2) 변형된 형태

셰익스피어의 희곡을 희곡 자체로서 읽을 때와 연극으로 공연하는 것을 볼 때는 분명히 같은 언어로 이루어져 있음에도 불구하고 색다른 느낌을 준다. 작가와 독자 또는 관람자 사이에 같은 정보가 흐르고 있다 하더라도 어떤 형태로 흐르고 있느냐에 따라 공유되는 정보와 정서가 달라지는 것이다.

마찬가지로, 같은 내용의 언어적 메시지라 하더라도 직접 만나서 이야기할 때와 이메일로 전달할 때, 휴대 전화로 말할 때, 편지로 써서 전달할 때 모두 다른 느낌으로 와 닿는다. 광고 언어도 듣는 미디어인 라디오에서 사용하는 언어와 보는 미디어인 TV에서 사용하는 언어가 다르고, 또 인터넷 배너 광고에서 주의를 끌기 위해 동영상 이미지와 함께 전달되는 언어적 메시지가 다르고, 이것을 듣거나 보고 수용자들이 공유하게 되는 의미와 정서가 모두 다르다. 동일한 메시지를 담고 있는, 근본적으로 언어적인 메시지라 하더라도 그 전달 형태에 따라 '정보의 흐름을 통해 사람과 사람이 공유할 수 있는 의미'는 달라지는 것이다.

기본적인 형태의 글과 소리 이외에 뉴 미디어 시대 사이버 언어의 등장도 언어를 통한 커뮤니케이션 연구에 새로이 등장한 주제다. 사이버 언어의 탈문법화, 탈규범화는 한국어, 러시아어, 영어에 모두 나타나고 있으며(박영순, 2001), 사이버 언어는 의사소통 기능, 인지 기능, 보존 기능, 미적 기능, 정서적 기능, 상위 언어적 기능, 및 종교적 기능을 수행한다. 이 과정에서 음절 축약, 음성 축약, 은어화, 생략, 숫자화 등도 보편적으로 나타난다(Vinogradova, 2000). 채팅을 할 때는 채팅에서 많이 사용하는 형태의 언어를 사용해야 채팅이라는 커뮤니케이션 상황에 잘 적응할 수 있고, 함께 대화할 수 있는 구성원으로 더 잘 받아들여진다. 사이버 언어도 일종의 방언과 마찬가지라고 할 수 있다. 채팅에서 '님'이라는 말을 아예 사이버 언어의 2인칭 대명사로 수용해야 한다는 주장도 있다.

특히 최근에 소셜 네트워크 서비스를 통해 자신의 생각이나 느낌을 말이 아닌 글로 전달하고자 할 때는 간결하고 신속하게 전달하는 것이 매우 중요해졌다(황유선, 2012). 2006년 미국에서 휴대 전화의 SMS(단문 서비스, short message service)를 웹과 결합하면서 탄생한 마이크로블로그 트위터는 140자 이내로 메시지를 작성해야 하기 때문에 핵심만을 빨리 전달하는 데 익숙해지게 되었다.

일상의 많은 대인 커뮤니케이션이 SNS로 이루어지고 있는 지금은 언어 표현의 간결함과 신속함을 추구하는 경향이 더욱 강해져, 많은 축약어들이 생겨나고 있다. '돌싱녀(돌아온 싱글 여자),' '차도남(차가운 도시 남자),' '넘사벽(넘을 수 없는 벽)' 등 수없이 생겨나는 축약어들은 언어로 소통하는 사람들 간 커뮤니케이션을 효율적으로 만들어 주기도 하고 이질감을 만들어 내기도 한다. 미디어가 어떤 것을 쉽게 운반할 수 있느냐에 따라 미디어를 통해 운반되는 내용의 성격도 달라질 수 있음을 보여 주는 현상이다.

3) 언어적 메시지의 형식과 내용

커뮤니케이션은 근본적으로 언어로 이루어지기 때문에 (비언어적인 부분은 5장 참조), 형식을 중요시하든 내용을 중요시하든 아니면 사용되는 사회적 상황을 중요시하든 기호학, 의미론, 사회언어학과 어느 정도 관련성을 지닐 수밖에 없다. 기호학은 언어적 메시지의 형식을 중요시하며 어떤 언어적 표현도 보편적인 형식의 틀 속에 담아낼 수 있다고 본다는 점에서, 언어가 사용되는 사회 속의 역동과 변화의 관점에서 언어의 의미를 바라보는 사회언어학과 다르다. 기호학의 목적은 인간의 모든 문화 활동을 기호로 표시하는 것이다(Hénault & Greimas, 1979/1997, p.177). 이것은 커뮤니케이션이 없이는 어떤 유형의 문화도 존속할 수 없다고 말한 피스크(Fiske, 1990)의 주장을 연상시킨다. 우리는 커뮤니케이션을 위해 기호를 사용하고 있고, 그 기호에 의미를 부여하지 않고서는 커뮤니케이션이 이루어질 수 없고 문화도 불가능하다. 의미를 부여하는 방식이 언어 표현의 '형식'에 의해 좌우된다고 보는지, 아니면 사람이 살아가는 사회 속에서 '내용'적으로 규정된다고 보는지에 따라 강조하는 방향이 조금씩 달라지기는 하지만, 양쪽 모두 어느 정도의 상징성이 포함된 기호로 이루어지는 언어가 커뮤니케이션의 형식을 이루며 그 과정에서 사회 속의 인간이 본질적인 의미의 내용을 채워 가고 있다는 데 동의한다.

▶ 예시 4-1. 단순화시킨 텍스트 형식의 예

1. 신데렐라는 가난하고 불행했다;
2. 동작들의 연속 + 왕자와의 결혼;
3. 신데렐라는 이제 만족한다.

출처: Hénault & Greimas, 1979/1997, p.16.

단어나 어구의 이해에서도 형식을 무시할 수 없듯이, 텍스트 전체의 이해에서도 형식이 무시될 수 없다(예시 4-1 참조). 물론, 모든 텍스트가 예시 4-1처럼 간단한 것만은 아니다. 그리고 '사람과 사람이 정보의 흐름을 통해 의미를 공유하는 커뮤니케이션 과정'이 모두 이렇게 간단한 것은 아니다. 그러나 아무리 복잡한 텍스트(커뮤니케이션 결과물)라 할지라도, 아무리 복잡한 커뮤니케이션 과정이라 할지라도, 그것은 보다 간단한 요소로 분리될 수 있고 그 요소들 간의 관계를 분석할 수 있고 거기에서 모든 인간들에게 보편적인 커뮤니케이션 원리를 찾아낼 수 있다는 사실이 중요하다. 언어에도 일정한 공식이 있다는 것이다. 즉 어떤 시대, 어떤 상황에서도 내가 좋아하는 사람이 나에게 좋아한다고 말하면 나는 기분이 좋아지고, 나도 따라서 기분 좋은 반응을 보이게 된다. 사람들은 과거에서 현재까지, 그리고 현재 속에서도 이리저리 복잡하게 엉켜 있는 커뮤니케이션 속에서 그 질서를 찾지 못하고 자기가 왜 그렇게 갈등을 느끼며 살아가고 있는지 고민한다. 이것을 잘 들여다보면 분명히 질서가 있고, 그 질서를 분석해 보면 보다 좋은 커뮤니케이션을 위한 해법이 보인다.

4) 언어적 메시지 전달 과정의 장애

언어적 메시지 전달 과정에서 장애가 될 수 있는 부분은 '지역 사투리의 의미를 이해하지 못해서,' 혹은 '단지 사투리를 사용한다는 사실만으로 어떤 부정적인 편견이 떠올라서' 장애가 되는 경우도 있겠지만, 그 외에도 메시지의 순수한 이해와 처리에 방해가 되는 다음과 같은 보편적인 요인들이 있다.

(1) 극화

극화(polarization)란 세상을 극단적인 두 쪽으로 나누어 보는 경향을 지칭한다. 선과
악, 긍정과 부정, 천재 또는 바보와 같이, 양극단 사이의 다양성을 인정하지 않는 경
향이다. 흑백논리에 치우쳐 우리 편 아니면 적이라고 생각하거나, 회색은 있을 수 없
다고 생각한다.

극화 현상은 대조 효과와 동화 효과로 인한 결과일 수도 있다. 일찍이 셰리프
(Hovland, Harvey, & Sherif, 1957)는 자기 태도와 어느 정도 유사할 때까지는 '별 차이가
없다'고 지각하여 동화 효과가 일어나고, 얼마간 달라지기 시작하면 그때부터는 실제
보다 더 많이 차이가 나는 것으로 지각하는 대조 효과가 일어, 결과적으로 이쪽 아
니면 저쪽이라는 극화가 유발된다고 보았다.

실제로 누가 그 메시지를 전달하느냐에 따라, 유사한 메시지라 하더라도 자기 집
단 소속 전달자가 전하면 실제보다 더 좋게 받아들이고 적대 집단 소속 전달자가 전
하면 실제보다 더 좋지 않게 받아들여 집단 간의 관계가 커뮤니케이션 전보다 더 악
화된다는 연구 결과들도 있다(나은영, 1999; Price, 1989). 이것은 자기 집단 전달자의 경
우 고정관념에 의해 이미 괜찮은 사람일 것이라는 인상을 가지고 있고, 이것이 차후
의 판단 과정에 영향을 주어 '좋은 사람이 가져 온 메시지라면 좋은 내용일 것'이라
고 생각하며 이미 지니고 있는 기존의 호의적 인상과 일관성이 있는 방향으로 메시지
를 해석하기 때문이다. 반대로, 적대 집단 전달자의 경우 고정관념에 의해 이미 좋지
않은 사람일 것이라는 인상을 가지고 있고, 이와 일관되게 '들어 보나마나 뻔한 이야
기일 것이다'라는 생각을 미리 떠올리게 되어 설득 저항을 불러일으키며, 더 나아가
설득은커녕 오히려 더 기존 태도를 강화시키는 방향으로 영향을 줄 수 있다(11장 설득
커뮤니케이션 참조).

개인 간의 갈등이든 집단 간의 갈등이든 일단 대조 효과가 일어나기 시작하면 극
화가 되는 것은 시간문제다. 이미 신뢰를 잃은 사람 또는 집단은 아무리 좋은 말을
해도 더욱 좋지 않게만 여겨질 뿐이다. 양극으로 치닫기 전에 한번쯤 상대방의 생각
을 끝까지 들어 보고 객관적으로 판단하려 노력하는 것이 이러한 극화를 예방하는
지름길이다.

(2) 언어 규정적/탈언어 규정적 정향

언어에 의해 이미 규정된 방식대로 사람을 보는 것을 '언어 규정적 정향'이라 하며, 언어가 규정하는 것에 얽매이지 않고 언어로 규정되기 이전의 사람이나 대상 자체를 있는 그대로 판단하려는 경향을 '탈언어 규정적 정향'이라 한다. 하버드대 박사, 서울대 교수, 의사의 아들 등과 같은 언어적 명칭들로 인해 어떤 사람을 보는 방식이 규정된다면, 이는 어떤 범주나 집단의 특징에 해당하는 편견을 가지고 보던 특성들을 해당 범주나 집단에 속한 모든 개체들에게 적용하는 것으로, 3장에서 커뮤니케이션에 장애가 되는 요인으로 언급한 편견 및 고정관념의 영향을 받는 것이다. '남교수, 남의사'라는 말은 없는데 유독 '여교수, 여의사'라는 말이 있는 것은 전문직에 여성 비율이 적기 때문에 사용되는 용어다. 일단 '의사'가 아닌 '여의사'라고 했을 때 '여의사'라는 언어로 규정된 방식대로 의사를 판단하려는 언어 규정적 정향에서 자유로울 수 없다는 사실로 미루어 보아 편견을 유발할 수 있는 언어의 사용은 자제하는 것이 바람직하다. '남자 간호사'라는 말도 마찬가지로 간호사 중에 남자가 드물기 때문에 사용되는 것이지만, '간호사'라고 하면 될 것을 굳이 '남자 간호사'라고 부르면 언어에 의해 판단이 영향을 받게 되어 바람직하지 않다.

(3) 사실과 추론의 혼동

사실과 추론의 혼동은 흔히 일어나는 착각이다. 다른 사람의 말을 들을 때, 신문을 읽을 때, 그리고 TV를 볼 때 사람들은 흔히 그 과정에서 자기가 머릿속으로 자동적 혹은 의식적으로 추론한 것을 곧 사실이라고 믿고 사실과 혼동한다. 3장에서 살펴본 사회 지각 과정의 오류와 함께 커뮤니케이션 과정의 오류는 우리에게 다른 사람이나 미디어로부터 세상의 메시지들을 접할 때 신중한 판단이 중요함을 일깨워준다.

　사람들은 사실에 관한 정보를 보거나 듣는 과정에서 거의 자동적으로 추론을 해 가며 보거나 듣기 때문에, 사람들끼리 이야기할 때는 물론이고 TV 프로그램을 제작할 때도 사실만을 열거함으로써 상대방의 추론을 유도할 수도 있다. 예컨대, "그 건물은 지은 지 50년이 넘었다. 건물에 금이 간 곳이 수십 군데 보인다. 그 동안 정기 점검을 두 번밖에 받지 않았다"와 같은 '사실을 열거한' 언어적 표현을 사람이 사람에게 직접 말로 전달하든 혹은 TV나 라디오, 신문 등과 같은 매스 미디어를 경유하여 기자가 시청취자나 독자에게 전달하든 관계없이, 이 '사실'에 관한 정보를 보거나 들은 사람은 거의 모두 '그 건물이 곧 무너질지도 모르겠구나. 위험하구나'라는 추론을 하며 '빨리 점검해서 보수하거나 새로 지어야겠구나' 하는 그 다음 단계의 판단까지 한다.

이처럼 사람은 커뮤니케이션 장면에 들어올 때도 머리와 가슴이 비어 있는 상태로 들어오지 않을 뿐만 아니라, 이미 머리와 가슴속에 들어 있는 정보와 지식을 토대로 끊임없이 추론을 하며 기존 정보와 일관성을 유지하도록 맞추려 한다. 그러므로 우리는 커뮤니케이션을 할 때 내가 이렇게 이야기하면 상대방이 어떤 추론을 할 가능성이 있는지를 염두에 두면서 이야기할 필요가 있고, 내가 상대방의 이야기를 들을 때는 어느 정도 추론을 해 가며 듣는 것이 이해에 도움이 되기는 하지만 지나치게 앞서가는 추론은 오히려 객관적인 생각을 흐려 놓을 가능성이 있기 때문에 삼가고, 상대방이 이야기하는 내용 자체에 주의를 기울이는 것이 좋다. 추론과 판단은 가능하면 최후로 미루고 대화 내용 자체를 이해하고자 노력하는 편이 현명하다.

특히 SNS와 같은 미디어 수단을 통해 시각적으로 제시되는 이미지 자극이 언어와 함께 전달되면 실제로 본 것과 같은 생생한 느낌을 주기 때문에 사실로 받아들이기가 더 쉽다. 여기에 SNS의 주체는 개인들이기 때문에 정제되지 않은 개인의 순간적이며 주관적인 의견이나 추론이 담기기가 쉽다. 따라서 너무나 많은 정보가 너무나 잘 닦여 있는 미디어 고속도로로 흘러 다니는 현 상황에서는 정보의 수용 또는 전파 이전에 사실 여부를 확인하는 절차가 더욱 중요해졌다고 할 수 있다.

(4) 과일반화 현상

'모두 다 그렇다'고 과일반화하는 현상은 일상적인 대화나 드라마에 무수히 등장한다. "길을 막고 물어 봐라. 누가 네 생각에 찬성하는지……" 혹은 "네 말이 맞는다고 하는 사람은 아무도 없을 거다" 하는 식의 말은 "내 생각에는 이렇다" 혹은 "다른 사람은 어떻게 생각할지 모르지만 지금 내 의견은 이렇다"라고 하는 식의 한정적인 말보다 훨씬 위험하다.

커뮤니케이션을 통해 어떤 정보를 접할 때, 일단은 해당 커뮤니케이션 상황과 당사자에 한정지어 생각할 필요가 있다. 처음부터 지나치게 일반화해 버리면 나중에 다시 좁히기가 어렵기 때문이다. 일단 보거나 들은 사실을 해당 경우에만 한정하여 조심스럽게 생각한다면, 커뮤니케이션 상황에서 갈등을 유발할 수 있는 불필요한 오해는 훨씬 줄어든다. 예컨대, 언어적 메시지뿐만 아니라 비언어적 메시지의 하나로서 어떤 사람이 나를 보고도 모르는 척 했다고 할 때, 저 사람은 '항상' 나를 무시한다고 생각하기보다 '지금 이 상황에서만' 나를 못 보았다고 생각하는 것이 그에 대한 나의 다음 행동에 지장을 주지 않는다. 그리고 어떤 이탈리아 사람이 한국인을 좋지 않게 이야기했다고 할 때, 이탈리아 사람들이 '모두' 한국인을 좋지 않게 본다고 생각할 필요는 없다. 사회심리학의 집단 간 고정관념과 편견 연구들에서 밝혀진 바에 따르면, 사람들은 자기 집단 안의 사람들은 비교적 다양한 생각을 지닐 수 있다고 보는 데 비해 다른 집단 사람들은 '모두 다 똑같다'고 생각하는 경향이 높다. 그래서 외부 집단에 속하는 한 사람의 메시지를 마치 그 집단 전체의 메시지인 양 착각할 가능성이 더 높다. 그러므로 외부 집단으로부터 오는 메시지를 처리할 때 과일반화 현상이 일어나지 않도록 더 주의해야 한다.

(5) 다양성과 차이 인정

차별 없애기는 '열린 마음'으로 대화에 임하는 자세를 말한다. 다른 사람이 어떻게 나와 다른 관점에서 생각할 수 있는지를 이해할 때 서로의 커뮤니케이션에서 공유할 수 있는 영역은 더욱 넓어진다. 똑같은 메시지를 전달하는데도 '누가' 전달하느냐에 따라, 혹은 '어떤 직업을 가진 사람이' 전달하느냐에 따라 메시지의 내용 자체를 왜곡시켜 받아들인다면 참된 의미의 공유가 일어나기 어렵다. 3장에서 언급했듯이 우리가 사람인 이상 여러 종류의 편견에서 자유롭기가 쉬운 일은 아니지만, '우리가 편견을 가질 수 있고 그 편견이 나의 판단을 흐릴 수도 있다'는 가능성 자체를 인정하고 '나만이 절대적으로 옳다'는 생각을 버릴 때 다양성의 인정과 차이의 수용을 바탕으로 하는 사람과 사람 사이의 의미 공유가 진정으로 이루어질 수 있다.

3. 온라인에서의 언어적 표현

온라인에서의 언어적 표현이 오프라인에서의 표현과 본질적인 측면에서는 다르지 않지만, 자세히 들여다보면 몇 가지 차이점이 보인다. 온라인 언어 표현에 어떤 특징들이 있는지를 살펴보자.

1) 온라인 공간에서의 '자랑'과 '쏟아놓기'

디시 인사이드의 자랑 갤러리에 표현된 내용들이 10년 사이에 어떻게 달라졌는지를 살펴본 연구가 있다. 노명우 등(2012)의 연구는 2002년 6월과 2011년 11~12월 자랑거리의 차이를 분석하여 표 4-1과 같은 결과를 얻었다.

2002년은 주로 물질적인 것, 특히 의류나 테크놀로지 제품에 관한 자랑의 비율이 높았던 반면, 2011년은 여행, 성취, 관계성, 특기, 엽기 등과 같은 비물질적인 것의 자랑 비율이 높아졌다. 물질적인 내용 중에서 2011년에 자랑 비율이 높아진 항목은 의식주 중에서 먹는 것과 돈에 대한 내용이었다.

자랑할 때는 언어적 표현으로만 하는 것이 아니라 비언어적 이미지까지 보여 주는 사례가 많지만, 어떤 경우든 자랑함으로써 자신의 가치를 내세우며 대인 관계를 시작하고 유지해 간다. 자랑에 대한 반응은 '경탄'과 '시샘' 등 다양하게 나타날 수 있지만(정서에 관해서는 5장 참조), 자기표현 및 자기 고양 욕구를 표출하는 데 온라인 공간이 좋은 대안을 제공하고 있다.

한편, 트위터의 '대나무 숲'은 "임금님 귀는 당나귀 귀"라며 쏟아놓는 쾌감, 배설의 카타르시스를 느끼게 한다. 권력 거리가 큰 문화에서 윗사람을 마음껏 비판하지 못하던 규범이 탈억제되어 사회에 대한 불만 쏟아놓기의 장이 되고 있는 것이다. 안재웅 등(2013)의 분석에 따르면, '대나무 숲'의 메시지 내용은 사회 감정형, 특히 적대감과 긴장감을 유발하는 사회 감정형이 많았다. 이런 경향은 직업 성격의 계정과 특수 계층 성격의 계정 모두에서 나타났다. 그 이유는 '대나무 숲'이라는 소통 공간이 다른 인터넷 커뮤니티에 비해 익명성이 강화되어 있어 마음속의 이야기를 더 쉽게 터

표 4-1. 2002년과 2011년 온라인 공간의 자랑 대상 변화

자랑 대상 범주			2011		2002	
대범주	세부 범주	포함 내용	빈도	백분율	빈도	백분율
물질	의	의류, 신발, 가방, 화장품, 액세서리 등 패션 관련	27	2.6	59	15.7
	식	음식류	140	13.4	7	1.9
	주	집, 인테리어, 건물, 길 등	10	1.0	7	1.9
	돈	매출, 월급, 현금 등	42	4.0	3	0.8
	테크놀로지 제품	IT 기기, 자동차, A/V 기기, 레저 장비, 전자 기기 등	73	7.0	116	30.9
	애완동물	애완동물류	12	1.1	0	0.0
	특이 소장품	위에 해당되지 않은 각종의 다양한 소장 물품류	79	7.6	142	97.9
	소계		383	36.7	334	89.1
비물질	여행	국내외 여행 경험, 해외 체류 등	89	8.5	0	0.0
	성취	합격, 취업, 승진 등 노력을 통해 성취한 경험	100	9.6	1	0.3
	관계성	'누가' 무엇을 해 주거나 '누구'와 무엇을 한 경험	103	9.8	3	0.8
비물질	긍정적 특이 경험	긍정적 성격의 이러저러한 경험들	142	13.6	24	6.4
	부정적 특이 경험	부정적 성격의 이러저러한 경험들	67	6.4	1	0.3
	선행	좋은 일, 착한 일 등	14	1.3	2	0.5
	특기/재능	특기, 재능, 재주 등	32	3.1	2	0.5
	외모	신체, 외모 관련	17	1.6	1	0.3
	엽기	그로테스크한 경험들	56	5.4	0	0.0
	모호	자랑 대상이 모호한 경우	27	2.6	0	0.0
	소계		647	61.9	34	9.1
기타	무관	자랑과 상관없는 질문, 메일 요청 등	9	0.9	7	1.9
	삭제	포스트가 삭제된 경우	6	0.6	0	0.0
	소계		15	1.	7	1.9
합계			1,045	100.0	375	100.0

출처: 노명우 외, 2012, pp.23~24.

놓을 수 있기 때문으로 분석된다. 좀 더 구체적으로, 직업 성격의 계정에서는 적대적 표현이, 특수 계층 성격의 계정에서는 긴장감 유발 표현이 상대적으로 더 많았다.

그러나 리트윗 횟수로 측정된 사회적 영향력은 '대나무 숲'이 생성한 두 유형의 메시지 중에서 사회 감정형 메시지보다 과업형 메시지가 더 강한 것으로 나타났다. 또한 이러한 리트윗은 직업 성격의 계정(출판사, 신문사, 디자인 회사, 글 작가, 번역계, 공연장 등)보다 특수 계층 성격의 계정(우골탑, 시월드, 대학교, 청춘, 등)에서 더 많이 이루어지고 있었다. 특히 유용한 정보를 담고 있는 과업형 메시지가 많이 리트윗되는 경향이 있었다. 이로 미루어 볼 때, 메시지를 많이 생성하는 것과 그 메시지가 큰 영향력을 지니는 것은 별개임을 알 수 있다.

2) 연출된 메시지와 투명한 메시지

미디어가 발전할수록 비매개성을 추구하기 때문에(Bolter & Grusin, 1999/2006), 메시지 해독이 더욱 어려워질 수 있다. 왜냐하면, 연출된 메시지임에도 불구하고 아주 잘 발달된 미디어를 통해 접하며 마치 실제처럼 보일 수 있기 때문이다. 이런 현상은 5장에서 논의하게 될 비언어적 메시지의 전달 과정에서 더 뚜렷하게 나타나지만, 언어적 메시지의 전달 과정에서도 어떤 미디어를 경유하느냐에 따라 그 메시지의 심층적 의미와 이해도 또는 신뢰도 등이 달라질 수 있다.

메시지를 전달하는 사람의 진정성이 가장 중요한 요소가 되겠지만, 미디어가 어디까지 표현할 수 있는 미디어인가에 따라서도 메시지에서 최종적으로 공유되는 의미가 달라질 수 있다. 예를 들면, 트위터의 경우 140자 이내로 표현해야 한다는 제한 때문에 표현하는 사람은 최대한 압축적인 표현을 찾으려 노력할 것이다. 압축 표현의 하나로 자세한 사항이 포함되어 있는 url을 메시지 안에 포함시켰을 때 그것을 읽는 사람 쪽에서 url을 클릭하지 않을 경우 의미 공유가 일부분만 이루어질 가능성도 있다.

4. 언어적 메시지 전달과 이해에서의 문화 차이

1) 남녀 간의 차이

커뮤니케이션 과정에서 남성과 여성이 표현하는 방식과 이해하는 방식에 어느 정도의 차이가 존재한다. 물론 '모든' 남성과 여성이 똑같이 여기에 제시하는 방식대로의 차이를 보이는 것은 아니지만, 지금까지의 연구 결과 확률적으로 상당수의 사람들이 그런 차이를 보여 왔다. 선천적인 차이든 후천적인 사회화와 학습의 결과든 무관하게, 차이가 있다면 그것을 알고 있을 때 비로소 커뮤니케이션에서의 오해를 줄일 수 있고 불필요한 감정의 소비도 줄일 수 있을 것이다.

그레이(Gray, 1992)는 남성과 여성이 형식 면에서는 같은 언어 체계를 사용하지만 서로 다른 의미로 사용하는 데서 오해가 빚어진다고 본다. 즉 사용하는 어휘는 같지만 그 내용 면에서 남성과 여성의 언어가 다르다는 것이다. 그의 《화성에서 온 남자, 금성에서 온 여자》라는 책은 이러한 남녀 간의 커뮤니케이션에서 언어의 의미 차이를 아주 쉽게 풀어 놓았다(표 4-2 참조).

표 4-2. 언어 표현 방식의 남녀 차이

여성들의 언어 (감정 표현)	남성들의 언어 (사실 전달)
"우리는 좀처럼 외출을 하지 않아요."	"그건 사실이 아니에요. 우린 지난주에 외출했잖소."
"모두들 나를 무시해요."	"안 그런 사람도 있어요."
"나는 너무 피곤해서 아무것도 못하겠어요."	"당신은 그렇게 무기력하지 않아요."
"모든 것을 다 잊고 싶어요."	"당신 일이 마음에 안 들면 그만두면 되잖소."
"우리 집은 늘 엉망이에요."	"늘 그런 건 아니지."
"이제 아무도 내 말에 귀 기울여 주지 않아요."	"지금 내가 당신 이야기를 듣고 있잖소."
"제대로 되는 일이 없어요."	"그게 내 잘못이라는 거요?"
"당신은 이제 더 이상 나를 사랑하지 않잖아요."	"당신을 사랑하니까 내가 여기 있는 거지."
"우리는 늘 허둥대며 살아요."	"그렇지 않아요. 지난 금요일엔 편히 쉬었잖소."
"나는 좀 더 로맨틱한 기분을 느껴 보고 싶어요."	"그럼 당신은 내가 로맨틱하지 못하다는 말이오?"

출처: Gray, 1992/1993, pp.95~96.

(1) 감정 표현(관계) 대 사실 전달(내용)

사실 대 감정 커뮤니케이션의 구분은 2장에서 살펴본 도구적 대 표현적 커뮤니케이션의 구분과도 관련된다. 단순히 마음을 표현하는 것 이외의 목적을 가지고 '사실'과 '정보'를 전달하는 경우가 많은 남성들의 커뮤니케이션은 도구적 커뮤니케이션에 가깝고, '감정'의 강도와 '관계'에 관한 내용을 느끼는 대로 표현하는 경향이 많은 여성들의 커뮤니케이션은 표현적 커뮤니케이션에 가깝다. 여성들이 사용하는 "한 번도 …… 한 적이 없다"거나 "늘 그런 식이다"라고 말할 때의 '한 번도'나 '늘'이라는 부사구 또는 부사어는 감정의 강도를 나타낼 뿐 '사실적인 빈도'를 나타내려는 것이 아닌 경우가 많다. 여성들은 다만 좋지 않은 감정 상태의 정도를 표현하는 것인데, 남성들은 여성들이 그 이야기를 자기에게 하는 이유가 책임을 묻고 있는 것이라고 믿는다. 따라서 남성들은 자신에게는 책임이 없노라고 방어적인 반응을 하게 된다.

동양과 서양에서 모두 이러한 커뮤니케이션의 미묘한 남녀 차이가 유사한 방향으로 나타나고 있다는 사실은 남녀 간 커뮤니케이션 양식의 차이에 어느 정도의 보편성이 존재함을 말해 준다. 상대가 이성이든 타문화 사람이든 상대방의 언어를 이해하면 오해를 줄일 수 있는 것은 분명한 사실이다. 그러나 모든 개인주의 문화권 사람들이 다 개인주의라고 볼 수는 없듯이, 모든 남성들이 다 남성적 커뮤니케이션 스타일을 유지하는 것은 아니다. 어디에나 문화 차이가 있듯이 개인 차이도 존재하기 때문이다.

페미니즘적 시각에서는 합리성과 이성을 중요시하고 이를 우월하게 여기는 사회적 분위기 자체가 남성 중심적 이데올로기라고 해석한다. 감성과 관계를 중요시하는 것이 마치 이성적이지 못하고 합리적인 사실을 존중하지 못하는 것처럼 여겨져서는 안 된다는 것이다. 남성과 여성이 모두 동일한 공간에서 커뮤니케이션하며 함께 존재해야 하는 인간이며 대립적인 상태로 지속될 수 있는 대상이 아니기 때문에, '나와 다른 것은 옳지 않다'거나 '모두가 나처럼 생각해야 한다'라고 믿는 획일적 사고방식은 위험하다. 서로 차이가 있다면 그 차이가 무엇이며 어떻게 합쳐져야 완전한 '인간'의 본질로서 하나가 될 수 있는지 그 시너지의 가능성을 추구해야 한다.

(2) 간접적 표현 대 직접적 요구

여성은 간접적으로 표현하고서도 남성이 그 속마음을 이해해 주기를 바라는 경우가 많은데, 이는 여성들이 관계를 상하고 싶지 않아 직설적인 표현을 자제하기 때문이기도 하다. 그러나 남성은 대체로 사실과 정보의 직접적 표현에 익숙해져 있어서, 직접적인 요청을 할 때 더 잘 받아들인다. "우리 함께 외출한 지 참 오래된 것 같다"고 여성이 말할 때 그것은 외출한 지 오래되었는지 그렇지 않은지 그 사실을 말하고자 하는 것이 아니라 "함께 외출하고 싶다"는 감정, 또는 "함께 외출하자"는 요청의 의미를 담고 있는 것이다. 간접적 표현에 익숙한 여성들끼리는 그 의미를 잘 파악하지만, 간접적 표현에 익숙하지 않은 남성들은 그 의미를 바로 파악하기 힘들어 한다. 그리고는 "지난주에도 나갔다 왔잖아" 하고 반응함으로써 외출한 지 별로 오래되지 않았다는 사실을 깨우쳐 주려고 할 가능성이 많다.

이것은 위에서 살펴본 '사실' 대 '감정'의 표현과 관련이 있다. 비언어적 메시지도 일종의 간접적 표현이기 때문에 비언어적 메시지를 여성이 남성보다 더 잘 인식한다는 연구 결과와도 무관하지 않다(5장 참조).

(3) 동굴 대 우물

남성과 여성은 스트레스를 받을 때 '서로 다른 대응 양식'을 보인다고 알려져 있다. 남성은 대체로 스트레스를 받으면 동굴 속에 혼자 들어가 조용히 생각하며 해결하고 싶어 하는 반면, 여성은 가까운 사람과 이야기를 나누며 위로받고 싶어 한다는 것이다. 서로가 자기 방식대로 상대방에게 잘 해 주려고 하다 보니 갈등이 깊어질 수 있다.

남성들이 스트레스를 받고 동굴 속에 들어가 혼자 있고 싶어 할 때는 "나는 지금 기분이 언짢아서 혼자 있는 시간이 필요하오"라고 말하는 대신 그냥 입을 다물어 버리기가 쉽다. 말을 한다면 "아무것도 아니오"라거나 "나는 괜찮아요"라고 짧게 대답할 뿐인데, 이것을 혼자 있고 싶어 한다는 뜻으로 알아차려야 오해가 생기지 않는다는 것이다. 그 속뜻은 "괜찮아요. 이 일은 나 혼자서도 처리할 수 있어요. 도움은 일체 필요 없소. 걱정하지 않는 것이 나를 도와주는 일이오. 나 혼자 얼마든지 해결할 수 있을 거라고 믿어 줘요"라는 뜻이다(Gray, 1992/1993, pp.110~113). 이런 상황을 여성의 입장에서 보면 남성들이 계속 이야기를 하고 싶어 하지 않는다는 것이 자신에 대한 관심이 옅어졌거나 사랑이 식었기 때문이라고 생각하게 되는데, 그 이면에는 상대에게서 원하는 정서적 욕구의 차이가 자리하고 있다.

반면에, 여성들은 파도의 높낮이와 같은 주기를 가지고 있어서, 이전에 괴롭히던 문제가 또 다시 등장하면 다시 파도 아래쪽에 해당하는 우물로 들어가는 성향이 있다(Gray, 1992). 여성이 우물 밖으로 나오면 남성들은 문제가 모두 해결되었다고 믿지만 사실은 그렇지 않고, 나중에 또 해결되지 않은 같은 감정 문제가 다시 고개를 드는 주기가 찾아오는 것이다. 바람직한 해결책은 남성들은 여성들이 이야기할 때 굳이 자기 책임이라고 생각하거나 해결책을 찾으려고 애쓰지 말고 그냥 편안히 공감하며 들어 주는 것이다. 그리고 여성은 남성들이 문제를 혼자서 해결하려고 할 때 굳이 도와주려고 애쓰지 말고 그냥 믿고 기다려 주는 것이다.

사람들은 서로 자기에게 해 주었으면 하는 방식대로 상대에게 해 준다. 그래서 여성은 고민이 있거나 아플 때 남성이 "어디 불편해? 내가 도와줄까?" 하고 관심을 표현해 주기를 원한다. 그래서 사랑하는 남성에게 고민이 있어 보이면 "무슨 일 있어? 내가 도와줄게?" 하고 물어 본다. 그렇지만 남성들에게는 이것이 자기를 믿지 못하는 간섭으로 느껴지고, 혼자 해결하도록 내버려 두기를 바란다. 그래서 남성은 또 사랑하는 여성에게 고민이 있어 보이면 "혼자 조용히 해결하도록 방해하지 말아야겠군" 하고 생각하며 내버려 둔다. 그러면 여성은 남성이 자기에게 관심이 없다고 느낀다. 진정한 관계의 진전과 원활한 커뮤니케이션을 바란다면, 남녀 모두 상대방과의 차이를 염두에 두고 상대가 어떤 것을 원하는지를 파악할 수 있어야 한다. 이와 관련된 남녀의 정서적 욕구 차이를 이제 살펴보자.

(4) 신뢰 대 관심

남녀가 원하는 정서적 욕구의 가장 큰 차이는 남성은 여성이 자기를 신뢰해 주기를 바라고, 여성은 남성이 자기에게 관심을 가져 주기를 바란다는 것이다(Gray, 1992). 좀 더 구체적으로 남성과 여성의 정서적 욕구의 순위는 표 4-3과 같은 차이를 보인다.

물론 남녀 모두 신뢰와 관심을 다 원하지만, 상대적으로 남성은 여성이 신뢰해 주

표 4-3. 정서적 욕구의 남녀 차이

순위	1	2	3	4	5	6
남성이 받고자 하는 것	신뢰	인정	감사	찬미	찬성	격려
여성이 받고자 하는 것	관심	이해	존중	헌신	공감	확신

출처: Gray, 1992/1993, p.191.

기를 원하고 인정해 주기를 더 원하기 때문에 웬만해서는 조언을 구하지 않는다. 여성의 조언으로 인해 어떤 일이 성공했을 때는 그 성공을 100% 기뻐하지 않는다. 반면에, 여성은 상대가 마음으로부터 관심을 가져 주고 이해해 주기를 더 원한다. 자기가 직접 요청하지 않아도 배려해 주기를 원하는 것이다. 여기에서 여성들의 간접적 의사소통 방식이 나온다.

상대방의 방식을 이해하려 하지 않고 자기가 바라는 방식대로 상대방에게 행함으로써 엇갈리지 않도록 양자 모두 현명해져야 한다. 여성의 배려가 남성에게는 신뢰하지 않는 간섭으로 보이고, 남성이 믿고 간섭하지 않는 것이 여성에게는 무관심으로 보일 수 있다.

(5) 유니섹스 시대의 남녀 간 커뮤니케이션

농경 사회에서는 남녀의 역할 분화가 더 뚜렷하고 거의 필수적이었으나, 시대가 흘러가면서 점차 남녀 역할이 유사해져 왔다. 특히 21세기에는 거의 남녀의 역할 구분이 무의미해질 정도로 차이가 없어져 가고 있다. 이처럼 유니섹스화되어 가는 21세기 현실에서는 남녀의 커뮤니케이션 문화가 상당히 수렴되는 경향이 있다. 그러나 아무리 유사해진다 하더라도 최소한 생물학적 제한 조건으로 인한 차이까지 부정할 수는 없다. 예컨대, 아무리 시대가 변화한다 해도 여성의 자궁이 남성에게 생기지는 않을 것이라는 점은 인정해야 한다(물론 급진적 행동의 하나로서 '이식'은 가능할지 모르지만, 이 경우 호르몬의 차이까지 바꾸어야 할 것이다). 문제는 이런 차이가 있기는 하지만 그 차이로 인해 어느 한편이 어떤 특정 역할을 못하게 되어서는 안 된다는 것이다.

어떤 차이가 있는 두 존재 간의 관계는 서로 상대방을 이해하는 데 도움이 되는 대등한 대립 개념으로 이해해야 한다. 하나가 있으면 다른 하나가 없어지고, 또 다른 하나가 있으면 그와 대립되는 존재가 무의미해지는 것이 아니라, 상대가 있음으로써 존재 가치가 서로 빛을 발할 수 있게 되는 것이 대등한 공존의 대립 개념이다. 남성과 여성이 그렇고, 과학과 예술이 그렇고, 이성과 감성이 그렇고, 동양과 서양이 그렇다. 이 대립 개념들 간에 서로 영향을 주고받아 많이 유사해지기도 하고 겹치는 부분도 생기는 것이 사실이지만, 상대를 이해하기 위해 서로를 꼭 필요로 하는 존재임에는 틀림이 없다.

남녀 차이나 동서양의 차이는 '확률적으로, 대체로, 다수가' 이런 경향을 지닌다는 사실을 나타내는 것이며, 범문화적으로 여러 연구에서 밝혀진 것이다. 특히 남녀 간의 커뮤니케이션 차이에 관한 연구와 상담은 실제로 이혼의 위기에 있던 많은 부부들의 오해를 이해시켜 좋은 결실로 이어졌다. 이는 차이를 무조건 부정하기보다 '차이를 알고 이해하는 것'이 그만큼 대립 개념의 공존 속에 살아가야 하는 인간의 현실 속에서 상당한 적응력과 타당성을 지니고 있다는 증거가 된다.

남녀 커뮤니케이션 차이는 대화 양식에서뿐만 아니라 미디어 이용 양식에서도 나타난다. 남성은 대체로 사실적인 뉴스와 다큐멘터리를 좋아하고, 여성은 관계의 대리적 경험에서 카타르시스를 느낄 수 있는 드라마를 많이 시청하는 경향을 보인다. 물론 이것은 단순한 성별의 차이가 아니라, 직업과 관련된 차이일 수 있다. 즉 남성이나 여성이나 전문직에 있을 때는 정보를 많이 추구하고, 주부와 같은 역할을 할 때는 관계를 중요시할 가능성이 높다. 전통적으로 남성에게는 가정이 휴식 공간이지만 여성에게는 일하는 공간(특히 가사를 하는 공간)이었기 때문에, 뉴스나 다큐멘터리처럼 주의 집중을 해야만 완전히 즐길 수 있는 정보 지향 프로그램에 몰두하기가 어려운 상황이었다(Fiske, 1990/2001, p.287).

감성과 이성, 관계와 정보, 이 두 가지는 인간이 인간답기 위해 모두 필요하며, 참된 의미의 공유를 위한 커뮤니케이션에 이 두 가지가 모두 있어야만 한다. 그러므로 어느 한쪽이 감성과 관계를 우선시하고, 다른 한쪽이 이성과 정보를 우선시한다고 하여 서로 상대방을 이해하지 못할 대상으로 보기보다는, 둘 중 한 가지만으로는 부족하므로 이 두 가지가 협조적으로 합쳐져 완전한 인간의 본성을 회복하기 위한 과정에서 협력이 필요하다고 보아야 한다. 남성과 여성은 같은 인간이기에 함께 지니고 있는 공통점들의 훨씬 더 많다.

2) 동서양 문화 간의 차이

동양과 서양의 사고방식의 차이는 커뮤니케이션의 차이로 이어진다. 동양인은 종합적이며 타인 지향적인 추론에 익숙해져 있는 반면, 서양인은 분석적이며 자기 지향적인 추론에 익숙해져 있다는 사실은 잘 알려져 있다(Choi & Nisbett, 2000). 이렇게 서로 다른 방식으로 익숙해져 있는 사고(思考)의 틀에 따라 서양은 보다 구체적으로, 동양은 보다 추상적으로 사물을 보고 판단하며 표현하는 것을 더 자연스럽게 생각한다.

　　동양과 서양의 언어적 커뮤니케이션에서 가장 큰 차이는 동양의 '고맥락 커뮤니케이션'과 서양의 '저맥락 커뮤니케이션' 사이에서 나타난다. 2장에서 언급했듯이, 고맥락 커뮤니케이션은 겉으로 표현된 내용 이외에 숨은 뜻이 많이 포함되어 있을 것으로 가정하는 커뮤니케이션이며, 저맥락 커뮤니케이션은 겉으로 표현된 것 이외에 숨은 뜻이나 맥락이 별로 없을 것으로 가정하는 커뮤니케이션이다. 따라서 저맥락 커뮤니케이션 문화에서는 사람을 집으로 초대했을 때 상대방이 '배고프지 않다'고 하면 그 말을 액면 그대로 수용하고 먹을 것을 아무것도 내놓지 않을 가능성이 큰 반면, 고맥락 커뮤니케이션 문화에서는 '배고프지 않다'고 말하는 사람도 사실은 무엇인가 먹고 싶지만 예의상 체면상 직접적으로 먹고 싶다고 이야기하지 않는 것이다. 그러면서 속으로는 '내가 그렇게 이야기해도 무엇인가 먹을 것을 주겠지' 하고 기대하게 된다. 또한 상대방도 '저 사람이 사실은 먹고 싶은데 체면 차리느라고 배고프지 않다고 하겠지' 하며 표면적 언어 표현의 '진의'와 맥락을 유추하여 그에 맞는 반응(먹을 것을 가져 옴)을 보이게 된다. 고맥락 커뮤니케이션이 더 '관계 중심적'이고 '유추적'인 커뮤니케이션이라고 할 수 있다. 상대방의 마음을 직접 말하지 않아도 '알아서 헤아려 주는' 측면에서 이타적인 장점을 지니기도 하지만, 자칫 '뇌물'과 '선물'의 혼동이 생길 수도 있고 서로 간에 오해가 발생하여 커뮤니케이션이 원만하게 이루어지지 못할 수도 있다.

논문을 쓸 때도 서양에서는 독자들이 '당연히 알고 있으리라고 가정하는' 부분, 즉 커뮤니케이션의 '맥락'에 해당하는 부분을 최소화시켜 가정하기 때문에(저맥락 커뮤니케이션), 해당 영역을 처음 접하는 사람에게 이야기하듯 일일이 시시콜콜 다 적는 경향이 있다. 따라서 논리적 비약이 거의 없고 오히려 지나치게 자세한 느낌을 준다. 동양에서는 그와 반대로 독자들이 이미 다 알 것 같은 사실까지 나열하면 독자를 무시하는 셈이 될까봐 염려하고, 또 독자들이 이 정도는 알 것이라고 가정하는 범위가 넓어(고맥락 커뮤니케이션), 맥락에 해당하는 부분은 생략하고 독자의 몫으로 남겨 두는 경향이 있다. 이 과정에서 논리의 비약과 과잉반화가 간혹 발견되기도 하지만, 이것이 항상 단점으로 작용하는 것이 아니라 종합적 사고에 도움을 주기도 한다.

또 한 가지, 동양에서는 '체면'을 생각하여 쉬운 말도 좀 더 학구적인 어려운 표현으로 대치해야 더 유식해 보인다고 생각하는 경향이 있다. 주로 영어와 같은 계통의 언어를 사용하는 서양에서는 학문적 용어와 일상용어 간의 괴리가 더 적어, 굳이 현학적일 필요가 없다. 즉 영어권에서는 'A를 B 탓으로 돌리다'는 뜻으로 'attribute A to B'라는 말을 일상적으로 많이 쓰는데, 이와 같은 일상어가 바로 학문 용어화되어 A의 원인을 B에서 찾는다는 뜻으로 '원인을 귀속시킴,' 즉 '귀인(attribution)'이라는 학술 용어로 쓴다. 영어에서 'attribution'이라는 학술 용어는 바로 일상적인 용어로 이해가 되는데, 한국어에서 '귀인(歸因)'이라는 학술 용어를 일반인에게 이해시키기 위해서는 일상적인 용어로 풀어 쓴 설명을 덧붙여야 한다. 이런 과정에서 학자와 일반인 간의 괴리가 더 커지기도 한다.

3) 험한 말과 고운 말, 권력과 전략

비교적 최근에 이준웅(2009)은 '가는 말이 험해야 오는 말이 곱다'는 다소 역설적인 주장을 제시했다. 언어 사용은 사회적 권력 구조를 반영하기도 한다. 브라운과 길만(Brown & Gilman, 1960)은 '너'와 '당신'을 구분하는 언어를 가진 문화는 상호성 원칙에 어긋나는 의사소통 방식을 규범으로 지닌다고 보았다. 즉 이런 문화에서는 상대가 나와 어떤 권력 관계에 있는지에 따라 '너'라고 해야 할지 '당신'이라고 해야 할지가 결정되기 때문에 비대칭성이 커지는 것이다. 그래서 예절에 맞춰 의사소통을 하다 보면 강자에 약하고 약자에 강한 관습이 생기게 되어, 의사소통 예절이 기존 권력 관계를 지속시키는 역할을 한다.

약자 입장에서 사회적 의사소통 규범을 따르기만 하면 계속 당한다는 생각에, 전략적 대응 양식으로 무례한 의사소통을 택하기도 한다. 일방적이고 감정적이며 억지를 부리는 듯한 표현이 무례한 의사소통 방식의 사례다(정현숙, 2002). 대개 유대성이 약하고 의사소통 역할이 모호할 때 사회 권력적 우위를 점하기 위해 험한 말을 사용하게 된다.

'가는 말이 험해야 오는 말이 곱다'는 전략은 "① 서로 잘 알지 못하거나, 알더라도 향후 관계가 중요하다고 생각지 않는 사이에서, ② 갈등을 해소하기 위해 긴급하게 대처해야 하는 갈등적 사안이 제기되고, ③ 그 사안을 다루는 데 적합한 의사소통 규범이 확인되지 않은 조건에서 동원된다"(이준웅, 2009, p.398).

그런데 '험한 말'을 사용하는 '무례한' 의사소통에 대한 대응으로 '고운 말'을 사용하면 이것을 예의바른 의사소통으로 보기보다 '무력한' 의사소통으로 간주하는 경향이 있다. 바로 이처럼 상대로부터 무력한 대응을 이끌어 내기 위해 먼저 주도적으로 험한 말을 사용하는 것이 이런 말을 사용하는 사람의 특성이기도 하다.

이준웅(2009)은 '지배-예절'과 '배려-예절'을 구분해 설명한다. '지배-예절'은 강자에게 도움이 되고 약자에게 가혹하다고 할 수 있는 의사소통 규범을 말하는 것으로, 권력이 커지고 지위가 높아질수록 무례해도 좋다는 함의를 지닌다. 반면에, '배려-예절'은 약자를 배려하는 의사소통 예절이다. '배려-예절'을 따르면 지위가 높아질수록 배려해야 할 대상이 많아져 사회 정의에 도움이 된다.

'가는 말이 험해야 오는 말이 곱다'는 것은 2장에서 언급한 커뮤니케이션의 일반적 원리 중 협응의 원리에 어긋나는 상황으로, 비대칭성을 지닌다. 이러한 전략적 커뮤니케이션은 일시적으로는 효과적일 수 있지만, 장기적으로 좋은 관계를 유지해 가야 하는 사람들 사이의 의사소통에는 사용하지 않는 것이 바람직하다. 좁게 보면 가족, 친구, 연인, 회사 동료 등과 같이 매우 자주 만나는 사람들 사이의 관계가 장기적이지만, 넓게 보면 같은 한국에 살고 있는 대부분의 사람들, 더 나아가 같은 지구촌에 살고 있는 수많은 사람들이 장기적으로 좋은 관계를 유지해 가야 하는 사람들이라 할 수 있다. 험한 말을 사용함으로써 일시적 권력 우위를 점할 수는 있겠지만, 마음으로부터 오는 공감을 얻기는 어려울 것이다.

많은 의사소통 상황에서 어느 쪽이든 험한 말을 먼저 사용하고 나면 점점 더 험한 쪽으로 퇴보적 나선을 따를 가능성이 높아진다. 상대의 반응에 대응하여 그에 걸맞은 반응을 하면서 그 정도가 점점 더 심해진다는 것이다. 이렇게 되면 자연히 서로 의미를 공유하게 되는 부분은 점점 더 적어지고 서로 감정이 상해 마음에 상처를 입게 될 가능성이 커질 것이다. 참된 '의미 공유'가 발생해야만 커뮤니케이션이 이루어졌다고 볼 수 있기에(1장 참조), 험한 말을 이용한 상대 지배는 특정 상황에서의 전략적 커뮤니케이션은 될 수 있지만 참된 의미의 인간 커뮤니케이션이라고 보기는 어렵다.

5. 객관적 판단과 올바른 커뮤니케이션을 위한 방법

1) 판단을 최대한 뒤로 미룬다

사람들은 커뮤니케이션을 할 때 머리와 가슴이 비어 있는 상태로 하지도 않을뿐더러, 가능한 한 경제적으로 커뮤니케이션을 하려고 한다. 즉 커뮤니케이션을 통해 원하는 바를 최대한 빨리 얻고 싶어 하는 경향이 있다. 그래서 커뮤니케이션 상황에서 입력되는 정보를 이미 자기가 가지고 있는 정보에 맞추어 가며 빨리 판단하고 결론지어 버린다. 그리고는 일단 판단을 하고 나면 그 이후의 입력 정보는 더욱 객관적으로 처리하기 어려워진다. 누가 말을 시작할 때 다음 말이 어떠할 것인지를 짐작하면서 듣는 것은 커뮤니케이션에 도움이 된다. 그렇지만 예측이 너무 앞서 나가거나 섣불리 마음속으로 결론지어 버리면 그 다음에 들어오는 정보는 제대로 처리가 되지 못한다.

따라서 커뮤니케이션할 때 가장 주의해야 할 점은 듣기 시작하기도 전에 판단을 한다든지, 듣는 도중에 판단해 버리는 것은 무척 위험하므로 판단을 최대한 뒤로 미루어야 한다는 점이다. '판단'이나 '평가'는 최대한 뒤로 미룬 채, 커뮤니케이션 상황에서 입력되는 정보를 100% 완전히 흡수하여 이해한 다음에 최후에 판단하도록 노력해야 한다. 노력이 없이는 '인지적 구두쇠'인 인간은 커뮤니케이션 상황에서 쉽게 편견의 노예가 될 수 있다.

2) 먼저 잘 듣는다

커뮤니케이션에서 말하는 것보다 더 중요한 것이 듣는 것이다. 잘 들어야만 그 다음에 말하는 것이 맥락에 맞게 나올 수 있고, 그래야만 상대방에게 더 호소력 있는 말을 할 수도 있다. 단순히 잘 들을 뿐만 아니라, 듣는 중에 가끔 역채널 단서를 사용하여, 말을 하고 있는 사람에게 '내가 지금 잘 듣고 있다'는 신호를 보내 주는 것도 중요하다. 설득 상황에서도 먼저 경청한 후에 설득하는 것이 훨씬 더 효과적이다.

경청의 단계는 다음과 같이 나뉘며, 높은 단계로 갈수록 바람직한 경청이라고 할 수 있다(Covey, 1997/1998, p.270).

0단계: 자기 자신의 패러다임에 머무름

1단계: 무시하기

2단계: 경청을 가장하기

3단계: 선택적 경청

4단계: 주의 깊은 경청

5단계: 공감적 경청(다른 사람의 패러다임 속으로 들어감)

경청하는 방법 중 가장 중요한 것은 '비난하지 않고 들어주는 것'이다(Gray, 1992/1993, p.134). 표 4-4와 같이 판단하는 반응, 충고하는 반응, 질문하는 반응, 및 해석하는 반응을 피할 때 경청이 잘 된다.

표 4-4와 같은 반응들이 경청이 아니라면 구체적으로 경청은 어떤 것인가? '화자가 느끼는 것과 말하는 내용이 무엇인지를 그대로 드러나게 해 주는' 반응이 바로 경청이다. 예를 들면, 자녀에게 "너는 지금 마음이 몹시 상해 있구나…… 다른 아이들

표 4-4. 경청을 위해 피해야 할 반응의 예

피해야 할 반응	심리적 기저	예
1. 판단하는 반응	화자가 아닌 청자 자신의 가치와 욕구에 바탕을 둔 반응	"얘야, 너무 걱정하지 마라. 아무도 너를 포기하지 않을 거야."
2. 충고하는 반응	화자가 아닌 청자 자신의 관점에서 나온, 자신의 욕구를 바탕으로 해서 나온 반응	"네 입장을 끝까지 지켜라. 다른 사람들이 뭐라고 말하고, 뭐라고 생각하든, 걱정하지 마라."
3. 질문하는 반응	청자가 중요하다고 생각하는 정보를 캐내려는 반응	"그 아이들이 너에 대해 뭐라고 말하고 있는지 나에게도 말해 주렴."
4. 해석하는 반응	화자와 그가 말하는 대상(예: 친구들)에게서 발견한 것을 해석하려는 반응	"그 아이들이 너에 대해서 그런 식으로 말하는 것은 오히려 네 입장을 존중하기 때문이다. 네가 지금 느끼는 불안감은 오히려 아주 정상적인 거란다."

출처: Covey, 1997/1998, p.272.

이 모두 ……하는데 유독 너만 그러지 못할 때마다 속이 상하는구나. 그러니?"와 같이 반응하는 것이 경청의 예이다(Covey, 1997/1998, p.273). 이러한 경청은 로저스(Rogers, 1951)가 말하는 '무조건적인 긍정적 수용'과 유사하다. 청자가 화자의 말을 경청하면 화자는 자기가 청자로부터 '공감적 이해'를 받았다고 느끼고, 따라서 더 열린 마음으로 대화에 임하게 된다.

3) 상대방의 지식 체계를 염두에 둔다

상대방의 지식 체계를 염두에 둔다는 것은 커뮤니케이션을 할 때 서로 공통 기반이 무엇인지를 잘 알고 있어야 커뮤니케이션이 잘 이루어진다는 것이다. 커뮤니케이션 시작 전에 상대방의 지식 체계를 미리 파악하는 방법도 있겠지만, 대화가 이루어져 가면서 '경청'을 잘 하면 '상대방의 패러다임 속으로' 들어갈 수 있게 되어 상대방의 지식 체계를 이해하기가 더 쉬워진다. 상대방의 지식 체계를 염두에 두고 대화에 임하면, 같은 표현을 하더라도 어떤 방식으로 하는 것이 상대방의 동의를 더 잘 얻어낼 수 있을지, 또 어떻게 이야기해야 상대방이 마음의 상처를 받지 않도록 표현할 수 있을지를 잘 판단하여 이야기할 수 있다.

말 한마디로 천 냥 빚 갚는다, '아' 다르고 '어' 다르다, 가는 말이 고와야 오는 말이 곱다 등과 같은 우리 속담들은 모두 언어적 표현의 중요성을 일컫는 말이다. 같은 내용의 말이라도 어떻게 표현하느냐에 따라 듣는 사람이 갖는 느낌은 천차만별일 수 있다는 것이다. 기본적으로 화자의 입장에서는 청자를 존중하는 마음으로 표현을 하고 청자의 입장에서는 화자를 존중하는 마음으로 들어준다면 모든 문제가 해결 될 수 있다. 말하는 사람의 마음이 표현 속에 담기게 되기 때문이다. 의례적 표현은 대체로 감동을 주지 못하는 이유도 의례적 표현에는 진실로 상대를 존중하는 마음이 담기지 않기 때문이다. 상대방의 지식 체계를 염두에 두고 진실을 담아서 이야기할 때 커뮤니케이션의 긍정적 기능은 극대화될 수 있다.

4) 미디어 전달 과정의 착오를 확인한다

대인 커뮤니케이션에서도 전화, 휴대 전화, 편지, 또는 이메일과 같은 미디어를 사용하게 되는 경우, 미디어를 거치는 과정에서 상대방의 의사가 내게 잘못 전달되었거나 내 의사가 상대방에게 잘못 전달된 부분은 없는지 확인하는 일이 중요하다. 직접 만나지 않고 미디어를 통해 메시지를 전달받을 때, 예컨대 이메일이나 편지 또는 전화를 통해 메시지가 전달될 때, 전달자의 의도와 관계없이 미디어상의 문제로 인해 잘못 전달되었을 가능성은 없는지를 염두에 둔다. 예를 들어, 이메일을 보냈는데 계속 답장이 없다든지, 편지를 보냈는데 연락이 없다든지 하는 경우 컴퓨터 테크놀로지상의 문제나 우편 사고로 인한 메시지 미전달 또는 지연 등이 발생할 수 있다. 이때 미처 미디어상의 문제를 확인하지 않고 상대방이 답변의 의사가 없는 것으로 오해하는 사례가 생긴다면 대인 커뮤니케이션에 지장이 올 수 있다. 어떤 경우든 상대방의 커뮤니케이션을 잘 이해하고 오해를 줄이기 위해서는 섣불리 상대방의 의도에 관한 판단을 내리기 전에 미디어의 작용 또는 오작용 가능성까지도 꼼꼼히 생각할 필요가 있다.

5장

비언어적 메시지의 전달과
커뮤니케이션

비언어적 메시지에도 많은 의미가 담긴다. 비언어적 메시지에는 언어적 메시지보다 더 본질적이고 진실된 의미가 담긴다는 점에서 언어적 메시지를 능가하는 면도 있다. 요즘은 특히 첨단 미디어의 발달로 영상과 시각 이미지만으로도 사람들에게 '정보의 흐름을 통한 의미의 공유'를 창출해 낼 수 있게 되면서, 비언어적 메시지의 중요성은 점점 더 커지고 있다. 더구나 비언어적 메시지는 '만국 공통어'다. 문화마다 약간의 차이는 있지만, 언어적 메시지에 비해 비언어적 메시지는 훨씬 더 범문화적인 보편성을 지닌다.

1. 비언어적 커뮤니케이션

1) 자연 발생적 커뮤니케이션과 상징적 커뮤니케이션

언어가 아닌 비언어적 수단으로 전달되는 신호도 우리에게 중요한 메시지를 전달한다. 특히 비언어적 커뮤니케이션은 정서적으로 느끼는 부분을 담당하기 때문에 인간 커뮤니케이션 과정에서 더욱 심층적인 영역과 관련이 있다. 아주 오래전에 만들어진 모차르트의 음악이 21세기를 살아가는 우리들에게까지 깊은 감동을 주는 것은 '언어적' 메시지 때문이 아니다. 아주 오래전에 그려진 모나리자의 미소가 아직까지 우리에게 아름답게 보이는 것도 '언어적' 메시지 때문이 아니다. 오랜 역사를 거쳐 오면서도 변화하지 않는 인간 본성에 가까운 보편적인 신호로서의 '비언어적' 메시지가 인간에게 깊은 감동을 주고 있는 것이다.

비언어적 커뮤니케이션은 원래 신호 체계나 상징 코드가 포함되지 않는 자연 발생적인 표현 행동에서 시작된다. 비언어적 표현에 포함되어 있는 신호가 있기는 하지만, 본질적으로는 상징적 커뮤니케이션이 아니라 자연 발생적 커뮤니케이션이라는 것이다(Buck, 1984/2000, p.32). '생물학적으로 공유된 상징 체계'로서의 비언어적 표현이 언어적 표현보다도 오히려 더 본질적이며 깊은 역사를 지니는 커뮤니케이션이라 할 수 있다. 버크(Buck, 1984)는 그런 의미에서 '언어적' 커뮤니케이션과 '비언어적' 커뮤니케이션의 구분보다도 '자연 발생적' 커뮤니케이션과 '상징적' 커뮤니케이션으로 구분하는 것이 더 본질적이라고 본다. 이 두 종류 커뮤니케이션의 특성들을 표 5–1에 비교해 놓았다.

언어적 커뮤니케이션은 인지적 상징의 부호화와 해독 과정으로 이루어지는 반면, 비언어적 커뮤니케이션은 생물학적 상징의 감성적 전달 과정으로 이루어진다. 언어적 표현은 세계 여러 나라마다 다르지만, 비언어적 표현은 세계 공통적인 부분이 많다. 그만큼 더 모든 인간에게 보편적인 자연 발생적 커뮤니케이션에 해당하는 것이다. 버크(Buck, 1984)는 자연 발생적 커뮤니케이션의 특징을 "① 생물학적으로 공유된 신호 체계에 토대를 두고 있고, ② 비의도적이며, ③ 그 메시지 요소는 기호보다는 신

표 5-1. 자연 발생적 커뮤니케이션과 상징적 커뮤니케이션의 특성

특성	자연 발생적 커뮤니케이션	상징적 커뮤니케이션
신호 체계의 토대	생물학적으로 공유	사회적으로 공유
의도성	자연 발생적: 커뮤니케이션 행위는 자연적이거나 반사적 반응임	자발적: 송신자가 특정한 메시지를 보내려 의도함
요소	신호들: 지시 대상물의 국면을 자연스럽게 외부적으로 보여 줌	상징: 지시 대상물과 자의적 관계 소유
내용	비명제적 동기·감정 상태	명제: 논리적 분석이 가능한 표현 (진위 검증 가능)
뇌의 처리 과정	뇌의 우반구와 관계	뇌의 좌반구와 관계
필요한 지식 수준	면식에 의한 지식	기술에 의한 지식

출처: Buck, 1984/2000, p.36.

호이고, ④ 비명제적이고 결코 허위적인 것이 될 수 없다"고 요약한다(Buck, 1984/2000, pp.35~37).

　비언어적 메시지의 원천적인 개념은 '지금, 여기에' 실제로 존재하는 '현시적 부호'를 말한다. 현시적 부호는 송신자와 떼어서 생각할 수 없으며, "송신자와 그가 처해 있는 현재의 사회적 상황"을 나타낸다(Fiske, 1990/2001, p.131). 즉 지금 여기에서 내가 강의를 할 때 내 목소리의 높낮이나 제스처는 내가 '현재, 이 장소에서' 청중들이나 강의 내용에 대해 가지고 있는 태도만을 나타낼 뿐이며, 지난주의 내 감정을 나타내지는 않는다. 현시적 부호는 면대면 커뮤니케이션에서 이루어지는 것이다. 이것은 사회심리학의 연구 영역 중에서 '타인의 실제적 존재'가 개인에게 영향을 주는 부분과 관련이 된다.

　그러나 현시적 부호가 전부는 아니다. 피스크(Fiske, 1990)도 지적했듯이, '재현적 부호'에 의해 전달될 수 있는 비언어적 메시지도 있다. 예를 들어, 한 장의 사진을 보고서도 우울함이나 기쁨을 느낄 수 있고, 이 기능은 "부재하는 사물에 관한 정보 혹은 아이디어를 전달하는 부호의 인지적 혹은 관념적인 기능"을 말한다(Fiske, 1990/2001, p.132). '지금, 여기에' 없어도 상상을 통해 메워 가면서 감정을 느낄 수 있는 것이 사람이다. 그리고 커뮤니케이션학이나 사회심리학 모두 이 부분에까지 관심을

두고 있다.

두 장의 사진(또는 그림)을 생각해 보자. 먼저 지하철에서 삶의 고통이 배어 있는 표정으로 피곤에 지쳐 잠들어 있는 노숙자의 얼굴을 찍은 인물 사진을 본다고 하자. 이때 그 사진 속에는 '사람'이 있지만 아무런 언어적 정보를 제공하고 있지는 않다. 얼굴 표정에서 오는 비언어적 단서들이 있을 뿐이다. 그러나 그 사진을 보는 사람들은 거기서 흘러나오는 정보를 처리하여 그 사진을 찍었던 사람과 공유하는 부분이 생긴다. 즉 '정보의 흐름을 통해 사람과 사람이 의미를 공유하는' 커뮤니케이션이 일어난 것이다. 이 경우는 사람이 '지금, 여기에' 존재하지는 않지만 사람을 재현한 모습이 지금, 여기에 존재하는 것이므로 현시적 부호가 재현적 부호화된 것이라고 할 수 있다.

그리고 또 다른 사진으로, 헤어진 애인이 결별 전에 둘이서 함께 좋은 감정을 느꼈던 바닷가 어떤 풍경을 담은 사진을 보냈다고 가정해 보자. 둘이서 함께 잘 지냈던 장소라는 것이 떠오를 수 있는 풍경 사진은 비록 그 사진 속에 인물은 없지만 충분히 그 풍경 사진을 보낸 사람과 받는 사람 간에 의미의 공유 부분이 생기고, 이것은 언어적 커뮤니케이션에 의한 것이 아니라 비언어적 커뮤니케이션에 의한 것이다. 그 사진 자체가 어떤 객관적인 텍스트로서 동일한 의미를 지니는 것이 아니라, 사진을 받는 사람이 그것을 보는 순간 자신의 과거 경험과 사회적 상황에 비추어 의미가 생성되는 것이다. 그리고 이런 의미의 생성은 언어가 아닌 비언어적 수단에 의해 이루어진 것이며, 이것은 커뮤니케이션학에서 현시적 부호화만으로 설명될 수도 없고 사회심리학에서 타인의 실제적 존재가 미치는 영향만으로 설명될 수도 없는 부분이다. 그 사진을 볼 때 애인의 '상상적' 또는 '가상적' 존재가 떠올라 의미의 공유 부분을 만들고, 따라서 그 사진은 재현적 부호화를 거치는 것이다. 그러므로 우리는 이미지와 음성의 재현에 도움을 주는 다양한 미디어들에도 관심을 두어야 하며, 사람이 다른 사람의 존재를 상상하고 가정할 수 있는 머릿속의 처리 과정에도 관심을 두어야 한다.

2) 비언어적 메시지의 종류: 자연 발생적 표현

전달하고자 하는 내용을 비언어적으로 표현하는 방법에는 여러 가지가 있다. 가까이 하고 싶지 않은 사람에게서는 멀리 떨어져 앉는다든지(대인 간 거리), 눈길을 마주치지 않는다든지(눈 맞춤), 침묵을 지킨다든지 하는 여러 종류의 비언어적 메시지가 나름대로 독특한 특성을 지니고 있다.

(1) 얼굴 표정과 정서 표현

얼굴 표정은 거의 자연 발생적인 정서를 표현하는 경우가 많으며, 가장 기본적인 비언어적 메시지를 전한다. 기분이 좋지 않을 때 얼굴을 찡그린다든지, 기쁠 때 환하게 웃는다든지, 화가 났을 때 얼굴이 일그러진다든지, 슬플 때 눈이 처지고 창백해 보인다든지 하는 기본적인 정서 표현이 얼굴 표정으로 가능하며, 이것은 거의 모든 문화에 공통적이다. 만약 이런 얼굴 표정과 같은 비언어적 단서마저 문화에 따라 달랐다면, 세계 여기저기 흩어져 살고 있는 인류가 서로 의사소통하기는 더욱 어렵거나 불가능했을 것이다.

기본적인 정서를 표현하는 얼굴 표정의 종류는 문화와 관계없이 거의 인류 공통적이지만, 표현하는 정도의 차이에서는 문화 차이가 드러난다. 먼저, 동양 문화권은 서양 문화권보다 훨씬 더 절제된 정서 표현을 한다. 서양에서는 기쁠 때 아주 환하게 웃고 동양에서는 그저 싱긋 웃는 것이 더 격에 맞아 보인다. 동양에서 사용하는 파안대소(破顔大笑)라는 말은 '얼굴이 부서질 정도로' 크게 웃는다는 뜻으로 그리 좋은 의미를 함축하고 있지 않다. 지나치게 감정 표현을 심하게 하면 동양에서는 사람이 진지하지 못하고 가볍다고 생각한다. 언어적인 표현을 살펴보아도 동양 문화권에서는 중후함과 과묵함이 신뢰와 더 높게 관련되며, 서양문화권에서는 자기주장을 많이 하는 것이 더 신뢰할 수 있게 여겨진다. 또한 다양한 정서가 얼굴 표정에 그대로 나타나는 정도는 남성보다 여성, 어른보다 아이의 경우에 더 크다. 서양, 여성, 아이들보다는 동양, 남성, 어른 쪽이 더 변화가 적은 얼굴 표정을 보이는 것이다.

'포커페이스'라고 하면 흔히 포커라는 카드 게임을 할 때 자기가 가지고 있는 카드가 좋은 것인지 나쁜 것인지 얼굴에 전혀 나타나지 않도록, 좋든 나쁘든 동일하게 무표정한 얼굴을 하는 것을 말한다. 이런 포커페이스는 속마음을 얼굴에 잘 드러내지 않는 사람을 지칭한다.

안면 피드백 가설은 정서를 먼저 느끼고 그에 따라 얼굴 표정이 나오는 것이 아니라, 얼굴 표정을 어떻게 짓느냐에 따라 다른 정서를 느낄 수 있다는 주장이다. 즉 '슬프니까 우는 것'이 아니라 '우니까 슬프다'는 말과 일맥상통하는 가설이다. 얼핏 들으면 상당히 모순되는 것 같지만, 경험적 연구들에 의해 증명된 부분들이 있다. 예를 들어, 볼펜을 입으로 물고 있을 때, 윗니와 아랫니 사이에 볼펜을 옆으로 길게 끼우면 입술이 옆으로 벌어지는 모양이 되는데, 마치 웃는 모습과 흡사해진다. 반대로, 볼펜을 이가 아닌 입술로, 옆으로 길게 무는 것이 아니고 앞뒤로 나오도록 한쪽 끝을 물면, 입이 오므라진 모양이 되어 마치 어떤 일로 토라진 사람의 모습과 흡사해진다 (Larsen, Kasimatics, & Frey, 1992). 연구 결과, 전자의 경우에 느끼는 정서가 후자의 경우에 느끼는 정서보다 훨씬 더 긍정적임을 발견했다. 즉 얼굴 표정을 웃는 모습과 비슷하게 지으면 즐거워지고, 토라진 모습과 비슷하게 지으면 기분이 나빠진다는 것이다. 얼굴 표정과 정서 간의 관계는 주로 정서에 따라 얼굴 표정이 나오는 경우가 많겠지만, 그 반대의 경우도 간혹 가능하다는 사실을 지적하고자 한다.

얼굴 표정만으로 행복, 놀라움, 공포, 분노, 슬픔, 혐오감과 같은, 적어도 여섯 종류의 기본적인 정서를 표현할 수 있다(Ekman, Friesen, & Ellsworth, 1972). 우리가 영화 배우나 탤런트의 연기를 볼 때 그 얼굴 표정만으로도 섬세한 감정을 느낄 수 있는 것은 얼굴 표정만으로도 '정서'에 관한 정보가 흐르고 있고 이로 인해 일정 부분의 의미를 공유하게 되었음을 의미한다. 더구나 외국의 배우가 어떤 표정을 지을 때에도 그 이면에 어떤 정서가 담겨 있는지를 우리가 충분히 느낄 수 있다면 '정보의 흐름을 통한 사람과 사람 사이의 의미의 공유'는 문화를 초월하여 일어난 것이고, 문화를 초월한다는 의미에서 언어적 메시지보다 더 강력한 효과를 지닐 수 있다. 자연을 담은 영상과 함께 얼굴 표정을 담은 이미지 표현은 언어를 초월한 메시지를 전달할 수 있다는 점에서 무척 중요하다.

그림 5-1은 여러 감정을 나타내는 표정을 지을 때의 심장박동률 변화와 체온 변

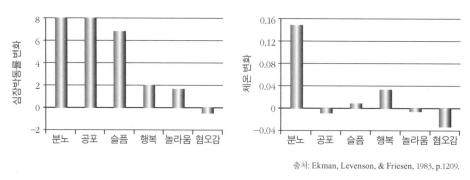

그림 5-1. 여러 감정을 나타내는 표정을 지을 때의 심장박동률 변화와 체온 변화

출처: Ekman, Levenson, & Friesen, 1983, p.1209.

화를 나타낸다. 분노, 공포, 슬픔을 느낄 때의 심장박동률이 행복, 놀라움, 혐오감을 느낄 때보다 유의하게 더 빨랐고, 분노를 느낄 때의 체온이 다른 정서를 느낄 때의 체온보다 유의하게 더 높았다(Ekman, Levenson, & Friesen, 1983).

(2) 눈 접촉과 눈의 움직임

눈의 방향, 응시 시간, 및 눈빛의 질에 따라 크게 다른 메시지가 전달된다. 원망의 감정이 있는 사람을 정면에서 노려본다든지, 얄미운 사람을 옆에서 째려본다든지 하는 부정적 감정에서부터, 사랑하는 사람을 온화한 눈빛으로 오랫동안 응시한다든지, 사랑하지만 헤어져야 할 사람을 안타깝게 바라본다든지 하는 긍정적인 감정에 이르기까지, 눈의 움직임은 커뮤니케이션의 진위 여부나 다양한 감정의 종류를 전달하는 데 아주 중요한 비언어적 단서다. '눈은 마음의 창이다'라는 말은 바로 이 눈이 사람의 마음을 얼마나 진솔하게 알려 주는 단서가 되는지를 의미하는 말이다.

눈길을 피하는 것이 반드시 부정적인 의미를 뜻하지는 않는다. 좋아하는 마음이 있는데 너무 쑥스러워 하거나 수줍어하면 눈길을 피하는 경우가 많다. 물론 무엇인가 속이거나 말하기 곤란한 내용을 꺼낼 때 눈을 똑바로 쳐다보지 못하는 경우도 있다. 그래서 '솔직한' 말을 듣고 싶을 때 우리는 '내 눈을 똑바로 쳐다보고 말해 봐'라고 요청하게 된다. 똑바로 눈을 마주치며 이야기할 때 진실이 담긴다고 보기 때문이다.

눈을 이리저리 많이 움직이는 것도 신뢰할 수 없게 보인다. 실제로 정신분열증과 같은 증세가 있는 사람이 안정을 찾지 못하고 눈을 많이 움직이는 경향이 있다. 청자의 입장에서 화자의 이야기를 들을 때에도 시선을 화자에게 진지하게 두고 경청하는 것이 실제로 그 내용 파악도 더 정확히 할 수 있을 뿐 아니라 화자에게 더 좋은 인상을 줄 수가 있다. 그 이유는 시선을 정확히 두는 것이 정직성을 나타내기 때문이다. 그러나 동양 문화권에서는 특히 윗사람에게 이야기할 때는 상대방의 눈을 너무 빤히 쳐다보는 것으로 보이면 존경심이 부족해 보여 반항적이거나 거만하다는 인상을 줄 수 있다(Axtell, 1990).

(3) 몸의 움직임(제스처)

몸의 움직임에 의한 비언어적 메시지의 전달 방법에도 여러 가지가 있다. 여러 사람이 이야기하다가 고개를 돌려 어떤 한 사람을 돌아보는 것은 그 사람이 이야기할 차례가 되었다는 뜻을 담고 있을 수도 있고, "너에게 무슨 일이 일어났니?" 하고 묻는 뜻을 담고 있을 수도 있다. 고개를 움직여 시선을 집중시키는 것은 눈 접촉과도 관련이 있다. 에크만과 프리젠(Ekman & Friesen, 1969)이 말한 다섯 유형의 몸 움직임 가운데 정서 표현을 위한 얼굴 표정(이전 절 참조)을 제외하고 네 가지를 설명하면 다음과 같다(DeVito, 1997, pp.155~156).

① 상징(emblems)은 어떤 단어나 어구를 신체의 일부를 이용하여 직접적으로 표시하는 비언어적 행동이다. 예를 들면, "좋아"라는 뜻을 표현하기 위해 엄지와 검지를 둥글게 하고 나머지 세 손가락을 펴 보이면 그것이 바로 OK와 유사한 모양을 지니게 되어 비언어적 표시로서 언어적 뜻을 전달할 수 있다.

② 예시(illustrators)는 언어적 메시지와 동반되어 문자 그대로 예시해 보이는 것이다. 예를 들면, "올라가자"라고 하면서 머리와 손을 모두 위쪽 방향으로 움직이는 것, 사각형이나 원을 말하면서 손가락으로 사각형이나 원을 그리는 것 등을 말한다. 이렇게 예시를 이용하면 언어적 메시지의 이해가 더 쉬워진다(Rogers, 1978).

③ 조절(regulators)은 한 개인의 말을 통제하거나 조절하기 위한 것으로, 고개를 끄덕인다든지 턱으로 말하는 순서를 가리킨다든지 하는 비언어적 행동을 말한다.

④ 적응(adaptors)은 생리적인 불편함의 해소를 위해 개인적으로 행하는 비언어적 행동을 말한다. 예를 들어, 가려운 곳이 생겨서 긁는다든지, 따분해서 몸을 비비꼬게 된다든지 하는 행동이 여기에 속한다.

몸의 움직임만 살펴본다면, 여러 사람이 모여 있을 때 내가 이야기하고 있는데 바로 옆 사람이 나의 어깨를 자기 어깨로 건드린다든지 하는 것은 "지금 네가 하고 있는 말을 조심해야겠다" 또는 "그 말은 안 하는 게 좋겠다"는 뜻을 담고 있을 수도 있고, "우리 둘만 잠깐 나가자"는 뜻을 담고 있을 수도 있다. 그리고 이것은 바로 옆 사람이 나에게 일종의 인터넷 채팅상의 '쪽지'를 보낸 것과 같은 의미를 지니거나, 혹은 언어적으로 '귓속말'을 하는 것과 유사한 기능을 지닌다.

발레의 주요 메시지 전달 수단은 몸동작이다. 무대 배경, 의상, 음악, 얼굴 표정 등이 모두 합쳐져서 전달되기는 하지만, 가장 기본적인 메시지는 몸의 동작으로 전달되며, 동작의 의미를 잘 모르면 발레를 이해하기가 어렵다. 발레의 모든 메시지는 비언어적으로 전달된다고 보아야 한다.

3) 유사 언어

'유사 언어(paralanguage)'란 사람의 발성 기관에서 나오는(vocal) 것이기는 하지만 비언어적인 신호다. 음색, 음의 높낮이, 크기 등이 모두 여기에 해당한다. 예를 들어, "알아서 해"라는 똑같은 언어적 메시지라도 유사 언어적 속성과 비언어적 메시지에 따라 그 뜻은 여러 가지로 해석될 수 있다. 자녀가 부모에게 어떻게 할까 물었을 때 "나는 너를 믿는다"는 느낌을 주며 자상한 목소리로 부드럽게 "알아서 해~"라고 했다면 "너의 판단을 믿을 테니 네가 알아서 결정을 하렴" 하는 뜻이 될 수 있다. 반면에 귀찮아하면서 짜증스러운 목소리로 "알아서 해"라고 했다면 "나는 거기 관심이 없으니 마음대로 해라"와 같은 무관심과 애정 철수, 정떼기를 표현하는 것이다. 또한 이 "알아서 해"라는 말을 화난 목소리로 단호하게 했다면 협박과 유사한 뜻을 포함하여 "너 내 말대로 안 하면 어떻게 되는지 알지? 그러니까 너 알아서 해"라고 들릴 수도 있다. 여기서는 알아서 하라고 말하기는 했지만 정반대의 뜻으로 "네 마음대로 하면 안 된다"는 의미가 농축되어 있다.

이처럼 우리가 상대방과의 커뮤니케이션에서 서로가 전달하려는 뜻을 완전히 이해하기 위해서는 언어적인 것만으로는 불충분하며, 비언어적 및 유사 언어적 메시지를 모두 종합적으로 해석해야 한다. 따라서 언어적 표현 못지않게 비언어적 표현도 중요하게 다루는 것은 당연하다.

SNS 등 온라인상의 유사 언어 사례로는 'ㅋㅋ' 또는 'ㅎㅎ'와 같은 자음들의 기호로 정서 상태를 나타내는 경우를 들 수 있다. 일종의 이모티콘이라 볼 수도 있으나 이모티콘보다는 발성적 측면이 강해 온라인 유사 언어의 일종으로 분류하는 것이 타당해 보인다. 이러한 기호의 사용이 친밀감을 증진시키기도 하지만, 상하 관계의 소통에서는 윗사람에게 자칫 무례하게 보일 수도 있으므로 주의할 필요가 있다.

4) 정서의 종류와 조절

정서가 모두 비언어적으로 표현되거나 전달되는 것은 아니다. 다른 사람의 말로 인해 화가 날 수도 있고, 슬픔을 얼굴 표정이 아닌 말로 표현할 수도 있다. 그러나 이 장에서 정서와 관련된 부분을 많이 언급한 만큼, 여기에서 정서의 종류에 대해 잠깐 살펴보기로 하자. 앞에서는 아주 기본적인 여섯 종류의 감정만을 언급했으나, 감정의 종류는 표 5-2와 같이 여러 가지가 있다(Lazarus & Lazarus, 1994/1997). 사람들은 언어적 및 비언어적 커뮤니케이션 과정에서 분노, 선망, 질투와 같은 위험한 감정들, 불안-공포, 죄책감, 수치심과 같은 실존적 감정들, 안도감, 희망, 슬픔 및 우울과 같은 삶의 나쁜 조건에 의해 자극되는 감정들, 행복감, 긍지, 사랑과 같은 삶의 좋은 조건에 의해 자극되는 감정들, 그리고 감사, 동정심, 미학적 경험과 같은 감정이입의 결과들 등과 같이 다양한 정서 경험을 한다.

수치심에 관한 정의를 표 5-2와 다른 방식으로 할 수도 있다. 예를 들어, 위험에 빠진 사람을 구하는 행동을 할 수 있었는데 안 했을 때 '해병대 출신으로서의 수치'라고 생각하는 경우가 있을 수 있다. 그러나 이와 달리, 자신의 잘못된 행동을 남이 아느냐 모르느냐를 기준으로 나누기도 한다. 죄책감은 자신이 잘못했다고 믿는 행동을 남이 알든 알지 못하든 잘못했다고 느끼는 것으로 서양인들이 많이 느끼는 감정이고, 수치심은 자신이 잘못한 행동을 남이 알 때 느끼는 것으로 동양인들이 많이 느끼는 감정이다(Hofstede et al., 2010/2014). 이 정의에 따르면, 어떤 사람이 비리를 행한 사실이 다른 사람에게 알려 졌을 때 수치감을 느끼게 되며, 알려지지 않았음에도 불구하고 괴로운 마음을 갖는다면 죄책감을 느끼는 것이다. 잘못한 행동이 알려져 수치감을 갖게 되었을 때, "나는 부끄러워할 만한 짓을 전혀 하지 않았다"거나 "그것은 다른 사람 잘못이다"라고 변명함으로써 그 의미를 재평가하고 자신의 부정적 감정을 수습할 수는 있으나, 잘못된 행동 자체를 수정하는 데에는 부적절하다. 다른 사람의 잘못이라거나 사회 탓으로 돌리면 수치심은 피할 수 있을지 모르지만 또 다른 '분노'와 같은 부정적 감정이 솟아오르게 된다.

수줍음도 죄책감의 하나로 보는 사람이 있으나, 사회적 불안의 한 형태로 보는 것이 더 타당하다(Lazarus & Lazarus, 1994). 긍지, 겸손, 수치심이 모두 자신에 대한 '객관적' 진실과 관계가 있는 것이 아니라 진실을 어떻게 '평가'하느냐 하는 문제와 관계가 있다. "감정이란 것은 생활의 사건들로부터 구성하는 의미에 의존한다"(Lazarus & Lazarus, 1994/1997, p.150).

표 5-2에서 특히 선망과 질투는 부러움과 시샘에 대응될 수 있다. 이 두 세트의 정서, 즉 선망-부러움과 질투-시샘은 모두 자기보다 더 우월하다고 생각하는 사람과 비교하는 '상향 비교'에서 오는 정서라는 공통점을 지닌다. 따라서 부러움은 "남의 좋은 일이나 물건을 보고 자기도 그런 일을 이루거나 그런 물건을 가졌으면 하고 바라는 마음"을 말하며, 시샘은 "자기보다 잘되거나 나은 사람을 공연히 미워하고 싫어함, 또는 그런 마음"을 말한다. 부러움의 표현은 대인 관계에서 연합과 접근의 동기를 알리는 전략적 커뮤니케이션이 될 수 있으며, 시샘은 심리적 거리가 멀거나 가깝게 지낼 필요가 없는 사람에게 느끼는 분리 또는 회피의 정서라 할 수 있다(차운아, 2010).

정서를 표현하는 데도 문화 차이가 존재하여 서양 사람들은 자기중심적 정서를 많이 표현하고, 동양 사람들은 타인 중심적 정서를 많이 표현한다(Markus & Kitayama, 1991). 분노, 좌절, 우월감, 공포, 비애, 기쁨은 자기중심적 정서이며, 동정심이나 수치

표 5-2. 감정의 종류

조건	감정	일어나는 과정	유사 형태와의 구분
위험한 감정	분노	나 또는 나의 것에 대한 모욕적인 불쾌한 언행.	• 분노: 감정(자극을 받을 때만 화가 남). • 적대감: 감정적 태도(늘 적대적임). • 토라짐: 상대방의 지원을 잃을 위험은 피하면서도 분노는 표현하기 위해 고안된 약한 비난.
	선망	다른 사람이 가진 것을 원한다(자신이 부당하게 빼앗겼다고 느끼는 것에 대한 갈망의 상태).	성격적 특질로서의 선망: 물질적인 것만 바라는 것이 아니라, 온갖 종류의 것들에 대한 선망을 만들어 냄.
	질투	어떤 사람의 호의의 상실, 또는 상실의 위협에 대해 제3자를 원망하는 것(다른 사람이 나의 희생을 대가로 하여 얻은 것 때문에 느끼기도 함).	습관적 질투: 질투를 느끼는 데 자극을 거의 필요로 하지 않음.
실존적 감정	불안-공포	• 불안: 불확실한 위협. • 공포: 우리의 신체적 행복에 대한 구체적이고 갑작스러운 위험.	• 불안: 공황(panic)으로 상승하는 특별한 경우를 제외하면 강도가 낮거나 보통. 그러나 만성적이거나 되풀이됨. • 공포: 예리하고 강렬하지만 지속 시간이 짧은 감정. 위험이 지나가면 사라짐.
	죄책감	도덕적 규범을 어겼다고 믿는 것.	여성들이 남성들보다 더 죄책감을 쉽게 느끼도록 키워짐.
	수치심	자신의 개인적 이상 또는 에고 이상에 맞추어 행동하지 못했다는 것.	수치심에 취약한 사람들은 자기가 나쁜 사람이라는 이유로 사회적으로 거부를 당하거나 포기를 당하는 것을 걱정할 가능성이 많음.
삶의 나쁜 조건에 의해 자극되는 감정	안도감	좌절을 안겨다 준 조건이 좋은 쪽으로 변하거나 사라질 때.	쓸데없이 겁을 주었던 대상에 대해 분노가 일어날 수도 있음
	희망	최악을 두려워하지만 나아질 것을 갈망하는 것.	낙관적 태도: 앞으로 일어날 일에 대해 긍정적 기대를 가지는 것(낙관적일 때는 희망에 대해서 이야기하지 않음).
	슬픔과 우울	• 슬픔: 복구 불가능한 상실(받아들이는 데 시간이 걸림). • 우울: 희망 없음. 무력감.	• 슬픔 뒤에 분노, 불안, 죄책감, 희망, 체념, 수용 등의 감정이 따라올 수 있음. • 슬픔이 우울, 희망 없음, 절망과 똑같지는 않음.
삶의 좋은 조건에 의해 자극되는 감정	행복감	목표들을 성취하는 방향으로 적당한 진전을 이루는 것(우리가 하는 일에 개인적으로 몰두하고 헌신하는 지속적인 과정의 부산물).	• 전경의 작은 목표들: 구체적인 작은 일들을 잘 처리하는 것. • 배경의 큰 목표들: 자신의 일에서 성공, 가족이 긍정적인 방향으로 발전.
	긍지	가치 있는 물건이나 업적을 자기 공로로 인정함으로써 자신의 개인적 가치를 고양시키는 것.	• 긍지는 때때로 오만을 드러낼 수 있고, 자기만족 중심주의라는 위험한 특질을 띨 수도 있음. • 겸손은 한계에 대한 괴로움의 표현이라기보다는 그 한계의 수용이라는 점에서 수치심과 다름.
	사랑	애정과 신체적 친밀함을 바라거나 거기에 참여하는 것인데, 꼭 그렇지는 않지만 보통의 경우에는 보답을 받음.	사랑의 종류는 8장 참조.
감정이입의 결과	감사	이타적인 은혜를 높이 평가하는 것.	• 물질적, 정보적, 감정적인 것 모두 포함. • 은혜를 주는 것이 의무인 경우도 있음.
	동정심	다른 사람이 고통을 겪고 도움을 원하는 것에 마음이 움직여 고통을 겪음.	질서가 잡힌 정의로운 세계에 대한 소망(목표나 필요)가 동정심과 관계있음.
	미학적 경험	작품 감상의 경험에서 구성되는 개인적 의미들이 감정을 불러일으킴.	영화, 드라마, 오페라, 그림, 조각, 음악, 과학적 발견, 구경거리, 자연 등(두려움, 소망, 취약함에 의존).

출처: Lazarus & Lazarus(1994)의 앞부분 내용을 정리함(Lazarus & Lazarus, 1994/1997, pp.25~196).

심 등은 타인 중심적 정서다. 또한, 집단주의 문화에 익숙한 사진의 인물에 나타난 정서의 강도가 개인주의 문화권 사람들보다 덜 심한 것으로 여겨졌으며, 얼굴 표정만으로 다른 사람의 감정을 판단하는 데 서투르다(Matsumoto, 1989; 한규석, 1995, p.455). 이것은 집단주의 문화권에서는 얼굴에 감정 표현이 크게 나타나지 않을 뿐만 아니라, 관계와 상황에 맞추어 표현하는 경향 때문에 진짜 정서가 잘 드러나지 않기 때문인 것으로 보인다.

한국에서 전통적으로 특별히 내려오는 정서 중에 '한(恨)'이라는 정서는 '장기적인 좌절이 있어 온 상태에서 오랜 세월 동안 그 마음을 커뮤니케이션할 기회마저 없었을 때 누적되어 느껴지는 정서'라고 할 수 있다. 장기적인 좌절이 있었더라도 이것을 겉으로 표현하거나 커뮤니케이션할 기회가 충분히 있었더라면 '한'으로까지 맺히지는 않았을 가능성이 있기 때문이다. 영화 〈서편제〉는 한국 전통의 '한'이라는 정서를 잘 표현했다고 평가받는다. 영화의 후반부에서 '한'을 다칠까봐 남매간의 회포를 풀지 않은 채 또다시 헤어지는 부분에서 우리는 '한'이라는 정서가 '커뮤니케이션의 억누름 또는 억눌림'과 관련이 있음을 충분히 이해할 수 있다.

5) SNS의 비언어적 메시지와 정서

"소셜 네트워크에서 사진으로 말 걸기"라는 김해원과 박동숙(2012)의 연구는 소셜 네트워크 서비스에서 소통적 자기 제시가 언어적 수단이 아닌 비언어적 수단에 의해서도 적극 시도되고 있음을 보여 준다. 다양한 모습을 하고 있는 자신의 얼굴 사진뿐 아니라, 현재 어떤 활동을 하고 있는지를 보여 주는 인증샷, 지금 어떤 음식을 먹으려하는지를 보여 주는 음식 사진 등, 자기가 지금 보고 경험하는 것을 그대로 찍어 보냄으로써 그 자체를 즐기면서 동시에 상대에게 말 걸기 시도를 하는 것이다.

비언어적 메시지가 SNS를 통해 자유자재로 전달되면서, 사람들은 '마치 눈앞에서 지금 보고 있는 것 같은' 느낌을 더 강하게 받는다. SNS에서 비언어적 메시지와 작은 단서들은 글로 전하는 이성적 메시지 뿐 아니라 그림과 영상으로 전하는 감성적 메시지로서 감정 전이까지 충분히 일어날 정도로 구체적인 영향력을 행사한다.

페이스북과 같은 SNS 공간에서 다른 사람들과 이야기를 나누다 보면 그 공간의 감성적 분위기가 참여자의 감정으로 전이되어 행동 변화를 가져올 수 있다. 최근 김선정과 김태용(2012)은 페이스북 뉴스피드를 중심으로 이러한 현상을 연구하면서 감정 전이 가설과 사회 비교 가설을 대비시켜 검증했다.

예컨대, 페이스북에 친구의 좋은 소식이 올라오면 그 소식을 본 사람도 함께 좋은 감정을 느낄 것인가, 아니면 '친구에게는 좋은 일이 있는데 나는 뭔가' 하는 느낌 때문에 좋지 않은 감정을 느낄 것인가. 감정 전이 가설이 옳다면 친구의 좋은 소식을 듣고 자기도 기분이 좋아질 것이고, 사회 비교 가설이 옳다면 친구의 좋은 소식을 듣고 기분이 덜 좋아질 것이다.

감정 전이란 발신자의 감정이 수신자에게 전이되는 것을 말하며(Schoenewolf, 1990), 그 영향의 과정은 대개 전염적이다. 감정 전이 중에서 무의식적 전이는 타인을 모방함으로써 발생하며, 의식적 전이는 타인과 비교 후 자기감정을 타인과 일치시킴으로써 발생한다(Barsade, 2002; 김선정·김태용, 2012, p.10).

실험 과정을 살펴보면, 긍정적 감성의 페이스북 뉴스피드 조건은 서로 다른 15명의 친구들이 작성한 것처럼 보이는 15개의 소식 중 12개가 긍정적, 3개가 중립적인 내용이었으며, 부정적 감성의 페이스북 뉴스피드 조건은 12개가 부정적, 3개가 중립적인 내용이었다. 이것을 보게 한 다음, "해당 페이스북 주인인 ○○○는 자신의 뉴스피드에 올라온 친구들의 글을 읽고 어떠한 기분을 느낄까?"를 추측하는 형식의 질문이 제시되었다. 감정 전이 가설과 사회 비교 이론의 예측 및 실험 결과는 표 5-3과 같다. 표 5-3의 (b)에 정리된 결과에서 알 수 있듯이, 전반적으로는 감정 전이 가설이 많은 지지를 받았으나, 일부 사회 비교 이론이 지지를 받는 경우가 있었다.

적절한 수준의 연결은 사회적 지지를 증진시킴으로써 심리적 안녕감에 긍정적 효과를 줄 수 있지만, 지나치게 많은 연결이나 불필요한 정보에의 노출은 심리적 안녕감을 흔들어 놓을 수 있다. "감정 전염, 페이스북 우울증, 누락의 공포" 등과 같은 신조어까지 만들어지며 SNS의 부정적 효과가 강조되고 있는 것은 수많은 연결로 인해 오히려 정신 건강에 해가 될 수도 있음을 경고하는 것이다(O'Keeffe & Clarke-Pearson, 2011; Morris et al., 2011; 김선정·김태용, 2012, pp.33~34). 지나친 비교로 인해 본인의

표 5-3. 콘텐츠 감성이 긍정적인지 부정적인지에 따른 감정 전이 가설과
사회 비교 이론의 예측 및 실험 결과

(a) 실험 조건에 따른 두 이론의 예측

가설 또는 이론 / 콘텐츠 감성	긍정	부정
감정 전이 가설	안녕감 증가 우울감 감소 심리적 스트레스 감소	안녕감 감소 우울감 증가 심리적 스트레스 증가
사회 비교 이론	안녕감 감소 우울감 증가 심리적 스트레스 증가 열등감 증가	안녕감 증가 우울감 감소 심리적 스트레스 감소 열등감 감소

(b) 실험 결과

분석 방법	일표본 t-검증	위계적 회귀분석
조건	노출되기 전에 비해 절대적으로	사용자 특성 변인들이 통제된 상황에서 상대적으로
긍정의 콘텐츠는	우울감을 낮춘다(감정 전이)	부정에 비해 안녕감이 높다(감정 전이) 부정에 비해 열등감이 높다(사회 비교)
부정의 콘텐츠는	안녕감을 낮춘다(감정 전이) 열등감을 낮춘다(사회 비교) 우울감을 높인다(감정 전이) 심리적 스트레스를 높인다(감정 전이)	긍정에 비해 우울감이 높다(감정 전이) 긍정에 비해 심리적 스트레스가 높다(감정 전이)

출처: 김선정·김태용, 2012, pp.15, 33.

정체성과 심리적 안정에 혼란을 줄 수 있는 것이다. 과유불급(過猶不及)이란 말은 SNS
에도 적용되는 것 같다.

2. 공간과 시간의 비언어적 메시지

정서가 자연 발생적으로 얼굴 표정이나 제스처로 나타나는 것 이외에, 시공간적 표현
과 감각 관련 자극물(예: 색채, 음향, 촉감, 냄새 등)에 의해서도 비언어적 메시지를 전달할
수 있다.

1) 개인 공간과 대인 거리

개인 공간 또는 대인 영역은 사람들이 다른 사람들과의 사이에 적절한 거리나 공간을 유지하고 싶어 하는 정도를 말한다. 공간과 영역은 사람과 사람 사이의 거리에 따라 결정되기 때문에, 개인 공간, 대인 영역, 및 대인 거리(또는 사회적 거리) 등이 간혹 혼용되어 쓰이기도 한다. 특히 심리적으로 다른 사람과 거리감을 느낀다면 '사회적 거리'가 큰 것이고, 편견을 가지고 있는 사람에 대해 사회적 거리를 멀리 느끼는 경향이 있다(Karakayali, 2009). 상황에 따라 표 5-4와 같이 친밀 영역, 개인적 영역, 사회적 영역, 공적 영역이라는 네 종류의 영역으로 나뉘며, 최근에 원거리 영역에서도 서로 교류가 가능해지면서 다섯 번째 영역이 첨가되었다.

대체로 자기 앞쪽의 공간을 뒤쪽보다 더 넓게 두고 싶어 하며, 누군가에 의해 개인 공간이 침범될 때 다시 회복하기 위해 수정 행동을 하게 된다. 한 예로서, 지하철 안에 서 있는데 옆에 낯선 사람이 오면 조금 옆으로 더 비키는 경우를 들 수 있다. 또는 엘리베이터를 탔는데 서로 모르는 사람들끼리 어쩔 수 없이 가까이 있게 되는 경

표 5-4. 대인 영역의 구분

영역	거리	활동	영역 특성
친밀 영역	접촉 가능 거리에서부터 약 46cm까지	생식 활동, 마사지, 격려, 밀치기, 악수, 슬로우 댄스	타인에 관한 감각 정보가 상세하고 다양하다. 자극이 되는 사람이 지각장을 지배한다.
개인적 영역	약 46cm부터 약 122cm까지	친밀한 토론, 대화, 자동차 여행, TV 시청	원하면 다른 사람을 만질 수도 있지만 피할 수도 있다. 편안하기 위해 시선은 상대방에게서 멀리 둔다.
사회적 영역	약 122cm부터 약 366cm까지	식사, 사업 동반자와의 회의, 접수자와의 상호작용	시각적 입력이 다른 감각보다 우위에 서기 시작한다. 목소리 크기는 정상이다. 많은 비공식적인 사회적 회합에 적절한 거리다.
공적 영역	약 366cm 이상	강의, 연설, 경기, 무용 경연	모든 감각 입력이 덜 효과적으로 되기 시작한다. 음성 확대기가 필요할 수도 있다. 얼굴 표정이 불명확하다.
원거리 영역	지역이 다름	전자 토론, 화상 회의, 이메일	주로 언어적 입력이다. 안면 단서 및 기타 행동적인 비언어적 단서가 없다.

출처: Hall, 1966; Forsyth, 1999/2001, p.495.

우, 더 이상 거리를 둘 수 없을 때 눈길을 다른 곳에 두어 눈 마주침을 피해서라도 지나치게 가까워지는 것을 피하고자 할 수 있다. 이처럼 개인 공간, 몸의 방향, 눈 접촉 등이 함께 상호작용하여 친밀성의 수준에 맞는 정도로 조정되는 것을 평형 모델 (equilibrium model)이라고 하며(Forsyth, 1999/2001, p.496), 친밀성 정도가 같다 하더라도 이야기하는 주제에 따라 거리가 달라지기도 한다. 즉 보다 개인적인 이야기를 할수록 더 가까이 앉아 자기들만이 들을 수 있는 작은 목소리로 이야기하기 때문에, 거리뿐만 아니라 목소리의 크기와 같은 유사 언어에 의해서도 개인 공간이 규정될 수 있다.

인터넷을 통한 채팅 상황에서 쪽지를 보내거나, 인터넷 게임에서 귓속말을 하는 것은 원거리 교류에서도 그만큼 더 적은 개인 공간을 원하는 친밀한 사이일 때, 그리고 보다 개인적인 내용의 대화를 원할 때 사용하는 방법이다. 원거리 커뮤니케이션에서조차 친밀도와 대화 주제에 따라 물리적·심리적·기계적인 개인 공간과 대인 영역이 조절될 수 있다는 사실은 컴퓨터를 이용한 원거리 영역의 커뮤니케이션이 사람과 사람 사이의 면대면 커뮤니케이션과 동일한 메커니즘을 따르고 있다는 한 증거로 볼 수 있다. 즉 사람과 사람 사이의 대화 공간의 작용 방식과 커뮤니케이션 과정을 먼저 이해해야만 기계나 미디어를 사이에 둔 커뮤니케이션도 더 잘 이해할 수 있다는 것이다.

2) 온라인에서 사회적 공간의 의미 변화

미디어가 발달하기 이전에는 사람이 실제로 옆에 존재할 때 주로 다른 사람과 상호작용할 수 있는 사회적 공간이란 인식이 생겼었다. 그러나 미디어 네트워크의 발달로 다른 사람이 옆에 없어도 미디어를 통해 언제 어디서나 상호작용할 수 있다는 사회적 공간 인식이 새롭게 등장했다.

모바일 인터넷으로 인한 공간 인식의 변화는 크게 네트워크 연결성, 혼종적 공간성, 및 관계적 장소성으로 구분된다(황주성·박윤정, 2012). '네트워크 연결성' 인식은 언제 어디서든 항상 친구, 가족, 온라인 동호회와 연결되어 있다는 느낌, 어디서든 업무나 공부를 자유로이 할 수 있고 필요한 정보와 콘텐츠(음악, 영화, TV)를 즐길 수 있다는 느낌 등을 포함하며, 혼자 있거나 자투리 시간이 생겨도 쉽게 사회적 공간을 형성할 수 있다는 생각에 심심하거나 답답하지 않다.

'혼종적 공간성' 인식은 가상 공간과 현실 공간을 혼동할 수 있는 가능성을 말한다. 즉 게임 안에서 만났던 가상 캐릭터를 실제로도 만날 수 있을 것이라고 생각하는 것이다. 이 부분은 실제 오프라인 친구들이 미디어로 연결되어 있는 상황과는 다르기 때문에, 이 책의 범주에서 조금 벗어난다.

네트워크 연결성과 함께 여기서 더 중요한 것은 '관계적 장소성' 인식이다. 지하철과 같은 대중교통 속의 시간이 매우 다양한 활동의 공간이 되며, 공원이나 광장에서도 모바일 기기만 있으면 사무실이 될 수도 있다. 커피숍에서도 사람에 따라 노트북이나 스마트폰을 활용한 업무나 뉴스 검색뿐 아니라, SNS를 통한 사회적 관계 유지 행동을 즐길 수 있다. 여기서 중요한 점은 고정되어 있는 물리적 공간이나 장소를 넘어, 인간의 활동에 따라 공간의 성격이 규정된다는 사실이다. 사무실에 있든 집에 있든 커피숍에 있든, 스마트폰으로 친구와 연결되면 그곳이 바로 사교의 장이 되는 것이다.

공적 공간이 사사화된다고 지적한 연구도 있고(주정민, 2004), 이러한 공적 공간의 성격에 따라 이용 콘텐츠가 차별적으로 나타난다는 사실을 밝힌 연구도 있다(배진한, 2006). 예를 들어, 지하철에서는 주로 지상파 보기를 선호하며, 강의실이나 길거리에서는 휴대 전화 음악듣기를 선호한다. 미디어가 메시지를 규정하는 것과 유사하게, 공간이 활용 가능한 메시지의 형태를 어느 정도 규정한다고 할 수 있다.

온·오프라인의 구분보다 더 중요한 것은 미디어를 볼 때 '소셜 어포던스'가 생긴다는 사실이다(Kennedy, 2012). 항시 연결이 가능한 스마트폰을 볼 때, 이용자는 '이 미디어는 내가 다른 사람과 연결하는 데 도움을 줄 수 있겠구나' 하는 생각을 하게 되며, 이것이 바로 소셜 어포던스를 지각하는 과정이다(3장 참조). 그래서 사람들의 온라인 활동과 오프라인 활동을 굳이 구분하려 애쓰기보다 미디어를 경유하거나 또는 경유하지 않은 상태의 사람들 간 상호작용을 그 자체로 연구하는 것이 더 가치 있을 수 있다고 케네디(Kennedy, 2012)는 제안한다.

이러한 장소성 인식의 변화에서 장소가 반드시 '비언어적'인 것만은 아니다. 공간 자체는 비언어적이지만, 그곳을 비언어적으로만 지각하는 것이 아니라 사람이 지니고 있는 미디어를 활용해 적극적으로 다른 사람들과 연결하여 언어적 소통을 한다는 점이 중요하다. 이때 언어는 주로 물리적으로 공유된 공간 내의 사람들과는 공유되지 않고 온라인으로 공유된 공간 내의 사람들과만 공유되는 문자 언어와 이미지 또는 영상과 같은 비언어다. 미디어의 변화로 인해 사람들의 공간 인식도 변화하고, 그에 따라 주로 사용되는 상징들도 변화를 겪고 있음을 알 수 있다.

3) 공간과 건축의 비언어적 메시지

건축물 구조와 가구 배치에 따라 대화의 흐름이 달라질 수 있다. 따라서 크게는 건축, 작게는 건축물 내의 실내 구조와 가구 배치도 우리에게 '어포던스'를 주는 환경으로서, 해당 장소는 어떤 이야기를 할 수 있는 공간인지에 대한 느낌을 제공한다.

비언어적 환경 중에는 커뮤니케이션을 촉진하는 환경과 억제하는 환경이 있다. 타인도 나를 기준으로 볼 때는 환경 자극의 하나로서, 어쩐지 근접하기 힘든 표정을 보이는 사람도 있고 왠지 편안하게 말을 걸어도 될 것 같은 표정을 보이는 사람도 있다. 마찬가지로, 건축물의 구조나 가구 배치도 사람들에게 대화를 해도 될 만한 상황인지 아닌지, 오래 앉아서 이야기해도 되는 상황인지 아닌지에 대한 어포던스를 제공한다.

기업이나 관공서에서 최고위층 사무실은 접근하기 어려운 곳에 위치해 있다. 일반 직원들이 접근하기 어려울수록 권력의 위엄이 있어 보일 뿐 아니라, 중간에서 개인 비서 등을 거치게 만듦으로써 원치 않는 방문자들을 걸러 내기도 한다(Knapp, 2005/2012, pp.165~166). 윗사람이 누리는 권력을 상대적으로 더 당연시하는 문화, 즉 권력 거리가 큰 문화에서는 이런 경향이 더 심하다(10장 참조).

아파트를 지을 때도 각 층의 현관이 공동 입구의 통로로 통하게 설계할수록 사회적 접촉이 많아지기 때문에 상호작용이 촉진된다. 이런 곳은 물리적 밀도보다 '사회적 밀도'가 높다. 즉 단위 면적당 사람 수로 계산되는 물리적 밀도만으로는 접촉 빈도를 알 수 없지만, 사람들이 오며 가며 자주 만나게 되는 곳은 접촉 빈도가 높고 이런 곳이 사회적 밀도가 높은 곳이다. 실버타운을 지을 때도 외로움을 덜 느끼도록 지으려면 사회적 접촉이 쉽게 일어날 수 있는 구조로 짓는 것이 좋다. 다만, 사회적 접촉이 쉽게 일어날 수 있는 공간은 그만큼 프라이버시를 지키는 데는 어려움이 있기 때문에, 주거 공간에서 상호작용과 프라이버시 중 어느 것을 더 우선시하느냐에 따라 적절한 공간 배분이 필요하다.

동일한 공간이라 하더라도 가구 배치를 어떻게 하느냐에 따라 커뮤니케이션이 촉진되기도 하고 억제되기도 한다. 어떤 사무실에 들어섰을 때 입구 쪽에 칸막이가 있다면 커뮤니케이션을 원하는 공간이라기보다는 프라이버시를 침해하지 말아 달라는 메시지를 전달하고 있다고 보면 된다. 예전에는 주부들이 가족을 등지고 서서 일을 하도록 배치되어 있는 주방 구조가 많았으나, 요즘은 식탁 쪽의 가족들을 보며 조리를 할 수 있도록 주방을 구성하는 경우도 많다. 이 경우도 일의 효율성만을 고려할 것인가 가족과의 커뮤니케이션 용이성까지 고려할 것인가에 따라 선호하는 가구의 배치가 달라질 수 있고, 또 이미 배치되어 있는 가구로 인해 부지불식간에 대화의 양이 영향을 받을 수도 있다.

커뮤니케이션은 사람들이 하는 것이기 때문에, 사람들 마음에 벽을 느낄 수 있는 구조는 어떤 식으로든 비언어적 방식으로 사람들의 커뮤니케이션을 방해한다. 반대로, 보기만 해도 내 이야기를 들어줄 것 같은 분위기에서는 더 쉽게 마음을 터놓고 대화할 수 있다.

4) 시간의 의미

절묘한 타이밍을 이용한 메시지 전달도 일종의 비언어적 커뮤니케이션이라고 볼 수 있다. 예를 들어, 상대방의 편지에 아무런 반응을 보이지 않고 시간이 흐르기를 바라는 것도 일종의 무언의 메시지를 전달하는 것이고, 상대방의 제안에 잠시 침묵을 지키는 것도 메시지를 전달하는 것이다. 침묵이 흐를 때 일본에서는 이를 '긍정적 검토 중'으로 생각하는 경향이 있는 반면 미국에서는 '부정적 반응을 어떻게 표현할까를 고민하는 중'으로 생각한다는 문화 간 차이가 있기도 하지만(10장 참조), 어느 경우든

표 5-5. '단일 시간성'과 '복합 시간성' 문화의 차이

단일 시간성 문화	복합 시간성 문화
한 번에 한 가지씩 일한다.	여러 가지 일을 동시에 한다.
시간표를 아주 철저하게 계획하고 관리한다. 아주 심각한 이유가 있을 때만 제외하고는 그 시간표를 따른다.	시간표를 하나의 유용한 도구로 생각할 뿐이며, 여러 이유로 그 시간표를 지키지 않을 때가 많다.
직업을 인생에서 가장 중요한 부분으로 간주하며, 심지어 가족보다도 더 우선시한다	직업보다 가족과 대인 관계를 더 중요하게 생각한다.
프라이버시를 아주 중요하게 생각하며, 다른 사람들에게 자기 것을 빌려 주는 일이 별로 없고, 독립적으로 일한다.	다른 사람들과 적극적으로 함께 지내며, 동시에 많은 사람들이 있는 곳에서 일한다.

출처: DeVito, 1997, p.166.

'시간'을 메시지 전달의 수단으로 사용한다는 점에서 비언어적 커뮤니케이션을 하고 있는 것이다.

뿐만 아니라, 일정한 시간에 두 가지 일을 동시에 하는지 아니면 하나씩 하는지에 따라 '단일 시간성 문화'와 '복합 시간성 문화'로 구분하기도 한다(표 5-5 참조). 동시에 여러 가지 일을 하는 복합 시간성 문화에서는 시간표를 엄격히 지키지 않을 때가 많고 사람들이 많이 어울리는 활동을 중요시한다. 반면에, 한 번에 한 가지씩 일을 하는 단일 시간성 문화에서는 시간표 관리를 철저히 하고 프라이버시를 중요시한다. 단일 시간성 문화의 직원들은 자신의 일처리를 기다리며 줄을 서 있는 사람들이 많아도 한 사람 한 사람을 대하는 상황에 더 정성을 기울이는 반면, 복합 시간성 문화의 직원들은 뒷사람들의 일까지 함께 빨리 처리하려고 하다가 한 사람 한 사람의 일을 정성껏 처리하지 못하게 되기도 한다. 한국과 같은 복합 시간성 문화에 익숙해져 있던 사람이 단일 시간성 문화에 들어가 일처리를 기다리며 줄 서 있을 때, 뒷사람은 전혀 개의치 않고 앞사람의 일에만 전념하고 있는 직원을 보면 답답하게 느껴질 수도 있다. 그러나 여러 사람을 한꺼번에 대하려고 하다가 오히려 부실하게 처리할 수 있는 가능성을 생각한다면, 조금 더 기다려서 좋은 서비스를 받는 편이 더 나을 것이다.

3. 비언어적 메시지의 전달과 미디어

1) 비언어적 메시지의 기능과 미디어 사용

사람이 신체의 일부를 이용해 비언어적 메시지를 전달할 수도 있지만, 미디어를 이용한 비언어적 메시지의 전달은 더욱 다양하다. 음향 효과나 배경 음악이 전혀 없는 영화를 상상할 수 있는가? 이런 것이 없다면 정서 경험에 한계를 줌으로써 메시지 전달을 비효과적으로 만들 수 있다.

실루엣만을 이용하여 만든 〈프린스 앤 프린세스〉와 같은 영화는 실루엣만을 보아도 부족한 부분을 우리가 충분히 상상으로 메워 넣을 수 있고, 또 상상으로 메워 넣는 것이 더 풍부할 수 있다고 가정하기 때문에 만들어지는 것이다. 사람은 창조적이다. 따라서 정보가 부족하면 부족한 것을 나름대로 채워 이해를 하며, 표현 수단이 부족하면 이용 가능한 수단을 이용하여 어떻게든 표현을 한다.

컴퓨터 매개 커뮤니케이션이 인간 커뮤니케이션의 상당 부분을 차지하게 되는 시대가 오면서, 이모티콘도 초기의 단순한 형태에서 점차 애니메이션화된 형태까지 변화를 거듭하며 인간의 감정을 최대한 면대면 커뮤니케이션에 준하는 정도로 표현할 수 있도록 그 장벽이 더욱 낮아지고 있다. 그 좋은 예가 이모티콘의 사용이다. 초기에는 가용한 자판을 이용하여 최대한 얼굴 표정이나 제스처와 유사한 비언어적 신호를 만들어 냈으나, 최근에는 귀여운 애니메이션 캐릭터나 인기 스타의 얼굴 등을 활용한 이모티콘들이 제작되어 판매되기도 한다.

사람이 커뮤니케이션할 때 작용하는 일반적인 원리 중 하나가 '커뮤니케이션은 언어적 메시지와 비언어적 메시지가 하나의 묶음으로 전달된다'는 것이었다(2장 참조). 미디어가 개입되는 경우에도 이 근본적인 원리는 그대로 적용된다. 영화나 발레에 음악이 전혀 없어도 사람이 상상력으로 채워 넣을 수는 있겠지만, 음악과 함께 제시되며 음악에서 느껴지는 정서가 시각적 자극과 함께 어우러져 하나의 '묶음'으로서 커뮤니케이션이 일어날 때 의미가 공유되는 부분에 비하면 엄청난 제한이 있을 수밖에 없다. 따라서 시각 자극, 음성 자극, 심지어 문자 메시지와 같은 촉각까지 모두 동원된 미디어가 본질적인 커뮤니케이션에 더욱 충실하다고 볼 수 있다.

맥루언이 시각에만 의존하게 만드는 인쇄술의 발명을 혹평하고 시청각을 모두 이용할 수 있는 TV의 발명을 추앙한 것은 미디어로 인해 인간의 감각이 제한되는 것은 바람직하지 않다고 보았기 때문이다(McLuhan, 1964/2002; 김정탁, 1998). 인간의 다섯 가지 감각 중에서 '맛보는 것(미각)'과 '냄새 맡는 것(후각)'을 제외한 모든 자극이 컴퓨터를 이용한 디지털 커뮤니케이션에서 어느 정도 충족되고 있고, 이것은 앞으로도 더욱 발전할 것이다. 로봇이 점차 인간을 닮아가듯, 커뮤니케이션 미디어도 점차 인간이라는 미디어를 닮아갈 것이다.

2) 이미지와 상징 및 영상 커뮤니케이션

비주얼(visual) 커뮤니케이션과 디자인에 관한 연구는 비언어적 메시지 연구를 통한 인간 커뮤니케이션 영역의 확대 가능성을 시사한다(Foss, 1992). 언어적 메시지를 사용한 광고는 우리가 읽으면서 머리로 해독하는 경우가 많고, 비언어적 영상을 사용한 광고는 우리가 보고 지각하면서 마음으로 느끼는 경우가 많다. 컴퓨터 모델을 근간으로 하여 인지 이론을 영상 커뮤니케이션에 적용하기도 한다. 우리의 머리와 마음이 활동하는 과정을 컴퓨터와 비교하여, 어떤 입력에 대해 어떤 과정을 거쳐 어떤 출력을 내놓는지를 분석하는 것이다. 이 과정에서도 가장 중요한 부분은 역시 '인간'이다.

한 나라를 상징하는 국기를 비롯하여 한 문화의 상징이 될 수 있는 티셔츠의 디자인이나 헤어스타일, 그리고 사람의 신체 언어 자체도 기호학적으로 이해될 수 있다(김영순, 2001). 기호의 이해는 언어의 사용 없이 이루어진다는 점에서 비언어적 커뮤니케이션에 중요한 시사점을 제공한다. 비언어적 상징 중에서 여러 문화에 공통되는 것도 있고 문화에 따라 다른 것도 있으며, 역사의 흐름에 따라 변화하기도 한다. 예를 들어, 하트 모양은 사람의 심장 모양과 유사하여 거의 모든 문화의 사람들이 마음속 깊은 '사랑'을 의미하는 것으로 받아들인다. 또한 '붉은 색'은 대체로 정열을 상징하지만, 냉전 시대에는 공산주의를 의미했고, 축구 4강 신화를 이룬 2002년 이후에는 오히려 한국 축구팀을 응원하는 붉은 색 티셔츠의 열풍으로 '역동적인 한국'을 더 많이 상징하는 쪽으로 변화하기도 했다.

광고 상품의 종류에 따라서도 언어적 메시지와 비언어적 영상 중 어느 쪽이 더 효과적인지가 달라질 수 있고, 또 인쇄 미디어와 방송 미디어 중 어떤 것을 매개로 이용하느냐에 따라서도 언어와 비언어의 효과가 달라질 수 있다. 분명한 사실은 요즈음 인쇄 미디어에서조차 점점 언어적 메시지가 줄어들고 이미지가 큰 비중을 차지하는 경우가 많아지고 있다는 사실이다. 기업 홍보에서도 '이미지'로 승부함으로써 좋은 '느낌'만을 주도록 노력하는 편이 오히려 복잡한 언어적 메시지를 장황하게 늘어놓는 것보다 효과적일 수 있다. 일단 좋은 이미지가 심어지면 그에 따라 자동적으로 좋은 생각과 행동들이 꼬리를 물고 이어져 나올 수 있기 때문이다. 이러한 사실은 우리가 커뮤니케이션 메시지를 작성하고 전달하며 이해하는 전 과정에 걸쳐 비언어적인 메커니즘을 충분히 숙지해야 함을 일깨워 준다.

선거 입후보자들에 대한 평가에서도 그 사람의 개인적인 특성들을 객관적으로 모두 합산하여 계산한 점수보다 오히려 그 사람을 보았을 때 전체적으로 떠오르는 정서와 이미지가 더 투표 행동을 잘 예측한다(Abelson et al., 1982). 언어적 메시지는 주로 읽거나 들음으로써 이해되지만, 비언어적 메시지는 주로 보거나 느낌으로써 이해된다. 일상적인 대인 간 커뮤니케이션에서도 백 마디 말보다 따뜻한 눈길, 손길, 표정 하나가 훨씬 더 깊은 의미를 전달하는 경우가 많다.

3) 비언어적 메시지 송수신의 정확성과 민감성

비언어적 메시지의 송신과 수신이 얼마나 정확할 수 있는지에 관한 탐색은 주로 버크의 감성 커뮤니케이션 관련 연구에서 많이 이루어졌다(Buck, 1984/2000 참조). 여성이 비언어적 메시지를 더 표현적으로 송신하며, 수신에서도 더 정확하다는 사실이 밝혀졌다(Buck, 1984). 이것은 남성들이 '사실'과 '눈에 보이는 것'에 의존한 커뮤니케이션을 많이 한다는 사실과도 관련이 있다(4장 참조).

어린이들은 남녀 모두 표현적이다. 그러나 자라면서 여자 어린이들은 더 표현적이 되는 반면 남자 어린이들은 덜 표현적이 된다는 연구 결과가 흥미롭다(Buck, 1975,

1977). 구체적으로, 유치원생들에게 슬라이드를 보여 주며 그 표정을 비디오에 담아, 나중에 대학생들에게 유치원생들의 표정이 담긴 비디오를 보여 주면서 아이들이 해당 표정을 지을 때 보았다고 추정되는 슬라이드를 고르도록 했다. 여자 어린이들이 본 슬라이드를 대학생들이 더 잘 골라냈으며, 이는 여자 어린이의 얼굴 표정에 슬라이드를 보고 느낀 것이 그대로 반영되었음을 뜻한다. 그러나 어린이를 대상으로 한 연구에서는 남녀 차이가 그리 심하지 않았던 데 비해, 어른의 경우는 남녀의 표현성에 차이가 더욱 두드러지게 나타났다. 여자 어린이들의 표현성은 어렸을 때의 수준이 성인이 되어서도 크게 감소하지 않았으나, 남자 어린이들의 표현성은 성인이 되면서 급격히 감소했음을 의미한다. 또 다른 연구에서도 여자 어린이들은 포즈를 취할 수 있는 능력이 연령 증가에 따라 증가하지만 남자 어린이들은 오히려 감소함을 보여 주었다(Zuckerman & Przewuzman, 1979; Buck, 1984/2000, p.315 참조).

요약하면, 어렸을 때는 남녀에게 사회적으로 부과되는 규범이나 문화적 압력(예: 남자는 울어서는 안 된다, 남자는 과묵해야 한다, 여자는 싸워서는 안 된다, 여자는 고집을 부려서는 안 된다 등)이 그리 다르지 않고 강하지 않으나, 점차 자라면서 그런 규범이나 문화적 압력이 강해져 성인 남녀에게 많은 차이를 가져오게 된다. 특히 결혼 후 역할이 분화되면서 이런 차이가 더욱 강화될 가능성이 크다.

성격에 따라서도 표현성이 달라질 수 있는데, 대체로 외향적이고 지배적일수록 자연 발생적인 표현력이 더 정확하다는 연구가 많다. 대체로 사회적으로 용인될 수 있는 표현을 더 쉽게 비언어적으로 표현하며(Field & Walden, 1982), 사회적으로 용인될 수 없는 표현은 억제되는 경향이 있고 이 경향은 어른들이 더 심하다.

4) 자신의 감정과 상대의 감정 지각

자기감정에 따라 상대방의 얼굴 표정이 달리 지각되기도 한다(황유선 외, 2010). 본인이 긍정적 정서 상태에 있을 때는 긍정적 정서를 억제한 상태에 있을 때보다 상대의 무표정한 얼굴을 더 긍정적으로 지각하는 경향이 있다. 또한 얼굴 표정을 판단하는 데 걸리는 시간이 남성보다 여성이 더 짧아, 여성이 비언어적 단서에 더 민감하다는 사실도 입증되었다.

또한, 정적인 표정이 아닌 움직이는 표정을 이용한 실험에서(김보미 외, 2013), 공감 능력이 높은 사람은 행복한 표정을 더 잘 구분해 냈으며 공감 능력이 낮은 사람은 분노한 표정을 조금 더 잘 구분해 낸다는 결과를 얻었다. 이러한 결과는 공감 능력이 높은 사람의 경우 상대의 행복한 표정을 접할 기회가 더 많고, 공감 능력이 낮은 사람의 경우 이 낮은 공감 능력으로 인해 상대의 부정적인 표정에 상대적으로 더 자주 노출되었기 때문일 수 있다.

또한 두려운 표정을 구분해 내는 정도에서는 공감 능력에 따른 차이가 없었다. 두려움이나 분노의 표정을 본 사람은 그 상황을 위협으로 간주하고 피할 가능성이 더 크기 때문에(Dadds et al., 2008), 전반적으로 긍정적인 표정보다 부정적인 표정의 응시 시간이 더 짧아 변별의 정확성이 줄어들었을 수 있다(Adolphs, 2002).

표정을 인식할 때 눈 주변의 변화가 가장 중요하지만(Hall et al., 2010), 행복한 표정을 구분해 낼 때는 입 주변에도 함께 주목하는 경향을 보였다(김보미 외, 2013). 대체로 분노나 두려움과 같은 부정적인 정서가 얼굴에 표현될 때는 중립적인 정서가 표현될 때에 비해 특히 입 주변은 크게 달라지지 않기 때문에, 그만큼 부정적 정서를 구분해 내기가 더 어려울 수 있다.

5) 비언어적 메시지 전달 과정의 장애

(1) 미디어 자체의 문제

비언어적 메시지의 전달 과정에서 우선 미디어 자체의 기술적 한계가 있을 수 있다. 소리만 들리는 전화나 라디오를 통해서는 상대방의 얼굴 표정이나 제스처를 볼 수 없고, 문자만 보이는 편지에서는 얼굴 표정이나 제스처뿐만 아니라 상대방의 음색과 목소리도 알 수 없다. 더구나 표준화된 글씨체로 컴퓨터를 이용한 이메일을 사용하는 요즘은 비언어적 '필체'에서 느껴지는 정서마저 차단된다. 점차 화상 채팅 등이 가능해져 비언어적 메시지도 거의 완전히 전달될 수 있도록 노력하고 있지만, 미디어 자체의 한계로 인해 100% 전달되지 못하는 비언어적 메시지는 무척 많다. 영상을 통해 비언어적 메시지를 전달하고자 할 때도 미디어의 한계로 인해 특정 색상이 더 흐리게 보인다든지 특정 영역이 가려진다든지 하는 문제가 발생할 수 있다.

그러나 미디어를 통해 인간 본연의 커뮤니케이션이 완전히 이루어지기 어렵다고 생각되면 인간은 바로 그 창조성과 상상력을 발휘한다. 이메일에서도 정서를 전달할 수 있는 각종 이모티콘을 창조해 내고, 카드 영상에 소리까지 첨가하여 전자 미디어를 한껏 이용한 비언어적 커뮤니케이션이 언어적 커뮤니케이션을 더욱 잘 보조해 가고 있다. 사람이 커뮤니케이션을 위해 사용하는 언어와 기호 자체가 미디어의 한계를 극복하며 끊임없이 창조·변화되어 가고 있지만, 미디어 발달상의 과도기에서 미디어 자체의 문제로 인해 잘못 전달될 수 있는 비언어적 메시지를 고려하는 것이 원만한 커뮤니케이션에 도움이 된다.

(2) 송수신 해독의 문제

비언어적 신호 중에 대체로 세계 보편적인 것이 많다. 원시인이 웃는 모습이나 현대인이 웃는 모습이 같고, 아프리카인이 웃는 모습이나 유럽인이 웃는 모습이 같고, 할아버지가 웃는 모습이나 아기가 웃는 모습이 같다. 슬플 때 우는 모습, 화날 때 화내는 모습 등은 모두 서로 다른 문화권의 사람들이 보아도 금방 알아챈다. 몇 가지 세분화된 정서 표현이나 손가락 기호 등은 문화에 따라 다를 수 있지만, 특히 인간이 느끼는 기본적인 정서의 표현은 보편적이다.

그럼에도 불구하고 비언어적 표현의 오해 가능성이 언어적 표현의 오해 가능성보다 더 높은 이유는 비언어적 표현이 대부분 명시적이지 않고 암시적으로 이루어지기 때문이다. 어떤 사람이 나를 뚫어지게 바라보는 시선이 나에 대한 호의적 감정을 나타내는 것인지 적대감을 나타내는 것인지 애매할 경우가 많다. 그리고 저 사람이 나를 보고 웃었다고 할 때 그것이 나를 비웃는 것인지 관심을 나타내는 것인지 애매할 수도 있다.

언어적 커뮤니케이션에서와 마찬가지로 비언어적 커뮤니케이션에서도 송수신이 모두 정확해야 바람직한 커뮤니케이션이 이어질 수 있다. "비언어적 송신의 정확성은 한 개인이 비언어적 행동을 통해 그의 내면적인 동기적·감정적 상태를 나타내 보이고자 하는 성향"이다(Buck, 1984/2000, p.263). 자신의 내면적인 동기와 감정을 억제하거나 위장하여 표현한다면 송신의 정확성이 떨어지는 것이고, 이 경우 수신을 정확히 하기란 무척 어렵다. 대체로 자기 감시가 적은 사람이 정확한 감정 표현을 하며 수신자의 혼동도 덜 유발한다(3장 참조).

비언어적 송신 능력과 마찬가지로 비언어적 수신 능력에도 개인 차이가 있다. "비언어적 수신 능력은 비언어적 단서들을 통해 다른 사람들의 상태를 해독할 수 있는 능력"을 의미한다(Buck, 1984/2000, p.395). 비언어적 수신 능력을 측정하는 방법으로 정서적 민감성 검사(Kagan, 1978), 정서 커뮤니케이션 수신 능력 검사(Buck, 1976), 비언어적 민감성 척도(Rosenthal et al., 1979), 사회적 해석 과제(Archer & Akert, 1977) 등이 있는데, 모두 '정서'와 '사회적(대인적) 상황'의 커뮤니케이션 능력을 측정하는 것이다. 비언어적 커뮤니케이션이 언어적 커뮤니케이션보다 더 간접적인 방법이라는 사실을 생각할 때, 특히 여성들이 남성들보다 대체로 비언어적 수신 능력이 높다는 사실은 전혀 이상하지 않다. 여성들은 자기 자신이 암시적인 비언어적 메시지를 남성보다 더 많이 사용하며 익숙하기 때문에, 다른 사람이 사용하는 비언어적 메시지의 수신에도 더 민감하다. 그러나 이러한 남녀 간의 차이는 비언어적 단서들이 더 누설적으로 되어갈수록 없어진다(Rosenthal & DePaulo, 1979). 비언어적 단서의 통제가 어려울수록 더 누설적이라 할 수 있는데, 통제가 가장 쉬운 것이 얼굴, 그 다음이 신체, 그리고 목소리와 음색이 가장 통제하기 어렵다고 한다. 그러므로 통제가 어려워 거의 그대로 누설될 가능성이 높은 목소리나 음색으로 갈수록 비언어적 수신 능력의 남녀 차이는 없어진다는 것이다(Buck, 1984/2000, p.406). 서로 다른 문화 간의 차이와 개인 간의 차이가 있을 때 이 차이를 잘 인식하려는 노력이 선행되어야만 비언어적 메시지 송수신이 보다 더 정확해질 수 있다.

4. 이미지의 중요성과 새로운 미디어

1) 제3의 언어, 영상과 이미지: 이미지의 영향력 증가

메시지 전송 방식의 발달로 점차 말보다 글, 글보다 이미지의 영향력이 커져 가고 있다. 말이 제1의 언어, 글이 제2의 언어라면, 영상과 이미지는 제3의 언어라 할 수 있다 (김민수, 1999). 그림 5-2는 《광고 천재 이제석》이라는 책의 표지에 있는 옥외 광고 사진으로, 이미지만 보아도 '공장의 굴뚝에서 나오는 연기가 사람을 죽일 수도 있을 정도로 위험하겠구나' 하는 메시지를 전달해 준다. 굴뚝 아래 잠재된 형태로 숨어 있는 권

그림. 5-2. NRDC 국제 환경단체를 위한 옥외 광고물

출처: 이제석 광고연구소 홈페이지(www.jeski.org)

총이 그려진 현수막 한 장이 굴뚝 아래 붙어 있다. 카피는 "한 해 대기 오염으로 6만 명이 사망합니다."

총의 이미지가 사람들에게 효과적인 위협 소구의 역할을 하며 환경 보호의 필요성을 단 하나의 이미지로 강렬하게 전하고 있다(이제석, 2010).

백 마디의 말보다 단 한 장의 사진이 더 큰 반향을 불러올 수 있는 사례들은 또 있다. 먹지 못해 피골이 상접할 정도로 뼈가 앙상하게 드러나 있는 아이의 사진은 아무 말 없이 그것을 보기만 해도 불쌍하다는 느낌이 들고, 이것은 도움을 주고자 하는 동기를 일으켜 기부 행동을 유발하기도 한다. 이와 유사하게, 부모나 지인의 학대로 인해 상처투성이가 된 아이의 사진을 볼 때도 가해자에 대한 분노와 함께 아이를 돕고 싶다는 측은지심이 생겨난다.

사진과 같은 이미지뿐만 아니라, 언어적 메시지 없이 비언어적 메시지만을 전달하는 동영상도 사람들의 마음을 크게 움직일 수 있다. 예를 들어, 어린이집에서 아동을 학대하는 동영상이라든지 테러 집단이 인질을 처형하는 동영상 등은 동작들의 연속으로 이루어진 시각적 자극만으로 구성되어 있더라도 사람들에게 큰 분노나 공포 등을 일으킬 수 있다.

대부분의 경우 비언어적 메시지는 언어적 메시지와 동반하여 전달되기 때문에, 비언어적 자극만으로는 불확실했던 부분이 언어적 메시지와 함께 더욱 확실해지면서 감정의 강도가 증폭된다. 미디어의 발전으로 인해 사람들이 생생한 현장에서 보고 듣고 느끼는 것을 바로 그 자리에서 쉽게 이미지와 동영상으로 담아 공유할 수 있게 되었기에, 이와 같은 사진이나 동영상 등이 때로는 언어적 메시지보다 더 강력한 의미와 정서를 전달할 수 있다.

2) 복합 감정 표현과 그 컴퓨터화

최근에는 단순한 감정이 아닌 복합적인 감정도 얼굴 표정으로 표현하거나 구분할 수 있고, 더 나아가 이러한 복합 감정의 차이까지 컴퓨터 데이터로 구현할 수 있다는 연구가 나왔다(Du et al., 2014). 예를 들어, 앞에 말한 기본적인 감정 표현 이외에 '행복해서 놀라는' 표정, '무서워서 놀라는' 표정, 그리고 '화나서 놀라는' 표정의 차이도 잘 구분할 수 있다. 그러나 '슬프게 화난' 표정과 '역겨워 화난' 표정 사이에는 상당한 유사성이 발견되었다.

더 나아가 94개의 기준점을 사용해 복합 감정의 얼굴 표정 차이를 데이터로 나타낼 수 도 있다(Du et al., 2014). 얼굴 표정을 데이터화하여 다양한 영역에 활용할 때도 단순 감정뿐만 아니라 복합 감정까지 나타낼 수 있음을 시사한다. 영화 〈아바타〉에서 애니메이션에 사람의 얼굴 표정을 입혀 활용했던 이모션 픽처(emotion picture) 기법도 앞으로는 더욱 세분화된 다양한 감정까지 미디어로 표현해 낼 수 있는 기반을 제공한 셈이다.

5. 비언어적 커뮤니케이션의 문화 차이

1) 남녀 간의 차이

여성이 남성에 비해 비언어적 커뮤니케이션의 송수신이 비교적 정확하다는 사실은 앞에서 언급한 바와 같다. 여성은 언어적 표현에서도 '사실'보다 '감정'에 비중을 많이 두는 편이라는 사실을 언급했는데(4장 참조), 이것은 곧 감정의 표현과 비언어적 수단의 사용이 서로 일맥상통함을 의미하기도 한다. 여성이 비언어적 표현을 잘 이해하고 정서를 잘 표현하며 남성은 사실에 초점을 두어 언어 표현을 한다는 것은 확률상의 차이이며 모든 남성과 모든 여성이 그렇다는 것은 아니다. 그리고 이러한 차이가 어느 한쪽의 우월함과 다른 쪽의 열등함을 나타내는 것도 아니다. 차이가 존재하는 것은 자연스러운 것이고, 그 차이 자체를 부정하기보다는 서로 어떻게 다른지를 이해하고 상대방의 지식 체계와 표현 체계를 익혀 두는 것이 중요하다.

일반적으로 이성 간의 거리가 가장 가깝고, 동성의 친구끼리 걸어갈 때는 남성들보다 여성들이 더 가까이 붙어 다니는 경향이 있다(Forsyth, 1999). 그리고 남자는 자신의 옆자리보다 앞자리를 중요하게 생각하기 때문에 그 자리에 애인이 오면 아주 좋아하고 낯선 사람이 자기 앞으로 다가오면 더 큰 위협을 느낀다. 반면에 여자는 자신의 앞자리보다 옆자리를 더 중요하게 여기기 때문에 그 자리에 애인이 오면 좋아하고 낯선 사람이 오면 위협을 느낀다고 한다.

이와 같은 남녀 간의 차이를 대인 커뮤니케이션과 관계의 진전에 적용시켜 본다면, 남자가 여자에게 접근할 때는 잘 모르는 사람일 경우 옆보다 앞이, 애인 사이일 경우는 앞보다 옆이 호감을 증진시키는 데 도움이 될 수 있을 것이다. 반대로, 여자가 남자에게 접근할 때는 잘 모르는 사람일 경우 앞보다 옆으로, 애인 사이일 경우는 옆보다 앞으로 다가가는 것이 호감 증진에 더 좋을 수 있다. 그런데 사람들은 '나에게 좋은 방식이 상대방에게도 좋을 것'이라고 암묵적으로 가정하기 때문에('가정된 유사성' 원리), 내 애인이 옆으로 왔으면 하고 바라는 사람은 자기 애인 옆으로 가고, 내 애인이 앞으로 왔으면 하고 바라는 사람은 자기 애인 앞으로 가게 되어 서로 어긋나는 결과를 가져올 수 있다.

근래 남성과 여성의 차이가 점점 더 줄어들고 있고, 남녀의 이분법 자체에 거부감을 느끼는 사람들도 있다. 그러나 모든 사람이 그런 차이를 보이지는 않더라도 현재까지의 연구 결과 확률적으로 의미 있는 다수가 보이는 차이이기 때문에, 이를 염두에 두고 커뮤니케이션과 대인 관계에 활용해 보는 것도 좋을 것이다.

2) 동서양 문화 간의 차이

나라마다 언어적 커뮤니케이션에서 차이가 있듯이(4장 참조), 비언어적 커뮤니케이션에서도 차이를 보인다. 그러나 앞서 언급했듯이, 비언어적 커뮤니케이션의 문화 차이는 언어적 커뮤니케이션의 문화 차이보다 크지 않다.

몇 가지 예를 들어 보면, 처음 만나는 사람끼리 앉는 거리를 비교해 보았을 때 베네수엘라와 같은 남미 사람들이 서로 가장 가까이 앉는 경향이 있고, 그 다음으로 미국인이 서로 가까이 앉으며, 일본 사람들이 서로 가장 멀리 앉는 경향을 보였다 (Sussman & Rosenfeld, 1982). 대화 시 눈 맞춤을 자주 한다든지 상대방을 툭툭 치며 이야기하는 행동은 서로 가까이 앉는 것을 선호하는 접촉 문화에서 더 흔히 볼 수 있는데, 예를 들면 브라질 사람이나 아랍 사람이 그렇다(Grahan, 1985). 한국의 경우 대체로 동성의 친구들끼리는 가까운 거리를 선호하지만, 지위가 다른 사람과 함께 있을 때 특히 멀리 앉고 싶어 하는 경향이 있다. 심리적 거리감이 대화 시의 거리에도 그대로 반영되는 것이다. 가까이 앉는 것을 자연스럽게 생각하는 접촉 문화(아랍, 남미)에서 너무 멀리 앉으면 친하지 않은 듯한 인상을 주기 쉬우며, 멀리 앉는 것을 자연스럽게 생각하는 비접촉 문화(영국, 북유럽)에서 너무 가까이 앉으면 무례하다는 인상을 준다. 그러므로 같은 업무로 해외 출장을 가더라도 아랍이나 남미로 갈 때는 좀 더 가까운 거리에 앉도록 노력하고, 영국이나 북유럽으로 갈 때는 조금 떨어져 앉아 예의를 갖추는 것이 더 좋은 인상을 줄 수 있다.

　비언어적 메시지의 하나인 침묵도 문화에 따라 서로 다른 의미를 지닌다. 침묵하는 무표정한 얼굴에 대한 일본인과 미국인의 반응을 비교해 본 연구에서(Wayne, 1974), 대체로 일본인은 침묵을 긍정적인 뜻으로 받아들이지만 미국인은 부정적인 뜻으로 받아들이는 경향이 있음을 발견했다. 실제로 동양 문화에서는 과묵한 것을 그리 나쁘게 생각하지 않으며, 겸손이나 내실을 뜻하는 것으로 보는 경향이 있다. 그러나 서양에서는 안에 들어 있는 것을 잘 표현하는 것이 미덕이라고 본다. 따라서 기쁜 일이 있을 때 기쁨을 표현하는 정도도 서양이 더 강하고, 슬픈 일이 있을 때 슬픔을 표현하는 정도도 서양이 더 강하다. 동양에서는 얼굴 근육을 많이 움직이면서 큰 소리로 웃는 것을 그리 아름답게 보지 않는다는 사실이 파안대소와 같은 단어에 나타나며, '침묵은 금이다,' '빈 수레가 요란하다'와 같은 속담도 과묵한 무표정과 감정 및 지식 표현 절제에 가치를 두는 말이다. 한국인 정서의 한 특성으로 간주되어 온 '한이 맺힌다'는 정서는 특히 부정적 정서의 표현을 억눌러야 하는 경험이 장시간 쌓여 누적된 것으로 볼 수 있다. 간혹 '한풀이'가 필요한 것도 이처럼 지속적인 정서의 억누름은 사람의 건강한 커뮤니케이션과 삶을 해칠 수 있기 때문일 것이다.

6장

대인 관계 형성 및
발달 과정에서의
커뮤니케이션

커뮤니케이션은 사람과 사람 사이를 이어 주는 수단이기 때문에, 대인 관계 형성 및 발달 과정에서의 커뮤니케이션을 이해하는 것은 커뮤니케이션 과정 전체의 이해에 바탕이 된다. 사람과 사람 사이에 어떤 커뮤니케이션이 이루어져야 서로 모르던 사람들이 호감을 지니고 계속 만나게 되는지, 그리고 관계의 진전은 어떻게 이루어지는지, 그 과정에서 어떤 대인 커뮤니케이션 미디어들이 이용될 수 있는지를 알아보고, 인간에게 주어진 감각 기관 중 일부에 장애를 지니고 있어 커뮤니케이션을 제한적으로 할 수밖에 없는 사람들의 커뮤니케이션 수단에 관해서도 생각해 본다.

1. 호감의 형성과 커뮤니케이션

1) 2인 커뮤니케이션의 유형과 기능

여러 사람 간의 관계도 근본적으로 2인 관계가 확장되면서 생기기 때문에, 먼저 2인 관계의 형성, 발달, 유지, 및 해체 과정을 이해해야 한다. 2인 관계는 한 사람과 다른 사람 간의 상호 교환과 상호 의존을 기본으로 하는 관계다. '집단'을 이루는 최소 단위이기도 하다. 그러나 여기서는 두 사람 간의 관계를 집단이기 이전에 사람과 사람 간의 커뮤니케이션으로 이루어지는 관계로 보려고 한다.

물질을 더 이상 쪼갤 수 없는 단위까지 쪼개면 분자가 되듯이, 사람들 간의 커뮤니케이션 관계를 더 이상 쪼갤 수 없는 단위까지 쪼개면 2인 관계가 된다. 개인 내 커뮤니케이션도 자기와 자기가 이야기한다고 보면 2자 관계로 분석이 가능하다. 한 사람과 또 다른 사람 간에 연관의 정도가 얼마나 강한가에 따라 그림 6-1과 같은 도표화가 가능하다. 친밀한 관계부터 먼 관계에 이르기까지, 모든 관계는 2인 관계에서 비롯된다.

두 사람이 관계를 유지하며 커뮤니케이션을 함으로써 어떤 기능들이 충족될 수 있을까? 베니스 등(Bennis, Berlew, Schein, & Steele, 1973)은 2인 커뮤니케이션의 기능을 다음과 같이 나눈다.

① 감정의 표현: 대인 관계는 사람들에게 세상에 대한 감정이나 관계 그 자체에 대한 감정을 표현하게 한다.

② 인정: 인간관계를 통해 우리는 다른 사람에게 인정받는다. "나는 누구인가"에 대한 물음에 우리 주위의 다른 사람들과 연관시켜 답한다.

③ 변화 혹은 영향: 이런 종류의 관계에서는 참여자들이 일차적으로 서로에게 영향을 주는 변화를 위해 모인다. 영향을 주는 범위는 설득에서 심리 치료까지 광범위하다.

④ 창조와 일: 이러한 관계의 기능은 도구적이다. 즉 관계 이외의 목표나 일을 수행하기 위한 것이다.

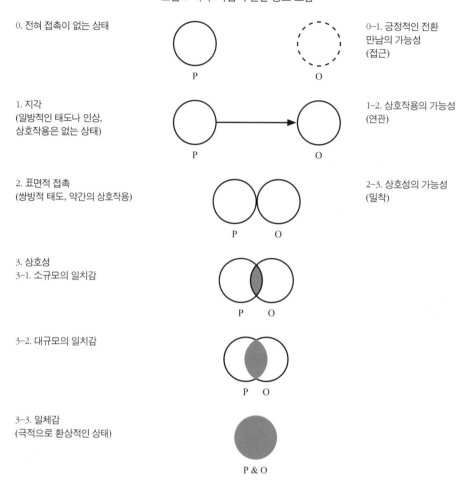

그림 6-1. 두 사람의 연관 정도 그림

0. 전혀 접촉이 없는 상태

P

O

0-1. 긍정적인 전환
만남의 가능성
(접근)

1. 지각
(일방적인 태도나 인상,
상호작용은 없는 상태)

P

O

1-2. 상호작용의 가능성
(연관)

2. 표면적 접촉
(쌍방적 태도, 약간의 상호작용)

P

O

2-3. 상호성의 가능성
(밀착)

3. 상호성
3-1. 소규모의 일치감

P

O

3-2. 대규모의 일치감

P

O

3-3. 일체감
(극적으로 환상적인 상태)

P & O

출처: Levinger & Snoek, 1972; Wilmot, 1987/1996, p.29.

그 밖에도 바이스(Weiss, 1969)는 친밀함, 사회적 통합, 남을 돌보는 기회, 자신의
가치에 대한 재확인, 행동 지침 등을 마련해 주는 것이 인간관계의 기능이라고 했다
(Wilmot, 1987/1996, p.26에서 재인용). 사람을 사람답게 만들어 주면서 기본적인 2자 관계
가 이리저리 얽히며 상호 의존적인 네트워크 사회를 유지하도록 기능하는 것이 2인
커뮤니케이션의 본질이며, 모든 관계와 거시적 커뮤니케이션은 2인 커뮤니케이션의
확장에서 비롯된다.

2) 개인적 특성과 대인 관계

(1) 외모

대인 간 커뮤니케이션에서 차지하는 신체적 매력의 힘은 생각보다 크다. 외모는 첫인 상에 강력한 영향을 주며, 첫인상이 일단 형성되고 나면 쉽게 바뀌기 힘들 뿐 아니라, 후광 효과까지 겹쳐 외모가 좋은 사람이 다른 좋은 특성들(예: 좋은 성격, 실력, 사교성, 등) 도 함께 가지고 있을 것이라고 미루어 짐작하기 때문이다(3장 참조). 똑같은 행동을 한 아이들도 외모가 평범한 아이보다 귀여운 아이가 했을 때 더 관대하게 보는 경향이 있고(Dion, Berscheid, & Walster, 1972), 성적이 같아도 외모가 귀여울 때 더 똑똑하다고 생각한다(Clifford & Walster, 1973). 외모는 특히 대인 관계의 초기에 더 큰 영향을 미친 다는 연구도 있지만(Berscheid & Walster, 1974), 지속적으로 불리한 영향을 미치는 경우 도 많다(한규석, 2009 참조).

대체로 '동안(童顔)'이라 불리는 얼굴 형태가 더 젊어 보이고 친근감을 주는데, 동 안의 특징은 이마가 넓고 얼굴 전체에서 눈이 차지하는 위치가 상당히 아래쪽으로 내려와 있는 형태다. 아이들의 얼굴이 대개 이런 형태를 띠고 있는데, 이런 형의 얼굴 은 보는 사람으로 하여금 생태학적인 보호 본능을 일으킨다고 한다(McArthur & Baron, 1983).

흥미로운 것은 미국에서 이루어진 대부분의 연구에서는 외모의 후광 효과가 여 성에게 더 크게 작용하는 것으로 나타났으나, 한국 대학생의 경우 오히려 남학생에게 서 더 크게 나왔다는 점이다. 남학생의 경우는 외모가 매력적일수록 성격도 더 긍정 적일 것이라고 평가된 데 비해, 여학생의 경우는 매력적일수록 사교적이고 자신감은 있으나 "덜 온정적이고, 허영심이 많으며, 가정 및 직장에서의 능력·인간관계에서도 떨어지는 유보적인 평가"가 내려졌다(김혜숙a, 1993; 한규석, 1995, p.249). 그러나 성격과 관 련된 이와 같은 유보적 평가에도 불구하고, 배우자 선택 시에는 남녀 모두 상대방이 매력적일수록 만족스러울 것이라고 평가했다. 여성들이 지나치게 외모에 치중하는 것이 전통적인 여성의 역할과 그에 맞는 성격적 특성에서 풍기는 인상(예: 후덕한 맏며느 리상)에 어울리지 않는다고 생각하면서도 외모가 좋으면 일단 끌리는, 양자 간의 갈등이 어느 정도 보이는 결과다.

신체적 매력이 있는 사람과 함께 있을 때 자기의 가치도 함께 높아진다고 생각되는 것은 방사 효과 때문이며(Kernis & Wheeler, 1981), 이러한 방사 효과는 함께 있는 사람들이 친구 관계일 때 더 많이 나타난다. 아무런 관련이 없는 사람과 같은 장면에 함께 있게 될 때는 오히려 대조 효과가 일어나, 주변 사람의 외모가 떨어지면 자기가 더 돋보이고, 주변 사람의 외모가 뛰어나면 자기가 더 뒤쳐져 보이는 현상이 나타난다(Kenrick & Gutierres, 1980). 예컨대, 예쁜 친구와 함께 다니면 다른 사람이 볼 때 자기도 더 예쁜 편에 속해 보이고, 똑똑한 친구와 함께 다니면 다른 사람이 볼 때 자기도 더 똑똑한 편에 속해 보인다. 하지만 예쁜 미녀가 등장하는 영화를 애인과 함께 보고 나오면 애인이 상대적으로 덜 예뻐 보이고, 멋있는 남자가 등장하는 드라마를 애인과 함께 보면 애인이 상대적으로 덜 멋있어 보이는 것은 등장 인물과 애인 간에 아무런 관계가 없기 때문에 대조 효과가 일어난 것이다.

더욱이 오늘날은 매스 미디어의 영향력으로 신체적 매력의 중요성이 더욱 크게 부각되고 있고(오상화·나은영, 2002), 자기가 원하는 대로 신체를 변형시키기 위한 노력이 끊임없이 이어지고 있다. 이런 경향은 특히 젊은 여성에게, 그리고 남에게 보이는 것을 중요하게 여기는 한국의 문화적 풍토에서 더욱 심하다.

컴퓨터 그래픽으로 4, 8, 16, 32명의 개인 사진들을 합성하여 만든 사진이 실제 얼굴 사진보다 더 매력적으로 판단되었으며(Langlois & Roggman, 1990), 합성된 사진의 수가 많을수록 더 매력적이라고 평가되었다(한규석, 1995, p.247 참조). 대체로 비대칭성과 불규칙성이 적은 얼굴을 사람들이 더 선호하며, 여러 사람의 얼굴을 그래픽으로 합성할 경우 불규칙성이 그만큼 더 적어지기 때문에 더 매끄러운 형태로 나타나 선호도가 높아지는 것으로 보인다. 컴퓨터 합성 이미지를 이용한 영화의 특수 효과에 관한 연구들은 시각적 커뮤니케이션과 관련하여 많이 이루어지고 있으며(Lester, 1995/1997), 인터넷을 통해 면접시험도 가능해진 현재로서는 우리가 보는 시각적 메시지가 과연 실제 메시지와 어느 정도 차이가 있는 것인지를 가늠하기 어려워 윤리적인 문제를 낳게 될 가능성도 내포하고 있다.

> ▶ 예시 6-1. 여성의 다이어트와 동조
>
> 너도 나도 다이어트다 성형 수술이다 지방 흡입술이다 하며 날씬한 몸매를 지향하는 현상
> 은 동조 과정으로도 설명이 된다. 동조는 다른 누군가의 명시적인 요구나 명령이 없어도 스스
> 로 은연중에 암묵적 압력을 느껴 다른 사람과 유사한 행동을 하게 되는 경향을 말한다(Asch,
> 1955). 날씬해져야만 살아남을 수 있으니 꼭 살을 빼야만 한다고 강요하거나 명령하는 사람이
> 없어도 특히 '남의 눈'을 많이 의식하는 한국의 여성들은 다이어트에 많은 노력과 시간과 비
> 용을 투자한다. 미디어에서 보이는 젊고 예쁘고 날씬한 여성이 일종의 여성미를 대표하는 '규
> 범'으로 받아들여지고, 여기에서 벗어나는 것이 불안하게 느껴지는 것이다. 실제로 건강한 기
> 준에 해당하는 체중과 신장의 비율보다도 더 적은 체중과 더 큰 신장을 자기가 되고 싶은 '이
> 상형'으로 생각하는 경향은 건강 기준보다 더 마른 체형의 사람들이 TV나 영화와 같은 영상
> 미디어에 더 아름답게 비치기 때문에 나온 현상이라고 볼 수 있다(오상화·나은영, 2002 참
> 조). 그리고 신체를 자기가 원하는 모습대로 변형시키는 것도 '적극적인 삶의 방식' 중 하나이
> 며 개인의 선택권이라고 생각하는 시대 변화와도 무관하지 않다.

(2) 성격

대인 커뮤니케이션에 영향을 주는 개인적 특성 중에 성격 요인도 큰 비중을 차지한
다. 대체로 내향적 성격을 지닌 사람보다 외향적 성격을 지닌 사람이 자기 노출을 더
많이 하고 커뮤니케이션 불안도 더 적을 뿐 아니라 낙관적이기 때문에 대인 커뮤니케
이션에 더 유리하지만, 한국에서는 특히 남성들의 경우 과묵한 편이 오히려 진실성을
가지고 있다고 보는 경우가 많다. 서양에서는 말을 유창하게 하는 사람이 더 사교적
으로 평가되어 더 좋은 사람으로 인식되는 데 비해, 동양에서는 특히 남성의 경우 오
히려 조금 과묵하거나 어눌한 것이 더 '진국'으로 인식되는 경우가 있다(최상진, 2000; 한
덕웅, 1992 참조). 서양에는 '삐걱거리는 기계가 기름칠을 받는다'는 속담이 있는 반면,
우리나라에서는 '빈 수레가 요란하다' 하여 말을 유창하게 하는 것에 대해 그리 높은
점수를 주지 않는다. 오히려 점잖게 과묵한 편이 '속이 꽉 찬' 내실 있는 사람으로 보
이고, 말을 너무 많이 하면 속은 텅 비어 있으면서 겉으로만 떠벌리는 것으로 보이는

수가 있다.

한 연구에서, 한국 사회 속의 사람들의 특징을 표현하는 단어 785개를 대학생들에게 보여 주고, 각 특성을 지닌 사람들이 얼마나 바람직한지를 평가하게 했다(한덕웅, 1992). 그 결과, 한국인에게 바람직한 특성으로 평가된 단어들은 "겸허, 끈기, 몰두, 믿음직스러운, 부지런한, 의리" 등과 같은 '성실성'을 나타내는 단어들이었다. 그리고 나쁜 특성으로 평가된 단어들은 "배신하는, 교활한, 위선적인" 등과 같은 대인 관계적 특성에서 상대적으로 더 많이 나타나, "나태, 극악, 더러운" 등과 같은 개인 내부의 특성들보다 대인 관계 측면의 단점이 더 좋지 않게 여겨졌다.

그러나 한국과 미국 모두에서 '따뜻한' 느낌을 주는 사람이 '차가운' 느낌을 주는 사람보다 더 긍정적으로 받아들여지며, 대체로 사람이나 사물을 '수용적이고 긍정적인' 눈으로 바라보는 사람이 따스한 사람으로 여겨진다(한규석, 2009 참조). 수용적이며 긍정적인 사람이 따뜻하게 느껴져 대인 관계에서 거부감이 줄어든다. 권위주의적 성격을 지닌 사람들은 아랫사람의 입장에서 심리적 거리가 멀리 느껴져 '가까이 하기 어려운' 존재로 여겨진다.

사람들은 또 실력 있는 사람을 실력 없는 사람보다 좋아하지만, 실력이 있는 사람들 중에서는 가끔 실수를 하는 사람에게 더 매력을 느낀다는 연구도 있다(Aronson et al., 1966). 이 연구에서는 대학 퀴즈대회 경연 상황과 그 후의 뒷이야기에 관한 녹음을 들려주고, 대회에서 완벽하게 답한 대학생과 평범하게 답한 대학생 조건, 그리고 각 조건마다 뒷이야기에서 대회 출연자가 가끔 실수(커피를 옷에 엎지르는 실수)를 한다는 이야기를 한 조건과 실수에 대한 이야기가 없었던 조건으로 나누어, 피험자들이 퀴즈대회에 나갔던 학생들에게 얼마나 호감을 느끼는지를 물었다. 그 결과, 실력 있는 사람을 그렇지 않은 사람보다 더 좋아하는 경향을 보였으며, 실력 있는 사람은 실수를 가끔 한다고 했을 때 오히려 더 매력적인 것으로 여겨졌다. 반면에 평범한 대답을 한 사람은 커피를 엎지르는 실수를 한다고 했을 때 호감이 더 떨어졌다. 이것은 대부분의 사람들이 불완전한 평범한 존재라는 사실을 감안할 때, 실력이 있으면서도 보통 사람과 유사한 실수를 보이는 사람이 자기와 더 유사하다고 생각되어 친근감이 가기 때문에, 유사성이 호감을 불러일으킨 결과로 해석할 수 있다.

3) 상황적 특성과 대인 관계

호감이 형성되려면 일단 물리적인 거리가 가깝고, 태도가 유사하고, 부족한 점을 메워줄 수 있고, 서로 이익을 주고받는 비중이 유사해야 한다. 이 조건들은 모두 커뮤니케이션이 원만하게 이루어질 수 있는 선행 조건들에 해당한다.

(1) 근접성

근접성의 원리는 아주 간단하다. 물리적으로 가까운 거리에서 지내는 사람들이 더 친해지기 쉽다는 것이다. 기숙사의 같은 층, 아파트의 같은 동, 대학 내의 같은 과에서 지낼수록 자주 접촉하게 되고, 이렇게 자주 접촉하는 것이 호감을 증가시키는 원인이 된다(Zajonc, 1968). 대부분의 경우 자주 볼수록 호감이 증가하지만, 갈등의 골이 너무 깊은 사람들 간, 혹은 지나친 혐오감을 줄 수 있는 사람의 경우는 오히려 접촉 횟수가 늘어날수록 더 호감이 감소하고 부정적 감정이 증가하여, 예외적인 경우로 분류된다. 가까이 있는 사람에게 더 호감을 느끼고 친해지는 이유는, 일단 자주 접촉함으로써 더 많은 상호작용을 하게 되고, 앞으로도 계속 만나야 한다는 '미래의 상호작용에 대한 기대'가 작용하기 때문이다.

잘 알려져 있는 한 실험에서, 웨스트게이트 웨스트 지역의 친교 관계를 분석했다(Festinger, Schachter, & Back, 1950). 그림 6-2에서 알 수 있듯이, 물리적 거리 자체보다는 기능적 거리가 친교 관계에 더 큰 영향을 준다. 즉 같은 층에 살더라도 복도의 이쪽 끝과 저쪽 끝에 사는 사람보다 다른 층에 살더라도 같은 쪽 끝의 위·아래층에 사는 사람이 왔다 갔다 하기가 더 쉬워 기능적 편리성을 지니기 때문에 기능적 거리가 가깝고, 따라서 더 친해지기 쉽다. 반대로, 물리적으로는 아파트의 바로 위층과 바로 아래층에 가장 가까이 붙어 있어도, 실제로 그 집까지 걸어가는 데 걸리는 시간이 많이 걸린다면(예: 복도형 아파트의 가운데쯤 있는 집의 위층과 아래층), 그 두 집 사이에는 친교 관계가 성립되기 어렵다. 오히려 위층 바닥을 뛰어 다니는 아이들의 시끄러운 소리 때문에 갈등이 일어날 소지가 더 많아진다.

오늘날 시공간을 극복할 수 있는 인터넷과 무선 통신의 발달로, 이 근접성의 원

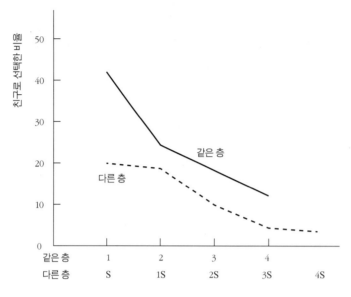

그림 6-2. 기능적 거리에 따른 호감의 정도

출처: Festinger, Schachter, & Back, 1950; 나은영, 1996, p.341.

리는 테크놀로지의 도움으로 인한 근접성과 접근 가능성의 개념까지를 포괄하게 되었다. 즉 물리적으로 먼 곳에 있는 사람과도 심리적으로 친해질 수 있는 도구인 인터넷과 스마트폰은 이 도구에 쉽게 접근할 수 있는 사람들끼리의 심리적·기능적 거리를 좁히는 반면, 그렇지 못한 사람들과의 기능적 거리는 더 멀게 만들어, 친해질 수 있는 사람의 범위를 한정시키고 있다. 한 예로, 뉴 미디어에 익숙한 신세대와 그렇지 못한 구세대 간 테크놀로지의 갭(technological gap)으로 인해 기능적 거리가 더 멀어지고 있는 것은 염려스럽다(10장 참조). 기능적 거리가 멀어지면 그만큼 관계와 커뮤니케이션이 원활하게 이루어지기 어렵기 때문이다.

(2) 유사성과 상보성

앞에서 잠깐 언급한 바 있는 '유사성의 원리'는 자기와 비슷한 사람을 더 좋아하게 된다는 유유상종의 원리다(3장 참조). 유사성의 원리는 특히 대인 관계의 초기에 호감이 시작되어 대인 관계에 진입하는 단계에서 중요하며, 그 이후의 지속적인 관계 유지에도 막대한 영향을 끼친다. 유사성은 그만큼 기본적인 관계의 바탕을 형성하는 공통 기반을 제공하며(1장 참조), 친구나 연인 관계 모두에서 매력을 일으키는 요소로 작용한다(Burleson, Kunkel, Birch, 1994; Burleson, Samter, & Luccetti, 1992).

　연구들을 종합해 보면, 배우자나 연인 관계, 친구 관계 모두에서 태도와 가치관이 유사할수록 서로 호감을 지니고 관계가 좋게 유지될 가능성이 높으며, 특히 친구와의 우정 관계 발달에는 서로 좋아하는 취미와 활동의 유사성이 가치관과 태도의 유사성에 못지않게 중요하다(Werner & Parmalee, 1979). 배우자들은 외모, 성격, 사회적 배경, 학력, 종교 등이 유사한 경우가 많으며, 이처럼 신체적 매력, 경제적 능력, 출신 배경 등이 서로 비슷한 사람들끼리 호감을 느끼고 결혼에까지 이르는 경우가 많은 현상을 어울림 원리라고 부르기도 한다(Schoen & Wooldredge, 1989). 뿐만 아니라, 우울한 사람은 우울한 사람을 더 선호하며(Rosenblatt & Greenberg, 1991), 전반적으로 유사한 사람들 간의 관계가 유사하지 않은 사람들 간의 관계보다 더 오래 지속되는 경향이 있다(Blumstein & Schwartz, 1983).

　유사성 원리의 뿌리는 일관성과 균형의 유지에 있다(다음 절의 일관성 이론들 참조). 사람들은 어떤 대상에 대해 자기와 같은 태도를 가지고 있는 사람을 그렇지 않은 사람보다 더 편안하게 생각하며 좋아한다. 유사성에 바탕을 두고 형성된 대인 관계는 보완적 교류가 아닌 '대칭적 교류'로 이루어질 가능성이 높다(2장 참조). 서로 유사한 점에서 매력을 느끼기 때문에, 동등한 관계에서 대화를 주고받으며 활동을 교류할 수 있기 때문이다.

　한편 유사성 원리와는 반대로, 자기가 가지고 있지 못한 점을 가지고 있는 사람에게 매력을 느끼기도 한다. 이것을 '상보성의 원리'라고 한다. 지배적인 남성과 순종적인 여성, 활달한 여성과 조용한 남성이 서로 상보성을 지니는 보완적인 관계에 있다고 볼 수 있다. 한 사람이 안에서 할 수 있는 역할들에 익숙하면 또 한 사람은 밖에서 할 수 있는 역할들을 해내야 한다. 양자 모두 한쪽으로만 치우치면 장기적인 관계에서는 빈 구멍이 생기기 쉽고, 누군가 보완해야 한다. 처음에 서로 유사한 사람들이 만나 장기적인 부부 생활을 하다 보면, 나름대로 더 익숙한 '전공' 영역(예를 들면, 남편은 기계를 잘 고치고 아내는 통장 정리를 잘 한다든지 등등)이 더 특기를 발휘하게 되어 역할이 상보적으로 보완되어 가는 경향도 생긴다. 장기적 관계의 유지를 위해서는 특정 영역에 상대적으로 더 취미가 있거나 능력이 있는 누군가가 그 역할을 맡아야 하기 때문이다. 따라서 장기적 관계에서는 '역할의 상보성'이 '가치관의 유사성'에 못지않게 중요하다고 할 수 있다.

유사성과 상보성의 관계를 요약하면, 전반적으로는 유사성이 대인 매력을 일으키는 데 더 큰 요소로 작용하며, 특히 가치관과 태도가 유사할 때 매력을 느낀다. 반면에, 특히 장기적인 관계에서 역할의 상보성이 보완적 기능을 하며 두 사람의 관계를 이어주는 데 요철과 같은 중요한 역할을 첨가한다.

(3) 호혜성과 발전적 나선

서로에게 이익이 되는 관계가 더 오래 지속될 가능성이 크다. 얼핏 생각하면 자기에게 계속 이익만 주는 사람에게 더 호감을 느낄 것 같지만, 일방적으로 이익을 받기만 하는 관계는 형평(equity)이 무너져 결국은 바람직하지 못한 결과를 낳게 된다. 주기만 하는 사람 쪽에서 먼저 불만이 쌓일 가능성이 높지만, 받기만 하는 것도 심리적 부담이 될 수 있기 때문이다. 결국 가장 좋은 관계는 서로 주고받는 관계, 호혜성(reciprocity)이 균형을 이루는 관계라고 할 수 있다.

대인 커뮤니케이션에서 '칭찬'도 일종의 보상(rewards)이라고 할 수 있다. 칭찬하는 말, 비난하는 말이 오고 갈 때, 누구나 자기를 칭찬해 주는 사람을 더 좋아하며 그 사람과 관계를 계속 유지하고 싶어 한다. 한 가지 재미있는 연구는 자기에 대해 처음부터 계속 긍정적으로 평가해 주는 사람보다 오히려 처음에는 부정적으로 평가했다가 점점 더 긍정적인 칭찬을 증가시키는 사람을 더 좋아한다는 결과다(Aronson & Linder, 1965).

표 6–1에서 알 수 있는 점은 대화 상대로부터 얻어지는 '절대적인 보상의 크기'가 호감 형성과 관계 진전에 가장 중요하기는 하지만, '보상의 크기가 점점 증가하는 것'도 상당히 중요한 요인이라는 점이다. 시종일관 긍정적 평가만을 하는 사람은 '언제나, 누구에게나' 칭찬을 한다고 여겨져 그 사람의 칭찬이 '신빙성(credibility)'을 크게 지니지 못한다고 생각되기 때문에 큰 보상으로 작용하지 않을 가능성이 있다. 처음에 부정적 평가를 했던 사람이 칭찬을 하면, 칭찬받기 어려운 까다로운 사람이 칭찬을

표 6-1. 자기에 대한 다른 사람의 평가가 긍정적이냐 부정적이냐에 따른 호감의 정도

평가	호감
계속 긍정적 평가	6.42
계속 부정적 평가	2.52
부정적 → 긍정적 평가	7.67

출처: Aronson & Linder, 1965; 나은영, 1996, p.342.

했다는 사실 자체가 보통 수준 이상의 보상 효과를 가져 올 수 있다. 그 사람이 웬만한 사람은 잘 칭찬하지 않는다는 사실이 칭찬 기준을 더 높게 지각되도록 만들 수 있다는 것이다. 그러나 일시적인 실험 상황이 아닌 일반적인 누적 상황에서는, 나중의 극적인 보상 증가를 위해 계속 부정적인 평가만을 내린다면 이미 초반의 반복된 부정적 평가가 호감의 형성과 관계 진전에 상처가 되어 후반에 회복시키기 어려워질 수 있다. 전반적으로 긍정적 보상이 많은 관계가 바람직하고, 기회가 될 때 심리적 보상을 증가시킬 수 있는 대화가 최선의 방법이라고 결론지을 수 있다.

한 사람이 긍정적 보상(예: 칭찬, 도움)을 하면 상대방도 그에 대한 보답으로 긍정적인 말이나 행동을 하게 되고, 이런 과정이 누적되면서 점차 긍정적 감정이 쌓여 가는 '발전적 나선'을 따르게 된다. 호혜성이 발전적 나선으로 이어져 더욱 좋은 관계로 발전할 수 있다는 것이다. 대인 관계 나선은 당사자들이 어떻게 커뮤니케이션하고 행동하느냐에 따라 긍정적 방향과 부정적 방향으로 모두 열려 있다. 이것이 부정적인 방향으로 악화되면 퇴보적 나선이 된다. 즉 서로에게 좋은 발언이나 행동도 점점 나선을 따라 강화되지만, 서로에게 상처가 되는 발언이나 행동을 하는 것도 호혜성(받은 대로 되갚음)으로 인해 점점 더 정도가 심해져 나중에는 파국에 이르게 된다. 이러한 퇴보적 나선에 관해서는 갈등 문제를 다루는 다음 장에서 자세히 논의될 것이다.

발전적 나선을 추구하는 방법은 상대방에게 점점 더 긍정적으로 대하는 것이다(Wilmot, 1987/1996, p.237). 예를 들어, 교수가 학생들을 진심으로 대할수록 학생들은 더 열심히 공부하게 되고, 학생들이 열심히 할수록 교수는 더욱 긍정적으로 학생들을 대하게 된다. 배우자를 사랑할수록 더 잘 해 주게 되고, 더 잘 해 줄수록 더 큰 사랑이 돌아온다. 우정의 경우도 마찬가지다. 발전적 나선의 이면에는 호혜성의 원리가 작

용하며, "왕비가 되고 싶으면 왕처럼 대접하라"는 말도 발전적 나선의 심리를 나타내는 말이라고 할 수 있다.

4) 온라인 교류에서의 유사성 효과

유사성의 효과는 오프라인 교류에서뿐만 아니라 온라인 교류에서도 강하게 나타난다. 유사성의 종류를 '누구(who) 유사성, '무엇(what)' 유사성, 그리고 '언제(when)' 유사성으로 구분할 수 있다. 즉 교류 상대와 인종이나 종교가 유사하면 '누구' 유사성이 있는 것이고, 태도나 활동 및 취미 등이 유사하면 '무엇' 유사성이 있는 것이다. 또한 어떤 활동을 동일한 시간대에 한다면 '언제' 유사성이 있는 것이다(Kaptein et al., 2014, p.344). 예를 들어, 두 사람 모두 책읽기를 좋아한다 해도 한 사람은 아침에 읽기를 좋아하고 다른 사람은 저녁에 읽기를 좋아한다면, 이 둘 간에는 '무엇' 유사성만 있고 '언제' 유사성은 없는 것이다.

특히 온라인 교류에서는 '언제' 유사성이 중요한 것으로 드러났다. 표 6-2에 나타나 있듯이, 활동의 타이밍이 유사한 사람이 그렇지 않은 사람보다 연결성, 친밀성, 및 만나고 싶은 마음에서 모두 높은 평가를 받았다.

그림 6-3의 결과는 '언제' 유사성과 '누구' 유사성의 효과를 함께 알아보았을 때의 연결성 정도를 나타낸다. 이 그림에서 알 수 있듯이, 상대가 자기와 유사한 프로파일이라고 생각될 때는 사회적 연결성 평가가 활동 타이밍의 유사성에 따라 달라지지 않았으나, 자기와 유사하지 않은 프로파일이라고 생각될 때는 활동 타이밍의 유사성

표 6-2. 온라인 교류에서 활동 타이밍의 유사성에 따른 연결성, 친밀성, 및 만나고 싶은 마음의 차이

측정치	비유사 타이밍 평균(표준편차)	유사 타이밍 평균(표준편차)	t (22)	p
연결성	1.74 (0.76)	3.54 (0.94)	5.190	<.001
친밀성	1.33 (0.49)	2.42 (0.99)	3.377	<.01
만나고 싶은 마음	2.67 (1.23)	3.92 (1.51)	2.227	<.05

출처: Kaptein et al., 2014, p.349.

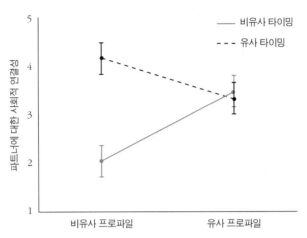

그림 6-3. 프로파일 유사성과 타이밍 유사성에 따라 파트너의 사회적 연결성이
달리 지각됨을 보여 주는 결과

출처: Kaptein et al., 2014, p.352.

에 따라 사회적 연결성 평가에 큰 차이를 보였다. 활동 타이밍이 유사한 파트너의 연결성을 더 크게 지각한 것이다.

한편, 친밀성 평가에서는 '언제' 유사성 효과만 있었고 '누구' 유사성 효과는 나타나지 않아, 온라인 교류에서는 활동하는 타이밍이 유사할 때 더 친밀하게 느낀다는 사실을 알 수 있었다(Kaptein et al., 2014). 만나고 싶은 마음에서는 유사성 효과가 나타나지 않았다. 따라서 온라인에서는 '누구' 유사성에 못지않게 '언제' 유사성이 대인 교류를 긍정적으로 유도하는 중요한 요소임을 알 수 있다.

2. 대인 관계 형성 및 유지 과정의 이론

대인 관계의 초기에는 불확실성을 감소시키고자 하는 동기가 작용함을 2장에서 소개한 바 있다. 대인 관계가 진행되어 감에 따라 관계의 지각 자체가 바로 현실이 된다(Fitzpatrick & Indvik, 1982; Wilmot, 1987/1996, p.191). 어떤 관계에나 그 나름의 '관계 문화'가 존재하는 것이다(Wood, 1982). 천국의 관계 문화와 지옥의 관계 문화는 분명히 다르다. 사람들의 두 팔이 모두 '앞으로 나란히' 상태로 고정되어 있을 때, 천국에 있는 사람들은 서로 상대방에게 음식을 먹여 주어 모두 행복하게 살 수 있는 관계 문화가 형성되고, 지옥에 있는 사람들은 앞으로 뻗어 있는 두 팔로 모두들 자기 입에만 음식을 넣으려고 하다가 피골이 상접할 정도로 비참한 모습들이 되어 지옥 특유의 관계 문화가 형성되는 것이다. 사람들 각자가 이루고 있는 여러 대인 관계들이 천국의 관계 문화를 닮게 될지 지옥의 관계 문화를 닮게 될지는 모두 각 관계를 구성하는 사람들이 어떻게 생각하고 행동하며 커뮤니케이션하느냐에 따라 달라진다.

1) 일관성 이론

사람들은 머릿속에서 인지적·감정적 요인들이 모두 균형 있게 일관성(consistency)을 이루고 있을 때 편안함을 느끼며, 불균형이나 비일관성이 있을 때 불편함과 긴장을 느낀다. 한 사람의 머릿속에 있는 자기 또는 타인에 대한 생각에서뿐만 아니라, 한 집단 속의 구성원들 사이에서도 의견의 일치와 일관성이 있을 때 편안함을 느낀다. 일관성이 개인의 머릿속이 아닌 비공식적인 집단 속에서 추구될 때 '단일성을 향한 압력'이 존재한다고 말하기도 한다(Festinger, Schachter, & Back, 1950).

사람은 본능적으로 긴장을 느끼면 이를 감소시켜 편안한 상태를 회복하려는 속성을 지니고 있기 때문에, 일관성 이론은 인간 행동의 상당히 많은 부분을 설명한다. 따라서 일관성 이론의 틀에 묶을 수 있는 이론들은 수없이 많지만, 여기서는 커뮤니케이션 행동과 직접적으로 관련이 있는 몇 가지만 살펴보려 한다.

(1) 균형 이론

균형 이론은 그림 6-4와 같은 3자 관계를 기본으로 하지만, '나'와 '상대방' 이외의 제3자는 반드시 '사람'일 필요가 없다는 점을 감안한다면 2인 관계의 확장이라고 볼 수 있다(Heider, 1958). 남학생인 내가 여자 친구와 연인 관계인데, 그 여자 친구가 내가 좋아하는 당구를 싫어한다면 무엇인가 불편한 관계가 된다. 이 상태가 불균형 상태다. 남학생의 입장에서는 자기가 여자 친구도 좋아하고 당구도 좋아하니까 여자 친구

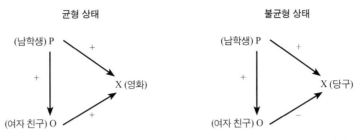

그림 6-4. 균형 상태와 불균형 상태의 예

균형 상태

(남학생) P + X (영화)
+
(여자 친구) O +

불균형 상태

(남학생) P + X (당구)
+
(여자 친구) O −

출처: 나은영, 1996, p.348.

를 데리고 당구장에 가도 행복하다. 그러나 여자 친구의 입장에서는 애인과 함께 있는 것은 좋지만 싫어하는 당구장에 가는 것은 불편하다.

이런 행동이 몇 번 되풀이되면 여자 친구는 그 불편함을 해소하기 위해, 즉 관계에서 균형을 회복하기 위해 남자 친구에게 요청을 한다. "당구를 그만두든지 나와 헤어지든지" 둘 중 하나를 택하라는 요청이다. 남학생이 당구를 그만두면 그림 6-4의 왼쪽 그림에서 남학생으로부터 당구 쪽으로 향하는 화살표의 부호가 −로 변화하는 셈이 된다. 이렇게 되면 두 사람 간의 관계에는 변화가 없고 둘 모두 당구에 대해 유사한 행동 양식을 지니게 되어 균형 상태가 어느 정도 회복된다. 남자가 좋아하는 술을 여자가 싫어할 때에도 (혹은 그 반대의 경우에도) 관계를 균형 상태로 유지하기 위해서는 남자가 술을 끊거나 여자도 같이 마셔야 한다. 공통의 대상을 포함하는 3자 관계에서 한 사람의 요청과 다른 사람의 수용으로 인해 균형 상태를 회복하게 되면, 둘 모두 한 대상에 대해 같은 태도를 지니게 되어(예: 둘 모두 영화를 좋아함) 행복한 상태가 된다.

균형 이론은 트위터 친구(트친)와 의견이 같은지 다른지에 따라 계속 친구로 머물 것이냐 차단할 것이냐, 즉 계속 팔로우 상태로 남을 것이냐 언팔로우할 것이냐를 결정하는 데도 적용될 수 있다(나은영, 2012a). 즉 트위터라는 온라인 공간에서 만나 트친이 되었으나 계속 자기 의견과 반대되는 의견만을 피력한다면, 자기(P)는 그 의견(X)을 싫어하는데 트친(O)은 그 의견을 좋아하는 것이기 때문에, P와 O가 친구 관계일 때는 불균형 상태가 되어 심리적 긴장이 생긴다. 이럴 경우 P는 ① O의 의견을 자기와 같게 만들거나, ② 자기 의견을 O와 같게 만들거나, 아니면 ③ O와의 관계를 결별

함으로써 균형을 회복할 수 있다. 실제로 심리적 불편함을 감수하면서도 대승적 차원에서, 혹은 전략적으로 관계를 계속 유지하는 경우도 있겠으나, 이 경우 일관성 원리에 위배되어 심리적 안정이 유지되지는 않는다.

(2) 인지 부조화 이론

인지 부조화는 두 개의 인지 간에 부조화가 있을 때 발생한다(Festinger, 1957). 예를 들어, '나는 B보다 A라는 물건이 더 좋다'라는 생각과 '나는 A를 사지 않고 B를 샀다'라는 생각이 한 사람의 머릿속에 있을 때, 이 두 가지 생각이 서로 부조화를 이룬다. 'A가 좋은데 왜 B를 샀을까?' 하는 생각이 머릿속을 맴돌게 되고, B를 산 선택 행동을 돌이킬 수 없다면 '사고 보니까 B가 더 좋은 것도 같군' 하고 생각을 바꿀 가능성이 높다. 계속 불편한 생각을 머릿속에 담고 있으면 일관성을 잃은 상태가 되고, 이것은 일종의 '긴장' 상태를 유발하기 때문에 긴장을 줄여 편안한 일관성 상태로 돌아가고자 하는 동기가 작용하는 것이다.

인지 부조화 이론이 검증된 가장 유명한 실험에서(Festinger & Carlsmith, 1959), 실험참가자들을 아주 따분하고 재미없는 실험(예: 30분 동안 이쪽 바구니에서 저쪽 바구니로 실꾸러미들을 옮기게 함)에 참가하게 한 다음, 다른 참가자에게 이 실험이 재미있었다고 말해 달라고 하면서 그 대가로 1달러를 준 조건과 20달러를 준 조건, 그리고 이런 요청을 하지 않은 통제 집단을 비교했다. 실험 결과, 나중에 참가자들의 진짜 태도를 묻는 두 문항 — '정말로 이 실험을 즐겼다'고 응답한 정도와 '유사한 실험에 참가하겠다'고 응답한 정도 — 모두에서 오히려 1달러를 받은 참가자들이 20달러를 받은 참가자들보다 더 긍정적인 반응을 보였다(표 6-3 참조). 이 결과는 인지 부조화 이론이 나오기

표 6-3. 인지 부조화 이론의 검증: 보상의 양과 태도 변화

보수 조건	과제를 즐김	유사한 실험 참가 의도
1달러	+1.35	+1.20
20달러	−.05	−.25
통제 집단	−.45	−.62

출처: Festinger & Carlsmith, 1959; 나은영, 1996, p.3251.

전까지 유행하던 유인가 이론의 예측(즉 보상이 클수록 태도 변화가 더 크다는 것)을 뒤엎는 결과였기 때문에 많은 연구자들의 관심을 불러일으켰으며, 이후에도 반복 검증이 되어 지금까지 가장 많은 후속 연구들이 뒤따른 이론과 연구들 중 하나가 되었다.

자신의 원래 태도와 반대되는 말을 하거나 반대되는 글을 쓰고 나면, 이미 공개적으로 말하거나 글을 썼다는 사실은 돌이킬 수 없어, 인지적 조화를 회복하기 위해 상대적으로 바꾸기 쉬운 태도를 행동에 일치하는 방향으로 바꾸게 되기 쉽다. 또 다른 예로서, "나는 당구를 싫어한다"는 생각과 "나는 어제도 당구장에 갔다"는 행동에 대한 생각 사이의 부조화가 일어났을 때, 이미 저질러진 행동은 돌이킬 수 없기 때문에 태도가 행동에 맞게 변화될 가능성이 높다. 인지 부조화가 일어나기 위해서는 몇 가지 조건이 전제되어야 하는데, 그 행동을 '스스로 선택했을 때,' '행동의 결과를 돌이킬 수 없을 때,' 그리고 '부정적 결과를 미리 예측할 수 있었을 때' 인지 부조화가 일어난다(Linder, Cooper, & Jones, 1967). 그 행동을 외부의 압력에 의해 어쩔 수 없이 할 수밖에 없었거나, 행동을 취소할 수 있거나, 부정적 결과를 예측할 수 없었던 경우라면 인지 부조화가 일어나지 않는다.

인지 부조화 현상을 단순한 자기 지각(self-perception) 과정으로 설명하기도 한다. 자기 행동을 보고 태도를 추론하는 자기 지각 과정도 타인 지각 과정과 유사한 절차를 따른다. 자기가 커피를 마시는 행동을 보고 '나는 커피를 좋아하는구나' 하고 생각하는 과정은 마치 타인이 커피를 마시는 행동을 보고 '저 사람은 커피를 좋아 하는구나' 하고 생각하는 귀인 과정과 마찬가지라는 것이다(Bem, 1972). 어떤 식으로 설명하든 사람은 조화와 균형을 좋아하는 본성을 지니고 있다는 점은 부인할 수 없다.

(3) 커뮤니케이션 행위 이론

뉴컴(Newcomb, 1953)의 커뮤니케이션 행위 이론도 균형 이론과 같은 맥락의 일관성 이론으로, A-B-X 이론으로도 불린다(그림 6-5 참조). 뉴컴의 이론이 커뮤니케이션의 관점에서 더욱 중요하게 받아들여진 이유는 '균형이나 일관성을 회복하기 위한 수단으로 커뮤니케이션 행동을 한다'는 점이 강조되었기 때문이다. 균형 이론과 인지 부조화 이론이 모두 일관성 회복을 위해 태도를 바꾼다는 점을 강조했지만, 커뮤니케이션

그림 6-5. 단순화된 A-B-X 체제의 도식

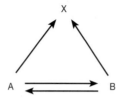

출처: Fiske, 1990/2001, p.72.

행위 이론은 '태도를 바꾸기 위해 커뮤니케이션 행동이 필요하다'는 사실에 더 주안 점을 두었다. 뉴컴은 "사회 체계 내에서 균형을 유지하는 단순한 역할"이 바로 커뮤니케이션의 역할이라고 보았다(Fiske, 1990/2001, p.72).

A-B-X 간의 관계는 상호 의존적이기 때문에 하나의 체계라고 볼 수 있으며, 한 요소가 변화하면 다른 요소도 변화를 겪는다. A와 B는 서로 커뮤니케이션을 하는 두 사람으로, 두 사람이 송신자와 수신자의 역할을 동시에, 혹은 번갈아 가며 하고 있다. 하이더의 균형 이론이 A(나)에게서 B(상대방)으로 가는 일방향의 화살표만을 가정한 데 비해, 뉴컴의 커뮤니케이션 행위 이론은 A와 B 사이의 양방향 관계를 모두 가정하고 있다는 점이 커뮤니케이션에의 응용 가능성을 더욱 높인 셈이 되었다.

X는 A와 B가 함께 존재하는 사회적 상황으로서, 주변 사람일 수도 있고 대상일 수도 있고 이슈일 수도 있다. 무엇이 되었든 A와 B가 모두 알고 있는 대상이어야 한다. A와 B가 서로 좋아하고 있는데 X에 대한 태도가 다르다면(즉 A와 B로부터 X에게로 향하는 화살표의 부호가 다르다면) 이것은 불균형 상태를 초래하고, 이런 경우 균형의 회복을 위해 커뮤니케이션 욕구가 생긴다. 커뮤니케이션 행위는 균형이나 일관성을 회복하기 위한 여러 대안적 행동 중 하나다. 앞에서 살펴본 하이더의 균형 이론에서는 불균형 상태를 균형으로 회복시키기 위해 A가 태도를 바꾸거나, B가 태도를 바꾸거나, 혹은 A와 B 두 사람이 모두 자기 태도를 유지하기 위해서는 서로 각자의 길을 가는 결별을 택하는 대안이 있었다. 뉴컴의 커뮤니케이션 행위 이론에서도 이와 유사한 대안들이 가능하지만, 두 사람이 서로 좋아하는 한 단위 또는 묶음의 관계에 있는데 X에 대해 태도나 의견이 불일치하는 경우, 의견의 일치에 도달하기 위해 커뮤니케이션

행위를 증가시킨다는 점을 더 중요하게 본다.

A-B-X 이론의 관점에서 보면, 균형 상태에서는 커뮤니케이션 욕구가 많지 않다는 이야기가 된다. 오랜 세월을 함께 살아 온 부부가 처음보다 더 대화를 적게 하는 경우가 이에 해당한다. 그런데 문제는, 의견의 불일치가 있을 때 주로 많은 대화를 하게 되고 의견이 일치될 때는 대화를 더 적게 하면 자연히 부정적인 대화의 양이 더 많아질 수밖에 없다는 점이다. 부부나 가족 간의 대화는 반드시 의견의 일치를 보기 위한 대화만이 아니라, 일상적인 생활과 관련된 중성적인 이야기, 그리고 서로 좋아한다는 감정을 표현하거나 잘 했다고 칭찬하는 긍정적인 이야기들도 많이 오고가야만 건강함이 유지되는 특수한 체계다. 즉 의견이나 태도의 일치라는 목적을 위해 도구적으로 이루어지는 커뮤니케이션만이 아닌, 생활의 진행을 위한 도구적 커뮤니케이션과 정서의 표현을 위한 표현적 커뮤니케이션이 공존하는 체계라는 것이다. 그러므로 뉴컴의 커뮤니케이션 행위 이론은 커뮤니케이션 행동의 전부를 설명한다기보다는 태도 불일치를 해결하기 위한 커뮤니케이션 부분만을 깔끔하게 설명하고 있다고 평가할 수 있다. 의견이 일치된 경우, "이제 됐다" 하고 커뮤니케이션이 멈추는 경우도 있지만, 긍정적 감정의 표현을 위한 대화가 이어질 수도 있고 또 그것이 더 바람직하기 때문이다.

2) 사회적 침투 이론과 여과 단계

대인 관계의 초기에 이루어지는 커뮤니케이션의 내용은 그 범위가 피상적인 몇 가지 내용으로 한정되어 있어서 대화의 폭이 좁을 뿐만 아니라, 같은 주제에 관해서도 대화의 깊이가 얕다. 그러나 점차 관계가 무르익어 가면서 대화하는 내용의 폭도 넓어지고 깊이도 깊어진다. 이것을 시각적으로 나타낸 것이 그림 6-6이다.

관계의 여과 단계는 그림 6-7과 같은 몇 개의 단계로 나뉜다. 그림 6-6은 한 사람과의 관계가 진전되어 감에 따라 관계의 폭과 깊이가 더 넓어지고 깊어짐을 의미하는 반면, 그림 6-7은 수많은 사람들 중에서 지인, 친구, 및 가까운 친구를 거쳐 가장 친한 친구로 폭이 점점 좁아지는 현상에 주목하고 있다. 그러나 이들을 비교해 보면 상당히 유사한 점이 눈에 띈다. 관계 초기에는 여과 전의 넓은 범위 사람들과의 얄팍한 관계가 많고, 점차 관계가 진행되어 감에 따라 그중 일부만이 점점 더 깊고 친한 관계로 발전해 가며, 친한 사람들 중 몇몇만이 장기적 관계로서 깊이 있는 관계가 지속된다. 아동들이 새 학년이 시작되어 많은 친구들을 한꺼번에 만나게 되었을 때 점차 여과 단계를 거쳐 친한 친구를 만들어 가는 과정, 그리고 대학 신입생들이 많은 고등학교에서 모인 동기생들 가운데 여러 단계의 여과 과정을 거쳐 몇몇 친한 친구들을 만들어 가는 과정이 모두 사회적 침투 이론과 여과 이론으로 잘 설명이 된다.

그림 6-6. 사회적 침투 이론

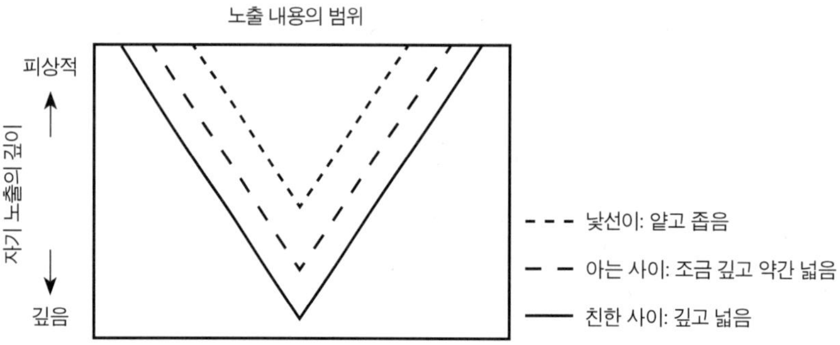

노출 내용의 범위

피상적

자기 노출의 깊이

깊음

- - - - 낯선이: 얕고 좁음

- - - 아는 사이: 조금 깊고 약간 넓음

―――― 친한 사이: 깊고 넓음

출처: Altman & Taylor, 1973; 한규석, 1996, p.255

그림 6-7. 관계의 여과 단계

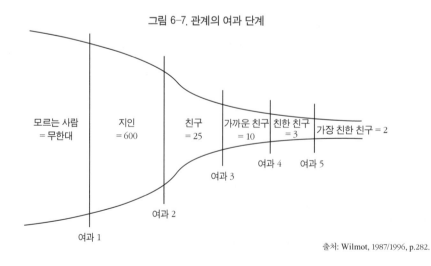

모르는 사람 = 무한대

지인 = 600

친구 = 25

가까운 친구 = 10

친한 친구 = 3

가장 친한 친구 = 2

여과 1

여과 2

여과 3

여과 4

여과 5

출처: Wilmot, 1987/1996, p.282.

3) 사회적 교환 이론과 형평 이론

사회적 교환 이론은 기본적으로 다음과 같은 공식에 기반을 두고 있다(Thibaut & Kelley, 1986; DeVito, 1997, p.202).

$$이익(profits) = 보상(rewards) - 비용(costs)$$

두 사람이 상호작용을 할 때 서로에게서 얻을 수 있는 심리적·경제적 보상에서 심리적·경제적 비용을 뺀 것만큼이 이익으로 돌아온다. A가 B를 만남으로써 얻을 수 있는 보상이 비용을 초과할 때 이익이 되고 그런 관계가 잘 유지될 가능성이 높다는 것이다. 보상은 적고 비용만 많이 드는 관계는 청산하고 싶어질 것이다. 물론 이러한 보상과 비용의 차이 계산은 이기적인 마음으로 의식적으로 행해진다기보다, 여러 번의 만남을 가지면서 거의 무의식적으로 이루어진다. 사회적 교환 이론의 뿌리는 서양의 합리적 사고방식에 있기 때문에 한국 사회처럼 '희생'을 미덕으로 삼는 유교 문화권에는 맞지 않을 수도 있다. 그러나 유교 문화에 젖어 있던 시대의 여성들이 남성 중심의 사회에서 희생을 하면서도, 희생이 마땅한 도리라고 여기도록 교육받아 온 문화적 분위기 속에서는 '희생'을 하고 있다기보다 '마땅한 도리'를 하고 있다고 여기기 때문에 머릿속에서 '비용'으로 계산하지 않았을 것이다. 혹은 비용으로 계산해서 손해라고 결론지었더라도 어쩔 수 없이 관계를 유지하는 것이 또 도리라고 여겨야 하는 다수의 '규범'에 순응하는 행동을 택했을지도 모른다.

사회적 교환 이론과 유사하지만 조금 다른 형평(equity) 이론은 다음과 같은 공식을 따른다(한규석, 1995, p.260). 이 공식에서 '기여'는 '비용'에 해당하고, '소득'은 '보상'에 해당한다. 즉 두 사람이 관계에 들이는 비용과 관계에서 얻는 보상의 비율이 동일해야 형평을 유지하는 관계라고 할 수 있다(Walster, Walster, & Berscheid, 1978).

$$\frac{\text{A의 소득}}{\text{A의 기여}} = \frac{\text{B의 소득}}{\text{B의 기여}}$$

형평 이론의 핵심은 '기여' 부분에 있다. 만약 두 사람의 기여 정도를 생각하지 않고 소득만을 비교하여 기여와 무관하게 소득이 동등하도록 분배한다면 형평 규범이 아닌 동등(equality) 규범을 따르는 것이다. 또 다른 분배 원리 중 하나는 필요(need)에 의한 분배 원리다. 이것은 기여에 관계없이 더 많이 필요한 사람이 많이 갖는 것을 의미한다.

분배 규범의 선호에서도 문화 차이가 나타난다. 미국 학생들은 형평(49%), 동등(34%), 필요(16%) 원리 순으로 선호를 나타냈고, 인도 학생들은 역으로 필요(51%), 동등(32%), 형평(16%) 원리 순으로 선호를 보였다(Berman, Murphy-Berman, & Singh, 1985). 한국, 일본, 미국을 비교한 연구에서도 집단 구성원들의 기여도를 성과급에 반영하는 형평 규범을 한국인들이 다른 두 나라보다 덜 선호하는 것으로 나타났다(Kim, Park, & Suzuki, 1990; 한규석, 1995, p.262에서 간접 인용). 한국인들은 대체로 자기가 기여한 것과 무관하게 동등한 보상을 받기를 원한다고 볼 수 있으며, 다른 사람들이 자기보다 많은 보상을 받으면 그 사람이 자기보다 더 많은 노력을 했는지는 고려하지 않고 결과적으로 받은 보상만을 비교하여 불만을 갖는 경우가 많다.

형평 이론은 자기가 받을 수 있는 보상이 상대방의 것과 균형을 이루는지를 비교해 봄으로써 관계의 진전과 유지에 영향을 준다는 점에서, 이익과 손해를 머릿속으로 계산하는 사회적 교환 이론의 호혜성 원리와도 관련이 되며, 이런 원리들이 서로 맞물려 상승 작용을 할 수 있다. 이익과 손해를 의식적으로 계산하든 무의식적으로 계산하든, 두 사람에게 모두 이익이 되는 관계가 오래 지속될 가능성이 높다. 결과적으로는 두 사람 모두에게 이익이 될 수 있는 승-승(win-win) 관계를 추구하는 것이 관계를 공고히 하면서도 좋은 정서를 느낄 수 있어 바람직하다.

4) 포부 수준 이론

사람들이 현재의 관계에 만족하는지 만족하지 못하는지, 현재 자기가 속한 집단에 만족하는지 만족하지 못하는지를 결정하는 것은 비교 수준(comparison level)이다. 자기의 과거 경험과 조건에 비추어 보아 이 정도는 되어야 만족스럽다고 여기는 기준이다(Thibaut & Kelley, 1959). 원래 공부를 아주 잘 했던 사람은 80점이 만족스럽지 못할 것이고, 별로 못했던 사람은 80점도 만족할 수 있다. 앞의 사람은 비교 수준이 80점보다 높은 것이고, 뒤의 사람은 비교 수준이 80점보다 낮은 것이다. 원래 성취 상황에서 포부 수준(aspiration level)의 개념이 많이 논의되지만, 대인 관계 상황이나 집단 선택 상황에도 적용될 수 있다.

사람들의 만족 수준을 결정하는 비교 수준 개념과 유사하지만 조금 다른 것은 대안 비교 수준(comparison level alternative)이다. 대안 비교 수준은 현재 가능한 다른 관계나 다른 집단의 수준과 비교하는 비교 우위의 개념이다. 현재의 관계를 유지할 것인지 헤어질 것인지, 현재 자기가 속한 집단에 그대로 있을 것인지 탈퇴할 것인지를 결정하는 행동 선택의 기준이 바로 이 대안 비교 수준이다. 즉 비교 수준은 만족과 불만족의 경계가 되며, 대안 비교 수준은 그 관계를 이탈할 것이냐 남아있을 것이냐를 결정하는 기준이 된다. 관계에의 참여 또는 이탈, 집단에의 가입 또는 탈퇴를 결정하는 데 모두 이 개념이 적용될 수 있다.

따라서 그림 6-8의 왼쪽의 경우처럼 대안 비교 수준이 비교 수준보다 높을 때는 현재의 관계나 집단이 만족스럽더라도 더 좋은 대안을 찾아 관계를 떠나거나 집단을 탈퇴하는 경우가 생긴다. 반대로 비교 수준이 대안 비교 수준보다 높을 때는 현재의 관계나 집단이 만족스럽지 못하더라도 현재 구할 수 있는 더 좋은 대안이 없기에 그 관계나 집단에 그대로 머무는 경우가 생긴다. 물론, 두 경우 모두 현재의 집단이나 관계가 비교 수준이나 대안 비교 수준보다 모두 높다면 '만족하면서 유지하는' 선택이 될 것이고, 현재의 집단이나 관계가 비교 수준이나 대안 비교 수준보다 모두 낮다면 '불만족스럽기 때문에 떠나는' 선택이 될 것이다.

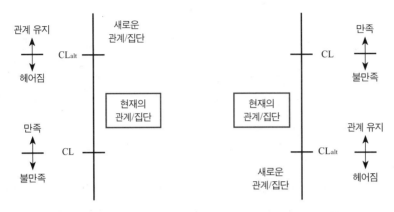

그림 6-8. 대안 비교 수준

출처: Thibaut & Kelley, 1959.

비교 수준(CL)과 대안 비교 수준(CL_alt)에 근거할 때, 현재 관계에 만족하지만 더 좋은 대안이 나타나 헤어지는 경우(왼쪽)와 현재 관계에 만족하지 않지만 보다 나은 대안이 없어 계속 유지하는 경우(오른쪽)의 도식. 대인 관계 유지와 집단 가입 및 탈퇴 여부에도 적용됨.

3. 인터넷 공간에서의 대인 교류와 문화

1) CMC의 탄생과 인간 교류의 변화

대인 커뮤니케이션의 수단으로서 컴퓨터를 이용하기 시작한 이후 모바일 인터넷 시대가 본격적으로 열린 지금에 이르기까지 비교적 꾸준히 연구되어 오고 있는 영역은 컴퓨터 매개 커뮤니케이션(computer-mediated communication: CMC) 연구 영역이다(Hiltz & Turoff, 1978 참조). 컴퓨터를 이용해 사람과 사람 사이의 커뮤니케이션이 이루어질 때, 초창기에 가장 염려했던 부분이 비언어적 단서의 전달과 정서적 반응이 제대로 이루어질 수 있을지에 대한 회의적 시각이었다.

얼굴을 마주 보고 이야기할 때처럼 풍부한 비언어적 단서가 결여되어 있는 상황에서 충분한 의사소통이 될 수 없지 않을까 하는 우려는 얼마 지나지 않아 상당 부분 사라졌다. 그 이유는 바로 인간은 '창조적으로 생각하는' 존재이기 때문에 그 창조성과 사고력을 바탕으로 하여 컴퓨터 기호로 나타낼 수 있는 온갖 비언어적 수단들을 동원함으로써 사람들은 자신의 정서적 상태를 커뮤니케이션하기 위한 다양한 모양의 '이모티콘(emoticon)' — '정서(emotion)'와 '아이콘(icon)'의 합성어로, '감정 표현 부호'라고 번역됨 — 을 만들어 냈다. 이모티콘으로 웃는 모습도 :) :-) ^^ *^^* 등과 같이 다양하게 나타내고, 찡그리는 모습은 :(와 같이, 우는 모습은 ㅜㅜ 또는 ㅠㅠ와 같이 눈물을 흘리는 모습으로 나타낸다. 이렇게 시작된 이모티콘은 현재 수많은 변형으로 다양한 정서를 나타내는 데 이용되고 있다.

뿐만 아니라, 인간은 사이버 공간 속에서 자신을 표현할 수 있는 아바타를 만들고 그 표정과 치장까지 창작하여 그야말로 인간 사회를 거의 그대로 재연해 내고 있다. 아바타나 이모티콘과 같은 다양한 자기표현 수단들도 '사람과 사람 사이의 의미 공유'를 도와주는 중요한 커뮤니케이션 요소로 자리 잡았다. 인간은 단순히 사이버 커뮤니케이션 미디어만을 발명한 것이 아니라, 사이버상의 의미 공유를 보다 풍부하게, 즉 실제 대면 인간 커뮤니케이션에 가깝게 실행할 수 있는 수단까지 창조해 내고 있는 것이다.

인터넷 속의 교류는 이와 같은 대인 간 컴퓨터 매개 커뮤니케이션의 확장으로 이루어진 인간 사회, 즉 커뮤니티 속의 교류가 된 지 오래다. 현실 사회보다 더 다양한 커뮤니티 활동들이 사이버상에서 가능하다. 다만, 원래 인터넷 미디어의 발달이 '다양한 정보'에 손쉽게 접근할 수 있는 길을 터놓을 것이라는 전망과는 조금 반대되는 방향으로 사람들이 인터넷을 이용하는 경향도 보인다. 사실 인터넷 속에서 많은 다양한 정보를 쉽게 찾을 수 있음에도 불구하고, 사람들은 인터넷 속에서마저 '동질적인' 정보만을 과다 섭취하는 경향이 있다.

스미스와 콜록(Smith & Kollock, 1999)도 "인터넷이 다양한 문화와 이념을 연결시킬 수 있는 잠재성을 가지고 있음에도 불구하고, 사람들은 일반적으로 관심과 고민거리를 공유하는 사람들을 연결하는 전자적 그룹으로 모이는" 경향이 있다고 지적한다 (Smith & Kollock, 1999/2001, p.361). 이처럼 동질적인 사람들끼리만 배타적으로 모여 서로 유사한 생각만을 계속 반복해서 주고받다 보면, 9장에서 언급하게 될 '집단 사고 (groupthink)'와 유사한 부작용이 생길 수 있다. 예를 들면, 인터넷 자살 사이트와 같은 것도 '자살'에 관해 유사한 생각을 하는 사람들끼리 모여 서로 유사한 생각들을 주고받다 보면, 자신의 생각이 현실 감각을 잃은 채 집단 사고에 젖은 극단적인 결정에까지 이르게 된다. 현실 속에서보다 더 다양한 정보를 찾을 수 있는 인터넷을 다양한 정보 추구에 이용하지 않고 동질적 정보에의 몰입을 위해 사용하는 것은 사람들이 자기와 유사한 생각을 가진 사람들에게 호감을 느끼는 현상과 관련이 있다. 좀 더 냉정하게 인터넷 안과 밖에서 항상 열린 마음으로 다양한 생각을 접할 수 있도록 의식적으로 노력할 필요가 있다.

2) 친밀성과 위험성 인식에 따른 인터넷 공간에서의 교류

상대를 얼마나 친밀하게 생각하는지, 그리고 인터넷 공간을 얼마나 위험하게 생각하는지에 따라 인터넷 공간에서 자신을 얼마나 어떻게 드러내는지가 달라질 수 있다. 조윤경 등(2012)의 연구를 살펴보면, 전체 인터넷 공간에 비해 자주 이용하는 소속 커뮤니티를 상대적으로 더 친밀하고 덜 위험하게 보고 있음을 알 수 있었다. 그러나 다른 한편으로는 인터넷 공간 중에서 자주 이용하는 소속 커뮤니티도 친밀하지 않고 위험하게 생각하는 저친밀성-고위험성 집단이 42%로 가장 많아, 결코 안전하게 생각하지 않고 있음을 알 수 있었다. 따라서 사람들이 인터넷을 활용한 온라인 공간에서 편리하게 교류하고 있기는 하지만, 상대적으로 친밀성은 낮고 위험성은 높게 지각하는 상태에서 교류하고 있다.

이러한 상황에서는 자연스럽게 자기 노출은 줄어들고 이중 자아를 보이는 경향이 생겨날 수 있다. 그림 6-9의 (a)가 보여 주듯이, 자기 노출의 정도에는 대체로 위험성보다 친밀성이 더 큰 영향을 주기 때문에, 친밀한 관계로 보일 때는 다소 위험성이 높더라도 자기 노출을 상대적으로 많이 하는 편이다. 이와 약간 다르게, 이중 자아를 보이는 데에는 친밀성보다 위험성이 더 큰 영향을 주어, 온라인 공간이 위험해 보일수록 이중적인 자아를 더 많이 보이고 있음을 알 수 있다(그림 6-9의 b 참조).

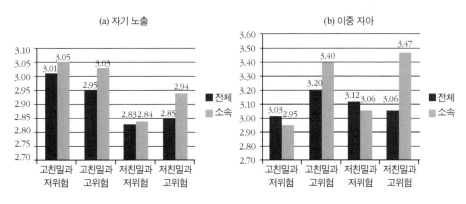

그림 6-9. 온라인 공간의 친밀도와 위험도 인식에 따른 자기 노출과 이중 자아

출처: 조윤경·정일권·김은미, 2012, pp.337~338.

3) 온라인 및 서열 커뮤니케이션의 문화 차이

(1) 온라인 대화명의 문화 차이

인간 커뮤니케이션의 모든 영역에서 문화 차이가 나타나듯이, 온라인 커뮤니케이션에서도 문화 차이가 나타난다. 그 한 예로서 표 6-4를 보면, 한국과 미국의 온라인 대화명이 어떻게 다른지를 알 수 있다. 일단 한국과 미국에서 공히 자신의 성격적 특징

표 6-4. 한국과 미국의 온라인 대화명 비교

미국		한국		
범주	비율 (%)	범주	비율 (%)	예
자신의 성격적 특징	45	자신의 특징 관련	42.4	키 큰 나, 터프가이, 예쁜 달님
미디어, 기술 등	17	영화, 소설, 유명인	20.4	타잔, 알리딘, 공명옵빠
동식물 이름	16	동식물 관련	9.9	곰, 은빛 늑대, 사과꽃
단어나 소리	11	성 관련	9.4	까꿍, 껄걸, 쩝
본인의 실명	8	실명의 사용	6.8	세례명도 사용
소설이나 영화의 주인공, 유명인의 이름을 차용	6	미디어, 기술 관련	5.8	사이버맨, 삐삐걸, 너무 느림
성적이거나 선동적 용어	4	단어, 소리	5.2	불타는 남자, 키스맨, 정력 보이

출처: Beckar-Israeli, 1996; 한상진, 1997; 박기순, 1998, pp.251~252에서 간접 인용.

을 대화명으로 가장 많이 사용하고 있다는 점은 공통점이다. 한국과 미국 대화명의 가장 큰 차이는 소설이나 영화의 주인공, 또는 유명인의 이름을 차용하는 비율인데, 이는 단연 한국이 더 높게 나온다. 그만큼 한국인들이 미국인들보다 다른 유명인이나 소설·영화의 주인공과 동일시하며 그들을 통한 대리 만족을 얻고자 하는 욕구가 더 크다고 해석할 수 있다.

(2) 서열적 커뮤니케이션에서의 스트레스와 문화 차이

한국은 서열을 중요시하는 문화다. 권력 거리가 크기 때문에 아랫사람의 입장에서 윗사람이 누리는 권력을 어느 정도는 당연시하며, 윗사람에게 공손히 대한다(10장 참조). 문찬기와 한규석(2013)은 서열적 교류에 관한 몇 개의 실험을 진행했다. 그중 한 실험에서는 다음과 같은 시나리오를 주고 상대가 선배일 때와 후배일 때, 친한 사이일 때와 얼굴만 아는 사이일 때, 그리고 남성일 때와 여성일 때 어느 정도의 스트레스를 느끼는지 측정했다.

> 당신은 이번 학기에 조별 프로젝트를 진행하는 수업을 수강하고 있습니다. 다음 주에 조별 프로젝트 발표가 예정되어 있어서 조모임을 하기 위해 조원들에게 문자를 보냈습니다. 그런데 조원의 한 명인 당신과 친하게 잘 알고 지내는 동성의 선배는 문자 메시지를 보았음에도 아무런 답장을 보내지 않았습니다. 그래서 두세 차례 문자 메시지를 더 보냈습니다. 그러나 5시간이 지난 지금까지도 그 선배는 답장을 보내지 않고 있습니다. 당신이 생각하기에, 왜 그 선배가 문자 메시지에 대한 답장을 하지 않았다고 생각하는지 그 이유를 기술해 주십시오.

그 결과, 표 6-5와 같은 결과가 나타나, 서열 규범에 부적합한 상대방의 행동을 접했을 때 상대가 선배일 경우보다 후배일 경우에 더 스트레스를 많이 받는 것으로 나타났다. 남녀 모두 비슷한 양상을 보이기는 했으나 스트레스의 강도는 상대가 남성일 때보다 여성일 때 조금 더 강했다. 친소 관계의 영향력은 그리 강하지는 않았지만, 잘 아는 사이일 때보다 얼굴만 아는 사이일 때 서열 규범 위반에서 오는 스트레스가 더 컸다.

표 6-5. 서열성, 친소성, 및 성별에 따른 서열 관계 스트레스

상대방	성별	친소성	
		잘 아는 사이	얼굴만 아는 사이
선배	남자	4.12(1.14)	4.40(1.12)
	여자	4.58(1.03)	4.64(0.90)
후배	남자	5.10(1.03)	5.31(1.16)
	여자	5.30(1.15)	5.66(0.79)

출처: 문찬기·한규석, 2013, p.16.

4. 대인 커뮤니케이션 미디어의 활용과 변화

대인 커뮤니케이션이 면대면 접촉으로 이루어지기도 하지만, 미디어의 활용에 따라 의미 공유가 잘 이루어지기도 하고 그렇지 않기도 하다. 따라서 예전에는 면대면 접촉을 위한 수단으로서 미디어가 이차적인 기능을 수행했다면, 미디어를 경유한 타인의 존재가 중요해진 요즈음에는 미디어를 통한 접촉 자체가 대인 커뮤니케이션의 중요한 부분을 차지하고 있다.

1) 스마트폰으로 융합된 대인 커뮤니케이션 미디어

한동안 편지와 전화로 분리되어 있던 대인 커뮤니케이션 수단이 이제 스마트폰으로 일원화되었다. 편지는 글로 쓰고 전화는 말로 하던 기능상의 분리가 지금은 하나의 디바이스에서 구현되고 있는 것이다. 손 안에 들어오는 움직이는 소형 컴퓨터로서 무선 인터넷 서비스를 자유롭게 활용할 수 있는 스마트폰은 마치 그 안에 무수한 정보와 사람들을 담고 있는 것처럼 기능한다. 근황을 글로 전달하고 싶을 때도, 말로 전달하고 싶을 때도, 이미지나 동영상으로 전달하고 싶을 때도 이제 스마트폰 하나만 있으면 된다.

유선 전화는 최근까지 가장 많이 사용하는 대인 커뮤니케이션 수단이었다. 전

화 이전에는 편지가 많이 사용되었고, 점차 휴대 전화가 전화 사용을 대치해 오다가, 급기야 휴대 전화가 노트북 컴퓨터와 합쳐진 형태의 단일 모바일 미디어로서, 온갖 업무를 처리함과 동시에 모든 사람들을 만나는 수단이 되고 있다. 스마트폰은 명실상부하게 '나를 중심으로 한 세상과의 연결' 역할을 톡톡히 하고 있는 디바이스가 된 것이다. 휴대 전화는 "전화의 기존 속성에 즉시성, 휴대 가능성, 이동 가능성, 및 개인 중심성까지 갖추고 있고 상대방의 얼굴을 보면서 통화하는 화상 전화의 기능까지 첨부되어, 명실 공히 시공간 제약을 받지 않으면서도 면대면 접촉에 거의 근접하는 대인 커뮤니케이션 수단으로 한동안 자리를 지킬 것"이라는 예측(나은영, 2002, pp.185~186)을 뛰어넘어, 지금도 변신을 거듭하며 인간의 고유한 위치마저 위협하고 있다.

휴대 전화가 전화와 달리 문자 메시지까지 보낼 수 있듯이, 이메일로도 편지와 달리 동영상이나 음악, 또는 목소리까지 전달할 수 있다. 이는 미디어가 인간의 감각 기관을 더욱 폭넓게 사용할 수 있는 길을 열었음을 의미한다. 뿐만 아니라, 온라인 공간에서도 충분히 정서적 애착이 형성될 수 있다는 사실도 밝혀졌다(박성복, 2007). 물론 온라인 대인 관계의 정서적 애착은 오프라인 모임과 연계가 있을 때 더욱 강하다.

컴퓨터 매개 커뮤니케이션의 초기에는 온라인과 오프라인의 구분을 중요시했지만, 최근에는 이러한 온·오프의 구분은 사람들을 연결하는 방식의 차이일 뿐이며 사람들이 접촉하는 사회적 공간 안에서 어떤 생각, 느낌, 및 행동들이 오고 가는지를 중요시하는 단계로 올라섰다(Kennedy, 2012). 처음에는 새로운 미디어의 특성에 관심을 집중하게 되지만, 그것이 보편화되면 결국 미디어를 수단으로 활용하는 인간의 특성으로 자연스럽게 관심이 옮아가게 되는 것이다.

스마트폰 이용에 관한 물음이나 선택지의 차이에 따라 조사 결과에 약간씩의 차이가 나타나기는 하지만, 대체로 소셜 네트워크 서비스에 상당한 시간을 할애하고 있다(그림 6-10 참조). 이용 시간의 할당 측면에서 보면, 하루 약 2시간 정도를 사용하면서 그중 가장 높은 비율을 인터넷 브라우징에 보내고 있었으며, 두 번째로 높은 비율의 시간을 SNS에 사용하고 있었다. 그 다음으로는 혼자서 오락 기능으로 활용하는 음악 감상이나 게임 등에 시간을 보내는 경향이 있었고, 이어 전화, 이메일, 문자 메시지 등에 시간을 할당하는 것으로 나타났다. 다른 사람과의 관계 메시지를 교환하는 대인 커뮤니케이션 수단으로 스마트폰을 이용하는 시간을 모두 합하면 약 50분 정도로, 스마트폰 이용 시간의 약 40%를 대인 커뮤니케이션에 할당하고 있었다.

사진 촬영에 걸리는 시간은 짧았지만, 사용자 비율은 74%로서 가장 높았다는 점이 특기할 만하다. 또한, 전화에 이용하는 시간은 짧았지만, 역시 사용자 비율은 71%로서 두 번째로 높았다. SNS로 활용하는 사람의 비율도 49%로서 거의 절반에 육박했다. SNS는 주로 젊은 층이 많이 활용하며, 스마트폰이 아닌 컴퓨터로 SNS를 이용하는 사람들도 많기 때문에, SNS 이용 여부를 분석할 때는 스마트폰과 컴퓨터를 통

그림 6-10. 스마트폰 기능별 일일 평균 사용 시간과 사용자 비율

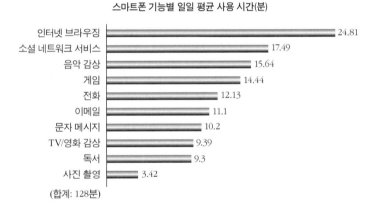

스마트폰 기능별 일일 평균 사용 시간(분)

기능	시간
인터넷 브라우징	24.81
소셜 네트워크 서비스	17.49
음악 감상	15.64
게임	14.44
전화	12.13
이메일	11.1
문자 메시지	10.2
TV/영화 감상	9.39
독서	9.3
사진 촬영	3.42

(합계: 128분)

스마트폰 기능별 사용자 비율

기능	사용자 비율	기능	사용자 비율
사진 촬영	74%	주소록으로 사용	50%
전화	71%	SNS	49%
문자 메시지	69%	다이어리	39%
인터넷	69%	음악 감상	39%
알람시계	64%	게임	38%
이메일	52%	TV/영화	22%
시계로 사용	50%	독서	13%

출처: 한국통신사업자연합회 2012 조사 결과, 방송통신위원회 블로그 두루누리.

한 이용을 합하여 분석할 필요가 있다.

또 한 가지 특기할 만한 점은 음악 감상이나 게임에 할당되는 이용 시간의 비율은 높았지만 (여기에는 어느 정도의 시간이 소요되기 때문에), 스마트폰 기능 중 활용 빈도로 보면 알람, 이메일, 시계, 주소록 등의 활용이 모두 50%를 상회하고 있다는 점이다. 이진아와 나은영(2012)의 연구에서 지적했듯이, 사람들은 스마트폰을 일상생활의 편의 기능으로 최대한 활용하고 있으며, 앞으로는 사람 바로 옆의 스마트폰이 전자 비서의 역할까지 하게 될 수도 있을 것임을 짐작하게 한다. 사용자의 음성과 눈 움직임에 반응하는 스마트폰이 이미 출시되고 있기 때문에, 사용자에게 반응하는 스마트폰의 등장은 그리 멀지 않아 보인다.

2) 대인 커뮤니케이션 수단으로서의 CMC와 SNS

스마트폰도 컴퓨터의 기능을 하기 때문에, 넓게 보아 '컴퓨터 매개 커뮤니케이션(CMC)'의 한 종류로 볼 수 있다. 스마트폰이 대인 커뮤니케이션의 대표적인 미디어 디바이스라면, SNS는 그 디바이스를 사용하는 서비스, 즉 애플리케이션 프로그램이다. 그래서 SNS를 소셜 네트워크 사이트 또는 소셜 네트워크 서비스의 줄임말로 사용하고 있다. 현재 각종 SNS는 CMC의 일종으로서, 대인 커뮤니케이션의 큰 비중을 차지하고 있다.

페이스북, 트위터, 카카오톡, 카카오스토리 등으로 대표되는 SNS의 가장 큰 특성은 사람들을 연결해 준다는 것이다. 그것도 실시간으로 많은 사람들과 연결하여 글이든 이미지든 동영상이든 마음대로 마치 한 공간에 있는 것처럼 주고받을 수가 있다. 또한 초기의 CMC에서는 대체로 익명성을 가정한 커뮤니케이션의 비중이 컸다면, 요즘의 SNS에서는 실명의 비중이 높아 실생활의 대인 관계가 시공간을 넘어서 연장되는 특성을 지닌다.

SNS에서는 사람과 사람 사이의 관계 구축과 유지를 위해 사진, 글, 동영상 등 다양한 자료가 공유된다. 사소한 "일상의 생중계"로 공유가 활발히 일어나는 것이다(김해원·박동숙, 2012). 마치 직접 만나 사진을 보여 주며 이야기꽃을 피우듯 함께하는 놀이터로서 SNS를 활용하고 싶어 한다.

　CMC나 SNS에서는 면대면 상황과 달리 '단서 여과' 가능성이 높다(김문수, 2005, p.198; Walther, 1996, p.8). 얼굴을 마주 보고 대화할 때는 상대방의 얼굴 표정이나 옷차림은 물론, 순간적인 표정의 변화까지 모두 감지할 수 있는 반면, CMC나 SNS에서는 이러한 단서들이 빠진 채로 소통이 이루어진다.

　그럼에도 불구하고 CMC나 SNS에서 오히려 더 친밀하고 사회적으로 바람직한 대화가 이루어질 가능성도 있는데, 이것을 '초대인적 효과(hyperpersonal effect)'라고 한다(Walther, 1996). 이 효과가 처음 언급된 시기는 SNS가 대세가 되기 이전이었기 때문에 CMC에만 한정하여 논의가 이루어졌지만, 요즘은 이러한 논의가 충분히 SNS로까지 확대될 수 있다고 생각된다.

　초대인적 효과가 발생하는 이유는 다음 네 가지로 정리할 수 있다(김문수, 2005, p.200; Walther, 1996, p.17).

　　① 송신자의 긍정적 이미지 제시
　　② 수용자의 과장된 지각
　　③ 리허설이 가능한 채널 속성
　　④ 피드백을 통한 행동적 확증

　SNS로 대화할 때 송신자, 즉 전달자는 긍정적 이미지를 선택적으로 제시할 수 있으며, 수용자, 즉 수신자는 이것을 과장하여 지각할 수 있다. 뿐만 아니라, 문자로 SNS 소통을 할 때는 송신하기 전에 몇 번이고 지웠다가 다시 쓰기를 반복할 수 있기 때문에 충분한 리허설을 거쳐 전달될 가능성이 높다. 또한 이렇게 긍정적인 방향으로 과장된 정보들이 피드백을 통해 더욱 증폭되는 방향으로 확신을 유발하게 된다.

　CMC나 SNS에서 대화 상대가 뭔가 속이고 있는 것 같은 기만성을 탐지하는 순간, 매력과 친밀감은 급격히 떨어진다(김문수, 2005). 따라서 대인 커뮤니케이션 수단의 대세로 떠오른 SNS 소통에서도 인간 커뮤니케이션의 기본 조건인 신뢰성이 매우 중요한 요소라는 사실은 미디어의 변화와 무관하게 아무리 강조해도 지나치지 않다.

사진이나 동영상은 시각 자극의 생생함을 전달하면서 마치 직접 보는 듯한 느낌을 주기 때문에 사람들이 점점 더 많이 선호한다. 미디어의 매개 과정을 아주 많이 거치면서도 기술이 발전할수록 미디어를 통해 연결되고 있다는 이음의 느낌을 배제하고 싶어 하는 것이다. 이처럼 미디어가 발전할수록 비매개성을 추구한다는 것은 사람을 연결해 주는 역할을 하는 미디어의 존재 의미를 다시 생각해 보게 한다. 미디어는 사람을 연결해 주되, 마치 그 자신은 없는 것처럼 투명한 연결선과 같은 기능을 할 때 가장 잘 기능하고 있는 것이라 할 수 있다. 즉 매개하고 있지만 비매개(immediate)의 특성을 지닌 우리의 목소리와 눈으로 실물을 직접 대하는 것처럼 느껴지는 상태를 추구하고 있는 것이다.

2013년의 새로운 인터넷 트렌드로 사진 공유 서비스가 증가했는데, 특히 스냅챗이라는 서비스(상대가 사진을 확인한 후 10초 만에 지워지는 신개념 모바일 메신저)의 급성장으로 사람들이 짧은 글이나 이미지 전송을 즐기면서도 그것이 저장되어 자신의 통제 밖으로 나가는 것은 선호하지 않음을 보여 준다. 여기서 우리는 미디어의 발달이 인간의 연결 욕구를 충족시키는 방향으로 발전하는 가운데, 점점 더 면대면 커뮤니케이션에 근접하고자 하는 방향으로 발전하고 있음을 알 수 있다. 그 자리에서 보고 듣고 웃고 떠들다 헤어지면 그 내용이 사라지는 것처럼, SNS를 통해 보고 듣고 웃고 떠들다 헤어지면 그 내용이 컴퓨터상에서도 사라지기를 바라는 것이다.

3) 장애인의 소통과 스마트폰 이용

(1) 장애인의 소통 수단

수화와 점자는 보통 사람들을 위한 커뮤니케이션 미디어가 아니라 특정 감각을 사용할 수 없는 일부 사람들을 위한 미디어다. 그러나 장애를 가진 사람들도 '비정상'인 사람이라기보다는 '특수한' 사람인만큼, 특수한 사람들이 메시지 전달과 수신을 위해 사용하는 미디어에도 주의를 기울일 필요가 있다. 청각 장애인의 경우 수화, 시각 장애인의 경우는 점자가 일반인의 음성 정보나 문자 정보를 대신한다. 인간은 창조적 동물이기 때문에, 어떤 감각이 사용 불가능해지면 다른 감각을 더 많이 개발해서 커뮤니케이션에 활용한다.

청각 장애인도 일반인과 휴대 전화의 문자 메시지는 보내고 받을 수 있다. 시각 장애인도 전화는 주고받을 수 있다. 제한과 불편함이 있는 것은 사실이지만, 특수한 집단의 사람들도 '정보의 흐름을 통한 사람과 사람 사이의 의미 공유'로서 커뮤니케 이션이 가능하고, 여기에 조금 다른 신호 체계를 지니는 미디어를 사용하고 있을 뿐 이다. 21세기에는 '소수자(minority)'라고 하여 배제시키는 논리가 성립될 수 없다. 수화 와 점자는 미디어의 신호는 다르지만 커뮤니케이션의 보편적 원리 연구에 일조할 수 있는 부분이 분명히 있고, 커뮤니케이션에 필요한 일반적인 신체 감각 기관 중 일부 를 장애인들이 현재 이용 가능한 다른 감각 기관(청각적 음성 자극 대신 시각적 수화 신호, 시 각적 문자 자극 대신 촉각적 점자 신호)으로 대체하여 커뮤니케이션하고 있다는 점에서 특수 한 원리까지를 추리해 내는 데 중요한 단서를 제공할 수 있다.

근래에는 매스 미디어(특히 TV)에서도 중요한 프로그램인 경우 청각 장애인을 위 한 수화 방송을 화면 옆의 작은 화면으로 처리하여 곁들이는 경우를 볼 수 있어 바람 직하다. 시각 장애인들의 경우는 TV를 통해 나오는 선거 후보자의 연설 내용을 볼 수가 없기 때문에, 귀로 들으며 점자로 된 인쇄 미디어에 의존한 판단을 내려야 한다. 장애를 지니고 있든 그렇지 않든 모든 사람들이 동등한 인간의 권리를 가지고 있고, 선거권도 똑같이 가지고 있으므로, 올바른 판단을 하기 위해 커뮤니케이션으로부터 소외되어서는 안 된다. 사용하는 미디어와 전달 신호의 차이로 인해 어떤 메시지가 잘못 전달되거나 불충분하게 전달되지 않도록, 모두가 함께 공존할 수 있는 길을 모 색하고 연구해야 한다.

(2) 장애인의 스마트폰 이용과 그 효과

장애인의 스마트폰 이용에 대한 연구는 매우 드물지만, 최근에 시각 장애인의 스마트 폰 이용이 사회 자본 형성과 그로 인한 행복감 증진에 긍정적 영향을 준다는 연구가 이루어졌다(김재윤 외, 2013).

그림 6-11의 연구 결과에서 알 수 있듯이, 시각 장애인의 스마트폰 이용 시간보 다 스마트폰으로 소통하는 사람의 수가 이들의 결속형(bonding) 및 연계형(bridging) 사

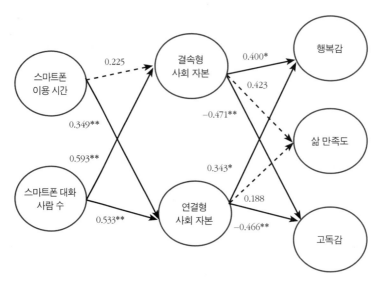

그림 6-11. 시각 장애인의 스마트폰 이용에 따른 사회 자본과 정서적 웰빙

회 자본에 더 큰 영향을 주고 있었다. 즉 스마트폰으로 비교적 많은 사람과 소통하고 있을수록 자신을 지지해 줄 사람들을 본인의 소속 범주 안과 밖에 많이 지니고 있다는 것이며, 이것은 이들의 행복감을 증가시키고 고독감을 감소시키는 데 긍정적인 영향을 준다. 특히 이들의 행복 증진에는 가까운 사람들과의 관계, 즉 결속형 사회 자본이 더 강항 영향을 주고 있음을 알 수 있다.

　신체의 일부가 불편한 사람들이 가용한 다른 신체 부위를 활용함으로써 소통할 수 있는 미디어를 더욱 발전시키는 것은 모두가 함께 즐기는 세계로 한 걸음 더 나아가는 것이다. 이는 면대면 소통만이 가능했던 예전보다 더 긍정적인 방향으로 미디어의 효과가 나타날 수 있는 가능성을 보여 준다.

7장

대인 관계 갈등 해결 과정의
커뮤니케이션

어떤 인간관계에나 크고 작은 갈등이 있기 마련이다. 갈등은 반드시 부정적인 것이 아니며, 어떻게 해결하느냐 하는 갈등 해결 방식에 따라 관계가 더욱 발전할 수도 있다. 갈등이 전혀 없는 관계는 별로 중요하지 않은 관계이거나 혹은 중요한 관계임에도 불구하고 서로에게 무관심함을 나타내는, 별로 바람직하지 않은 상태를 의미한다. 따라서 갈등이 전혀 없기를 기대하거나 완전히 없애려 하기보다는 갈등이 있을 때마다 어떻게 현명하게 대처할 수 있는가를 생각해야 한다.

1. 갈등의 시작과 커뮤니케이션

1) 갈등의 정의와 유형

(1) 갈등의 정의

갈등은 언어적 커뮤니케이션 과정에서 생길 수도 있고, 상대방의 행동이 기대에 맞지 않을 때 생길 수도 있고, 심지어 비언어적 커뮤니케이션을 오해함으로써 생길 수도 있다. 언어적 커뮤니케이션의 내용에 동의할 수 없는 경우는 근본적으로 '생각'이 달라서 생기는 갈등으로, '둘 또는 그 이상의 사람들 사이에서 목적, 지각, 또는 가치의 충돌로 인해 유발된 강한 의견 불일치'라는 갈등의 정의와 직접 관련된다(Goss & O'Hair, 1988). 의견은 어떤 이슈에 대한 생각이 언어적으로 표출된 것이다. 따라서 생각이 달라도 의견으로 표현되지 않으면 생각이 다르다는 사실을 상대방이 알 수가 없고, 이런 상태는 갈등이 잠재해 있는 상태다.

이때 비언어적 단서로 갈등이 포착되기도 하지만, 사실은 갈등이 없는데도 단순히 말을 하지 않는다는 사실만으로 뭔가 불만이 있는 것으로 오해되기도 한다. 예컨대, 상대가 말을 하지 않을 때 그 표정만을 보고 "어떤 일 때문에 화가 난 모양이구나" 하고 추측하는 경우가 있다(4장 참조). 이때 직접 물어 확인하지 않고 짐작만으로 상대방이 화났을 것이라고 생각하면 자기도 그에 상응하는 반응을 하게 되어 상대에게 불쾌한 감정을 주게 되고, 자기 충족적 예언 과정을 따라 불필요한 갈등이 유발될 수 있다. 실제로 생각에 차이가 있느냐 하는 것도 갈등 유발에 중요한 원인이 되지만, 차이가 있다고 '생각하느냐' 또는 '지각하느냐' 하는 것도 또 다른 중요한 원인이 될 수 있다. 즉 갈등은 언어적·비언어적으로 모두 표출될 수 있으며, 사실과는 다를 수 있는 사회 지각 과정과 커뮤니케이션상의 오해로 인해 불필요하게 증폭될 수 있는 속성도 지니고 있다.

대인 간 갈등이란 "친한 친구, 연인, 가족처럼 관계가 있는(즉 상호 거래적인) 개인 사이의 의견 불일치"(DeVito, 1989), 또는 "적어도 두 명의 상호 의존적 당사자들이 상반된 목적, 부족한 자원, 상대방의 간섭을 지각한 나머지 두 당사자 사이에 표출된 싸움"(Hocker & Wilmot, 1995)으로 정의된다(박기순, 1998, p.176). 이와 유사하게, 위버(Weaver, 1996)는 "우리 자신, 우리 자신의 욕망, 혹은 우리 자신의 의도가 상대방의 그것과 반대되는 상황"을 갈등이라고 정의하기도 한다(Wilmot & Wilmot, 1978 참조). 갈등이 전혀 없는 관계는 무미건조하거나 별로 중요하지 않은 관계일 가능성이 높기 때문에, 중요한 관계에서는 갈등이 어느 정도는 필연적으로 일어난다고 할 수 있다. 의미 있는 관계에서 갈등을 완전히 없애는 것은 불가능하기 때문에, 어떻게 현명하게 해결하느냐 하는 데 초점을 두어야 한다. 현명하게 해결하고 나면 서로 몰랐던 상대방의 마음속 깊은 욕구도 알 수 있고 두 사람 간의 불일치가 어느 정도 조정이 되어 더욱 의미 있고 깊은 관계가 지속될 수 있다.

(2) 갈등의 유형

갈등의 유형은 표 7-1과 같이 다섯 종류로 나누어 볼 수 있다. 이 중 실제로는 갈등이 아닌데 갈등인 것처럼 보이는 것이 '유사 갈등'이다. 유사 갈등은 종종 진짜 갈등의 서막이 되기도 하기 때문에 무시할 수는 없는 개념이다(Verderber & Verderber, 2001). 유사 갈등에도 두 종류가 있다. 첫 번째 유형은 집적거리기(badgering)로서, 정도가 약하여 상대방도 단순히 정상적인 상호작용의 일부로 받아들일 수 있으면 문제가 되지 않는다. 그러나 해결되지 않은 장기적인 문제를 놓고 상대방을 실제로 괴롭히려는 진짜 목적을 가지고 지속적으로 괴롭히거나, 또는 집적거림을 당하는 사람이 마음의 상처를 입는 경우는 좋지 못한 결과로 이어진다.

유사 갈등의 두 번째 유형은 두 사람이 실제로는 동시에 성취할 수 있는 목표이거나 행동임에도 불구하고 동시에 성취할 수 없다고 믿을 때 일어난다. 예를 들어, 오랜만에 외식을 하려는데 남편은 중국 음식을 먹자 하고 아내는 양식을 먹자 할 때, 얼핏 보면 갈등이 있는 것으로 보인다. 그러나 남편이 '왜' 중국 음식을 먹자고 하는지, 아내가 '왜' 양식을 먹자고 하는지를 살펴보면 해답이 나올 수가 있다. 남편은 음식의 '맛' 때문에 중국집에 가자 하고, 아내는 음식점의 '분위기' 때문에 양식을 먹자 했다면, '맛 좋은 양식집'이나 '분위기 좋은 중국집'을 선택할 경우 갈등이 쉽게 해결될 수 있다. 실제로는 심각한 갈등이 아닌데도 갈등이라고 생각하는 것 때문에 더 크

표 7-1. 갈등의 유형, 대화 사례, 및 해결책

유형	대화 사례	해결책
유사 갈등	"오늘 TV에서 축구 경기를 봐야지." "오늘 오후에 영화 보러 가기로 약속했잖아."	약간의 조절로 둘 모두의 목표 만족시킨다(예: 축구 경기를 본 다음 영화를 보러 가거나, 축구가 녹화되도록 해 놓고 영화를 보러 간다).
사실 갈등	"민수가 그러는데 리포트 오늘까지 내야 한대." "아니야, 화요일까지 내도 괜찮아."	논쟁을 멈추고 사실을 확인한다.
가치 갈등	"민수 씨, 영수 씨에게 그가 듣고 싶어 하는 것을 말해 주세요." "그렇지만 내가 세상을 보는 방식은 영수가 보는 방식과 달라. 나는 그렇게 이야기하지 않을 거야."	두 사람이 동의하는 부분을 찾고, 거기서부터 시작한다. 만약 아무런 동의점을 찾지 못하면, 서로 동의하지 않는다는 사실에 동의할 수 있다.
정책 갈등	"지수야, 네가 받은 메시지를 적어 두거라." "왜요? 저는 적지 않아도 기억할 수 있어요."	문제의 본질을 확인하고, 최선의 해결책을 줄 수 있는 정책(행동 계획)에 의견을 모은다.
자아 갈등	"이봐요, 이 디자인은 설계에 맞지 않아." "그럼 제가 이 일을 잘 못한다는 건가요?"	갈등을 자아 수준에서부터 사실 수준으로 옮길 수 있는 방법을 찾는다.

출처: Verderber & Verderber, 2001, p.314의 표를 일부 수정함.

게 문제가 되는 경우도 많다.

'사실' 갈등은 메시지의 정확성 여부에 대한 갈등이기 때문에 비교적 간단하며, 갈등 해결에 필요한 정보를 얻기가 쉽다. 그러나 때로는 메시지의 정확성을 증명할 만한 정보를 찾지 못할 경우 법정 소송으로까지 번질 수도 있다. 예를 들어, 친구에게 빌린 돈을 나는 분명히 갚았다고 기억하는데 상대방은 갚지 않았다고 주장할 때 갈등이 일어난다. 이때 내가 친구에게 돈을 건네 준 증거가 있으면 쉽게 갈등이 해결될 수 있지만 그렇지 않을 경우에는 사실 갈등도 그리 쉽게 해결되기가 어렵다. 일단 사실이 확인되기 전까지는 판단을 유보한 채 갈등을 잠시 접어 두는 것이 현명하다. 확인도 하기 전에 갈등의 골이 깊어지면 더욱 치유하기가 어려워지기 때문이다. 사실 자체가 아닌 사실의 해석이나 추론과 관련된 갈등일 때는 더욱 그렇다. 사람들은 곧잘 사실에서 자기가 추론한 내용을 바로 사실인 양 착각하는 경우가 많기 때문이다(4장 참조).

'가치' 갈등은 무엇이 옳고 무엇이 그른지, 무엇이 가치 있고 무엇이 가치 없는지, 무엇이 바람직하고 무엇이 바람직하지 않은지, 무엇이 도덕적이고 무엇이 비도덕적인지에 관해 사람들의 마음속에 뿌리 깊게 자리 잡고 있는 신념들에 대한 갈등을 말한다(Verderber & Verderber, 2001, p.310). 가치 갈등은 무엇이 좋고 나쁜지에 대한 믿음이 서로 다를 때, 혹은 서로 동의하는 가치에 대해 부여하는 우선순위가 다를 때 일어난다. 예를 들어, 어떤 부부 중 한 사람은 종교가 일상생활보다 더 중요하다 생각하고 다른 한 사람은 일상생활이 종교보다 더 중요하다 생각한다면 '무엇을 더 가치 있다고 생각하는지'에 대한 의견 차이, 즉 가치의 차이에서 오는 갈등을 겪을 수 있다. 또한, 부부 중 한 사람은 독실한 기독교인이기 때문에 일요일마다 반드시 교회에 가야 한다고 믿는 반면, 또 한 사람은 기독교인이기는 하지만 교회 예배에 매주 참석하는 것이 그렇게까지 중요하지는 않다고 생각한다면, 이 두 사람 간에는 가치는 일치하지만 우선순위에서 차이를 보이기 때문에 갈등을 경험할 수 있다.

가치 갈등은 쉽게 해결하기가 어렵다. 대개 가치관이 유사한 사람들이 커플로 맺어지는 경우가 많고, 또 그런 커플이 더 오래 좋은 관계를 유지하는 이유도 가치관의 유사성이 그만큼 관계의 형성과 유지에 큰 몫을 차지하기 때문이다(6장 참조). 가치 갈등이 있을 때는 일단 상대방을 믿고 존중하는 마음으로 '서로 가치의 차이가 있다'는 사실 자체에 '동의'를 하고 거기서부터 출발하는 것이 현명하다. 그런 다음 서로가 자기 가치에 얼마나 정서적으로 애착을 가지고 있는지에 관해 이야기를 하면서 차츰 그 가치가 아닌 다른 가치에서는 서로 일치하는 부분이 있다는 점을 확인해 나간다. 그리고 각자의 가치를 존중받고 유지하면서도 행동의 어느 특정 하위 영역(예: 일요일에 꼭 교회에 가야 한다면 다른 요일에는 양보할 수 있는지 등)에서 양보할 부분이 있는지 점검해 본다. 기본적인 가치가 존중받을 수 있다면 행동의 하위 영역에서의 약간의 양보는 수용되는 경우가 많고, 이렇게 해서 서로 일치되는 부분이 점차 많아지면 갈등 해결의 희망도 점차 커질 수 있다. 거의 모든 가치에서 서로 우선순위를 두는 위계가 충돌하는 경우는 갈등의 해결이 무척 어려워진다.

'정책 갈등'은 지각된 문제를 다루기 위해 서로가 적절하다고 생각하는 계획이나 행동의 과정이 무엇인지에 관해 의견 불일치를 보이는 것을 말한다. 상대방이 없을 때 사무실로 전화가 오면 어떻게 할지에 관해, 한 사람은 메모를 적어 두자 하고 다른 사람은 구두로 전달하자 한다면 정책 자체에 대한 의견 불일치로 인해 갈등이 유발되는 상황이다. 만약 둘 모두 메모를 적어 두자고 했는데 한 사람이 이것을 행동으로 옮기는 과정에서 소홀한 경우는 정책 자체에는 합의가 이루어졌지만 정책의 실행 과정에서 갈등이 빚어지는 예에 해당한다.

정책 갈등은 흔히 새로운 상황에 부딪쳤을 때 많이 발생한다. 두 사람이 모두 익숙해져 있는 상황에서는 대개 합의된 정책과 행동패턴이 있기 때문에 갈등이 많이 발생하지 않는다. 또 가족 상황에서 정책 갈등이 빈번하게 생기는 경우 중 하나는 자녀를 어떻게 양육할 것인가에 관해 의견 불일치 또는 행동 불일치를 보일 때다. 부부 중 한 사람은 엄격한 가정에서 자라고 또 한 사람은 자유로운 가정에서 자란 경우, 대개 자기에게 익숙한 방식이 더 좋다고 생각하고 자녀에게도 그대로 적용하려 한다. 그 결과 한 사람은 아이들을 좀 더 절도 있게 교육해야 한다고 주장하며 간혹 체벌도 필요하다 하고, 또 한 사람은 아이들을 최대한 자유롭게 두어야 하며 체벌은 절대로 안된다고 주장하는 경우, 그리고 이런 주장들을 실행에 옮기는 경우 정책 갈등이 유발된다.

'자아 갈등'은 갈등 상황에 있는 사람들이 '이기는 것' 또는 '지는 것'이 긍정적 자기 이미지를 유지하는 데 아주 결정적이라고 생각할 때 발생하는 갈등이다 (Verderber & Verderber, 2001, p.312). 흔히 '자존심 싸움'이라 하는 갈등이 여기에 속하며, 서로 자기가 얼마나 유능한지, 얼마나 강력한 권력을 가지고 있는지를 내보이고 싶어 하는 사람들 사이에서 자주 발생한다. 이런 상황에서는 문제 해결의 유일한 길이 '이기는 것'이 되어 버리기 때문에 가장 다루기 힘든 갈등 상황이라 할 수 있다. 자아 갈등도 처음에는 사실이나 가치에 대한 갈등에서부터 시작되는 경우가 많다. 처음에는 사실과 가치에 대해 언쟁을 벌이다가 그것에 대한 사적인 또는 판단적인 언급(예컨대, '그따위……' 또는 '쓸데없는……' 운운 하는 언급)에 부딪칠 때 자아 갈등으로 번지기가 쉽다. '어떻게 현명하게 싸울 것이냐' 하는 것이 '싸우지 않는 것'보다 더 중요한 이유는 ① 전혀 싸우지 않을 경우 실제로는 의견 불일치나 불만이 있음에도 불구하고 전혀 없는 줄로만 알고 있다가 오랜 세월동안 한 사람의 불만이 계속 더 커져 나중에는 걷잡을 수 없을 정도로 폭발할 수 있고, ② 싸울 때 자칫 자아 갈등으로 번질 수 있는 치명적인 발언을 내뱉을 경우 갈등을 가져왔던 본질적인 문제는 그대로 둔 채 단지 이기기 위해 더 심한 말이나 행동으로 커져 갈 수 있기 때문이다. 뿐만 아니라, 싸우고 나서 먼저 화해를 청하는 것이 자존심 상한다고 생각하는 사람들은 서로 화해를 상대방이 먼저 해 오기를 바라며 버티다가 갈등이 더 커지기도 한다. 갈등 중이든 갈등 후든 관계없이 자아 갈등을 새로이 유발할 수 있는 언행은 피하는 것이 바람직하다. 일단 자아 갈등이 유발되었다고 생각되면 재빨리 자아 수준에서 벗어나 다시 사실 수준으로 돌아가서 문제의 해결책을 찾도록 냉정해지는 것이 중요하다.

지금까지 언급한 다섯 종류의 갈등이 모두 온라인상에서도 가능하다. 예를 들어, 이메일이나 게시판, 또는 채팅 상황에서도 유사 갈등, 사실 갈등, 가치 갈등, 정책 갈등, 및 자아 갈등이 모두 일어날 수 있다.

갈등의 유형을 분류하는 방법은 이밖에도 여러 가지가 가능하다. 커뮤니케이션을 내용 차원과 관계 차원으로 구분한 것과 마찬가지로(2장 참조), 갈등의 유형도 내용 갈등과 관계 갈등으로 구분할 수 있다. 내용 갈등은 주로 외현적으로 표출되지만, 관계 갈등은 겉으로 드러나지 않고 잠재해 있는 경우가 많다. 예컨대, 상대방 커뮤니케이션의 내용 부분이 마음에 들지 않으면 그 부분에 대해 부동의를 표시하고 일치점을 찾기 위해 대화할 수 있다. 그런데 커뮤니케이션의 관계 부분이 마음에 들지 않을 때는 마음에 들지 않는다는 사실을 외현적으로 표현하기가 곤란하거나 어색한 경우가 있다. 예를 들어, 윗사람(사장)이 아랫사람(사원)에게 윗사람 자신의 단점을 '허심탄회하게' 이야기해 보라고 했을 때, "사장님께서는 이러이러한 점을 고치셔야 합니다"라고 직언을 했다고 가정해 보자. 이때 사장은 자기가 단점을 이야기해 보라 했기 때문에 그 내용에 대해서는 동의하지 않는 부분을 쉽게 지적하거나 표현할 수 있으나, '(사원 주제에) 감히 내 단점을 면전에서 지적하다니…' 혹은 '저 친구 무서운 친구로구먼……' 하는 생각은 속으로는 할지 모르지만 겉으로 드러내 놓는 경우는 거의 없다. 이 경우 관계 갈등은 잠재적인 부분으로 남아 있게 될 것이다.

갈등의 유형을 분류할 때 목표, 자원 분배, 결정, 행동에서의 갈등으로 구분하기도 하는데, 이것은 특히 소집단이나 조직 내의 갈등 유발 상황에 잘 적용되는 분류다. 목표 갈등은 두 사람이 지향하는 바가 서로 다른 경우에 일어나며, 이익을 나눌 때의 불공평함에 의해 갈등이 일어나기도 한다. 대체로 친한 친구와 동업을 할 때 갈등이 빈번하게 생기는 이유는 아무리 친한 친구 사이일지라도 근본적으로는 '노력에 비례하는 대가' 혹은 '투자에 비례하는 이익'과 같은 형평의 원리에 입각한 생각을 버리기 어렵기 때문이다(6장 참조). 거기에서 더 나아가, 오히려 조금 노력하고도 똑같은 보상을 받으려 하거나 혹은 더 많이 받으려 하는 사람과 함께 일하기는 더욱 어렵다. 함께 일할 때 어떤 결정에 서로 동의하지 않는 경우 갈등이 흔히 생긴다. 끝으로, 상대방의 행동이 마음에 들지 않거나 약속한 행동을 하지 않거나 하여 '행동'으로 인해 생기는 갈등도 무척 많다. 상대방의 사소한 습관적 행동들까지도 자기가 살아 온 방식과 다른 경우에는 어떤 식으로든 눈에 거슬려 보이고, 따라서 이것이 점점 더 큰 갈등으로 이어지기도 한다.

쌍을 이루는 두 사람 간의 첫 번째 큰 싸움은 ① 개입의 불확실성, ② 질투, ③ 기대를 저버림, ④ 성격 차이 때문인 것으로 나타났다(Siegert & Stamp, 1994; DeVito, 2000, p.202). 관계 갈등을 일으키는 문제의 순서는 표 7-2에 나타난 바와 같이 동성애자와 이성애자 간에 큰 차이가 없이, 친밀감 문제 때문에 싸우는 일이 가장 많았고 그 다음으로 권력 때문에 싸우는 일이 많았다(Kurdek, 1994). 세 번째 항목부터 약간의 차이를 보이는데, 동성애자들의 경우는 개인적인 단점들(술, 담배, 운전 스타일 등) 때문에 부딪치는 일이 3위였고, 이성애자들의 경우는 개인적 단점들로 인한 갈등은 4위였으며 그 앞에 3위를 차지하는 관계 갈등의 이슈는 정치·사회적인 문제, 부모, 및 개인의 가치관 등과 관련된 '사회적' 문제들로서, 개인적 단점보다 둘 이외의 다른 사람들과 관련된 사회적 이슈에서 갈등을 빚는 일이 많았다.

표 7-2. 관계 갈등을 일으키는 문제의 순위

관계 갈등의 이슈	이성애자	게이	레즈비언
애정, 성과 같은 친밀성 문제	1	1	1
과도한 요구나 소유, 관계에서의 동등성 부족, 친구, 또는 여가 시간과 같은 권력 문제	2	2	2
정치·사회적 문제, 부모, 및 개인적 가치관과 같은 사회적 문제	3	5	5
음주, 흡연, 개인적 차림새, 운전 스타일과 같은 개인적 단점	4	3	3
자주 자리를 비우거나 학교 또는 직장 개입과 같은 개인적 거리 문제	5	4	4
이전의 애인 또는 거짓말과 같은 불신 문제	6	6	6

출처: Kurdek, 1994; DeVito, 2000, p.202.

2) 갈등의 속성: 퇴보적 나선

갈등은 정적인 속성을 지니는 것이 아니라, 갈등 자체가 끊임없이 변화해 가면서 사람과 사람 사이의 관계의 본질에 심각한 영향을 주는 하나의 동적인 과정이다 (Verderber & Verderber, 2001). 갈등이 변화해 가는 전형적인 양상은 대체로 시간이 지날수록 증폭되는 모습을 띤다. 이처럼 처음에는 사소한 의견 불일치로 시작되었던 갈등이 점점 증폭되어 퇴보적 나선을 따라가는 모습이 그림 7-1에 나와 있다(Wilmot, 1987/1996). 그리고 일단 관계가 끝장이 나면 결별 행동을 후회하지 않기 위해 '의사 결

그림 7-1. 퇴보적 나선

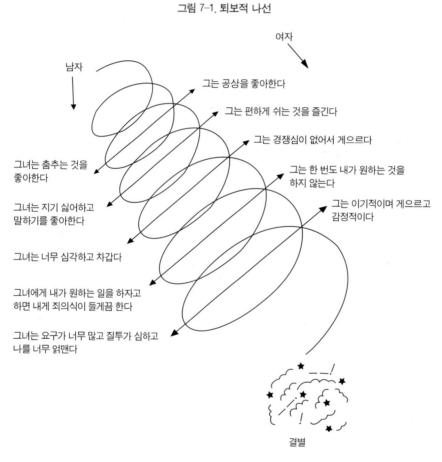

출처: Wilmot, 1987/1996, p.242.

226

정 후의 부조화' 감소를 향하여 상대방을 계속 평가 절하함으로써 회복될 수 없는 경지에 이르게 된다(6장의 인지 부조화 이론 참조).

6장에서 언급한 발전적 나선은 진행될수록 좋지만, 퇴보적 나선은 빨리 멈출수록 좋다. 나선이 커지면 커질수록 점점 더 멈추게 하기가 어려워지기 때문이다. 나선의 진행을 끊는 것은 커뮤니케이션 매듭점 풀기와 관련된다. 누군가가 매듭점을 끊어 주어야만 관계의 악화가 방지될 수 있다. 갈등의 해결을 위해서는 퇴보적 나선의 진행을 가능한 한 빨리 막아야 하고, 그러기 위해서는 일단 갈등 상황으로부터 자신을 떼어 놓고 객관적인 눈으로 다시 냉정하게 그 상황을 바라보도록 하는 훈련이 필요하다.

갈등의 결과가 긍정적으로 이어질 수도 있고 부정적으로 이어질 수도 있다. 이것을 갈등의 기능적 결과와 역기능적 결과라고 하여, 표 7-3과 같이 분류해 볼 수 있다. 현명한 커뮤니케이션으로 갈등을 잘 해결하여 기능적 결과로 이어지도록 하는 것이 바람직하다는 것은 두말 할 나위가 없다.

표 7-3. 갈등의 기능적 결과와 역기능적 결과

구분 학자	기능적(긍정적) 결과	역기능적(부정적) 결과
미첼과 라슨 (Michell & Larson, 1996)	• 구성원에게 자극을 일으키고 행동을 하도록 에너지를 공급하며, 결과적으로 바라는 바의 목표를 달성하도록 함. • 창의적인 문제 해결에 이르게 함.	• '우리'와 '그들' 그리고 승자와 패자로 구분되어 갈등 당사자와 모두의 욕구를 가장 잘 처리하는 문제를 찾으려 하기보다는 자신의 승리를 강조하는 지향성을 지녀 지각의 왜곡을 일으키고 상호 간의 의사소통과 상호작용을 감소시킴.
이넌세비치와 매티슨 (Inancevich & Matteson, 1997)	• 문제를 인식하게 됨. • 문제 해결을 탐색함. • 변혁이 일어나고 적응이 가능하게 됨.	• 집단 내에서는 응집력이 증대되면서 전제적 리더십이 등장하고, 행동에 초점을 두어 충성심을 강조함.
멀린스 (L. J. Mullins, 1998)	• 좋은 아이디어가 생성됨. • 새로운 접근 방법을 탐색함. • 오랜 문제가 표면화되어 해소됨. • 개인의 관점이 명확히 됨. • 관심과 창의성이 자극됨. • 사람들에게 자신의 잠재력을 시험할 기회가 주어짐.	• 혹자들은 좌절과 정신착란을 느낌. • 사람들 간의 거리감이 증대됨. • 불신과 의심의 분위기가 증대됨. • 개인과 집단이 자신의 좁은 이익에 집중함. • 팀워크보다는 저항이 증대됨.

출처: 이한검·이수광, 2001, p.311.

3) 갈등 고리에서의 커뮤니케이션 매듭점

두 당사자 간의 잘못된 행동이나 커뮤니케이션은 악순환의 고리를 반복하기 마련이다. 위에 언급한 퇴보적 나선은 눈덩이처럼 '점점 더 커져가는' 갈등의 속성에 초점을 둔 개념이고, 갈등 고리에서의 커뮤니케이션 매듭점은 누군가가 그 매듭을 풀거나 끊기 전에는 서로 주거니 받거니 하며 좋지 않은 감정이나 언행이 '계속 반복되는' 속성을 지니고 있다는 데 강조점이 있다. 누가 먼저 잘못했는지는 모르지만, 호혜성의 원리에 의해 사람은 자기에게 잘 대해 주는 사람에게는 좋은 반응을 보이지만 자기에게 잘 못한다고 생각되는 사람에게는 좋지 않은 반응을 보이게 되어 거울처럼 비슷한 양상을 되풀이하게 된다. 커뮤니케이션의 흐름이 연속적인 것처럼, 갈등의 흐름도 어떤 한 사람이 그 악순환의 고리를 끊기 전에는 지속되기가 쉽다.

　　더욱 중요한 사실은 양 당사자가 서로 같은 갈등 상황의 흐름을 매듭지어 보는 관점이 다르기 때문에(2장의 매듭점 원리 참조), 책임을 서로 상대방에게 귀인시키게 되어(3장의 귀인 원리 참조), 문제의 원인이 자기에게 있다기보다 상대방에게 있으니 상대방이 태도를 바꾸어야 한다고 양자 모두 철석같이 믿고 있는 데 더 큰 문제가 있다는 점이다. 예시 7-1에서 보듯이, 아내는 남편이 늦게 귀가하니까 자기가 바가지를 긁는다고 생각하고, 남편은 아내가 바가지를 긁으니까 자기가 늦게 귀가한다고 말한다면, 이 부부는 같은 갈등의 악순환 고리를 놓고 서로 매듭지어 보는 방식이 다른 것이다(설기문, 1997, p.167).

2. 갈등, 부정적 감정, 및 공격성

1) 갈등으로 인한 부정적 감정

갈등으로 인한 일차적인 감정은 개인적인 스트레스다. 개인 내 갈등이든 대인 간 갈등이든 부정적 감정은 당사자들 개인의 마음속에서 느껴지는 정서다. 스트레스는

> ▶ 예시 7-1. 갈등의 고리에서 커뮤니케이션 매듭점을 보는 관점이 다른 예
>
> 아내: 어휴 지긋지긋해! 당신은 어째서 매일 밤 술 마시고 늦게 들어와요?
>
> 남편: 바가지 좀 그만 긁어요!
>
> 아내: 아니, 제가 언제 바가지를 긁었다고 그래요……?
>
> 남편: 그럼, 그게 바가지가 아니고 뭐요? 듣기 좋은 꽃노래도 한두 번이지……
>
> 아내: 아니, 여보! 무슨 말씀을 그렇게 하세요? 솔직히 말해, 당신이 일찍 들어오면 왜 불평을 하
> 겠어요?
>
> 남편: 당신이 그렇게 바가지를 긁어대는데 난들 뭐가 좋아 집에 일찍 오고 싶겠어?
>
> 아내: 누가 할 소리를 누가 하는지 모르겠군요. 기가 차네요. 당신이 한 일은 생각하지 않고 바가
> 지 탓만 하시다니!
>
> 남편: 정말로 그건 내가 할 소리요. 당신의 그 지긋지긋한 바가지 타령에 대해서는 말하지 않고
> 내가 좀 늦게 오는 것을 갖고 그렇게 야단이오!……
>
> 출처: 설기문, 1997, p.167.

단일한 큰 사건보다 사소한 일의 누적으로 인해 생기는 경우가 더 흔하다(Holmes & Rahe, 1967). 그리고 반드시 부정적 사건만이 스트레스를 주는 것이 아니라, 긍정적 사건이든 부정적 사건이든 무관하게 '큰 변화'가 있을 때 스트레스를 경험한다. 좋은 변화도 '변화'에는 '적응'이 필요하기 때문에 스트레스를 받는 것이다. 따라서 결혼, 출산, 승진, 새 집으로의 이사 등과 같은 긍정적인 일도 이혼, 유산, 해고 등과 같은 부정적인 일보다 더 좋은 일이기는 하지만 스트레스를 느끼는 정도는 크게 다르지 않다.

갈등을 예방하려면 상대에게 혹시 스트레스를 유발할 수 있는 적응이 필요한 '변화'는 없는지 살펴볼 필요가 있다. 상대방이 이제 막 승진을 했다든지 출산을 했다면 큰 변화를 겪은 것이고 분명히 그 변화에 적응하기 위한 최소한의 스트레스를 경험할 것임에 틀림없다. 이때 한쪽 사람이 상대방의 그러한 변화에 스스로 잘 적응하도록 배려해 주는 여유 있는 마음을 지니고 있다면 갈등이 유발될 소지는 훨씬 더 줄어들 수 있다. 결혼 초에 갈등이 많은 이유는 무엇보다도 ① 두 사람이 모두 아주 큰

변화를 겪었기 때문에 적응이 필요해서 유발되는 스트레스, 그리고 ② 결혼 전까지 서로 다른 문화적 환경에서 자라던 사람이 함께 같은 공간 속에서 지내야 하기 때문에 생기는 문화 충격으로 인한 것이다(10장 참조).

스트레스가 생기면 외부 또는 자신의 내부로 공격성이 나타난다. 공격성이 내부로 나타나면 자학하거나 우울증에 걸리기 쉽고, 외부로 나타나면 상대방에게 작게는 짜증으로, 심하게는 폭언이나 폭행으로 나타나기 쉽다. 부정적 감정을 잘 다루는 방법을 알기 위해 이것이 발생되고 진행되는 과정을 이해할 필요가 있다. 갈등이나 스트레스로 인해 생기는 감정 중 분노만이 지배적인 감정은 아니다. 겉으로 가장 쉽게 드러나는 것은 분노지만, 짜증, 공포감, 상실감(변화 이전의 모습에 대한 상실감), 자포자기 등과 같은 부정적 감정도 함께 느낀다. 다만 성인들이 이런 감정을 쉽게 상대에게 표현하거나 인정하지 않을 뿐이다(박기순, 1998, p.179). 그러나 정서와 관련되는 다른 감정들은 이미 비언어적 메시지와 관련하여 5장에서 상세히 다루었으므로, 이 장에서는 갈등과 관련하여 가장 중요하다고 볼 수 있는 분노와 공격성을 중심으로 설명하려 한다.

갈등이 일어난 연후에 자신과 상대방의 부정적 감정을 잘 치유하는 것도 중요하지만, 상대방의 부정적 감정을 잘 읽어 낼 수 있는 것도 더 큰 갈등을 미연에 방지하는 데 큰 효과가 있다. 부정적 감정을 가지고 있지 않은데도 자꾸만 상대가 부정적 감정을 가지고 있는 것처럼 생각하고 행동하면(이것은 1장의 신호 탐지 이론에서 언급한 '오경보'에 해당한다), 앞서 언급한 자기 충족적 예언에 의해 오히려 더 관계가 악화될 수 있기 때문에 좋지 않다. 그러나 실제로 부정적 감정을 가지고 있을 때 이것을 미리 잘 알아차릴 수 있다면(이것은 신호 탐지에서 '올바른 수용'에 해당한다), 갈등의 악화는 훨씬 더 줄어든다.

언젠가 우울증에 걸린 주부가 자녀 둘을 살해하고 자신도 자살하려 하다가 미수에 그친 사건이 있었다. 그 주부의 남편은 우울증이 그렇게 심각한 병인 줄 몰랐다며, 아내의 우울증을 자기가 미리 간파할 수 있었다면 큰 비극을 막을 수도 있었을 것이라고 자책했다. 대개 우울증은 내성적이고 완벽주의 성격을 지닌 여성들에게 많이 찾아온다. 자신의 고민을 다른 사람에게 털어놓지 않고 혼자서 끙끙 앓기 때문이다.

완벽한 기준에 못 미쳐 좌절이 생기고, 이 좌절이 공격성으로 이어지는데, 우울증의 경우는 좌절로 인한 공격성이 외부로 향하지 않고 자신의 내부로 향한 것이라고 볼 수 있다. 부정적 감정 중 공격성과 관련된 몇 가지 이론들을 살펴보는 것은 갈등 해결의 차원에서뿐만 아니라 미디어 폭력의 효과와 관련된 일부 내용을 이해하는 데에도 도움이 될 것이다.

2) 갈등과 분노

최근 리메이 등(Lemay, Overall, & Clark, 2012)은 상처(hurt, 마음 상함)와 분노가 대인 관계에 어떤 결과를 가져오는지에 관한 연구를 진행했다. '상처(마음 상함)'는 흔히 사람들이 다른 사람으로부터 거부 또는 평가 절하되었다고 생각될 때 경험하는 사회적 고통의 한 형태다(Feeney, 2005). 이 상처의 기능은 대인 관계에서 분노와 대조적이다.

'마음 상함'은 개입, 의존, 및 상처받기 쉬운 특성을 지니며, 상처를 준 사람이 다시 받아주기를 바라는 목표가 있고, 건설적인 행동으로 이어진다. 그래서 마음 상한 사람의 반응은 상대에게 죄책감과 공감을 일으켜 건설적 반응을 유발시킨다(표 7-4 참조). 반면에, 분노는 일반적으로 개입과 무관하며 통제, 상처받지 않음, 낮은 의존성, 상대의 행동을 변화시키려는 목표가 있고 대개 파괴적인 행동으로 이어진다. 따라서 분노는 상대방의 분노와 파괴적 행동을 유발시킨다.

즉 상대방의 애정을 회복하고자 하는 마음이 있을 때는 대개 상대에게 분노를

표 7-4. 상처와 분노 경험 및 결과의 이론화

희생자의 정서	희생자의 경험과 반응			가해자의 반응		
	평가	목표	행동	인지	정서	행동
상처	의존성, 상처받기 쉬움	가해자의 수용을 회복	건설적	희생자의 개입을 긍정적 평가	공감과 죄책감	건설적
분노	통제, 권력	가해자의 행동을 변화/통제	파괴적	희생자의 개입을 부정적 평가	분노	파괴적

출처: Lemay, Overall, & Clark, 2012, p.983.

느끼기보다 본인이 상처를 받는 경우가 많고, 이런 상황에서는 상대방도 공감과 죄책 감을 느끼며 건설적인 행동을 보일 가능성이 크다는 것이다. 반대로, 상대방의 행동 을 통제하고 변화시키려 하는 마음이 있을 때는 대개 상대의 행동으로 인해 상처를 받기보다 분노를 느끼는 경우가 많고, 이런 상황에서는 상대방도 역시 분노를 느끼며 파괴적 행동을 보일 가능성이 커질 수 있다.

대인 관계에서 분노의 부정적 효과는 다른 맥락에서도 검증되었다. 분노는 행동 의 에너지는 되지만 행동의 방향성을 결정하는 데는 대개 부정적으로 작용하는 경 향이 있다. 왜냐하면, 분노는 인지적 관점을 축소시킴으로써(Harmon-Jones & Gable, 2013), 한 단계 위에서 대승적으로 바라보는 역할을 방해하기 때문이다(예시 7-2 참조). 역으로, 우리가 분노를 가라앉히면 인지적 관점이 넓어져 더 포용적으로 상황을 이 해할 수 있게 되며, 대인 관계 정보도 선택적으로만 받아들이지 않고 그 사람의 전체 적인 모습을 포괄적으로 받아들여 한결 더 너그럽게 사람들을 대할 수 있다.

3) 공격성 이론과 커뮤니케이션

좌절-공격 이론, 홍분 전이 이론, 단서 촉발 이론 등과 같은 공격성 관련 이론은 주로 대인 관계 상황이 아닌 미디어 폭력의 효과 또는 환경적 스트레스와 관련지어 많이 연구되어 왔으나, 대인 관계의 갈등 상황에도 잘 적용이 된다.

(1) 좌절-공격 이론

예일 대학의 심리학자들에 의해 제안된 좌절-공격 이론의 핵심은 자기가 추구하려던 목표가 좌절되었을 때 공격적이 된다는 것이다(Dollard et al., 1939). 좌절로 인해 유발된 공격이 내부로 향하면 자기 학대나 우울증으로, 외부로 향하면 좌절을 가져오게 한 원인이라고 생각되는 사람 또는 단순히 자기 앞에 있는 대화 상대에 대한 공격적 행 동과 발언으로 나타난다. 좌절을 일으킨 대상 이외의 사람에게로 공격 대상이 바뀌 는 경우는 대개 좌절을 준 상대가 너무 강하거나 공격할 수 없는 상황이거나 혹은 무 생물일 경우다.

▶ 예시 7-2. 분노는 시야를 좁힌다

[세상사는 이야기] 분노는 시야를 좁힌다

분노에는 에너지가 있다. 그래서 우리는 어떤 일에 '열 받으면' 더 과감하게 행동한다. 그런데 이 분노 자체는 행동의 '방향'을 정하는 데는 도움이 되지 않는다. 오히려 분노는 우리의 시야를 좁힘으로써 폭넓은 생각을 방해해 방향을 오도하기 쉽다.

작년 여름 미국심리학회 연차학술대회에 참석했을 때 에디 하먼 존스와 필립 게이블 박사 팀이 발표한 논문이 눈길을 끌었다. '분노가 우리의 시야를 좁힌다'는 연구 결과였다. 그 연구 결과를 들으며 떠올랐던 것은 우리 사회의 분노를 조절하지 않으면 곳곳의 의견 양극화를 해결하기가 더욱 어려워질 수 있겠다는 염려였다.

시야를 좁히는 분노의 영향은 알코올 부작용과 유사한 측면을 지닌다. 술에 취하면 '현재 눈앞에 보이는 상황'에 과도하게 집중하며, 주변 상황이 눈에 들어오지 않는다. '주의 집중의 범위'가 좁아지고, 지나치게 자기중심적인 상태가 된다는 뜻이다.

스틸과 조지프 박사 팀이 1990년 심리학 학술지에 발표한 '알코올 근시안 모델'의 핵심은 술을 마시면 주의 집중의 폭이 감소해 당장 눈에 띄는 바로 앞의 정보에만 초점을 두게 된다는 내용이다. 시야가 좁아지니 감정을 더 강하게 자극하는 쪽에 마음을 빼앗긴다. 그래서 전체 장면을 놓치게 된다.

우리가 소통을 잘하기 위해서, 특히 의견이 다른 사람들과 소통을 원만하게 하기 위해서는 다양한 의견을 하나의 커다란 틀 속에서 바라볼 수 있어야 한다. 그러려면 우리 시야의 폭을 넓혀야 한다. 분노한 상태에서는 시야가 좁아지기 때문에 당연히 커다란 틀 속에서 해당 상황을 바라볼 수 없고, 그러면 소통의 양 당사자가 최대한 만족할 수 있는 해결책이 나오기가 힘들어진다.

누군가 우리를 화나게 할 때 '저 사람도 나를 최선을 다하고 있다'고 생각하면 우리 마음속 분노가 약간은 누그러진다. 그 사람이 지금까지 살아온 환경과 겪어 온 경험 등에 비춰보면 그렇게 생각하고 행동하는 것이 그 입장에서는 최선일 수 있는 것이다.

그럼에도 불구하고 현실 속에서 실제로 분노가 끓어오르면 '상대도 나름 최선을 다하고 있다'는 생각을 하기가 쉽지 않다. 입장을 바꿔 생각하기도 쉽지 않다. 분노한 상태에서는 오로지 자기 생각만이 전부이며 최선이라고 생각하는 경향이 더욱 강해지기 때문이다. 전체 중 일부분으로서 상대와 나를 바라보는 것이 아니라, '내가 전체'라는 생각에 빠져든다. 더 나아가 '나는 선이며 너는 악'이라는 이분법적 사고도 더욱 강해진다.

이러한 이유로 소통의 양 당사자 중 어느 한쪽이라도 '분노'한 상태에서 소통 장면에 임하는 경우에는 서로 의미를 공유하기 어렵다. 상대의 어떤 행동이 마음에 들지 않더라도 최대한 분노를 가라앉힌 상태에서 소통을 시작해야 한다. 그래야만 본인이 정말 하고 싶었던 마음속 말을 제대로 전달하면서도 관계를 상하지 않을 수 있다.

부당한 대우를 받았다고 생각할 때 분노하는 것은 자연스러운 인간의 반응이다. 그런데 이러한 부당함을 해결하기 위해서는 어떤 식으로든 소통을 해야 하고, 소통을 위해서는 분노를 상당 부분 가라앉혀야 한다. 분노한 상태에서 대화를 시작하면 그 감정이 겉으로 표현될 때 상대에게 상처를 주는 말이 튀어나오기 쉽고, 이러한 상대의 상처는 또 자신에게 부메랑이 돼 돌아오기 마련이다.

우리 사회가 좀 더 분노의 수준을 낮추고, 냉정하고 객관적인 자세로 문제 해결에 임하는 사회가 되면 좋겠다. 더욱 가속화해 가는 분노 사회 속에서는 상처받는 사람이 너무나 많아지고, 그럴수록 해결책에서는 더욱 멀어진다.

출처: 〈매일경제〉, 2014. 10. 18, 나은영, "세상사는 이야기" 칼럼.

성취 상황에서의 좌절(예: 대학 입시에 떨어짐)이나 대인 관계에서의 좌절(예: 데이트 신청을 거절당함)뿐만 아니라, 사회적으로 경기가 좋지 않아서 겪게 되는 좌절도 공격 동기를 일으킨다. 고전적인 한 연구에서 미국 남부 지역 목화 값이 떨어져 불경기가 올 때 흑인과 관련된 폭행 범죄가 증가한다는 결과를 얻었고(Hovland & Sears, 1940), 흑인에 대한 인종적 편견이 심한 것도 백인 상류층보다는 백인 하류층이었다(Argyle, 1992). 한국에서도 1997년 직후 몇 년간 국제통화기금(IMF) 시대에 특히 많은 사회적 범죄가 발생했던 사실도 좌절이 공격을 일으키는 중요한 요인 중 하나임을 입증해 준다.

대인 관계 상황에서 좌절로 인해 생기는 공격성이 대인 갈등을 일으키는 요인 중 하나가 될 수 있다는 사실도 IMF 이후 실직 등으로 인한 가정 내 갈등과 이혼율 증가가 뒷받침한다. 좌절을 준 원인이 대인 관계가 아니라 경제적 상황임에도 불구하고, 양 당사자 중 한 사람 혹은 둘 모두가 외부 또는 내부 상황에 의해 좌절을 느끼면 그만큼 공격적 패턴의 커뮤니케이션이 많아질 가능성이 크고, 이것이 더 큰 갈등을 불러올 뿐만 아니라, 좌절이 없었다면 보다 쉽게 극복했을 갈등도 좌절 상황에서는 더 극복하기 어려워질 수 있다.

(2) 단서 촉발 이론

단서 촉발 이론은 좌절-공격 이론의 기본 가정을 인정하면서, 이 과정을 중재하는 요인으로 그 당시의 상황에 공격과 연합되어 있는 다른 단서가 있는지의 여부가 중요하게 작용함을 주장하는 것이다(Berkowitz, 1974). 예를 들어, 좌절을 느껴 공격성이 유발되려 하는데 그 상황에 마침 칼이나 총과 같은 무기가 있었다면, 이런 무기는 과거에 학습된 경험에 의해 평소 사람들의 머릿속에 공격적 행동과 연합이 되어 있기 때문에 그것을 보는 순간 공격성이 활성화되어 더 쉽게 공격 행동이 나타난다는 것이다.

단서 촉발 이론의 검증 실험에서, 남자 대학생들의 수행에 대한 상대방의 평가를 독립변인으로 조작하여, 잘 했을 때는 한 번의 쇼크를, 못했을 때는 일곱 번까지의 쇼크를 준 것으로 만들었다. 후자가 분노를 유발시킨 조건이었다. 그리고 나서 역할을 바꾸어 다시 상대방의 수행을 평가할 기회를 주었다. 이때 단서 촉발 조건을 세 가지로 나누어, 한 조건에서는 옆 책상에 총이 놓여 있는 상태에서 이것이 상대방의 총이

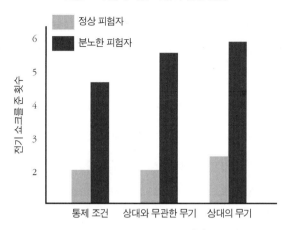

그림 7-2. 단서 촉발 이론의 검증 실험

출처: Berkowitz & Lepage, 1967; 한규석, 1995, p.291.

지만 신경 쓰지 말라고 이야기했고, 두 번째 조건에서는 옆 책상에 총이 놓여 있기는
했지만 상대방과는 무관하다고 이야기했다. 통제 조건인 마지막 조건에서는 아무것
도 놓아두지 않았다. 종속변인은 상대방에게 준 전기 쇼크의 횟수였다. 그 결과, 그림
7-2에서 알 수 있듯이, 분노한 피험자가 그렇지 않은 피험자보다 더 많은 전기 쇼크
를 주었으며, 그 정도는 상대와 관련 있는 무기든 관련 없는 무기든 무관하게 '옆에 무
기가 놓여 있을 때' 더 많은 전기 쇼크를 준 것으로 나타났다. 단서 촉발 이론의 결과
를 실제 커뮤니케이션 상황에 적용해 보면, 실제로 갈등 상황에 부딪쳐 대화를 할 때
다른 부정적 사건이 연상될 수 있는 단서가 없어야 한다는 것이다. 해당 사항과 관련
이 없더라도 공격성을 일으킬 수 있는 다른 상황적 단서가 있으면 분노로 인한 공격
성이 더 증폭될 수 있기 때문이다.

(3) 흥분 전이 이론

공격성과 관련된 이론들 중 커뮤니케이션학 분야에 가장 많이 알려져 있는 흥분 전
이 이론은 정서의 2요인설과 관련된 사회심리학적 연구에 바탕을 두고 있다(Schachter
& Singer, 1962). 정서의 2요인설은 사람이 어떤 정서 상태를 경험하게 되는 것은 두 가
지 조건이 상호작용한 결과라는 것이다. 즉 일단 기본 조건으로서 신체적·생리적 흥

분 상태가 있어야 하고, 이 흥분 상태가 왜 일어났는지에 대한 인지적 해석이 있어야 그 결과로서 정서가 경험된다는 것이다. 이것은 앞서 3장에서 논의한 귀인 과정과 관련이 된다. 왜냐하면, 자기가 지금 경험하는 생리적 흥분 상태를 어디로 귀인하느냐 (즉 무엇 때문이냐)에 따라서 느끼는 정서가 달라진다고 주장하기 때문이다.

한 연구에서 남학생들에게 자기 심장 소리를 들을 수 있는 이어폰이라고 하면서 그 이어폰을 끼고 여자의 사진을 보여 주었다(Valins, 1966). 사실은 실험자가 심장박동 소리를 실험적 조작하여, 어떤 사진을 보았을 때는 심장이 빨리 뛰는 것처럼 들리게 하고 다른 사진을 보았을 때는 심장이 천천히 뛰는 것처럼 들리게 했다. 그 결과, 남학생들은 자기 심장이 더 빨리 뛰는 이유가 사진 때문이었다고 생각하고, 심장이 빨리 뛸 때 본 사진의 여자가 더 매력적이라고 판단했다.

흥분 전이 이론은 다른 일로 인해 아직 가라앉지 않은 흥분이 남아 있는 상태에서 화가 나는 일을 접하면 공격성이 증폭되어 나타난다는 이론이다(Zillman, 1971). 날씨가 우중충하다든지 덥고 습해서 불쾌지수가 높다든지 혹은 상대방과 관련 없는 다른 일 때문에 짜증이 나 있거나 흥분 상태가 되어 있을 때 상대방이 부정적인 이야기를 꺼내거나 부정적인 행동을 하면 평소보다 더 강한 분노의 감정이 폭발하는 공격성을 보일 수 있다. 공격적 언어나 행동을 일으키는 데 있어서 분노와 우울감, 또는 질투심 등과 같은 여러 부정적 정서들이 누적적으로 작용한다는 것이다.

흥분 전이 이론을 검증하기 위한 한 실험에서 두 가지 독립변인을 조작했다. 하나는 짜증스러운 소음이 있는 조건과 없는 조건으로, 또 다른 하나는 화나게 한 조건과 화나게 하지 않은 조건이었다(Donnerstein & Wilson, 1976). 구체적인 방법은 먼저 남자 대학생들에게 자신의 수행에 대한 긍정적 혹은 부정적 평가를 상대방으로부터 받게 한 다음 상대방의 학습을 감독하는 기회가 주어졌고, 상대방이 잘 못할 때 (사실은 가짜인) 전기 쇼크를 줄 수 있었다. 부정적 평가를 했던 사람을 감독하게 되었을 때 더 강한 공격성이 나타나 전기 쇼크의 강도를 더 높일 것이라고 예측할 수 있다. 각 조건을 또 다시 둘로 나누어, 한 조건에서는 시끄러운 소음이 있는 헤드폰을 끼고 응답했고 다른 조건에서는 소음이 없는 헤드폰을 끼고 응답했다. 그 결과, 그림 7-3과 마찬가지로 소음이 있을 때와 없을 때 모두 화가 나지 않은 조건보다 화가 난 조건이

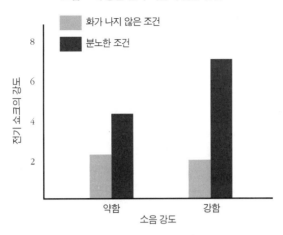

그림 7-3. 흥분 전이 이론의 검증 실험

출처: Donnerstein & Wilson, 1976; 한규석, 1995, p.293.

더 강한 전기 쇼크를 주었으나, 그 강도는 소음이 있을 때 훨씬 더 높았다. 이런 결과를 실생활에 적용한다면, 부정적인 이야기를 꺼낼 때는 상대방이 다른 일로 인해 부정적 감정을 느끼고 있는 상태가 아닐 때 꺼내는 것이 갈등의 증폭을 막고 공격성을 방지할 수 있는 현명한 대화 방법이라고 할 수 있다.

4) 부정적 감정의 해결

부정적 감정을 해결하는 것은 대인 관계나 자신의 성취를 위해 가장 중요하다. 부정적 감정하에서는 모든 것이 부정적으로 보이기 때문이다. 뿐만 아니라, 자신의 부정적 감정은 다른 사람에게도 악영향을 줄 수 있으므로, 가능한 한 빨리 치유해야 한다. 효과적인 커뮤니케이션과 갈등 해결을 위해 중요한 것은 부정적 정서를 잘 조절하는 일이다. 부정적 정서를 조절하는 양식은 표 7-5와 같이 능동적 양식, 지지 추구적 양식, 및 회피·분산적 양식으로 나뉘며, 이 각각의 양식이 분노, 슬픔, 불안, 및 부끄러움을 조절하는 데 효과가 있는 정도는 그림 7-4에 나와 있다(민경환, 2002, pp.176~178). 거의 대부분의 부정적 정서(특히 불안)를 조절하는 데 능동적 양식이 가장 효과적인 것으로 드러나고 있지만, 주변 사람들로부터의 지지를 추구하는 조절 양식도 (특히 슬픔과 분노를 조절하는 데) 상당히 효과적인 것으로 보인다. 자신의 감정을 조절함으로써 효과적인 커뮤니케이션이 가능해지고, 이것은 갈등의 해결에 도움이 된다.

표 7-5. 부정적 정서의 조절 양식과 하위 방략

조절 양식	특성	하위 방략
능동적 양식	• 문제 해결을 위한 계획 세우기. • 구체적인 문제 해결 행동. • 자신의 느낌 혹은 상황을 이해하기 위한 노력.	• 문제를 해결하거나 상황을 개선하기 위한 구체적인 일을 한다. • 상황을 개선하거나 문제를 해결하기 위한 구체적인 계획을 세운다. • 상황(혹은 문제)을 보다 명확히 이해하고자 한다. • 왜 내가 이런 기분을 느끼게 되었는지 이해하려고 노력한다.
지지 추구적 양식	• 타인으로부터의 정서적·도구적 지지 구하기.	• 가족이나 친구와 만난다. • 누군가 나를 이해하고 위로해 주길 바란다. • 다른 사람들과 나의 느낌에 관하여 이야기한다. • 다른 사람들로부터 도움이나 조언을 구한다.
회피·분산적 양식	• 문제 상황으로부터의 회피. • 주의의 분산.	• 기분을 나쁘게 한 상황이나 문제로부터 벗어나려고 한다. • 관계없는 다른 일을 떠올리거나 다른 일에 집중한다. • 막연히 "나아지겠지," "어떻게든 되겠지"라고 생각한다. • 마음속에서 그 문제를 완전히 지워 버리려고 노력한다.

출처: 민경환, 2002, p.176

그림 7-4. 정서의 종류에 따른 각 조절 양식의 효과성 정도

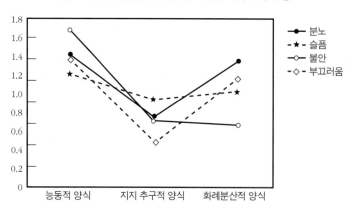

출처: 민경환, 2002, p.178.

3. 온라인 갈등과 그 해결

1) 인터넷 커뮤니케이션에서의 개인적 갈등과 해결

사람과 사람이 커뮤니케이션하며 살아가는 사회 속에서도 항상 갈등이 존재하듯이, 인간 사회의 확장이라고 볼 수 있는 인터넷 속에서도 갈등은 있다. 이것을 온라인 갈등이라고 하며, 온라인 갈등을 일으키는 커뮤니케이션 형태의 대표적인 예로 스패밍과 플레이밍이 있다(DeVito, 2000, pp.205~206). '스패밍(spamming)'은 허락 없이 보내는 불청객과 같은 메일, 같은 메일을 반복해서 보내는 행위, 또는 같은 메시지를 수많은 게시판에 올리는 경우, 심지어 집단의 초점과 관련이 없는 메시지를 보낼 때 사용하는 용어다. 원하지 않는 상업성 폭탄 메일도 여기에 속하며, 이와 같은 스팸 메일을 지우는 데 수신자들이 시간과 노력을 투자해야 하기 때문에 부정적 감정을 유발시키고, 이것이 온라인 또는 오프라인상의 갈등으로까지 이어지기도 한다.

뉴스 그룹에서 흔히 사용되는 '플레이밍(flaming)'은 개인적으로 다른 사용자를 공격하는 메시지를 보내는 것을 말한다. 플레이밍은 온라인상에서 집단의 모든 사람들이 각자에게 공격을 가하는 플레임 전쟁으로 이어지기도 한다. 이것은 분명히 개인과 집단의 목표 달성을 방해하는 비생산적인 행위다.

1장에서 커뮤니케이션의 기본 과정 중 하나로 언급했던 신호와 소음의 구분뿐만 아니라, 진실된 정보와 허위 정보의 구분, 영양가 있는 핵심 정보와 영양가 없는 주변 정보의 구분은 고스란히 뉴 미디어를 이용하는 '사람'의 몫으로 남는다. 정보를 유포하는 사람과 그것을 받아들이는 사람 간에 피할 수 없는 전쟁이 소리 없이 일어나고 있는 공간이 바로 인터넷 공간이기도 하다. 정보를 유포하는 사람에게는 그것이 진실이든 아니든, 전면적인 중요한 정보든 주변적인 하찮은 정보든 그 정보의 유포가 매우 중요하겠지만, 받아들이는 사람에게는 사람에 따라 분명히 그 중요성과 반응이 다를 수밖에 없다. 정보를 보내는 사람과 받는 사람의 이익이 상충될 때 특히 갈등 상황으로 번지기가 쉽다.

실제 대면 커뮤니케이션 상황에서도 정보의 진실성 및 중요성에 대한 판단과 구분이 중요하며, 타인 지각과 커뮤니케이션 과정에서 오해와 오지각이 발생할 가능성이 높다는 사실은 이 책의 앞부분에서 자세히 논의되었다(3장과 6장 등 참조). 그러나 인터넷상에서의 정보 교류는 면대면 상황의 정보 교류와 비교할 수 없을 정도로 전파 속도도 빠르고 규모도 엄청나게 크기 때문에, 정확성 지각(accuracy perception)의 문제가 인터넷 사회 속의 정보 흐름으로 인한 커뮤니케이션 과정 속에서 더욱 면밀히 연구되어야 할 것으로 보인다. 한 사람이 면대면 커뮤니케이션 상황에서 오류를 범하는 것은 소폭의 단기적 악영향으로 끝날지 모르지만, 수많은 사람들이 연결망으로 얽혀 있는 인터넷 사회 속에서의 오류는 인류 사회 전체에 치명적인 영향을 줄 수도 있다.

2) 인터넷 커뮤니케이션에서의 집단적 갈등과 해결

개인의 이메일로 보내지는 스팸 메일로 인한 갈등은 대체로 개인적인 수준의 갈등이 많지만 (이 경우에도 스팸메일을 보낸 기관에 피해자들이 단체로 집단적 대응을 보일 가능성은 여전히 남아있다), 게시판에 올라온 글의 내용에 대해 동의하지 않을 때 감정적인 반박글을 올림으로써 일어나는 플레이밍 갈등은 개인 간 갈등으로 그치지 않고 집단 간 갈등으로 번질 확률이 더욱 높다. 대개 이 경우 처음 올라온 의견에 대한 '반대 의견파'와 '찬성 의견파'로 나뉘어 마치 실제 사회 속의 패싸움이나 '집단 간 갈등'과 유사한 양상을 띤다(10장 참조). 때로는 현실 속에서의 작은 갈등이 온라인상으로 유포됨으로써 증폭되기도 하고, 이런 과정이 일부 집단에 의해 악용되기까지 한다.

한 연구에서, 인터넷상에 ① 자신의 의견과 비슷한 글이 몇 % 정도이며 자신의 의견과 다른 글이 몇 % 정도인지, 그리고 ② 이성적 글은 몇 % 정도이며 감정적 글은 몇 % 정도인지를 추측하게 했다(나은영·차유리, 2012). 표 7-6은 ①과 ②의 상관관계를 나타낸다. 이 결과에서 알 수 있듯이, 인터넷에 자기 의견과 유사한 글이 많다고 생각할수록 이성적인 글이 더 많다고 생각하고, 자기 의견과 다른 글이 많다고 생각할수록 감정적 글이 더 많다고 생각하는 경향이 있었다. 이러한 자기중심적 착시가 인터넷에서 집단 간의 의견 극화를 더욱 악화시킬 가능성이 있다.

온라인 여론 형성 과정도 오프라인 여론 형성 과정과 상당 부분 유사하지만(9장

표 7-6. 인터넷 글의 의견 유사성과 이성적, 감정적 글의 비율 판단 간 상관관계

글의 특징	의견 유사성	내 의견과 유사한 다른 글의 비율	
		내 의견과 유사한 글의 %	내 의견과 다른 글의 %
이성적, 감정적 글의 비율	이성적 글의 %	.477	.267
	감정적 글의 %	.160	.420

출처: 나은영·차유리, 2012.

과 10장 참조), 특히 소수의 의견이 과대 지각될 가능성이 온라인 상황에서 더 커질 수 있다. 그 이유는 상당히 매스 미디어적인 성격을 지니고 있는 온라인상에 떠오른 정보는 이미 한 개인의 정보가 아니라 더 많은 사람들이 동의했을 것이라는 암묵적 가정을 일으키기가 쉽고, 여기에 한 사람이라도 동의하는 글이 더 올라와 있으면 이 가정이 더욱 힘을 받게 된다. 동질적인 사람들이 함께 참여하는 커뮤니티의 경우 한 방향으로 더욱 극단적인 의견으로 몰아갈 가능성이 크다. 이는 10장에서 논의하게 될 집단 극화(group polarization) 과정이 온라인상에서 익명 토론으로 이루어질 때 더욱 커질 가능성이 있음을 시사한다(Wallace, 1999).

동질적인 사람들끼리는 더욱 더 동질적으로 극단적인 의견 쪽으로 몰리고, 반대되는 사람과는 더욱 틈이 벌어지는 집단 극화 현상은 온라인이나 오프라인 집단 간 갈등의 전형적인 결과다. 인터넷상에서는 특히 현실 세계에서 억눌려 있던 욕구가 탈억제되어, 현실 세계에서 마음껏 공격해 보지 못해 마음속으로 쌓였던 부분까지 한꺼번에 분출될 가능성도 높다(Gackenbach, 1998). 현실 사회 속에서 개인의 행동보다 군중 행동이 더 과격하게 일어나는 이유도 '익명성'이라는 방패막이 때문인데, 사이버상의 익명성도 이와 유사한 결과를 초래하여 (책임감의 분산으로 인한) 더욱 통제되지 않는 공격성의 무작위적 확산이 이루어질 수 있다.

요컨대, 개인 내 커뮤니케이션에서 시작하여 대인 및 공중 커뮤니케이션에 이르기까지 오지각(misperception)과 갈등에 관련된 인간 커뮤니케이션의 원리가 인터넷을 매개로 한 사람들 간의 커뮤니케이션 상황에도 대부분 그 근간으로 적용될 수 있음을 강조하고 싶다. 자기 자신의 확장이라 할 수 있는 스마트폰은 대인 커뮤니케이션의 원리와 커뮤니케이터의 심리를 알지 못하고서는 완전히 이해하기가 어렵고, 인간 사

회의 확장이라 할 수 있는 인터넷은 인간 사회 속의 집단 내 커뮤니케이션과 집단 간 커뮤니케이션의 원리를 알지 못하고서는 완전히 이해되지 않는다. 결국 사람과 사람이 의사소통하는 과정, 사람과 사람이 권력 관계와 계약 관계를 유지하는 과정의 이해가 선행되어야만 미디어를 통해 미디어와 함께 연결망을 형성하고 있는 커뮤니케이션 체계를 이해할 수 있다.

4. 갈등 해결의 커뮤니케이션과 문화 차이

1) 갈등 해결을 위한 커뮤니케이션

일단 갈등 상태에 접어들면 그 해결을 위한 커뮤니케이션의 시도가 쉽지만은 않다. 갈등 상태가 아닐 때는 쉽게 풀려갈 수 있는 대화도 갈등 상태에서는 서로가 심리적으로 견제하고 있기 때문에 사소한 말투의 차이에서도 오해가 더 커질 수 있기 때문이다. 이런 상태일수록 어느 한쪽의 갈등 해결 시도가 반드시 성공으로 끝나지 않을 가능성이 크기 때문에, 갈등 해결을 위한 커뮤니케이션의 시작에는 어느 정도의 모험이 필요하다.

갈등을 다루는 한 방법으로서 '철수(withdrawal)'는 단순히 물리적·심리적으로 갈등 상황에서 벗어나는 것을 말한다. 간혹 이것이 협상의 한 전략으로 사용되기도 하지만(11장 참조), 대인 간 갈등 해결을 위해서는 바람직하지 않다. 임시방편으로 갈등의 상황을 잠시 벗어나 마음의 안정을 찾는 데에는 약간의 도움이 될 수 있으나, 갈등의 원인은 전혀 해결되지 않은 채로 고스란히 남아 있기 때문이다. 갈등 해결을 위해 보다 적극적인 커뮤니케이션 시도가 필요하다.

철수와 유사하지만 조금 다른 해결책으로 '맞추기(accomodating)'가 있다. 이것은 자기 자신의 요구 사항이나 필요는 무시한 채 상대방의 요구에만 맞추는 방법으로 갈등을 해결하려는 것이다. 협동적이면서 자기주장적이지 않은 이와 같은 대처 방법은 좋은 관계를 유지하는 데 장점을 지니기도 하지만, 이것이 습관적으로 반복되면 자기 권리를 보호하기 어렵게 된다. 습관적 맞추기의 두 가지 단점은 ① 사실, 논점, 및 입장들이 밝혀지지 않기 때문에 좋은 의사 결정을 할 수 없다는 점, 그리고 ② 한 사람이 다른 사람에게 일방적으로 이용당하게 될 가능성이 있다는 점이다(Verderber & Verderber, 2001, pp.318~319). 이와 같은 '맞추기'에 의한 갈등 해결을 선호하는 문화도 있다. 일본에서는 갈등을 확대시켜 존경심을 잃는 것보다 맞추기를 통해 체면 유지를 하거나 더 겸손하게 처신하는 것이 더 좋다고 생각하며(Lulofs & Cahn, 2000), 이런 경향은 한국도 유사하다.

단순히 갈등 상황에서 철수하거나 상대방에게 맞추기만 하는 방법으로는 갈등이 근본적으로 해결된다기보다 임시방편으로서의 의미만 지닐 뿐이다. 아이들의 경우도 마찬가지다. 놀이터에서 그네를 타고 있는데 덩치 큰 다른 아이가 와서 나를 밀치고 그네를 차지했을 때, 나는 그 아이와 싸우는 것이 겁나 그 자리를 떠나거나(철수) 그 아이가 원하는 대로 그네를 내 주었다(맞추기)고 하자. 이런 상황이 반복되면 '다른 아이를 밀쳐내고 그네를 차지한' 그 덩치 큰 아이의 잘못된 행동이 보상을 받은 셈이 되어(어쨌든 그 아이는 자기가 원하는 대로 항상 그네를 빼앗아 탈 수 있었다), 그 행동이 계속 되풀이될 가능성이 커진다. 학습심리학의 기본 원리가 '보상을 받은 행동은 그 빈도가 증가하고, 처벌을 받은 행동은 그 빈도가 감소한다'는 것이기 때문이다. 좋지 않은 행동을 반복하게 만드는 것은 결과적으로 악을 키우는 셈이 되며, 이것은 그네를 빼앗긴 아이뿐만 아니라 사회 전체를 위해서도 바람직하지 못하다. 누군가 또 그 아이에게 그네를 빼앗길 가능성이 더욱 더 커질 것이기 때문이다. 만약 같은 아이로부터 계속 그네를 빼앗아 타고, 이런 시도가 계속 성공한다면, 그네를 습관적으로 빼앗기는 아이는 결국 덩치 큰 아이로부터 착취를 당하는 것이다.

그러므로 갈등 상황은 무조건 피하려 하기보다 적극적으로 해결해 보려는 시도가 중요하다. 갈등 상황에 지나치게 감정적으로 몰입되어 객관적 판단을 그르치지 말고, 특히 자아 갈등으로 인해 악화되고 있는 부분이 없는지 점검하면서, 무엇이 다르고 어떻게 차이를 좁혀갈 수 있는지를 모색해야 한다. 이 과정에서 한쪽의 승리가 다른 쪽의 패배를 의미하는 것이 아니라 양 당사자 모두에게 좋은 결과를 줄 수 있는 방향은 없는지, 즉 승-승 전략은 없는지, 나누어 먹을 파이 전체의 크기를 늘일 수 있는 방법은 없는지를 잘 점검하기 위해, 한 단계 위의 객관적 조망이 필요하다. 갈등의 양 당사자 의견을 한 단계 위에서 들여다보면 둘 모두를 포괄할 수 있는 해결책이 보일 수 있기 때문이다. 그리고 또 중요한 것은 갈등이 관계의 끝장을 의미하는 마지막 단계가 아니라, 보다 발전적인 깊은 관계를 향한 중간 단계라는 사실을 명심하고, 상대에게 치명적인 상처를 줄 수 있는 커뮤니케이션은 절대적으로 피해야 한다.

2) 두레성향자와 홀로성향자의 갈등 해결

집단주의와 개인주의는 문화 차원의 분류이며, 이에 대응하는 개인 차원의 분류는 두레성향과 홀로성향으로 나뉜다. 두레성향 사람들은 혼자 있는 것보다 다른 사람들과 함께하는 것을 즐기며 홀로성향 사람들은 혼자서 해결하는 것을 선호한다. 갈등 상황에서 홀로성향 아동과 두레성향 아동의 선택이 어떻게 다른지에 관한 한 흥미로운 연구에서(Han & Park, 1995), 두레성향 아동은 홀로성향 아동에 비해 '상대방이 누구인가'에 따라 보이는 행동이 크게 달랐다. 구체적으로, 이 연구에서는 아동들에게 "돼지 저금통을 부수어서 자동차 모델을 사려고 했는데, 다른 사람이 바둑판을 샀으면 좋겠다고 말할 때" 어떤 결정을 하게 되는지를 물어 보았다. 네 가지 선택 — "차 모델을 산다, 바둑판을 산다, 책을 산다, 저금통을 부수지 않는다" — 중에서 어느 것을 택하는지를 살펴보았을 때, 두레성향 아동은 손위 사람의 선택과 자기 의사가 다른 경우 손위 상대방의 의사에 따르는 경우가 많았고, 친한 친구나 동생과는 타협을 하거나 회피하는 경우가 많았다(그림 7-5 참조). 반면에 홀로성향 아동은 갈등 상대와 무관하게 본인의 뜻대로 행동하는 경향이 있었다(한규석·오점조, 1993).

두레성향 아동들은 집단주의 문화에, 홀로성향 아동들은 개인주의 문화에 더 가까운 특성을 지니고 있기 때문에, 이들이 보이는 갈등 상황의 선택 행동과 해결 방안들은 보다 광범위한 문화적 차이와 일맥상통한다. 표 7-7은 개인주의 문화와 집단주의 문화에서 갈등 상황의 커뮤니케이션이 어떤 특성들을 지니고 있는지를 요약한 것이다.

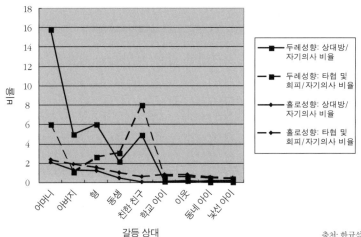

그림 7-5. 두레성향 아동과 홀로성향 아동의 갈등 상황에서
상대방 의견과 자기 의견 비율 및 타협/회피와 자기 의견 비율

출처: 한규석, 1995, p.495.

표 7-7. 갈등 상황의 커뮤니케이션에서의 문화 차이

	개인주의 문화 (저맥락 커뮤니케이션)	집단주의 문화 (고맥락 커뮤니케이션)
정체성	'나'의 정체성 강조.	'우리'의 정체성 강조.
관심사	자기의 얼굴.	상대의 얼굴.
욕구	자율성, 상대방과 다른 점.	우리로서의 동체감, 상대방과의 관계.
우려점	자율성에 대한 침해.	관계의 단절 가능성.
선호 양상	직접적인 방법. 지배적, 대결적, 회피적. 해결 지향적 의사 표현. 분배적, 경쟁적.	간접적인 방법. 정서 지향적. 의무적 의사 표현. 통합적, 타협적.
비언어 행위	개인적 비언어 행위. 직접적인 감정 표현.	역할 근거적 비언어 행위. 은근한 간접적인 감정 표현.

출처: 한규석, 1995, p.342.

3) 갈등 해결의 문화 차이

(1) 남성적-여성적 문화의 갈등 해결

개인의 성격 차이와 상황의 심각성에 따라 갈등을 해결하는 방식이 달라지기도 하지만, 문화적 차이도 존재한다. 문화의 차원들 중 남성성-여성성 차원은 원래 각 문화의 구성원들이 대체로 자기주장과 성취를 중요시하는지 겸손과 삶의 질을 중요시하는지에 따라 나뉜다(Hofstede et al., 2010/2014). 성취와 자기주장을 중요시하면 남성적 국가로, 겸손과 삶의 질을 중요시하면 여성적 국가로 분류된다. 일본·미국·영국·이탈리아·독일 등이 남성적 국가로 분류되며, 한국·네덜란드·핀란드 등이 여성적 국가로 분류된다.

문화의 남성성–여성성 차원에서 특기할 만한 점은 남성적 국가들은 자국의 국민총생산(GNP: gross national product)의 절대적 수치와 관계없이 군비에 지출하는 비율이 높고, 여성적 국가들은 자국의 부의 수준과 무관하게 외국 원조에 사용하는 비율이 높다는 점이다. 갈등 해결의 차원에서 더욱 중요한 점은 남성적 국가들은 서로 갈등을 빚을 때 힘으로 대결하여 우열을 가리려는 경향이 있고, 여성적 국가들은 갈등이 있을 때 타협을 추구하는 경향이 있다는 점이다(Hofstede et al., 2010/2014). 세계 대전을 일으켰던 일본·독일·이탈리아, 포클랜드 섬을 사이에 두고 전쟁을 일으켰던 영국과 아르헨티나, 그리고 가장 최근의 전쟁 당사자들인 아랍과 미국이 모두 남성적 국가라는 사실이 이런 논리를 뒷받침한다. 올랜도 섬을 사이에 두고 갈등을 빚었던 핀란드와 네덜란드는 전쟁으로 문제를 해결하지 않고 올랜도를 관광지로 개발하여 평화로운 해결책에 이르렀다고 한다.

남성적 문화의 구성원들이라고 하여 모두 힘으로 갈등을 해결하려 한다거나, 여성적 문화의 구성원들이라고 하여 모두 평화적 타협을 선호하는 것도 아니며, 남성들이 모두 남성적 문화에 속하고 여성들이 모두 여성적 문화에 속하는 것도 아니다. 그리고 어느 한쪽이 더 우세하거나 열등한 것도 아니다. 다만, 호프슈테드 자신이 남성성–여성성 차원으로 명명한 이유는 문화 차원 중에서 유일하게 이 차원에서만 남녀 차이가 나왔기 때문이라고 한다. 흥미로운 사실은 여성적 국가에서는 남녀 모두 삶의 질과 겸손을 중요시하는 부드러운 특성을 공히 지니고 있는 반면, 남성적 국가에서는 남성은 강자에 동조하고 부드러움보다는 강함을 좋아하지만 여성은 그런 경향이 좀 덜해 남녀 차이가 크게 나타난다는 점이다. 남성적 국가의 여성들이 여성적 국가의 남성들보다 오히려 더 성취 지향적이고 자기주장적이다. 즉 한국과 같은 여성적 국가의 남성들보다 미국과 같은 남성적 국가의 여성들이 더 자기주장적이며 힘의 우위에 의존한다는 것이다.

갈등의 당사자가 개인 대 개인이든, 집단 대 집단이든, 혹은 국가 대 국가든, 그것이 증폭되는 과정과 해결되는 과정은 상당히 유사한 면을 지닌다. 남성성 대 남성성이 부딪치면 반드시 물리적 힘이 아니더라도 어떤 면에서든 힘(또는 능력)과 관련된 부분으로 대결하여 강한 자가 이기는 쪽으로 해결될 가능성이 많고, 여성성 대 여성성이 갈등을 빚으면 비교적 평화로운 타협점을 찾게 될 가능성이 많다. 그런데 남성성 대 여성성이 갈등을 빚는 경우, 예를 들어 남성적인 미국 또는 일본과 여성적인 한국이 갈등을 빚거나 협상 장면에 임할 경우에는 남성적인 쪽은 힘으로 대결하려 하고 여성적인 쪽은 타협점을 찾으려 한다. 이 경우 대부분 여성적인 국가가 손해를 보게 되는데, 그 이유는 여성적 국가는 "이번에 양보하면 다음에는 저쪽에서 양보하겠지" 하는 생각을 하고 한발 물러서지만 남성적 국가는 "우리가 힘이 세니까 저쪽에서 어쩔 수 없이 굴복하는 거야" 하고 생각하기 때문에 한번 양보를 얻어냈다고 하여 다음에 양보할 가능성은 별로 없다(나은영, 1995). 생물학적 성별이 남성이든 여성이든 무관하게, 힘의 우위를 중요시하는 개인과 화합을 중요시하는 개인 간의 갈등도 이와 유사한 과정을 밟을 가능성이 크다.

(2) 한국, 일본, 미국 남성과 여성의 갈등 해결 방식 차이

문화의 남성성-여성성에 따라 갈등 해결 방식에 차이가 나타나기도 하지만, 각 문화의 독특한 속성에 따라 그 문화의 남성과 여성의 갈등 해결 방식이 다양한 방식으로 나타난다(장수지, 2010).

그림 7-6에 잘 나타나 있듯이, 대체로 일본의 남성들이 회피 양식을 가장 덜 사용했으며, 세 문화권 모두 남성이 여성보다 지배 양식을 많이 사용했다. 전반적으로 타협과 통합 양식을 회피나 지배 양식보다 더 많이 사용하는 가운데, 특히 이런 경향은 여성들이 더 두드러졌다. 또한 한국의 남녀 차이가 크게 나타나, 한국 여성들이 남성에 비해 갈등 해결에 타협이나 통합 양식을 많이 사용하는 경향이 있었다.

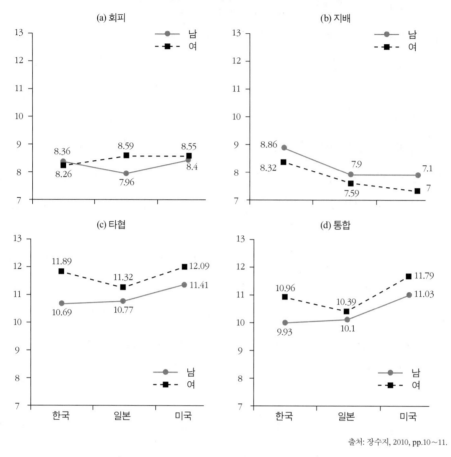

그림 7-6. 갈등 해결을 위해 한국, 일본, 및 미국의 남성과 여성이
(a) 회피, (b) 지배, (c) 타협, 및 (d) 통합 양식을 사용하는 정도

출처: 장수지, 2010, pp.10~11.

4) 갈등 유발과 해결 과정에서 미디어의 역할

(1) 미디어로 인한 갈등 유발과 증폭

롤로프(Roloff, 1987)는 대인 갈등을 촉발시키는 미디어의 역할과 대인 갈등을 해결하는 미디어의 역할을 구분하여 분석했다. 먼저, 미디어가 대인 갈등을 유발시키는 예로서 미디어 사용의 양 또는 종류에 관한 갈등을 언급하고 있다. 즉 부모와 자녀 간, 또는 부부간에 서로 다른 프로그램을 보고 싶어 한다든지, 혹은 상대방이 미디어에 지나치게 몰입하여 가족의 일원으로서 마땅히 해야 할 일을 소홀히 하거나 마땅히 보여야 할 관심을 보이지 않는다든지 하는 것은 갈등을 일으키기에 충분한 요소다. 특히 인터넷 시대로 들어오면서 신세대의 인터넷 중독이나 과다 사용으로 인한 갈등, 또는 주부들의 채팅 몰입으로 인한 가정불화 등을 신문에서도 심심찮게 접할 수 있다.

미디어의 광고에 나오는 물건을 살 것인지 말 것인지에 관한 갈등부터, 드라마의 등장 인물이 좋지 않은 행동을 할 경우 실제 자녀나 배우자를 그와 동일시함으로써 오는 갈등, 더 나아가 드라마의 등장 인물이 너무 이상적으로 그려져 실제 배우자나 자녀와 비교가 되어 생기는 갈등에 이르기까지, 사람이 항상 접하고 사는 미디어로 인해 생길 수 있는 갈등의 소지도 많다. 없던 갈등이 미디어로 인해 유발될 수도 있고, 실제로 어느 정도 잠복해 있던 갈등이 미디어로 인해 촉발되거나 증폭될 가능성은 항상 존재한다.

근래에는 미디어 활용 범위가 점점 넓어지면서 활용 내용과 시간 배분의 문제가 더욱 큰 갈등의 소지로 등장하고 있다. 예를 들어, 학습에 활용하라고 인터넷을 연결시켜 주었는데 자녀가 인터넷 게임에만 몰두하고 있거나 채팅에만 빠져 있다면 당연히 갈등이 있을 수밖에 없다. 뿐만 아니라, 이용할 수 있는 미디어의 종류가 다양해지면서 어떤 상황에서는 적절할 수 있는 미디어가 다른 상황에서는 적절하지 않게 여겨져 갈등이 유발될 수도 있다. 특히 윗사람에게 커뮤니케이션을 하고자 할 때, 면대면 접촉을 할 수 있는 상황임에도 불구하고 비교적 새로이 등장한 미디어인 휴대 전화나 이메일을 사용하면 예의에 어긋나거나 격에 맞지 않는다고 여겨질 수 있고(배진한, 2001), 이로 인해 갈등이 유발될 가능성도 있다.

(2) 갈등 해결 과정에서의 미디어 이용

두 당사자 간에 갈등이 있을 때 서양 문화에서는 직접 당사자들이 만나 해결하는 것을 선호하는 반면 동양 문화에서는 제3자를 통해 간접적으로 해결하는 것을 선호한다(Leung, 1987). 그 이유는 동양에서는 체면 유지와 관계를 중요시하여, 직접 대면함으로써 해결하려 시도했다가 잘 되지 않을 경우 체면이 손상될 것을 우려하기 때문이다. 따라서 갈등 해결 장면에서뿐만 아니라 거절당할 우려가 있는 데이트 신청이나 남녀 간의 교제 시도, 또는 결혼 상대자를 구하는 경우에 이르기까지 양 당사자를 모두 잘 아는 제3자를 동원하는 경우가 많다.

갈등을 해결하고자 할 때 이처럼 체면의 손상을 우려한다면, 편지와 같은 미디어를 사용한 간접적 접근 방법도 권장할 만한 방법이다. 대인 커뮤니케이션 미디어를 이용함으로써 직접 대면함으로 인한 쑥스러움이 어느 정도 희석될 수 있기 때문이다. 화해하자는 말을 직접 얼굴을 보고 하는 것보다 편지로 전달하면서 한 당사자가 없는 곳에서 메시지를 접할 수 있도록 하여, 화해 메시지 전달자와 수신자 간의 시간 간격과 심리적 마찰을 유연하게 조절할 수 있다. 수신자의 입장에서도 이편이 더 마음을 정리하는 데 도움이 될 수 있다.

편지와 유사한 특성을 지니는 휴대 전화 문자 메시지나 이메일도 갈등 해결에 자주 사용될 수 있는 대인 커뮤니케이션 수단이다. 물론, 미디어를 이용한 화해 메시지만을 전달해 놓고 그 이후 면대면 접촉이 없어서는 안 된다. 일단 처음부터 면대면 접촉이 껄끄러울 경우 일종의 완충 작용으로서 미디어를 이용한 다음, 본격적인 면대면 접촉으로 진짜 화해를 하는 것이 더 부드럽게 진행될 수 있다는 것이다. 그러나 항상 제3자를 경유하거나 미디어를 경유한 간접적 커뮤니케이션을 할 때는 '오해'의 소지가 없도록 주의해야 한다.

8장

가까운 관계의
커뮤니케이션:
가족, 친구 및 연인

가까운 관계와 장기적 관계의 커뮤니케이션은 일생을 통해 한 사람의 삶의 질을 좌우하는 아주 중요한 요소다. 가족, 친구, 및 연인과 같은 아주 가까운 관계 또는 장기적 관계에서의 커뮤니케이션이 원활하게 이루어지면 그 밖의 다른 관계에서도 원만한 생활을 영위하기가 더 용이하고, 따라서 일생의 행복을 결정할 수 있는 인간의 본질적인 커뮤니케이션 영역이다. 이 장에서는 바로 이렇게 너무나 가까운 관계의 커뮤니케이션이기 때문에 특별히 숙고하지 않고 오히려 더 소홀하게 넘기기 쉬운, 가깝고 친밀한 장기적 관계의 커뮤니케이션에 집중적인 조명을 비추어 보고자 한다.

1. 가족 커뮤니케이션

1) 가족의 정의와 기능

가족은 "집이라는 느낌의 집단 정체성으로 맺어진 친밀한 사람들의 집단으로서, 충실함과 감정의 강한 연대감을 지니고 있고, 과거와 현재, 및 미래의 경험을 공유하는 사람들"이라고 정의된다(Galvin & Brommel, 1996, pp.4~5). 대개 생물학적 혈연관계나 결혼 관계로 이루어지지만, 간혹 자발적인 심리적 관계로 이루어지기도 한다. 가족을 또 다른 말로 "(동시에 혹은 서로 다른 시간에) 공동의 주거 공간을 활용하며 공동의 역사를 경험하고 서로에 대한 감정적 애착과 관여를 공유하는, 최소한 둘 이상의 상호 의존적인 사람들로 구성되어 있는 다세대적 사회 체계"라고 정의하기도 한다(Yerby, Buerkel-Rothfuss, & Bochner, 1995, p.13). 아이가 태어나서 처음 친밀한 관계를 맺는 장소가 바로 가정이기 때문에, 가정에서의 친밀한 관계가 제대로 이루어져야만 인간에 대한 기본적인 신뢰가 자랄 수 있고, 이것이 사회에 대한 신뢰로까지 이어질 수 있다.

건강한 가족은 건강한 사회의 기반이 되며, 가족 커뮤니케이션이 건강하게 이루어지지 못하면 그 안에서 자라는 아이들도 잘못된 방향으로 나아가게 된다. 그 아이들이 커서 어른이 된 다음에 사회와 조직 속에서 이루어 가는 커뮤니케이션 또한 가족 속에서 배우며 자랐던 커뮤니케이션 패턴의 영향에서 자유로울 수 없다.

가족 의사소통은 적어도 다음 세 가지의 기능을 한다는 측면에서 무척 중요하다.

① 가족 커뮤니케이션은 자기 개념 형성에 기여한다.
② 가족 커뮤니케이션은 필요한 인정과 지지를 제공한다.
③ 가족 커뮤니케이션은 의사소통 행동의 모델이 된다.

(Verderber & Verderber, 2001, pp.352~356)

가족 커뮤니케이션 과정에서 어떤 말들을 많이 듣고 자라느냐에 따라 자기 개념이 달리 형성되고, 유지되고, 강화되고, 변화된다(Demo, 1987). 긍정적 자기 개념을 형성하는 커뮤니케이션의 내용은 칭찬(예: "방을 깨끗이 치웠구나. 참 잘했다"), 수용과 지지(예: "네가 축구단에서 나와야겠다고 생각한 데 충분한 이유가 있구나. 그렇다면 우리는 네 결정을 따르마"), 그리고 사랑(예: "애야, 가족이 보는 앞에서 게임에 지게 되어 속상하다는 거 알아. 그래도 우리는 변함없이 너를 많이 사랑한단다. 다음 게임도 또 보러 올 거야") 등이다. 중요한 점은 이런 긍정적 메시지가 전달될 때 비언어적 표현도 언어적 메시지의 내용에 일치해야 한다는 점이다(2장 참조). 그중에는 '너를 위해 기꺼이 시간을 내고 있다'는 행동으로 보여 주는 비언어적 메시지도 포함된다. 칭찬, 지지, 사랑의 이야기를 듣는 사람이 그것을 '느낄' 수 있어야 한다는 것이다.

가족 구성원들은 가족 커뮤니케이션 과정에서 자기에게 필요한 인정과 지지를 얻는다. 가족의 지지와 인정으로 인해 자기가 중요한 사람이라는 생각을 갖게 되고 이것이 바탕이 되어 어려움에 부딪쳐도 이를 극복할 수 있는 잠재력을 기른다. 예를 들어 자녀가 어떤 경시대회에서 금메달을 받아 왔다면, 가족은 바쁘더라도 시간을 내어 그것을 인정해 줄 필요가 있다. 그래야만 자부심을 가지고 더 좋은 방향으로 발전해 갈 수 있다. 가족 내에서 지지와 인정을 받지 못하면 가족 밖에서 지지와 인정을 찾으려고(예컨대, 또래 집단이나 사회생활 속에서만 인정을 추구하려고) 집에서 멀어질 수 있다.

끝으로, 가족 의사소통이 다른 모든 의사소통의 모델이 된다. 특히 부모의 언행은 원하든 원치 않든 자녀가 모방하게 되어 지속적인 영향을 준다. 아무리 "내가 '하는' 대로 하지 말고 내가 '말하는' 대로 해라" 하고 이야기해도 자녀들은 부모가 '하는' 대로 닮게 된다. 부모가 화를 잘 내면 아이도 화를 잘 내고, 부모가 소리를 잘 지르면 아이도 소리를 잘 지른다. 마찬가지로 부모가 거짓말을 잘 하면 자녀도 거짓말을 잘 하고, 부모가 욕을 잘 하면 자녀도 욕을 잘 한다. 부모가 자녀에게 "다른 아이를 때리지 말라"고 말하면서 때리면, 자녀는 부모의 '말'대로 다른 아이를 때리지 않는 것이 아니라 부모의 '행동'대로 다른 아이를 때린다. 반대로, 갈등 상황에서도 상대방에게 상처가 되는 말은 삼가고 서로 믿고 사랑하는 모습을 보이면, 자녀도 똑같이 갈등 상황에서 현명하게 커뮤니케이션하는 방법을 배운다.

2) 가족 커뮤니케이션 향상 방법

(1) 커뮤니케이션 흐름을 열어 놓기

가족 커뮤니케이션의 상당 부분은 가족 내의 다른 구성원에게 요구와 주문을 하는 것으로 이루어진다(Verderber & Verderber, 2001). 예를 들면, "네 방을 치워라," "전축을 그렇게 크게 틀어 놓지 마라," 또는 "내일까지 이것 좀 준비해 줘" 등등과 같은 내용들이다. 그리고는 가족 구성원 각자가 집 밖의 활동에 더 많은 시간을 할애하게 된다. 밖에서는 잘 의사소통하던 사람들이 정작 중요한 가정에서의 의사소통을 '편한 나머지' 소홀하게 할 가능성이 있다. 그러나 우리에게 꼭 필요하지만 그 존재의 중요성이 눈에 띄지 않는 산소처럼, 가족도 가까이 있을 때는 그 중요성을 잊는 경우가 많다. 그래서 커뮤니케이션의 흐름을 여는 첫 번째 단계는 바로 가족이 함께 커뮤니케이션을 할 수 있는 시간을 마련하는 것이다. 그렇다고 하여 회의를 하듯이 시간과 장소를 정해 놓고 "지금부터 우리 가족 커뮤니케이션을 시작하자"고 할 수는 없는 노릇이고, 이렇게 형식화되어 버리면 오히려 자연스러운 가족 커뮤니케이션이 이루어지기가 어렵다. 가족 구성원 각자가 짬을 내어 자기에게 무슨 일이 있었는지, 무슨 고민을 하고 있는지를 이야기할 수 있는 분위기를 만들고, 또 다른 구성원들이 내게 이야기할 때 기꺼이 들어줄 준비가 되어 있어야 한다.

가족 커뮤니케이션의 흐름을 열어 놓은 다음 단계는 가족들이 서로 상호작용할 수 있는 의사소통 패턴을 확립하는 것이다. 가족도 하나의 소집단 커뮤니케이션 체계를 이룬다고 볼 때, 그림 8-1과 같은 형태의 네트워크가 모두 가능하다. 소집단 커뮤니케이션 네트워크는 크게 사슬형, 바퀴형, 및 전방위형으로 나뉜다. 사슬형은 지위나 연령이 낮은 구성원(예: 막내 동생)이 그 다음 구성원(예: 형이나 누나)에게, 그리고 또 그 다음 구성원(예: 엄마나 아빠)에게 릴레이 형식으로 이어지는 커뮤니케이션 형태다. 바퀴형은 가족 중 한 사람(예: 엄마나 아빠)이 커뮤니케이션의 중심에서 다른 가족성원들 간의 커뮤니케이션이 모두 그 사람을 거치게 되는 형태다. 가장 바람직한 가족 커뮤니케이션 형태는 전방위형으로서, 가족 구성원들 모두가 동등한 지위에서 서로 조언하고, 지지하고, 서로에게 필요한 것들을 충족시켜 주는 열린 커뮤니케이션의 형태를 띤다.

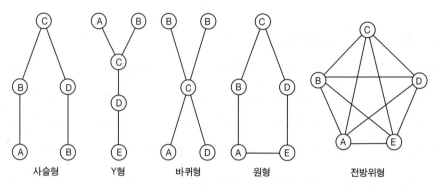

그림 8-1. 커뮤니케이션 네트워크의 종류

사슬형　　Y형　　바퀴형　　원형　　전방위형

출처: Verderber & Verderber, 2001, p.357.

실제로 일주일 간의 가족 커뮤니케이션을 언어적·비언어적 측면에서 유심히 관찰하여 기록해 두었다가 객관적으로 분석해 본 다음, 전방위형 커뮤니케이션에 가까워지도록 노력해 보는 것도 큰 도움이 될 것이다.

(2) 권력 불균형의 효과 극복하기

가족의 구성원들은 서로에게 많은 것을 의지한다. 아이들은 사랑뿐만 아니라 먹을 것, 입을 것, 교통과 통신 등을 부모에게 의지한다. 부모가 자녀에게 의지하는 부분은 겉으로 드러나지는 않지만 부모에게도 자녀의 사랑이 필요하다. 어떤 경우는 부모의 자기 개념(예컨대, 높은 자존심)을 확인할 수 있는 방향으로 자녀가 행동해 주기를 원하기도 한다. 한국에서는 특히 교육 장면에서 부모가 성취하지 못한 것을 자녀를 통해 성취시키고 대리만족을 얻으려 하는 경향도 강하여, '자녀가 원하는 것'보다 '부모가 자녀에게 원하는 것'을 강요하는 바람직하지 못한 경향도 보인다.

　　부모는 자녀에 대해 '합법적인' 권력을 가지고 있다. 권력은 내가 원하는 방향으로 상대방을 움직일 수 있는 힘이다(9장 참조). 어린이도 울어서 자기가 원하던 장난감을 가질 수 있었다면 권력을 행사한 것이다. 어쨌든 자기가 원하는 방향대로 상대방을 움직였기 때문이다. 그러나 가족 관계 속에서는 아무래도 부모가 자녀보다 더 큰 힘과 권력을 가지고 있기 때문에 권력의 불균형이 존재한다. 거기에 형제나 자매가 여럿 있는 경우 출생 순위가 높은 자녀가 낮은 자녀보다 상대적으로 더 큰 권력을 누린다. 이때 이런 가족 내의 불균형적 권력 관계 때문에 마음에 상처를 입는 가족 구성원은 없는지 잘 살펴야 한다.

가족 의사소통은 가족 구성원들 간에 어느 정도 의존하고 있는지, 그리고 그들 간의 권력 분배는 어떻게 되어 있는지에 따라 크게 달라진다. 그리고 한 가족 내의 자녀들이라도 각자가 지닌 재능, 능력, 성격 등에 차이가 나기 마련이고, 이로 인해 부모가 자기도 모르게 자녀들에게 차별적으로 대우할 수 있다. 열린 커뮤니케이션이 가능한 가족이라면 가족 구성원 중 한 사람이 가족의 어떤 규칙(예를 들면, 밤 10시까지는 집에 들어와야 한다든지, 11시 이전에는 잠자리에 들어야 한다든지 하는 것)이 못마땅할 때 누구든 마음의 부담을 느끼지 않고 그 규칙이 왜 필요한지 물을 수 있어야 한다. 그랬을 때 단순히 집안의 어떤 권위자(아빠나 엄마, 혹은 할머니나 할아버지)가 "내가 그렇게 이야기 했으니까 지켜야 해. 그게 바로 이유야"라는 식으로 권위에 의존하여 어떤 규칙과 행동을 강요하기보다 왜 그 규칙을 지키는 것이 좋은지를 이야기할 수 있는 분위기가 되어야 한다(Verderber & Verderber, 2001, p.357).

한두 사람의 권력에 의존한 권위주의적 교육 방식은 권위자 앞에서만 복종하거나 또는 복종하는 척하고 오히려 권위자가 없는 상황에서 욕구가 탈억제되어 더욱 강한 반발심을 키울 수 있다. 예를 들면, 컴퓨터 게임에 빠져 있는 자녀의 욕구를 지나치게 강압적으로 억제하면 권위자가 존재하는 집에서는 컴퓨터 게임을 하는 양이 줄어들 수 있지만 집 주변의 PC방이나 친구 집을 이용해 더욱 많은 게임을 즐길 수 있다. 어른들도 마찬가지다. 어렸을 때 권위주의적 부모 밑에서 '눈앞의 복종'을 강요받고 자란 사람들은 교통질서를 지킬 때에도 '스스로 마음에 우러나서' 혹은 '나는 교통질서를 잘 지킬 정도로 나에 대한 자부심이 있는 사람이니까' 하는 마음에서 자발적으로 지키는 것이 아니라 '경찰'이라는 권위자가 보일 때만 지키고 경찰이 없을 때는 또다시 위반하는 것과 같은 이중성을 보이는 사람이 된다. 당장 눈앞에 보이는 효과는 권위주의적 방식이 더 클 수 있지만, 장기적으로 다른 상황에까지 일반화될 수 있는 올바른 행동의 교육을 위해서는 더디더라도 민주적이고 열린 방식의 커뮤니케이션이 훨씬 바람직하다. 가족 내에서의 커뮤니케이션이 사회생활 속의 모든 커뮤니케이션의 모델이 되기 때문에, 가족 커뮤니케이션의 개선이 무엇보다 선행되어야 한다.

(3) 문제를 깨닫고 변화에 적응하기

가족들은 서로를 너무나 잘 알기 때문에 상대방의 느낌이나 행동을 곧잘 추측하고는 그것이 사실이라고 믿는 경향이 있다. 그러나 사람들은 항상 변화하기 때문에, 추측이 틀릴 가능성도 많다는 것을 염두에 두어야 한다. 이것은 3장에서 논의한 '사회 지각' 과정에 상당히 오류가 개입될 가능성이 많다는 사실과 일맥상통하는 것이다. 미리 넘겨짚어 "너는 새우튀김 안 좋아하지? 내가 너를 알아" 하는 식으로 밀어붙이는 의사소통 습관은 좋지 않다. 섣부른 판단을 하지 말고 나의 지각과 추측이 맞는지를 항상 점검해 보는 것은 처음 보는 사람과 커뮤니케이션할 때와 마찬가지로 가족 구성원들과 커뮤니케이션할 때도 중요하다.

한 가지 예로, 내가 가족에 대해 사실이라고 믿고 있는 것이 정확히 '언제' 일이었는지를 점검하는 것이 중요하다(Verderber & Verderber, 2001, pp.118~119, 358). 5일 전에는 그것이 사실이었지만, 5일이 지난 지금은 그것이 사실이 아닐 가능성이 있기 때문이다. 자신의 지각과 판단이 정확한지를 가늠하는 데 지나친 일반화를 피하고 한정적으로 언제 어떤 경우에 사실이었는지를 생각할 수 있는 사람이 가족 내에서나 사회 속에서 현명한 커뮤니케이션을 진행할 수 있다. 즉 이전에 얻은 어떤 사실을 불변의 진리로 받아들이지 말고 '변화'를 인정하고 이에 적응할 수 있어야 한다는 것이다.

뿐만 아니라, 가족 구성원이 스트레스를 받거나 감정적 상처를 받았을 때 오는 변화도 감지할 수 있어야 한다. 이런 변화를 무심히 넘어가다 나중에 문제가 심각해졌을 때 비로소 깨닫게 되면 치유하기가 훨씬 어려워지는 것은 자명하다. 예컨대, 집안에서 내성적인 주부가 완벽한 역할을 해 내려고 애쓰면서도 힘든 사실을 내색하지 않으려 하다가 오히려 큰 우울증으로 번지는 수가 있는데, 이때 가족 중 한 사람이라도 그 주부의 심리적 변화를 감지하고 왜 그런 증상이 왔는지 대화를 통해 이해할 수 있다면 더 큰 불행을 미연에 방지할 수 있다. 마찬가지로 자녀가 학교에 잘 다니다가 갑자기 말이 없어지고 반응이 예전 같지 않을 때, 관심과 사랑에 토대를 둔 관찰로 이것을 미리 감지할 수 있다면 더 큰 불행으로 이어질 수 있는 일을 미리 예방할 수 있다. 가족들을 너무 잘 안다고 자만하기보다, 항상 관심 있게 구성원들의 신체적·심리적·사회적 변화를 관찰하는 것이 중요하다.

(4) 개인의 관심을 존중하기

어른이 생각할 때 아이에게 이것이 유용해 보인다고 할지라도 아이가 저것에 더 관심 있어 하면, 무조건 어른을 따르라고 하기보다는 아이의 관심이 왜 저것에 있는지를 알 필요가 있다. 이것은 3장에서 논의한 '경청하기'와 관련이 된다. 아이가 말을 꺼내려고 할 때 말허리를 자르며 "게임 얘기라면 그만 둬" 혹은 "돈 이야기는 하지도 말아" 하는 식으로 부모가 반응하는 것은 아이의 관심이 무엇인지를 알 수 있는 좋은 기회를 놓치는 것이다. 부부 사이에서도 한 사람이 어떤 이야기를 꺼내려고 할 때 "또 그 이야기야?" 하면서 탐탁지 않게 생각하면 상대방의 주요 관심사를 알 수 있는 기회를 차 버리는 것과 마찬가지다. 상대방이 말을 꺼낸다는 것은 그것이 머리에 떠올랐음을 의미하고, 머리에 자주 떠오른다는 것은 그 일이 그만큼 상대방의 관심을 많이 끌고 있음을 의미하기 때문이다. 가정 안에서든 밖에서든, 지위 고하를 막론하고 일단 상대의 관심을 존중해 줄 때 열린 커뮤니케이션이 가능해진다.

(5) 갈등을 형평의 원리에 맞게 해결하기

어떤 가정에서는 갈등을 무조건 피하려고만 한다. 부부 사이에서나 부모–자녀 사이에서나, 예컨대 "이런 말을 꺼내면 분명히 좋지 않은 분위기로 싸움이 일어날 수 있으니 아예 말을 꺼내지 말아야지" 하고 부모 중 한 사람 혹은 자녀가 생각한다면 갈등은 항상 잠재해 있는 상태로 남아있게 된다. 이것이 어느 순간 폭발해서 걷잡을 수 없는 갈등의 파국으로 치달을 수도 있고, 심지어 갈등 당사자 중 한 사람의 가출이나 자살로 이어지기도 한다. '무조건 피하는 것'은 단기적으로는 좋아 보일지 모르지만 장기적으로는 곪은 상처를 치유하지 않고 겉만 덮어 놓아 더 큰 상처로 만드는 지름길이 될 수 있다. 상처가 작을 때 빨리 치유해야 하는 것과 마찬가지로, 사소한 갈등이 있을 때 빨리 해결할 수 있는 길을 모색하는 것이 바람직하다.

갈등을 해결할 때 공평한 처리가 되도록 하는 일이 중요하다. 설령 부모와 자녀 간이라 하더라도 어느 한쪽이 일방적으로 우월한 힘이나 권력으로 강요하는 형태가 되어서는 안 된다. 힘에 눌리며 자란 아이는 나중에 어른이 되어 똑같이 힘으로 누르는 부모가 된다. 그리고 학대받으며 자랐거나 권위주의적 교육을 받은 사람들이 대개 커뮤니케이션 기술이 부족하다(Sabourin, 1996). 커뮤니케이션으로 갈등을 해결하는 것이 아니라 무조건 권위에 복종함으로써 갈등 상황을 피하거나 권위에 반항하여 폭력을 당한 학대 아동들은 현명한 커뮤니케이션 기술을 습득할 수 있는 기회를 얻지 못했기 때문에, 나중에 자란 다음에도 현명한 커뮤니케이션으로 갈등을 해결하지 못하고 또 다시 권력이나 힘에 의존하여 자기보다 약한 상대를 학대하게 된다.

(6) 가족의 감정 잔고에 긍정적 정서가 많아지게 하기

가족 커뮤니케이션에 관한 실제적 도움을 주고자 했던 학자들 또는 상담자들 중에 코비(Covey, 1997)는 가족 각자의 '감정 계좌' 잔고에 얼마나 긍정적인 감정이 많이 남아있는지를 중요시했고, 사티어(Satir, 1972)는 '아무도 들여다보지 않는 솥'이지만 끊임없이 중요한 위치를 차지하고 있는 '자기 가치'를 중요시했다. 사티어는 다음과 같은 세 질문에 모두 '그렇다'고 대답할 수 있으면 양육적 가정에 살고 있는 것이고, '아니다' 혹은 '항상 그렇지는 않다'고 하면 어느 정도 문제가 있는 가정에 살고 있는 것이라고 한다.

① 당신은 현재의 가정에서 살고 있는 것을 행복하게 느끼는가?
② 당신은 친구들, 당신이 좋아하고 신뢰하며, 당신을 좋아하는 사람들과 함께 살고 있다고 느끼는가?
③ 당신은 당신 가족의 일원이라는 것이 재미있고 즐거운가?

(Satir, 1972/1991, p.21)

양육적 가정과 문제 가정이 양극단으로 나뉘는 것이 아니라, 현실 속에서는 아주 양육적인 가정과 아주 문제가 있는 가정 간의 연속선상 어디쯤엔가 놓이게 된다. 양육적 가정에 가까운 모습을 하고 있을수록 바람직한 것은 당연하다. 문제 가정의 분위기는 "모두가 얼어붙은 것과 같이 차갑게 느껴지는데 분위기는 지나치게 공손하며 모든 사람이 눈에 보이게 권태에 빠져있다." 그리고 "폭풍 전의 고요함과 같은 예감을 주는 공기"일 수도 있다(Satir, 1972/1991, p.22). 반면에 양육적 가정에서는 "생동감, 순수함, 솔직함과 사랑"이 느껴진다. 양육적 부모의 특성은 "변화가 불가피하다는 것을 안다"는 점이며, 문제가 나타날 때마다 창의적으로 해결하려고 노력하는데, 백 가정 중 네 가정 정도만이 그 방법을 잘 알고 있다고 한다(Satir, 1972/1991, p.30).

사티어가 본 문제 가정들은 모두 이중 메시지로 대화를 하는 경향이 있었고, 이중 메시지는 다음과 같은 관점을 갖는 사람이 잘 사용한다고 한다.

① 자존심이 낮으며 자신이 나쁜 사람이라는 느낌 때문에 자신을 나쁘게 생각한다.

② 남의 감정을 상하게 하는 것을 두렵게 느낀다.

③ 다른 사람의 보복을 걱정한다.

④ 관계의 단절을 두려워한다.

⑤ 남에게 짐이 되는 것을 원하지 않는다.

⑥ 사람이나 상호작용 자체에 어떤 중요성을 부여하지 않는다.

(Satir, 1972/1991, p.76)

이중 메시지를 들으면 혼란이 오고, 솔직한 마음의 교류가 이루어지기 어렵다. '의미를 사실 그대로 솔직하게' 표현하는 것이 장기간의 관계가 지속되는 커뮤니케이션에서 신뢰와 사랑의 성장에 도움을 준다.

거절의 위협을 극복하기 위해 사람들이 쓰는 반응들을 사티어는 다음과 같은 네 가지로 나눈다.

① 회유형: 다른 사람이 성내지 않게 한다.

② 비난형: 다른 사람이 당신을 강하다고 생각하게 한다.

③ 계산형: 위협이 있어도 전혀 해롭지 않다는 듯한 메시지로 호언장담하여 자기 가치를 세

우려고 한다.

④ 혼란형: 주의를 혼란시켜서 위협이 없는 것처럼 행동한다.

(Satir, 1972/1991, p.78)

사티어는 이 네 가지 유형이 모두 바람직하지 않은 "절름발이 의사소통 모형"이라고 지적하면서 제5의 '수평적 또는 유동적' 반응이 가장 바람직하다고 본다. 수평적·유동적 반응에서는 메시지가 모두 같은 방향으로 들어가고, 얼굴 표정과 목소리, 몸의 자세, 음성 등이 모두 어울리기 때문에 이중성이 없다. 관계도 "편안하고 자유롭고 정직하며 자존심에의 위협은 거의 없다"(Satir, 1972/1991, pp.87~88). 수평적 의사소통만이 불화를 줄이고 어려움을 극복할 수 있으며 "사람들 사이에 다리를 놓을 수 있다"고 사티어는 말한다.

다섯 가지 유형의 커뮤니케이션 예를 들어 보면, 어떤 사람의 팔을 부딪쳤다고 할 때, 각각 다음과 같이 다른 커뮤니케이션 행동을 보인다.

① 회유형: (아래를 보고 두 손을 모으며) "용서해 주십시오. 저는 정말로 덜렁이예요."

② 비난형: "아이 깜짝이야! 내가 당신 팔을 쳤겠다! 팔을 안으로 넣고 다녀야 안 칠 것 아니오?"

③ 계산형: "사과를 드립니다. 지나가다 부주의하여 당신의 팔을 쳤군요. 혹시 피해를 줬다면 내 변호사에게 연락해 주시기 바랍니다."

④ 혼란형: (다른 사람을 쳐다보며) "저런, 누가 화가 났구나. 누가 밀었나 봐."

⑤ 수평형: (그 사람을 곧바로 보며) "내가 당신을 밀었군요. 미안합니다. 다친 데는 없으십니까?"

(Satir, 1972/1991, p.90)

이와 같은 다섯 유형의 커뮤니케이션 방식 중 가장 바람직하다고 할 수 있는 수평적 의사소통은 다음과 같은 특성으로 요약된다.

수평적인 의사소통을 할 때 당신은 뜻하지 않았던 어떤 일을 한 것을 깨닫게 되면 실제로 사과한다. …… 존재에 대해서가 아니라 행동에 대해 사과하는 것이다. …… 때때로 비판하고 평가를 해야 할 때 …… 사람을 비난하는 것이 아니라 행위를 평가하는 것이며, 거기에는 항상 당신이 제공해야 할 새로운 방향이 있다. …… 수평적 반응은 무엇에건 진실하다. …… 수평적 의사소통을 하는 사람에게는 원만함, 충만함, 생동감, 공개성과 그리고 그 활력이 있다. …… 그가 있음으로 해서 즐겁다.

(Satir, 1972/1991, pp.88~89)

3) 부부 커뮤니케이션

(1) 부부의 유형

결혼 관계 속에서의 친밀성에 대한 연구는 지금까지 상당히 많이 이루어져 왔다. 남녀 간의 친밀한 관계의 궁극적인 도달점이 좋은 결혼 생활이라고 할 수 있다. '좋은 결혼 생활'이란 "두 사람이 서로 함께 있는 것에서 커다란 만족을 찾는 관계"라고 할 수 있다(Verderber & Verderber, 2001, p.347). 블로치(Bloch, 1980)가 2000명의 미국인을 대상으로 실시한 조사에서는 기혼자의 40%가 배우자를 가장 좋은 친구라고 응답했고, 또 다른 표본에서는 기혼 남성의 88%, 기혼 여성의 78%가 배우자가 자신의 '가장 가까운 친구'라고 응답했다(Fischer & Narus, 1981).

결혼에 관한 연구를 일관성 있게 해 온 피츠패트릭(Fitzpatrick, 1988)은 부부들의 유형을 ① 전통적, ② 독립적, 및 ③ 분리적 결혼 배우자라는 세 유형으로 구분했다. '전통적' 배우자는 전통적 이데올로기를 공유하며, 결혼에서 어느 정도의 독립성은 유지하지만 상당히 상호 의존적이다. 안정성을 중요시하며, 불륜은 용납되지 않는다. 갈등은 피하기보다 겉으로 표현하여 상호 의존적으로 해결하려 한다. '독립적' 배우자는 결혼 관계에서 변화와 불확실성을 포함하는 이데올로기를 공유하며, 전통적 배우자와 마찬가지로 갈등을 피하기보다 차이를 해결하려고 상호 의존적으로 개입한다. 관습적 가치를 가지고 있지 않으며, 관계가 상대방의 자유를 제한해서는 안 된다고 믿는다. 독립적 배우자는 분리된 작업 공간을 가지고 있고, 규칙적인 일과표를 유지하기 어려운 경우가 많다. '분리적' 배우자는 전통적인 이데올로기를 공유하기는 하지만 감정적 공유 부분이 위의 두 유형보다 더 적고 덜 상호 의존적이다. 그리고 이들은 갈등을 피하는 경향이 있다.

피츠패트릭이 연구한 부부들의 3분의 2는 서로의 배우자 유형이 일치했으나, 나머지는 일치하지 않았다. 유형이 일치하지 않는 배우자들은 대부분 남자는 분리적 유형으로, 여자는 전통적 유형으로 나뉘었다. 이런 부부들을 '분리–전통형'으로 불렀는데, 이런 유형의 부부들은 대개 아내는 결혼 생활이 갈등을 표현해야 하는 상호 의존적 관계라고 생각하는 반면 남편은 결혼 생활에 감정적으로 거리를 두며 갈등은 피해야 하는 것으로 생각한다.

(2) 부부 의사소통과 결혼 만족도

부부가 어떤 커뮤니케이션을 하느냐에 따라 결혼 만족도가 달라진다. 부부 사이의 커뮤니케이션이 언어적이든 비언어적이든 주로 어떤 내용으로 어떻게 이루어지느냐에 따라 결혼 생활에서의 만족도가 크게 좌우된다.

최근 한 연구에서는(김민선·신희천, 2011), 한국의 부부 220쌍을 대상으로 언어적 억제가 남녀 각각의 결혼 만족도에 어떤 영향을 주는지를 조사했다. 그 결과, 남편의 언어적 억제는 남편의 결혼 만족도를 감소시켰으며, 아내의 언어적 억제는 그런 효과를 가져 오지 않았다. 또한, 한쪽의 언어적 억제가 다른 쪽의 결혼 만족도에 영향을 주지도 않았다. 이러한 결과는 무조건 할 말을 억제한다고 하여 결혼 만족도가 증가하는 것은 아니라는 사실이다. 즉 마음에서 하고 싶은 말을 '잘' 하는 방법을 알아야 하며, 이에 대해서는 이 장의 끝부분에서 서술할 것이다.

좀 더 구체적인 결과로, 그림 8–2가 보여 주는 것은 남편의 언어적 억제가 남편의 결혼 만족도를 감소시키는 과정에서 '부인 요구–남편 철회' 의사소통 패턴이 매개 역할을 한다는 사실이다. 즉 부부 사이의 대표적인 역기능적 커뮤니케이션의 하나라 할 수 있는 한쪽의 요구와 다른 쪽의 억제 및 철회는 억제하고 철회하는 쪽의 결혼 만족도를 떨어뜨린다. 특히 이 연구는 전형적인 한국 부부들 중 부인이 요구하고 남편이 철회하며 언어적으로 억제함으로써 남편의 결혼 만족도가 떨어지는 사례를 보여 준다.

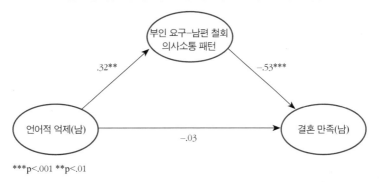

그림 8-2. 남편의 언어적 억제가 결혼 만족도를 감소시키는 과정에서
'부인 요구-남편 철회' 의사소통 패턴이 매개 역할을 하는 과정

***p<.001 **p<.01

출처: 김민선·신희천, 2011, p.43.

(3) 행복한 부부 커뮤니케이션

50년 이상 헤어지지 않고 오랜 세월 결혼 생활을 해 온 부부들의 비결을 연구해 본 결과(Dickson, 1995), ① 상호 존중, ② 편안한 수준의 친밀성, ③ 인생의 계획과 비전의 존재라는 세 가지 특성을 발견했다. 상호 존중은 서로의 인격을 존중하고 상대방의 현재 모습 그 자체에 가치를 두는 것이다. 편안한 수준의 친밀성은 서로 적당한 시간을 함께 지내면서 이루어진다. 이것은 '항상 같이 있어야 한다'는 것을 의미하지는 않는다. 어떤 커플은 서로 너무 가까이 있지 않는 것이 더 행복하게 여겨질 수도 있다. 문제는 서로 '적당하다'고 생각하는 편안한 수준의 친밀성 정도가 다를 때 생긴다. 친밀성을 유지하기 위해 가장 중요한 요소는 일상적인 사소한 이야기라도 습관처럼, 혹은 서로 각자의 일이 바쁘더라도 짬을 내어 함께하는 시간이 있어야 한다는 것이다(Verderber & Verderber, 2001, p.349). 이 과정이 부부 관계를 더욱 두텁게 자라나게 한다. 끝으로, 인생의 계획과 비전이 존재하는 부부가 오래 지속된다. 공동의 인생 목표는 때로 의식적으로 협상이 되기도 하지만, 암묵적으로 장기적 목표에 동의가 이루어지는 경우도 많다. 이런 부부들은 "내가" 또는 "나를"이라는 말보다 "우리가" 그리고 "우리를"이라는 말을 더 많이 사용한다.

부부간 일대일 만남의 시간을 갖는 것도 부부 커뮤니케이션에서 중요한 부분이다. 일대일 만남의 시간이란 '온전히 함께 있어 주는 것'을 의미하며, 이것은 "개인적 관심과 걱정, 두려움, 욕구, 자아를 초월하고 가족과 함께하면서 자신의 생각은 접어 두고 그들의 생각을 존중하라는 것"을 의미한다(Covey, 1997/1998, p.178). "서로에 대한 깊은 사랑과 존경, 그리고 둘이 아니라 하나라는 강한 일체감을 갖고서" 다시 일상 적인 가족 생활의 영역으로 돌아오기 위해 매일 잠깐씩이라도 일대일 만남의 시간을 갖는 것이 효과적이다. '부부(夫婦) 중심' 가족이 아닌 '부자(父子) 중심' 가족에 속하는 한국의 문화에서는 진정으로 부부가 부부만을 위한 대화 시간과 공동의 취미 활동 시간을 갖는다는 것이 말처럼 쉽지만은 않을 것이다. 그러나 둘만의 시간을 내어 깊 고 의미 있는 대화를 하는 것은 다른 활동까지 더욱 생동감 있게 할 수 있는 에너지 를 불어넣는 일이다. 그리고 일대일 만남 자체만 중요한 것이 아니라, 만났을 때 어떤 커뮤니케이션을 하느냐 하는 것은 더욱 중요하다.

'일대일 만남의 시간'은 단지 부부 사이에만 필요한 것이 아니라, 부모 중 한 사람 과 자녀들 중 한 사람 사이에도 필요하다(Covey, 1997/1998, p.181). 즉 앞에서 논의한 '전 방위형' 커뮤니케이션 네트워크의 연결선 하나하나를 소중히 생각할 수 있는 시간을 낼 수 있도록 노력하고, 또 그 시간을 소중하게 보낼 줄 알아야 한다는 것이다.

실제로 두 사람이 좋은 관계를 유지하기 위해서는 갈등이 발생했을 때 이를 원 활하게 해결하기 위한 윤활유 역할을 하는 커뮤니케이션이 중요하다. 최근의 한 연구 (Overall et al., 2013)에서는 이성 커플들의 한쪽이 다른 쪽에 어떤 변화를 요구하는 두 건의 토론 장면을 비디오로 녹화하고, 그 비디오를 다시 보게 하면서 어떤 시점의 어 떤 대화가 상대의 마음을 녹여 변화에 이르게 했는지를 분석했다. 파트너에게 애착 을 가지고 있으나 자기가 원하지 않는 것을 파트너가 요구할 때, '애착 관련 회피'가 일어난다(Mikulincer, 1998). 이것은 자율권을 지키기 위한 방어적 행동의 하나로서, 화 를 내거나 그 장면에서 철수함으로써 본인의 통제력에 대한 위협에서 벗어나는 데는 효과적일 수 있지만, 관계 향상이나 친밀감 증진에도 도움이 되지 않는다. 또한 상대 가 관계 향상을 위해 어떤 행동을 해야 할지 난감하게 만든다. 결과적으로 두 사람의 이야기가 생산적인 방향으로 결론지어지기 어렵다.

이런 상황에서 '유연화' 커뮤니케이션은 상대의 애착 관련 회피, 즉 분노 감정과 철수 행동을 줄이고 바람직한 토론 결과와 관계 회복으로 이어지는 데 도움을 준다

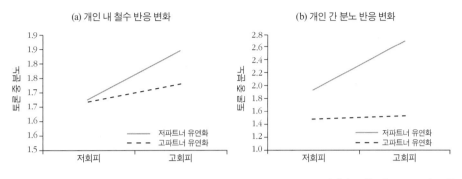

그림 8-3. 회피 수준과 상대의 유연화 소통 수준에 따라 개인 내 철수 반응과 개인 간 분노 반응의 변화

출처: Overall et al., 2013, pp.863~864.

(Overall et al., 2013). '유연화' 커뮤니케이션을 정의하는 두 가지 원리는 ① 회피 행동을 보이는 상대방의 자율성 욕구와 반응성에 민감하며 ② 상대가 파트너에게 가치 있다는 메시지를 분명히 담고 있는 커뮤니케이션을 말한다. 이러한 원리들을 충족하는 언어적 및 비언어적 표현은 ① 문제의 심각성, 불만족, 또는 부정적 감정을 누그러뜨리기, ② 상대가 변화하거나 향상하려 과거에 노력했던 것을 인정해 주기, ③ 상대나 둘 사이 관계의 다른 긍정적 측면을 부각시키기, ④ 상대와 상대의 관점에 가치를 부여하기, ⑤ 해당 문제 또는 상대의 파괴적 반응에 대한 부정적 대응을 억제하기, ⑥ 긍정적 정서와 친밀한 유머로 영향력 행사 시도의 껄끄러움을 최소화하기, ⑦ 돌봄, 수용, 및 존중의 뜻을 소통하기, ⑧ 해당 문제나 관계와 관련하여 낙관적인 관점을 보이기 등이다(Overall et al., 2013, pp. 859~860; Simpson et al., 2007).

각 쌍의 토론들을 스스로 비디오로 보면서 30초마다 한 번씩 멈추고 그때의 감정 변화 등을 분석한 결과, 유연화 커뮤니케이션 시도는 상대의 애착 기반 회피(분노와 철수행동)도 줄였고 토론 결과도 긍정적으로 이끌었다(그림 8-3 참조).

4) 세대 간 커뮤니케이션

(1) 부모-자녀 커뮤니케이션

사티어(Satir, 1972)의 다음과 같은 말은 이 세상의 모든 부모가, 특히 한국의 부모가 한 번쯤 생각해 보아야 할 문제다(Satir, 1972/1991, p.38).

> 인생의 첫 5, 6년 동안 어린이의 자존심은 거의 전적으로 가족에 의해 형성된다. …… 외부의 영향들이 그들의 집에서 배워 온 가치 또는 무가치의 감정들을 강화시키는 경향이 있다. 높은 자존심의 어린이는 학교에서나 또래 친구들 사이에서의 여러 실수들을 헤쳐 나갈 수 있고 낮은 자존심의 어린이는 많은 성공을 거두면서도 자신의 가치에 대한 끊임없는 의심의 감정을 느낀다.
>
> 부모의 말, 얼굴 표정, 몸짓 또는 행동 하나하나는 아이에게 그의 가치에 대한 어떤 메시지를 준다. 이러한 메시지가 아이에게 끼치는 영향을 깨닫지 못하고 심지어는 무슨 메시지를 보내고 있는지에 대해서도 깨닫지 못하는 부모들이 많이 있음은 안타까운 일이다.

자녀를 포함한 가족 구성원들에게 긍정적 감정 계좌가 쌓여 가도록 해야 한다고 보는 코비(Covey, 1997)의 주장도 사티어(Satir, 1972)가 말하는 자기 가치 증가의 중요성과 밀접한 관련이 있다. 자기 가치를 높게 느끼도록 하는 분위기에서는 당연히 감정 계좌도 긍정적인 쪽으로 남게 될 것이기 때문이다. 이를 위해 조금 전에 논의한 자녀와의 일대일 만남의 시간이 필요하고, 그 시간을 최대한 활용하여 가족 구성원 한 사람 한 사람의 감정 계좌를 긍정적으로 만드는 커뮤니케이션을 해야 한다.

가족 각자의 통장 안에 긍정적인 감정 계좌가 쌓여가도록 해야 함에도 불구하고 많은 가정에서 계속 인출만 하려고 하는 경향이 있다. 잘못된 부모-자녀 간 커뮤니케이션이지만 그것이 잘못되었다는 것을 깨닫지 못하고 반복될 수 있는 예가 표 8-1에 나와 있다. 이와 같은 커뮤니케이션이 날마다 반복된다면 자녀가 가지고 있는 감정 은행 계좌의 잔고는 어떻게 될까? 우리 가정의 부모들이 자녀에게 하는 말 한마디 한마디를 하루나 이틀 정도 빠짐없이 모두 적어 두거나 녹음해 두었다가 분석해 본다

표 8-1 하루 동안 10대가 가정에서 마주치게 되는 커뮤니케이션의 예

시간		커뮤니케이션
오전	6:55	어서 일어나라. 또 늦을라.
	7:14	그래도 아침밥은 먹어야지.
	7:16	옷 입은 꼴이 그게 뭐냐. 얌전한 옷으로 갈아입어라.
	7:18	쓰레기 내다 버리는 것 잊지 마라.
	7:23	코트를 입어라. 이렇게 추운데 그런 차림으로 학교까지 어떻게 가니.
	7:25	학교 끝나면 바로 집으로 오너라. 놀고 싶으면 숙제부터 끝마쳐 놓아라.
오후	5:42	너 쓰레기 내다 버리는 것을 잊었구나. 네 덕분에 앞으로 일주일 동안 쓰레기를 머리에 이고 살게 생겼다.
	5:46	그 빌어먹을 스케이트보드 좀 치워 놓거라. 누가 모르고 잘못 밟았다 목 부러질라.
	5:55	저녁 먹어라. 식사 시간마다 내가 왜 너를 이렇게 찾으러 다녀야 하니? 네가 식사 준비 좀 도와주면 안 되니?
	6:02	저녁 준비 다 됐다고 몇 번이나 말해야 되니?
	6:12	귀에다 이어폰을 꽂고 밥을 먹겠다는 말이냐? 그게 음악이냐 소음이지. 내 말이 안 들리니? 당장 귀에서 빼 버리란 말이야.
	6:16	좀 치우면서 살아라. 네 방은 왜 항상 이 모양이냐? 네가 뭐 왕이라도 된다든? 네 몸종이 따로 있는 줄 아니?
	6:36	그 비디오 게임 좀 그만 해라. 식기 세척기에서 깨끗한 그릇은 꺼내고 더러운 그릇을 넣어 주렴. 내가 너만 할 때는 식기 세척기조차 없었다. 일일이 손으로 그릇을 씻어야 했단 말이야.
	7:08	무슨 TV를 그렇게 오래 보는 거냐? 좋은 프로그램 같지도 않은데. TV를 켜 놓고 숙제를 하겠다니 무슨 뚱딴지같은 소리냐?
	7:32	숙제 다 할 때까지 TV 끄라고 했잖니? 그리고 왜 네 신발과 과자 봉지가 마루에 떨어져 있는 거냐? 일을 미루지 말고 그때그때 하라고 100만 번은 말했을 게다. 내가 꼭 큰 소리를 내야 하겠니?
	9:59	음악 소리가 너무 커서 정신이 하나도 없다. 어서 자거라. 내일 또 늦겠다.

출처: Covey, 1997/1998, p.76.

면, 자기가 하는 말이 자녀에게 어떻게 들리며 어떤 영향을 줄 수 있는지를 깨달을 수 있을 것이다.

함께 있는 시간의 양이 중요한 것이 아니라, 짧은 시간이라도 교감과 커뮤니케이션의 질이 더 중요하다는 사실도 이 분야의 연구에서 밝혀져 왔다. '일생 동안 얼마나 긍정적인 커뮤니케이션을 많이 듣고 자랐는가?' 하는 것이 긍정적 사고방식과 자존감을 결정하고, 이것이 이후의 대인 커뮤니케이션과 사회적 성취의 상당 부분에 큰 영향

을 준다는 사실을 깨달아야 한다. 그리고 늦기 전에 이런 깨달음을 실천에 옮기는 부모가 현명한 부모다. 만약 자신의 부모가 그렇지 못했다면, 더욱 큰 노력을 들여서 자신이 부모가 되었을 때는 부모의 잘못된 커뮤니케이션 전철을 밟지 말아야 한다.

한국의 10대가 '학교'에서 듣게 되는 커뮤니케이션은 과연 어떠할까? 대부분의 학생들에게 '하지 마라' '이렇게 하면 안 되지' 하는 부정적인 말들이 '잘 했구나' '계속 그렇게 하렴'과 같은 긍정적 말보다 훨씬 더 많은 비중을 차지할 것이다. 학생의 능력을 평가하는 '시험 성적'과 같은 획일적인 기준으로만 보면 긍정적인 말을 더 많이 듣는 학생들은 소수에 불과할 것이기 때문이다. 사람은 누구나 긍정적인 면과 부정적인 면을 지니고 있다. 사람에 따라 긍정적인 면이 더 많을 수도 있고 부정적인 면이 더 많을 수도 있다. 하지만 그 비율에 무관하게 한 가지라도 긍정적인 면은 있기 마련이다. 이때 바로 그 긍정적인 면, 아동이나 상대방의 '장점'을 보고 그것을 개발시킬 수 있는 커뮤니케이션을 하는 것이야말로 타고난 능력을 충분히 발휘할 수 있게 도와주는 것이다.

부모가 자녀에게 요구하기 전에 판단해야 할 일은 다음과 같다.

① 자녀가 그 일을 해야 하는가 (가치)
② 자녀가 그 일을 할 수 있는가 (능력)
③ 자녀가 그 일을 하고 싶어 하는가 (동기)

(Covey, 1997/1998, p.295)

한국의 자녀 교육은 이 세 가지 판단을 모두 부모가 하는 경향이 있다. '나는 내 아이가 그 일을 해야 한다고 생각한다,' '나는 내 아이가 그 일을 할 수 있다고 생각한다,' 그리고 '나는 내 아이가 그 일을 하고 싶어 할 것이라고 생각한다. 혹은 하고 싶지 않더라도 해야만 한다' 등, 혹시 이런 생각으로 자녀가 하지 않아도 되거나, 할 능력이 없거나, 하고 싶어 하지 않는 일을 강요하지는 않았는지를 반성해 볼 필요가 있다.

처음부터 지나치게 부모 주도적인 학습에 길들여져 있는 아동은 자란 다음에도 사소한 일까지 무엇이든 부모에게 물어보는 유형으로 만들어진다. 자기 일을 혼자서 결정하지 못하는 것이다. 삶을 살아갈 때 예기치 못한 상황에 부딪치게 되면 이런 아동들은 스스로 해결하지를 못한다. 너무 앞서서 미리 이끄는 경향은 설사 '좋은 것'을 하게 하더라도 자녀의 입장에서는 좋지 않은 것이 될 수 있다. 자율성의 성장을 해칠 가능성이 농후하기 때문이다. 인생을 '이렇게 살아라' 하고 이끌기보다 '나는 어떤 인생을 살아야 할까'를 스스로 생각할 수 있는 힘을 길러 주어야 한다. 먹여 주지 말고 무엇을 먹을지 결정하게 해야 하는 것이다.

끝으로, 부모나 교사, 및 또래 친구들과의 커뮤니케이션은 물론이려니와, 책이나 컴퓨터를 통한 커뮤니케이션도 한 사람의 인생을 좌우하게 될 인격 형성의 밑거름이 된다. 자녀가 주로 접하는 미디어가 무엇인지, 그리고 거기에서 어떤 정보와 접촉을 선호하는지를 점검해 보고 자녀의 관심사를 대화해 보는 것도 중요한 일이다.

(2) 3세대 간 커뮤니케이션

한국에서 특히 세대 간의 커뮤니케이션이 어려움을 겪는 이유는 급격한 시대 변화로 인해 세대 간의 가치관 차이가 크게 벌어져 있기 때문이다. 그러나 이러한 차이를 부정적으로만 생각할 것이 아니라, 차이가 있을수록 시너지 효과도 더 클 수 있다는 긍정적인 방향의 생각이 필요하다. 차이가 없으면 시너지도 있을 수 없기 때문에, 차이를 수용하고 이를 적극 활용하는 것이 중요하다. 특히 가족 내 3세대 간의 갈등으로 인해 어려움에 닥쳤을 때, 표 8-2와 같이 서로에게 가용한 자원을 활용할 수 있는 방법을 생각해야 한다. 3세대 간의 커뮤니케이션에서는 특히 최고 세대와 최저 세대 사

표 8-2. 가족 시너지를 위해 각 가족 구성원이 기여할 수 있는 목록

어머니	아버지	아들	딸	할머니
• 훌륭한 요리사. • 바느질을 할 수 있음. • 수예를 좋아함. • 자전거 타기를 좋아함.	• 어떤 것이든 고칠 수 있음. • 책을 읽어 주는 것을 좋아함. • 게임을 함. • 낚시질을 할 수 있음.	• 같이 놀면 재미있음. • 스포츠를 좋아함. • 예술적임. • 사냥을 좋아함.	• 피아노를 침. • 아이들과 잘 놀아줌. • 빵 굽기를 좋아함. • 일을 조직하는 능력이 뛰어남.	• 옛날이야기를 잘 함. • 바이올린을 연주함. • 파이를 잘 구움. • 간호사로 일했음.

출처: Covey, 1997/1998, p.345.

이에 끼어 있는 '중간 세대'의 역할이 특히 중요하다. 구세대의 고맥락 커뮤니케이션과 신세대의 저맥락 커뮤니케이션을 상황에 맞게 잘 조화시켜야 할 의무가 중간 세대에 있다(10장의 세대 간 커뮤니케이션 참조).

세대 간에는 커뮤니케이션 방식의 차이와 함께 미디어 사용 방식의 차이도 크게 드러난다(은혜정·나은영, 2002; 10장 참조). 시대의 흐름에 따라 가치관이 빨리 변화할수록 세대 간의 가치 차이가 크게 벌어지듯이, 시대의 흐름에 따라 미디어가 급격히 변화할수록 세대 간의 미디어 이용 양식의 차이도 크게 벌어진다. 구세대는 기존 가치와 구미디어에 대한 애착이 강한 반면, 신세대는 새로운 가치와 뉴 미디어를 재빨리 수용하는 '조기 채택자'에 해당한다. 그리고 구세대가 노력을 하여 뉴 미디어에 대한 거부감을 줄인다 해도 신세대는 여전히 '뉴 미디어를 통해 윗사람에게 의사를 전달하는 것은 실례일 것이다'라고 생각하고 구세대가 뉴 미디어에 대한 거부감을 강하게 가지고 있을 것이라고 생각하는 경향이 있다. 차이를 인식하는 것도 중요하지만, 차이에 지나치게 민감하여 커뮤니케이션 시도 자체를 포기하는 것은 더욱 위험하다. 차이를 어느 정도 인식했으면 적극적인 대화를 통해 구체적으로 어떤 점이 같고 어떤 점이 다른지를 솔직하게 터놓고 이야기하는 자세가 구세대와 신세대 모두에게 필요하다. 세대는 다르지만 수직적 커뮤니케이션이 아닌 수평적 커뮤니케이션의 열린 틀 안에서 서로의 차이를 수용할 필요가 있다.

5) 새로운 자녀-부모 관계와 기술 습득

최근에 칠레에서 이루어진 한 연구(Correa, 2014)는 자녀들이 부모에게 컴퓨터, 모바일, 및 인터넷 관련 내용을 알려 주는 역방향의 기술 전수가 이루어지고 있음을 보였다. 특히 성인 남성보다 여성이, 권위주의 성향이 적은 부모가, 그리고 부모-자녀 소통의 흐름이 더 원활한 가정에서 더 기꺼이 자녀의 미디어 기술 전수를 습득하려는 경향을 보였다.

신세대는 변화에 빨리 적응하기 때문에(10장 참조), 빨리 변화하는 미디어 기술에도 기성세대에 비해 더 빨리 적응한다. 예전처럼 기술이 천천히 변화할 때는 어른이 다른 어른에게서 기술을 습득할 확률이 더 높지만, 요즘처럼 기술이 빨리 변화할 때는 어른이 오히려 청소년으로부터 기술을 습득할 기회가 더 많아질 수 있다. 이것도 수직적 사회에서 수평적 사회로 변화해 가는 현상의 하나라 할 수 있다.

2. 친밀한 관계와 우정

사람들이 모이는 이유, 즉 군집의 이유는 공포를 감소시키기 위해서라기보다 사회 비교 욕구 때문이라는 사실이 밝혀져 왔다. 잘 모르는 사람이라도 혼자 있는 것보다는 함께 있기를 선호하며, 특히 자기와 같은 형편에 놓여 있는 사람과 함께 있는 것을 더 선호한다. 처음에는 나의 능력과 의견을 판단하는 데 다른 사람의 정보에 의존하다가, 유사성에 이끌려 우정도 싹트게 된다.

1) 가까운 관계의 조건

친밀한 관계란 "따뜻함과 애정, 신뢰, 자기 노출, 및 개입의 정도가 높고, 상징과 의례로 형식을 갖추는" 관계를 말한다(Prisbell & Andersen, 1980). 친밀한 관계 중에서 특히 연인 관계는 독점적 관계이며, 여러 명이 동시에 연인 관계에 있는 것이 심리적으로 불가능하다. 친밀한 관계의 첫 번째 특징은 '따뜻함과 애정'이다. 친한 친구들은 서로 좋아하며, 친한 상대와 함께 시간을 보냄으로써 자기가 좋아한다는 사실을 표현하며, 서로 경험을 공유하는 것을 즐긴다(Verderber & Verderber, 2001).

친밀한 관계의 두 번째 요건인 '신뢰'는 "상대방이 의도적으로 나를 해치려고 하거나 나의 이익에 반하는 행동을 하지는 않을 것이라는 믿음"을 말한다(LaFollette, 1996, p.116). 신뢰에는 항상 어느 정도의 위험 부담이 따른다. 믿었는데 결과가 그렇지 못할 경우 피해를 입게 될 가능성을 감수하지 않으면 신뢰가 불가능하다. 뿐만 아니라, 신뢰와 불신은 비대칭성을 지닌다(나은영, 1999). 신뢰는 여러 번에 걸친 긍정적 행동이 누적되어야 비로소 생길 수 있지만, 불신은 단 한 번의 부정적 행동으로 인해서도 생길 수 있고, 일단 불신이 생기면 다시 신뢰를 회복할 수 있는 기회를 얻기가 힘들어지기 때문이다. 친밀한 관계에서 신뢰가 있는 관계와 없는 관계는 마치 천국과 지옥의 이야기에서 두 팔을 모두 '앞으로 나란히' 상태로 있을 때 '내가 저 사람을 먹여 주면 저 사람도 나를 먹여 주겠지' 하고 믿기 때문에 서로를 먹여 주어 건강하고 밝은 모습을 유지하는 천국, 반대로 '내가 저 사람을 먹여 주어도 저 사람은 나를 먹여 주지 않을 거야. 그러니까 내 것은 내가 먹어야지' 하고 상대를 불신하기 때문에 서로 자기만 먹으려고 하다가 모두가 건강하지 못한 상태가 되는 지옥의 '관계 문화'의 바탕을 이룬다고 볼 수 있다. 그만큼 신뢰는 작은 단위의 2자 관계에서부터 보다 큰 공동체 또는 사회 전체 단위에 이르기까지 없어서는 안 될 중요한 요인이 된다.

친밀한 관계에서 신뢰를 발달시키는 데 중요한 요건들은 파트너가 얼마나 의존할 만한지, 얼마나 반응적인지, 얼마나 믿을 만한지(거짓말을 안 하는지), 그리고 갈등을 어떻게 해결하는지 하는 점이다(Boon, 1994). 의존할 만한 파트너는 언제 어떤 상황에서든 의지할 수 있는 사람이며, 우리가 그(녀)를 필요로 할 때는 언제나 우리를 위해 거기에 있을 것이라고 믿을 수 있는 사람을 말한다. 반응적인 파트너는 상대방의 요구나 필요 사항에 맞추어 줄 수 있는 사람으로서, 이를 위해 자신의 욕구를 희생할 수도 있는 사람이다. 믿을 만한 사람이란 다른 사람에게 한눈을 팔거나 거짓말을 하지 않아서, 둘의 관계가 계속 지속될 것이라는 믿음을 줄 수 있는 사람을 말한다. 끝으로, 갈등 해결을 효과적으로 하는 파트너는 갈등을 협동적으로 다루는 데 도움이 되는 사람이다. 잠재되어 있는 갈등을 그대로 두고 물러나 버리거나, 평화를 위해 계속 자기 의사를 포기하거나, 반대로 자기 목표만을 상대방에게 강요하는 것은 모두 신뢰를 약화시킨다(Verderber & Verderber, 2001). 갈등을 피하지 말고 현명하게 대처하는 것이 생산적인 결과를 가져온다(7장 참조).

여러 종류의 대인 관계 중에서 특히 높은 수준의 자기 노출을 보이는 것이 친밀한 관계다. 서로 자기 노출을 통해 감정을 공유하고 깊이 이해해 가는 과정에서 친밀함이 싹트며, 친밀해질수록 더욱 자기 노출의 양과 질이 높아지는 순환 과정을 따른다(3장과 6장 참조). 자기 노출도 일방적이 아닌 상호적 자기 노출이 관계 지속에 더 바람직하다. 일방적인 자기 노출이 오래 지속되지 않는 이유는 6장에서 논의한 '호혜성'에 위배되기 때문이다. 친밀한 관계에서도 적절한 자기 노출의 양에는 한계가 있고, 무작정 자기 노출의 범위와 깊이를 키우는 것보다 적정 수준의 자기 노출 수준을 지키는 편이 더 상대방을 존중해 준다는 의미에서 더 좋은 결과로 이어진다. 아무리 친한 사이라 할지라도 오히려 프라이버시를 어느 정도 존중해 주어야 친밀성이 더욱 잘 보존될 수 있는 경우가 많다. 프라이버시 침해는 마치 갈등 해결을 위한 커뮤니케이션에서 상대방의 결정적인 약점을 건드리는 '벨트 아래의 공략'과 같은 부정적 결과를 초래할 수 있다.

친밀한 관계에는 일정 수준의 개입이 내재한다. 친한 친구의 기준에는 대개 그 친구와의 관계에 시간과 에너지를 투자하기 위해 다른 관계들을 어느 정도 포기하는지에 따라 정해지기도 한다. 그만큼 그 친구에게 개입하는 정도가 크다는 증거가 되기 때문이다. 예를 들어, 내일 아주 중요한 시험이 있어서 스터디 그룹에 가야 하는데 갑자기 친구가 아프다고 할 때, 많이 친한 친구라면 공부를 포기하고서라도 병원에 가서 그 친구와 시간을 보낼 것이고, 적당히 친한 친구라면 그 친구의 부모님께 연락을 드리든지 하는 수준에서 마무리하고 병원에까지 가는 행동은 미룰 것이다. 그 친구의 일에 얼마나 많이, 그리고 깊숙이 개입하느냐 하는 것이 친밀함의 척도가 된다는 증거이다.

끝으로, 깊이 친해지면 서로 배타적 관계를 유지하며 자기들만이 지닐 수 있는 상징(예: 커플 티셔츠, 커플링 등)을 소유하고, 둘만이 알 수 있는 의식(예: 가족 식사에 초대, 가족의 유물을 전달)을 치르기도 한다. 이렇게 함으로써 그 둘의 관계가 특별함을 알리는 형식화 과정을 거치는 것이다. 형식화를 위한 의식의 가장 대표적인 예가 결혼식이다.

2) 우정의 본질과 단계

우정은 서로 독립성을 유지하는 두 사람 간의 상호 생산적이고 지지적인 관계를 말한다. '친구'의 특성은 신뢰, 감정적 지지, 그리고 이익의 공유다(Blieszner & Adams, 1992). 파알리(Parlee, 1979)는 사람들이 '친구'가 지니고 있는 특성으로 가장 많이 꼽은 항목들을 조사하여 순서대로 열거해 본 결과, '비밀을 지킴(89%),' '의리(88%),' '따뜻함

(82%),' '지지(76%),' '솔직함(75%),' '유머 감각(74%),' '나를 위해 기꺼이 시간을 내 줌 (62%),' '독립성(61%),' '좋은 대화자(59%),' '지성(57%)'의 순으로 나타났다.

한국의 대학생들 간에 우정 관계가 어떻게 발달해 가는지를 3차에 걸쳐 종단적 으로 조사한 연구가 있다(한덕웅, 1985). 입학 후 처음 알게 되어 사귄 친구와 1년 반이 넘도록 교류가 계속되어 온 사람들을 분석했을 때, 교제 기간이 길수록 자기 노출의 정도가 증가했을 뿐만 아니라, 친교 관계에 해가 될 수 있는 부정적 행동도 더 증가한 경향을 보였다. 특히 한국 문화에서 혈연, 학연, 및 지연 중 하나 이상에 어느 단계에 서든 관계가 이루어지면 그 관계는 중간에 잠시 끊어지더라도 평생 지속되는 경향이 있고, "부정적 행위마저 관계의 틀 속에서 수용될 수 있는" 뗄 수 없는 관계가 되기 때문에 이런 결과가 나왔을 것이라는 해석이 가능하다(한규석, 1995, p.255에서 간접 인용).

깊은 관계의 하나인 '사랑'이라는 감정도 일방적으로 긍정적인 감정만으로 설명 되는 것이 아니라 '아주 서운한,' 또는 '아주 애타는' 마음까지를 포괄하는 '극단적' 감정 사이를 왕래하는 감정이라는 점과 마찬가지로(뒤의 절 참조), 우정도 조금 친한 친 구보다 '아주 친한' 친구 사이에 오히려 어떤 신뢰가 무너졌을 때 더 큰 배신감을 느 낄 수도 있고 조그마한 도움을 거절했을 때에도 무척 서운하게 느껴지기 때문에 부 정적인 경험이 긍정적인 경험만큼이나 증가할 가능성이 크다. 가깝고 중요한 관계일 수록 갈등의 소지도 많고 갈등이 있을 때 겪는 마음의 상처도 크다. 반면에 이를 극 복했을 때 얻는 기쁨도 또한 크다.

3) 남성의 우정과 여성의 우정

(1) 남성 간의 우정

남성들 간의 우정은 '친밀함'의 정의에 맞지 않는 부분이 많다는 지적이 있어 왔다 (Pleck, 1975; Wood & Inman, 1993). 남성들은 자기 노출 수준도 그다지 높지 않고 대화 주 제도 개인적인 문제보다 뉴스, 정치, 스포츠, 섹스, 일, 자동차 등과 같은 실용적인 문 제나 상호 도움 및 공동의 활동 등과 같은 내용이 주류를 이루기 때문에, 사회성에 는 해당하지만 깊은 수준의 자기 노출을 전제로 하는 친밀성의 개념에는 맞지 않는다는 것이다. 맥길(McGill, 1985)은 5000명의 남녀를 대상으로 한 10년간의 연구에서 10명 중 한 명의 남성만이 일, 돈, 결혼 문제에 관해 이야기할 친구를 가지고 있었고 20명 중 한 명의 남성만이 자기 자신에 대한 느낌이나 성적 느낌을 이야기할 친구를 가지고 있다는 사실을 알아냈다. 여기서 알 수 있는 사실은 남성들 간의 관계는 재미를 추구하고 의리가 있기는 하지만 이상적이라고 생각되는 종류의 친밀성은 발견되지 않았다는 것이다(Verderber & Verderber, 2001). 대체로 남성들의 우정을 이루는 것은 어떤 주제에 대한 정보 교환, 역할 수행, 및 공동의 활동에 주로 있다고 볼 수 있다(Bell, 1981; Reis, 1998). 의외로 남성들은 친밀한 이야기를 여자 친구에게 터놓는 경향도 많으며, 이것은 여성들의 양육적 속성에 의존하는 측면을 보이는 것으로 해석된다(Fitzpatrick & Bochner, 1981).

(2) 여성 간의 우정

남성의 우정이 '공동의 활동'을 중심으로 이루어지는 특성을 지니는 데 비해, 여성의 우정은 '서로 생각과 느낌을 공유'하는 특성을 지닌다(Reis, 1998). 남성들의 대화가 일반적으로 주제적인 면에 치우치는 데 비해, 여성들의 대화는 주제적, 관계적, 개인적 측면 모두에서 이루어지며, 특히 관계적·개인적 측면을 많이 이야기한다. 이와 같은 대화 주제의 차이는 조직 속의 비공식적 대화 양상에서도 나타난다. 여성들의 우정은 더 빨리 형성되고 더 강도가 높은 경향이 있다(Verderber & Verderber, 2001).

4) SNS를 이용한 교우 관계망 분석

최근에는 SNS를 통한 친구 간의 교류가 활발해지고 있기 때문에, SNS에 나타나는 관계망의 양상을 분석하는 것도 친구 관계에 관한 시사점을 줄 수 있다. 네트워크 분석은 SNS가 등장하기 훨씬 이전부터 있어 왔으나, 최근에 이것이 컴퓨터화된 방식으로 더 복잡한 관계망까지 쉽게 분석하는 방향으로 발전한 것이다.

모레노(Moreno, 1934)가 창안한 소시오그램(sociogram)은 어떤 집단 안에서 누가 누구를 좋아하는지, 누가 누구에게 영향을 주는지, 또는 누가 누구에게 커뮤니케이션하는지를 화살표 그림으로 그려 파악할 수 있는 방법이다. 화살표를 많이 받으면 스타, 서로 좋아하면 상호 선택에 의한 짝, 선택을 거의 받지 않으면 외톨이, 소수가 자기들끼리만 관계를 맺고 있으면 패거리 등과 같이 명명하여, 집단 내 구성원 간의 역학적 관계를 한 눈에 알 수 있도록 분석이 된다.

최근에는 카카오톡 친구 관계가 어떻게 형성되어 있는지를 분석하여 한 학급 내의 교우 관계망을 분석한 자료가 공개되기도 했다(《중앙일보》, 2014. 3. 13). 이 자료에서 흥미로운 점 몇 가지를 발견할 수 있었다. 우선 여학생들의 수가 더 적음에도 불구하고 그들 간에 많은 대화가 오가며 원만한 교우 관계를 이루고 있는 집단이 존재하며, 일부 자기들끼리만 이야기하는 패거리나 왕따의 위험성이 있는 친구가 존재한다는 점이었다. 또한 남학생들은 수가 많음에도 불구하고 여학생들보다 더 밀도가 낮게 듬성듬성 패거리를 형성하고 있고, 패거리들 간에도 느슨하게 연결되어 있어 특별히 뭉쳐 다니는 다수 그룹이 발견되지 않았다는 점이 특기할 만했다.

또 한 가지, 이 학급의 대화를 주도하며 뭉쳐 있는 여학생 집단 주변으로 다른 반 학생들도 상당수 모여들어 관계를 맺고 있는 점이 눈에 띄었다. 반면에 남학생들의 경우는 다른 반에 연결되어 있는 학생이 이 반에 한두 명 있고, 이들이 허브 역할을 하며 느슨하게 연결되어 있는 학급 내 소그룹들과의 연계를 주도하고 있었다.

이와 같은 SNS 네트워크 분석 시 주의해야 할 점은 개인 정보의 유출 문제에 각별히 유의해야 한다는 것이다. 누가 왕따를 당하고 있는지 한눈에 보이는 교우 관계 네트워크는 지켜져야 할 개개인의 사생활에 해당한다. 왕따 해소에 도움이 되는 방향으로만 사용할 수 있도록, 이러한 자료는 특별히 지정된 상담 교사에게만 한정적으로 공개하는 것이 바람직할 것이다.

3. 연인 간의 커뮤니케이션과 사랑의 종류

1) 우정과 사랑의 차이

사랑이 우정과 어떻게 다른지에 관한 생각들이 연구자마다, 혹은 사람들마다 천차만별이지만, 가장 설득력 있는 생각은 사랑에는 우정의 모든 요소들이 함께 포함되면서 두 가지 요인이 첨가된다고 중요한 데이비스의 이론이다(Davis, 1985). 그는 사랑이란 우정에 열정(passion)과 보살핌 또는 돌봄(caring)이 합쳐진 것이라고 보았다. 열정이란 연인들이 서로에게 몰두하는 것을 말한다. 머리와 가슴속이 항상 그 사람 생각으로 가득 차 있어서 (즉 머리와 가슴을 미리 점유하고 있어서) 다른 생각이 들어갈 틈이 없는 상태다. 따라서 둘 이외의 다른 사람은 끼어들 여지가 없는 배타성을 지니며, 서로 접촉을 갈망하는 성적 열망까지 포함된다. 그리고 보살핌이란 자기가 희생을 해서라도 연인에게 가장 좋은 것을 주고 싶어 하는 마음과 행동, 그리고 연인의 적극적인 추앙자로서 연인의 이익과 성공을 지지해 주는 것을 통틀어 지칭하는 말이다.

서로 끌리는 것, 붙어서 떨어지지 않으려고 하는 애착(attachment)이 원래는 유아가 어머니에게 보이는 애착 분야에서 많이 연구되다가, 근래에는 부모–자녀 간뿐만 아니라 연인 간, 부부간, 그리고 다른 어른들 간의 관계에까지 폭넓게 적용되며 연구되고 있다. 애착의 종류도 세 가지로 나뉘어, 안정 애착, 불안정 애착, 그리고 양가감정적 애착이 있다(Bretherton, 1992). 안정 애착은 아이의 경우 엄마를, 그리고 연인의 경우 상대방을 신뢰하고, 상대방이 눈에 보이지 않아도 안심하고 다른 일을 하거나 새로운 상황을 탐색할 수 있는 상태를 말한다. 엄마나 연인을 무척 좋아하지만, 당장 눈에 보이지 않아도 언제 어디서나 자기를 지지할 것이라는 믿음과 애정을 가지고 안정된 애착을 보이는 것이다. 반면에 불안정 애착은 애착이 있기는 하지만 눈에 없으면 불안하고 왠지 나를 떠나 버릴 것 같은 불안감이 드는 상태이다. 불안정 애착은 '애착은 있되 신뢰가 부족'하거나, '과거에 신뢰를 저버렸던 기억'을 가지고 있는 경우에 많이 나타난다. 끝으로 양가감정적 애착은 과거에 일관성이 없는 애정 경험을 가지고 있는 경우에 많이 나타나는데, 상대방이 자기 기분에 따라 어떤 때는 아주 깊은 애정을 표현하고 어떤 때는 무관심하다든지 하는 방식으로 일관성이 없을 때, 애착이 있으면서도 왠지 그렇지 않은 것도 같은, 긍정과 부정 두 가지 감정 사이를 왔다 갔다 하거나 두 감정을 공유하고 있는 경우를 말한다. 당연히 안정 애착이 가장 이상적인 형태의 사랑에 근접하는 것이며, 이를 위해서는 일관성 있는 언행으로 사랑을 보여 주어야 한다.

2) 사랑의 종류와 이론

사랑의 삼각형 이론은 사랑의 세 가지 요소가 균형을 이루면서 모두 충족되어야 완전한 사랑임을 주장하는 이론이다(Sternberg, 1986). 그 세 가지 요소란 친밀감, 열정, 및 개입이다. 친밀감은 서로 가까운 느낌을 경험하며 의지하는 것을 말하고, 개입은 상대방의 행동이나 생활에 관여하는 것을 말한다. 그리고 열정은 신체적·심리적으로 항상 함께 있고 싶어 하는 열렬한 마음이다. 이 세 가지가 그림 8-4 왼쪽의 실선처럼 균형을 이루면서도 꽉 찬 모형이 될 때 완전한 사랑이 되며, 이 세 요소가 균형을 이루더라도 양적으로 부족하게 느껴지면 불완전한(불충분한) 사랑이 된다. 그림의 오른쪽에 있는 실선은 균형이 잡힌 사랑의 모습이며, 점선은 균형을 잃은 사랑으로서 이것도 완전한 사랑은 아니다. 그림 8-4 오른쪽의 점선으로 이루어진 삼각형은 그 무게중심에서부터 열정에 이르는 거리는 길지만 친밀감과 개입에 이르는 거리는 짧다. 그

그림 8-4. 사랑의 삼각형 이론

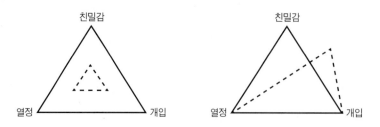

사랑의 삼각형 이론에서 본 완전한 사랑(왼쪽 실선)과 불완전한 사랑(왼쪽 점선), 그리고 균형 잡힌 사랑(오른쪽 실선)과 균형을 잃은 사랑(오른쪽 점선).

의미는 이 삼각형 모양의 사랑은 열정만 있고 친밀감과 개입이 부족한 일시적인 사랑에 불과할 수 있다는 뜻이다.

사람마다 '이상적으로 생각하는 사랑'의 삼각형과 '현실적인 사랑'의 삼각형 모양을 따로 그려 볼 때, 이것이 많이 일치할수록 이상과 현실 사이의 괴리에서 오는 스트레스를 덜 받고 행복하게 느낀다. 예컨대, 어떤 사람은 부부간에 사랑의 세 요소가 모두 같은 정도로 많아야 이상적이라고 보는 반면, 어떤 사람은 상대적으로 친밀감과 개입을 열정보다 더 중요하게 여길 수 있다. 이런 사람의 경우 이상적으로 생각하는 사랑의 삼각형 자체가 조금 불균형적이지만, 행복감을 느끼는 것은 '이상적 사랑과 현실적 사랑 사이의 괴리가 적을 때'이기 때문에 현실적 사랑이 그에 근접한다면 불균형적 삼각형 속에서도 행복한 사랑을 느낄 수 있다. 반면에 현실적 사랑이 완전하고 균형 잡힌 사랑에 거의 근접함에도 불구하고 이상적으로 생각하는 사랑이 너무나 큰 삼각형을 요구하고 있다면, 주관적으로 느끼는 충만감은 부족할 수 있다. 어떤 조건에서 어느 만큼의 만족을 느끼느냐 하는 것은 사랑의 삼각형 모양 자체에 의해 결정되는 것이 아니라, 개개인의 이상적 삼각형과 현실적 삼각형 사이의 괴리에 의해 결정되는 것이다.

또 한 가지 중요한 것은 사랑에는 두 사람이 필요하기 때문에 두 당사자 각각의 사랑의 삼각형이 일치하는지 불일치하는지의 여부도 무척 중요하다. 연인 중 한 사람은 '개입'을 가장 중요시하는데 다른 사람은 '열정'을 가장 중요시한다면, 이 두 사람의 사랑의 삼각형은 일치하지 않는 것이고, 이로 인해 갈등이 빚어질 소지가 있다. 일단 두 사람이 생각하는 이상적 사랑의 삼각형이 최대한 유사한 것이 바람직하고, 각자의 현실적 사랑의 삼각형이 최대한 이상적 사랑의 삼각형에 근접하도록 행동으로 노력해 보이는 것이 두 사람의 사랑을 오래 지속시키는 비결이다.

3) 사랑의 양면성

긍정적 감정(예: 사랑)과 부정적 감정(예: 미움)은 1차원 단극 구조라기보다는 2차원 양극 구조에 더 가깝다. 그 이유는 우리에게 중요한 대상이나 중요한 사람에 대해 느끼는

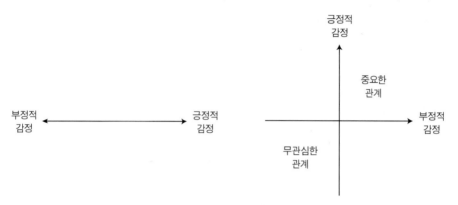

그림 8-5. 긍정적 정서와 부정적 정서 간의 일차원 양극 구조(왼쪽)와 이차원 단극 구조(오른쪽).

감정은 일종의 '몰입'이라 할 수 있고, 몰입된 상태에서 더 긍정-부정의 극단적인 감정 사이를 왔다 갔다 할 가능성이 높기 때문이다(그림 8-5 참조). 갈등이 가까운 사람들 사이에서 오히려 더 많이 일어나는 것도 마찬가지 원리다(7장 참조).

서로 관련이 없거나 무관심한 사람 또는 대상에 대해서는 긍정적 감정도 약하지만 부정적 감정도 그리 강하지 않다. 한마디로 '상관하지 않는 무관심'의 표현인 것이다. 그러므로 긍정적 감정의 부재나 감소가 곧바로 부정적 감정의 등장이나 증가로 이어지는 것이 아니라, '밀도가 높은' 사이인지 낮은 사이인지에 따라 긍정·부정 감정을 모두 높게 느낄 수도 있고 낮게 느낄 수도 있는 것이다. 컴퓨터나 인터넷에 대한 태도의 연구에서도 인터넷에 몰두하여 많이 사용하고 좋아하는 사람들이 더 만족과 불만족을 모두 강하게 나타내며, 인터넷을 잘 모르거나 컴퓨터에 익숙하지 않아 관심이 없는 사람은 만족도 불만족도 모두 약하다(은혜정·나은영, 2001).

4) 성적 부정에 대한 남녀의 질투 차이

파트너의 성적 부정을 알게 되었을 때 그에 대한 질투는 남녀 모두 느낀다. 그러나 외향적인 남성이 느끼는 질투심이 특히 강한 것으로 밝혀졌다(그림 8-6 참조). 또한 남성의 경우 우애적 사랑 유형이, 여성의 경우 소유적 사랑 유형이 질투에 더 큰 영향을 주는 것으로 나타났다.

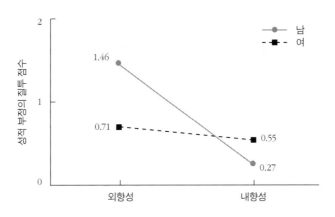

그림 8-6. 성적 부정에 대한 외향적 또는 내향적인 남성과 여성의 질투 차이

출처: 함진선·이장한, 2010, p.117.

5) 새로운 미디어와 함께하는 사랑

사랑의 메시지 전달을 위한 신호를 담고 있는 미디어는 노래, 카드, 동영상, 문자 메시지, 꽃 배달 서비스 등 헤아릴 수 없이 많고 다양하지만, 가능하면 이성보다 감성에 호소하는 데 유리한 미디어를 사용한다는 데 그 특성이 있다. 꽃을 보면 마음이 즐거워지고 향기가 좋아 후각도 만족스럽다. 감미로운 음악을 들으면 귀도 즐겁고 마치 상대방이 있을 때 감미로움이 느껴지는 것처럼 여겨진다. '정보의 흐름을 통해 사람과 사람이 의미를 공유하는 과정'으로서의 인간 커뮤니케이션에서 '사랑'이라는 의미를 서로 공유하기 위한 메시지를 담아내는 데 도움이 되는 수단은 크게 보아 모두 사랑의 미디어라고 볼 수 있다. 사랑하는 사람들은 자신의 '마음'과 '정성'을 언어적·비언어적 메시지에 담기 위해 온갖 수단을 동원한다. 받는 사람은 그것이 의미하는 사전적 의미뿐만 아니라 함축적 의미를 가능한 한 많이 읽을 줄 알아야 한다. 그래야만 두 사람 간에 최대한의 의미를 공유할 수 있게 되기 때문이다.

대개 사랑을 전달하기 위해 사용하는 수단들은 그 자체로서 긍정적 정서를 일으키는 것일 때가 많다. 그 이유는 '자기'를 상대방에게 그런 '긍정적 정서를 불러일으키는 것'들(예쁜 카드, 감미로운 음악, 향기로운 꽃)과 '연합'시켜 주기를 바라는 마음과 관련이 있다. 여기에는 바로 태도의 형성 및 변화 과정과 관련된 학습 이론에 속하는 '고

전적 조건 형성' 원리가 잘 적용된다(11장 참조). 예시 8-1에 나타나 있듯이, 원래 긍정적 정서를 일으키는 미디어를 계속 자기와 관련시켜 제시하면, 원래 긍정적 정서를 일으켰던 무조건 자극(unconditional stimuli)과 처음에는 긍정적 정서를 일으키지 않았던 조건 자극(conditional stimuli) 사이에 연합이 형성되어, 나중에는 (원래는 별다른 감흥을 주지 못했던) 조건 자극만 제시해도 긍정적 정서를 일으키게 된다.

옛날에는 사랑의 메시지를 전달하는 데 주로 편지나 시에 의존했고, 간혹 사랑의 노래나 연주도 사용되었다. 점차 카드, 꽃 배달, 초콜릿 등 그 수단이 다양해지고, 밸런타인 데이니 화이트 데이니 하며 메시지 전달의 구실과 상술이 교묘하게 합쳐진 형태의 '형식'들도 많이 생겼다. 이제는 단순한 연애편지를 뛰어넘어 가정의 전화를 독점하던 시대를 거친 후, 지금은 개인 중심성 있는 휴대 전화까지 갖추게 되어 그야말로 개인 수준에서 사랑의 메시지 보내는 것이 무척 유리한 상황이 되었다. 더구나 뉴 미디어의 발달로 멋진 동영상까지 띄워 여러 채널의 감각 기관을 동시에 감동시킬 수 있는 방법까지 발달해 있다. 여기서 짚고 넘어가야 할 중요한 사실은 메시지 전달 수단으로서의 미디어는 세월이 흘러 급속도로 변화해 왔지만, 사람이 있는 곳에는 언제 어디서나 사랑의 메시지 전달 수단이 있어 왔다는 것, 그리고 오늘날 미디어가 다양해지고 있지만 옛날에 사용하던 미디어도 상당수가 계속 존속해 오고 있다는 것이다. 그 의미는 인간에게 사랑의 감정은 그만큼 보편적인 것이며, 불편하게 여겨질 수 있는 구미디어도 그 나름대로의 장점을 지닌 채 유지되고 있는 부분이 많다는 것이

▶ 예시 8-1. 고전적 조건 형성의 원리에 의해 사랑의 메시지가 전달되는 과정

1단계: 장미꽃 / 감미로운 음악이 흐르는 카드 (무조건 자극)	→	긍정적 정서 (무조건 반응)
2단계: 장미꽃 / 감미로운 음악이 흐르는 카드 + 자기 / 자신의 메시지 (무조건 자극)　　　　　　(조건 자극)	→	긍정적 정서 (무조건 반응)
3단계: 자기 / 자신의 메시지 (조건 자극)	→	긍정적 정서 (조건 반응)

다. 인간의 선택이 그만큼 더 중요해지고 폭넓어졌음을 시사하기도 한다.

옛날에 많이 사용하던 편지 보내기, 창 밑에서 노래 부르기 등도 점차 드물어지기는 하지만 완전히 없어진 것이 아니다. 사람은 끊임없이 다른 사람과 생각을 공유하고 감정을 공유하려 하며, 어떤 식으로든 그 생각과 감정의 공유를 위한 메시지 전달 수단을 개발한다. 상황이 좋으면 좋은 대로, 나쁘면 나쁜 대로 전달 미디어는 이렇게 인간들의 욕구와 더불어 발달해 가는 것이다. 미디어는 급격히 발전해도 인간의 사랑의 마음은 그렇게 빨리 변하지 않는다. 사랑이 인간에게 더 본질적이며, 미디어는 수단일 뿐이기 때문이다.

요즘의 연인들은 단둘만의 폐쇄적 SNS 서비스를 활용한 교류, 또는 각종 이모티콘을 활용한 비언어적 정서 교류 등에 심취해 있기도 하다. 또한 확실한 연인 관계가 되기 이전의 탐색 단계를 단체 SNS에서 다른 사람들이 먼저 감지하기도 한다. 연인들 간에 사랑이 깊어가는 과정과 그 열정은 인류의 몇 세대가 지나도 변하지 않지만, 그것을 연결해 주는 미디어는 늘 새로이 변화를 거듭하고 있다. 이제 사랑 소통을 위해서도 새로운 미디어에 잘 적응할 필요가 생겨나고 있다.

4. 가까운 관계의 커뮤니케이션을 잘 하려면?

누구나 소통을 잘 하고 싶어 한다. 특히 많은 시간을 함께 보내는 가까운 사람들과의 소통이 원활한지의 여부에 따라 개인의 행복도가 크게 좌우되기 때문에, 가까운 사람들과 소통을 잘 하는 것이 중요하다. 그렇다면 어떻게 하는 것이 커뮤니케이션을 잘 하는 길일까?

일단 상대방에 대한 부정적인 편견, 예를 들면 '말해도 소용없을 거야'와 같은 생각 등을 없애고, 상대방과 본인이 무엇을 현재 공유하고 있는지 공통 기반을 염두에 둔 상태에서 소통을 시작하는 것이 좋다(1장 참조). 또한, 상대방의 행동이 마음에 들지 않아 생긴 분노를 일단 가라앉히고 쿨하게 접근할 필요가 있다. 한 번에 효과가 없더라도 지속적으로 쿨(cool)하게 시도하려는 노력이 필요하다.

가족 의사소통을 실제로 향상시키기 위해 노력한 사티어는 빙산 모형에 비유한 '일치적 의사소통'을 제안했다(Satir, 1972; Satir et al., 1991; 김영애, 2006). 일치적 의사소통이란 실제로 마음속에 있는 것을 겉으로 그대로 표현하되, 상대를 비판하지 않고 부드럽게 표현하는 것이다. 이렇게 하면 관계를 상하지 않고 원하는 것을 얻는 데 도움이 된다. 예를 들면, 아내가 남편에게 "재활용 쓰레기 맨날 내가 버려야 해?"라고 가시 돋친 말로 표현하면서 간접적 요청을 하는 것보다는 "재활용 쓰레기 좀 버려 주세요. 그러면 고맙게 제가 다른 일들을 더 잘 할 수 있을 것 같아요"라고 직접적 요청을 부드럽게 하는 것이 두 사람 모두에게 훨씬 더 좋은 결과를 가져다준다.

좀 더 구체적으로 일치적 의사소통의 기반을 살펴보기로 하자. 그림 8-7의 빙산 의사소통 모형을 보면, 맨 아래 열망이 있고 그 위로 기대, 지각, 감정, 대처 방식, 행동이 순서대로 나타난다. 빙산의 수면 아래 부분은 눈에 보이지 않는 부분이며, 수면 위 부분만 눈에 보이는 부분이다. 일치적 의사소통을 하는 것이 바람직한데, 이것은 맨 아래쪽의 기대와 열망에 일치하는 내용이 최종적으로 겉에 표현되어야 함을 의미한다.

그림 8-7. 빙산 의사소통 모형

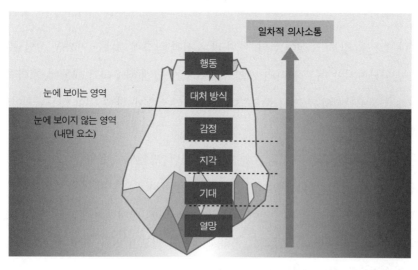

출처: Satir et al., 1991; 김영애, 2006, p.15를 참조하여 수정함.

예를 들어, 청소년의 속마음은 '엄마가 공부하란 얘기 그만하시면 좋겠다' 하는 것인데 겉으로는 '엄마 계속 그러면 나 집에서 나가 버릴 거야'라고 마음에 없는 말을 했다면, 이것은 불일치적 의사소통에 해당한다. 반대로, 속마음을 그대로 '엄마가 공부하란 얘기 그만하시면 좋겠어요'라고 이야기하고, 이에 덧붙여서 '그러면 오히려 공부가 더 잘 될 것 같아요.' 이렇게까지 이야기했다면 일치적 의사소통이 되는 것이다.

따라서 일치적 의사소통이란, 관찰한 상황에 대한 객관적 서술과 그 상황 때문에 발생한 나의 생각, 느낌, 기대와 열망을 모두 포함한 표현을 말한다. 이것이 잘 되면 원하는 것을 이야기하고도 관계를 상하지 않게 되는데, 이것이 잘 안되면 원하는 것을 이야기하지도 못하고 관계만 상하게 되는 것이다.

이처럼 상황, 사고, 감정, 기대와 열망, 이 순서대로 이야기하면 된다. 일치적 의사소통을 잘 하려면 일단 마음을 가라앉히고 쿨하게 '직접, 솔직하게, 부드럽게' 이야기해야 한다. 처음에 상황을 사실 그대로, 객관적으로 이야기하고, 그에 대한 생각과 감정을 차분히 말하되, 이때 상대방을 비난하지 않으면서 이야기하는 것이 중요하다. 상대를 비난하면 상대에게 부정적 감정을 일으켜 의사소통이 원하지 않는 방향으로 흐를 수 있기 때문이다.

위의 청소년 사례를 좀 더 구체적으로 이야기해 보자. "제가 학교에서 온 지 2시간 됐는데 엄마가 저한테 공부하란 말씀을 5번 하셨어요. 그런 말씀을 들으니 엄마가 저를 못 믿으시는구나 하는 생각이 들어요. 그래서 좀 슬퍼져요." 이렇게 이야기했다면 상황, 생각, 감정까지 비교적 잘 이야기한 것이다. 그리고 나서 "조금만 더 저를 믿고 공부하란 말씀을 덜 하시면 오히려 공부가 더 잘 될 것 같아요"라고 이야기하면 기대와 열망까지 이야기한 것이다.

소통의 양 당사자가 모두 이런 방식의 일치적 의사소통을 하려고 노력하는 것이 중요하다. 소통은 한쪽만 잘 해서 되는 것이 아니기 때문이다. 위의 사례에서 중요한 점은 "엄만 왜 맨날 잔소리야"라는 말에는 직접적인 열망이 담겨있지도 않고 부드럽게 전달되지도 않는다는 것, 그에 비해 "엄마가 공부하란 말씀을 조금만 덜 하시면 제 공부가 더 잘 될 것 같아요"라고 이야기하면 직접적인 열망을 부드럽게 전달한 것이므로 훨씬 더 공감받기가 쉽다는 것이다.

소통을 원만하게 하는 것은 의미 공유 부분을 넓힘으로써 함께 살아가는 데 큰 활력소가 된다. 소통은 양 당사자가 함께하는 것이기 때문에, 한쪽만 노력하기보다는 양쪽이 모두 노력해야 온전하게 더 큰 효과가 발생한다.

9장

소집단 커뮤니케이션과 리더십

두 사람 이상이 작은 집단을 이루어 커뮤니케이션을 하는 상황은 아주 흔하다. 몇명이 모여 일을 결정하거나 의논하는 공식적인 회의에서부터 강의가 끝난 후 몇몇친구들끼리 모여 이런 저런 이야기를 나누는 비공식적인 대화에 이르기까지, 소집단커뮤니케이션은 커뮤니케이션의 일상적인 형태 중 하나다. 이 장에서는 소집단 안에서 이루어지는 커뮤니케이션의 특성, 집단 구성원들의 역할과 리더십, 조직 커뮤니케이션 네트워크 등에 관해 살펴본다.

1. 집단 내 커뮤니케이션

공식적이든 비공식적이든 많은 사회적 상황이 소집단 형태로 발생한다. 집단 속에서 이루어지는 커뮤니케이션이 개인들 간 커뮤니케이션의 합과 다른 이유는 '집단'이라는 속성 때문에 단순히 한 사람 한 사람의 커뮤니케이션을 합해 놓은 것 이외에 집단 자체가 하나의 전체로서 독특한 기능을 하기 때문이다. 집단이 커뮤니케이션의 주체가 되어 움직일 수도 있고, 집단 속의 구성원들도 집단 소속감 또는 '집단 정체성'을 가지고 있어서 집단에 속해 있지 않을 때와는 다른 언어적·비언어적 행동을 보일 수 있다.

1) 집단의 규범 형성과 동조

(1) 집단 발달의 단계

'집단'이란 대개 공동의 규범과 목표를 지니며, 서로 상호작용하는 2인 이상의 상호 의존적인 사람들의 집합을 말한다. 처음부터 뚜렷한 목표를 가지고 모이는 집단도 있는가 하면, 우연히 모여서 부담 없이 이야기하고 헤어지는 집단도 있다. 어떤 집단이든 대개 형성기, 격동기, 규범기, 수행기, 휴지기의 과정을 거친다(Tuckman, 1965). 처음에 몇 명의 사람들이 모여 집단이 만들어지고(형성기), 그 다음에는 초기 집단에 아직 규범이 만들어지지 않아 조금은 혼란스러운 상태에서 역할과 규범이 정해져 가는 상태를 거친다(격동기). 이런 과정을 거쳐 집단의 구성원들이 명시적 또는 암묵적으로 어느 정도 합의에 도달한 규범이 만들어지고(규범기), 거기에 따라 그 집단이 해야 할, 또는 하고 싶은 일들을 수행하고(수행기), 일을 마친 후에 해체된다(휴지기). 이런 과정이 각 단계의 커뮤니케이션 특성과 함께 표 9–1에 상세히 설명되어 있다.

(2) 집단의 규범과 동조

어느 집단에나 대다수의 구성원들이 동의하는 규범이 있다. 집단 구성원으로서 해당 집단의 규범에 맞지 않는 부분이 있으면 어쩐지 맞추어야 할 것 같은 압력을 느끼게

표 9-1. 집단 발달의 5단계와 각 단계의 커뮤니케이션 특성

단계	주요 과정	커뮤니케이션의 특성
1. 형성기(오리엔테이션)	성원들 상호 간의 친숙성과 집단에 대한 친숙성의 증가, 의존성과 포함에 관한 쟁점화, 리더의 수용과 집단 합의.	잠정적이고 예의바른 의사소통. 애매성과 집단 목표에 대한 우려. 적극적인 리더, 불평하는 성원들.
2. 격동기(갈등)	절차에 관한 의견 불일치, 불만족의 표현, 성원들 간의 긴장, 리더와의 대립.	아이디어에 대한 비평, 저조한 출석률, 증오심, 양극화와 동맹 형성.
3. 규범기(구조화)	응집력과 일체성이 커짐. 역할, 기준, 및 관계의 확립. 신뢰와 의사소통의 증가.	절차에 대한 의견 일치, 역할 애매성 감소, '우리' 의식 증가.
4. 수행기(작업)	목표 성취, 과제 지향성의 제고. 수행과 생산의 강조.	의사 결정, 문제 해결, 상호 협동.
5. 휴지기(해체)	역할 종료, 과제 완료, 의존성 감소.	해체와 철수, 독립성과 정서성의 증가, 후회.

출처: Forsyth, 1999/2001, p.180.

되는데, 이것이 일종의 사회적 압력으로 작용하는 '동조(conformity)' 과정이다. 소집단 내에서 어떤 과정을 통해 규범이 형성되는가에 관한 한 고전적인 연구에서, 암실의 정지된 광점이 움직이는 것으로 보이는 '자동운동 효과(autokinetic effect)'를 이용한 실험을 진행했다(Sherif, 1936). 여러 명이 한 조가 되어 '광점이 어느 정도 움직였다고 생각하는지'를 말하게 했을 때, 처음에는 개인들 간의 편차가 크다가 시행 횟수가 증가함에 따라 점차 개인들의 다양한 응답들이 수렴되어 서로 비슷한 응답을 하게 됨으로써 규범이 형성됨을 발견했다(그림 9-1 참조). 집단 속에 있을 때 자기 생각이 대부분의 다른 사람들이 지니고 있는 생각에서 너무나 동떨어져 있으면, 해당 집단의 대다수가 동의하는 방향으로 조금씩 의견이 움직여 최종적으로 그 집단 사람들이 거의 모두 동의하는 규범이 형성된다. 혹은 그 규범 쪽으로 의견을 바꾸는 것이 크게 못마땅하면 결국은 그 집단을 탈퇴하게 된다.

최초의 규범 형성 연구의 실험 상황이었던 암실 광점의 자동운동 현상은 원래 광점이 움직인 정도를 그 누구도 확신할 수 없는 불확실한 상황이었다. 그래서 세리프 (Sherif, 1936)의 실험에서처럼 불확실한 상황에서만 집단 구성원들 간의 동조가 일어나 규범이 형성되는 것이 아니라 '누가 보아도 명확한' 상황에서조차 동조가 일어날

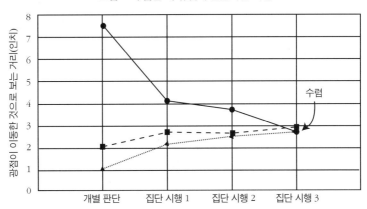

그림 9-1. 집단 내 규범이 발달하는 과정

출처: Forsyth, 1999/2001, p.140.

수 있다는 사실을 보인 연구가 더 강력한 시사점을 줄 수 있다. 이것은 잘 알려진 애쉬(Asch, 1955)의 선분 실험으로, 겉보기에도 길이가 서로 분명히 다른 세 선분 중 어느 것이 기준선과 같은 길이인지를 맞추는 실험에서마저 동조가 일어남을 보였다. 즉 개인적으로는 객관적으로 분명히 A가 맞는다고 생각하더라도 집단 내의 '모든' 사람들이 다 B가 맞는다고 자신 있게 말하면, 그것을 반박하면서까지 자기주장을 관철시키기는 무척 어렵다는 것이다.

동조의 정도는 만장일치일 때 가장 높으며, 집단에서 한 사람이라도 다수 의견과 다른 의견을 보이면 다수 의견에 동조하는 정도는 상당히 감소한다. 동조율은 집단의 크기(즉 집단의 인원 수)에 따라서도 달라진다. 대체로 폐쇄되어 있는 실험실 상황의 연구에서는 집단의 크기가 4~5명 정도 될 때까지 동조율이 급격히 증가하다가 그 이후에는 서서히 감소하는 경향을 보이는데(Asch, 1955), 이것은 너무 많은 사람들이 '말도 안 되는' 의견에 일치를 보인다는 사실 자체가 신빙성을 떨어뜨리거나 그 사람들이 집단적으로 단합한 듯한 인상을 주게 되어 '독립적인 개인들'의 의견으로 지각되지 않기 때문이다.

반면에 현장 연구에서는 사람이 많을수록 동조를 많이 한다는 사실이 발견되었다. 예를 들어, 뉴욕 번화가에서 하늘을 올려다보는 행인들의 수를 증가시켜 가며 주변 사람들의 동조 여부를 관찰했을 때, 한 명일 때는 4%, 10명일 때는 80%, 그리고

15명일 때는 86%의 동조율을 보였다(Milgram et al., 1969). 뿐만 아니라, 버스를 타기 위해 줄을 서 있는 사람들의 수를 변화시켰을 때에도 승객들이 줄서는 행동에 동조하는 비율은 줄을 서 있는 사람의 수가 많을수록 증가했다(Mann, 1977; 한규석, 2002 참조).

(3) 규범 이탈자와의 커뮤니케이션

같은 집단 속에서 커뮤니케이션을 할 때 의견의 차이가 생기면 일단 커뮤니케이션이 증가한다. 이것은 뉴컴(Newcomb, 1953)의 A–B–X 모델이 확장된 것과 마찬가지로, 구성원들 중 의견이 일치하는 사람들보다는 의견이 다른 사람과 일치를 만들기 위해 더 많은 커뮤니케이션이 필요하기 때문이다(6장 참조). 이것은 일단 같은 집단이라고 인식이 되면 가능한 한 포용해 주려는 포용 반응을 보이는 현상과 맞물려, 의견의 일치를 끌어냄으로써 한 집단에 무리 없이 묶어 두려는 것이다. 이것은 다른 사람의 태도가 자기의 최초 태도와 크게 차이나지 않을 때 가능하면 동화시키고자 하는 동기가 작용한 결과라고 볼 수 있다(Berkowitz, 1971).

반대로, 의견 격차가 너무 커서 더 이상 참을 수 없다고 지각되면 대조 효과가 일어나 실제보다 더 큰 의견 격차를 보이는 것으로 지각하고(Sherif & Hovland, 1961), 이 단계까지 가면 배제 반응이 일어나면서 의견 격차가 큰 구성원이나 규범 이탈자에 대한 커뮤니케이션이 급격히 줄어든다(Emerson, 1954). 그 후 집단의 경계가 재정의되거나 이단자를 축출하는 현상까지 일어난다. 대체로 대부분의 집단에서는 규범 이탈자에게로 향하는 커뮤니케이션이 증가하지만, 응집력이 크고 과제에 몰두하는 집단에서는 마음에 들지 않는 이단자에게로 향하는 커뮤니케이션의 양이 급격히 줄어들면서 거부의 단계를 거친다(cf. Mucchi-Faina, 1994).

한 연구에서 남성들로 이루어진 토론 집단에 세 종류의 실험 협조자를 포함시켜 그들의 영향을 검증했다(Schachter & Singer, 1962). 세 종류의 실험 협조자는 각각 동조자, 변절자, 및 이단자의 역할을 했다. 동조자는 처음부터 끝까지 다수의 의견에 동조했으며, 변절자는 반대하다가 동조했고, 이단자는 처음부터 끝까지 다수의 의견에 반대했다.

그림 9–2에서 알 수 있듯이, 전체적으로 동조자나 변절자보다 이단자에게로 향

그림 9-2. 소집단 커뮤니케이션에서 동조자, 변절자, 및 이단자에게 향하는 커뮤니케이션의 양

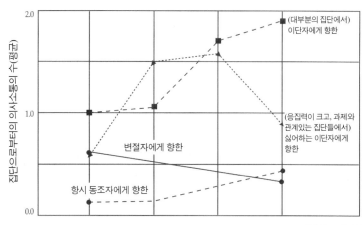

출처: Forsyth, 1999/2001, p.229.

하는 커뮤니케이션의 양이 월등히 많았다. 그런데 어느 집단에서나 30분 정도 토론할 때까지는 의견이 다른 이단자에게로 향하는 커뮤니케이션의 양이 많았지만, 그 이후에는 집단의 종류에 따라 달리 나타났다. 이단자를 원래 좋아하는 집단에서는 그 사람의 의견을 집단 다수 쪽으로 끌어들이기 위해 계속 커뮤니케이션을 증가시켰지만, 응집력이 크고 과제에 몰두하는 집단의 경우 싫어하는 이단자에 대한 커뮤니케이션이 급격히 감소했다. 즉 이런 집단에서는 이단자를 집단에서 배제된 성원으로 지각하고 더 이상 상대를 하지 않게 되는 것이다.

2) 집단 사고의 위험성

응집력이 높은 집단 성원들 간의 지나친 동조는 집단 사고(groupthink)의 위험을 부를 수 있다. 집단 응집력은 집단 구성원들끼리 서로 뭉치고 좋아하는 정도를 말한다. 집단 사고는 원래 재니스(Janis, 1972)가 제안하고 검증한 개념으로, "집단 성원들이 응집력이 강한 내집단에 깊이 관여되고, 만장일치의 분위기가 팽배하여 다른 대안을 현실성 있게 평가하려는 동기를 억압하여 생기는 사고의 양식"으로 정의된다(Forsyth, 1999/2001, p.383). 집단 사고는 합리적 의사 결정을 할 수 없는 왜곡된 사고의 양식이며,

응집력과 자신감이 높은 집단, 그리고 지시적 리더가 있을 때 일어날 가능성이 높다. 역사적인 예를 들면, 표 9-2에 나타나 있는 바와 같이, 케네디 정부의 피그만 침공 의사 결정, 존슨 대통령의 월남전 확전 권고 등과 같은 사안들이 집단 사고의 결과로 일어난 잘못된 의사 결정으로 평가되고 있다.

한국의 국회나 정당 토론 상황은 과연 어떠할까? 집단 사고의 측면에서 구체적으로 분석해 본 연구는 없지만, 아마도 내집단 응집력이 높은 한국의 경우 내집단끼리의 만장일치적 사고에 집착하고 권위주의적 리더가 이끄는 상황에서 집단 사고에 가까운 비합리적 결정을 내리는 경우가 비일비재할 것이다. 그렇다면, 구체적으로 집단 사고의 증상은 무엇이며, 이를 방지하기 위한 대안은 무엇인지를 살펴보기로 하자.

소집단 커뮤니케이션의 경우 거의 모든 집단에서 '일치를 향한 압력,' 즉 만장일치의 압력이 존재하기는 하지만, 집단 사고의 상황에서는 반대하기 어려운 분위기가 더욱 심각하다. 비판을 금기시하며 규범을 깨는 사람에게 압력이 가해지는 분위기에서 집단 사고가 일어나기 쉽다. "충분히 다양한 탐색"이 필요함에도 불구하고 생각을 한 곳에 모으려고만 노력하면서, "공연히 긁어 부스럼을 만드느니 좋은 집단 분위기를 그대로 즐기자"는 생각이 팽배할 때 집단 사고가 생긴다(Forsyth, 1999/2001, p.385).

표 9-2. 미국 역사상 집단 사고 때문에 발생했다고 볼 수 있는 다섯 가지 대형 사고

집단	대재앙
대령 20명, 중장, 기타 주요 해군 장교들을 포함한 킴멜 제독의 보좌관들	1941년 진주만을 훈련 기지로서만 두어 무방비 상태가 되도록 방치함.
트루먼 대통령의 정책 결정 집단으로서 합참의장과 국가 안보위원들 포함	한국전쟁 시 38선을 넘도록 허용하여 중국이 참전하게 만듦.
케네디 대통령의 특별자문위로서 국무장관, 국방장관, 합참의장, CIA 국장 등 포함.	1961년 쿠바의 피그만으로 침공시키는 잘못된 계획을 지지함.
존슨 대통령의 화요 오찬 모임으로 정부 각료, 백악관 참모, 합참의장, CIA 국장 등 포함.	1965년부터 1968년 사이에 오찬 모임에서 월남전을 확전시킬 것을 권고함.
닉슨 대통령의 백악관 참모진들로서 존 딘, 존 에를리히만, 찰스 콜슨, H. R. 홀드먼 등 포함.	1971년부터 1972년 사이에 워터게이트 민주당 선거 대책 본부에 대한 침입 및 도청 증거를 인멸하도록 지시.

출처: Forsyth, 1999/2001, p.384; 원전은 Janis, 1982.

자신감에 넘쳐 있거나 자기 집단이 상당히 높은 수준의 도덕적 사고를 하고 있다고 '착각'하는 경우에도 집단 사고에 빠질 위험이 크다. 그리고 집단 사고를 하면 외집단에 대해 편파된 지각을 한다. 즉 케네디 정권이 쿠바 침공 결정을 할 때에도 "카스트로는 허약한 지도자, 사악한 공산주의자, 쿠바가 공격을 받더라도 알아차리지 못할 멍청한 위인"으로 표현했다고 한다.

집단 사고의 원인은 ① 응집력, ② 집단의 고립, ③ 지도자의 유형, ④ 좋은 결정을 내리고자 하는 집단 압력이다(Janis, 1972). 집단 내부의 단결력이 높으면서 외부 집단과는 차단되어 있고, 지시적·권위적 리더가 토의를 주재하고, 결정을 빨리 잘 내려야 한다는 압력이 있을 때 일을 그르치게 되는 것이다. 그러므로 집단 사고를 방지하기 위해서는 ① 조급한 만장일치 추구를 억제하고, ② 집단 성원들의 오지각과 오류를 수정하고, ③ 효과적인 의사 결정 기법을 사용해야 한다. 효과적인 의사 결정 기법의 하나는 집단의 폐쇄된 체계 속에서 한정된 대안만을 논의하는 것이 아니라, 외부 집단에까지 열린 체계 속에서 가능한 모든 대안들을 열거해 놓고 (처음에 대안을 내놓는 브레인스토밍 단계에서는 어떤 비판도 해서는 안 된다), 대안들 하나하나에 대해 단계적·객관적으로 검토한 다음에 최종 결정을 내리는 것이다. 좋은 결정을 내리기 위해서는 판단을 최후로 미루어야 하며, 중요하건 사소하건 아무것도 지나쳐 버리지 말고 충분히 고려해야 한다.

3) 집단 구성원들의 역할 스트레스와 갈등

(1) 역할 스트레스와 역할 갈등

집단 구성원들의 역할 스트레스는 역할이 애매하게 규정되어 있거나 맡은 역할들 간에 서로 모순되는 점이 있을 때 생긴다. 예시 9-1과 같은 말에 동의하는 정도가 클수록 '역할 애매성'이 큰 것이다(House, Schuler, & Levanoni, 1983, p.336). 역할이 애매할수록 역할 스트레스가 커지기 때문에, 소집단 내의 구성원들이 서로의 역할을 분명히 알 수 있는 커뮤니케이션이 필요하다:

역할 스트레스는 역할 갈등으로 인해 생기기도 한다. 역할 갈등은 예시 9-2와 같

▶ 예시 9-1. 역할 애매성의 기준 항목

• 도대체 나에게 무엇을 기대하는지 모르겠다.

• 나는 분명하지 않은 정책과 지침에 따라 일하고 있다.

• 계획된 목표가 분명하지 않다.

• 승진 심사에서 내가 어떻게 평가되는지를 모르겠다.

출처: Forsyth, 1999/2001, p.148.

▶ 예시 9-2. 역할 갈등이 발생하는 상황

• 나는 서로 다르게 움직이는 둘(혹은 그 이상)의 집단과 함께 일하고 있다.

• 나는 자주 요구가 상충되는 상황 속에 빠져 있음을 느낀다.

• 나는 내가 타당하다고 내린 판단에 역행하는 일을 강요받는 경우가 많다.

• 나는 다른 많은 사람들보다는 어느 한 사람만을 위한 일을 하고 있다.

• 여러 사람들이 나에게 서로 상충된 요구를 한다.

출처: Forsyth, 1999/2001, p.148.

은 상황에서 발생한다(House et al., 1983, p.336). 역할 갈등은 다시 역할 간 갈등과 역할 내 갈등으로 나뉜다. 역할 간 갈등은 "두 개 이상의 역할을 수행해야 하는 사람이 한 역할과 관련된 행동들과 그가 맡은 또 다른 역할과 관련된 행동들을 동시에 모두 잘 해낼 수 없다고 느낄 때" 발생한다(Forsyth, 1999/2001, p.149). 예를 들어, 두 사람이 동료로 일하다가 한 사람이 승진되었을 때, 지금까지 해 왔던 '동료'의 역할이 새로 시작되는 '상사'의 역할에 방해가 될 수 있다. 이 사람은 두 역할 간의 갈등을 느끼고 있는 것이고, 이로 인해 역할 스트레스를 받는 상황이다. 스트레스는 '좋은' 방향으로라도 '변화'가 있을 때 겪게 된다는 사실과 같은 맥락에서 이해할 수 있다(7장 참조).

역할 내 갈등은 "하나의 역할에 대한 요구들이 상충되기 때문에" 생긴다(Forsyth, 1999/2001, p.149). 즉 맡은 역할은 하나일지라도 그 역할에 있는 사람이 마땅히 해야 한다고 생각하는 다른 사람들의 요구들이 서로 일치하지 않을 때 생기는 갈등이다. 예를 들면, 중간 관리자의 입장에 있는 사람이 '중간 관리자'라는 하나의 역할을 가지고 있음에도 불구하고 윗사람이 생각할 때 중간 관리자가 마땅히 해야 한다고 생각하는 요구들과 아랫사람이 생각할 때 중간 관리자가 마땅히 해야 한다고 생각하는 요구들은 다를 수 있다. 위와 아래에서 요구하는 일관성 없는 기대들이 하나의 역할에 모일 때, 그 역할을 담당하는 사람은 괴로울 수밖에 없다. 회사의 윗선에서는 중간 관리자가 직원들의 임금 인상 시위를 잠재워 주기를 바라고, 직원들은 중간 관리자가 자기들의 임금 인상 요구를 윗선이 받아들이도록 효과적으로 전달해 주기를 바랄 때, 중간 관리자는 어김없이 역할 내 갈등을 느끼며 스트레스를 받는다.

8장에서 논의한 가족 커뮤니케이션도 일종의 소집단 커뮤니케이션이기 때문에 지금까지 언급한 것과 유사한 역할 애매성 및 역할 갈등으로 인해 역할 스트레스를 받을 수 있다. 가족의 경우는 대개 역할이 암묵적으로 정해져 있는 경우가 많기는 하지만, 남녀평등 의식이 점점 증가해 가는 과도기에 남녀의 역할에 대한 기대가 일치하지 않을 때 이와 유사한 역할 스트레스를 경험할 수 있다. 가족 구성원들 간에 서로의 역할에 대한 기대가 다를 때 역할 스트레스의 가능성이 높아진다는 것이다. 예를 들면, 부부 중 남자 쪽은 아직도 가부장적인 생각을 가지고 있어서 이런 일 정도는 당연히 '주부'가 해야 한다고 생각하는 반면, 여자 쪽은 조금 더 개방적인 생각을 가지고 있어서 '주부'도 그런 일을 하지 않을 (혹은 다른 가족구성원과 동등하게 할) 권리가 있다고 생각한다면, 같은 '주부'라는 역할에 기대하는 구성원들의 요구 간에 불일치가 있는 것이고, 바로 이런 부분에서 역할 내 갈등이 파생된다.

반대로 소집단이나 가족 내의 한 구성원인 A의 역할에 비추어 볼 때 'A가 하지 말았어야 한다고 B가 생각하는' 일을 A가 했을 때도, A는 자기 역할 속에서 '내가 마땅히 할 수 있는 일, 또는 할 권리가 있는 일'이라고 생각하는 반면 B는 'A가 해서는 안 될 일, 또는 권리가 없는 일'이라고 생각할 때 'A의 역할 내에서' 갈등이 일어났다고 볼 수 있다. 이것은 위에 언급한 '역할 애매성'과도 관련이 되며, 그 행위가 B의 역할과 상충될 때 특히 B가 생각하기에 A가 월권행위를 했다고 생각할 수 있고, 이것이 대인 간 갈등으로 이어지기도 한다.

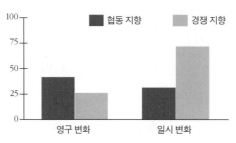

그림 9-3. 신입 구성원의 과제 수행 전략 제안 비율

출처: 최훈석·이지현, 2010, p.10.

(2) 신입 구성원의 변화 시도 가능성

어떤 집단에 새로운 구성원으로 참여했을 때는 선뜻 변화를 시도하기 쉽지 않다. 그럼에도 불구하고 특정 상황에서는 변화를 시도할 수 있다. 한 연구에서(최훈석·이지현, 2010), 실험에 참여한 집단 구성원에게 '협동과 조화' 또는 '경쟁과 차별화'를 추구하도록 강조함으로써 협동 또는 경쟁을 촉발시킨 후, 영구적 또는 일시적으로 소속 변경을 할 수 있는 상황을 만들었다.

그 결과, 집단 소속의 변화가 영구적인 상황에서는 경쟁 또는 협동 촉발 조건에 따라 신입 구성원이 과제 수행 전략을 제안하는 비율에 차이가 나타나지 않았다. 그러나 집단 소속의 변화가 일시적인 상황에서는 경쟁 촉발 조건이 협동 촉발 조건보다 신입 구성원의 과제 수행 전략 제안 비율이 높았다(그림 9-3 참조). 협동 지향성이 강한 경우 기존의 과제 수행 전략을 방해하지 않으려 신입 구성원이 새로운 제안을 억제했을 가능성이 크다.

2. 여론 형성과 집단 정체성

'집단 내의 의견이 모아지는 과정'이라는 측면에서 볼 때 여론 형성 과정은 소집단 커뮤니케이션 과정과 닮은 점이 많다. 그러나 '여론(public opinion)'이라는 것은 근본적으로 '집단'의 의견이 아니라 '공중'의 의견이다. 집단과 공중이 모두 '여러 사람들의 의견이 커뮤니케이션을 통해 모이는 상황'이라는 점은 공통되지만, 집단은 공동의 목표를 가지고 서로 상호작용하는 상호 의존적 사람들의 모임이기 때문에 보다 경계가 뚜렷한 데 비해, 여론을 형성하는 공중은 특정 이슈를 중심으로 모이지만 정확한 규범의 방향을 이끌어 줄 만큼 명확한 경계선도 없고 상호작용도 없다는 점에서 집단보다는 조금 더 느슨하다(예시 9-3 참조). 다만, 공중을 구성하는 사람들의 '몸'이 지리적으로 같은 장소에 모이는 것은 아니지만, 매스 미디어나 각종 미디어를 통해 '이슈'를 중심으로 구성원들의 '생각'이 모인다는 점에서 집단과 유사한 부분을 지닌다. 공중은 미디어를 통해 공통 관심사인 이슈에 관한 유사한 정보를 받고 판단을 하며, 자기가 얻은 정보들에 대해 간혹 대인적 상황에서 만나거나 SNS를 통해 서로 이야기를 나눔으로써 그것이 대인 관계망을 통해 확산되기도 하고, 이런 과정을 거쳐 서서히 여론이 형성되어 간다는 점에서 소집단 내 의견 형성 과정에 관한 이론이 적용될 여지가 크다.

여론은 공중의 의견으로서, '전체는 부분의 합과 다르다'는 형태주의 심리학의 원리가 적용된다. 즉 '여론은 단순한 개인의 의견의 합과 다르다'는 것이므로 개개인의 의견을 합하는 것 이상의 과정이 개입되어 그 자체가 하나의 전체로서 독특한 속성을 지닌다는 것이다. 따라서 여론은 개인적 과정과 사회적 과정을 함께 고려해야

▶ 예시 9-3. 대중, 공중, 집단, 및 범주의 차이

- 대중(mass): 불특정 다수의 많은 익명의 개인들. 이질적(모든 부류와 계층 포함). 상호작용과 의사소통이 거의 없음. 지리적으로 흩어져 있고 협력도 없고 느슨.
- 공중(public): 특정 쟁점을 둘러싼 의견의 불일치와 토론으로 인해 생김. 어떤 행동을 취해야 하는지 명확한 전통이나 규범이 없음. '여론'은 '공중의 의견'이며, '의견'은 '태도'가 언어적으로 표현된 것으로 겉에서 관찰 가능.
- 집단(group): 공동의 목표와 규범을 지니고 있는 2인 이상의 상호 의존적 사람들의 모임.
- 범주(category): 같은 특성을 공유하는 사람들(태어난 해, 출신 학교, 성별 등). 서로 아는 사이가 아닐 수도 있음.

만 이해가 가능하다(박정순, 1990). 의견은 태도가 언어적으로 표현된 것이며 겉에서 관찰가능하다. 사회심리학자들이 태도를 연구할 때 사실은 '의견'을 물어 봄으로써 '태도'를 유추하는 것이다. 태도는 겉으로 관찰 가능한 개념이 아니라, 마음속의 선유 경향이며 눈에 보이지 않는다. 신념도 마찬가지다(김영석 엮음, 1996).

1) 다원적 무지 현상과 제3자 효과

'다른 사람,' 즉 타인이 나와 같은 소집단에 속하든 공중에 속하든 관계없이, 실제로는 다른 사람들도 편견이 없는데, 나만 편견이 없고 다른 사람은 있다고 생각하는 것이 다원적 무지(pluralistic ignorance) 현상의 대표적인 예다(Taylor, 1983). 특히 앞서가는 개혁적인 생각을 하는 경우(Rogers & Shoemalser, 1971), '다른 사람들은 아직 이렇게까지 진보적이지 못하겠지만 나는 진보적이다'라는, 실제로는 자기와 유사한 진보적인 생각이 사회에 널리 퍼져 있음에도 불구하고 아직까지 자기만 선구적 생각을 하고 있다는 자부심을 갖는다. 예를 들면, 대학 캠퍼스에서 여학생들이 담배 피우는 것에 대해 '나는 찬성'하지만 '아마도 다른 사람들은 대부분 반대할 것'이라고 응답하는데 실제로는 찬성하는 비율이 높은 경우 다원적 무지 현상이 나타난 것이다.

다원적 무지의 가장 대표적인 사례로 꼽히는 것은 미국의 흑백 분리 정책과 관련된 자료다. 표 9-3에 나타나 있듯이(O'Gorman, 1975), 1968년 미국의 조사에서 실제로는 흑백 분리 정책을 찬성하는 백인의 비율이 평균 18% 정도에 불과했는데, 대부분의 주에서 '다른 백인들은 대부분 찬성할 것이다'라고 응답한 비율이 약 2배에서 4.7배까지 높게 나타났다. 즉 자기는 앞서가는 공정한 사람이기 때문에 흑백 분리 정책을 찬성하지 않지만, 다른 백인들은 대부분 찬성할 거라고 잘못 넘겨짚은 것이다.

한국의 사례를 들어 보면, 2002년 대통령 선거를 앞두고, 언론들은 앞 다투어 한나라당의 이회창 후보와 민주당의 노무현 후보가 대통령 선거에서 대결할 경우를 상정한 여론 조사를 실시했다. 한 조사에서 '누구를 지지하느냐'고 물었을 때는 노무현 후보를 지지한다고 응답한 비율이 높았으나, '누가 대통령이 될 것 같으냐'고 물었을 때는 이회창 후보가 될 것 같다고 응답한 비율이 높았다(〈조선일보〉, 2002. 3. 25). 그

표 9-3. 흑백 분리 정책을 본인이 찬성한다고 응답한 비율과
대부분의 백인들이 찬성할 것이라고 믿는 비율의 차이(1968년, 각 주별)

지역	(N)	본인이 흑백 분리 찬성 (1)	백인 대부분이 흑백 분리 찬성할 것이라고 믿음 (2)	(1)과 (2)의 비율 (3)
뉴잉글랜드	(58)	7%	19%	2.7
중부 대서양 지방	(216)	13	46	3.5
동북중부	(207)	14	48	3.4
서북중부	(160)	16	40	2.5
남부	(269)	32	61	1.9
남부 접경 지방	(95)	25	48	1.9
로키 산맥 지방	(38)	18	51	2.8
태평양 연안 지방	(147)	9	42	4.7
모든 지역	(1,190)	18	47	2.6
모름/무응답	(218)			
총 백인 표본	(1,408)			

출처: O'Gorman, 1975.

이유는 이 두 질문의 물음 내용이 엄연히 달랐다는 데 있다. 누구를 지지하느냐 하는 물음은 '자기 의견'을 물은 것이고, 누가 대통령이 될 것 같으냐는 물음은 자기를 포함한 '다른 사람들의 의견에 대한 지각'까지 포함하여 응답해야 하는 질문이기 때문이다. 따라서 자기는 (진보적인) 노 후보를 지지하지만 아직 다른 사람들은 (보수적인) 이 후보를 지지하는 사람이 많을 것이라고 '지각'한 데 기인한 결과라 할 수 있다.

그 당시에 실제로는 노 후보를 지지하는 사람들이 다수였음에도 불구하고 자기 생각을 실제보다 더 특수한 경우로 생각하는 다원적 무지 현상이 나타났던 것이다.

비교적 최근의 사례 하나를 더 살펴보면, 2012년 총선에서 서울 한 지역구의 야당 후보로 나왔던 김용민 후보가 그 당시의 이른바 '막말' 파문에도 불구하고 지지율이 높아 당선될 것으로 예상했으나 낙선한 사례를 들 수 있다. 해당 선거구의 유권자들은 이미 그의 막말로 인해서 마음속으로는 그 후보 지지 의사를 철회했더라도, 다른 사람들은 아직 그 후보를 많이 지지할 것으로 생각해서 여론 조사할 때 본인의 의견을 잘 이야기하지 않았을 수 있다. 그런데 실제로는 그런 생각을 했던 사람들이 다

수였다는 사실이 개표 결과로 나타났다. 다원적 무지 현상은 이렇게 '변화의 방향' 쪽에 있는 생각에 잘 나타난다. '나는 앞서가는 사람이라 이미 변했지만 다른 사람들은 아직 이런 변화를 못 쫓아오고 있다'고 생각하는 것이다.

이러한 착시는 다소 오만한 마음을 가질수록 심해지는 경향이 있다. 여당과 야당, 진보와 보수를 떠나, 그 당시에 조금 더 오만했던 쪽에 실제 현실의 '변화'가 잘 보이지 않아 착시가 더 크게 일어나는 경향이 있다.

다원적 무지 현상과 유사한 제3자 효과(third person effect) 가설은 다른 사람이 자기보다 미디어의 영향을 더 많이 받을 것이라고 생각하는 것을 말한다(Davison, 1983). 이것은 '타인의 의견에 대한 지각'이 실제 타인의 의견과 다를 수 있음을 나타내는 것으로, 다원적 무지 현상과의 연결 속에서 많이 연구되어 왔다. 구체적인 연구 예로서 박정순(1990)은 지역감정의 '실상(실제 편견의 비율)'과 '상상(지각된 편견의 비율)'을 비교하는 연구에서 흥미로운 결과를 발견했다. 응답자들이 자기 자신은 상대 지역 사람들을 싫어하지 않지만 다른 사람들은 많이 싫어할 것이라고 생각한다는 것이다. 남북한 관계에 대한 의견 지각 연구에서도 이와 유사한 결과가 나타났다(박정순·원우현·김정탁, 1987). 즉 대학생들이 자기들은 진보적이지만 다른 대학생들은 조금 덜 진보적일 것으로, 일반인들은 훨씬 덜 진보적일 것으로 생각하는 경향이 있었다. 편견이 (실제로는 적은데) 큰 것으로 생각하거나[지역감정 연구], 자기들은 진보적이지만 다른 사람들은 (실제로는 진보적인데도) 보수적으로 생각하는 경향[남북한 관계에 대한 의견 지각 연구]에서 잘 드러나는 다원적 무지 현상은 자기보다 다른 사람들이 더 미디어의 영향을 많이 받을 것이라고 보는 제3자 효과와 맞물려 있다.

이러한 제3자 효과는 TV 토론의 영향력에서도 검증되었고(나은영·한규석·고재홍, 2003), 온라인 게임의 영향력에서도 검증되었다(Zhong, 2009). 특히 제3자 효과는 자신과의 유사성이 더 적을수록, 즉 자신과의 사회적 거리감이 더 클수록 더 크게 나타나는 경향이 있었다. 특히 사회적으로 바람직하지 않다고 생각되는 경우의 부정적인 효과는 자신에게는 크게 나타나지 않을 것으로 예상하며 다른 사람들에게는 크게 나타날 것으로 예상한다.

구체적으로 살펴보면(표 9-4 참조), 반사회적 게임이 자신에게 미칠 영향력을 기준

표 9-4. 반사회적 및 친사회적 게임의 영향력에 대한 제3자 효과

사회적 거리에 따라 지각된 반사회적 게임의 영향

	평균	표준편차	자체적으로 지각된 효과의 평균 차이
나에게	3.91	1.93	
가족에게	3.86	1.68	−0.05(n.s.)
친구에게	4.82	1.47	0.91***
모르는 사람에게	5.06	1.47	1.15***

사회적 거리에 따라 지각된 친사회적 게임의 영향

	평균	표준편차	나에게 미치는 효과 지각과의 평균 차이
나에게	4.49	1.56	
가족에게	4.09	1.51	−0.4***
친구에게	4.66	1.39	0.17***
모르는 사람에게	4.66	1.39	0.17***

***p<. .001.   출처: Zhong, 2009, p.297.

으로 볼 때, 가족에게는 자기와 비슷한 정도로 영향을 줄 것으로 믿는 반면, 친구에게는 약간 더 큰 영향을, 모르는 사람들에게는 그보다 더 큰 영향을 줄 것으로 믿는다. 친사회적 게임의 영향력에서도 이와 유사한 제3자 효과가 관찰되었으며, 여기서는 특히 가족이 자신보다 게임의 영향을 덜 받을 것이라는 결과도 관찰되었다. 대체로 다른 사람들 중에서도 자신과의 사회적 거리가 멀게 느껴지는 사람일수록 게임의 영향이 더 크게 나타날 것으로 생각하는 경향을 보였다.

2) 침묵의 나선 이론과 동조 이론

집단 속에서 '다수에 동조해 가는 현상'은 여론 형성 과정에서 '소수가 점차 침묵하고 다수 의견이 득세해 가는 과정'과 상당히 유사하다. 즉 사회심리학의 동조 개념은 커뮤니케이션학의 '침묵의 나선' 이론과 일맥상통하는 점이 있다. 침묵의 나선 이론은 자신의 의견이 소수 의견이라고 생각하면 공개적으로 표명하는 것을 꺼려 침묵하고, 그러면 점점 다수 의견이 더 득세하게 되어 다수 의견은 점점 커지고 소수 의견은

점차 사라져 가는 것을 말한다(Noelle-Neumann, 1974). 다수 의견이 점점 강해지고 소수 의견이 점점 약해진다는 침묵의 나선 이론은 여론 조사에서 앞서가는 후보가 점점 더 많은 표를 얻게 되는 밴드왜건 효과(bandwagon effect)와 관련된 연구들에서 지지를 받았다.

뿐만 아니라, 집단 정체성 이론을 여론 문제와 연결시킨 연구들도 있다. 특히 두 집단이 갈등 관계에 있을 때 집단 간의 갈등을 신문 타이틀로 크게 강조하면, 적대적인 두 집단 구성원들이 각기 자기 집단의 규범을 실제보다 더 과장되게 지각하고, 그 과장된 규범에 동조하는 현상이 일어나 갈등이 증폭되는 효과를 가져 온다(Price, 1989). 이와 같은 연구 결과는 한국의 상황에서 영호남 지역감정 문제나 노사 간 대립 문제에도 적용이 가능하며, 정당들 간의 대립을 매스 미디어가 보도할 때 두 집단 간의 갈등을 강조하면 실제보다 갈등이 더 큰 것처럼 잘못 지각되어 적대적 관계를 더욱 부추기는 효과를 가져올 수 있음을 시사하기도 한다.

3) 동조와 분노

집단 안에서 일어나는 동조에 집단 구성원들의 정서 반응이 어떤 영향을 주는지 알아본 연구가 있다(Heerdink et al., 2013). 이 연구에서는 실험 참가자와 같은 성별의 한 주인공이 세 명의 친구들과 휴가를 어디로 떠날지 결정하는 상황을 실험 참가자에게 보여 주었다. 주인공은 다른 세 명의 의견과 다른 곳을 주장했다. 그러고 나서 실험 참가자에게 "당신의 차례가 되어 의견을 이야기했을 때 친구들이 즉각 동의하지 않았다"고 말하며, 화를 냈다거나 행복감을 표현했다거나 실망했다거나 또는 중립적인 반응을 보였다고 말했다. 연구 결과, 친구들이 행복감을 표현했을 때는 수용된다는 느낌을, 분노를 표현했을 때는 거부된다는 느낌을 받았으며, 실망을 표현했을 때는 중립적인 상태와 유사한 결과를 보였다. 즉 실망 표현은 분노 표현처럼 거부되었다는 느낌을 주지 않았다.

그렇다면 이후의 행동에서 다수의 정서 표현에 따라 동조 반응이 어떻게 달라질까? 같은 논문의 두 번째 연구에서는 주인공의 상황을 '함께 휴가를 갈 다른 사람들

그림 9-4. 집단에 동조하기보다 집단을 떠나는 선택을 한 비율

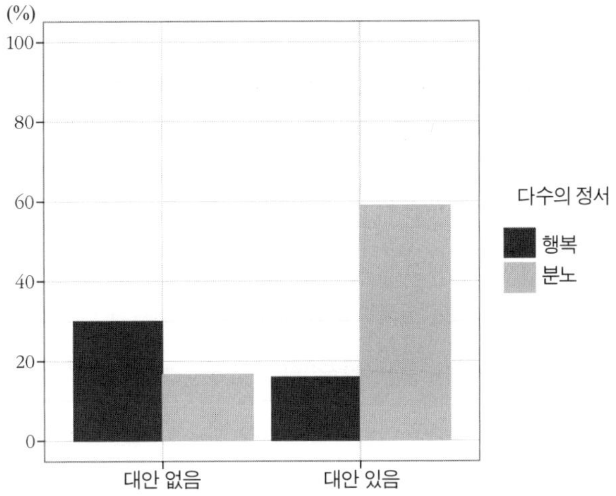

출처: Heerdink et al., 2013, p.268.

이 있는' 상황, 즉 대안이 있는 상황과 그렇지 않은 상황으로 나누어 동조 여부를 측정했다. 그 결과 그림 9-4에 나타난 바와 같이, 대안이 있고 집단의 다수가 분노를 보일 때 그 집단에 동조하기보다는 그 집단을 떠나는 선택을 많이 했다. 대안이 있더라도 집단의 다수가 행복감을 보일 때는 그 집단을 떠나는 선택이 적었다.

3. 리더와 리더십

1) 리더의 특성

여러 사람이 모이는 곳에는 항상 리더가 있기 마련이다. 공식적으로 임명받은 리더가 없는 상황에서도 자연스럽게 비공식적인 리더가 생긴다. 그래서 리더십에 관한 연구는 소집단 커뮤니케이션 연구에서 빼 놓을 수 없는 주제다.

리더들은 대체로 어떤 특성을 지니고 있는가? 지금까지의 연구들에 의하면 항상 그런 것은 아니지만 대체로 리더는 나이가 더 많고, 키도 더 크고 몸무게도 더 무겁다고 한다. 특히 키와 리더십 간의 상관관계는 −.13부터 +.71까지 다양하게 나오지만,

평균적으로 약 .30 정도의 상관관계를 보인다(Stogdill, 1974). 성격적 측면에서는 다음과 같은 다섯 가지 성격 차원에서 리더들이 높은 점수를 보였으며, 특히 외향성, 성실성, 및 지능 면에서 더욱 그렇다(Forsyth, 1999/2001, p.414).

① 외향성: 활발, 사교적, 대인 관계적, 표현적, 모임을 좋아함.

② 조화성: 우호적, 온화함, 호감적, 관대함, 친절함.

③ 성실성: 책임감, 성취 욕구, 신뢰할 수 있음, 자기 통제.

④ 안정성: 감정 통제, 확신감, 불안해하지 않음, 균형적.

⑤ 지능: 지적으로 유능, 새로운 아이디어나 경험에 대해 개방적, 양식 있음.

지배성이 강한 사람과 복종적인 사람이 집단을 구성하고 있을 때, 동성 집단에서는 지배성이 강한 사람이 리더가 되는 경우가 73%였으나, 혼성인 경우 지배성이 강한 남성이 리더가 된 경우는 90%인 반면 지배성이 강한 여성이 리더로 부각되는 경우는 35%에 불과했다는 연구 결과도 있다(Nyquist & Spence, 1986). 리더가 되기 위해서는 집단 구성원들에게 호감을 줄 수 있어야 하는데(물론 '호감'이 리더십의 전부는 아니지만, 호감을 주지 못하는 사람이 리더가 되기는 어렵다), 호감을 주는 남성의 이미지와 호감을 주는 여성의 이미지가 판이하게 다르기 때문인 것으로 보인다. 즉 남성의 경우는 호감을 주는 특성과 리더의 특성이 일치하기 쉽지만, 여성의 경우는 호감을 주는 특성과 리더의 특성이 불일치할 가능성이 높은 데 일부 기인하는 것으로 해석된다. 즉 리더가 되려면 어느 정도 지배적인 특성을 지니고 있어야 하는데, 지배적인 특성을 지니고 있는 남성은 '남성 고정관념'에서 크게 벗어나지 않아 호감을 줄 수 있지만, 지배적인 특성을 지니고 있는 여성은 '여성 고정관념'에서 크게 벗어나기 때문에 호감을 주기가 어렵다는 데 그 모순이 존재한다. 최근에는 이러한 차이가 점차 희석되어가고 있는 것으로 보인다.

서로 다른 문화에 속하는 사람들이 하나의 집단에 모여 있을 때, 다수 집단의 구성원 중에서 리더가 나올 가능성이 높다. 미국에서 멕시코계 여성과 앵글로계 여성으로 이루어진 집단에서 멕시코계 여성이 더 적은 영향력을 보였고(Roll, McClelland, &

Abel, 1996), 호주에서 중국 학생과 호주 학생이 짝지어 일을 하게 했을 때 중국 학생의 영향력이 더 적었다(Jones et al., 1995). 마찬가지로, 미국에서 아프리카나 아시아계 학자들이 좋은 연구 업적을 내더라도 리더로 지목되는 경우는 드물다(Tang, 1997). 리더가 되려면 해당 집단의 다수 구성원들과 유사한 문화적 배경과 함께 겉으로 보이는 인종적 특성까지도 유사해야만 리더가 될 확률이 높아진다는 것이다.

2) 리더십과 권력

얼핏 보기에 리더십은 권력과 유사해 보인다. 그러나 리더십은 권력과 다르다. 리더십도 권력의 한 형태이기는 하지만, "사람들 위에 군림하는 것이 아니라 사람들과 함께 하는 권력, 즉 리더와 구성원들 간의 상호적인 관계"를 말한다(Forsyth, 1999/2001, p.402). 여기서 개념적 명확성을 위해 권력의 개념부터 살펴보려 한다.

(1) 권력과 복종

권력이란 "다른 사람들의 동의 없이, 그들의 의지에 반해서, 또는 그들이 알거나 이해하지 못해도 다른 사람에게 의도했던, 그리고 예상했던 효과를 만들어 내는 힘"이라고 정의할 수 있다(Buckley, 1967; Wrong, 1979). "물리학의 기본 개념이 에너지라면, 사회과학의 기본 개념은 권력이다"라고 말한 학자도 있지만(Russell, 1938), 물질의 세계에서 '에너지의 흐름'이 기본이라면 사람들로 이루어진 사회 속에서는 '커뮤니케이션의 흐름'이 권력의 실행을 가능하게 하는 원동력이라고 할 수 있다. 권력의 행사는 바로 커뮤니케이션을 통해 이루어지기 때문이다. 직접적인 명령이나 부탁을 통해 상대방에게 자기가 원하는 행동을 하게 할 수도 있고, 간접적인 의사소통을 통해(예를 들어, 제3자를 통한다든지, 자기 희망이 쓰여 있는 글을 우연히 보게 한다든지 하는 간접적 경로를 이용하여) 자기가 원하는 행동을 상대방이 하도록 할 수도 있다. 어떤 경우든 권력을 가진 사람이 '커뮤니케이션' 과정을 통해 권력을 행사하고 있는 것이다.

사람들이 권력에 얼마나 취약할 수 있는지를 보여 준 실험이 유명한 밀그램(Milgram, 1974)의 복종 실험이다. 밀그램은 실험 참가자들에게 동료 참가자를 '학습'시키면서 틀릴 때마다 전기 쇼크를 주는 벌을 줄 수 있도록 했다 (실제로는 전기 쇼크가 들어가지 않았지만, 마치 전기 쇼크를 받은 것처럼 연기하도록 동료 참가자에게 요구했다). 학습자가 실수할 때 쇼크 수준을 높일 때마다 그 수치에 비례하여 더욱 심한 고통을 받는 것처럼 보이도록 했다. '선생' 역할을 하는 실제 실험 참가자들이 전기 쇼크로 벌주는 행동을 머뭇거릴 때마다 다음과 같은 말로 계속 진행하도록 촉구했다:

    ① "계속 하십시오" 또는 "진행하십시오."

    ② "이 실험은 계속해야 합니다."

    ③ "당신은 절대적으로 꼭 계속해야 합니다."

    ④ "다른 선택은 없습니다. 당신은 반드시 계속해야 합니다."

(Milgram, 1974, p.21; Forsyth, 1999/2001, p.248)

위와 같이 실험자가 지속적인 행동을 촉구하는 '명령' 커뮤니케이션을 하는 과정에서 자기 행동이 옳다는 사실을 전혀 의심하지 않는 어투로 또렷하고 단호하게 이야기했으며, 오히려 실험 참가자가 쇼크를 중단하려는 것이 놀랍다는 느낌을 주는 커뮤니케이션 상황이었다. 밀그램은 실험 참가자 중 극소수만이 실험자의 명령을 따를 것으로 예상했다. 그러나 실험 결과 40명 중 26명, 즉 65%의 참가자들이 실험자의 명령을 따라 아무 힘없는 학습자에게 450볼트 끝까지 전기 쇼크를 주었다. 300볼트 이전에 중단한 사람은 전혀 없었다. 물론 이들이 명령을 끝까지 따르면서 마음의 괴로움과 갈등을 많이 느꼈고, 이로 인해 실험 자체의 윤리적 문제가 크게 부각되기도 했지만, 중요한 점은 사람들이 권위를 지닌 사람의 '명령'에 이렇게까지 취약할 수 있음을 보였다는 사실이다. 정당하지 못하다는 것을 알면서도 히틀러의 명령을 집행한 사람들이 수많은 유태인들을 죽음으로 몰아넣을 수 있었던 것은 밀그램의 실험에서 보여준 것처럼 사람들이 명령을 거부하는 것은 그리 쉬운 일이 아님을 보여 준다. 명령을 따름으로써 자기가 저지른 행동의 부정적 결과가 눈앞에 보이지 않는 경우에는 명령을 따를 확률이 더욱 높아진다.

복종과 동조의 차이는 복종의 경우 권위 있는 사람의 '명시적 명령'이 있을 때 그에 따라 행동하는 것을 말하는 반면, 동조는 명시적 명령이나 요구가 없어도 암묵적으로 사회적 압력을 느껴 다수와 유사한 행동을 보이는 것을 말한다. 명령은 아니지만 명시적 부탁이나 요구가 있을 때 그에 따르는 것은 응종(compliance)이라고 말한다. 외판원의 구매 요청이나 친구의 부탁 등을 들어주는 것이 이에 해당한다(11장의 설득 커뮤니케이션 참조). 이 모두가 한 사람이 다른 사람에게 어떤 식으로든 일정한 방향의 행동을 이끌어 냈다는 점에서 사회적 영향의 한 과정이라고 할 수 있다.

사회적 영향의 과정은 대인 간에 일어날 수도 있고 매스 미디어를 통해 일어날 수도 있다. 어떤 경우든 일정한 방향의 행동을 이끌어 낸다는 점에서 권력이 행사된 것이라 할 수 있으며, 이것은 대인 커뮤니케이션이든 매스 커뮤니케이션이든 혹은 그 둘모두를 통해서든 커뮤니케이션 과정을 통해 일어난 것이다. 둘 이상의 사람들 사이에 커뮤니케이션의 흐름이 있고 그중 한 사람이 다른 사람의 뜻에 따라 움직였다면 이것은 어김없이 사회적 영향의 과정을 거쳤다고 할 수 있다.

(2) 권력의 기반

다른 사람에게 영향력을 행사할 수 있기 위해서는 권력의 기반을 갖추고 있어야 한다. 여기에는 보상성, 강제성, 합법성, 참조성, 전문성, 및 정보성이 포함된다. 표 9–5에 상세히 나와 있듯이, '보상 권력'은 내가 상대방에게 줄 수 있는 보상의 정도가 클수록 커진다. 즉 상대방이 내가 원하는 대로 행동했을 때 내가 그에게 줄 수 있는 보상이 크다면, 내가 그에 대해 가지고 있는 보상 권력이 큰 것이다. '강제 권력'은 상대방이 내가 원하는 대로 행동하지 않았을 때 그에게 가할 수 있는 처벌의 정도가 클수록 크다. '합법적 권력'은 권력을 가진 사람의 권한이 합법적으로 주어져 있는 경우의 권력이다. 예를 들면, 교사가 학생을 가르친다든지 의사가 환자를 치료할 때, 학생과 환자는 교사와 의사의 말을 따르게 되는데, 이때 교사와 의사가 지니는 권리는 합법적으로 인정된 권리라고 할 수 있다. 교사와 의사의 전문성을 학생과 환자가 믿는다면, 이 전문성에 대한 믿음에 근거한 권력은 '전문성 권력'이다. 따라서 한 사람이 권력의 여섯 가지 기반 중 몇 가지를 함께 지니고 있을 수도 있으며, 권력 기반이 많을수록 더 큰 권력을 행사할 수 있게 된다.

표 9-5. 권력의 여섯 가지 기반

기반	정의
보상 권력	표적에게 주어지거나 제공되는 보상의 분배를 통제할 수 있는 능력
강제 권력	요청이나 요구에 따르지 않는 사람들을 위협하고 처벌할 수 있는 역량
합법적 권력	복종을 요청하고 요구할 수 있는 권력 소지자의 합법적인 권한에서 나온 권위
참조 권력	표적 인물이 권력 소지자와 동일시하거나 그에게 매력을 느끼거나 그를 존경하는 것에 기반을 둔 영향력
전문성 권력	권력 소지자가 탁월한 기술과 능력을 지녔다고 믿는 표적 인물의 믿음에 기반을 둔 영향력
정보성 권력	합리적인 논점, 설득, 또는 사실적인 자료 등의 정보 자원을 사용하는 잠재력에 기반을 둔 영향력

출처: French & Raven, 1959; Forsyth, 1999/2001, p.254.

'참조 권력'은, A가 B에게 매력을 느끼거나 존경하기 때문에 A가 B의 말을 잘 따른다면 B는 참조 권력을 지니고 있는 것이다. A가 B를 동일시하거나 좋아하는 강도가 강할수록 B가 지니는 참조 권력은 커진다. 좋아하거나 존경하는 사람의 말은 기꺼이 따르고 싶은 마음이 든다. 이와 같은 참조 권력이 강제 권력보다 훨씬 더 긍정적인 관계 속에서 권력 행사가 이루어진다. 끝으로 '정보성 권력'은 어떤 사람이 다른 사람들보다 특정 분야의 사실적 정보와 자원을 더 많이 가지고 있을 때 그것을 사용할 수 있는 잠재력이 크기 때문에 다른 사람들보다 더 큰 권력을 지니는 것이다. 정보를 지닌 사람에게 의존하는 정도가 커질 수밖에 없기 때문이다. 이 정보가 특정 분야의 전문성과 관련되는 경우는 전문성 권력과 정보성 권력을 함께 지니게 되며, 당연히 이때 권력은 더 커지게 된다. 대학 교수의 경우 특정 분야의 전문성과 정보성을 함께 지니고 있을 가능성이 크고, 학생들에게 학점을 잘 주거나(보상) 잘 주지 않을(처벌) 힘도 가지고 있고 또 합법적으로 그런 권리를 부여받았기 때문에, 여기에 학생들이 그 교수를 좋아하거나 존경하는 마음까지 갖추게 된다면(참조 권력), 그야말로 여섯 가지 권력 기반을 모두 가진 셈이 된다.

(3) 리더십의 개념

리더십은 ① 리더, 부하, 및 집단 상황을 포함하는 '상호적'인 과정이며, ② '거래적, 사회 교환적' 과정이다. 즉 리더가 집단 구성원에게 일방적으로 영향을 주거나 커뮤니케이션하는 것이 아니라, 부하도 리더에게 영향을 주고 커뮤니케이션을 한다. 그리고 리더와 구성원은 시간, 노력, 및 기술 등을 서로 교환하면서 전체가 얻을 수 있는 보상을 증가시킨다. 리더십은 또한 ③ '변환적' 과정이며, ④ '협동적' 과정일 뿐만 아니라, ⑤ '목표 추구적'인 과정이다. 즉 집단 구성원들의 신념, 가치, 욕구 등을 변화시킴으로써 사기를 진작시키고 만족감을 증가시킨다. 그리고 우격다짐식으로 주장한다고 리더가 되는 것이 아니라 대개 집단 속에서 타인에게 가장 많은 영향을 미치는 사람에게 집단 구성원들이 자발적으로 리더의 권리를 양도하게 된다. 그 과정에서 리더가 합법적으로 영향력을 행사할 수 있는 협동적인 분위기가 형성된다. 이렇게 해서 집단의 목표를 효율적으로 달성하기 위한 구성원들의 노력을 조직화하고 동기화하는 목표 추구적 과정을 밟는 것이다(Forsyth, 1999/2001, p.405). 구성원들이 인정하지 않는 리더는 리더십을 발휘할 수가 없다.

리더십을 행동적으로 정의하는 방법은 '리더가 어떤 일, 행동, 또는 역할을 하느냐' 하는 측면에 강조점을 둔다. 가장 널리 받아들여지고 있는 리더의 행동 구분은 리더가 '대인 관계 행동'과 '과제 행동' 중 어느 쪽에 더 큰 비중을 두느냐 하는 점에서의 구분이다. 표 9-6에서 보듯이, 관계 지향적 리더는 집단 내 구성원들의 인간관계와 만족도에 주의를 기울이는 사회 정서적 리더다. 반면에 과제 지향적 리더는 그 집단이 추구해야 할 일의 완성에 우선적인 목표를 둔다.

과제 지향적 리더와 관계 지향적 리더를 구분하는 척도는 최소 선호 동료(least preferred co-worker scale: LPC scale) 척도이며, 이것은 다음 절에 소개될 리더십의 상황 부합 모델 검증에 활용된다(Fiedler, 1978, 1993). 이 척도에서는 함께 일해 온 사람들 중에서 가장 힘들었던 사람을 떠올린 다음 그에 대해 '긴장된-느긋한' '우호적인-비우호적인' 등과 같은 양극 형용사 척도에서 평가하게 한다. 여기서 높은 점수를 받은 사람(즉 싫어하는 동료도 관대하게 평가하는 사람)이 관계 지향적인 리더다. 그 집단에서 리더가 가장 싫어하는 구성원을 어떻게 대우하고 처리하느냐에 따라 리더의 과제 지향성

표 9-6. 리더십 행동의 종류와 커뮤니케이션

리더십 행동의 종류	개념적 명칭	정의	전형적인 행동과 커뮤니케이션
관계적 리더십	• 관계 지향적 • 사회 정서적 • 지지적 • 종업원 중심적 • 대인 관계 기술적 • 집단 유지적	• 집단 내의 긍정적 대인 관계 유지를 위한 행동: 우호성, 상호 신뢰감, 개방성, 결정의 배경이나 과정에 대해 기꺼이 설명.	• 집단 성원들의 말을 경청. • 이해가 잘 됨. • 우호적이고 가까이 하기 쉬움. • 집단 성원들을 동등하게 대우. • 변화에 거부적이지 않음.
과제적 리더십	• 과제 지향적 • 목표 지향적 • 자제 촉구적 • 생산성 지향적 • 행정 기술적 • 목표 성취적	• 과제 완수를 촉진시키는 행동: 행동 규제, 감독, 의사소통, 목표의 불명확성 감소.	• 구성원에게 과제 부여. • 집단에 대한 태도를 분명히 함. • 일을 못하면 이를 비판. • 집단이 최대의 역량을 발휘하도록 조치를 취함. • 활동을 조정.

출처: Forsyth, 1999/2001, p.407.

과 관계 지향성이 구분되는 것이다. 즉 리더가 일을 추구하려 할 때마다 반대하거나 훼방을 놓아 리더가 가장 싫어하는 구성원이라도 어떻게 해서든 만족시키고 설득해서 이끌어 가려고 하는 성향이 클수록 관계 지향성이 높은 리더로 분류되며, 사사건건 반대하는 구성원이나 마음에 들지 않는 구성원은 제쳐놓고 과제의 수행에 최대의 노력을 집중시키는 리더는 과제 지향적 리더로 분류된다. 그림 9-5에서도 알 수 있듯이, 대체로 결과 지향성과 무관하게 과정 지향성이 높은 리더가 좋은 평가를 받는다 (Peterson, 1977).

한편, 부하 직원과의 관계가 얼마나 성숙한 상태인가에 따라 관계 지향성과 과제 지향성이 적절히 배합된 리더가 더 효과적이라는 연구 결과도 있다(Hersey & Blanchard, 1976). 그림 9-6에서 알 수 있듯이, 부하 직원과의 관계 성숙도가 낮을 때, 즉 이제 막 승진하여 처음 만나게 된 부하 직원과의 관계에서는 과제 지향적 지시형 리더가 효과적이고, 관계가 진전됨에 따라 과제 지향성과 관계 지향성이 모두 갖추어진 판매형 리더가 바람직하다. 관계가 더욱 진전되면 차츰 과제에 대한 부분은 부하 직원에게 이월되거나 부하 직원의 재량에 따라 진행되는 부분이 많아지면서 리더는 관계 지향성에 치중하는 편이 바람직하고(참여형), 리더와 부하 직원 간의 관계가 아주

그림 9-5. 결과 지향성과 과정 지향성의 수준에 따른 리더 평가

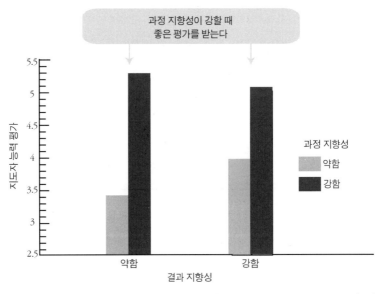

출처: Peterson, 1977; Baron & Byrne, 2000; 한규석, 2002, p.454.

그림 9-6. 부하 직원과의 관계 성숙도에 따른 리더십 유형 변화의 필요성

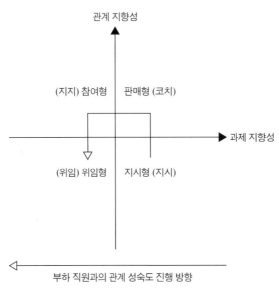

출처: Blanchard, Zigarmi, & Zigarmi, 1985를 참조.

무르익은 상태에서는 거의 모든 것을 맡기는 위임형 리더가 호평을 받는다. 이 네 단계의 과정을 지시, 코치, 지지, 위임 순으로 명명하기도 한다. 부하 직원이 상사의 '지시'를 기다리고 있는데 '위임'을 한다거나, 이제 위임해 주었으면 하는데 계속 지시만 한다면 리더에 대한 호감과 효율성이 모두 낮아질 가능성이 높다.

3) 리더십 이론과 실제

어떤 유형의 리더가 효과적인가 하는 것은 상황에 따라 다르다. 즉 주변 여건이나 상황이 아주 어렵거나 아주 좋을 때는 과제 지향형 리더가 효과적인 반면, 주변 여건이 괜찮은 편인 보통 상황에서는 관계 지향형 리더가 효과적이다. 이것을 리더십의 상황 부합(contingency) 이론이라고 한다(Fiedler, 1978). 즉 '상황에 맞는 리더 스타일'이 있는 것이지, 모든 상황에 다 좋은 것으로 판명된 리더 유형은 없다는 것이다. 이에 대한 검증 결과는 그림 9-7과 같이 나타났다.

지도자(리더) 또는 지도력(리더십)과 관련된 논의에서 빠지지 않고 등장하는 것이 '카리스마(charisma)'라는 개념이다. 카리스마는 리더 자신의 개인적 속성이라기보다 리더와 집단 구성원들 간의 '특수한 관계 양상'으로 이해해야 한다. 즉 "지도자가 취한 행동이 추종자들에게 강하게 영향을 미치는 관계 상황"이다(Pilai et al., 1997). 소집단이든 대집단이든 집단 속의 리더가 구성원들을 이끄는 방식, 그리고 추종자들이 리더를 따르는 방식, 권력이 주어지고 행사되는 방식은 모두 리더와 구성원들 상호 간의 커뮤니케이션에 의해 결정된다. 카리스마적 지도자가 어떤 유형의 커뮤니케이션을 하는 사람인지 하는 점이 다음 글에 잘 나타나 있다.

카리스마적 지도자는 미래에 대한 밝은 전망을 사람들에게 생생하게, 확신을 갖고 전달하므로, 사람들에게 희망을 갖게 한다. 그 리더는 이 전망을 실현할 수 있는 구체적인 방안을 사람들에게 보여 준다. 아울러 그 지도자는 집단 성원들이 하는 일에 대하여 전망을 실현시키는 특별한 의미를 스스로들이 부여하게끔 독려한다. 이러한 특징에 더해서 자신이 하는 일에 대한 자신감, 추종자들이 지도자에게서 세밀한 부분의 관심을 받는다는 느낌, 탁월한 의사소통의 능력, 남을 신나게 만드는 언행, 상황에 따라 자신을 조정하는 능력 등이 갖추어졌을 때 추종자로부터 강한 신뢰를 받는 카리스마를 인정받게 된다.

(House et al., 1991; 한규석, 2002, p.455)

리더의 행동을 조직 구성원들이 평가했을 때 네 가지 요인이 추출되었다(Bass, 1997). 카리스마, 동기 부여, 지적인 자극, 그리고 개별화된 관심이 그것이다(한규석, 2002, p.450). 즉 리더는 확신을 가지고 신뢰를 보이며 어려운 상황에서도 비전을 제시하고 구체화하며 구성원들에게 동기를 부여할 뿐만 아니라, 구태의연한 사고에서 벗어나 새로운 관점에서 접근하도록 구성원들의 생각 표현을 나누도록 권장하며, 개별적으로 관심을 보인다. 집단의 목표 성취가 개인의 욕구 실현과 관련될 때 집단 구성원들은 더욱 열심히 일에 임하게 된다.

그림 9-7. 상황 부합 이론: 상황이 좋을 때와 나쁠 때, 중간 정도일 때 좋은 리더의 유형

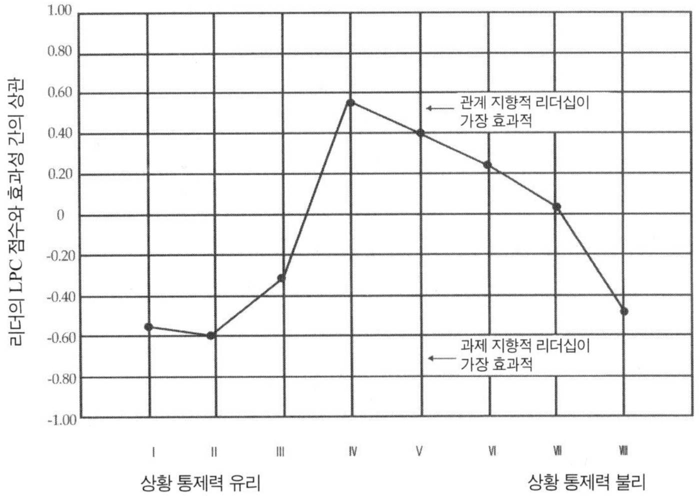

리더-구성원 관계	좋음	좋음	좋음	좋음	나쁨	나쁨	나쁨	나쁨
과제 구조	구조화		비구조화		구조화		비구조화	
리더의 직책 권력	강	약	강	약	강	약	강	약

출처: Fiedler, 1993; Forsyth, 1999/2001, p.422.

4) 파워 트위터리안의 리더십 기반

팔로어 수가 많고 리트윗이 많이 되는 메시지를 작성하는 트위터리안의 파워는 막강하다. 선거 캠페인이나 혁명적 여론의 확산 사례에서도 이들의 영향력은 검증되었다(조희정, 2012). 이들의 힘은 어디에서 나오는 것일까?

오프라인과 구분되는 트위터의 리더를 이옥기(2012, p.392)는 세 유형으로 구분했다. 제1유형은 '복합형 리더'로, 정치인이나 연예인, 스포츠 스타와 같이 사회적 영향력이 큰 공인으로서 다양한 의견을 올리는 유형이다. 제2유형은 '정보력에 의한 리더'로, 좋은 정보와 분석 의견을 제공함으로써 영향력을 행사하는 유형이다. 제3유형은 '인지도에 의한 리더'로, 대중의 관심을 많이 받고 있기 때문에 영향력을 행사할 수 있는 유형이다. 트위터상의 리더십은 온라인과 일치하지는 않지만, 앞에 이야기한 '권력의 6가지 기반' 중 일부라도 갖추고 있을 때 비로소 권력이 생긴다는 사실에는 변함이 없다.

모바일 소셜 미디어에서는 오피니언 리더의 기준을 네트워크 영향력, 호혜성, 및 뉴스 미디어 기능으로 나눠 살펴볼 수 있다(이원태·차미영·박현유, 2010). 트위터를 중심으로 살펴보았을 때(그림 9-8 참조), 네트워크 영향력은 팔로어가 많은 사람보다 리트윗(RT)이 많은 사람이 더 크며, 이 리더들은 정보의 유통과 확산이라는 미디어적 기능

그림 9-8. 소셜 미디어 오피니언 리더의 기준: 네트워크 영향력, 호혜성, 및 뉴스 미디어 기능

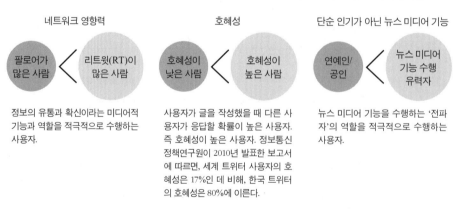

네트워크 영향력	호혜성	단순 인기가 아닌 뉴스 미디어 기능
팔로어가 많은 사람 < 리트윗(RT)이 많은 사람	호혜성이 낮은 사람 < 호혜성이 높은 사람	연예인/공인 < 뉴스 미디어 기능 수행 유력자
정보의 유통과 확신이라는 미디어적 기능과 역할을 적극적으로 수행하는 사용자.	사용자가 글을 작성했을 때 다른 사용자가 응답할 확률이 높은 사용자. 즉 호혜성이 높은 사용자. 정보통신정책연구원이 2010년 발표한 보고서에 따르면, 세계 트위터 사용자의 호혜성은 17%인 데 비해, 한국 트위터의 호혜성은 80%에 이른다.	뉴스 미디어 기능을 수행하는 '전파자'의 역할을 적극적으로 수행하는 사용자.

출처: 이원태·차미영·박현유, 2010.

과 역할을 적극적으로 수행하는 사람들이라 할 수 있다.

또한 호혜성이 높은 사람, 즉 사용자가 글을 작성했을 때 응답할 확률이 높은 사용자가 모바일 소셜 미디어에서 오피니언 리더로 등극할 확률이 높다. 한국 트위터의 호혜성은 80%로, 세계 트위터 사용자의 호혜성 17%에 비해 매우 높다(이원태 외, 2010). 끝으로, 연예인이나 공인과 같이 단순한 인기나 지명도에 의존하기보다는 뉴스 미디어의 기능을 적극적으로 수행하는 전파자의 위치에 있는 사람들이 온라인 오피니언 리더가 될 확률이 높다.

동조의 힘도 파워 트위터리안의 리더십 기반이 된다. 일단 팔로어 수가 많고, 스스로 많은 트윗을 작성하며, 그중 리트윗이 되는 양도 많아야 영향력이 커지기 때문이다. 트위터의 중요한 특징 중 하나는 '1인 1목소리'가 아니라는 점이다. 한 사람이 많은 목소리를 낼 수도 있고, 전혀 목소리를 내지 않을 수도 있다. 뿐만 아니라, 어떤 사람의 목소리는 한 번만 이야기해도 수십만 건이 순식간에 리트윗되며 메시지가 확대 재생산되는 반면, 어떤 사람의 목소리는 아무리 여러 번 이야기해도 리트윗되지 않아 영향력이 한정되기도 한다.

요컨대, 메시지의 유통에 기여하는 적정 수 이상의 팔로어 없이는 리더십 기반 중 중요한 부분이 사라지는 셈이다. 리더십은 팔로우십과 함께 존재한다는 사실이 오프라인보다 온라인에서 더 중요하게 작용할 수 있음을 시사한다. 아무도 따르지 않으면 아무런 영향력도 없는 것이다.

리더의 유형이 다양한 만큼 팔로어의 유형도 다양하다(표 9-7 참조). 소통보다 팔로어 수 늘리는 데만 관심을 두는 유형, 수다쟁이 그룹, 리더 그룹, 잠복자 그룹, 저격수, 온라인 가짜 추가 인물 (주로 애완용, 기업 PR용), 엄청난 리트윗을 생산하는 응원자 그룹, 스팸 그룹, 자축 그룹, 유명인, 거짓말쟁이 그룹 등, 동일한 트위터 서비스도 다양한 이용자들의 유형과 그들의 목적에 따라 아주 많은 형태로 서로를 팔로우하며 각종 메시지들을 생산하고 유통한다.

온라인 오피니언 리더들과 그들의 말을 리트윗하는 팔로어들의 영향력은 '확성기'에 비유할 수 있다. 즉 온라인에서 한 사람이 하나씩의 발언을 하더라도 이러한 오피니언 리더의 발언은 기하급수적으로 퍼지기 때문에 하나의 발언이 수백, 수천 개의 발언의 힘을 지닐 수 있다. 온라인에서는 '잘 듣는,' 즉 '경청'하는 눈팅족보다 '한 마디라도 더 하는,' 즉 '말을 많이 하며 더 많이 퍼뜨리는' 사람의 권력이 커질 수 있다. 물론 그 말의 질(quality)과 그 말 하는 사람의 신뢰성이 담보될 때 한해서 그렇다. 이에 대한 판단은 물론 온라인 인간 커뮤니케이션을 현명하게 진행해 가는 '인간'에게 달려 있다.

표 9-7. 트위터에서 팔로어의 유형 구분

유형	설 명
금 캐는 사람 (Gold-digger)	트위터와의 소통과 관계없이 팔로어 수를 늘리는 데에만 관심이 있는 그룹
수다 박스 (Chatterbox)	전형적인 수다쟁이 그룹으로 매일 매일 업데이트하는 데 보람을 찾고 있는 그룹
종족 어른 (Trial Elder)	전형적인 리더 그룹으로 트위터상에서 지식을 공유하고 팔로어들의 글을 관심 깊게 보면서 리트윗하는 그룹
종족 구성원 (Tribal Member)	한두 명의 리더 그룹으로 속해서 그들과의 대화를 중심으로 트윗하는 그룹
잠복자 (Lurker)	잠복자 그룹으로 대화에는 끼어들지 않으면서 새로운 정보에 만족하면서 조용히 지켜보는 그룹
저격수 (Sniper)	가장 경계하는 그룹으로 평소에는 잠복자 그룹과 유사하게 있다가 특정 주제가 나오면 총을 겨누고 특정 트위터를 사살하는 그룹
온라인 추가 인물 (Sock Puppet)	주로 기업의 PR을 목적으로 하여 트윗하는 그룹
응원자 (High-Fiver)	엄청난 리트윗을 생성하는 그룹. 긍정적인 정보가 나올 때마다 추임새를 넣는 그룹
스팸 그룹 (Spammer)	사람 많이 모이는 곳에는 어쩔 수 없이 생겨나는 스팸 형태의 그룹
자축 그룹 (Show Pony)	스스로 자축하는 그룹으로 자기만족과 함께 적극적인 리트윗을 함께 부탁하는 것이 전형적임
유명인 (Celebrity)	빌 게이츠처럼 이름만으로 며칠 만에 몇 십만 팔로어를 얻는 그룹
거짓말쟁이 (Spoof)	거짓된 정보를 이야기하고 그것을 아무렇지 않게 소화하는 그룹

출처: http://www.thecustomerevolution.com/LaurenceBuchanan에서 이옥기(2012)가 재구성한 것을 옮김.

4. 조직 문화와 커뮤니케이션

1) 조직 속의 커뮤니케이션 네트워크

조직 속에서, 또는 조직의 외부와 연결지어 이루어지는 공식적·비공식적 커뮤니케이션은 표 9–8과 같이 네 종류로 나뉜다.

내부 지향적이든 외부 지향적이든, 공식적이든 비공식적이든 조직 커뮤니케이션은 일종의 네트워크를 형성하고 있다. 인터넷 시대가 도래하면서 조직 커뮤니케이션뿐만 아니라 모든 대인 간 커뮤니케이션이 거대한 네트워크를 형성하고 있다는 것은 네트워크론이 인간 커뮤니케이션과 미디어의 전 영역에서 광범위하게 활용될 수 있는 가능성을 시사한다(최영, 1998 참조).

네트워크 연구는 한 조직에 속하는 n명의 사람들 간에 누가 누구와 커뮤니케이션을 많이 하는가 하는 것을 n × n 메트릭스 속에서 파악한 다음, 이것을 사회도(sociogram)로 나타냄으로써 이루어진다(Wellman, 1983). 사회도에서는 커뮤니케이션의 방향이 화살표로 그려지고, 서로 많은 커뮤니케이션을 하는 사람끼리 가까이 놓인다. 뿐만 아니라, 많은 사람들과 커뮤니케이션을 하는 핵심적인 인물(즉 '스타')일수록 중심부에 놓이며, 다른 사람들과 그다지 커뮤니케이션을 하지 않는 주변적인 인물은 주변부에 놓이거나 고립되어 있는 모양을 보인다. 인터넷 커뮤니케이션이 발달하기 이전에는 중요한 역할을 하던 조직원이 인터넷 커뮤니케이션 이후에는 주변인물로 나타

표 9–8. 조직 커뮤니케이션의 종류

	공식 커뮤니케이션	비공식 커뮤니케이션
내부 지향 커뮤니케이션 (명령 전달 기능, 인간관계 기능)	조직의 목표를 알림, 일상적인 업무 부과, 규칙 및 규제를 알림, 정책 및 절차를 알림.	성원들 간의 일상 대화, 품질 관리 분임 토의조, 비공식 모임, 가십, 루머.
외부 지향 커뮤니케이션 (불확실성 관리 기능)	PR(공중 관계), 광고, 홍보, 판촉 활동, 조직 간 계약, 충원, 연구 개발 (R & D).	비공식 구두 계약, 연줄망, OB 네트워크의 활용.

출처: 강길호·김현주, 1995, p.211.

날 수도 있고, 반대로 인터넷 커뮤니케이션이 이루어진 이후에 오히려 조직 커뮤니케이션의 핵심에 자리하게 되는 사람도 등장한다(Jones, 1999/2001, pp.346~348 참조).

비공식적 내부 커뮤니케이션은 일명 포도덩굴(grapevine) 커뮤니케이션이라 불린다. 누가, 어디서부터 흘러들어온 루머인지는 모르지만 광범위하게 재빨리 확산되고, 네트워크의 정확한 모양이 불확실하기 때문이다(DeVito, 1997). 직장 동료와 친구의 관계는 2장에서 언급한 공적 커뮤니케이션과 사적 커뮤니케이션의 구분과 관련된다. 직장동료는 조직 내 공적 관계에서 시작되어 점차 관계가 진전되면서 사적 친구 관계로까지 이어질 수 있고, 친구는 기본적으로 조직 안팎의 사적 관계에 해당한다. 그러므로 '직장 동료'로서 이야기하는 것은 공적 커뮤니케이션이지만 '친구'로서 이야기하는 것은 사적 커뮤니케이션이다. 그리고 한 사람이 앞서 언급했듯이 직장 동료로서의 역할과 친구로서의 역할을 동시에 수행해야 하는 입장에서 갈등을 느낄 수도 있다. 조직은 분명히 공적인 체계이지만 조직 내의 모든 커뮤니케이션이 공적 커뮤니케이션으로 이루어지는 것이 아니고, 특히 한국과 같은 집단주의 문화에서는 사적 커뮤니케이션이 공적 영역에 지대한 영향을 줄 수도 있기 때문에(박승관, 1994), 공적 커뮤니케이션과 사적 커뮤니케이션의 원활한 소통이 모두 조직의 발전에 중요한 역할을 한다.

2) 조직의 문화와 투명성

조직 속의 생활은 남성적 규칙을 많이 따른다. 그 이유는 조직 자체가 관계보다는 성취를 지향하기 때문이다. '가족'은 '관계'를 우선적으로 지향하며 성취는 관계 지향성 속에서 부수적으로 얻어지는 데 비해, '조직'은 '성취'를 우선적으로 지향하며 관계는 성취 지향성 속에서 부수적으로 얻어진다. 심지어 조직 속에서는 관계의 향상을 성취의 수단으로 생각하기도 한다.

목표의 달성을 위해 조직을 움직이는 중요한 두 가지 요소는 그 조직 안에서 ① 권력이 어디에 있는가, 그리고 ② 어떤 규칙을 따르는가 하는 것이다. 조직의 문화를 구분할 때 특히 이 두 가지 요소는 중요한 기준점이 된다. 큰 조직이든 작은 조직이든, 엄밀하게 공적인 조직이든 비교적 사적인 조직이든, 대부분의 조직 문화는 그림 9-9와 같은 2차원 4종류로 나누어 볼 수 있다. 문화 차원의 구분은 10장에서 더욱 자세히 논의되겠지만, 호프슈테드(Hofstede et al., 2010/2014)가 말하는 네 개의 문화 차원 가운데 ① 권력이 누구에게 있는지와 관련되는 '권력 거리' 차원, 그리고 ② 규칙이 어떻게 작동되는지와 관련되는 '불확실성 회피' 차원의 고저에 따라 2차원으로 나누어 볼 수 있다.

구체적으로, 권력 거리가 크고 불확실성 회피 성향도 높은 조직 문화는 '피라미드형'으로 분류되며, 한국, 프랑스, 일본이 여기에 속한다. 물론 같은 나라 안에서도 조직에 따라 서로 다른 문화를 지니지만, 대체로 이 나라의 조직들은 대개 조직 내 권력이 권력자에게 집중되어 있고 형식적인 규칙이 많다는 특성을 지닌다. 권력 거리는 크지만 불확실성을 수용하고자 하는 조직 문화는 '가부장형'에 속하며, 인도와 필리핀의 조직들이 대개 여기에 속한다. 가부장형 조직에서는 규칙보다 권력자의 입김이 우선하여, 갈등이 발생하면 먼저 권력자를 찾는다. 그 다음, 권력 거리도 작고 불확실

그림 9-9. 권력 거리 차원과 불확실성 회피 차원으로 이루어지는 조직 모델에 투명성 관계를 추가함

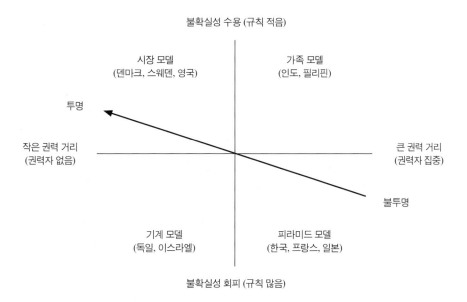

왼쪽 위(시장 모델)로 갈수록 투명성이 높아진다고 볼 수 있음

출처: Hofstede et al., 2010/2014; 나은영, 2001a, p.83.

성을 수용하는 조직은 '시장형'에 속한다. 덴마크, 스웨덴, 영국 등의 조직이 시장형 조직인 경우가 많은데, 이는 대개 절대 권력자도 존재하지 않고 행동을 얽어매는 규칙도 그리 많지 않지만 시장의 원리에 따라 민주적으로 원활히 굴러가는 조직들이다. 끝으로, 권력 거리는 작지만 불확실성 회피 성향이 큰 조직의 문화는 '기계형'으로서, 절대 권력자는 없지만 규칙이 많아서 규칙에 의해 모든 것이 움직이고 갈등도 해결된다. 대체로 권력 거리가 큰 조직보다는 작은 조직이, 그리고 불확실성 회피 성향이 높은 조직보다는 불확실성 수용 성향이 높은 조직이 더 투명하기 때문에(나은영, 2001a), 시장 모델 쪽으로 갈수록 조직의 투명성이 더 높아진다. 권력자의 입김과 규칙에 얽매이는 부분이 적은 조직의 커뮤니케이션이 더 투명하게 진행될 수 있다는 것이다.

3) 조직 커뮤니케이션과 미디어

조직의 내부 지향 커뮤니케이션과 외부 지향 커뮤니케이션이 모두 다양한 미디어를 이용한다. 미디어가 발달하기 이전에는 대체로 글로 이루어지는 서류와 말로 이루어지는 회의가 대부분의 조직 내 커뮤니케이션을 차지했겠지만, 각종 미디어가 등장하면서 서류 결재를 위해서도 전자 미디어를 이용하고, 공지 사항도 이메일이나 그룹웨어를 통해 주고받으며, 회의 시에도 각종 시청각 미디어들이 등장한다. 뿐만 아니라, 게시판도 전자게시판으로 대치되고, 회의도 직접 대면하는 만남의 과정 없이 미디어 상으로만 이루어질 수도 있다. 전자 미디어 네트워크로 조직 전체가 대치되는 과정에서 뉴 미디어에 익숙한 하위 직원이 뉴 미디어에 익숙하지 않은 상위 직원보다 더 효율적인 커뮤니케이션의 중심에 놓일 가능성도 있다. 커뮤니케이션의 길목에서 문지기 역할을 하면서 소통시킬 정보와 묻어둘 정보를 구분하는 것은 커뮤니케이션의 흐름에서 아주 핵심적인 권력자의 위치에 해당하기 때문에, 전자 미디어로 연결되어 있는 조직 사회에서는 뉴 미디어를 잘 활용하는 사람이 조직 내에서 더 유리한 위치를 점할 수 있다. 조직 내부뿐만 아니라 외부로 향하는 커뮤니케이션도 이전에 많이 의지하던 사보, 신문 광고, 및 TV 홍보와 같은 인쇄 및 방송 미디어뿐만 아니라 근래에는 인터넷과 SNS를 이용한 광범위한 확산적 커뮤니케이션이 가능해졌다.

조직 내에서 윗사람에게 다른 의견을 제시하는 것을 상당히 예의에 어긋난다고 보아 온 한국의 문화에서 비공식적인 술좌석은 일종의 의사소통 통로 역할을 해 온 면이 있다. 한국의 조직 사회 구성원들이 특히 술에 의존하는 것은 권위주의적 문화에서 평소 자연스런 상향 커뮤니케이션의 통로가 막혀 있기 때문일 수 있다(Hofstede et al., 2010/2014). 공식석상에서 상사에게 직접 이야기하지 못하고 억압되어 있던 생각들이 술기운에 탈억제되어 말을 하기도 한다. 술을 통해 말을 하기가 더 쉬워진다면 술이 일종의 커뮤니케이션 미디어의 역할을 한다고 볼 수도 있다. 즉 갈등 해결을 위해 편지와 같은 간접적인 미디어 수단을 이용하는 것과 유사한 완충 효과를 가져올 수 있다.

집단 간, 문화 간 및
세대 간 커뮤니케이션

비교적 동질적인 한 집단 내의 구성원들 사이에 '정보 흐름을 통한 의미 공유'는 상대적으로 덜 어렵지만, 이질적이거나 적대적인 두 집단의 구성원들 사이에 '정보 흐름을 통한 의미 공유'는 상당히 어려울 수 있다. 집단 내 다른 구성원들의 의견에 대한 지각도 잘못 이루어질 수 있지만, 집단 간 구성원들의 의견에 대한 지각 과정은 더욱 부정확할 가능성이 높다. 따라서 서로 다른 집단 사이에는 커뮤니케이션의 이해가 아닌 오해와 적대감이 팽배하여 이로 인해 '의미 공유'가 더욱 어려워질 수 있기 때문에, 집단 간 커뮤니케이션에 관한 특별한 조명이 필요하다.

1. 집단 간 관계와 커뮤니케이션

1) 집단 간 갈등 이론과 커뮤니케이션

(1) 현실적 집단 갈등 이론과 집단 정체성 이론

갈등이 있는 라이벌 집단 간의 관계에 관한 이론 중에서 가장 간단한 이론은 '현실적 집단 갈등' 이론이다(Sherif et al., 1961). 이 이론에서는 서로 이해관계가 다른 두 집단이 한정된 자원을 놓고 그것을 서로 더 많이 차지하려고 겨루는 상황이 갈등을 유발시킨다고 주장한다.

반면에, 사회 정체성 이론은 집단 간의 갈등이 자원의 문제에서 비롯되는 것이 아니라 '집단 정체성'에서 비롯된다고 주장한다(Tajfel & Turner, 1986). 집단 정체성 이론을 검증하는 실험들에서는 대부분 '최소 집단' 패러다임을 사용한다. 즉 아주 사소한 기준(예: 무선적으로 번호를 나누어 주고 짝수 집단과 홀수 집단으로 나눔)에 의해서라도 일단 두 집단으로 나뉘고 나면 자기 집단이 상대 집단보다 더 우수하기를 바라는 '집단 자존감' 유지 욕구가 생겨서, 대인 간의 '사회 비교' 과정이 집단 간의 비교 과정으로 전이되는 현상이 나타난다. 즉 (특히 의견이 아닌 능력 면에서) 다른 사람과 비교하여 내가 조금 더 잘 하기를 바라는 상향 욕구가 있는 것처럼(Festinger, 1954), 상대 집단과 비교하여 나의 집단이 더 뛰어나기를 바라는 심리가 작용한다는 것이다. 이런 마음은 '사소한 기준'으로 나눈 최소 집단에도 작용하여, 특히 자원의 분배 장면에서 '내집단 편애'가 나타난다. 흥미로운 것은 내가 속한 집단이 갖는 절대적 보상의 정도는 더 낮더라도 '상대 집단과의 차이'가 더 큰 분배를 선호한다는 점이다. 예를 들어, '우리 집단이 10을 갖고 다른 집단이 8을 갖는 것(차이가 2)'보다 '우리 집단이 7을 갖고 다른 집단이 3을 갖는 것(차이가 4)'을 더 선호한다는 것이다. 즉 우리 집단이 갖게 되는 자원의 절대량보다 상대 집단과의 차이를 극대화시키기 원하는 경향이 있다.

(2) 개인주의와 집단주의 문화의 집단 간 관계와 그 안의 개인

'집단'이 지니는 의미는 개인주의 사회보다 집단주의 사회에서 훨씬 더 크기 때문에, 사회 정체성 이론은 집단주의 사회에서 더 잘 적용될 가능성이 있다. 그림 10-1은 집단주의와 개인주의 문화의 개인과 집단을 모형화하여 그린 것이다. 집단주의 문화에서는 내집단 안에서 자기와 아주 친한 다른 사람과의 경계가 뚜렷하지 않은 반면(점선과 겹침 있음), 집단 간의 경계는 무척 뚜렷하다(실선과 겹침 없음). 반대로 개인주의 문화에서는 내집단 안에서도 자기와 다른 사람 간의 경계가 뚜렷해 '개인'으로서의 정체성을 중요시하는 반면(실선과 겹침 없음), 집단과 집단 사이의 경계는 집단주의만큼 뚜렷하지 않아 보다 쉽게 집단 간을 넘나들 수 있다(점선과 겹침 있음).

그림 10-1. 집단주의와 개인주의 안의 개인과 집단

집단주의 안의 개인과 집단

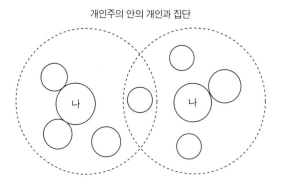

개인주의 안의 개인과 집단

출처: Na & Min, 2000.

그림 10-1에서 보듯이 집단주의 문화에서는 각 집단들이 내부에서는 서로 중요한 정보를 교환하면서 외부에는 피상적인 정보만을 흘리는 '끼리끼리 커뮤니케이션'이 일어나고, 이로 인해 동질적 정보에 과다 의존하는 '커뮤니케이션 엔도가미' 속에서 집단 간 커뮤니케이션은 큰 어려움을 겪는다(박승관, 1994, 1996). 동종교배는 비생산적인 자손을 만들어 낸다는 원리는 거시적 커뮤니케이션 체계에도 똑같이 적용된다. 커뮤니케이션의 흐름이 원활하지 못하면 동맥경화와 같은 바람직하지 못한 증상이 일어나고, 동질적 정보에만 과다 의존하면 건강한 정보 교환이 이루어지기 어려워 결국은 생존 가치를 상실하게 된다.

　　집단주의 문화의 끼리끼리 커뮤니케이션에 젖어 있다 보면 어떤 사람을 만나든 '내 편'인지 '적'인지를 먼저 구분하려 하고, 중간 부분이 없는 흑백논리에 치중하여 파벌을 나누려 한다. 같은 집단 안에서도 의견의 다양성이 있을 수 있다는 사실을 망각한 채, 어떤 구성원의 의견이 집단 규범에서 조금만 벗어나도 그 구성원을 이단시하며 이쪽인지 저쪽인지를 확실히 하도록 명시적·암묵적 집단 압력을 행사한다. 이와 같은 흑백논리는 획일적 보편성을 추구하며 그에 맞지 않는 것은 열등하게 보고 의견을 차단하는 전근대적 커뮤니케이션 행태의 연장이라 해석할 수 있다.

　　원래의 집단주의 문화는 개인보다 집단을 앞세운다는 의미에서 '나'보다 '다른 사람'을 먼저 생각해 주는 아름다운 문화였다. 그런데 이 집단주의가 '나의 집단'과 '남의 집단'을 차별하며 '나의 집단' 중심으로 개인주의화되어 오면서 간혹 바람직하지 못한 결과를 낳고 있다. 점차 개인 단위의 정보 교환과 대인 교류가 보편화되어 가는 21세기의 커뮤니케이션 체계 속에서 이전 농경 사회에 유효했던 집단 간 경계를 지속적으로 고집하며 외부의 정보를 배척할 경우(예컨대, 내부의 정보만을 '신호'로 받아들이고 외부의 정보는 모두 '잡음'으로 처리할 경우), 다양한 정보를 건강하게 흡수할 수 있는 길을 스스로 막는 셈이 된다. 개인주의는 이기주의와 다르며, 한 개인이 어떤 지위를 가지고 있든 어떤 연령대든 무관하게 개인으로서의 권리를 동등하게 갖는다는 점을 강조한다. 어떤 문화에나 장점과 단점이 모두 있지만, 오늘날과 같이 경계를 초월한 개인 단위의 정보 흐름이 가능해진 시점에서는 집단의 경계에 집착하는 것이 자칫 발전을 가로막는 장애가 될 수 있다.

2) 집단 극화와 여론 양극화

집단 내 구성원들의 동질적 커뮤니케이션이 되풀이되며 해당 집단 안의 여론이 형성되고 더욱 공고해진다. 집단 내 여론이 공고해질수록 집단 간의 대립은 더 풀기 어려워진다. 집단 간 커뮤니케이션의 저항으로 인해 양극화된 여론이 형성되는 것이다. 집단이 대립 상태에 놓이거나 외부로부터 위협을 받으면 자기 집단의 규범을 실제보다 더욱 더 극단적으로 지각하고, 이렇게 극단적으로 지각된 규범에 동조하는 성향이 생기며(Price, 1989; Na, 1992; Turner et al., 1987), 이로 인해 집단 간 양극화가 발생한다.

집단 토론 후에 의사 결정을 할 때는 토론 없이 개별적으로 의사 결정을 할 때보다 더 극단적인 결정을 한다. '집단 극화(group polarization)' 현상으로 알려져 있는 이 개념은 원래 '모험 이행(risky shift)'이라는 개념에서 발전된 것이다. 모험 이행이란 사람들이 토론 전보다 토론 후에 더 모험적인 결정을 한다는 것인데(Stoner, 1961), 이후의 연구에서 얻은 결과는 '원래 모험적이었던 사람들이 모인 집단은 토론 후 더 모험적으로 변화하는 반면, 원래 보수적이었던 사람들이 모인 집단은 토론 후 오히려 더 보수적이 되었음'을 발견했다(Myers & Lamm, 1976).

여기서 알 수 있는 사실은 집단으로 모여 토론을 하면 원래 그 구성원들이 지니고 있던 지배적인 성향이 더욱 강화된다는 것이다. 여당 사람들끼리 모여 이야기를 하면 더욱 여당다운 것이 규범에 맞게 지각되어 그쪽으로 치우치게 되고, 야당 사람들끼리 모여 이야기를 하면 더욱 야당다운 것이 규범에 맞게 지각되어 그쪽으로 치우치게 된다. 이것은 '극화된 규범에의 동조'로 설명된다(Price, 1989; Turner et al., 1987). 동질적인 사람들끼리 모여 이야기를 하면 내(內)집단의 규범이 실제보다 더 극단적인 쪽으로 지각되고, 이렇게 극화된 규범에 동조가 일어나 더 극단적인 결정을 하게 된다는 것이다. 우리 집단과 반대되는 규범을 가진 집단과 대치하는 상황에서 우리 집단은 우리 집단 규범 쪽으로 더욱 치우치고 상대 집단은 상대 집단 규범 쪽으로 더욱 치우쳐 결과적으로 '양극화'가 일어난다. 이것은 우리의 일상생활에서도 흔히 볼 수 있는 현상이다.

집단 극화 현상을 설명하는 이론에는 크게 세 종류가 있다. 사회 정체성 이론이 등장하기 전까지 가장 설득력 있었던 이론은 '설득 주장' 이론이었다(Burnstein & Vinokur, 1975/1977). 이 이론에서는 서로 비슷한 의견을 가진 사람들이 집단 토론을 하면 구성원들이 모두 '같은 의견'을 주장하는데 '서로 다른 근거들'을 내세울 수 있기 때문에, 집단 토론 후 해당 의견에 대한 지지 근거들을 더욱 많이 알게 되어 구성원들이 토론 전보다 더 극단적인 의견을 갖게 된다고 주장했다.

설득 주장 이론에 대한 대립적 가설은 집단 극화를 설명하는 두 번째 이론으로서 사회 비교(social comparison) 과정을 적용한 설명이었다(Levinger & Schneider, 1969). 여기서는 비슷한 생각을 가진 사람들끼리 만나 토론을 하면 그중 더 극단적인 주장을 하는 사람이 해당 집단을 더 잘 대표하는 것으로 보이고 더 바람직한 구성원이라고 생각되어 그에 동조하게 됨으로써 극단적인 의견 쪽으로 쏠린다고 주장했다. 설득 주장 이론과 사회 비교 이론 중 어느 것이 더 집단 극화를 더 잘 설명하는지를 검증한 실험 연구들에서는 대체로 설득 주장 이론이 더 잘 맞는 것으로 검증되었다(Myers & Lamm, 1976). 그런데 이 두 이론들은 모두 대립적인 '집단 간' 의견의 양극화 현상보다 동질적인 '집단 내' 의견의 극화 현상을 더 잘 설명한다.

집단 극화를 설명하는 세 번째 이론인 집단 정체성 이론은 동질적인 집단 내 의견의 극화 현상보다 이질적인 집단 간 극화 현상을 더 잘 설명한다(Tajfel & Turner, 1986). 집단 정체성 이론의 핵심은 아주 사소한 기준으로 내집단과 외집단을 구분해 놓아도 내집단에 유리하게 모든 결정을 하려는 속성을 사람들이 가지고 있다는 것으로, 내집단이 가질 수 있는 분배 자원의 절대적 수준보다 내집단과 외집단이 가질 수 있는 분배 자원의 '차이'가 더 큰 것을 선호하는 결과로 나타난다. 사람들은 자기가 속해 있는 집단의 성취를 통해 자기 자신의 자존감을 고양시키고자 한다. 따라서 집단 간의 대립이나 경쟁이 있을 때 자기 집단이 우위를 점함으로써 마치 '집단'에 비추어 정의내린 '자기'가 우월한 것으로 생각하고 만족하는 경향이 있다. 그래서 자기 집단에 불리한 결과는 유리하게 해석하고 자기 집단에 유리한 결과는 더욱 유리하게 부풀림으로써 최대의 차이를 유발시켜 집단 양극화를 가져온다. 이와 같은 집단 정체성 이론은 개인주의 문화권인 유럽에서 나온 이론이지만, 집단주의 문화권에 더욱 잘 적용될 가능성을 내포하고 있다.

구성원들 간의 의견 불일치가 집단 정체성을 손상하지 않는 범위에서 일어나면 의견 불일치가 클수록 더욱 질이 높은 여론이 형성될 수 있을 것이다. 본질적으로는 한 맥락인 집단 속의 규범이 여러 의견의 다양한 각도에서 검증이 될 것이기 때문이다. 그러나 집단 정체성을 손상할 정도로 의견 불일치가 크면 집단이 분리되기 시작하고, 일단 집단의 분리가 일어나면 두 집단 간의 양극화에 가속도가 붙을 것이다. 이것은 개인이 반태도 설득 메시지를 접했을 때 그 메시지의 입장이 초기 태도의 수용 범위 안에 있을 때는 '동화' 효과가 일어나지만, 수용 범위를 벗어나 거부 영역에 들기 시작하면 '대조' 효과가 일어난다는 사실과 마찬가지 현상이다(Sherif & Hovland, 1961; Sherif & Sherif, 1967). 다만 그 효과가 '집단' 안에서 일어나기 때문에 더욱 극적일 수 있다.

집단 간 관계에서 '다원적 무지' 현상이 일어나면 집단 간 여론의 양극화에 가속도가 붙는다. 박정순(1990)은 한국 지역감정의 문제를 여론 커뮤니케이션의 입장에서 분석했다. 실제로는 지역감정이 심하지 않은데도 심하다고 생각하는 이유는 '나는 상대 지역민을 미워하지 않지만 우리 지역 다른 사람들은 대부분 상대 지역민을 미워하는 것 같다'고 말하는 것, 즉 실상(자기 응답)과 상상(타인 응답에 대한 본인의 생각) 사이의 괴리에 근거한다. 여기에는 일부 언론의 책임도 있지만, 다원적 무지 현상과 같은 심리적 과정에도 원인이 있다. 집단 내의 다원적 무지 현상은 자기의 생각이 소수 의견으로 지각됨으로 인해 불필요하게 침묵의 나선으로 이어질 수 있지만, 집단 간의 다원적 무지 현상은 실제로는 서로 미워하지 않음에도 불구하고 상대방이 자기 집단을 미워한다고 생각하여 집단 간 관계가 호전될 수 있는 기회를 놓칠 수 있다.

요약하면, 집단 내 여론 형성 과정은 동조와 침묵의 나선 이론으로 더 잘 설명되며, 그 이면에 사회 비교 과정이 개입된다. 집단 간 여론 형성 과정은 집단 간 차이를 실제보다 더 크게 과대 지각하는 과정에 의해 극화되는 과정을 밟는다. 상대방의 의견을 확인할 수 있는 길이 더 적을수록 제3자 효과나 다원적 무지 현상이 더 크게 나타날 수 있고, 집단 간 관계에서는 집단 내 관계에서보다 상대방의 의견을 정확히 확인할 수 있는 길이 확실히 더 적기 때문에 잘못된 지각과 커뮤니케이션의 오해가 생길 여지가 훨씬 크다. 이 과정에서 상대 집단의 의견을 전달하는 역할을 하는 사람 또는 언론의 역할이 더욱 중요해진다. 집단 내 여론 형성 과정에서는 다른 사람의 생각을 내가 지각한 것이 실제 그 사람(타인)의 생각과 크게 다르지 않아 그것이 대세로 판단되어 그에 동조하는 과정이지만, 집단 간 여론 극화 과정에는 타 집단에 대한 오지각, 특히 과장된 지각과 대조 효과까지 가세한다. 여기에 미디어가 집단 간 갈등을 강조하는 보도를 하면 불에 기름을 끼얹는 결과가 된다.

3) 집단 간 갈등과 미디어의 역할

미디어가 발전할수록 더 다양한 메시지를 광범위하게 접할 수 있음에도 불구하고 인간은 자신의 구미에 맞는 메시지를 더 선호한다. 그것이 앞에서 이야기한 '일관성'의 원리에 맞기 때문이다. 따라서 미디어 기술의 발전으로 인간의 선택성이 더 증가할수록 더욱 편협된 정보만을 탐닉할 가능성도 높아질 수 있다. 이로 인해 서로 의견이 다른 집단들 간의 의견 양극화가 양측의 차별적 미디어 활용으로 더욱 커질 수 있다. 물론 이성적이고 창의적인 인간의 능력으로 정보의 선택과 수용 자체를 객관적으로 다양화 시키려 노력하면 이런 문제는 어느 정도 해결될 수 있다.

집단 간 갈등이 설득 메시지나 매스 미디어를 통해 강조될 때, 그 갈등이 더욱 악화될 수 있음을 보인 연구들이 많다(Na, 1992; Price, 1989). 더구나 미디어에 보도되면 소수의 예외적인 사례라 하더라도 실제보다 더 광범위하게 퍼져 있는 사건으로 지각될 가능성이 높기 때문에, A 집단과 B 집단에 속하는 소수 구성원들 간의 갈등 사례도 더 크게 비춰질 가능성이 있다. 우리나라에서 지역감정의 문제나 미국에서 흑백 갈등의 문제, 또는 미국-아랍 갈등 간의 문제를 미디어에서 다룰 때 아주 조심해야 하는 이유는 바로 여기에 있다.

집단 간 갈등 사례가 아니더라도, 일단 매스 미디어에 보도가 되면 아주 널리 퍼진 일반화된 현상으로 지각하기가 쉽기 때문에 그에 편승하는 행동이 일어나기가 쉽다. 예를 들어, 교통질서를 지키지 않는 사례가 대부분이라고 강조한다든지, 많은 사람들이 이혼을 하고 있다든지, 혹은 조기 유학을 보내는 사람들이 대부분이라든지 하는 내용들이 보도가 되면, 마치 그렇게 하는 것이 '대부분의 사람들이 택하는 행동'이라고 지각되어 그렇지 못한 사람들이 오히려 비정상적이거나 손해를 보게 될 것이라고 인식하게 된다는 것이다. 매스 미디어가 앞장서서 많은 사람들이 좋은 행동을 하고 있음을 보여 준다면 바람직한 방향으로 동조를 유도할 가능성은 그만큼 더 높아질 것이다.

2. 문화의 6차원과 문화 간 커뮤니케이션

문화가 다르면 상징도 다르고 초기의 불확실성도 더 크기 때문에 서로 다른 문화권에 속한 사람들 간의 커뮤니케이션은 더욱 어렵다. 여기서는 그 어려움의 근원을 알아보고 극복 방법을 생각해 보고자 한다.

1) 문화의 6차원과 커뮤니케이션

(1) 문화의 기본 4차원

문화가 다른 사람들이 만나는 것은 서로 다른 소프트웨어를 지난 사람들이 만나는 것이다. 문화란 '정신 프로그램' 또는 '마음의 소프트웨어'로서(Hofstede et al., 2010/2014, p.25), 외부 환경으로부터 입력이 있을 때 자신의 과거 경험에 의해 학습되어 익숙하게 생각하고 있는 방향으로 행동(출력)을 내보이는 근간이 된다. 마음의 소프트웨어가 다르면 같은 상황에서 자연스럽게 나오는 반응들이 다르고, 당연하다고 생각하는 것과 이상하다고 생각하는 것이 다르다. 즉 서로 다른 문화권에 익숙해져 있는 사람들은 커뮤니케이션에 필요한 공통 지식 기반(스크립트 또는 스키마)이 다르다. '스키마(schema)'는 과거 경험에 의해 누적되어 있는 정적인 지식 구조 그 자체를 일컬으며, '스크립트 또는 대본(script)'은 어떤 행동 뒤에 어떤 행동이 따라 나온다는 일련의 행동들의 연속(예: 식당에서 주문하는 상황의 연속적인 과정 행동들)에 관한 스키마를 말한다(3장 참조). 상대방의 코드와 신념 체계를 잘 이해해야만 원만한 커뮤니케이션이 이루어질 수 있다는 사실을 상기할 때, 문화 간 커뮤니케이션에는 더욱 큰 주의가 필요함을 짐작할 수 있다. 근래에는 인터넷과 같은 미디어를 통해 예전에 비해 다른 문화를 접하기가 훨씬 더 쉬워졌지만, 같은 문화권 사람들끼리의 커뮤니케이션에서도 오해를 피하기 어려운데 하물며 문화가 다른 사람들 간의 커뮤니케이션에는 훨씬 더 큰 장애가 가로놓여 있다고 볼 수 있다.

호프슈테드 등(Hofstede et al., 2010/2014)이 나눈 문화 차원은 기존에 동양 문화와 서양 문화, 집단주의와 개인주의로 양분하던 문화 구분을 다양화시켰다는 점에서 매우 유용하다. 그중에서 역시 가장 많이 알려진 '개인주의–집단주의' 차원은 개인의 목표와 집단의 목표 중 어느 것을 앞에 놓느냐 하는 차원으로서, 개인의 목표에 우선순위를 두면 개인주의, 집단의 목표에 우선순위를 두면 집단주의로 분류된다. 집단주의 문화권에서는 한 사람이 가진 배경을 보고 사람을 판단하는 경향이 있으며, 개인주의 문화권에서는 배경보다 개인의 능력을 더 중요시한다. 커뮤니케이션과 관련된 이 두 문화권의 가장 큰 차이는 겉으로 표현된 내용 이외의 배경, 즉 '맥락'을 어느 정도 가정하느냐에서 잘 드러난다. 2장에서 언급했듯이, 집단주의 문화권에서는 겉으로 표현된 내용 이외에 숨은 뜻이 많이 담겨 있을 것으로 생각하는 '고맥락 커뮤니케이션'이 주류를 이루며, 개인주의 문화권에서는 겉으로 표현된 내용 이외에 숨은 뜻이 별로 없을 것으로 생각하는 '저맥락 커뮤니케이션'이 주류를 이룬다. 고맥락 커뮤니케이션에 익숙해져 있다 보면 겉으로 말하는 이면의 속뜻이 무엇일까를 자꾸 생각하게 되는 습관이 생겨, 투명성에 장애가 된다(나은영, 2001a).

문화의 두 번째 차원인 '권력 거리' 차원은 지위에 따른 불평등을 아래 사람의 입장에서 얼마나 당연시하는가 하는 정도에 따라 결정된다. 즉 옛날 신분 사회에서는 상민이 양반을 모시는 것을 당연하게 생각했는데, 이때의 권력 거리는 큰 것이다. 권력 거리가 큰 사회에서는 윗사람과 커뮤니케이션할 때 이견(異見)을 제시하기가 어렵게 느껴진다. 위계와 권위로 대표되는 유교 문화의 영향으로(Fukuyama & Marwah, 2000), 한국 사회에서 윗사람의 명령을 따르는 것은 너무나 당연하게 생각하고, 심지어 윗사람의 명시적 명령이나 요청이 없어도 아랫사람이 그 의중을 헤아려 눈치껏 알아서 살펴야 하는 것이 관례로 통한다. 문화의 권력 거리 차원은 '권위주의'와도 큰 관련성을 지닌다. 윗사람이 권위주의적일수록 아랫사람이 윗사람에게 이견을 제시하기 어렵게 느끼기 때문에, 권위주의적 위계질서가 팽배해 있는 사회일수록 권력 거리가 크게 나타난다. 수직적 의사소통 체계에서 위에서 아래로 흐르는 일방향적 커뮤니케이션 경로만이 존재하는 권위주의 커뮤니케이션은 21세기가 지향하는 다원적 수평 커뮤니케이션과 거리가 멀다는 점에서 극복해야 할 형태의 커뮤니케이션이다. 수직적 커뮤니케이션에만 치중할 경우 경계 간 커뮤니케이션은 더욱 소홀해져 닫힌 커뮤니케이션 경로가 많아지고, 결과적으로 바람직하지 않은 결과를 초래하게 된다.

　　문화의 세 번째 차원인 '남성성-여성성' 차원은 자기주장성 차원이라고도 불리는 것으로, 힘과 성취를 중요시하면 남성적인 국가로, 화합과 삶의 질을 중요시하면 여성적인 국가로 분류된다. 남성성-여성성 차원의 명칭은 호프슈테드 자신도 고민 끝에 붙인 이름이다. 최종적으로 그가 이렇게 명명한 이유는 유일하게 이 차원에서만 남녀 차이가 발견되었기 때문이다. 그의 조사 결과에 따르면 여성적 국가는 남녀 모두 부드러운 가치를 추구하고 삶의 질과 겸손을 중요시하며 남녀 모두 울어도 된다고 생각하는 반면, 남성적 국가는 남녀 차이가 커서 남성은 힘과 성취를 중요시하고 울어서는 안 되며 여성은 화합과 겸손을 중요시하고 우는 것은 괜찮지만 싸워서는 안 된다고 생각한다. 남성적 국가의 여성이 여성적 국가의 남성보다 오히려 더 힘과 성취를 중요시하는 남성적 가치를 강하게 지니고 있다는 것은 남녀 차이보다 국가 문화의 차이가 더 크다는 것을 보여 준다(Hofstede et al., 2010/2014, p.176).

　　남성적 국가에서는 자기주장을, 여성적 국가에서는 겸손을 중요한 가치로 여긴다. 따라서 갈등 상황이 생기면 남성적 국가는 힘으로 대결하려 하고 여성적 국가는 타협을 하려 하며, 남성적 국가는 국민총생산(Gross National Product, GNP) 중에서 군비 지출이 차지하는 비율이 높고 여성적 국가는 해외 원조에 사용하는 비율이 높다. 2차 세계 대전을 일으켰던 일본, 이탈리아, 및 독일이 모두 남성적 국가였고, 포클랜드 섬을 사이에 두고 전쟁을 일으켰던 영국과 아르헨티나도 모두 남성적 국가였다. 반면에 올랜드 섬을 사이에 놓고 갈등을 벌이던 스웨덴과 핀란드는 모두 여성적 국가로서 평화적 해결에 이르렀다. 미국과 아랍이 모두 남성적 문화권이라는 사실도 테러와 전쟁으로 문제를 해결하려는 성향과 무관하지 않다(7장 참조). 한국과 일본은 다른 문화 차원상에서는 서로 상당히 유사하지만 유독 이 남성성-여성성 차원에서는 정반대로서, 한국은 여성적이고 일본은 남성적이다.

문화의 네 번째 차원인 '불확실성 회피' 차원은 낯선 것을 얼마나 위험하게 생각하느냐에 따라 결정된다. 나와 다르다고 생각되는 것을 호기심 있게 바라보면 불확실성 수용 성향이 높은 것이며, 나와 다르면 무조건 위험하다고 생각하여 경계한다면 불확실성 회피 성향이 높은 것이다. 불확실성 회피 성향이 높은 나라에서는 지킬 수 있든 없든 관계없이 일단 많은 규칙들이 있어야 안심을 하는 경향이 있으며, 일을 빨리 처리하고자 하는 속성도 있어서 직업 스트레스를 많이 받는다. 그래서인지 불확실성 회피 성향이 큰 문화일수록 고속도로에서 더 높은 최고속도를 허용한다. 불확실성 수용 성향이 높은 나라에서는 형식적인 서류나 규칙, 또는 딱딱하게 구조화된 상황이 상대적으로 적으며, 직업 스트레스도 적다. 또한 극단적인 의견에 대해서도 더 포용적이며, 외국인이나 소수자에 대한 편견도 더 적다.

불확실성 회피 성향이 큰 문화에서는 낯선 것이나 잘 모르는 사람을 꺼려하고 믿지 못하며, 따라서 끼리끼리 '인정'에 따라 아는 사람끼리 서로 눈감아 주는 연줄망이 작동하기가 쉽다. 객관적인 기준보다 사적으로 '나와 관계가 있는, 즉 나에게 낯설지 않은' 사람인지의 여부에 따라 공적 영역의 판단이나 결정에까지 영향을 주는 정실주의에 대한 취약성도 집단주의와 불확실성 회피 성향이 함께 작용한 결과다. 최근에는 한국에서도 자동차 번호판이나 이력서에서 지역이나 대학 등 소속 집단을 나타내는 표식을 점차 줄여 감으로써, 한 개인을 소속이나 간판보다 개인 그 자체로서 바라보려 노력하는 경향이 조금씩 나타나고 있다.

(2) 문화의 추가 2차원

세계 여러 나라의 문화 차이를 조사할 때 서양에서 만든 질문지를 번역해서 동양 국가에 사용함으로써 생기는 문제점을 보완하기 위해, 중국에서 중요시하는 가치를 먼저 찾아낸 다음 이것을 역으로 번역하여 서양 국가에 사용한 결과(Hofstede & Bond, 1988), 문화의 4차원 중 앞의 세 차원(개인주의–집단주의, 권력 거리, 남성성–여성성)은 동일하게 얻어졌지만 불확실성 회피 차원 대신 '장기 지향성–단기 지향성' 차원이 나타났다. 장기적으로 더 좋은 결과를 얻을 수 있다면 단기적인 어려움을 참아내는 속성이 장기 지향성으로서, 짧은 기간 안에 빠른 경제 성장을 이루어냈던 '아시아의 다섯 마리 용'에 해당하는 국가들의 특성이다. 반면에 단기 지향성이 높은 문화는 눈앞의 성과를 중요시하며 따라서 저축률도 낮다.

민코프(Minkov, 2011)는 호프슈테드의 문화 차원들에 더하여 문화의 '자적(방종, indulgence)−자제(구속, restraint)' 차원을 추가했다. 이로써 모두 6개의 문화 차원이 탄생했다(Hofstede et al., 2010/2014). 유유자적하며 방종적인 삶을 추구하면 자적(방종) 문화에 해당하며, 자제하며 구속적인 삶을 추구하면 자제(구속) 문화에 해당한다. 잉글하트(Inglehart et al., 1998)를 중심으로 한 세계 가치 조사의 '안녕−생존' 차원은 부유한 나라와 빈곤한 나라 간의 차이를 크게 반영하고 있기 때문에, 부유한 홍콩의 사모님보다 상대적으로 빈곤한 필리핀의 가정부가 더 행복하게 느끼는 점을 설명하지 못한다. 민코프의 '자적−자제' 차원은 바로 이 부분을 잘 설명한다. 한국은 93개국 중에서 자적(방종)−자제(구속) 차원의 '자제'가 강한 문화 쪽의 극단부터 25위에 해당한다. 그래서 열심히 일해야 한다는 강박관념을 지니고 있고, 그러면서도 주관적 행복감은 높지 않고 자살률도 높다.

이 문화 차원은 2011년 45명의 저자들이 협력하여 33개국의 조사 결과를 〈사이언스〉지에 발표한 문화의 '빠듯함(긴장, tightness)−느슨함(이완, looseness)' 차원과도 관련이 있다(Gelfand et al., 2011). 빠듯한 문화는 자제(구속) 문화와, 느슨한 문화는 자적(방종) 문화와 관련이 있으며, 여기서도 한국은 33개국 중에서 빠듯한 문화 5위에 해당한다. 그래서 늘 긴장하며 빠듯한 삶을 살고 있고, 마음껏 휴식하지 못하며, 따라서 행복감도 충분히 느끼지 못하고 있는 실정이다.

대체로 개인주의 문화일수록 국가 투명성이 높고, 집단주의 국가일수록 투명성이 낮게 나타난다(나은영, 2001a). 유의해야 할 점은 부유한 나라들과 가난한 나라들을 따로 분리할 경우 개인주의와 국가 투명성 간에 거의 상관관계가 발견되지 않는다는 점이다. 또한, 권력 거리가 큰 나라일수록(즉 권위주의가 큰 나라일수록) 국가 투명성이 낮게 나타나는 경향이 있다. 더욱이 권력 거리 차원은 앞서 살펴본 개인주의 차원과 달리, 부유한 나라들과 가난한 나라들을 분리해서 보아도 국가 투명성과 상당히 높은 상관관계가 유지된다. 즉 투명성과 권위주의는 반비례 관계에 있다. 권위주의가 강한 나라에서는 큰 힘을 지니는 사람이나 권력 기관이 의사 결정 과정 및 정책 집행 과정을 투명하게 보여 주지 않아도 이를 문제시하는 사람들이 적다. 앞서 언급했듯이, 권력 거리가 크다는 것은 권력이 없는 사람의 입장에서 권력 불평등을 어느 정도 당연시하는 경향을 의미하기 때문이다. 그러나 점차 권위주의가 약해질수록 권력 기관이 제공하는 정보의 형평성에 관심을 많이 가지게 된다. 누구나 평등하게 양질의 정보에 동일한 양만큼 노출되기를 희망하기 때문이다. 내·외집단 모두에 양질의 정보를 있는 그대로 전달하는 투명한 커뮤니케이션이 21세기 열린 사회에 걸맞은 바람직한 의사소통 체계로서 긍정적인 기능을 할 수 있다.

2) 외국인에 대한 인식 차이

외국인과의 접촉이 점점 더 많아지고 있는 요즘, 문화가 다른 외국인에 대한 편파적 인식이 원활한 커뮤니케이션을 방해하기도 한다. 최근에 김동수 등(2011)의 연구에서는 먼저 미국인, 일본인, 중국인, 동남아인, 새터민, 조선족의 외모, 성격, 생활 습관, 한국인과의 관계 등과 관련된 특성들을 요인 분석한 다음, 각 요인 점수들이 문화권에 따라 어떻게 달리 나타는지를 분석했다.

그림 10-2의 결과에 나타나 있듯이, 한국 대학생들은 일본인에 대해 아담한 외모, 중국인과 동남아인에 대해 부정적 외모를 지니고 있다는 인식의 차이를 보였다. 또한 새터민, 조선족, 동남아인은 여성성을, 미국인은 남성성을 지니고 있다고 생각하는 경향이 있었다. 생활 습관에 대한 인식에서는 중국인과 동남아인은 집단주의적 습관을, 새터민은 소극성을, 일본인은 성실성을 지니고 있다고 보았다. 한국인과의 관계에 대한 인식에서는 미국인은 우월감을, 다른 문화권은 열등감을 지니고 있다고 보아, 한국 대학생들의 자부심을 엿볼 수 있었다. 자부심을 갖는 것은 좋으나, 최대한 편견을 배제한 자부심을 유지하는 것이 좋다.

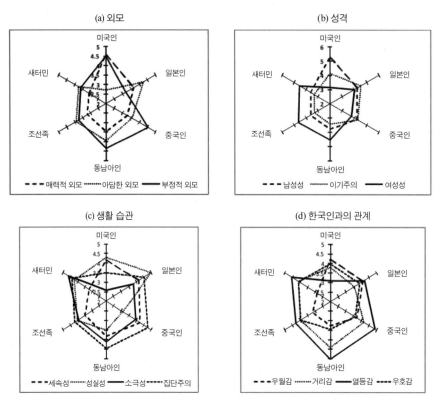

그림 10-2. 미국인, 일본인, 중국인, 동남아인, 조선족, 및 새터민의
(a) 외모, (b) 성격, (c) 생활 습관, (d) 한국인과의 관계에 대해 한국 대학생이 지니고 있는 인식

출처: 김동수 외, 2011, pp.8~10.

3) 문화 간 접촉과 커뮤니케이션

(1) 문화 충격 곡선

요즘은 각종 첨단 미디어의 발달로 문화 간 접촉이 여러 형태로 더욱 빈번해지고 있다. 이러한 상황에서 문화 간 커뮤니케이션의 원활한 진행은 어떤 한 국가의 생존뿐만 아니라 인류 전체의 생존에 중요한 의미를 지닌다. 어떤 한 문화에 익숙해져 있는 사람이 다른 문화에 처음 들어갔을 때, 대체로 그림 10-2와 같은 문화 적응 곡선에 따른 정서의 변화를 경험한다. 처음 막 새로운 문화를 접했을 때는 상대 문화의 좋은 점이 크게 부각되어 지금까지 자신의 문화에서는 볼 수 없었던 경이로움에 황홀함마저 느끼며 '이 곳이 바로 낙원이구나' 하는 허니문, 즉 도취 단계를 경험한다. 그러다가 차츰 상대 문화의 깊숙한 곳까지 알게 되면 문화 차이로 인한 충격으로 수렁에 빠지는 듯한 경험을 하는데, 이것이 '문화 충격'이다. 허니문 단계에서는 새로운 문화를 접할 때 느끼는 놀라움의 긍정적 측면이 부각되지만, 문화 충격 단계에서는 놀라움이란 정서의 부정적 측면이 경험된다(Choi & Nisbett, 2000 참조). 어렸을 때부터 다양한 문화를 접하고 다양한 생각에 열려 있던 사람은 그만큼 놀라움의 경험을 덜 겪을 수 있다. 문화 충격은 상대 문화에 대한 실망감이 극에 달해 도저히 적응할 수 없을 것 같은 느낌이 드는 것인데, 이 '바닥 경험'을 하고 나면 차츰 적응하게 되어 이전 문화에서 느끼던 만큼의 편안함을 느끼는 수준으로 적응하거나, 이전 문화보다 훨씬 더 낫다는 생각에 자신의 원래 문화를 잊을 정도로 잘 적응하며 살거나, 혹은 이전 문화를 그리워하며 새로운 문화에 적응하지 못해 역이민을 감행하기도 한다.

그림 10-3과 같은 문화 적응 곡선은 단순히 한 사람이 완전히 다른 나라로 이민을 간다든지 하는 국가 문화권 간의 이동 시에만 적용되는 것이 아니라, 일반 대인 관계에도 충분히 적용될 수 있다는 데 중요한 시사점이 있다. 가장 적절한 예로 한 남성과 한 여성이 결혼하는 시점에서 그 둘은 그때까지 서로 다른 문화 속에서 성장해 왔

그림 10-3. 문화 적응 곡선

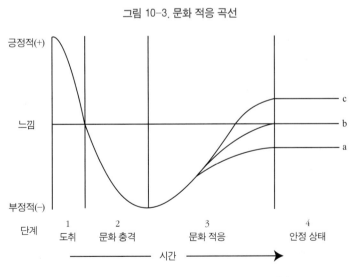

출처: Hofstede et al., 2010/2014, p.427.

10장 집단 간, 문화 간 및 세대 간 커뮤니케이션 343

다고 볼 수 있다. 예컨대, 보수적인 가정에서 자란 남성과 개방적인 가정에서 자란 여성이 만나 한 가정을 만들어 나가려고 할 때, 그들은 서로 각자가 익숙해져 있는 문화(마음의 소프트웨어)에 따라 행동하는 것이 자연스럽지만, 자기에게 당연하게 여겨지는 행동이 상대에게는 부적절하게 여겨지기도 한다. 처음에는 서로 자기가 가지고 있지 못한 상대방의 장점에 감탄하며 허니문 단계를 겪지만, 차츰 서로의 단점까지 깊이 알게 되면 '문화 충격'에 해당하는 바닥 경험을 하게 된다. 이 단계를 잘 극복하지 못하고 조기에 헤어지는 커플이 많아지는 것은 안타까운 일이다. 어떤 관계에서나 서로 다른 두 사람 간에는 '차이'가 있기 마련이고, 이 차이가 처음에는 매력으로 느껴지다가 나중에는 부담이 될 수 있다. 정도는 다를 수 있으나 어떤 관계에서도 사람들 간의 '차이'가 전혀 없을 수는 없기 때문에, 두 사람 또는 그 이상 간의 우정이나 사랑의 발전 과정도 문화 충격 곡선과 유사한 단계를 거친다.

(2) 문화 간 접촉과 편견 감소

문화 간 접촉이 대체로 편견을 감소시킬 수 있지만, 집단 정체성이나 문화 적응 이데올로기, 위협감 등에 따라 달리 나타날 수 있다. 최근에 김혜숙 등(2011)의 연구에서 전국의 성인 1000명, 중고생 800명을 대상으로 이주민에 대한 편견을 조사하여 다각적으로 분석했다.

문화 간 접촉이 발생할 때 사람들이 적응하는 전략은 그림 10-4와 같이 나타낼 수 있다(Berry, 2003; 김혜숙 외, 2011). 전통 문화와 정체성을 유지하고자 하는 정도가 얼마나 강한지, 그리고 어떠한 집단 간 관계를 추구하는지에 따라 소수 집단과 다수 집단이 취할 수 있는 전략은 각각 네 가지 유형으로 나뉜다. 소수 집단의 경우, 전통을 유지하면서도 상대 집단과 좋은 관계를 유지하려 하면 통합 전략을 취하고, 아예 전통을 버리고 좋은 관계를 유지하려 하면 동화 전략을 취한다. 전통을 버리면서 상대 집단과의 좋은 관계에도 관심이 없다면 주변화 전략을, 전통을 유지하면서 상대 집단과의 좋은 관계에 관심이 없다면 분리 전략을 취한다.

다수 집단의 경우도 분리 전략은 소수 집단과 크게 차이나지 않는다. 각자 전통을 유지하면서 사는 것을 추구하는 것이기 때문이다. 그런데 소수 집단의 주변화 전

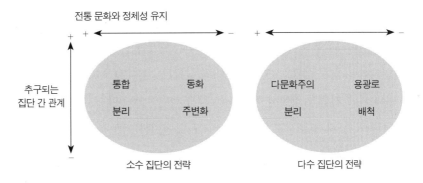

그림 10-4. 베리(Berry, 2003)의 문화 적응 전략: 다수 집단과 소수 집단

출처: 김혜숙 외, 2011, p.59.

략에 대응하는 부분이 다수 집단의 경우는 배척이다. 다수 집단이 배척하면 소수 집단은 주변화될 가능성이 높아진다. 또한 다수 집단이 전통 유지에 연연하지 않고 화합을 추구하는 것은 용광로 전략이며, 전통을 유지하면서 화합을 추구한다면 다문화주의 전략을 취하는 것이라 할 수 있다.

김혜숙 등(2011)의 연구 결과에서 한국인은 강한 내집단 편애와 외집단 비하 태도를 보였으며, 특히 청소년들이 이주민에 대해 부정적인 태도를 강하게 지니고 있었다. 또한 앞서 이야기한 사회 정체성 이론의 예측대로 한국인으로서의 정체성이 강할수록 이주민에 대한 편견이 더 강했고, 정체성 위협이 커질수록 더욱 그러했다. 접촉 빈도가 높은 경우 편견이 감소되는 효과도 발견되었다. 또한 접촉 빈도와 동화주의 신념이 편견에 영향을 주는 과정에서 정체성이나 이득에 위협감을 느끼는 심리가 매개 작용을 하는 것으로 나타났다. 결국 문화 간 접촉에서 본인의 정체성이나 이득이 안전하다고 생각할 때 이주민의 너그러운 수용이 가능해짐을 알 수 있다.

(3) 문화 간 커뮤니케이션과 미디어의 조정 효과

문화가 다른 사람들이 모여 함께 활동하는 상황에서 서로에 대한 지각이 문화에 따라 어떻게 달리 나타나는지를 아는 것은 문화 간 접촉이 많아지고 있는 요즘 더욱 중요해지고 있다. 더욱이 이러한 문화 차이는 어떤 미디어를 통해 접촉하느냐에 따라서도 다른 양상을 보일 수 있기 때문에, 미디어의 조정 효과도 함께 이해할 필요가 있다.

한 실험에서(Bazarova & Yuan, 2013), 달 탐사에서의 생존을 위한 환경 판단 과제를 남성으로 구성된 3~4명의 집단으로 진행시켰다. 모든 집단은 중국인과 미국인 비율을 1:2, 2:1, 또는 2:2의 문화 간 접촉이 발생하는 팀으로 구성했으며(4인 집단 17팀, 3인 집단 22팀), 39개 팀을 무작위로 19개의 면대면 상황과 20개의 CMC 상황에 배정했다.

각 팀의 과제 진행 과정에서 참여율은 각 구성원의 발언량으로 측정했고, 전문성은 각 구성원의 실제 전문성과 다른 구성원들이 인지한 전문성 간의 차이로 측정하여 과소평가될수록 수치가 높아지게 코딩했다. 각 구성원들의 자신감과 영향력은 같은 팀의 다른 구성원들이 지각하는 대로 응답하게 했다.

연구 결과(Bazarova & Yuan, 2013), 면대면 상황에서는 중국인 전문가가 미국인 전문가보다 참여율, 자신감 지각, 전문성 인지, 및 영향력 지각이 모두 낮게 나타났다. 그러나 무엇보다 가장 눈에 띄는 결과는 면대면 상황에서 나타났던 중국과 미국의

그림 10-5. 면대면 및 CMC 상황에서 중국과 미국의 전문가에 대한 판단(전문성 인지와 영향력 지각)이 어떻게 달라지는지를 보여 주는 결과[그림 (c)에서는 점수가 높을수록 전문성이 평가 절하된 것]

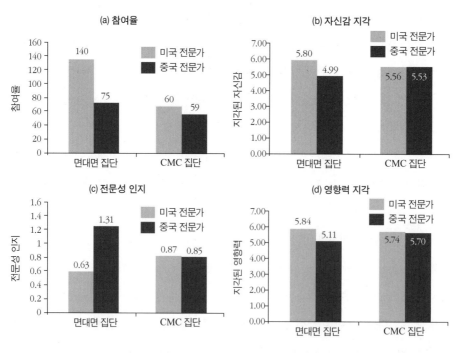

출처: Bazarova & Yuan, 2013, pp.444~446.

문화 차이가 CMC 상황에서는 거의 없어졌다는 점이다. 여기서 알 수 있듯이, 문화 간 접촉이 면대면으로 이루어질 때 비해 CMC로 이루어질 때는 다양한 대인 단서들이 약화되기 때문에 불필요한 편견으로 인한 판단이 오히려 감소될 수도 있다는 점에서 CMC의 장점이 드러난다.

4) 문화 간 커뮤니케이션과 다양성 존중

사람은 무엇보다 다른 사람과의 '차이'를 인정할 필요가 있다. 우열의 차원이 아니라 '공존'의 차원에서, 모든 사람의 생각과 느낌이 자기와 같기를 바라기보다 '이렇게 다를 수 있구나' 하는 점을 인정하는 것이 열린 커뮤니케이션을 향한 지름길이다. 차이점을 인정한다는 것은 곧 다양성의 존중을 의미한다. 21세기의 사이버 문화를 특징짓는 '획일적 전체성 없는 보편성'도 여러 문화 간 차이를 인정하고 수용함으로써 가능해지는 '다양성의 공존'으로 귀결된다(Levi, 1997). 개인 차이, 동서양 문화 차이, 남녀 차이, 인종 차이, 세대 차이 등과 같은 모든 '경계 간' 차이를 이해하고 인정하는 것이 경계 간 커뮤니케이션의 원활화로 인한 다양성 공존의 바탕이 된다.

2장에서 논의했던 저맥락·고맥락 커뮤니케이션 문화의 차이는 사람들이 상대방 행동의 원인을 추리하는 귀인 과정의 차이로 이어지기도 한다(3장 참조). 에렌하우스 (Ehrenhaus, 1983)는 고맥락 문화와 저맥락 문화의 귀인 과정 차이에 관해 다음과 같은 가설을 제시했다.

① 고맥락 문화권 사람들은 어떤 행동이나 말을 왜 하게 되었는가를 유추할 때 상황적 요인을 더 중요시하는 반면, 저맥락 문화권 사람들은 그 행동이나 말을 하는 사람의 내적인 요인을 더 중요시한다.

② 문화 간 의사소통의 초기에 고맥락 문화와 저맥락 문화의 커뮤니케이터들은 각자에게 더 현저하게 느껴지는 정보를 추구한다. 예를 들면 저맥락 문화권 사람들에 비해 고맥락 문화권 사람들은 상대방의 사회적 배경이나 상황 정보를 더 많이 알고 싶어 한다. 이러한 정보의 차이로 인해 양쪽의 귀인 차이는 더욱 커질 가능성이 있다.

같은 행동의 원인을 추리하는 과정도 문화에 따라 차이를 보일 수 있다는 사실을 문화 간 커뮤니케이터들은 꼭 염두에 두어야 한다. 서로 생각하는 바가 어떻게 다를 수 있는지를 아는 것은 상대에게 어떻게 대처해야 할지를 결정하는 데 도움을 줄 뿐만 아니라, 불필요한 오해를 피할 수 있게 해 준다. 이런 과정은 단순히 국가 문화 간의 커뮤니케이션에서뿐만 아니라, 한 국가 안에서도 서로 다른 문화를 지니고 있는 하위 문화 집단들 또는 범주들 간의 커뮤니케이션, 예컨대 남녀 간, 세대 간 커뮤니케이션에서도 중요하다.

21세기는 공존의 시대다. 남녀 간, 국가 간, 문화 간, 인종 간, 지역 간, 계층 간, 종교 간, 학문 간, 및 세대 간의 다양성을 수용할 수 있어야 타인과의 관계 및 스스로의 생존에 유리하다. 21세기에는 개개인이 개체로서 지니고 있는 독특한 가치와 표현적 탈물질주의 가치가 20세기의 집단 의존적 물질주의 가치보다 더 중요해지고, 한 개체의 가치 속에 여러 집단의 가치가 공존한다. 다양한 문화를 손쉽게 빨리 경험할 수 있기 때문이다. 퓨전 카페가 등장하고 퓨전 문화가 증가하는 것도 이와 같은 맥락에서 이해할 수 있다. 머릿속에 '나와 다른' 사람과의 공존의 영역을 넓힘으로써 나의 정체성이 약해지는 것이 아니라, 21세기에 더욱 잘 적응할 수 있는 폭넓고 포용력 있는 정체성을 확보하는 것이다. 점점 증가하는 전 인류의 상호 접촉으로 감춰진 영역이 점점 없어진다는 것은 공개 영역이 많아짐을 뜻한다. 따라서 '놀라움'의 경험은 차츰 감소하여, 초반에는 놀라지만 접촉이 증가할수록 공통점·공유 영역이 넓어져 보다 손쉽게 의미의 공유가 가능해진다. 인류의 다양성 공존을 위해 커뮤니케이션과 미디어는 핵심적인 역할을 한다. 인간이 미디어를 이용해 커뮤니케이션을 하는 과정에서 다양성을 멀리하고 동질성에만 몰두한다면 이는 인류의 발전 방향에 역행하는 것이다.

3. 가치관의 변화와 세대 간 커뮤니케이션

한국은 세계에서 가장 세대차가 크다(Inglehart, 1997). 미국의 카치아피카스 교수는 한국에서 1년간 방문교수를 마치고 돌아가기 전에 한 중앙 일간지와의 인터뷰에서 '가부장제로 인한 세대차'가 한국의 가장 큰 갈등의 원인이 될 것이라고 이야기한 바 있다(김창호, 2001). "미리 준비하고 경계하지 않으면 세대 간 갈등은 현재의 지역 간 갈등보다도 더 큰 문제로 등장할 가능성도 없지 않다"고 지적한 것(나은영, 2002)이 점차 현실로 나타나고 있어 염려스럽다. 외부 문화에 열린 정신을 가지기에 앞서, 한국 안에서부터 서로 다른 연령층 간의 대화에 열린 자세가 필요하다. 이 장에서는 신세대와 기성세대가 서로 어떤 부분이 어떻게 다른지, 세대 간 대화의 바탕이 될 공통 기반은 어떤 곳에 있는지를 구체적으로 살펴봄으로써 궁극적으로 세대 간 소통에 기여할 수 있는 토대를 제공하고자 한다.

1) 30년간의 가치관 변화와 세대차

1979년부터 2010년 사이의 30년간 한국인의 가치관 변화 결과를 살펴보면 (나은영·차유리, 2010), 특히 남녀평등 관련 항목들과 자기주장성 관련 항목들에서 아주 큰 시대 변화를 겪었다. 대체로 젊은 층은 빨리 변화하고 기성세대는 천천히 변화하기 때문에, 시대 변화가 클수록 세대차도 더 커지는 경향이 있다. 그러나 1979년부터 1998년 사이에 점점 커지기만 하던 세대차가 1998년부터 2010년 사이에는 항목에 따라 어느 정도 줄어드는 경향도 보여, 기성세대가 시대 변화를 부지런히 따라잡으려는 경향도 관찰되었다.

(1) 시대 변화

문화가 쉽게 변화하지는 않지만, 모든 것이 변화하듯 문화적 속성들도 조금씩 변화를 겪는다. 주류를 이루는 문화가 서서히 변화하면서 그에 따라 커뮤니케이션 패턴도 조금씩 변화한다. 지난 30년간 한국은 막연한 집단주의 성향보다는 핵가족 중심의 개인주의 성향을 강하게 지니는 문화로 변화하고 있다. 그림 10-6에서 알 수 있듯이, 시대 변화가 큰 대표적인 문항은 '자신과 가족 중심의 개인주의' 문항이었다. 1979년에는 우리가 떠받들어야 할 것으로 '나라'보다 '자신과 가족'을 택한 비율이 남성 33.3%, 여성 49.3%로서 여성이 조금 더 높기는 했으나 대체로 절반 이하였다. 그러나 1998년에는 남녀 모두 71%가 넘는 비율이 나라보다는 자신과 가족을 택했다. 그러다가 2010년에는 마침내 남성 86.8%, 여성 91.5%가 나라보다 자신과 가족을 택하기에 이르렀다.

그림 10-6. 30년간 한국인의 가치관 변화와 세대차 증감

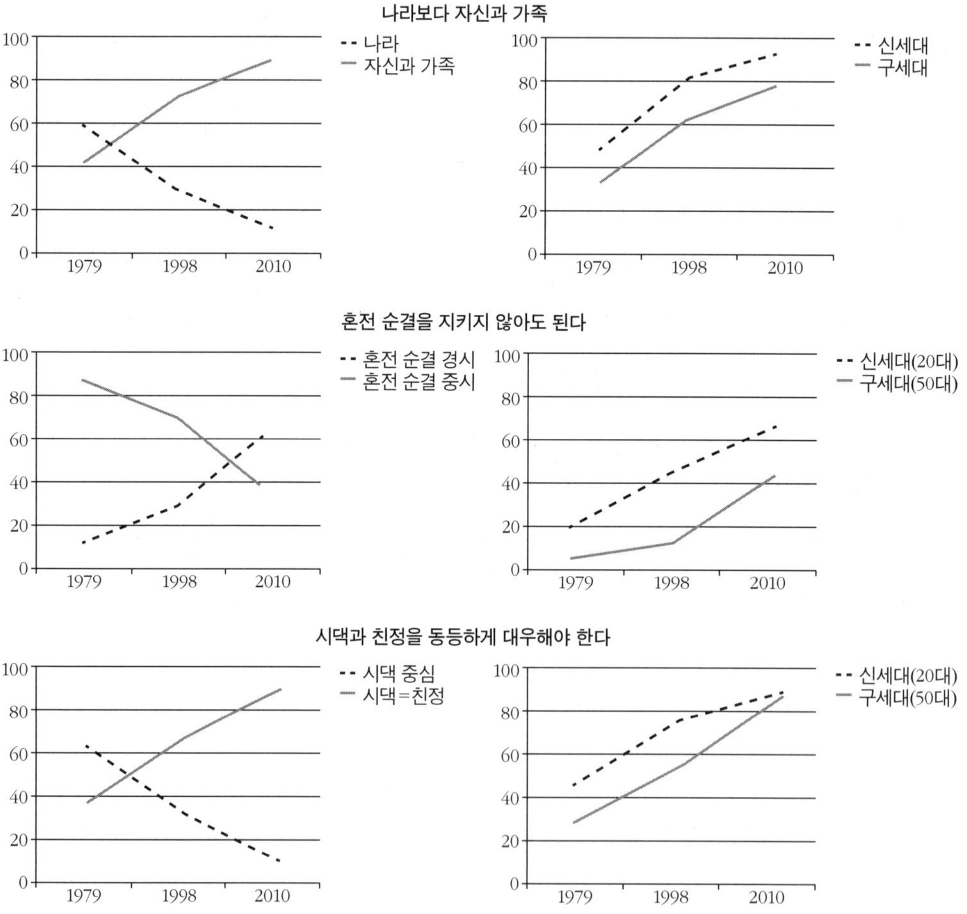
나라보다 자신과 가족
나라
자신과 가족
신세대
구세대
혼전 순결을 지키지 않아도 된다
혼전 순결 경시
혼전 순결 중시
신세대(20대)
구세대(50대)
시댁과 친정을 동등하게 대우해야 한다
시댁 중심
시댁=친정
신세대(20대)
구세대(50대)

출처: 나은영·차유리, 2010.

물론 사회·경제 문제나 교육 문제 등 복합적인 원인이 있기는 하지만, 요즈음 날로 증가하고 있는 30~40대 젊은 가족의 해외 이동 인구에서도 드러나듯이, 이제 자신과 가족을 위해서라면 나라를 떠날 수도 있는 시대가 된 것이다. 특히 남성들의 시대 변화가 두드러져, 이제는 아빠들도 나라보다는 자신과 가족을 더 우선시한다. 이처럼 문화가 변화하여 개인주의화 되었음에도 불구하고 커뮤니케이션의 흐름이 여전히 집단의 경계 때문에 차단되거나 방해될 수 있는 상황이라면, 개인화된 미디어를 통해 개인 대 개인의 직접적 연결을 선호하는 욕구가 분출될 가능성이 높다.

개인주의의 증가 이외에 또 두드러진 가치관의 변화는 자기주장성 차원에서 나타난다. 예를 들면, 탈권위주의를 대표하는 문항의 하나로서 윗사람이 틀렸을 때 모른 척 해야 하는지 아니면 지적해야 하는지를 물었을 때, 모른 척하기보다 지적해야 한다고 응답한 비율이 특히 여성들의 경우 크게 증가했고, 이런 현상은 학력이 높을수록, 그리고 연령이 낮을수록 더 뚜렷하게 나타났다. 뿐만 아니라, 함께 행복하려면 참아야 하는지 시정을 요구해야 하는지를 묻는 항목에서도 뚜렷한 시대 변화가 관찰되었다. 1979년에는 남성은 시정을 요구해야 한다는 비율이 더 높았고(81%) 여성은 참아야 한다는 비율이 더 높았지만(52%), 1998년에는 시정을 요구해야 한다는 비율이 남성은 15% 정도 감소하고 여성은 18% 정도 증가하여 남녀 공히 66% 정도가 시정을 요구해야 한다고 생각했다. 남성은 요구하고 여성은 참던 시대는 지나가고, 남성은 이전에 비해 조금 더 참아 주고 여성도 남성과 마찬가지 비율로 시정을 요구해야 한다고 보는 시대가 온 것이다.

이러한 경향이 계속 이어져, 2010년에는 오히려 여성(79.5%)이 남성(72.8%)보다 함께 행복하려면 참는 것보다 시정을 요구해야 한다고 응답한 비율이 약간 더 높아졌다. 탈현대 시대로 오면서 성폭력이나 성희롱 행위의 수 자체가 증가한 측면도 있기는 하나, 더욱 중요한 것은 예전에는 그런 일을 겪어도 여자들이 모른 척하거나 참는 경우가 많았지만 이제는 더 이상 참지 않고 지적하거나 시정을 요구하고 있기 때문에 더 많은 수가 표면화되고 있는 것으로 보인다.

개인주의와 자기주장성의 증가에 못지않은 큰 시대 변화를 겪은 것은 '남녀평등의식' 차원이었다. 먼저, 결혼한 여자도 활동해야 한다고 생각하는 비율이 남녀 공히 크게 증가했고, 결혼한 여자도 시댁에만 매달리기보다 시댁과 친정을 동등하게 대해야 한다고 생각하는 비율 역시 남녀 모두 크게 증가했다. 이 문항에서 '시집에 충성해야' 한다는 선택지가 있었는데, 1979년의 가치관 조사 문항을 완전히 동일하게 사용해야만 두 시기 간의 정확한 맞비교가 가능했기 때문에 용어를 바꾸지 않고 그대로 사용했다. 오늘날 '시집에 충성해야'라는 어구를 수업 시간에 말할 때 학생들이 웃음을 터뜨릴 정도로 어색하게 들린다는 것은 그만큼 시대가 많이 변화했음을 입증하는 것이다.

더욱 중요한 것은, 1998년에 이미 남성들도 반수 이상인 61% 정도, 여성은 73% 가량이 시댁과 친정을 동등하게 대우해야 한다고 생각했다는 점이다. 이러한 변화 추세가 계속 이어져, 2010년에는 무려 남성 85.3%, 여성 94.5%가 시댁과 친정을 동등하게 대해야 한다고 응답했다. 약간의 남녀 차이는 존재하지만, 현재 이미 대세가 되어 있는 생각임을 알 수 있다. 물론, 명절 때마다 신문지상에 '며느리 증후군'이니, '명절 증후군'이니 하는 것들이 보도되고 있는 실상을 자세히 들여다보면, 실제 행동은 생각만큼 평등적이지 않다는 사실이 드러난다. 그러나 '며느리 증후군'이란 말을 꺼내는 것조차 불경스럽게 여겼을 옛날에 비하면 비록 행동의 변화까지는 완전히 이어지지 못한 '종이 위의 변화, 머릿속의 변화'라고는 하지만 일단은 커다란 변화라고 하지 않을 수 없다.

또 한 가지, 비교적 최근에 대세가 된 생각 중 하나는 '혼전 순결을 지키지 않아도 된다'는 생각이다. 이 문항도 1979년에 물었던 방식대로 '처녀의 정조를 지켜야 한다'와 '지키지 않아도 된다' 중 하나를 택하게 한 다음, 논문을 작성할 때는 '혼전 순결'이라는 말로 바꿔 작성했다. '처녀의 정조'라는 말이 시대의 흐름에 따라 어색하게 들리는 상황이 되었기 때문이다. 이 문항에 관한 한 1998년까지만 해도 남성(69.9%)과 여성(72.1%) 모두 '지켜야 한다'는 응답이 다수를 차지했었지만, 2010년에는 혼전 순결을 지켜야 한다고 생각하는 비율이 절반 이하(남성 35.5%, 여성 41.3%)로 뚝 떨어져 남성의 64.5%, 여성의 58.8%가 혼전 순결을 지키지 않아도 된다고 생각하게 되었다. 이러한 생각이 반수를 넘어서 대세가 된 시점이 비교적 최근이라는 점이 특기할 만하다.

(2) 세대차가 증가 또는 유지되는 부분

이제 세대차의 증감 부분으로 관심을 돌려, 어떤 항목에서 세대차가 크게 증가 또는 감소했는지를 알아보자. 먼저, 세대차가 증가 또는 유지되는 부분을 이야기한 다음에 감소된 영역을 살펴볼 것이다. 세대 간의 큰 가치관 차이는 세대 간의 커뮤니케이션을 가로막는 장애물이 될 수 있기 때문에, 어떤 부분에서 특히 세대차가 증가해 왔는지 구체적으로 분석해 볼 필요가 있다.

가치관의 세대차를 논의하기에 앞서, '대학 졸업자 비율'의 세대차가 2000년대 들어 OECD 국가 중 가장 커졌다는 사실에 주목할 필요가 있다. 그림 10-7에서 알 수 있듯이, 한국의 대학 졸업자 비율은 젊은 세대(25~34세)의 경우 약 65%, 기성세대 (55~64세)의 경우 약 13%로서 무려 52%의 세대차를 보이고 있다. 반면에 독일의 경우는 신구 세대 모두 25%의 대학 졸업자 비율을 보이고 있어 세대차가 거의 없다.

대학 졸업자 비율의 세대차가 크다는 것은 여러 측면에서 세대 간 갈등을 유발시킬 수 있는 요소가 된다. 기성세대가 대학을 졸업할 무렵에는 사회 전체가 발전하는 성장기였기 때문에 대학만 졸업하면 학력 상위 13% 이내에 들어 좋은 직장에 취업하기가 어렵지 않았다. 그러나 요즘의 젊은 세대는 대학을 졸업한 사람의 비율이 65%가 되어 본인들이 원하는 눈높이의 직장을 구하기가 훨씬 더 어려워졌다. 더욱이 전

그림 10-7. 대학 졸업자 비율의 세대차가 가장 큰 한국

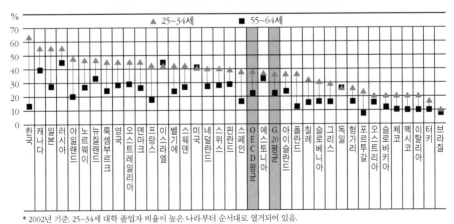

* 2002년 기준. 25~34세 대학 졸업자 비율이 높은 나라부터 순서대로 열거되어 있음.

출처: OECD. Table A1.3a. See Annex 3 for notes(www.oecd.org/edu.eag2011).
StatLink: http://dx.doi.org/10.1787/888932459831

세계적으로 고성장 시대를 지나 경제적 저성장의 기조가 유지되면서 일자리 구하기의 어려움은 배가되었다. 이로 인한 불만이 세대 간의 갈등으로 비화되기도 하는 실정이다.

그렇다면 가치관의 세대차는 얼마나 증가했을까? 먼저, 충효 사상이 중요하지 않다고 생각하는 비율은 50대 기성세대에서는 지난 30년 기간 중 비교적 최근에 더 큰 변화를 보였으나(1979년 14%, 1998년 12.6%, 2010년 31%), 20대 젊은 층에서는 그러한 변화가 더 일찍 나타났고 오히려 최근에는 그 변화가 유지(25%, 42%, 46%)되었다. 이는 충효 사상을 중요시하지 않는 쪽으로의 변화가 젊은 층에 더 빨리 나타났고, 뒤이어 기성세대가 이러한 대세를 따라 변화한 것으로 해석할 수 있다(나은영·차유리, 2010). 따라서 세대차는 1979년에서 1998년 사이의 19년 동안 커졌다가, 1998년에서 2010년 사이에 약간 줄어들었다.

또한 1979년에는 20대와 50대의 의견 차이가 거의 없이 부모 봉양과 출세를 효도라고 생각하는 비율이 비슷했으나(20대 51%, 50대 55%), 1998년에는 50대의 경우 부모 봉양을 효도라고 생각하는 비율이 65%로 높아지고 20대는 46%로 낮아져 세대차가 큰 폭으로 증가했다. 그러다가 2010년에는 50대의 37.5%, 20대의 38.5%만이 출세보다 부모 봉양이 더 효도라고 생각하여, 세대차가 감소했다. 즉 젊은 세대나 기성세대나 지금은 부모 봉양보다 출세가 더 효도라고 생각하는 '공통 기반'이 생겼다.

탈권위주의 항목을 측정하기 위해 '사회 질서 유지에 중요한 것'으로 '상하 구별'과 '직능 구분' 중 어느 것이 더 중요한지를 묻는 질문에 대해서는, 1979년에는 20대(73.7%)와 50대(72%)가 모두 상하 구별을 더 중요시하면서 거의 세대차를 보이지 않았으나, 1998년에는 50대의 경우 상하 구별을 중요시하는 정도가 82%로 늘어나고 20대의 경우 상하 구분을 중요시하는 비율이 63.5%로 줄어들어 세대차가 커졌다. 2010년에는 50대의 68%, 20대의 48%가 직능 구분보다 상하 구별을 중요시하는 것으로 나타나, 시대의 흐름에 따라 직능 구분을 점점 더 중요시하는 쪽을 변화하고 있기는 하나 여전히 20% 정도의 큰 세대차를 보이고 있다.

남녀평등 의식에서도 혼전 순결을 지키지 않아도 된다는 쪽으로의 변화가 보편적이면서도 특히 20대의 변화 폭이 월등히 높아 아주 큰 세대차 증가를 보이고 있다. 지난 30년간 50대는 5%, 13%, 44%가 혼전 순결을 지키지 않아도 생각한다고 변화하여 특히 최근의 변화 폭이 매우 크다는 사실을 알 수 있다. 20대는 19%, 45%, 66.5%가 그렇게 생각하는 것으로 변화하여 특히 초반의 생각 변화가 더 컸으며, 요즘에도 여전히 22.5% 정도의 세대차를 보이고 있다.

(3) 세대차가 감소한 부분

1979년부터 1998년 사이에는 대부분의 문항에서 세대차가 커졌으나, 1998년부터 2010년 사이에는 세대차가 줄어든 문항들도 상당히 눈에 띈다. 전반적인 양상은 그림 10-8과 같이 나타낼 수 있다(나은영·차유리, 2010, p.80). 즉 지난 30년 기간 중 전반 19년 동안은 20대의 빠른 변화로 인해 세대차가 크게 증가했고, 후반 12년 동안은 50대가 대세에 적응해 가면서 세대차가 약간 줄어들었다.

그렇다면 가치관의 어떤 부분들이 현재 대세가 되어 세대차가 줄어들었는지 구체적인 결과들을 살펴보자. 먼저, 그림 10-9에 나타나 있듯이, 자기주장성 차원 중 함께 행복하려면 참아야 하는지 시정을 요구해야 하는지를 묻는 질문에서 20대와 50대가 모두 시정을 요구해야 한다는 쪽으로 변화했으나 특히 50대(42%에서 53%, 72%로 증가)가 20대(66%에서 80.8%로 증가하여 79.5% 수준으로 유지)보다 최근에 더 급격한 변화를

그림 10-8. 1979년, 1998년 및 2010년간 한국인의 가치관 변화 패턴

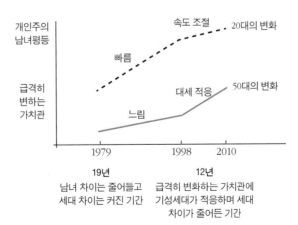

출처: 나은영·차유리, 2010, p.80.

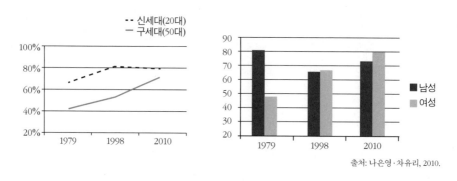

그림 10-9. 함께 행복하려면 참기보다 시정을 요구해야 한다고 생각하는 비율의 변화

출처: 나은영·차유리, 2010.

보여, 마침내 세대차가 줄어들었다.

이 문항에서 더욱 흥미로운 결과는 남성과 여성의 변화 비율이다. 그림 10-9에서 알 수 있듯이, 1979년에는 남성들은 시정을 요구하고 여성들은 참는 경향이 강했으나, 1998년에는 남성들은 참는 쪽으로, 여성들은 시정을 요구하는 쪽으로 변화함으로써 남녀 차이가 없어졌다. 그러다가 2010년에는 남녀 모두 시정으로 요구하는 쪽으로 함께 변화하면서도 여성들의 변화 속도가 더 빨라, 시정 요구를 선호하는 비율이 오히려 여성들이 더 높아졌다.

시댁과 친정을 동등하게 대해야 한다는 문항에서도 최소한 '생각'으로는 신구 세대가 대부분 동의하여 세대차도 줄어들었다. 여기서는 특히 20대의 변화(45%, 75%, 89%)보다 50대의 변화 폭이 매우 커서(28%, 53%, 87%), 현재 2%의 세대차로 좁혀졌다. 더욱 주목할 만한 것은 50대도 이미 1998년에 절반 이상이 시댁과 친정을 동등하게 생각해야 한다는 데 동의하여, 그러한 생각이 대세가 되었다는 사실이다. 그러나 이러한 생각의 변화가 '행동'의 변화로까지 이어졌는지는 불확실하다. 동등하게 대해야 한다고 '생각'은 하면서도 실제 '행동'으로는 어느 한쪽을 더 잘 대우할 수도 있기 때문이다.

사람을 고용할 때 고분고분한 사람보다 책임감 있는 사람을 더 선호하는 경향도 현재 세대차가 거의 없다. 지난 30년간 20대는 오히려 고분고분함보다 책임감을 더 중요시하는 비율이 최근에 줄어들어(71%, 75%, 65.5%) 고분고분함이 중요하다는 생각이 증가했고, 반대로 50대는 책임감이 더 중요하다고 생각하는 비율이 조금씩 증가하여

(62%, 63%, 66,5%), 현재 세대차가 1% 정도로 줄어들었다. 세대 간에 공통점을 찾아가는 부분 중 하나라고 할 수 있다.

또 한 가지 주목할 만한 점은, IMF 직전과 직후의 조사 결과를 비교해 보면 IMF 직전에 탈물질주의로 치닫던 경향이 주춤해지면서 IMF 이후에 물질주의 쪽으로 약간 후퇴하는 경향을 보였는데, 이 후퇴하는 방향의 속도도 젊은 세대가 더 빨랐다는 사실이다(Na & Cha, 2000). 즉 젊은 세대는 어느 쪽의 변화든 변화에 더 빨리 적응하는 세대라 할 수 있다.

전 세계적인 경제 상황의 악화 때문일 수도 있으나, 탈물질주의자의 세대별 비율은 점점 더 감소하고 있다(그림 10-10 참조). 특히 1970년생부터 1984년생까지, 즉 2012년 기준으로 볼 때 만 28세부터 42세(주로 30대)의 탈물질주의 비율이 급격히 감소하고 있음을 알 수 있다. 이들이 IMF 구제 금융 시기를 겪었던 나이는 만 13세부터 27세 사이, 즉 사춘기에 들어선 나이부터 직장을 구하기 시작한 나이였기 때문에, 자기표현적인 탈물질주의적 가치보다 삶의 곤고함을 벗어나려는 물질주의적 가치가 커졌다고 해석할 수 있다. 결과적으로 탈물질주의 가치에서의 세대차는 줄어들었다.

잉글하트(Inglehart et al., 1998)의 세계 가치 조사에서 한국이 상대적인 부의 수준이 높음에도 불구하고 '자기표현–생존' 차원에서 '생존' 쪽에 가까이 위치한다는 사

그림 10-10. 세대별 탈물질주의자 비율의 감소와 세대차의 감소를 보여 주는 그래프

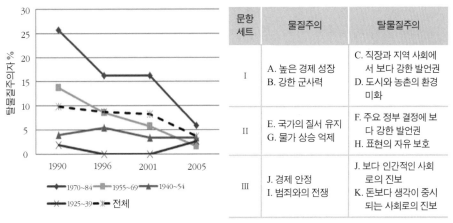

출처: 박재흥·강수택, 2012.

실, 그리고 각종 조사에서 행복도가 낮게 나오며 자살률도 높다는 사실(Hofstede et al., 2010/2014)은 한국의 국민이 심리적으로 살아가기 힘들게 느끼고 있음을 보여 준다.

(4) 커뮤니케이션 패턴의 변화와 미디어

가치관의 변화는 커뮤니케이션 양상의 변화를 필연적으로 수반한다. 개인주의의 증가로 집단을 거치지 않는 개인 대 개인의 직접적인 의사소통을 원할 뿐만 아니라, 간접적이고 은밀하게 진행되던 커뮤니케이션 양상이 이제는 보다 직접적이고 명시적인 방법으로 진행되기를 원한다. 이처럼 직접적이고 표현적인 커뮤니케이션 욕구가 이전에도 비교적 잘 발현될 수 있었던 문화보다는 한국처럼 지금까지 상당 부분 직접적·표현적 커뮤니케이션이 억눌려 있던 상황이나 범주(여성, 젊은 층)에서 변화의 체감 폭이 더 크게 느껴진다.

사람들의 변화된 욕구를 충족시켜줄 수 있는 뉴 미디어는 급속도로 확산된다. 모바일 커뮤니케이션과 같은 '시공간을 초월한 개인 대 개인의 즉시적·직접적인 상호작용'이 급속도로 퍼지는 이유 중에는 물론 정책적·기술적 뒷받침도 있겠지만, 사람들의 '개인 단위 즉시 연결'에 대한 욕구가 그만큼 강하게 잠재되어 있다가 미디어 소비의 기회가 주어지자 폭발적으로 탈억제된 소비 행동을 일으키고 있다고도 할 수 있다.

개인주의와 자기주장성 이외에 사람들의 미디어 선택과 커뮤니케이션에 영향을 줄 수 있는 문화 차원은 앞서 잠깐 언급했던 '불확실성 회피' 차원이다. 불확실성 회피 차원은 그 자체에 여러 요인이 복합적으로 섞여 있을 가능성이 높은 차원으로서 이에 대한 보다 세부적인 연구가 필요하기는 하지만, 모바일 커뮤니케이션과 관련하여 '확실한 것을 선호'하며 '기다리기를 싫어하는' 성향은 분명히 '한시라도 빨리 원하는 대상과 직접' 커뮤니케이션하기를 원하는 마음과 관련이 있다. 확실하게 한 번에 전달할 수 있고 이동 중 언제 어디서나 연락 받을 수 있다는 명쾌함은 불확실성 회피 성향이 높은 사람들에게 큰 매력으로 작용한다. 시공간을 초월하기는 하지만 즉시성이 떨어지는 이메일보다 시공간 초월성과 즉시성을 함께 갖춘 모바일 커뮤니케이션이 더 선호되는 이유는 바로 응답의 즉시성에 기반을 둔 애매성 감소 때문이다. '사람과 사람 사이'를 '직접' 연결하는 미디어로서 '즉시성'이 있는 커뮤니케이션 수단은 '빨리빨리' 욕구를 충족시키기에 가장 적합하다고 볼 수 있으며, 교통 체증과 같은 예측 불가능한 또는 불확실한 상황이 닥쳤을 때 특히 이를 빨리 보다 확실한 상황으로 만들어 줄 수 있는 커뮤니케이션 수단으로 선호된다(나은영, 2001b).

뉴 미디어는 근본적으로 보다 다양한 사람들로부터 다양한 정보를 빨리 접할 수 있다는 속성을 지니고 있음에도 불구하고 사람들은 '자기와 비슷한' 사람들로부터 '자기가 좋아하는' 정보만을 선택적으로 즐기는 경향이 있다(3장과 6장 참조). 더욱이 내집단의 차별적 선호가 심한 한국에서는 집단 간 경계에 구애받지 않는 개인 단위의 모바일 커뮤니케이션이 오히려 배타성을 지닌 '끼리끼리' 커뮤니케이션의 강화에 이용될 수도 있다(나은영, 2012b; 박승관, 1994 참조). 가족 중심 개인주의의 증가와 맞물려, 모바일 커뮤니케이션이 친한 친구 집단이나 가족 집단 내에서의 유대 관계를 더욱 공고히 하는 데 이용되기도 한다. 즉 한 개인 대 개인의 만남을 넘어서서 '끼리 관계' 그 자체가 하나의 단위가 되어 배타성을 지닐 때 '끼리끼리' 유대 관계가 형성되며, 한국인의 관계 중심성은 '끼리끼리' 내집단 안에서만 극대화되어, 마치 '끼리끼리'가 한 단위로서 서양의 한 '개인'처럼 독립적으로 움직이게 된다.

한국의 개인주의 증가는 '자기 아버지와 남의 아버지를 차별적으로 대하는 것을 당연한 도리로 여기는' 불평등한 관계 중심적 유교 문화의 뿌리 위에 접목되어 서양의 개인주의와는 조금 다른 양상을 띤다고 볼 수 있다(최준식, 1997). 바로 '자기에게 아주 중요한 관계'만을 공고히 한 상태에서 기타 관계들을 배척하는 것이다. 발신 번호 표시 서비스로 자기가 원하지 않는 사람으로부터 걸려 오는 전화는 아예 수신조차 하지 않을 수도 있기 때문에, '끼리끼리' 단위의 배타적 개체 중심성은 더욱 강해질 가능성이 높다. 인터넷을 통해서도 동질성을 가진 사람들끼리만 접촉을 유지하고 정보를 교환한다면, 본질적으로 다양성을 향해 열려 있는 뉴 미디어를 인간이 능동적으로 차단하여 폐쇄적으로 이용하는 것이며, 이것은 결코 바람직한 인간의 미래 모습이 아니다. 다양성을 향해 열려 있는 뉴 미디어의 장점을 십분 활용하지 못한다면 미디어에 의해 인간 감각의 경험이 제한되어 왔던 것 이상으로 인류에게 불이익이 돌아올 수 있다. 뉴 미디어는 다양성의 공존과 이해를 위해 이용되어야 한다.

2) 세대 간 미디어 이용 양식의 차이

세대에 따라 가치관도 다를 뿐 아니라, 주로 사용하는 미디어의 종류와 방식도 다르다. 가치관의 변화나 미디어의 발달 속도가 느릴 때는 세대 간의 차이가 크게 염려할 수준이 못된다. 그러나 변화의 속도와 발달의 속도가 빠른 시대와 지역일수록 세대 간의 차이는 더욱 크게 드러나 넘을 수 없는 벽으로까지 여겨질 수도 있다.

대체로 상향 커뮤니케이션에 뉴 미디어를 사용하는 데는 아랫사람의 입장에서 부담을 느낀다(8장 참조). 신세대는 뉴 미디어의 이용에 더 익숙하고 편리함을 느끼지만, 윗사람에게 커뮤니케이션하고자 할 때는 더 불편하고 노력이 많이 들어가는 구 미디어(예: 편지, 직접 만남 등)를 이용할 때 더 예의바르다고 생각하는 경향이 있다(배진한, 2001). 세대 간의 원활한 커뮤니케이션에 장애가 발생하는 데는 앞에 말한 가치관의 세대차뿐만 아니라 뉴 미디어 이용 양식의 격차도 큰 몫을 한다. 일단 신세대는 뉴 미디어를 이용하는 데 더 익숙한데 윗사람에게는 그 익숙한 미디어를 이용하는 것이 왠지 예의에 어긋날 것으로 생각되어 이용을 자제하고, 구세대는 신세대가 어쩌다 뉴 미디어를 이용해서 커뮤니케이션을 하고자 할 때 구세대 측의 수신 과정·해독 과정의 미숙으로 인해 원래 메시지가 잘 전달되지 못하거나 불쾌하게 여겨질 수 있기 때문에, 뉴 미디어를 이용한 세대 간의 커뮤니케이션은 세대 간의 벽을 더욱 두텁게 만들 가능성이 있다.

그림 10-11에는 각 세대마다 중요하게 생각하는 미디어가 무엇인지가 나타나 있다. 50~60대는 TV가 가장 중요하다고 생각하는 반면, 10~20대는 스마트폰이 가장 중요하다고 생각한다. 이와 유사하게, 미디어 이용 시간 점유율도 고연령층은 TV가 가장 높은 반면, 젊은 층은 인터넷이 높다(김위근·오수정, 2012).

또한, 동일한 미디어 기기를 가지고 있더라도 세대에 따라 전혀 다른 방식으로 이용하고 있다(그림 10-12 참조). 젊은 층은 스마트폰으로 다양한 콘텐츠를 즐기지만, 고연령층은 비교적 한정적인 용도로 사용한다.

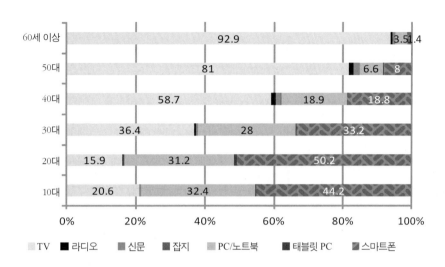

그림 10-11. 각 세대가 꼽은 가장 중요한 미디어

출처: KISDI, 2013.

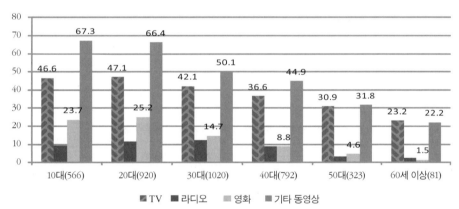

그림 10-12. 스마트폰을 통한 콘텐츠 이용의 세대차

출처: KISDI, 2013.

이에 더하여, 표 10-1에서 알 수 있듯이 10대와 20대는 개방형 SNS를 사용하는 비율이 높은 반면, 30대와 40대는 폐쇄형 SNS를 사용하는 비율이 높다.

뿐만 아니라, 스마트폰의 주 이용 용도에서도 세대차가 나타난다(그림 10-13 참조). 20대 젊은 층은 무려 73.4%가 스마트폰의 주 용도를 소셜 네트워크 서비스라고 응답한 반면에, 50대 기성세대는 스마트폰의 주 용도가 이메일 확인 및 업무 관련 용도(50.6%)와 소셜 네트워크 서비스(48.2%)가 반반씩 비슷한 것으로 나타났다. 스마트폰 이용을 어렵게 생각한다는 응답에서도 세대차가 나타나, 50대 중에는 50%가 어려움을 호소했으나 20대 중에는 19.6%만이 어렵다고 응답했다.

표 10-1. 폐쇄형 및 개방형 SNS 병행 이용자 비율의 세대차

	폐쇄형		개방형 SNS 병행		합계
	응답자 수	비율	응답자 수	비율	응답자 수
10대	56	33.5%	111	66.5%	167
20대	66	23.0%	221	77.0%	287
30대	130	67.7%	62	32.3%	192
40대	60	60.6%	39	39.4%	99

* 사례 수가 적은 50대 이상은 제외

출처: 조성은 · 한은영, 2013, p.23.

그림 10-13. 20대와 50대의 스마트폰 주 이용 용도 차이

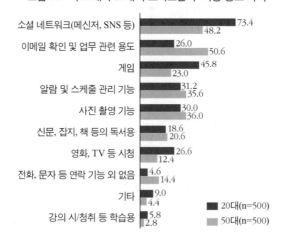

출처: 엠브레인 트렌드모니터의 2013년 조사: 20대와 50대 각 500명 대상.

3) 보이지 않는 벽의 극복

세대 사이에 가치관은 어떻게 다른지, 그리고 미디어 이용 방식은 어떻게 다른지, 그 차이를 알고 이해해야 세대 간 소통을 보다 원활하게 진행할 수 있다. 세대 간에 서로 이해를 못할 것이라고 생각하면 아예 커뮤니케이션 시도조차 꺼리게 된다. 노력해 보았자 갈등만 더 증폭되고 원하는 균형 상태로의 회복은 어렵다고 생각되기 때문이다. 윗세대에 무조건 복종해야 한다며 권위주의적 맹종만을 요구하는 사고방식으로는 더 이상 발전적인 21세기를 기대할 수 없다. 겉으로만 복종하면서 마음속으로 따르고자 하는 동기가 부족하다면 이중성만 키울 뿐 상호 간에 아무런 이해나 발전이 없을 것이기 때문이다.

보이는 벽보다 보이지 않는 벽이 더 극복하기 어렵다. 변화에 대한 저항이 비교적 크면서 제도권의 권력을 쥐고 있는 기성세대가 앞장서서 변화의 방향에 발맞추어 뉴미디어를 통한 세대 간 접촉에 개방적이어야 한다. 아랫세대의 사람들도 윗세대와의 '차이'를 두려워하거나 미리 포기하지 말고 적극적으로 다양한 세대와 범주의 사람들을 접촉해야 한다. 다양성을 포기한 폐쇄성은 더 이상 적응력을 지니기 힘들기 때문에, 신세대나 구세대나 서로의 '다름'을 인정하고 '공존'할 수 있도록 벽을 무너뜨려야 한다.

어떤 사회에서든 갈등이 없을 수는 없지만, 갈등의 원만한 해결과 건강한 사회를 위해서는 커뮤니케이션의 단절만은 꼭 막아야 한다. 이를 위해 우리는 서로 다른 세대, 또는 서로 다른 집단이 어떤 생각을 하고 있는지에 관심 가질 필요가 있다. 세대 간, 지역 간, 및 집단 간 등 서로 다른 관점을 가진 집단들 간의 커뮤니케이션의 단절을 막아야만 '평화로운 공존'이 가능해질 수 있으며, '다양성 속의 단일성, 단일성 속의 다양성'을 향해 나아가는 것은 전 세계적으로 자연스러운 흐름이다. 집단이나 범주의 경계를 뛰어넘을 수 있는 열린 커뮤니케이션은 다양성의 평화적 공존을 위한 필수 조건이며, '다름'을 수용할 수 있는 열린 마음은 21세기 변화의 시대를 살아가는 지혜다.

11장

설득 커뮤니케이션과
그 응용

사람이 살아가는 동안 일상생활 속에서 접하는 커뮤니케이션 중 상당 부분이 설득으로 이루어진다. 면대면 설득이 아니라 하더라도 각종 광고 메시지에 노출되는 것, 고객을 대하는 것, 선거 입후보자의 연설을 듣는 것, 심지어 교육 장면에 이르기까지 모두 한쪽 사람들이 다른 쪽 사람들에게 원하는 바를 행하도록 유도하는 설득 과정이 포함된다.

1. 설득 커뮤니케이션의 정의와 이론

1) 설득과 선전의 역사

인간 커뮤니케이션의 역사가 인간의 탄생과 함께 시작되었다면, 설득 커뮤니케이션의 역사도 그에 못지않게 오래되었다. B.C. 470년경에 코렉스(Corax)가 저술한 《수사학 기법》이라는 책에서 "설득이란 청중으로부터 화자가 바라는 반응을 불러일으키기 위한 기술"이라고 정의한다(차배근·리대룡·오두범·조성겸, 1992, p.17). 설득도 '화자가 바라는 반응'을 상대로부터 이끌어 낸다는 점에서 설득이 잘 되는 경우 설득자(화자)는 상대방에 대해 일종의 권력을 행사하는 셈이다(9장 참조). 말이나 글의 힘이 강한 영향력을 행사할 수 있다는 것이다. 설득자가 기업가든 정치가든 일반인이든 무관하게, 자기 상품이나 정책 혹은 의견을 언어로 피력하고 이것을 사람들이 받아들일 수 있도록 하는 것은 일종의 권력이며, 그런 의미에서 커뮤니케이션, 특히 설득 커뮤니케이션은 힘을 가지고 있다.

설득 커뮤니케이션과 태도 변화에 관한 실험 연구들을 체계적으로 정립한 예일 커뮤니케이션 연구팀(Yale Communication Research Group)은 태도를 일종의 "암묵적인 언어적 반응"이라 정의했다(Hovland, Janis, & Kelley, 1953). 즉 겉으로 표현하지는 않았지만 마음속으로 하는 언어적 행위가 바로 태도인 것이다. 이러한 태도의 정의는 행동주의 심리학의 영향을 받은 정의로서, 정서와의 연합 강도를 강조하는 보다 최근의 태도 정의와 차이가 있다. 같은 맥락에서 호블랜드는 커뮤니케이션을 "한 개인(커뮤니케이터)이 다른 개인들(수용자)의 행동을 변화시키기 위해 주로 언어적 자극을 전달하는 과정"이라고 정의하며, 이것은 곧 설득 커뮤니케이션을 의미한다.

사람의 태도나 행동을 변화시키는 방법 중 총이나 칼이 아닌 "언어나 그림 등의 기호로 구성된 메시지"를 통해 변화시키고자 한다는 점에서 설득 커뮤니케이션은 차별성을 지닌다(차배근 외, 1992, pp.19~20). 뿐만 아니라, 수용자가 '자발적으로' 선택했다는 느낌을 주어야만 설득이라는 용어를 사용할 수 있다. 강압적으로 선택하게 했을 때는 설득이 되었다고 할 수 없기 때문이다. 그 다음, 의도성과 도구성이 가장 높은 커뮤니케이션 범주가 바로 설득 커뮤니케이션이다. '상대방의 생각 또는 행동을 바꾸어야겠다는' 송신자의 의도가 확실하고, 이것이 수신자에게 분명히 전달되며, 송신자의 내적 상태 등을 표현하기 위한 것이 아니라 뚜렷한 목표를 가지고 그 목표를 향한 일종의 도구로서 커뮤니케이션을 이용하는 것이 설득 커뮤니케이션이다. 마지막으로, 설득 커뮤니케이션이 신문이나 방송과 다른 점은 설득 대상이 한정적이라는 점이다(차배근 외, 1992). 매스 미디어의 메시지가 주로 불특정 다수를 수용자 집단으로 삼고 있다면, 설득 커뮤니케이션은 설득하고자 하는 내용이나 대상에 따라 수용자 집단이 더 좁은 범위에 한정된다. 선거 입후보자는 유권자에게, 성인 상품 판매자는 성인들에게, 그리고 유치원 교사는 유치원 학생들에게 각각 자신의 생각이나 상품을 한정적으로 목표삼아 이야기한다. 매스 미디어를 설득의 수단으로 이용하려면 '불특정 다수'에게 설득 메시지를 보내는 것이 유리하다고 생각될 때만 이용하는 것이 현명하다. 필요하지 않은 수용자에게는 '쓰레기 커뮤니케이션'으로서 아예 수용되지 않거나 오히려 부정적인 효과를 가져올 수 있기 때문이다.

설득에 비해 '선전(propaganda)'은 더 부정적인 뉘앙스를 지닌다. 편파된 생각을 믿도록 만드는 일종의 허위적 과정까지 포함되기 때문이다(Pratkanis & Aronson, 2001). '선전'이라는 말의 라틴어 어원은 propagare로, "널리 전파하다, 퍼뜨리다"라는 뜻이다(Larson, 1995). 같은 어원을 지닌 propagate의 뜻이 바로 '널리 전파하고 퍼뜨리는 것'이다. "자기의 주의·주장을 확장시키고 반대편의 주의·주장에 해를 가하기 위해 고의로(의도적으로) 이념, 사실, 또는 주장을 퍼뜨리는 것"이 선전이다. 선전은 이념적인 신념 체계나 도그마를 '팔고자(sell)' 하는 것인 반면에 광고는 상품, 브랜드, 및 용역(서비스)을 팔고자 하는 것이다. 이데올로기를 전파하는 것이 선전이기 때문에 정치적, 군사적 목적으로 많이 쓰인다.

설득의 과정과 함께 등장하는 캠페인의 개념은 목적에 따라 일반적으로 세 가지 유형으로 나뉜다. ① 생산품 지향 캠페인은 상품 판매를 목적으로 하며, ② 후보자/사람 지향 또는 정치 지향 캠페인은 유권자의 표를 얻는 것을 목적으로 한다. 그리고 ③ 이념/이데올로기 지향 캠페인은 어떤 이념에 대한 사회운동으로 이념의 지지를 얻는 것을 목적으로 한다. 캠페인은 '일회적 설득'이나 '다회에 걸친 설득 메시지의 집

합'과 다르며, 이는 광고 캠페인, PR 캠페인, 선거 캠페인, 사회운동 캠페인 모두에서 가능하다:

사회학자인 칸트릴(Cantril)이 소장으로 있던 선전분석연구소의 연구 결과들을 종합한 저서에 선전의 7가지 기법이 나오는데, 이것은 설득 커뮤니케이션의 효과를 증대시키기 위해 실제로 오늘날까지도 많이 사용되고 있다(Lee & Lee, 1939; 차배근, 1999, pp.65~66).

① 나쁜 이름 붙이기: 인물·사물·아이디어 등에 좋지 않은 이름을 붙임으로써 대중들로 하여금 아무런 증거도 없이 그들을 거부하고 비난토록 만드는 수법. 예컨대, 한 특정 정치인을 가리켜 '매국노'라고 부르거나, 외국의 차관을 '매판 자본'이라고 부르는 것.

② 번지르르하게 만들기: 위의 나쁜 이름 붙이기와는 달리, 어떤 사물에 좋은 단어들을 붙여 그것을 받아들이거나 인정하게 만드는 수법. 예컨대 공산주의자들이 자신들의 국가 사회를 '지상의 낙원' 등으로 부르는 것.

③ 좋은 것에 연결 짓기: 어떤 사물에 권위·명예·존경스러운 것 등을 연결시켜 그 사물에 호감을 갖도록 만드는 것. 예컨대 노인 학교를 '노인 대학' 등으로 부르는 것.

④ 증언하기: 어떤 사상·사물·인물 등에 대하여 평가하면서 존경받거나 또는 증오 받는 사람을 끌어들여 그 사람이 그렇게 말했다는 식의 선전 수법. 예컨대, "위대한 사상가인 ○○○도 이렇게 말했다"는 방법 등.

⑤ 일반 대중 끌어들이기: 화자가 그 청중을 설득하기 위해 자신도 민중의 한 사람이며, 자신의 생각은 바로 일반 서민의 생각이기 때문에 받아들여야 한다는 논리의 수법. 예컨대, 정치 후보자가 그 유권자들에게 "나는 비천한 민초의 자식이며, 내 말은 곧 민중의 소리다"라고 말하는 것 등.

⑥ 카드 쌓기: 어떤 생각, 인물 또는 사물은 아주 좋은 것, 또는 나쁜 것으로 호도하기 위해 그것을 뒷받침하는 사실·실례·자료들만을 일방적으로 선택, 제시하는 수법.

⑦ 밴드왜건: "모든 사람이 이렇게 생각하고 있다," 또는 "모든 사람이 이렇게 행동하고 있다"고 말하면서 "왜 너는 그렇게 하지 않느냐?" "너도 이를 따르라"는 식으로 대중들을 설득하는 수법.

(Lee & Lee, 1939; 차배근, 1999, pp.65~66)

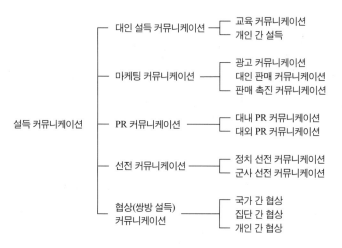

그림 11-1. 설득 커뮤니케이션의 영역

출처: 차배근 외, 1992, p.27의 그림을 바탕으로 하여 대인 설득 상황과 협상 상황을 추가함.

　　예컨대, 한국의 정치 상황에서 상대방의 지지도를 하락시키기 위해 '색깔 논쟁(좌파로 몰아 부침)'을 일으키는 매카시즘적 전략은 일종의 '나쁜 이름 붙이기'에 해당한다. 그리고 어떤 의사를 '한국의 슈바이처'라고 부른다면, 그것은 슈바이처가 지닌 좋은 이미지를 전이시켜 호감을 얻으려는 기법으로 위의 세 번째 '좋은 것에 연결 짓기'에 해당한다. 일반 대중 끌어들이기 수법도 우리가 선거 상황에서 흔히 접할 수 있듯이 '국민이 원하는 것' 또는 '국민의 뜻' 운운하는 정치인들을 볼 수 있다. 그리고 밴드왜건 효과는 상업 광고 장면에서 '고객 만족도 1위'라든지 '모두들 바꾸셨다'든지 혹은 '장안의 화제'라는 식으로 '다수'가 선택했음을 강조함으로써 '동조 심리'를 자극하는 방법이다.

　　그림 11-1에서 알 수 있듯이, 설득 커뮤니케이션의 범위는 매우 넓다. 인간 커뮤니케이션이 커뮤니케이션의 모든 형태를 포괄하며, 그 하위 영역 중에서는 설득 커뮤니케이션의 영역이 가장 넓은 범위를 포괄한다고 볼 수 있다. 순수 학문적 연구에서 실생활 응용 영역에 이르기까지 거의 전 영역에 걸쳐 적용되는 분야다.

2) 설득 커뮤니케이션과 태도 변화 이론

설득 커뮤니케이션의 '효과'가 있다는 것은 커뮤니케이션 수용자의 입장에서 '태도 변화'가 일어났다는 것을 의미한다. 혹은 최소한 '관심'을 가지게 되었다는 것을 의미하며, 가장 큰 설득 효과는 '행동'까지 변화했을 때 관찰된다. 따라서 커뮤니케이션학 분야에서는 '효과' 이론이라 칭하는 부분이 사회심리학 영역에서는 '태도 변화' 이론이라 불리는 것은 이상한 일이 아니다. 유사한 현상을 놓고 서로 다른 각도에서 바라본 것일 뿐이다. 다만, 개인의 태도 변화가 커뮤니케이션 효과의 모든 것을 말하는 것도 아니고, 커뮤니케이션 이외의 방법으로도 태도 변화가 일어날 수 있기 때문에(예컨대, 행동에 의한 태도 변화. 그러나 이 경우도 인지 부조화의 극복을 위한 '개인 내 커뮤니케이션'의 결과로 태도 변화가 일어난 것이라고 해석할 수 있다), '커뮤니케이션 효과'와 '태도 변화' 연구가 완전히 동일한 것은 아니다. 다만 서로 겹치는 부분이 상당히 많다는 사실은 부인하기 어렵다.

태도는 어떤 대상에 대해 지니고 있는 요약된 평가다. '나는 A 후보가 싫다'거나 '나는 B 브랜드의 커피가 좋다'는 것과 같은 요약된 평가의 주된 속성은 '정서적' 측면이다. 넓은 의미의 태도는 원래 어떤 대상에 대해 가지고 있는 인지적 신념(예: 나는 담배가 몸에 해롭다고 생각한다), 정서적 호오도(예: 나는 담배가 싫다), 그리고 그 대상에 대한 행동(예: 그래서 나는 담배를 피우지 않는다)을 모두 포괄하는 개념이다. 그 가운데 가장 핵심적인 부분이 정서적인 호오도로서, 이것이 요약된 평가에 가장 가깝다.

어떤 상품에 대한 태도가 호의적이라면 그 상품을 구입할 가능성이 높아지고, 어떤 후보자에 대한 태도가 호의적이라면 그 후보자에게 투표할 가능성이 높아진다. 어떤 상품을 좋게 생각하여 구입하고 싶어도 경제적인 능력이 되지 않으면 구입하지 못할 것이고, 어떤 후보자를 좋게 생각하여 투표하고 싶어도 투표를 아예 안하거나 외부의 압력에 굴복하여 자기 태도가 행동에 그대로 반영되지 못할 경우도 있지만, 근본적으로 태도 자체가 호의적이지 않으면 그와 관련된 행동도 호의적으로 나올 수 없다. 그래서 설득 커뮤니케이션 효과의 상당 부분을 태도의 변화 여부로 측정해 왔다.

처음에는 중립적인 태도를 가지고 있던 어떤 대상에 대한 태도를 호의적으로 만드는 것은 초기의 태도가 형성되는 과정에 관한 원리다. 여기에는 주로 세 가지 학습 이론이 적용된다. '고전적 조건 형성' 원리는 처음에는 아무런 태도를 가지고 있지 않던 중성적인 대상 A(예: 어떤 회사의 커피)를 원래 좋은 감정을 일으키던 대상 B(예: 호감을 주는 배우)와 계속 짝 지워 제시함으로써 B에게 지니고 있던 호감이 A에게까지 전이되도록 하는 원리다. 이렇게 계속 반복하여 짝지우는 과정이 학습 과정이며, 마침내 B에게 지니고 있던 호감이 A에게 전이되어 A만 보아도 좋은 감정을 느끼게 되면 A와 좋은 감정 간에 '연합'이 형성되었다고 말한다. 연합이 성공적으로 이루어지면 A는 좋은 이미지를 갖게 된다.

고전적 조건 형성의 원리는 A와 B가 사람이든 사물이든 관계없이 적용된다. 원래 나(A)에게는 호감이 없던 사람 앞에 계속 그 사람이 좋아하는 꽃(B)을 가지고 나타나면, 그 사람은 그 꽃에 대해 지니고 있던 호감을 나에게까지 전이시켜 나에 대한 호의적인 태도를 지니게 된다(6장 참조). 반대로, 사람들이 처음 보는 상품(A)을 광고하면서 계속 사람들이 좋아하는 배우(B)가 등장하도록 만들면, 사람들은 그 배우에게서 느끼던 호감을 그 상품에까지 전이시킨다. 고전적 조건 형성의 원리는 주로 정서적 측면과 이미지 형성 과정에 잘 작용된다.

'도구적 조건 형성' 원리는 어떤 행동이 보상을 받으면 그 행동이 이후에 증가할 확률이 높아지고, 어떤 행동이 처벌을 받으면 그 행동이 이후에 감소될 확률이 높아진다는 원리로, 보상 원리 또는 강화 원리의 가장 기본적인 형태다. 내가 어떤 물건을 산 다음에 그로 인해 좋은 일이 생겼다면 그 물건을 또 사게 될 확률이 높아지고, 내가 어떤 물건을 산 다음에 그로 인해 좋지 않은 일이 생겼다면 다음에는 그 물건을 사지 않게 된다. 마찬가지로, 내가 어떤 행동을 해서(예: 보험을 드는 행동) 이익을 보았다면 다음에 또 유사한 행동을 하게 될 가능성이 높아지고, 그로 인해 손해를 보았다면 다음에는 그와 같은 행동을 하지 않게 될 것이다.

실제로 우리의 많은 행동들이 알게 모르게 (우리가 인식하든 못하든) 학습 원리의 지배를 받는다. 학습 원리의 근간이 되는 것은 보상과 처벌의 원리다. 누구나 자기에게 득이 되는 행동은 하고 해가 되는 행동은 꺼린다. 개인보다 집단 전체를 위하는 마음이 강한 집단주의 문화에서조차 '집단을 위하는 것'이 결과적으로는 '자기에게 이득'

이 되기 때문에 집단을 위하는 경우도 흔하다. 진정 헌신적으로 자기를 버리고 남을 자기보다 더 위하는 사람은 일반인의 범주를 넘어선다고 볼 수 있다. 모두 그것을 바람직한 인간상이라고 생각하기는 하지만, 실제로 표리가 일치하도록 '나의 이익보다 남의 이익을 더 앞세우는 삶'을 실천하는 사람들은 그리 많지 않은 현실이다.

'사회 학습' 이론은 도구적 조건 형성 원리와 마찬가지 원리를 따르지만, 보상과 처벌을 받는 대상이 본인이 아닌 제3자다. 다른 사람이 보상을 받는 행동은 긍정적으로 강화가 되어 자기도 그 행동을 더 많이 하게 되고, 다른 사람이 처벌을 받는 행동은 부정적으로 강화가 되어 자기도 그 행동을 덜 하게 된다. 다른 사람이 상을 받는 행동은 자기도 더 많이 하려 하고, 다른 사람이 벌을 받는 행동은 자기도 덜 하려 한다. 학습 이론 중에서 특히 사회 학습 이론의 핵심적인 과정이라 할 수 있는 '제3자의 행동 및 그 결과를 관찰하는 과정'이 미디어를 통해 간접적으로 이루어지는 경우가 아주 흔하기 때문에, 특히 미디어의 효과를 논의할 때 많이 적용되는 이론이다.

3) 강한 태도와 설득

(1) 수용자의 초기 태도 강도와 확신

수용자의 초기 태도는 외부에서 오는 설득 메시지를 처리할 때 일종의 기준점 역할을 한다. 즉 초기 태도가 강한 사람은 설득 메시지를 받을 때 더 큰 저항을 경험하게 된다. 원래 이 기준점 개념은 사회적 판단 이론에서 도입되었다(Sherif & Hovland, 1961). 처음에 아주 무거운 것을 들어 본 다음에 A라는 물건을 들면 가볍게 느껴지고, 처음에 아주 가벼운 것을 들어 본 다음에 같은 물건을 들면 무겁게 느껴진다. 이것은 똑같은 물건의 무게에 대한 판단도 과거의 경험, 여기서는 직전에 들어 본 물건의 무게에 따라 달리 느껴진다는 사실을 말해 주는 것으로, 이것이 일종의 기준점 역할을 하는 것이다.

외부 메시지와 자신의 초기 태도 간에 어느 정도의 의견 격차가 있느냐에 따라 동화 효과와 대조 효과가 달리 나타난다. 동화 효과란 설득 메시지의 입장이 자기 태도와 어느 정도 유사할 때까지는 자기 태도와 별 차이가 없다고 생각하고 실제 의견 격차보다 더 줄여서 지각하며 "내 말이 바로 그 말이다"라는 식의 반응을 보이는 것을 말한다. 그러나 의견 격차가 점점 더 벌어져 어느 선을 지나게 되면서부터는 그 반대의 대조 효과가 일어나 실제 의견 격차보다도 더 크게 과장해서 차이를 지각함으로써 "말도 안 된다"는 반응을 보이게 된다(Sherif & Hovland, 1961). 커뮤니케이션 저항은 대조 효과가 일어나는 부분에서 극대화된다. 대체로 설득 상황에서 반태도 메시지, 즉 자신의 원래 태도와 반대되는 메시지를 접하게 된다는 점을 감안할 때, 수용자의 태도가 더 극단적일수록 설득 메시지가 주장하는 입장과의 의견 격차가 더 커지게 되므로 대조 효과가 일어날 가능성이 높아진다.

커뮤니케이션 거부 영역, 수용 영역, 및 비개입 영역의 개념도 사회적 판단 이론의 동화 및 대조 효과와의 관련 속에서 등장했다. 초기 태도를 강하게 지니고 있거나 극단적인 태도를 지니고 있는 사람, 그리고 관여(involvement)의 정도가 높은 사람은 대체로 거부 영역이 넓다. 즉 어떤 이슈에 대해 강한 태도를 지니고 있는 사람은 메시지를 수용할 수 있는 폭이 좁아 웬만하면 다 거부한다는 것이다.

강한 태도, 즉 확신(conviction)은 예시 11-1과 같은 세 가지 요소로 구성되어 있다(Abelson, 1988). 사람들이 강하게 지니고 있는 신념들의 특성들을 모아 요인 분석한 결과, ① 강한 신념에는 스스로 몰두하는 경향이 높고, ② 감정적으로 깊이 개입되어 있으며, ③ 인지적으로도 정교한 지식 체계를 가지고 있음이 밝혀졌다(예시 11-1 참조).

확신에 가까운 신념은 당연히 가장 설득 저항이 큰 신념이다. 그러므로 확신의 3 요인을 잘 살펴보면 설득 저항을 일으키는 중요한 요소들을 파악할 수 있다. 먼저 자아 몰두 요인은 그 신념과 관련된 생각이 머리를 떠나지 않는다는 것으로, 자아 관여와 유사한 동기적 힘에 가까운 요소다. 감정적 개입은 머리보다 마음이 먼저 가는, 정서적으로 아주 깊이 각인되어 있어서 벗어나기 어려운 정서적 강도를 나타낸다. 그리고 인지적 정교성은 자기가 강하게 지니고 있는 신념에 관한 내용이 머릿속에서 복잡한 인지 구조를 지니고 있을 뿐만 아니라 아주 정교하게 구성되어 있어서 쉽사리 부서지지 않는 견고한 인지적 상태를 의미한다.

▶ 예시 11-1. 확신의 3요소

① 자아 몰두(ego-preoccupation)

"나는 항상 X에 관해 생각하고 있다"

② 감정적 개입(emotional commitment)

"나는 X를 위한 일이라면 무슨 일이든 발 벗고 나서겠다"

③ 인지적 정교성(cognitive elaboration)

"나는 X에 관해 누구보다도 더 잘 알고 있다"

출처: Abelson, 1988.

(2) 3수준 태도 변화 이론과 설득 저항

커뮤니케이션도 행동적으로 밖으로 표출되는 일종의 수행(performance)이라고 볼 때, 수행의 효율성은 각성 수준이 중간 정도일 때 최대가 된다(그림 11-2의 왼쪽 참조). 각성(arousal)이란 생리적 긴장과 정서적 흥분 상태를 말한다(Buck, 1984 참조). 각성 수준이 너무 낮거나 높으면 수행을 제대로 하지 못하고, 적당히 각성되어 있을 때 가장 효율적인 수행이 가능하다. 예컨대, 한적한 시골길을 운전할 때는 각성 수준이 너무 낮아 운전을 제대로 하지 못하고, 너무 복잡한 도심을 운전할 때는 각성 수준이 너무 높아 실수를 한다. 이 과정을 커뮤니케이션 상황에 적용해 보면, ① 자기가 별로 중요하게 생각하지 않는 잡상인이 와서 한참 이야기를 늘어놓아도 그 메시지의 내용에 전혀 주의를 기울이지 않아 메시지가 제대로 처리되지 않는 상황, 그리고 ② 입시나 취업을 위한 면접에서처럼 각성 수준이 너무 높아 방어적 처리가 일어나는 상황이 모두 '너무 낮은' 또는 '너무 높은' 각성 수준으로 인해 '객관적 처리가 어려워지는' 상황이라 할 수 있다.

요약하면, 그림 11-2의 왼쪽 곡선에서 가운데 부분만이 메시지의 객관적 처리가 가능한 부분이며 커뮤니케이션 효율성이 가장 높은 부분이다. 관여 수준이 너무 낮으면 처음부터 커뮤니케이션 처리 동기가 너무 낮아 객관적 처리를 기대하기 어렵고,

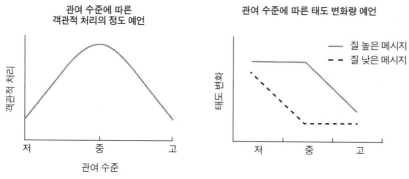

그림 11-2. 수용자의 관여 수준에 따른 객관적 처리의 정도(왼쪽)와 태도 변화량(오른쪽)

출처: 나은영, 1998, p.56.

관여 수준이 너무 높으면 커뮤니케이션 메시지를 처리하기는 하되 방어적으로 왜곡시켜 처리하기 때문에 설득 저항이 최대가 될 수 있는 부분이다. 따라서 메시지의 객관적 처리가 일어날 수 있는 중간 정도의 관여 수준에서는 질 높은 메시지는 설득을 일으키고 질 낮은 메시지는 설득을 일으키지 못한다(그림 11-2 오른쪽 참조). 반면에 관여 수준이 너무 낮으면 주의를 기울이거나 많이 생각하지도 않고 (즉 인지적 정교화 과정이 없이) 무심코 태도 변화를 일으킬 수 있다. 이 부분이 정교화 가능성 모델(elaboration likelihood model: ELM) 또는 이중 처리 과정 이론의 주변 경로 처리에 해당한다. 기존의 ELM에서 '고관여'라고 지칭한 부분은 실제로 '중관여' 정도에 해당하는 관여 수준으로, 이 부분에서 설득 메시지의 내용에 따라 설득 효과가 결정되는 객관적 처리, 즉 중심 경로 처리가 일어난다.

　기존의 ELM은 저관여부터 중간 정도의 관여 수준까지를 잘 설명한다. 실제 생활 속에서, 특히 정치적 신념과 같이 강한 태도와 관련하여 더 큰 설명력을 지니는 아주 높은 고관여 부분은 기존 ELM에서 다루지 않았고, 이 부분을 확장시켜 하나의 틀 속에서 바라본 패러다임이 '3수준 태도 변화 이론'이다(나은영, 1998; Na, 1999). 이 이론에서는 관여 수준이 아주 높을 경우 질이 높은 메시지마저도 태도 변화를 일으키지 못하는 설득 저항 과정을 중요시하며, 여기에서 일어나는 정보 처리 과정은 제3의 경로인 '편파된 중심 경로 처리'를 따른다고 가정한다. 즉 지나치게 높은 고관여 상태에서는 저관여 상태에서처럼 '생각 없이 무심코' 메시지의 질에 무관하게 태도 변화

376

를 일으키는 것도 아니며, 그렇다고 (메시지의 내용에 주의를 기울여 질이 높은 메시지는 받아들이고 질이 낮은 메시지는 거부하는) 객관적 처리를 하는 것도 아니다. '생각을 하되 편파된 방향으로' 깊이 생각하기 때문에 질이 좋은 메시지까지도 배척하여 태도 변화에 저항을 보인다는 것이다. 강한 태도에 내재되어 있는 지나치게 높은 관여 수준이 객관적 처리를 방해하여, 질이 높은 메시지마저도 설득을 일으키지 못하고 저항을 가져온다는 것이 3수준 태도 변화 이론의 기반이 되는 논리다.

강하게 지니고 있는 정치적 신념이나 태도에 잘 적용되는 3수준 태도 변화 이론을 검증하기 위해 나은영(Na, 1999)은 호남 피험자들을 대상으로 실험 연구를 진행했다. 이 연구에서는 호남 지역 피험자들이 당시 김대중 대통령을 지지하는 정도에 따라 태도 강도를 약·중·강으로 나누고, 호남 편중 인사와 관련된 반태도 메시지(연구가 진행될 당시 대부분의 호남 피험자들이 김대중 대통령에 대해 호의적인 태도를 지니고 있었기 때문에, 그가 호남 편중 인사를 한다는 부정적인 내용은 피험자들의 기존 태도에 반대되는 메시지가 됨)를 제시한 다음, 설득 저항의 정도와 인지 반응을 측정했다. 설득 메시지는 신문의 독자투고란에서 발췌하여, 하나는 통계적 증거까지 정확히 들어가며 호남 편중 인사를 이야기하는 질이 높은 메시지로, 다른 하나는 애매한 증거들을 근거로 호남 편중 인사를 이야기하는 질이 낮은 메시지로 수정하여 사용했다.

그 결과, 3수준 태도 변화 이론에서 예측한 대로 중간 정도의 관여 수준을 내포하고 있는 중간 강도의 태도에서 질 높은 메시지와 질 낮은 메시지를 잘 구분하여 질 높은 메시지일 경우에 더 많은 태도 변화를 일으키는 객관적 처리가 일어났으며, 강한 태도를 지닌 실험 참여자의 경우 질 높은 메시지를 제시할 때 오히려 태도 변화에 대한 저항을 넘어서는 '역태도 변화(boomerang effect)'까지 일어남을 보였다(그림 11–3 참조). 이 연구 결과는 강한 태도를 지닌 사람에게 강한 반태도 메시지를 들이대는 것은 오히려 방어적으로 기존 태도를 더욱 강하게 하는 효과를 가져 올 수 있음을 시사하며, 지역감정처럼 현실 속에서 '강하게 형성되어 있는 태도'의 설득에 대한 저항을 실험적으로 보였다는 데 의의가 있다.

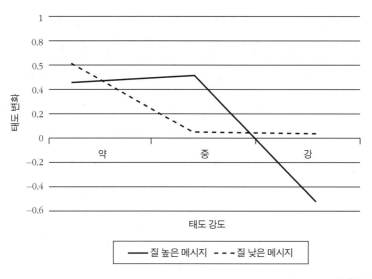

그림 11-3. 태도 강도와 메시지 질의 효과: 강한 태도일 때 역태도 변화

출처: Na, 1999, p.597.

2. 설득의 원리와 효과

설득의 원리를 논하기 전에 또 한 가지 명심해야 할 점은 설득이 무책임하게 이루어 져서는 안 된다는 것이다. 설득이 책임감 있고 공정하게 일어나기 위해서는 ① 양 당 사자가 설득을 할 수 있는 동등한 기회를 가져야 하고, 거의 비슷한 수준의 능력과 커 뮤니케이션 미디어에의 접근 가능성을 가져야 한다. 뿐만 아니라, ② 의제가 겉으로 명료하게 드러나야 한다. 많은 설득 상황에 숨겨진 의제가 있는 것이 사실이지만, 숨 겨진 의제가 많을수록 무책임한 설득을 시도하는 경우가 많다. 끝으로, 결정적으로 중요한 설득 수용자가 설득 상황에 있어야 한다. 중요한 당사자가 없는 설득 상황은 윤리적이라고 볼 수 없기 때문이다(Larson, 1995, p.11).

이 절에서는 프랫카니스와 애런슨(Pratkanis & Aronson, 2001), 라아슨(Larson, 1995), 그리고 치알디니(Cialdini, 1985)가 이야기하는 설득의 원리들을 종합하여, 현실에서 가 장 활용도가 높은 설득 과정들을 중심으로 간단히 살펴보려고 한다.

1) 설득 수용자의 동기와 관련된 원리

설득을 하기 위해서는 우선 수용자가 설득자의 말을 '듣고 싶은 마음이 들도록' 해야 한다. 인터넷 카피라이터가 인터넷 광고의 제목을 정할 때 어떤 제목을 정해야 클릭하고 싶은 마음이 들 것인지를 생각해야 하고, 배너 광고를 띄울 때에도 어떤 메시지를 어떻게 담아야 한번 읽어 보고 싶은 마음이 들 것인지를 생각해야 한다. 그리고 TV에서 선거 입후보자가 아무리 훌륭한 연설을 한다고 해도 시청자가 일단 화면을 보았을 때 계속 보고 싶은 마음이 들지 않거나 계속 듣고 싶은 마음이 들지 않으면 아무런 설득 효과를 지닐 수 없다.

　그렇다면 과연 어떤 경우에 계속 듣고 싶은 마음이 생길 것인가? 일단 수용자를 설득 메시지에 노출시킨 다음, 즉 설득 메시지가 도달된 다음에는 수용자의 입장에서 그것이 자신의 욕구를 채워 줄 수 있다고 생각될 때, 그리고 자기에게 이익이 될 수 있다고 생각될 때 계속 주의를 기울이게 된다.

(1) 욕구 충족과 보상

어떤 사람이 다른 사람들의 인정을 받고 싶은 욕구가 있다면, 특정 제품을 사용했을 때 다른 사람들의 인정을 받을 수 있을 것임을 암시하는 설득 메시지 전달이 효과적일 것이다. 즉 현재 수용자들이 충족시키고 싶어 하는 욕구가 무엇인지를 파악하고, 그것을 채워 줄 수 있는 방향의 설득 메시지를 구성하여 전달하는 것이 효과적이라는 것이다. 수용자들은 대개 어떤 면으로든 자신에게 이익이 되는 방향을 추구하며, 그 이익은 수용자에게 보상으로 작용하는데, 욕구를 충족시켜 주는 것도 분명한 보상의 하나가 된다. 설득 커뮤니케이션이 효과가 있기 위해서는 뭔가 도움이 되는 측면, 즉 이득이 되는 측면이 있어야 한다는 것이 보상성의 원리이며(Cialdini, 1985), 욕구 충족을 지향하는 것도 보상성의 원리를 따르는 것이라고 볼 수 있다.

　매슬로우(Maslow, 1954)는 인간에게 가장 기본적인 욕구부터 고차적인 욕구까지 순차적으로 위계를 지니고 있어서, 하위 욕구가 충족되어야 비로소 상위 욕구가 생긴다고 주장한다. 구체적으로 그는 욕구의 위계가 ① 기본적인 생리적 욕구, ② 안전의 욕구, ③ 소속감과 사랑의 욕구, ④ 자존감의 욕구, 그리고 ⑤ 자아 실현의 욕구 순으로 인간의 욕구가 발전해 간다고 본다. 사람들이 지금 안전하지 않다고 느낀다면, 사랑을 받을 수 있다는 설득 메시지보다 안전을 보장해 줄 수 있다는 설득 메시지가 더 효과적일 것이다. 실제로 설득 메시지가 효과적이려면 설득 메시지의 수용자에게 '지금 가장 절실한' 욕구는 어느 단계의 어떤 욕구인지를 파악하여 그것을 충족시켜 줄 수 있는 방향으로 전달할 때 최대의 영향력을 줄 수 있다.

설득 메시지가 이처럼 인간이 기본적으로 지니고 있는 기존의 욕구에 호소할 수도 있지만, 광고와 같은 설득 메시지로 인해 새로운 욕구가 창조되기도 한다. 사실 완전히 없던 새로운 욕구가 창조된다기보다는 겉으로 드러나지 않고 잠재해 있던 욕구를 일깨우는 역할을 하는 경우가 많다.

(2) 호의적 태도와 일관성의 원리

우리는 우리가 호감을 가지고 있는 사람의 말을 잘 듣는다. 이것은 9장에서 논의한 권력의 기반 중에서 참조 권력에 해당한다. 치알디니가 이야기하는 '호감과 칭찬의 원리'는 상대방이 나에게 호감을 가지도록 함으로써 내가 원하는 대로 하게 만들려면 우선 나부터 상대방을 칭찬하는 것이 좋다는 것이다. 나를 칭찬하는 사람의 말을 거절하기 어려운 이유, 나를 좋아하는 사람을 배척하기 어려운 이유는 이것이 3장에서 논의한 '일관성 원리'에 위배되기 때문이다. 우리의 마음속에 비일관적인 모순되는 생각을 함께 지니고 있으면 우리는 불편함을 느껴서 일관성을 회복하려는 압력을 느낀다. 즉 내가 좋아하는 사람의 말을 거절하면 왠지 마음의 불편함을 느끼고, 이런 일이 몇 번 반복되면 마침내 그 사람의 말을 들어주게 된다. 그러므로 태도와 관련된 원리들은 대체로 '일관성의 원리'와도 연결된다.

'문간에 발 들여놓기(foot-in-the-door)' 전략은 먼저 작은 요구를 하여 상대방이 그 요구를 들어준 다음에, 그 사람이 '내가 이런 일을 도와주었으니 나는 좋은 사람이야'라는 자기 이미지를 가지고 있을 때 진짜 원했던 큰 요구를 하는 것이다. 그러면 상대방은 좋은 자기 이미지를 일관성 있게 유지하고 싶어서 나중의 큰 요구까지 들어주게 된다. 예를 들어, 작은 엽서처럼 생긴 설문지 하나를 보이며 '이것 좀 간단히 작성해 달라'고 부탁했을 때 그리 어려운 요구가 아니므로 들어주기가 쉽다. 그러고 나서 '기왕 하는 김에 이 설문지만 좀 더 해 달라'고 5페이지짜리 설문지를 들이밀면, 앞에 자기가 약간의 노력이나마 들여서 좋은 자기 이미지를 만들었던 것을 버리고 싶지 않아, 두 번째 요구마저 들어주게 될 가능성이 높다는 것이다.

'면전에서 문 닫기(door-in-the-face)' 전략은 문간에 발 들여놓기 전략과 반대되는 것이다. 먼저 큰 요구를 하여 거절을 당한 다음에, 상대방이 '내가 너무 심했나?' 하는 죄책감이 들 무렵에 원래 원했던, 그러나 조금 전의 요구보다는 더 작은 요구를 하면, '이 정도는 해 줄 수 있지' 하는 생각으로 죄책감을 회복하기 위해 작은 요구를 받아들이기가 쉽다는 것이다. 예를 들면, 비싼 노트북 컴퓨터를 사 달라고 조르다가 거절당한 다음 좀 더 저렴한 휴대 전화를 사 달라고 하면, 처음부터 휴대 전화를 사 달라고 했을 때보다 허락 받기가 조금은 더 쉬워질 수 있다. 이 경우에는 요구를 받은 사람이 '좋은 사람'이라는 이미지를 일관성 있게 유지하려는 동기보다 '나는 그리 나쁜 사람이 아니다'라는 생각으로 조금 전의 죄책감을 회복하려는 동기가 작용한다고 볼 수 있다.

2) 설득 메시지의 내용과 관련된 원리

'사회적 증거와 비교의 원리'는 많은 광고와 선거에서 이용하고 있는 방법이다 (Cialdini, 1985). '무섭게 성장하는' '가장 많이 팔린' '고객 만족도 1위' 등과 같은 광고 카피는 사회적 증거의 원리에 의존하는 설득 메시지들이다. '다른 사람들이 모두 이것을 선택했다'는 것은 다수의 원리로서, 물건의 품질을 이미 다수가 증명했다는 증거로 작용함과 동시에, 다른 사람들은 모두 선택했는데 나만 선택하지 않을 경우 왠지 뒤쳐지는 듯한 비교 심리가 함께 작용한다. 사회 비교 이론에서 주장하듯이, '의견'의 경우는 대체로 '합의'가 이루어지는 쪽으로, 그리고 '능력'의 경우는 조금 더 '우월'한 쪽으로 기울게 된다(Festinger, 1954). 그래서 최신형 휴대 전화를 가진다거나 아기에게 비싼 이유식을 먹이는 것, 또는 특정 카드사의 카드를 소유하는 것이 '능력' 있는 사람의 몫이라는 것을 은근히 암시함으로써 사회 비교를 통한 선택을 유도하기도 한다.

　공익 광고의 경우, '모두가 교통 질서를 위반한다'는 메시지를 전달하는 것은 설득의 역효과 가져올 수 있다. 사회적 증거의 원리에 따라 "모두가 위반하니까 나도……" 하는 생각으로 오히려 나쁜 행동에 동조하는 효과를 가져올 수 있다. 그보다 '위반하는 사람이 급격히 줄어 이제는 위반하는 사람이 거의 없다'고 이야기하는 것이 더 바람직한 행동을 유도하는 데 효과적이다. 대부분의 사람들이 교통 법규를 잘 지키는 분위기에서 혼자만 규범에 벗어나는 행동을 하면 지탄받을 것이라고 예상하기 때문이다. 부정부패에 관한 보도도 '누구나 다 부정을 한다'는 쪽의 보도가 많아질수록 오히려 깨끗한 사람이 소신을 지키기가 더욱 어려워질 수 있다. 사람들은 사회적 증거로서의 '대세'를 따라가는 경향이 강하기 때문에, 바람직하지 못한 것이 '대세'라는 메시지는 당연히 바람직하지 못한 행동을 더 증폭시키는 효과를 가져온다.

　설득 메시지에서 흔히 사용하는 '사회적 증거'가 반드시 사실이 아닌 경우도 많다. 사실이 아닌데 마치 사실인 것처럼 착각하도록 만드는 경우도 있다. 예를 들면, A사가 만든 약품의 주성분(예: 아스피린)은 '안전성과 효과가 검증된 것이다'라는 광고 메시지를 계속 전달하는데, B사가 만든 약품의 같은 주성분에 대해서는 마찬가지로 안전성과 효과가 똑같이 검증된 것임에도 불구하고 그런 광고 메시지를 전달하지 않는다면, 사실 A사의 약품이 광고비까지 포함되어 더 비싸진다. 그럼에도 불구하고 사람들이 A사의 약품을 더 선호하게 되는 이유 중 하나는 A사의 계속된 광고로 인해 '다른 회사 것은 안전성과 효과가 검증되지 않았을 것이다'라는 잘못된 추론을 하기 때문이다.

3) 거점 효과: 기준점의 중요성

설득에서 거점 효과(anchoring effect)는 불확실한 상황에서 판단을 할 때 직전에 받은 정보에 근거하여 결국 그 언저리에 해당하는 결정을 하는 것을 말한다. 즉 "미시시피 강이 1000km보다 긴가요, 짧은가요?" 하고 물으면 그 답은 1000km 내외에서 나오며, "미시시피 강이 10,000km보다 긴가요, 짧은가요?" 하고 물으면 그 답은

10,000km 내외에서 나온다.

거점 효과를 검증한 실험에서(Tversky & Kahneman, 1974), UN에 가입된 아프리카 국가의 비율이 65%보다 높은지 낮은지(고거점 조건), 혹은 10%보다 높은지 낮은지(저 거점 조건)를 물었다. 그 결과, 고거점 조건에서는 평균 45%, 저거점 조건에서는 평균 25%라는 답이 나왔다. 판단에 앞서 들은 정보가 믿을만하지 않은 상황에서도 거점 효과는 나타난다.

이 거점 효과의 크기는 그것을 '누가' 이야기하느냐에 따라 달라진다. 출처의 신 빙성(credibility)은 전문성(expertise)과 신뢰성(trustworthiness)으로 결정된다. 예컨대, UN 가입국 관련 문항과 관련해서는 UN사무총장이나 대통령이 신빙성 높은 정보원, 국 회의원과 교사 등이 신빙성 중간인 정보원, 간호사나 축구선수 등이 신빙성 낮은 정 보원으로 판단되었다. 실험 참가자 스스로가 판단한 신빙성에 근거하여 실험을 진행 한 결과(박희정 외, 2011), 예상대로 신빙성 높은 사람이 이야기했을 때 거점 효과가 더 크게 나왔다.

4) 누가 이야기하는가: 권위, 전문성, 및 신뢰감의 원리

커뮤니케이터가 권위를 지니고 있거나 전문성이 있거나 신뢰감을 주는 사람일 경우, 그 커뮤니케이터가 말하는 것은 강한 설득력을 지닌다. 힘 있는 커뮤니케이터란 9장 에서 언급한 권력의 기반(보상성, 강제성, 합법성, 참조성, 전문성, 및 정보성) 중 적어도 하나 이 상을 가지고 있어서 상대방이 그의 말에 기꺼이 따를 가능성이 높은 사람을 말한다.

앞서 언급했듯이 자신의 초기 태도와의 의견 격차가 크면 설득이 잘 일어나지 않 는다. 그런데 권위 있는 전문가가 이야기하면 의견 격차가 상당히 큰 부분까지 수용 할 가능성이 더 커진다. 예를 들어, 건강에 좋은 적절한 수면 시간이 8시간이라고 생 각하는 학생들에게 설득자가 4시간 또는 2시간이 최적 수면 시간이라고 주장한다면, 의견 격차는 각각 4시간 또는 6시간이 된다. 그림 11-4를 보면 알 수 있듯이, 신빙성 이 낮은 설득자일 경우에는 적절한 수면 시간이 3~4시간 사이일 때 최대의 의견 변 화를 가져왔으나, 신빙성이 높은 설득자일 경우에는 적절한 수면 시간이 1~2시간이

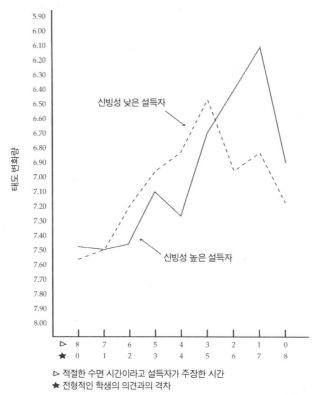

그림 11-4. 의견 격차와 설득자의 신빙성에 따른 태도 변화량

▷ 적절한 수면 시간이라고 설득자가 주장한 시간
★ 전형적인 학생의 의견과의 격차

출처: Bochner & Insko, 1966.

라고 주장할 때까지도 의견 변화량이 증가했다. 즉 믿을 만한 사람이 이야기할 때는 의견 격차가 훨씬 더 큰 경우에도 설득력을 지닌다는 것이다.

5) 문화적 분위기와 사회적 압력

문화적 분위기와 사회적 압력에 관한 원리들은 바로 위에 언급한 사회적 증거의 원리들과 연결선상에 있다. 그러나 여기에는 같은 문화 속의 다른 사람들이 많이 선택한 것을 찾으려는 심리와 함께, 특히 값비싼 물건이나 선구적인 행동일 경우 '희소가치의 원리'가 작용하여 더 선호하는 경우까지 포함된다. 흔하지 않은 것, 드문 것을 가진 사람의 선구적 이미지가 좋아 보이기 때문이다.

일반적인 물건이라도 '반짝 세일,' '마지막 기회,' '조금밖에 안 남았다,' '한정 판매' 등과 같은 카피를 통해 희소가치의 심리를 자극함으로써 사람들의 행동을 유도할 수도 있고, 한 문화 속에서 상대적으로 높은 지위 상징을 지니는 물건일 때는 이것이 더욱 큰 가치를 부여받게 된다. 사실 아주 오래된 물건도 '희소가치'의 측면에서는 충분한 가치가 있는 것인데, 하루가 다르게 빨리 변화해 가는 한국의 문화적 분위기에서는 '새 것'이 더욱 큰 가치를 부여받는다. 그래서 '새 것'이면서 '구하기 힘들거나 비싼 것' 또는 '사회적으로 인정된 메이커라는 사실을 누구나 아는 것'이면 더욱 가치 있게 여겨지는 것이다. 예를 들면, 새 디자인의 휴대 전화가 나왔을 때 그것을 보다 빨리 소유함으로써 다른 사람들은 '아직' 가지고 있지 못한 것을 가지고 있다는 만족감을 느끼고, 더욱 고급스러운 이유식이 나왔을 때 그것을 남보다 먼저 선택한 신세대 어머니는 '보통 어머니는 못 먹이는 고급 분유를 먹인다'는 생각으로 마치 훌륭한 엄마의 역할을 하고 있는 것 같은 착각을 안겨 줄 수 있다.

6) 설득에서 정서의 역할

설득의 과정은 항상 논리적인 것만은 아니다. 상대의 정서를 유발시켜 설득에 성공하는 사례가 많다는 뜻이다. 대표적으로 죄책감이 들게 하거나 위선자라는 느낌이 들도록 하면 상대방의 마음이 약해질 가능성이 크다(Pratkanis & Aronson, 2001/2005).

먼저, 죄책감을 유발시킬 때 더 쉽게 설득되는 사례를 살펴보자. 예컨대, 지하철에서 껌을 파는 소녀의 경우, 우리 눈을 빤히 쳐다보면서 하나만 팔아달라고 하면 거절하기가 더 어려워진다. 그 소녀가 불쌍해 보여, 그 껌을 사 주지 않으면 나쁜 사람이 되는 것 같은 느낌이 들기 때문이다. 그 소녀의 입장에서는 설득의 타깃을 명확히 하여 동정심을 유발함으로써 죄책감이 들도록, 즉 직접적인 책임이 느껴지도록 할 때 껌을 더 많이 팔 수 있다.

설득에서의 죄책감 효과를 실험으로 검증한 연구도 있다(Kassin & Keichel, 1996). 이 연구에서는 피험자들에게 읽어 주는 편지를 타이핑하게 했다. 그러면서 "스페이스 바 근처에 있는 'ALT' 키를 누르지 마세요. 누르면 컴퓨터 프로그램이 망가지고 데이터가 손실됩니다"라고 경고했다. 1분 후 컴퓨터가 멈췄다. 실험 진행자는 당황해하며, 타이핑하던 피험자에게 ALT 키를 눌렀다고 야단쳤다. 타이핑하던 피험자는 처음에는 ALT 키를 누르지 않았다고 부인했으나, 실험 진행자가 키보드를 쳐 본 후 데이터 손실을 확인하고 "ALT 키를 쳤지요?"라고 되물었다. 그리고 나서 피험자에게 "내가 ALT 키를 쳐서 프로그램을 망가뜨렸고 데이터가 손실되었다"는 자필 자백서에 서명하게 했다(Kassin & Keichel, 1996; Pratkanis & Aronson, 2001/2005, pp.234~235).

이렇게 했을 때 피험자의 무려 69%가 자백서에 서명을 했고, 28%는 다른 학생에게 자기가 버튼을 잘못 눌러 연구를 망쳤다고 이야기했다. 특히 피험자에게 빠른 속도로 데이터 입력을 요구했을 때, 또한 허위 증거를 제시했을 때(예를 들면, 편지 읽어 주던 학생이 피험자가 ALT 키를 치는 것을 봤다고 했을 때), 자백 비율이 더 증가했다. 이러한 결과들은 어떤 식으로든 상대에게 죄책감이 들게 만들면 이쪽의 요구에 응하거나 주장에 동의하게 될 확률이 높아지게 됨을 의미한다. 예컨대, "그러니까 애를 왜 혼자 두고 나갔어요?"와 같은 질문으로 죄책감을 들게 만들면 상대는 마음이 약해져 이쪽의 요구에 더 쉽게 응하게 된다는 것이다.

협상 중 실망을 표현하는 것도 상대의 죄책감을 유발시키는 한도 내에서 설득에 효과적일 수 있다(Lelieveld et al., 2013). 실망을 표현하는 사람이 외집단 소속이거나 단체의 대표 자격일 경우에는 상대가 그 실망에 대한 죄책감을 느낄 필요가 없기 때문에 협상에 효과가 없지만, 실망을 표현하는 사람이 내집단 소속이거나 개인 자격일 경우에는 상대가 그 실망에 대한 죄책감을 느끼기 때문에 협상에서 더 많은 양보를 하게 된다는 것이다.

정서를 설득에 활용하는 방법 중 '위선자'라는 느낌이 들게 만드는 것도 효과가 있다. 예를 들어 한 실험에서(Dickerson et al., 1992), 대학 체육관 여자 탈의실 앞에서 운동 직후 샤워하러 오는 학생들에게 물 절약 행동을 장려하는 문장들("물을 보존합시다! 샤워를 짧게 합시다! 내가 할 수 있으면 당신도 할 수 있습니다!")이 쓰여 있는 포스터에 서명해 달라고 요구한 다음, 물 절약 서베이에 응답하게 했다(Pratkanis & Aronson, 2001/2005, p.260). 이렇게 한 집단과 그렇지 않은 집단의 샤워 시간을 측정했을 때, 전자가 후자보다 샤워 시간이 유의미하게 더 줄어들었다. 사람들은 자신들이 겉으로 표현한 내용과 일치하는 행동을 하고 싶어 하기 때문에, 유도하려는 행동과 일치되는 방향의 의견을 피력하게 하는 것이 효과적이다.

또 한 가지, 사람들이 이성적 판단을 하기보다는 정서적으로 쉽게 단정해 버리는 경향이 있다는 사실은 '의사 사실(factoid)'의 효과에 관한 연구에서도 드러난다. 이것은 특정 정서 유발의 효과라기보다는 머릿속의 이미지나 편견이 이성적 판단을 흐려 놓을 수 있음을 보여 주는 것이다. 원래 '의사 사실'이란 단어는 "잡지나 신문에 보도되기 전에는 존재하지 않는 사실"이란 뜻으로 소설가 노먼 메일러(Norman Mailer)가 만들어 냈으며, CNN에서는 이 단어를 "사소한 일"이라는 의미로 사용하기도 한다 (Pratkanis & Aronson, 2001/2005, p.107). 설득 커뮤니케이션의 맥락에서는 대체로 '증거에 의해 입증되지 않은 사실의 주장'이라 보면 무난하며, 쉬운 말로는 대개 루머, 가십, 풍문, 떠도는 소문 등을 이야기한다.

의사 사실의 효과에 관한 실험 예를 들어 보자. 웨그너와 동료들(Wegner et al., 1981)은 다음 네 가지를 신문의 헤드라인으로 제시한 후 어떤 후보에 대한 호의도가 높게 나타나는지 조사했다.

A: '밥 탤버트(Bob Talbert), 마피아와 연계'

B: '카렌 다우닝(Karen Downing), 유령 자선 단체와 관련있나?'

C: '앤드루 윈터스(Andrew Winters), 은행 횡령과 무관'

D: '조지 암스트롱(George Armstrong), 우리 시에 도착'

그 결과, 예상할 수 있듯이 가장 좋지 않은 인상을 준 후보자는 A였다. 그런데 더 놀라운 결과는 부정적인 사건에 연루되었는지를 B와 같이 의문문의 형태로 제시하거나 심지어 C와 같이 '무관'하다고 제시한 경우에도, 부정적 사건과의 연루를 단정적으로 제시한 A와 거의 차이가 나지 않을 정도의 부정적 효과를 보였다는 사실이다 (Pratkanis & Aronson, 2001/2005, p.111). 부정적 사건에 연루되지 않았다고 제시해도 일단 그 부정적 사건과의 '연합'이 머릿속에서 떠오르기 때문에, 이성적 판단에 앞서 저절로 떠오르는 이미지나 감성의 효과가 나타난 것이라 할 수 있다.

7) 메시지 제시 방식과 비언어적 메시지의 활용

흔히 설득 커뮤니케이션의 효과에 관한 이야기를 할 때, '언어적' 메시지가 사람의 '생각'에 어떤 영향을 주는지에 논의가 집중된다. 그러나 이 책에서 지금까지 살펴보았듯이 사람은 '언어적'으로만 커뮤니케이션하는 동물이 아닐 뿐만 아니라, '생각'만 하는 동물도 아니다. 비언어적인 메시지도 언어적 메시지 이상의 힘을 지닐 수 있고, 사람은 생각만 하는 것이 아니라 '느끼기도' 한다. 경우에 따라서는 비언어적인 메시지와 그로 인한 정서적 효과가 더 강력할 수도 있다. 에이블슨 등(Abelson et al., 1982)은 선거 입후보자에 대한 '생각'보다 '느낌'이 투표 행동을 더 잘 예측함을 밝힌 바 있다. '그 사람은 이러이러한 점이 훌륭하다' 하는 생각보다 '그 사람을 생각하면 희망이 솟아오른다'는 느낌이 그 사람에게 투표하는 행동을 더 높인다는 것이다.

상업 광고 메시지의 경우는 비언어적 메시지의 활용이 더욱 큰 비중을 차지한다. 상업광고 메시지는 정치적 메시지보다도 더욱 사람들이 주의를 기울여 보지 않기 때문에, 언어적 메시지가 생각에 영향을 주어 구매 행동을 일으키기를 바라는 것은 아주 관여도가 높고 비싼 제품의 경우만 가능하다(Sutherland, 1993/1998). 작은 변화의 누적이 일회적인 큰 변화보다 더욱 중요하며, 작은 변화의 누적에 비언어적 메시지와 정서가 핵심적인 역할을 한다.

태도가 형성되고 변화하는 과정에 관한 이론 중 하나인 '연합에 의한 학습'은 비언어적 메시지와 이미지가 어떻게 설득적으로 작용하는지를 잘 설명해 준다. 연합에 의한 이미지 형성에 성공했던 한 정치 광고의 예를 들면, 1997년 대통령 선거 전에 김대중 후보의 TV 연설 화면의 배경은 푸른 색 바탕의 세계 지도였다. 시청자들은 여기서 자연스럽게 '세계와 대화할 수 있는 후보, 세계로 나아갈 수 있는 후보'라는 이미지를 연상시킬 수 있었다(나은영, 2001c, p.180). 그리고 1963년 대통령 선거에서도 박정희 후보가 열심히 일하는 '황소'의 이미지를 연상시키는 전략을 사용함으로써 당선되었다고 한다(탁진영, 1999).

시간적·공간적 배치나 색상 등과 같은 요소들도 전혀 언어를 사용하지 않으면서 설득 효과에 차이를 가져올 수 있는 시각적 커뮤니케이션의 요소들이며, 배경 음악의 분위기와 속도 등도 비언어적인 요소로서 설득 효과에 차이를 가져올 수 있다. 시간적 순서와 공간적 배치와 관련된 실험에서, 두 가지 감각이 시간 차이를 두고 주어질 때 뒤에 주어진 감각이 더 억제된다는 사실이 촉각과 청각 모두에서 발견되었다(하코자키 소이치, 1990, p.87). 그러므로 TV에서 두 가지 이상의 광고를 시간적으로 연속해서 보여 주거나, 지하철 광고에서처럼 공간적으로 가까운 위치에 둘 이상의 광고를 붙여 놓는 경우, 하나가 다른 하나로 인해 억제될 가능성도 고려해야 한다. 속도와 음악의 경우, 화면의 빠른 진행 속도가 주목률을 높인다는 연구 결과가 있다(이재수, 1999, p.13). 뿐만 아니라, LG홈쇼핑의 분석 결과, 컴퓨터와 레포츠 상품을 화면에 보여 줄 때는 테크노 음악이 주로 쓰이며, 옥매트와 같은 효도 상품에는 트로트가, 모피나 보석과 같은 고가 상품에는 환상적인 분위기의 음악이 주로 쓰인다고 한다(〈문화일보〉, 2002. 3. 4).

사람은 언어적으로 생각하고 표현하기도 하지만, 비언어적으로 느끼고 표현하는 부분이 그에 못지않게 강할 수 있다(Sutherland, 1993/1998). '말 한 마디로 천 냥 빚 갚는다'는 말이 인간의 커뮤니케이션 과정을 나타내듯이, '웃는 얼굴에 침 못 뱉는다'는 말도 인간 커뮤니케이션의 중요한 과정을 나타낸다.

8) 한국인의 대인 설득 전략

한국인의 대인 설득 전략은 일반적인 대인 설득 전략과 어떻게 다를까? 일반적인 설득 전략은 대체로 표 11–1 및 표 11–2와 같이 정리해 볼 수 있다(강길호, 2012). 표 11–1은 이론에서 시작한 연역적 방법으로, 표 11–2는 실제 설득 상황으로부터 유추한 귀납적 방법으로 도출한 대인 설득 전략들이다. 연역적 방법으로 도출한 대인 설득 전략에는 '암시'와 같은 전략이 빠져 있어, 귀납적 방법으로 도출한 전략들이 현실에 잘 적용될 가능성이 더 크다.

표 11-1. 연역적 방법으로 도출한 대인 설득 전략 16가지

	전략명	전략 설명
1	약속	만약 네가 내 부탁을 들어준다면, 내가 너에게 보상을 해 줄게
2	위협	만약 네가 내 부탁을 들어주지 않는다면, 나는 너에게 벌을 줄 거야
3	긍정적인 전문적 의견	만약 네가 내 부탁을 들어준다면, 너는 '그것의 속성' 때문에 보상받게 될 거야
4	부정적인 전문적 의견	만약 네가 내 부탁을 들어주지 않는다면, 너는 '그것의 속성' 때문에 벌을 받게 될 거야
5	호의	목표를 얻기 위해 좋은 기분으로 친절하게 도움을 주면, 상대도 부탁을 들어줄 것이다
6	사전 보상	부탁을 들어주기 전에 상대에게 보상을 해 준다
7	혐오적인 자극	상대방이 부탁을 들어줄 때까지 계속해서 상대방을 처벌한다
8	채무	과거에 호의를 베풀어 준 것에 대한 보답으로 부탁을 들어줘야 해
9	도덕적 소구	네가 내 부탁을 들어주지 않는다면 너는 비도덕적이야
10	긍정적 자아 감정	네가 내 부탁을 들어준다면 너의 기분이 좋아질 거야
11	부정적 자아 감정	네가 내 부탁을 들어주지 않는다면 너의 기분도 나빠질 거야
12	긍정적인 사회적 역할	좋은 면을 가진 사람은 내 부탁을 들어줄 거야
13	부정적인 사회적 역할	나쁜 성격을 가진 사람만이 내 부탁을 들어주지 않을 거야
14	이타심	나는 네가 부탁을 들어주는 것이 매우 필요해, 그러니 좀 들어줘
15	긍정적 존경	네가 내 부탁을 들어준다면 사람들이 너에 대해 훨씬 좋게 생각할 거야
16	부정적 존경	네가 내 부탁을 들어주지 않는다면 사람들이 너에 대해 훨씬 나쁘게 생각할 거야

출처: Marwell & Schimitt, 1967, 강길호, 2012, p.88.

표 11-2. 귀납적 방법으로 도출한 대인 설득 전략 14가지

	전략명	전략 설명
1	아첨, 아부	부탁하기 전에 보상물을 제공하거나 떠받친다
2	약속	어떤 것을 약속하고 나서 부탁한다
3	채무	과거의 빚을 상기시키고 나서 부탁한다
4	평가	부탁을 들어준다면 상대방은 자아에 대한 가치가 높아진다고 말한다
5	유인	부탁을 들어준다면 다른 사람들이 얼마나 이익을 받는지를 상대에게 말한다
6	혐오적인 자극	부탁을 들어줄 때까지 계속해서 상대방을 처벌한다
7	위협	부탁을 들어주지 않는다면 상처를 입히거나 해칠 의도가 있다고 말한다
8	죄책감	부탁을 들어주지 않는다면 상대방은 죄책감을 느낄 것이라고 말한다
9	경고	부탁을 들어주지 않는다면 부정적인 결과가 뒤따를 것이라고 말한다
10	이타심	자신보다는 남에게 이익이 되는 행동을 하라고 요구한다.
11	직접적 요구	단순히 부탁한다
12	설명	왜 부탁을 들어주어야만 하는지 이유를 제시한다.
13	암시	요청과 관련된 것을 암시해 주고 나서 부탁한다
14	속임	거짓말을 하거나 이야기를 꾸며내고 나서 부탁한다

출처: Schenck-Hamlin, Wiseman, & Georgacarakos, 1982, 강길호, 2012, p.89.

강길호(2012)는 현실 적용 가능성이 높은 한국인의 대인 설득 전략을 찾아내기 위해, 한국 대학생들이 실제로 경험한 대인 설득 상황을 떠올리게 했다. 그러고 나서는 그때 본인이 했던 혹은 들었던 대인 설득 전략을 생각해서 쓰도록 하여, 이것을 내용 분석했다. 그 결과, 한국인은 '구실 만들기' 전략을 가장 많이 사용하고 있었다. 이것은 합리적인 이유보다는 상대가 부탁을 들어줄 만한 구실을 만들어 주는 전략이다. 또한 자신이 설득할 때는 '이유 설명'과 '암시하기'를 그 다음으로 많이 사용한 반면, 상대가 설득할 때는 '암시하기'와 '직접 요청'을 그 다음으로 많이 사용하는 것으로 나타났다.

요컨대, 한국인은 피설득자에게 위협이 되는 부정적 설득 전략을 서양에 비해 덜 사용하며, 서로의 체면을 생각해 주는 간접적, 긍정적 전략을 더 많이 사용하는 경향이 있었다. 또한 서양에서는 A가 B를 설득할 때 B의 체면만 깎인다고 생각하는 데 비해, 한국에서는 A와 B의 체면이 모두 깎인다고 생각한다는 결과를 얻었다. 이것은 아마도 강길호(2012)의 연구가 대학생들을 대상으로 한 연구였고, 대학생들이 실제로 자주 접하는 설득 상황은 동료에게 어떤 일을 부탁하는 것과 같은 다소 특수한 상황의 설득이었기 때문에 나타난 결과였을 가능성도 있다.

또한 서양에서는 잘 사용하지 않는 '암시하기'를 한국인은 상당히 사용하는 편으로 나타났는데, 이는 한국이 서양과 달리 '고맥락 커뮤니케이션'을 하는 문화이기 때문으로 해석할 수 있다. 노골적으로 이야기하지 않고 암시만 함으로써 상대가 맥락을 파악할 여지를 남겨 두는 것이다. 이렇게 함으로써 서로의 체면도 유지하면서 원하는 것을 암묵적으로 전달하는 경향이 있다. 그러나 이러한 간접적 방법이 명확한 의사소통을 방해하여 때로는 오해를 낳을 수도 있다는 점을 유념할 필요가 있다.

3. 설득 커뮤니케이션의 활용 영역과 미디어

설득 커뮤니케이션이 활용될 수 있는 영역은 무궁무진하다. 인간 커뮤니케이션의 거의 전 영역에서 활용될 수 있다고 볼 수 있을 만큼 광범위하다. 여기서는 그중 몇 가지만 간단히 살펴본 연후에, 합의에 이르기 위한 상호 설득 과정이라 할 수 있는 협상에 관한 논의로 이어 가고자 한다.

1) 상업 광고와 소비자

설득 커뮤니케이션의 원리가 가장 많이 활용되어 온 영역이 바로 상업 광고 영역일 것이다. 설득 커뮤니케이션의 원리를 먼저 알고 나서 상업 광고를 제작하기도 하지만, 일단 '감각'으로 제작하고 나서 보니 이러이러한 설득 커뮤니케이션의 원리가 적용되었다는 사실을 뒤늦게 깨닫기도 한다. 어떤 경우든 잠재적 구매자의 마음을 움직여 구매 행동을 유발하기 위해서는 상품에 대한 이미지와 감정을 긍정적으로 만들어 '갖고 싶은 동기'가 생기도록 해야 한다.

　해당 문화 안에서 설득이 효과적이려면, 그 문화에서 널리 수용될 수 있는 정서를 유발시킬 수 있어야 한다. 예를 들어, 한국의 문화 속에서 한국인의 긍정적인 정서를 유발시키는 광고는 호감을 줄 수 있고, 이것이 상표 선호도로 이어져 구매 행동까지 일으킬 가능성이 높아진다. 최상진(2000)은 한국의 광고가 정, 가족, 시골스러움 차원의 조합으로 이루어져 있음을 보였다. 성영신 등(1991)의 연구에서도 가족 가치의 중요성이 다루어진 바 있다. 가족의 건강을 아내가 챙긴다든지, 비교에 의한 욕구를 조장하는 방법도 한국적 문화에서 많이 쓰이는 방법이다. 나쁜 아내, 부족한 엄마가 되지 않기 위해서는 반드시 광고 상품을 사야만 할 것 같은 느낌을 줌으로써 구매를 유도하는 것이다.

　반면에 보다 자기주장적인 신세대에 호소하는 광고는 전통적 가치를 강조하는 광고와 다르다. 신세대는 자기주장적이며, 남과 다르고 싶어 하기 때문에, '나만의 ○○○' 등과 같은 독특성과 자기주장성에 호소하는 광고가 더 설득적이다(나은영, 2001d 참조).

2) 정치 광고와 선거

정치적 이데올로기를 파는 것은 선전이며, 이것이 산업화될 때 '정치 광고'의 영역으로 전환된다. 유권자의 투표 행동은 민주 사회에서 필수불가결한 요소이며, 따라서 투표 행동에 영향을 줄 수 있는 언어적·비언어적 설득 메시지의 효과를 분석하는 것은 광범위한 적용 범위를 지닌다.

정치 광고 부분에서 중요한 개념 중, 부정적 정치 광고와 수면자 효과(sleeper effect)가 결합된 부분은 특히 간과할 수 없다(Lariscy & Tinkham, 1999). 수면자 효과는 신빙성 없는 정보원의 메시지가 처음에는 설득력이 없다가, 일정 시간이 지난 후 정보원의 신빙성이 없었다는 사실은 잊은 채 메시지의 내용만이 뇌리에 남아 뒤늦게 태도 변화를 일으키는 것을 말한다. 일종의 흑색선전이라고 할 수 있는 부정적 정치 광고가 수면자 효과와 결합되면, 상대 후보자에 대한 부정적인 내용이 처음에는 신빙성 없는 정보원으로부터 나왔다는 사실로 인해 설득 효과가 별로 없다가, 시간이 지남에 따라 정보원의 낮은 신빙성은 기억에서 사라지고 메시지의 내용만이 남아 나중에 부정적인 설득 효과가 나타날 수 있다(나은영, 2001c 참조).

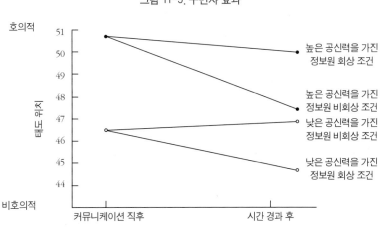

그림 11-5. 수면자 효과

정보원의 신빙성이 낮았다는 사실을 잊어버린 후에 태도 변화가 뒤늦게 일어나는 경우

출처: Petty & Cacioppo, 1981; 오택섭 편역, 1994, p.134.

같은 정치인에 대한 똑같은 광고에 대해서도 수용자가 누구를 지지하는 사람인가에 따라 다른 반응을 보인다. 예시 11-2에서 알 수 있듯이, 원래 자기가 지지하던 후보에 대해서는 모든 것이 다 좋아 보이고 심지어 실수마저도 미화시켜 지각하는 반면, 원래 자기가 싫어하던 후보에 대해서는 좋은 행동까지 좋지 않게 해석한다.

선거 입후보자들의 TV 토론이나 연설을 볼 때도 자기가 좋아하는 사람이 나오

▶ 예시 11-2. 똑같은 광고에 대한 닉슨과 맥거번 지지자들의 상이한 반응

때때로 정치 광고를 보고 한 유권자가 구성하는 현실은 다른 사람이 동일한 광고를 보고 해석하는 것과 극단적으로 다를 수 있다. 우리의 서로 다른 관점은 우리가 새로운 자극물을 해석하는데 사용하는 인지 스키마를 제공한다. 이런 점을 설명하기 위해, 패터슨과 매클루어(1976, p.114)는 민주당 대통령 후보인 조지 맥거번을 다룬 동일한 텔레비전 보도에 대해 유권자들이 보인 세 가지의 서로 다른 반응에 관해 설명하고 있다.

맥거번을 지지하는 시청자들은 다음과 같이 언급했다.
1. "맥거번은 상의를 벗고 있었고, 넥타이는 느슨했습니다. 그것은 매우 편안하게 보였으며 노동자들에 대하여 진심으로 관심을 가지고 있는 것처럼 보였습니다."
2. "그는 정직했고, 겸손했습니다. 사람들이 그에게 말을 건넸고, 그는 그것을 경청했습니다."
3. "나는 맥거번이 보통 사람들과 이야기하고 있는 많은 정치 광고를 보았습니다. 여러분도 아시다시피, 노동자와 노인들 같은 사람들 하고 말이죠. 그는 속에 없는 말을 하지 않습니다. 그는 그들을 도울 것입니다."

그러나 같은 텔레비전 보도에 대하여, 닉슨을 지지하는 시청자들은 다음과 같이 반응했다.
1. "그는 소년같이 보이려고 애썼습니다. 셔츠 소매를 걷고 넥타이를 느슨하게 한 것을 아시잖아요. 그것을 보는 게 역겹더군요."
2. "그 광고는 정말 거짓이었습니다. 그는 관심이 없습니다."
3. "그는 이 모든 사람들과 어울립니다. 언제나 공약을 남발해대면서. 그는 자신이 할 수 있는 것 이상을 약속하고 있습니다. 모든 사람을 위해 모든 것을 한다는 것은 불가능합니다."

출처: Harris, 1989/1991, pp.212~213.

면 채널을 고정시키고 보지만 일단 자기가 싫어하는 사람이 나오면 아예 다른 곳으로 채널을 돌려 버리고 보지 않는 '선택적 노출' 효과가 먼저 나온다. 그 다음 뒤이어 싫든 좋든 해당 채널을 보게 되었을 때, 자기가 좋아하는 후보의 연설 내용은 공감하면서 경청하지만 싫어하는 후보의 연설 내용에는 별로 주의를 기울이지 않는 '선택적 집중' 효과가 나온다. 끝으로, 두 사람의 연설 내용을 다 들었다 하더라도 원래 좋아하던 후보가 말한 내용에 대해서는 '역시 저 사람이 똑똑해'라고 생각하고 원래 싫어하던 후보가 말한 내용에 대해서는 '말도 안 되는 소리를 하고 있군' 하며 내용 자체를 부정해 버리거나 어쩌다 좋게 느껴지는 부분이 있으면 '괜히 선심 쓰는 척하는군' 하며 그 가치를 평가 절하하는 '기존 신념의 강화' 효과가 나타난다. 이런 생각의 강화나 왜곡은 모두 사회심리학적 지각의 결과로서(3장 참조), 후보자를 직접 만나는 대면 커뮤니케이션 장면이든 미디어를 통해 만나는 장면이든 마찬가지의 과정을 따른다. 그리고 이 과정에서 개인은 혼자서 판단하고 결정하는 것이 아니라 대부분 주변 사람들과 이야기를 나누며 다시 한 번 자기의 기존 믿음을 확인하곤 한다. 앞서 살펴본 인간 커뮤니케이션의 기본 원리들이 광범위하게 통용될 수 있음을 시사하는 대목이다.

3) 교육 장면과 일상생활에의 응용

교육도 일종의 설득이라고 볼 수 있다(Petty & Cacioppo, 1981). 다만 보통 설득 상황의 청중들과는 달리 교육 장면의 청중들은 '기꺼이 설득될 준비가 되어 있는' 수용자들이라는 점에서 다르다. 그리고 설득의 내용도 교육 받는 사람의 이익과 성장에 도움이 되는 방향으로 이루어져야 한다.

가정, 학교, 그리고 사회에서 이루어지는 교육의 과정을 잘 들여다보면, 위에서 언급했던 태도 형성 및 변화 과정의 학습 원리가 그대로 적용된다. 특히 교육 장면에서는 도구적 조건 형성의 원리와 사회 학습의 원리가 많이 적용된다. 도구적 조건 형성의 경우 어떤 행동(예: 질서를 잘 지킴)을 한 후에 그 행동이 보상(예: 모범 어린이상 또는 칭찬)을 받으면 나중에 그 행동을 할 확률이 높아진다. 반대로 어떤 행동(예: 친구와 싸움)

을 한 후에 그 행동이 처벌(예: 선생님이나 부모님으로부터 꾸중을 들음)을 받으면 나중에 그 행동을 할 확률이 낮아진다.

어떤 행동(예: 사기, 절도, 교통 법규 위반 등)에 뒤따르는 처벌과 보상을 의식적이든 무의식적이든 비교하는 과정에서, 그 행동이 발각되어 처벌을 받게 될 위험성은 낮고 처벌을 받게 된다 해도 경미할 것이라고 기대되는 반면에, 약간의 위험성을 감수하고 그 행동을 했을 때 아주 큰 보상(예: 큰돈을 벌어 편하게 먹고 살 수 있다든지, 기다리지 않고 훨씬 더 빨리 목적지에 도착할 수 있다는 것 등)이 올 것으로 기대되는 상황이라면, 사람들은 그 약간의 위험성을 감수하고서라도 더 큰 보상을 기대하고 바람직하지 못한 행동을 하게 된다. 이것은 어른들도 마찬가지다. 그래서 사회 전체가 바람직한 방향으로 가기 위해서는 잘못된 행동은 확실히 처벌을 받게 되며 잘한 행동은 보상을 받게 된다는 아주 기본적인 원리가 잘 굴러가야 한다. 잘못을 해도 '재수가 없는 사람'만 처벌을 받게 된다든지, 잘못한 사람이 오히려 더 잘 산다든지 하는 예를 주변에서 많이 보게 되면 좋은 행동이 형성되기가 어려워진다.

일상생활 속에서 설득 커뮤니케이션이 적용되는 경우도 흔하다. 사실 사람과 사람이 만나 언어적으로 업무에 관한 이야기를 하든, 아니면 자신의 정서를 표현하기 위해 비언어적 동작을 보이든, 거의 모든 상황에서 전달자는 자신의 뜻이 상대방에게 잘 받아들여지도록 노력하는 경우가 대부분이다. 업무를 추진하며 자신의 아이디어를 관철시키려 할 때는 물론이려니와, 자신의 진실한 사랑을 받아 달라고 각종 비언어적 수단들을 동원하여 상대와 커뮤니케이션할 때에도 상대가 나의 말에 설득이 되기를 원하는 것이고, 이 모든 상황에서 지금까지 언급한 언어적 및 비언어적 설득 커뮤니케이션의 원리가 적용될 수 있다. 설득이 성공적으로 되었다면 내가 상대에 대해 어떤 식으로든 영향력을 행사한 것이고, 이것은 곧바로 사람들 간의 권력 관계로 이어진다. 권력이란 다른 사람으로 하여금 나의 뜻대로 하도록 하는 힘을 말하기 때문이다. 어린아이도 울거나 떼를 써서 자기가 원하는 바를 얻었다면 어른을 상대로 자신의 권력을 행사한 것이고, 이렇게 해서 설득에 성공했다고 볼 수 있다.

4) 설득 커뮤니케이션과 미디어

인간과 인간 사이의 거의 모든 관계에 설득 커뮤니케이션이 개입되는데, 여기에 또 빠뜨릴 수 없는 것이 미디어의 역할이다. 어떤 사람은 자신의 마음을 더 효과적으로 전달하기 위해 편지를 쓰기도 하고, 감미로운 음악이 곁들여진 SNS 메시지를 보내기도 하고, 강의를 효과적으로 하기 위해 각종 시청각 미디어를 이용하기도 한다.

인터넷이 등장하기 이전까지 정보의 전달을 지배했던 인쇄 미디어와 방송 미디어의 광고 효과에 관한 연구도 많이 이루어져 왔다. 대체로 방송 미디어는 간단한 메시지를 전달할 때 효과적이며, 인쇄 미디어는 복잡한 메시지를 전달할 때 효과적이다(Chaiken & Eagly, 1976 참조). 이에 더하여, 같은 뉴스 정보를 얻더라도 학력이 낮거나 인지적 노력을 그다지 들이고 싶어 하지 않는 사람들은 방송 미디어를 선호하며, 학력이 높거나 인지적 노력을 많이 투자하려는 사람들은 인쇄 미디어를 선호한다(Lipschultz, 1987). 전달 과정에서의 정보의 손실은 라디오, TV, 신문의 순서로, 라디오를 통해 전달되는 메시지의 손실이 가장 많고 신문을 통해 전달되는 메시지의 손실이 가장 적다. 복잡한 메시지를 라디오나 TV를 통해 전달하면 그만큼 손실이 더 클 것이기 때문에 복잡한 메시지는 신문을 통한 전달이 효과적이다. 그리고 같은 방송 미디어라 하더라도 TV는 시각과 청각을 모두 사용할 수 있지만 라디오는 청각에만 의존하기 때문에 라디오의 경우 더욱 전면적인 처리가 불가능하다.

우리는 설득의 홍수 속에서 저항하기도 하지만, 자기도 모르는 사이에 또는 의식적으로 변화하기도 한다. 현대인은 너무 많은 설득 메시지에 노출되어 있다. 서로가 서로를 설득하려 하는 상황에서 현명한 수용자는 자신에게 필요한 것만 잘 골라서 흡수하고 쓸데없는 데이터 스모그 속에서 헤매지 말아야 한다. 이전에는 기아가 문제였다면 요즘에는 과식이 문제라는 셴크(Shenk, 1997)의 지적이 타당하다. 이전에는 절대적인 정보의 양도 그리 많지 않았겠지만 무엇보다 정보가 쉽게 빨리 전달될 수 있는 통로가 부족했기 때문에 서로 정보를 공유하게 되기까지 많은 노력과 시간이 들었다. 그러나 요즘에는 너무나 많은 정보가 순식간에 들어오기 때문에 중요한 정보와 중요하지 않은 정보를 구분해 내는 일이 더 중요해졌다. 상업 장면이나 정치 장면에서 설득을 시키고자 하는 사람들에게는 더욱 많은 설득 통로가 생겨 쉽게 많은 사람들에게 설득 메시지를 '뿌릴' 수 있지만, 원하든 원치 않든 항상 상대방의 설득 메시지에 노출되어야만 하는 설득 수용자의 입장에서는 '영양가 있는 것만 골라 먹는' 것이 더 중요해진 것이다.

요즘은 방송과 신문이 전부가 아니며, 극히 일부일 뿐이다. 대학가의 대자보도 아직까지 남아 있기는 하지만 인터넷 게시판이나 SNS 홍보로 많이 전환되었다. 인터넷의 영향은 선거와 같은 정치적 상황, 구매 및 은행 거래와 같은 경제적 상황, 커뮤니티 형성과 같은 사회적 상황, 그리고 개인적 오락 추구와 같은 심리적 상황 모두에 걸쳐 편재해 있다. 책이나 신문과 같은 인쇄물, 라디오, TV 등 기존 미디어 중에서 하나도 사라진 것은 없고 거기에 인터넷과 SNS까지 가세한 지금, 다미디어 속 정보의 홍수에 현명하게 대처하는 일이 현대인의 중요한 과제로 등장했다.

5) 인터넷과 SNS의 설득 효과

인터넷에 올라오는 글은 처음의 의도가 설득이었든 아니든 많은 사람들에게 영향을 준다. 특히 정치인이나 선거 후보자들에 대한 글 또는 그에 대한 댓글은 사람들이 그 정치인이나 후보자에 대해 판단하는 데 큰 영향을 줄 수 있다.

전우영과 김병준(2010)은 실험 참가자들에게 온라인상의 정치인에 대한 연구라고 소개한 후 익명의 정치인 ○○○의 기본 정보를 객관적인 혈액형, 생년월일, 키, 몸무게 등을 활용하여 제시했다. 이어 익명의 네티즌이 올린 댓글들을 캡처하여 제시하는 형태로 긍정적인 댓글 조건과 부정적인 댓글 조건을 구성했다. 긍정적인 댓글 조건은 6개의 긍정적 댓글(예: "일등 정치인, 역시 우리나라 정치인 중 최고!")과 3개의 부정적 댓글(예: "참 변하지 않고 사고치는구나. 사고치기 전에 한 번만 더 생각하면 안 되겠냐?")로 구성했고, 부정적인 댓글 조건은 3개의 긍정적 댓글과 6개의 부정적 댓글로 구성했다. 이어 해당 정치인에 대한 인상과 투표 의향을 7점 척도로 물으면서, '댓글의 영향을 받지 않도록 노력해 달라'는 말을 덧붙인 조건(정정 요구)과 그런 요구를 하지 않은 조건으로 나누어 측정했다.

표 11-3. 댓글 내용과 정정 요구에 따른 정치인의 인상 판단(위)과 투표 의향(아래)

	정정 요구: 무	정정 요구: 유
긍정적인 댓글	3.96(0.77)	3.24(1.12)
부정적인 댓글	3.07(0.77)	3.34(0.87)
차이 점수	0.89**	−0.1
긍정적인 댓글	4.14(1.37)	2.62(1.50)
부정적인 댓글	2.86(1.27)	3.11(1.39)
차이 점수	1.28**	−0.49

주: 차이 점수=긍정적인 댓글−부정적인 댓글

***p<.001

출처: 전우영·김병준, 2010, pp.140~141.

그 결과, 표 11-3과 같이 정정 요구가 없었을 때는 긍정적 댓글을 본 참가자들이 부정적 댓글을 본 참가자들보다 해당 정치인의 인상도 더 좋게 판단했고 그에 대한 투표의향도 더 높게 나타났다. 이러한 댓글의 영향은 정정 요구 조건하에서는 사라졌다.

이들의 두 번째 실험에서는(전우영·김병준, 2010), 첫 번째 실험에서와 마찬가지로 참가자들에게 온라인상의 정치인에 대한 연구라고 소개한 다음과 같은 신문 기사를 보여 주었다.

국회의원 A씨는 지난 12일 오전 10시 모교인 ○○고등학교 대강당에서 학생들을 대상으로 "21세기 청소년의 목표와 과제"라는 제목으로 특별 강연을 실시했다. A의원은 "국가와 사회에 꼭 필요한 사람이 되기 위해서는 우선 뚜렷한 가치관을 가져야 되고, 뚜렷한 가치관을 통해 자기 적성과 능력에 맞는 직장에서 열심히 노력하고, 강한 의지력으로 목표 달성을 위해 최선을 다해 나가야 할 것"이라고 강조하고 "사회에 뚜렷한 가치관 정립 후 인생 전체에 대한 계획을 세워서 그 계획을 하나하나 실천하는 게 성공의 지름길이다"라는 내용으로 특강을 실시했다.

'신문 기사' 조건의 참여자들에게는 이 기사만을 보여 준 후에 투표 의향을 물었다. '부정 댓글' 조건의 참여자들에게는 이 기사 후에 실험 1과 유사한 부정적 댓글 6개를 보여 주었다. 또한 '정정 보도' 조건의 참여자들에게는 이 댓글이 조작되었음을 알리는 다음과 같은 정정 보도 기사를 추가로 보여 주었다. 끝으로 '정정 요구' 조건의 참여자들에게는 실험 1에서와 마찬가지로 투표 의향에 응답할 때 댓글 등의 영향을 받지 않도록 정정 요구를 첨가했다.

> 국회의원 A씨 관련 기사에 달렸던 댓글들은 인터넷 게시판에서 활동하는 아르바이트생들이 돈을 받고 작성한 것으로 드러났습니다.

두 번째 실험의 결과(표 11-4 참조), 신문 기사만을 보았을 때보다 부정적인 댓글까지 함께 보았을 때 투표 의향이 약해졌다. 그런데 정정 보도로 이 댓글이 조작되었음을 알게 되었을 때 투표 의향은 신문 기사만 보았을 때와 유사한 정도로 회복되었다. 또한 댓글 등의 영향을 받지 않도록 정정 요구를 했을 때도 신문 기사만 보았거나 정정 보도까지 보았던 때와 유사한 정도까지 투표 의향이 회복되어, 과도 수정 효과는 나타나지 않았다.

SNS를 통한 설득은 기업, 정치, 대인 관계 등 다양한 곳에서 일어난다. 때로는 잘 아는 사람들로부터 전달되는 메시지에도 설득이나 홍보에 해당하는 내용이 담겨 있을 수 있는 것이 SNS이기 때문에, 대인 영향과 미디어 영향이 융합되는 양상을 보인다.

표 11-4. 실험 조건에 따른 투표 의향의 정도

조건	투표 의향
신문 기사	3.71(1.40)
부정 댓글(신문 기사 부정 댓글)	2.69(1.14)
정정 보도(신문 기사 부정 댓글 정정 보도)	3.69(0.87)
정정 요구(신문 기사 부정 댓글 정정 보도 정정 요구)	3.78(1.11)

출처: 전우영·김병준, 2010, p.144.

4. 설득과 협상의 심리와 미디어

1) 상호 설득 원리로서의 협상

협상은 양 당사자가 처음에 불일치했던 의견에서 합의에 도달하기 위해 상호 설득하는 과정이다(Carnevale, 1994; 나은영, 1995). 협상의 실제 장면에서 효과적으로 활용되는 법칙들은 거의 모두 위에 언급한 설득의 원리와 직간접적으로 관련되어 있다(Cohen, 1994). 그 가운데 특히 설득의 원리와 밀접하게 관련되어 있는 것들만 열거하면 다음과 같다.

  ① 필요를 충족시켜라: 욕구 충족의 원리와 연결됨

  ② 최후 통첩: 매듭점/거점 효과와 연결됨

  ③ 미끼 던지기: 보상과 이익의 원리와 연결됨

  ④ 도와주세요: 상대방의 자기 이미지 높이기와 연결됨

  ⑤ 극단적인 초기 입장: 매듭점/거점 효과와 연결됨

  ⑥ 제한된 권한: 사회적 압력과 연결됨

  ⑦ 감정 전술: 비언어적·정서적 호소와 연결됨

설득 원리의 바탕에 권력 또는 힘의 작용이 깔려 있다는 사실, 즉 9장에서 언급한 권력의 기반도 또한 협상 장면에 그대로 적용된다. 합법성의 힘, 전문 지식의 힘, 투자의 힘, 보상과 벌이 가져오는 힘, 동일시의 힘, 도덕성의 힘, 선례의 힘 등이 그것이다(Cohen, 1994). 코헨이 말하는 신뢰 형성, 지지 획득, 반대자들 다루기는 서로에게 이익이 되는 협상 기술로서, 집단 간 관계의 향상과도 맞물려 있다. 개인의 이익을 위한 협상은 물론이려니와 작은 집단에서부터 크게는 나라 전체, 또는 지구 전체를 위한 협상에까지 설득 원리는 적용될 수 있으며, 승―승 협상을 위한 커뮤니케이션이야말로 서로 다른 생각을 하는 집단들이 평화롭게 공존할 수 있도록 집단 간 협력을 이끌어 낼 수 있는 바람직한 커뮤니케이션의 형태라 할 수 있다.

2) 다자 간 협상의 심리

협상(negotiation)은 흥정(bargaining)과 약간 다르다. 흥정은 "당사자들이 서로 어느 정도의 양보를 하는 선에서 절충을 하는 협의의 개념"인 반면, 협상은 좀 더 중립적이고 포괄적인 개념이다(노혜경, 2011, p.3). 흥정에서는 양 당사자가 조금씩 양보를 해야 하므로 lose-lose라 할 수 있으나, 양자의 이해관계를 모두 반영한 통합적 협상에서는 win-win이 가능하다. 통합적 협상의 한 사례는 '통나무 굴리기식 협조(logrolling)'로, 갈등 쟁점은 여럿이지만 우선순위가 겹치지 않을 때 자기가 중요하게 여기는 것을 취하는 대신 상대에게 상대가 중요시하는 것을 갖도록 하는 것이다(Lawyer, 1994). 이렇게 함으로써 양자의 이득을 극대화할 수 있다.

다자 간 협상에서는 욕구가 중복되거나 이익 분배가 불균형적일 경우가 많아 통나무 굴리기식 방법보다 오히려 역통나무 굴리기식 방법(reverse logrolling), 즉 개인에게 최고의 이익을 주는 것을 양보하고 차선의 이익을 주는 것을 택하는 방법이 전체 이익에 도움이 될 수 있다(Binder & Diehl, 2008). 그러나 실제 상황에서는 이러한 역통나무 굴리기식 방법이 성공하기가 쉽지 않다는 사실이 밝혀졌다(노혜경, 2011). 다자 간 협상에는 관여하는 당사자의 수가 많고, 따라서 매우 복잡한 이해관계와 성격 특성들이 얽히게 되기 때문이다.

상대가 어떤 사람인지에 따라 동일한 사안에 대해 동일한 방법을 적용하도 승패가 달라지는 것이 협상이라고 볼 때, 다자 간 협상은 예측 가능성이 그만큼 떨어질 수밖에 없다. 그러나 분명한 것은 협상도 의미 공유를 위한 커뮤니케이션의 하나, 특히 서로를 설득하려 하는 쌍방 설득 커뮤니케이션의 하나라고 볼 때, 정치적, 경제적인 이해관계뿐만 아니라 사람들의 심리 변화와 문화적 차이 등을 총체적으로 고려해야 승산이 높아질 수 있다는 점이다.

3) 온라인 협상과 커뮤니케이션

온라인 협상은 오프라인 협상과 여러 면에서 다르지만, 둘 모두 쌍방 설득을 위한 커뮤니케이션 과정이라는 점에서 공통점을 지닌다.

환경을 경쟁적 또는 적대적으로 보면서 자신이 환경보다 강하다고 생각하면 D형(Dominance, 주도형)으로서, '무엇'에 초점을 두는 협상 방식을 선호하며 성과를 얻기 위해 주로 말을 하게 된다. 또한 환경을 우호적으로 보면서 자신이 환경보다 강하다고 생각하면 I형(Influence, 사교형)으로서, '누구'에 초점을 두는 협상 방식을 선호하며 인정을 받기 위해 주로 말을 하게 된다.

반면에, 환경을 우호적으로 보면서 자신이 환경보다 약하다고 생각하면 S형(Submission, 안정형)으로서, '방법'에 초점을 두며 이해하기 위해 듣는 편이다. 또한 환경을 적대적 또는 경쟁적으로 보면서 자신이 환경보다 약하다고 생각하면 C형(Conscientiousness, 신중형)으로서, '이유'에 초점을 두며 분석하기 위해 듣는 편이다.

주아영 등(2011)의 연구 결과, 협상자의 DISC 행동 유형에 따라 커뮤니케이션 스

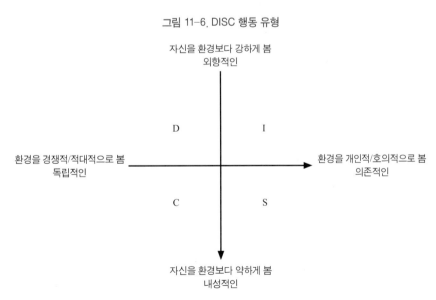

그림 11-6. DISC 행동 유형

출처: Marston, 1979; 한국교육컨설팅연구소, 1994; 주아영 외, 2011, p.139.

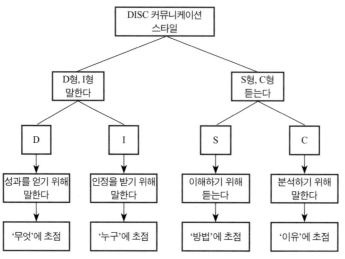

그림 11-7. DISC 행동 유형에 따른 커뮤니케이션 스타일

출처: Marston, 1979; 한국교육컨설팅연구소, 1994; 주아영 외, 2011, p.141.

표 11-5. 협상자의 DISC 행동 유형에 따른 커뮤니케이션 스타일

종속변수	유형	N	Mean	SD	F	D
강요	D 유형	12	3.90[b]	.594	77.544**	.000
	I 유형	15	1.43[a]	.260		
	S 유형	10	1.44[a]	.295		
	C 유형	15	1.53[a]	.635		
	합계	52	2.03	1.136		
통합	D 유형	12	2.63[a]	.483	16.208**	.000
	I 유형	15	3.77[b]	.495		
	S 유형	10	3.73[b]	.362		
	C 유형	15	3.70[b]	.530	16.208**	.000
	합계	52	3.47	.666		
양보	D 유형	12	2.77[a]	.380	6.399**	.001
	I 유형	15	3.49[b]	.590		
	S 유형	10	3.60[b]	.660		
	C 유형	15	3.57[b]	.534		
	합계	52	3.37	.628		
타협	D 유형	12	2.30[a]	.818	6.399**	.001
	I 유형	15	4.02[b]	.443		
	S 유형	10	4.02[b]	.338		
	C 유형	15	4.17[b]	.539		
	합계	52	3.70	.915		

**p<.01 Duncan: a<b

출처: 주아영 외, 2011, pp.150~151.

타일이 다르게 나타났다. 표 11-5에서 알 수 있듯이, 전반적으로 '타협'을 가장 선호했으며 그 다음으로 '통합'과 '양보'를 선호했다. 전반적인 선호도가 가장 적었던 '강요' 방식은 주도형(D) 협상자가 다른 세 유형의 협상자보다 눈에 띄게 더 많이 사용하는 것으로 나타났다. 아마도 실제 협상 장면에서는 본인의 유형뿐만 아니라 협상 상대의 유형에 따라, 그리고 양 당사자가 가지고 있는 자원의 양과 질에 따라 다양한 양식의 협상 커뮤니케이션이 발생하게 될 것이다.

4) 문화 간 커뮤니케이션과 국제 협상

서로 다른 문화권 간의 협상이 더욱 어려운 이유는 문화권에 따라 커뮤니케이션의 양식이 다르기 때문이다(나은영, 1995). 개인 간이든 국가 간이든 그 사이에 커뮤니케이션이 없이는 협상이 이루어질 수 없다. 그 커뮤니케이션 과정 중에 서로가 지니고 있는 지식 기반이 다르고 관점이 다르고 커뮤니케이션 양식까지 차이가 크게 나타나는 개인 간 또는 국가 간에는 협상이 더욱 어려워질 수밖에 없다. 흔히 국가 간의 협상에서 많이, 그리고 주된 요소로 논의되는 것은 정치·경제적인 이해관계다. 이런 요소가 중요하지 않다는 것이 아니라, 이와 더불어 문화권 간의 커뮤니케이션 양상의 차이도 고려할 필요가 있음을 지적하고자 한다. 앞서 10장의 문화 간 커뮤니케이션 부분에서 언급한 개념적 내용들이 설득 커뮤니케이션과 협상의 맥락에 활용되는 것이다.

협상은 대부분 언어적으로 이루어지기 때문에 언어적 의사소통의 비중이 비언어적 의사소통의 비중보다 훨씬 더 크기는 하지만, 여기서는 두 가지 모두를 잠깐씩 살펴보려고 한다. 언어적 커뮤니케이션의 문화 간 차이를 논의할 때 가장 많이 언급되어 온 것은 고맥락 커뮤니케이션과 저맥락 커뮤니케이션의 차이다. 앞서 설명했듯이, 고맥락 커뮤니케이션이란 언어로 표현된 것 이면에 숨은 뜻이 많이 담겨 있는 커뮤니케이션을 의미하며, 저맥락 커뮤니케이션이란 언어로 표현된 것 이면에 숨은 뜻이 적은 직설적 커뮤니케이션을 의미한다. 그러므로 고맥락 문화의 협상자는 어떤 말을 해놓고서 그 말이 자동적으로 시사하는 바까지 상대방이 파악했을 것이라고 기대한다. 그러나 저맥락 문화의 협상자는 밖으로 표현된 말이 전체라고 생각한다. 여기에서 오해가 생기고 협상에 차질이 생길 수 있다. 그리고 협상 후 실천에 옮기는 과정에서도 저맥락 문화권에 익숙해져 있는 사람은 고맥락 문화권에서 '당연히 암시하리라고 생각하는' 숨은 뜻의 커뮤니케이션에 어려움을 느끼고 오해할 소지가 크다. 어느 한쪽에서 시시콜콜하게 말하지 않아도 저쪽에서 '알아서' 이해해 주기를 바라는 방식으로는 설득과 협상이 성공하기 어려울 것임은 자명하다.

언어적 커뮤니케이션의 차이에 비해서는 중요성이 떨어질 수 있으나, 비언어적 커뮤니케이션의 문화 차이에서도 특히 협상 장면에서 고려해야 할 만한 부분이 있다. 예를 들어, 비언어적 커뮤니케이션의 하나인 '침묵'이 일본과 같은 문화에서는 '기다림' 또는 '동의'와 같은 긍정적 의미를 지니는 반면, 미국인들은 '걱정, 비판, 후회, 당황'과 같은 부정적 의미로 본다는 사실이다(한규석, 1995, p.241). 호시노(Hoshino, 1973)의 연구에 따르면 일본인들은 치료를 위한 집단 토론에서 무려 30분까지도 침묵을 견딜 수 있다고 한다(Ramsey & Birk, 1983에서 간접 인용). 그리고 일본의 TV 드라마나 라디오 프로그램에서는 1분 가까이 침묵이 용납되기도 한다는 것이다(Wayne, 1974). 협상이 난항에 부딪쳤을 때 침묵이 흐르면, 문화적 성향에 따라 미국 측은 그 침묵을 '거절'의 뜻에 가까운 부정적 의미로 받아들이기가 쉽고 일본 측은 침묵이 흐를 때 '조금만 기다리면 잘 될 수 있겠구나' 하는 긍정적 의미로 받아들이기가 쉬울 것이다. 동일한 상황을 협상의 양 당사자가 서로 다른 의미로 받아들일 때, '의미의 공유'를 전제로 하는 커뮤니케이션이 잘 이루어지기 어려운 것은 당연하다. 그러므로 협상 장면에 나설 때는 '상대방의 의미 체계'가 나의 것과 어떻게 다를 수 있는지를 알고 난 다음에 나서는 것이 좋을 것이다.

협상이 합의를 전제로 한 '상호 설득'의 원리라는 점에서 보통 설득 커뮤니케이션에 비해 쌍방향성을 지니지만, 양 당사자 간에 권력의 차이가 있는 경우에는 쌍방향성이 조금 무너진다. 설득이 윤리적으로 이루어지기 위해서는 설득자가 가지고 있는 정보를 그대로 피설득자에게 제시해야 하듯이, 권력의 차이가 있는 상황의 협상에서는 권력이 있는 측의 인도적 고려와 윤리성이 특히 중요해진다.

12장

공공 연설: 발표 불안 극복과 메시지 구성

공공 연설은 대중 앞에서 메시지를 단체로 전달하는 것으로, 화자는 1명이지만 청자가 아주 큰 다수인 상황의 커뮤니케이션을 말한다. 강의, 보고, 발표부터 후보자 연설에 이르기까지 공공 연설에 해당하는 커뮤니케이션 상황은 상당히 많다. 한 사람의 강사나 교사가 여러 명의 학생들을 대상으로 수업하는 교육 장면도 전형적인 공공 연설 과정이다. 오늘날은 광고와 교육의 상당 부분이 점차 개인 단위로 이루어져 가고 있지만, 이것도 메시지 전달자는 한 사람(또는 한 기관)이고 수신자가 다수의 광범위한 사람들의 집합이라는 점에서 공공 연설과 유사한 특성을 지닌다.

1. 공공 연설의 정의와 종류

1) 공공 연설의 정의와 역사

공공 연설은 "연설자(화자)가 어떤 상황에서 상당히 큰 청중들에게 상당히 연속적이고 조직화된 메시지를 제시하는 것"을 말한다(DeVito, 2000). 여기서 청중들의 규모가 비교적 크다는 사실, 그리고 비교적 연속적이고 조직화된 메시지를 제시한다는 사실이 지금까지 살펴본 다른 커뮤니케이션과 다른 점이다. 학생들이 수업 시간에 발표하는 상황, 교수가 강의하는 상황, 회사에서 개발된 신제품을 소개하는 상황, 결혼식 주례를 서는 상황 등이 주된 공공 연설 상황이며, 심지어 단체로 야유회에 가서 게임을 진행하는 상황도 많은 사람들의 호응을 받으며 언어적·비언어적 행동을 통해 청중들을 이끌어 가야 한다는 점에서 공공 연설과 같은 맥락에서 파악할 수 있다.

공공 연설에서는 연설자가 청중과 상호 의존적으로 상호작용 및 상호 교류를 하기는 하지만(그림 12-1 참조), 다른 커뮤니케이션에 비해 연설자는 주로 말하는 비중이 크고 청중들은 주로 듣고 이해하는 비중이 크다. 이런 점에서 청중들이 잘 이해하고 공감할 수 있는 연설을 하기 위해 연설자는 연설 전에 청중을 잘 분석해야 하며, 많은 사람들 앞에서 주목을 받으며 자기 의사를 표현할 때 불안감을 최소화할 수 있는 훈련이 필요하다. 물론 가장 중요하면서도 시간이 많이 드는 부분은 스피치를 위해 충실한 내용을 준비하는 것이겠지만, 같은 내용이라 하더라도 청중들이 어떤 사람들인지(어린이인지, 학생인지, 주부인지, 전문가인지 등)에 따라 주장을 지지하기 위한 사례들이 달라져야 하고 전달하는 방식도 달라져야 한다. 그리고 아무리 좋은 내용을 잘 조직화된 방식으로 전달하기 위해 만반의 준비가 되었다 하더라도 청중들 앞에서 지나치게 긴장하면 좋은 연설을 할 수가 없다.

공공 연설은 아리스토텔레스의 수사학에서부터 시작되었다(DeVito, 2000, p.280). 2300여 년 전에 쓰여진 아리스토텔레스의《수사학Rhetoric》이란 책에 세 가지 논증 방법이 나와 있는데, '로고스(logos)'는 논리적 증명, '파토스(pathos)'는 감정적 호소, 그리고 '에토스(ethos)'는 연설자(화자)의 특성에 근거한 호소력을 말한다. 2000년 이상 동

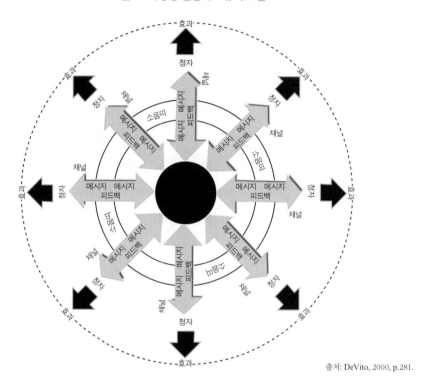

그림 12-1. 공공 연설의 교류적 모델

출처: DeVito, 2000, p.281.

안 인간 사회에 물질적으로는 엄청난 변화가 있었지만 그래도 변화하지 않는 인간의
본성이 있음을 암시해 주는 대목이다. 아직까지도 우리는 논리적 증명, 감정적 호소,
그리고 말하는 사람의 특성에 근거하여 메시지의 가치를 판단하기 때문이다.

2) 스피치의 종류

스피치의 종류는 표 12-1과 같이 나뉜다(임태섭, 1997). 이 표에서 스피치의 목적 부분
을 살펴보면 설득, 정보 제공, 유흥, 및 오락, 그리고 격려에 이르기까지 사람과 사람이
관련지어 살아가는 사회 속의 다양한 영역에서 스피치가 필요함을 알 수 있다. 스피
치 상황도 발표, 진행, 참여, 및 대화에 이르기까지 그 형태가 여러 종류이다. 아주 공
식적인 대중 연설이나 회의 주재에서부터 사적인 이야기를 오락 삼아 이야기하는 사

표 12-1. 스피치의 유형별 분류

목적 ＼ 상황	발표	진행	참여	대화
설득	대중 연설 정치 연설	회의 주재 토론 사회	토론 참여 회의 참여	면접 세일즈
정보 제공	프리젠테이션 강의	패널 사회 대담 사회	패널 발표 대담 참여	보고
유흥/오락	연회 연설 코믹 연설	연회 사회 쇼 사회	연회 참여 쇼 출연	사담
격려	격려사 축사	의식의 사회		펩 토크

출처: 임태섭, 1997, p.12.

담에 이르기까지, 앞의 장들에서 언급한 모든 커뮤니케이션 영역에 스피치가 활용될 수 있다.

설득 스피치는 "청중으로 하여금 자신이 주장하는 바를 믿도록" 또는 행동하도록 하기 위해 하는 스피치를 말한다. 정보 스피치는 "청중에게 지식이나 정보를 전달"하는 스피치다. 유흥·오락 스피치는 "즐거운 분위기를 조성하고 청중을 유쾌하게 만들고자" 하는 스피치다. 그리고 격려 스피치는 "청중에게 활력과 영감을 불어넣어 주기 위해" 행하는 스피치다. 특히 '펩 토크(pep talk)'는 대화 상황에서 격려를 목적으로 하는 스피치로, "스포츠 팀의 코치가 경기를 앞두고 선수들을 상대로 행하는" 스피치를 말한다(임태섭, 1997, pp.10~12). 펩 토크에서는 물론이려니와, 거의 모든 스피치 상황에서 듣는 사람들의 지적인 면(예: 경기에서 어떤 전략을 구사할 것인가), 정서적·동기적인 면(예: 경기를 잘 해야겠다는 의욕이 솟구치는가), 및 행동적인 면(예: 실제로 경기를 어떻게 하는가)에 큰 영향을 줄 수 있다. 강의도 그렇고 선거 연설도 그렇다. 지적인 면의 전달만 중요한 것이 아니라, 어떻게 동기를 부여하고 행동하게 만드는가 하는 것도 중요한 부분 중 하나다.

2. 공공 연설의 준비와 활용

공공 연설의 내용을 준비하기에 앞서, 발표 불안이나 연설 불안을 극복하는 일이 선행되어야 한다. 아무리 잘 준비된 내용을 발표하더라도 사람들 앞에서 발표할 때의 불안감을 극복하지 못하면 그 연설은 성공하지 못할 것이기 때문이다.

1) 대인공포증과 발표 불안의 극복

다른 사람들 앞에서 이야기해야 하는 상황, 특히 많은 사람들 앞에서 발표해야 하고 그것이 평가가 되는 상황에서는 누구나 긴장하기 마련이다. 많은 사람들 앞에서 이야기하는 상황에서 느끼는 불안감을 발표 불안 또는 연설 불안이라 하는데, 이것은 보다 넓은 범위의 커뮤니케이션 불안에 속한다(Richmond & McCroskey, 1998).

공공 연설 장면에서의 긴장을 줄일 수 있는 방법에 관한 힌트는 '사회공포증(social phobia)'의 치료 방법에서 찾아볼 수 있다. 사회공포증은 '대인공포증'이라고도 불리며, 이 증상을 지니고 있는 사람들은 다른 사람을 만나는 상황 자체에서 스트레스를 받는다. 사람을 직접 만나지 않고 커뮤니케이션할 수 있는 미디어(예컨대, 이메일이나 편지, SNS 등)를 이용하는 경우에는 불안감을 느끼지 않으면서 유독 다른 사람을 직접 만나 이야기할 때 부담을 느끼고, 더 나아가 '많은 사람을 한꺼번에' 만나 자기 생각을 피력해야 하는 공공 연설 상황에서 더욱 큰 부담을 느낀다면, 이것은 단순히 '커뮤니케이션하는 것'이 부담되는 것이 아니라 '다른 사람 앞에서' 커뮤니케이션하는 것이 부담되는 상황이기 때문에, 대인공포증의 일부라고 볼 수 있다. 결국 '사람을 만날 때 느끼는 부담'을 줄일 수 있어야만 '사람을 만나서 커뮤니케이션하는 상황'의 부담도 줄일 수 있다.

모든 사람이 연설 불안을 어느 정도 느끼는 것은 사실이지만, 너무 지나칠 때 문제가 되는 것이다. '수줍음'이란 "비교적 정상적인 범위 내에서 남들 앞에 잘 나서지 않고 소극적이며, 부끄러움을 잘 타는 성격"을 지칭하지만(권정혜 외, 1998, p.19), 정상의 범위를 넘어서서 예시 12–1 정도의 증상을 보이면 이는 수줍음이 지나쳐 '사회공

> ▶ 예시 12-1. 사회공포증을 가지고 있는 대학생의 사례
>
> 원래 내성적이고 남들 앞에 나서기 싫어하는 박 군은 고등학교 때부터 반에서 책을 읽어야 한다
> 든가 발표를 할 때 심하게 떨리는 것 때문에 오랫동안 고민해 왔습니다. 대학교 2학년 때 한번은
> 수업 시간에 발표를 하다가 너무 떨려서 목소리가 울먹이는 것처럼 나오게 되었고, 그 뒤로 수업
> 시간에 얼굴을 들 수 없었다고 하였습니다. 그 이후 박 군은 발표를 시킬 것 같은 강의는 아예 수
> 강 신청을 하지 않고 피해 왔는데, 4학년이 되자 대부분의 강의가 세미나식으로 진행되어 휴학을
> 할까 심각하게 고민하게 되었습니다. 뿐만 아니라 어느 때부터인지 같은 과 친구들과 이야기할 때
> 도 가슴이 두근거리고 온몸이 떨려서 여럿이 어울리는 자리는 피하게 되었습니다. 최근에는 자신
> 의 눈매가 너무 날카롭고 뻣뻣해서 길에서 우연히 지나치는 사람들도 불안하게 만든다고 생각하
> 게 되었습니다. 그래서 다른 사람이 시야에 들어오면 눈을 아무 방향으로도 돌리지 못하고 눈에
> 힘이 더 들어가 사람들을 똑바로 쳐다보지 못하게 되었습니다. 남들이 이런 자신의 모습을 이상하
> 게 볼 것 같아 이제는 버스나 지하철을 타는 것도 몹시 신경이 쓰인다고 호소하였습니다.
>
> 출처: 권정혜 외, 1998, pp.16~17.

포증'이라는 일종의 장애를 지닌다고 할 수 있고, 이쯤 되면 상담이나 치료를 받아야
한다. 대인공포증의 상담이나 치료를 받는 것은 감기나 질병으로 병원을 찾아가 진료
를 받는 것처럼, 전혀 이상한 일이 아니다. 문제가 있으면 그 문제를 치료해야 하는 것
은 당연하다.

　대인 커뮤니케이션이나 공공 연설 장면에서의 커뮤니케이션 불안을 극복하기
위해서는 자기가 '생각하는 것, 느끼는 것, 그리고 행동하는 것'을 모두 체계적으로
바꾸어야 한다. '생각하는 것'을 바꾸는 방법이 바로 아래에 상세히 설명할 '사회공
포증의 인지 치료' 방법이며, '느끼는 것'을 바꾸는 방법은 '체계적 둔감화(systematic
desensitization)' 방법이다(Rachman, 1967). 전혀 긴장되지 않는 장면(예: 아무 걱정 없이 따스한
바닷가 모래사장에 누워 있는 장면)을 연상하며 이완된 상태의 몸을 유지하면서 가장 덜 긴
장되는 상황(예: 나는 발표하지 않아도 된다)을 연상하다가, 점차 조금씩 더 긴장되는 상황
(예: 일주일 후에 발표해야 한다)을 하나씩 더 연상해 나간다. 이때 이완된 몸의 상태가 조금
이라도 더 긴장된 상태로 되면 다시 조금 전에 연상했던 이완 장면을 연상한다. 이렇

게 해서 일주일 후에 발표를 해야 하는 상황을 생각하는데도 내 몸이 여전히 아주 편안히 이완된 상태가 될 수 있다면, 다시 조금 더 긴장되는 상황(예: 내일 발표를 해야 한다)을 연상한다. 이렇게 단계가 점점 증가되는 긴장 상황을 연상해도 몸이 여전히 이완된 상태를 유지할 수 있도록 훈련을 거듭하는 방법이 체계적 둔감화 방법이며, 이런 방법으로 자기가 '느끼는 것'을 바꾸어 갈 수 있다.

'행동하는 것'을 바꾸는 방법도 이와 유사하게 체계적으로 점차 강도 높은 상황을 연습하는 '행동 형성(shaping)' 방법이다(Wolf, Mees, & Risley, 1964). 이것은 최종의 목표 행동에 도달하기 위해 그에 조금씩 못 미치는 행동 목표를 설정해 놓고 낮은 단계부터 점차 목표 행동에 가까운 행동을 학습해 나아가는 과정이다. 예컨대, 사랑하는 사람에게 사랑 고백을 하고 싶은데 너무나 긴장이 된다면, 처음에는 인형에게 사랑을 고백해 보고, 다음에는 친한 친구에게 고백해 보고, 나중에는 정말 좋아하는 사람에게 고백하는 연습을 한 다음 실행에 옮기는 방법으로 점차 조금씩 더 적극적인 커뮤니케이션 시도를 해 보는 것이다. 결국 불안을 극복하는 방법도 자기 자신을 학습시켜 가는 과정이라고 할 수 있다. 이제 '생각'을 바꿈으로써 사회공포증이 극복될 수 있는 방법을 알아보자.

(1) 사회공포증의 원인과 증상

발표 불안, 연설 불안, 및 무대공포증은 모두 '사회공포증'에 속한다. 사회공포증이란 "사람들이 남들 앞에서 행동할 때 창피나 무안을 당할까봐 심한 불안을 느끼는 것"을 말한다(권정혜 외, 1998, p.3). 사회공포증의 증상은 세 부류로 나누어 보면 잘 이해된다(그림 12-2 참조). 생각으로 인해 신체적 변화와 행동이 나타나므로, 긴장 행동이 나타날 때 그 뒤에 어떤 생각이 숨어 있는지를 찾아내야 치료가 가능하다.

사회공포증을 일으키는 원인과 지속시키는 원인을 한데 묶어, 사회공포증의 지속 요인을 그림으로 나타낸 것이 그림 12-3이다. 유전적 요인, 부모의 양육 방식, 충격적 경험 등이 원인이 되어 '사회적 상황에 대해 과도한 부담을 느끼면서 자신의 역량에 대해 과소평가를 하는 잘못된 사고방식'을 가지게 되고, 이로 인해 과도한 자기 집중을 하여 부적절한 수행과 부정적 예상을 함으로써 회피 행동을 계속하게 된다.

그림 12-2. 사회공포증이 있는 사람의 전형적인 신체적 변화, 생각, 및 행동과 이들 간의 상호작용

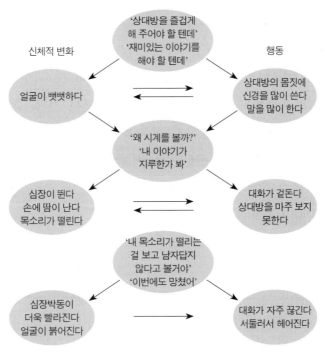

출처: 권정혜 외, 1998, p.95.

그림 12-3. 사회공포증의 지속 요인

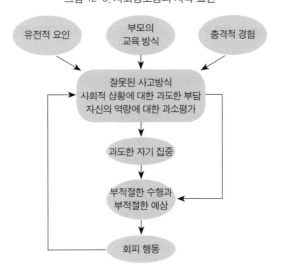

출처: 권정혜 외, 1998, p.60.

인지 치료적 입장에서는 '생각의 잘못된 점'이 바로 연설 불안이나 사회공포증의 원인이라 보고, 잘못된 생각을 바로잡아 주면 불안을 느끼지 않게 된다는 것이 기본 골격이다. 예시 12-2에 나와 있듯이, 인지 치료의 한 예인 '합리적-정서적 치료(Rational-Emotive Therapy, RET)'에서는 내가 부정적으로 느끼는 이유는 앞에 어떤 선행 사건이 일어났기 때문이 아니라 그 사이에 나의 잘못된 (즉 비합리적인) 신념이 있기 때문이다. 그러므로 똑같은 사건이 일어났더라도 나의 잘못된 신념을 합리적인 신념으로 바꾸어 주면 부정적인 결과가 없어지거나 약해질 수 있다. 예시 12-2에서 내가 비참하게 느끼는 부정적 결과(C)의 이유는 애인이 떠났기(A) 때문이 아니라, 그 애인이 없으면 내 존재가 의미 없다고 내가 생각(B)하기 때문이다. 그러므로 이 신념을 논박하여 바꾸어 주면 부정적 결과가 없어지거나 줄어들 수 있다. 이것을 A-B-C-D-E 이론이라고도 한다.

'잘못된 생각, 즉 비합리적 신념을 바로잡아 주면 그로 인해 유발되는 불안 증상을 극복할 수 있다'는 인지 치료의 기본 틀은 부정적 감정이 일어난 연후에 이를 감소시키기 위해서만 사용되는 것이 아니라, 실제로는 그렇게 심하게 불안해 할 필요가 없는데도 다른 사람을 만나거나 연설해야 하는 상황에서 불안감을 느끼는 사회공포증의 치료에도 효과적으로 적용되고 있다. 인지 치료의 수순을 스스로 밟아 나갈 때 이것은 자기가 마음속으로 가지고 있는 신념을 스스로 바꾸어 나가는 것이기 때문에 '개인 내 커뮤니케이션'이라고 할 수 있다. 많은 사람들 앞에서 이야기할 때 떨리는

▶ 예시 12-2. 합리적-정서적 치료의 기본 틀

A(antecedent): 선행 사건 (예: 내 애인이 나를 떠났다)

B(belief): 잘못된 신념 (예: 그 애인이 없으면 나의 존재는 의미가 없다)

C(consequence): 부정적 결과 (예: 나는 비참하다)

D(dispute): 논박 (예: 그 애인이 없어도 나의 존재는 의미가 있다)

E(effect): 효과 (예: 나는 비참하지 않다)

출처: Ellis, 1973.

'연설 불안'도 인지 치료와 같은 개인 내 커뮤니케이션으로 해결될 수 있다는 사실은 먼저 개인 내 커뮤니케이션이 잘 되어야 대인 커뮤니케이션에서부터 공공 커뮤니케이션에 이르기까지 모든 커뮤니케이션이 원활해질 수 있음을 의미한다.

(2) 사회공포증에서 나타나는 인지적 오류

사회공포증을 가진 사람이 흔히 가지고 있는 잘못된 생각, 즉 비합리적인 신념은 다음과 같은 다섯 종류로 나뉜다(권정혜 외, 1998, pp.122~133).

① 파국적 예상: 실제로는 그렇지 않음에도 불구하고 어떤 사건을 '매우 위험하고, 감당할 수 없고, 큰 재앙을 일으킬 것 같은' 것으로 생각하는 경향.

② 나와 관련짓기: 자신과는 무관한 다른 사람의 행동을 '나 때문에 생긴 일,' 혹은 '내 탓이야'라고 생각하는 경향.

③ 지레짐작하기: 자신이 느끼기에 어떨 것 같다고 생각하면 그것을 객관적 사실로 받아들이는 것. 이것이 현실과 다를 수 있는 주관적 판단이라는 것을 알지 못함.

④ 흑백논리: 사건의 다양성이나 이면을 생각하지 않고, '성공 아니면 실패,' '똑똑한 것 아니면 어리석은 것,' '좋은 것 아니면 나쁜 것'이라는 식의 극단적이고 이분법적인 생각.

⑤ 강박적 부담: 다른 사람들의 평가에 과도하게 신경을 쓰는 나머지 완벽주의적인 경향. '해야만 해,' '해서는 안 돼' 하는 생각이 많음.

예를 들어, 금방 청혼을 했다가 거절당하고 나서 '내 인생은 이제 끝장이야'라고 생각한다면 사실은 그렇게까지 비참한 상황이 아님에도 불구하고 실제보다 훨씬 더 비참한 상황으로 생각을 하는 '파국적 예상' 오류를 범하는 것이다. 그리고 어떤 교수님이 실제로는 다른 일 때문에 바빠서 나를 보고도 미소 짓지 않았는데 나는 '아마 내가 어제 발표를 엉망으로 해서 교수님이 나 때문에 화가 나신 게 틀림없어' 하고 생각한다면, 나는 '나와 관련짓기' 오류를 범하고 있는 것이다. 나와 관련짓기 오류를 범하면서 지레짐작해 놓고서는 그것이 주관적 판단일 뿐이라는 사실을 간과한 채 객관적 사실로 받아들인다면 '지레짐작하기' 오류까지 함께 범하는 것이다. 또한 자기

기준을 너무 높게 책정(예: 이번에는 꼭 만점을 받아야지)해 놓고 그것에 조금만 못 미치면 실제로는 10점 만점에 7~8점 정도는 되는데도 불구하고 '이번에도 망쳤어' 라고 생각한다면, 이것은 '강박적 부담'과 '흑백논리'가 함께 작용한 오류다.

(3) 마음의 틀 바꾸기

위와 같은 비합리적 신념들을 바꾸어 주는 것은 잘못된 생각을 변화시킴으로써 전반적인 마음의 틀을 바꾸어 주는 것이다. 마음의 틀이 바뀌면 그에 따라 해석되는 사건들의 의미가 달라지게 된다. 외부에서 일어나는 사건들의 이해도 스키마에 따라 달라지듯이, 자신에게 일어나는 사건들의 이해도 스키마에 따라 달라지는 것이다. 대체로 위에 언급한 다섯 가지 인지적 오류는 다음과 같이 바꾸어 주어야 한다.

① '파국적 예상' 극복: 최악의 경우를 생각하지 말고, '실제로 어떤 일이 일어날까'를 생각한다.

② '나와 관련짓기' 극복: 나 때문에 그런 일이 일어났다고 생각하지 말고, '다른 이유는 없을까' 생각해 본다.

③ '지레짐작하기' 극복: 다른 사람의 생각을 자기 멋대로 생각하고는 그것이 마치 사실인 양 굳게 믿을 것이 아니라, '정말로 그럴까' 하는 객관적 근거를 생각해 본다.

④ '흑백논리' 극복: 아주 잘 했을 때에만 만족하고 그렇지 않으면 '망쳤다'고 생각하는 습관을 버리고, '이 정도면 나에게 몇 점을 줄 수 있을까'를 생각한다.

⑤ '강박적 부담' 극복: '반드시 잘 해야 한다'는 생각을 버리고 '조금 못하면 어떻게 될까'를 생각해 본다.

(권정혜 외, 1998, pp.140~164 참조.)

(4) 핵심 신념과 직면 훈련

먼저 자기가 불안함을 느끼는 여러 종류의 사회적 상황(발표, 연설, 회식 자리 등)에서 떠오르는 '반사적 생각들'을 적어 본 다음, 거기에서 공통적으로 발견되는 '핵심 신념'이 무엇인지를 찾아낸다. 핵심 신념과 반사적 생각 간의 관계는 그림 12-4에 잘 나타

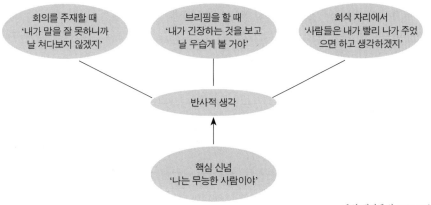

그림 12-4. 핵심 신념과 반사적 생각의 관계

회의를 주재할 때 '내가 말을 잘 못하니까 날 쳐다보지 않겠지'

브리핑을 할 때 '내가 긴장하는 것을 보고 날 우습게 볼 거야'

회식 자리에서 '사람들은 내가 빨리 나가 주었으면 하고 생각하겠지'

반사적 생각

핵심 신념 '나는 무능한 사람이야'

출처: 권정혜 외, 1998, p.168.

나 있다.

반사적 생각은 "여러 층의 생각 중에서 가장 의식의 표면에 있는 것이기 때문에 약간만 주의를 기울이면 쉽게 파악할 수 있는 생각"이다. 반면에, 핵심 신념은 "어렸을 때부터 지금까지 살아오면서 겪었던 많은 경험의 영향을 받아 형성된 것으로서, 우리가 일상생활 속에서 갖가지 상황에 부딪칠 때 어떤 생각들을 하게 되는가에 상당한 영향"을 준다(권정혜 외, 1998, pp.167~168). 즉 핵심 신념이 반사적 생각보다 더 많은 상황에 적용되는 일반적인 생각이며, 더 뿌리 깊은 생각이라고 할 수 있다. 따라서 반사적 생각들을 그때그때 고치려고 노력해도 근본적으로 핵심 신념이 잘못되어 있다면 반사적 생각들을 고치기가 어렵다.

예시 12-3에서 여러 반사적 생각들에 공통되는 핵심 신념은 "모든 면에서 잘 해야만 상대방의 인정을 받을 것이라는 생각"이다. 핵심 신념을 찾은 다음에는 이것이 타당한 것인지를 판단해야 한다. 예를 들어, '너무 높은 기준을 가지고 있는 것은 아닌지' 또는 '일부만 보고 전체를 평가하는 것은 아닌지'를 생각해 보면, 자신의 핵심 신념이 타당한 것인지를 알 수 있다(권정혜 외, 1998). 발표를 아주 잘 하는 사람이 '보통' 이라고 생각하고 그보다 못하면 발표를 못하는 것으로 간주하지는 않는지, 또는 자신이 잘 하는 점은 보지 않고 못하는 점만 집중적으로 생각하며 그것을 전체라고 생각하지는 않는지를 검토해 보아야 한다.

> ▶ 예시 12-3. 반사적 생각들로부터 핵심 신념 찾아내기
>
> • 상황: 직장 동료들과 회식을 갔을 때
>   반사적 생각: '내가 사회도 보고, 노래도 잘 하고 해서 분위기를 돋워야 할 텐데'
>
> • 상황: 데이트 할 때
>   반사적 생각: '내가 재미있는 이야기를 해 주고 무엇이든 알아서 척척 해야 나를 남자답다고 생각할 거야'
>
> • 상황: 친구들과 모인 자리에서
>   반사적 생각: '말도 잘 하고 분위기를 주도해야 나를 괜찮은 녀석이라고 생각할 거야'
>
> 출처: 권정혜 외, 1998, p.172.

그 다음, 직면 훈련 단계에서는 실제로 불안을 일으킬 만한 행동을 해 본다. 실제로 다른 사람에게 좋지 않은 인상을 줄 거라고 믿는 실수를 해 본다든지, 또는 거절을 해 보는 것도 하나의 연습 방법이다. 이 단계에서 위에 언급한 '체계적 둔감화' 방법을 사용하는 것이 좋다.

2) 청중 분석

먼저 자신이 청중들 앞에서 긴장하지 않도록 개인 내 커뮤니케이션을 통한 불안 감소 훈련을 한 다음에는, 청중들이 어떤 사람들인지를 잘 분석해 보아야 한다. 지피지기(知彼知己)면 백전백승(百戰百勝)이라는 말도 있듯이, 먼저 나를 알고 스스로 잘 훈련시켰으니 이제 상대방을 잘 알면 더욱 대인 상황이나 연설 상황에서 필승의 가능성이 높아지는 것이다.

청중들이 얼마나 전문적인지, 연사에 대해 얼마나 호의적인지, 연사와 얼마나 유사한 사람인지, 청중들끼리 얼마나 동질적인지 하는 점들을 파악하고 나면 같은 내

용을 전달하더라도 어떤 방식으로 전달하는 것이 더 효과적일지를 결정하는 데 도움이 된다. 청중들의 인구 통계학적 특성들(예: 성별, 연령대, 학력 수준, 경제 수준 등)과 함께 대체로 다음과 같은 세 영역 — 청중들의 동기, 태도, 및 지식 — 에 관해 충분히 이해가 된 연후에는 더욱 효율적인 연설이 가능할 수 있다:

① 청중들이 얼마나 기꺼이 들을 준비가 되어 있는가? (청중들의 동기)

② 청중들이 연사와 연설 내용에 얼마나 호의적인 태도를 지니고 있는가? (청중들의 태도)

③ 청중들이 연설 내용에 대해 얼마나 잘 알고 있는가? (청중들의 지식)

먼저, 청중들의 동기를 유발시키기 위해서 드비토(DeVito, 2000)가 제안하는 방법은 ① 연설 초반부에 그들이 잘 모르는 사실, 놀라운 통계나 예 등을 제시하여 흥미와 주의를 유도한다, ② 잘 들어주는 사람에게 감사를 표시한다, 그리고 ③ 이야기를 청중의 욕구에 맞는 내용과 결부시킨다. 이 내용 중 상당 부분은 하가이(Haggai, 1986)의 일곱 가지 커뮤니케이션 원칙과 일치한다.

① 단순히 자기의 언어 구사 능력만 과시하려 하지 말고, 말의 내용이 청중에게 어떤 영향을 줄 것인가에 보다 주목하라.

② 청중의 연령 및 남녀의 구성 비율, 장소, 및 환경, 논제의 쟁점, 청중의 경청 태도 등에 관심을 가져라.

③ 청중의 관심을 지속시킬 수 있도록 간간이 해학적 유머로 그들을 즐겁게 하라.

④ 사회 통념의 선입견을 깨는 이론을 정연하게 전개하라.

⑤ 청중이 아는 정보에서 시작하여 그들이 몰랐던 새로운 정보를 제공하라.

⑥ 자신의 주장을 그 반대의 주장들과 비교해 가면서 그것의 우수성을 강력하게 주장하되, 때때로 자기의 경험을 곁들여라.

⑦ 청중의 기본 욕구, 즉 자기 보존 욕구·물질 욕구·권위 욕구·명예 욕구·사랑 욕구 등에 호소하여 동기를 유발하라.

(이원설·강헌구, 2001, p.142.)

인간에게 '동기'의 문제는 무척 중요하다. 누가 시켜서 억지로 듣는 것과 자발적으로 듣고 싶어서 듣는 것은 엄청난 차이를 가져오기 때문이다. 높은 동기를 지니고 있는 학생들에게 강의하는 것이 즐거운 이유는 그만큼 메시지의 전달이 청중의 공감 속에서 효율적으로 이루어져 '의미의 공유' 부분이 넓어지기 때문이다. 수많은 광고 메시지가 거기에 쏟아 붓는 경제적 비용과 심리적 노력에 비해서는 훨씬 작은 효과밖에 거두지 못하는 이유가 바로 광고 메시지를 접하는 사람들의 '동기'가 대부분 부족하기 때문이다. 우리는 보지 않으려고 하는 것을 억지로 보게 만들고, 또 보고 싶게 만들기 위해 온갖 유인책을 다 동원하고 있는 것이다.

청중들의 동기가 유발된 연후에 중요한 것은 청중들의 '태도'다(DeVito, 2000). 청중들에게 '기꺼이 듣고 싶은' 동기가 있다 하더라도 듣고 싶어 하는 이유가 연설 내용을 반박하기 위해, 즉 꼬투리를 잡기 위해 듣고 있는 듯한 적대적 태도를 지닌 청중들이라면, 그런 청중들 앞에서 연설하기 전의 마음가짐은 당연히 호의적인 청중들 앞에서 연설할 때와 달라야 한다. 무턱대고 메시지 전달에만 열을 올리다가는 역효과가 나올 수 있기 때문이다. 청중들이 연사에게 비호의적이라고 판단되면 우선 ① 비호의적 태도가 혹시 오해로 인한 것은 아닌가 살펴서 그 오해를 풀고(예컨대, 연사가 청중의 자율성을 해치려는 것은 아닌지 청중들이 오해하고 있으면 그렇지 않다는 사실을 강조함), ② 청중과 연사가 공통적으로 지니고 있는 점을 찾는다. 예컨대, 대학 총장과 '등록금 동결' 협상을 하기 위해 들어와 있는 학생 대표단에게 '나도 학생 시절에 모교에서 이런 경험을 했다'거나 '나도 우리 학교가 잘 되기를 바란다'는 말을 꺼냄으로써 서로 '공통되는' 생각이나 경험에 관해 대화함으로써 공유 영역이 넓어진다면, 그 후의 이야기를 진행시키기가 훨씬 더 부드러워질 것이다. ③ 서로 의견이 공통되는 부분부터 시작하여 차츰 이견을 보이는 부분까지 진행해 가는 것이 효과적이다. 그리고 ④ 너무 큰 소득을 얻으려 하기보다 작은 승리를 얻도록 노력하고, 서로의 차이점은 분명히 인식하는 것이 좋다.

끝으로, 청중들이 얼마나 많은 '지식'을 가지고 있는 사람인지에 따라 연설 내용과 제시 방식이 달라져야 한다. 건강한 치아를 유지하려면 어떻게 해야 하는지를 연설할 때에도 의학 전문가들을 대상으로 할 때와 아동들을 대상으로 할 때 당연히 그 내용과 구성이 달라져야 한다. 그러나 아무리 지식이 적은 청중들이라 하더라도 연사가 청중보다 더 우월한 입장에서 청중들을 깔보듯 이야기한다면 그 메시지를 귀담아 들을 사람이 없을 것이다. 일단 연령이나 지식 면에서 청중이 연사보다 더 낮다 하더라도 '나의 말을 들어주는 사람'에게 고마운 마음을 가지고 청중을 '섬기는' 마음으로 연설에 임하는 것이 바람직하다. 권위주의적인 문화일수록 지위가 낮거나 연령이 낮은 사람들을 하대하는 경향이 있지만, 모든 사람은 동등한 인간으로서 존중받을 권리를 갖는다는 점을 명심해야 한다. 연사의 이런 마음은 언어적·비언어적으로 청중에게 전달이 되며, 이것이 메시지의 흡수와 의미의 공유에 큰 도움을 준다. 해당 분야에 대한 지식이 부족하더라도 지능이 부족한 것은 아니므로, 이것을 혼동해서는 안 된다(DeVito, 2000, p.293). 청중의 지식을 과대평가해서도 안 되지만, 과소평가해서는 더욱 안 된다. 그리고 청중들이 연사에 대한 신뢰감을 가지도록 하기 위해서는 최소한 그 영역에 관한 한 연사가 전문성을 지니고 있다는 사실을 연설 초반에 이야기하는 것이 좋다. 즉 청중들이 연사의 말을 듣는 것을 시간낭비라고 생각하게 해서는 안 된다는 것이다. 시간과 노력을 투자할 만한 가치가 있는 전문성과 신뢰성을 지니고 있는 연사라는 사실을 청중들이 알 때 더 기꺼이 이야기를 듣고 영향을 받는다.

3) 연설 내용의 준비와 논증

청중 분석이 끝난 후에는 연설할 메시지를 잘 구성해야 한다. 메시지는 크게 주장(claim)과 입증(support)으로 나뉘며, 주장과 입증을 함께 제시하는 것이 논증(argument)이다(임태섭, 1997, p.118). 주장도 사실적 주장, 가치적 주장, 및 정책적 주장으로 나뉘는데, 이것은 7장에서 논의한 갈등의 종류가 사실 갈등, 가치 갈등, 및 정책 갈등으로 나뉘는 부분과 연결된다. 사실, 가치, 및 정책 부분에 갈등이 있을 때에도 서로 각 영역에 맞는 커뮤니케이션을 하여 갈등을 해결할 수 있듯이, 공공 연설에서의 주장도 사실을 주장하느냐 가치를 주장하느냐 정책을 주장하느냐에 따라 전달 내용과 방법을 달리 할 때 그 주장이 더욱 설득력을 지닐 수 있다. '사실적 주장'은 말 그대로 어떤 일이 사실인지 아닌지에 관한 주장을 말하며, '가치적 주장'은 어떤 일이 '좋다-나쁘다, 바람직하다-바람직하지 않다'와 같은 평가에 관한 주장으로서 주장하는 사람의 태도가 드러난다. 그리고 '정책적 주장'은 어떤 행위를 하는 것이 옳은지에 관한 행위의 당위성을 주장하는 것이다. 정책적 주장이 서로 다르면 갈등이 유발되고, 서로 누구의 주장이 더 옳은지를 놓고 다투게 된다. 이것이 개인 차원이 아닌 공공 차원에서의 주장과 갈등으로 이어질 수 있음은 물론이다.

주장을 근거와 함께 제시하는 것이 논증인데, 그림 12-5의 위쪽 그림은 논증의 기본 모형을 나타내며, 아래쪽 그림은 복합 모형을 나타낸다(임태섭, 1997, pp.121~123). 논증의 기본 모형에서 제시된 근거가 주장을 잘 뒷받침하도록 만들어 주는 기준이 '보장(warrant)'이다. 만약 그림 12-5의 위쪽 모형에서 제품 X가 다른 제품보다 저렴하고 견고하다 하더라도 "꼭 저렴하고 견고한 제품이 가장 좋은 제품이라고 할 수 있느냐?" 하는 의문에 부딪치면 제품 X가 가장 좋은 제품이라고 주장할 수 없게 된다. 그러므로 다른 사람이 이러한 기본 모형에 근거하여 어떤 주장을 할 때, 그 중간의 '보장' 부분을 약화시키면 효과적으로 그 주장을 반박할 수 있다.

자신의 주장에서 '보장' 부분이 약하다고 생각되면 그에 대한 '보강(backing)'으로서 그림 12-5의 아래쪽에 있는 복합 모형에서처럼 한국소비자보호원 조사의 결과(내구성과 가격이 가장 중요한 요인임을 보강)를 제시하면 된다. 논증 방법 중에서 '한정(qualifier)'은 '다른 종류의 물건이라면 모르지만 이 물건에 관한 한' 이것이 사실이다라는 식의 논증을 말한다. 혹은 소비자 그룹을 한정시켜 '최소한 젊은 여성 소비자들은' 이렇게 생각한다고 말할 수도 있다. 끝으로 '반증(rebuttal)'은 스스로 자기주장의 한계를 지적하는 것으로서, 외국의 물건 중에는 더 나은 것이 있을 수도 있지만 한국에서는 가장 좋다는 식의 주장을 함으로써 자신의 궁극적 주장을 관철시키는 것이다. 어차피 밝혀질 단점이라면 다른 사람이 밝히는 것보다 스스로 밝히는 것이 더 좋은 인상을 주며, 주장을 듣는 사람들에게 두 가지 이상의 논리에 부딪쳐 볼 기회를 줌으로써 나중에 다른 정보원으로부터 반대 메시지를 받았을 때에도 면역 효과를 발휘하여 현재의 주장이 더 오래 살아남을 수 있다.

주장을 뒷받침하는 증거로 사용되는 것들은 사실, 사례, 통계 자료, 증언, 및 이들의 조합으로서, 구체적인 예들이 표 12-2에 잘 나타나 있다. 주장하고자 하는 메시

그림 12-5. 논증의 기본 모형(위)과 복합 모형(아래) 사례

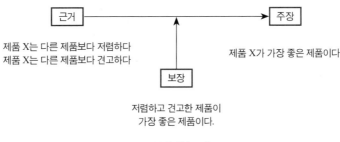

논증의 기본 모형

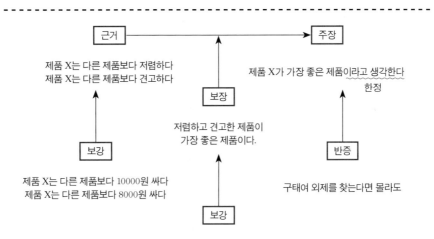

논증의 복합 모형

출처: 임태섭, 1997, pp.121, 123.

지에 따라 다양한 증거들을 일관성 있게 섞어서 제시하면 훨씬 더 효과적으로 자기 주장을 펼 수 있을 것이다.

증거가 힘을 얻는 이유는 사람들이 이런 증거들을 접했을 때 어떻게 지각하고 반응하는가 하는 문제와 관련이 있다. 사실들을 열거하기만 해도 사람들은 열거되지 않은 사실을 쉽게 추론하며, 일단 추론하고 나면 그것을 기정사실로 받아들인다. '사실'의 기술만으로 충분히 '추론'을 유도할 수도 있다. 많은 사람들에게 하나의 조직화된 메시지를 구성하여 전달한다는 의미에서 사실을 위주로 구성하여 전달하는 다큐

멘터리도 공공 연설 메시지와 공통되는 부분을 지닌다. 다큐멘터리에 등장하는 사실들을 어떻게 나열하고 그 근거들을 어떻게 입증하느냐에 따라 메시지 전달의 효율성이 결정되고, 사람들이 다큐에서 제시되는 근거들을 판단하여 그 속에 담겨 있는 주장을 간파하기 때문이다.

표 12-2에 열거되어 있는 증거들 중에 '증언'을 하는 것도 객관적 사실이라기보다는 '증언자 자신이 사실이라고 믿는 것' 또는 '증언자 자신이 사실이라고 지각한 것'일 뿐이며, 사람의 지각 과정에서 일어날 수 있는 오류에서 자유로울 수는 없다. 예컨대, 같은 사고를 목격한 사람도 '저 차가 부서지기 전에 얼마나 빠른 속도로 달렸느냐?'고 물을 때와 '저 차가 접촉 사고를 내기 전에 속도가 어느 정도였느냐?'고 물을 때 증언이 달라질 수 있다. 앞의 질문은 '부서졌다'는 사실을 먼저 연상시킴으로써 일종의 기준점 역할을 하여 속도가 훨씬 더 빨랐다고 증언하게 되며, 뒤의 질문은 '접

표 12-2. 증거의 종류와 그에 따른 주장의 예

증거의 종류	증거의 구체적 예시	담겨 있는 주장
사실	• 민간이 알아서 해야 할 일을 정부가 하고 있다(행정 규제). • 정부가 할 일일 제대로 하지 못하니 민간이 해야 한다(부정부패 감시).	관(官)과 민(民)이 바뀌었다.
	• 제품 X가 가장 저렴하고 견고하다.	제품 X가 가장 좋은 제품이다.
예	• 한 할머니가 어젯밤 자살을 했다. 유서에는 당신이 살고 있던 방의 전셋돈을 빼서 자식들의 빚을 갚으라는 말이 쓰여 있었다. • 또 언젠가는 아들딸이 줄줄이 있는 한 할머니가 혼자 살던 방안에서 돌아가신 지 한 달 만에 발견되었다.	자식들이 본분을 다하지 않고 있다.
통계	• 이 조사의 결과에 의하면 문제 언어는 전문 MC가 13.7%, 개그맨이 55.1%, 기타 연예인이 16.0%, 언론인이 6.0%, 인터뷰 대상자가 9.2%를 사용한 것으로 나타났다.	방송 언어 오염의 가장 큰 책임은 개그맨들에게 있다.
증언	• 증인 김갑돌 씨는 피고가 칼로 피해자의 복부를 찌르는 것을 분명히 목격했다고 증언했다.	피고는 유죄다.
	• 미국과 일본의 과학자들은 소주에 첨가하는 감미료가 암을 유발할 수 있다고 말했다.	감미료를 첨가하지 않은 우리 소주가 좋은 소주다.
사실+통계+증언	• 여론 조사에 의하면 주부들의 80%가 제품 X를 선호한다고 했습니다.	제품 X가 가장 좋은 제품이다.

출처: 임태섭, 1997, p.127.

측 사고'라는 프레임에 맞추어 모든 상황이 지각되고 판단되기 때문에 앞의 질문에서 보다 더 낮은 속도를 증언하게 된다(Loftus & Doyle, 1997). 문제는 사람들이 '의도적으로' 거짓 증언을 하는 것이 아니라, 자기는 실제 일어났던 사실을 그대로 보고한다고 믿지만 인간의 지각 과정에 개입되는 오류는 피하기가 어렵다는 점이다.

뿐만 아니라, 객관적 통계 정보보다 사례 정보가 훨씬 더 현저한 정보로서 관련성 높게 지각되기 때문에 실제로는 통계 정보가 더 좋은 증거임에도 불구하고 몇몇 구체적인 사례가 더 사람들을 끄는 경우도 많다는 사실이 사회심리학적으로 밝혀져 왔다(Tversky & Kahneman, 1974). 예를 들어, 통계적으로 A사의 자동차가 B사의 자동차보다 훨씬 더 튼튼하다는 사실이 입증되었다 하더라도, 바로 옆집에 사는 친한 사람이 A사의 자동차를 타다가 크게 사고를 당했다는 사실을 접하면 비록 후자가 단지 하나의 사례에 불과할지라도 A사의 자동차를 구입하기 꺼려한다. 그리고 일간지에서 모 학습지를 이용하여 불과 몇 개월 사이에 영어 실력이 부쩍 늘었다는 사례들을 몇 개만 구체적으로 제시해도, 그것이 비록 100만 명 중에 2~3명에 불과할지라도 구체적이고 생생한 정보이기 때문에 더 신뢰하게 된다. 그래서 실제 증거의 강력함이나 객관성과는 무관하게, 사람들이 강력한 증거라고 '믿는' 것을 제시하는 것이 어쩌면 더 중요할 수도 있다. 한국인의 30%가 과소비를 한다는 통계 정보보다 '강남에 사는 주부 김 모 씨가 몇 100만 원짜리 속옷을 산다'는 정보가 비록 하나의 사례이지만 사람들에게 더 강렬한 증거로 다가가 분노를 일으킬 수 있다. 매스 미디어에 보도가 되면 아무리 희귀한 사례라도 그 일반화 가능성을 더 크게 지각하기 때문이다. 그러므로 공공성을 지녀야 하는 TV나 신문과 같은 매스 미디어를 통해 희귀한 사례를 자극적으로 제시함으로써 근거가 취약한 상상적 추론을 하도록 유도하는 것은 올바른 언론인의 활동이 아니라고 할 수 있다. TV 프로그램이나 신문 기사가 대중을 향해 하나의 조직화된 메시지의 덩어리로서 전달되기 때문에, 이것도 하나의 공공 커뮤니케이션이라고 볼 수 있고, 그 파급 효과와 윤리적인 문제는 훨씬 더 크게 다가올 수 있다.

4) 연설 스타일

사람마다 옷 입는 스타일이 다르듯이, 연설하는 스타일도 다르다. 저 사람이 이런 방식으로 연설하여 성공을 거두었다고 해서 나도 그와 똑같은 방식으로 연설하면 성공할 것이라는 보장을 할 수 없다. 사람에 따라 같은 행동도 더 좋아 보이는 사람이 있는가 하면 오히려 더 좋지 않게 보이는 사람도 있다. 자신의 단점을 오히려 장점으로 승화시킬 수 있는 부분을 개발해야 한다.

대중 연설 상황에서 사람들은 연설자의 언어적 메시지를 들음과 동시에 그 사람의 외모에서 풍기는 인상, 말투에서 느껴지는 선입견, 그리고 예상치 못한 상황이 닥쳤을 때 임기응변적으로 대처하는 모습 등을 모두 종합하여 그 사람에 대한 전반적인 판단과 연설 내용에 대한 수용 정도가 결정된다.

(1) 구두 전달 스타일

같은 내용의 메시지라도 우리가 구두(말)로 전달할 때의 스타일과 문서(글)로 전달할 때의 스타일은 다르다(Akinnaso, 1982). 말을 할 때는 생각을 언어로 표현할 때 생각과 표현 사이의 시간 간격이 무척 짧지만, 글을 쓸 때는 상당한 기간 동안 깊이 생각한 후에 표현할 수 있는 시간적 여유가 있다. 그래서 말을 할 때와 글을 쓸 때 사용하는 용어도 달라지며, 글이 말보다 더 형식성을 갖추게 된다.

말을 할 때는 글을 쓸 때보다 더 짧고 간단하고 친숙한 용어를 사용한다(DeVito, 2000, p.341). '아마,' '어쩌면,' '아주,' '내가 보기에는' 등과 같은 용어는 말을 할 때는 자주 쓰지만 글을 쓸 때는 잘 쓰지 않는다. 인쇄 미디어와 방송 미디어의 차이를 연구할 때 흔히 메시지의 내용은 같게 하면서 전달 방식만 달리 하여 비교하는 연구를 하지만, 만약 완전히 말투까지 똑같은 내용을 하나는 인쇄물로 제작하고 하나는 방송으로 제작한다면 둘 중 하나는 어색한 형태로 접하게 된다. 인쇄물에는 글이 담기기 때문에 보다 형식적인 것이 자연스럽게 느껴지고, 방송은 주로 말로 전달되기 때문에 조금 덜 형식적인 것이 자연스럽게 느껴지기 때문이다. 그렇다고 하여 인쇄물의 메시지는 형식적인 방식으로, 방송 메시지는 비형식적인 방식으로 풀어서 전달하면, 이것은 단순히 인쇄 미디어와 방송 미디어의 차이를 비교하는 것이라기보다는 형식적 전달과 비형식적 전달의 차이를 비교하는 과정이 섞이게 되어, 두 변인의 혼동이 일어난다. 즉 두 가지 전달 방식의 차이가 미디어의 차이(인쇄/방송) 때문인지 구술 또는 서술 방식의 차이 때문인지 구분하기 어려워진다는 것이다. 여기서 우리가 알 수 있는 점은 미디어에 따라 우리가 전달할 수 있는 내용이나 그 형식이 상당히 제한을 받을 수 있다는 점이다. 물론 아주 비형식적인 방식으로 인쇄물에 글을 쓸 수도 있고, 고도의 형식성을 갖추어 (마치 글을 쓰듯이) 방송을 통해 말을 할 수도 있지만, 이것이 자연스러운 전형성을 갖춘 인쇄물과 방송이 되지는 않는 것이다. 여기서 다시 한 번 '미디어는 메시지다'라고 했던 맥루언의 말이 상당히 진리에 가깝다는 사실을 알 수 있다(Mcluhan, 1964). 우리의 미디어는 우리가 모르는 사이에 메시지 전달 및 그 수용 방식에 한계를 지우고 있는 것이다.

말과 글은 선택되는 용어가 다를 뿐만 아니라, 말에는 존재하는 비언어적 제스처나 표정, 그리고 억양이나 목소리의 크기와 같은 유사 언어적 측면들이 글에는 존재하지 않는다. 바로 이 점 때문에 말을 들을 때보다 글을 읽을 때 독자의 상상력이 더 많이 자극되는 것도 사실이다. 글을 읽을 때는 독자의 인지적 노력이 더 많이 들어가고, 글의 내용 중에서 어떤 부분이 더 중요하고 덜 중요한지를 즉각적으로 파악하기도 어렵다. 반면 말을 들을 때는 말하는 사람이 어떤 제스처를 섞어 이야기하는지에 따라, 그리고 어떤 부분을 강조해 이야기하는지에 따라 쉽게 중요한 부분과 중요하지 않은 부분이 구분되고 인지적으로 계속 집중하려 스스로 노력하지 않아도 시선을 끄는 부분들이 있기 때문에, 말의 내용을 이해하기가 훨씬 더 쉬워진다. 그래서 학력이 낮거나 인지적 노력을 싫어하는 사람들이 대개 인쇄미디어보다는 방송 미디어를 더 선호한다.

이 점을 역으로 생각해 보면, 우리가 말로 대중 연설을 할 때는 구두 표현의 이점을 최대한 살려야 한다는 사실을 알 수 있다. 말로 스피치를 하면서 글을 읽듯이 전달한다면 말의 이점을 살릴 수가 없기 때문이다. TV 앵커가 뉴스를 전달할 때 글을 읽듯이 전달하면 우리는 부담을 느낀다. 유능한 앵커, 유능한 배우는 비록 글로 되어 있는 대본이라 하더라도 이것을 말로 전달할 때 어떻게 하는 것이 효율적이고 자연스러울지를 항상 염두에 둔다. 그래야만 말로 전달되는 내용을 보고 듣는 시청자들도 그 내용을 부담 없이 흡수할 수 있다.

그런데 공식적인 자리에서의 연설은 비록 말로 전달되지만 상당히 글에 가깝다. 우리가 흔히 문어체 혹은 구어체라고 말할 때, 연설문은 구어체가 아닌 문어체인 경우가 많다. 거의 글을 읽는 수준에 가깝다고 할 수 있다. 그러나 명심해야 할 점은 문어체로 쓰인 연설문을 낭독하는 것도 분명히 '말'로 전달되기 때문에 억양과 제스처 같은 유사 언어 및 비언어적 단서들이 충분히 도움을 줄 수 있다는 사실이다. 연설자의 연설문을 청중들이 '읽는' 것이 아니라 연설자가 말로 연설하는 것을 청중들이 '듣는' 것이다.

좋은 스피치를 위해 적절한 용어를 선택하는 기준으로 드비토(DeVito, 2000)는 ① 명료성, ② 생생함, ③ 적절성, ④ 개인적 스타일, ⑤ 힘 있는 언어의 기준을 말하고 있다. 명료성을 위해 용어를 낭비하지 말고 경제적으로 사용할 것, 보다 구체적인 용어나 수치를 사용할 것, 문장과 문장을 부드럽게 연결해 주는 구절을 사용할 것, 짧고 친숙한 용어들을 사용할 것, 그리고 혼동하기 쉬운 용어(예: '지양'과 '지향' 등)를 주의 깊게 사용할 것을 제안한다. 그리고 생생한 전달을 위해서는 수동형보다는 능동형을 사용하는 것이 좋으며, 시각적 이미지를 떠올릴 수 있는 설명을 하는 것이 좋다. 말을 들으면서 마치 실물을 보는 것 같은 느낌이 들도록 색상, 크기, 모양 등에 관해 구체적인 시각적 표현을 하는 것이 좋다는 것이다. 시각적 이미지뿐만 아니라, 차가 지나가는 소리와 같은 청각적 이미지, 시원하게 흐르는 시냇물을 실제로 만지고 있는 것 같은 느낌을 주는 촉각적 이미지 등을 충분히 연상할 수 있는 표현을 사용하는 것이 좋다.

적절성의 수준은 대개 '얼마나 형식성이 요구되는 상황인지'를 잘 파악하여 그에 알맞은 표현을 해야 한다는 것이다. 공식적인 연설이 필요한 자리에서 지나치게 사적인 이야기를 한다든지, 사적인 유연함이 필요한 자리에서 지나치게 딱딱한 공식적 스피치로 일관한다든지 하는 것은 커뮤니케이션의 기본적인 요구 조건이라고 할 수 있는 상황 적합성을 벗어난 것이므로 어색함을 자아낸다. 상황에 부적합한 말이라고 생각되면 듣는 사람이 어색하게 느껴 제대로 메시지 전달이 되지 않는다. 어떤 커뮤니케이션이든 화자와 청자의 호흡이 잘 맞아야 하고, 그러기 위해서는 상황 적합성이 전제가 되어야 한다. 때로는 화자는 자기가 하는 말이 적절한 수준의 형식성을 갖추었다고 생각하는데 청자는 그렇게 생각하지 않을 수도 있고, 그 반대일 수도 있지만, 어느 정도 합의가 되는 형식성의 수준이 존재한다. 흔히 '성희롱' 상황으로 간주되는 남녀 간 대화 상황에서도 화자와 청자의 상황 적합성에 대한 인식의 차이가 보이기도 한다. 가해자는 본인의 말이 '적절한' 수준의 상황 적합성을 지닌다고 생각하는데, 피해자는 가해자의 말이 적절한 수준의 상황 적합성을 넘어섰다고 생각할 수 있다. 개인적 대화든 공공적 대화든 적절성의 수준은 항상 커뮤니케이션의 중요한 맥락 역할을 한다.

청중들은 비개인적 스타일보다 개인적 스타일을 더 선호한다(DeVito, 2000). '저는' 또는 '제가 보기에는'이라고 표현하는 것이 '본인은' 또는 '이 연사는'이라고 표현하는 것보다 청중이 연사에게 거리감을 덜 느껴 친밀한 마음으로 연설을 받아들인다는 것이다. 공공 연설의 하나인 강의 중에도 간혹 청중들에게 '질문'을 함으로써 연사가 일방적으로 이야기한다기보다 함께 이야기하고 있는 것 같은 느낌이 들도록 청중들의 몰입을 유도하는 것이 바람직하다. 함께 '공공 스피치 교류'를 하고 있다는 느낌을 주어야 한다는 것이다. 그리고 앞서 이야기한 상황 적합성을 벗어나지 않는 한도 내에서 개인적인 예를 가끔 들어주는 것이 청중과의 거리를 줄이는 한 방법이다. 청중들은 연사가 자기와 완전히 다른 세계에 사는 사람이 아닌, 자기와 함께 호흡하며 비슷한 생활을 하고 있는 사람임을 느낄 때 그 메시지를 더 기꺼이 듣고 반응하려 하기 때문이다. 청중을 지칭할 때도 '학생들'이라고 하는 것보다 '여러분'이라고 하는 것이 좋고, 개인이라면 '학생'이라고 하는 것보다 '너' 또는 '자네'라고 개인적으로 지칭해 주는 것이 연사와의 거리감을 줄이는 방법 중 하나다. 그리고 '우리가 모두 원하는 것'과 같은 연사와 청중 공동의 목표에 관해 언급하는 것이 좋고, 청중들의 필요와 욕구에 반응을 보여 주는 것이 좋다.

끝으로, 힘 있는 언어는 청중들의 주의 집중, 생각, 및 느낌이 길을 잃지 않고 똑바로 방향을 잡도록 하는 데 효과적이다. 대중 앞에 선 연사는 연설을 하는 순간만큼은 일종의 리더와 유사하다. 힘 있는 언어를 구사하기 위해서는 '……하는 것 같다'든지 '……일지도 모른다'는 등의 약화 용어를 사용하지 않는 것이 좋고, 강약에 변화를 주며, 자주 사용하는 식상한 표현들은 삼가야 한다. 그렇다고 근거가 분명하지 않은 말을 하면서도 근거가 분명한 것처럼 자신 있게 말하라는 것은 아니다. 이것은 더 근본적인 윤리의 문제에 위배되기 때문이다. 지나치게 단호하게 말함으로써 거부감을 주거나 윤리적인 기준에 벗어나지 않는 한도 내에서, 최대한 강력한 인상을 줄 수 있는 용어를 명료하게 사용하라는 의미다.

3. 공공 연설과 미디어

1) 시청각 도구의 활용과 인간의 감각

시청각 도구는 무엇보다도 청중들의 '주의 집중'과 '관심 유지'에 도움을 준다. 두 사람이 직접 만나 이야기할 때는 서로가 끊임없이 개인적인 관심을 유지하며 화제를 이어갈 수 있지만, 한 사람의 연설자가 많은 사람들을 앞에 놓고 연설할 때는 모든 사람의 주의 집중과 관심을 유지하기가 그만큼 어려워진다. 따라서 시청각 도구는 면대면 커뮤니케이션보다 공공 연설이나 강의에 더 큰 도움이 된다. 면대면 커뮤니케이션에서의 시청각 도구는 바로 화자 자신이라고 보면 된다. 화자 자신이 몸짓, 말투, 표정 등으로 청자의 시청각을 모두 활성화시키며 메시지를 전달할 수 있기 때문이다.

시청각 도구는 단순히 주의를 끌거나 관심을 유지하는 데만 도움이 되는 것이 아니라, 사람들이 '여러 감각을 동시에 이용'하여 하나의 메시지를 전달받을 때 내용의 '이해도'를 높이는 데도 기여한다. 사람은 직접 경험한 것을 더 강력하게 기억한다. 여러 감각을 통해 동시에 경험을 하면 하나의 감각을 통해 경험하는 것보다 기억에 더 오래 남고, 따라서 더 큰 영향을 줄 수 있다. 아동을 대상으로 한 스피치인 경우에는 아동들의 주의 집중 시간이 어른보다 짧다는 사실을 고려하여, 한 가지 주제를 오래 이야기하는 것보다 토막토막 화제나 자료를 자주 바꾸어 주는 것이 좋다.

영상 언어는 문자 언어(책, 연설문) 또는 음성 언어(라디오, 구두 연설)에 못지않게 강력한 힘을 지닐 수 있는 언어이며, 근래 들어 더욱 중요해지고 있는 언어다(주창윤, 2000).

영상 언어만으로 인간의 모든 커뮤니케이션이 이루어지는 것도 아니고, 문자 또는 음성 언어만으로 모든 커뮤니케이션이 이루어지는 것도 아니다. 인간에게는 다섯 가지 감각이 있는데, 유독 커뮤니케이션에 관한 한 시각을 편파적으로 많이 사용해 오고 있는 것이 사실이다. 문자 언어도 시각에 지나치게 의존한 면이 있었는데(McLuhan, 1964), 영상 언어도 결국 시각에 많이 의존하는 것이다. 영상이라 하면 대개 기술적 코드를 생각하게 된다. 그러나 인간의 얼굴 표정을 읽는 것, 제스처의 의미를 파악하는 것이 모두 넓은 의미의 시각적 커뮤니케이션임을 생각할 때, 기술이 인간의 시각 영역을 확장시켰다고 보아야 한다.

영상이든 문자이든 음성이든, 어떤 형태로 전달되든 그것이 우리에게 이해되는 방식은 우리의 머리와 가슴속에 들어 있는 내용, 그리고 바깥에서 들어오는 자극을 우리가 처리하는 방식에 의해 크게 좌우된다. 레스터(Lester, 1995)가 강조하고 있듯이, 우리는 "많이 알수록 많이 본다"(Lester, 1995/1997, p.657). 뿐만 아니라 우리는 우리가 "보고 싶은 것"을 본다. 미워하는 사람의 행동은 밉게 보이고, 예뻐하는 사람의 행동은 예뻐 보인다.

공공 연설을 할 때 청중이 많을수록 모든 사람들의 주의 집중을 계속 유지하기가 어려워진다. 이를 방지하기 위해서는 청중들이 가능한 한 많은 감각 기관을 동원시켜 몰입하도록 만들어야 한다. 연설은 주로 말로 이루어지기 때문에 청중들은 주로 '청각'에 대부분 의존한다. 연사를 '보면서' 내용을 들으면 듣는 내용이 훨씬 더 잘 이해되지만, 보지 않고 듣기만 하는 청중들도 많고, 듣기만 하는 청중들 중에 다른 곳으로 주의를 빼앗기는 사람들이 많다. 이때 사람들의 '시각'을 잡아두는 역할을 함으로써 주의도 끌고 관심도 붙들어 두고 내용 이해도 쉽게 해 주는 역할을 할 수 있는 시청각 보조 자료를 곁들이는 것이 효과적이다. 시청각 보조 자료가 무엇이든 그 내용은 간단명료한 것이 좋다. 복잡한 내용은 구두로 전달할 것이기 때문에, 구두로 전달될 내용의 전체적인 틀을 보여 주면서 시선을 끌 수 있는, 그러면서 흥미를 가질 수 있는 내용으로 구성하는 것이 좋다.

커뮤니케이션은 사람이 하는 것이고, 사람의 본질에 가장 충실한 커뮤니케이션이 가장 좋은 것이라 할 수 있다. 우리에게 주어진 감각 기관을 균형 있게 사용하는 것도 사람의 본질에 충실하려는 시도 중 하나다. 기술적 발달이 눈부시지만, 그로 인해 인간의 본성이 파괴되어서는 안 된다. 인간의 본성에 충실할 수 있는 기술이 나오는 것이 좋겠지만, 이미 개발되어 있는 기술이라면 인간의 본성에 충실하게 이용할 수 있는 방법을 생각해야 한다.

2) 매스 미디어를 이용한 공공 연설

대인 커뮤니케이션이 면대면으로 이루어질 수도 있고 휴대 전화나 SNS를 통해 이루어질 수도 있듯이, 공공 커뮤니케이션도 대중을 눈앞에 두고 면대면으로 이루어질 수도 있고 TV나 라디오, 신문 사설, 또는 심지어 인터넷 게시판으로 이루어질 수도 있다. 인간 커뮤니케이션의 종류가 청중의 규모에 따라 개인 내 커뮤니케이션부터 공공 커뮤니케이션에 이르기까지 단계별로 분류되지만, 모든 종류의 인간 커뮤니케이션 형태에 각종 미디어가 사용될 수 있고, 대중 또는 공중을 대상으로 하는 공공 커뮤니케이션은 매스 미디어를 통해 이루어지는 경우가 점점 더 많아지고 있다. 선거 입후보자들도 옛날에는 유세장에 모여 있는 군중에 한정지어 연설하는 경우가 지배적이었지만, 점차 TV 연설이나 TV 토론이 그에 못지않은 중요성을 띠게 되고, 근래에는 인터넷 홈페이지 게시판이나 SNS를 통해 자신의 의견을 피력할 수도 있게 되었다. TV나 라디오를 통해 전달되는 스피치, 사람들과 얼굴을 마주 보고 전달하는 스피치, 게시판에 올린 연설문이 각기 다른 특성을 지니지만, 모두 한 사람의 연사가 많은 사람들의 청중을 향해 정보적 또는 설득적 메시지를 전달한다는 점에서 공통점을 지닌다.

다큐멘터리 제작 시 염두에 두어야 할 내용도 공공 커뮤니케이션의 원리와 관계가 있다. 그 이유는 다큐멘터리에서 전체적으로 전달하고자 하는 정보를 어떻게 구성해야 효율적으로 내용이 전달될 수 있을지를 고민해야 하고, 청중 분석을 하듯이 주요 시청자층을 분석해야 하고, 어떤 주장을 위해 어떤 근거들을 제시해야 논리적으로 잘 조직된 형태로 호소력을 지닐 수 있는지를 고민해야 하기 때문이다. 다큐멘터리는 메시지를 하나의 조직화된 형태로 구성하여 많은 사람들을 대상으로 동시에 커뮤니케이션한다는 점에서 공공 커뮤니케이션의 한 특수한 형태로 이해할 수 있다. 다큐멘터리의 경우 공공 스피치에 비해 시청각 자료를 제작할 때 기술적인 부분과 영상적 근거들이 훨씬 더 많이 사용된다는 점, 그리고 얼굴을 마주 보고 하는 연설에서와는 달리 청중들 (TV 다큐멘터리의 경우 시청자들) 끼리의 상호 관계가 최소한 메시지를 받는 동안은 원천적으로 봉쇄된다는 점에서 차별화되기는 하지만 (쌍방향 TV는 별도), 소수의 전달자가 엄청나게 큰 다수를 향해 조직화된 메시지를 전달한다는 점은 분명히 공통된 부분이며, 따라서 공공 커뮤니케이션의 원리가 충분히 적용될 수 있는 영역이다.

3) 트위터와 유투브를 이용한 공공 메시지 전달

새로운 미디어 기술과 서비스는 일대다 또는 다대다 커뮤니케이션을 용이하게 만들어 왔기 때문에, 한 개인 또는 집단이 다수의 대중을 향해 공공 메시지를 전달할 수 있는 도구로 크게 성장해 왔다. 미디어를 통해 공공 메시지를 전달할 때는 면대면 연설 상황보다 연설 불안이 훨씬 더 줄어들 수 있기 때문에, 수줍은 사람도 글을 쓰는 능력이나 영상 제작 능력에 따라 얼마든지 호소력 있는 공공 메시지를 제작, 전달할 수 있다.

SNS 중에서는 특히 일방향적 팔로우 관계를 기본으로 하는 트위터가 공공 메시지 전달의 성격을 띤다. 최근에 특히 한국에서는 페이스북에 비해 인기가 떨어지고 있기는 하지만, 여전히 트위터만의 특성이 있어 한물갔다고 표현하기는 어렵다. 페이스북이 사람들을 연결해 주는 관계망의 성격이 강하다면, 트위터는 일방향적 속보 전달 시스템을 닮은 미디어 플랫폼으로서 뉴스 미디어의 속성을 지니고 있어, 지금 더 커지기 위한 준비 단계에 있다고 보는 관점이 타당해 보인다(Oremus, 2014).

트위터는 140자 이내로 핵심 아이디어를 순식간에 수많은 사람들에게 전달할 수 있는 특성을 지니고 있기 때문에, 일방향적 공공 메시지 전달에 뛰어나다. 그래서 1인 기업이 본인의 PR을 하거나, 공공 기관 또는 크고 작은 기업의 홍보에도 특히 많이 활용되고 있는 실정이다. 트위터의 일방향성, 속보성, 그리고 대량 유포 가능성과 리트윗을 통한 증폭성으로 인해, 불특정 다수 또는 한정되어 있더라도 매우 많은 사람들에게 메시지를 전달하는 데 효율적이다. 따라서 트위터는 어쩌면 참된 의미의 쌍방소통을 위한 도구라기보다는 일방향적 속보 전달의 도구로서, 강의나 연설과 같은 일대다 공공 커뮤니케이션의 전형적 특성을 지닌다고 볼 수 있다.

트위터의 이러한 속성 때문에 특히 선거 때 트위터의 이용이 급증한다. 2014년 1월 1일부터 지방 선거 하루 전 날인 6월 3일까지 트위터에서 언급된 선거 관련 트윗의 양을 분석한 결과, 무려 1,100만 건의 트윗이 올라온 것으로 분석되었다. 이것은 2013년 같은 기간보다 200% 증가한 수치라고 한다. 후보자를 직접 언급한 트윗도 100만 건을 넘었고 보수 후보와 진보 후보의 언급량 차이는 예년에 비해 다소 줄어들었다고 분석되었다(최낙균, 2014). 선거가 없던 해에 비해 선거가 있는 해에 트윗량이 눈에 띄게 증가한다는 것을 알 수 있다.

트위터와 함께 눈여겨보아야 할 공공 메시지 전달 수단은 유투브다. 유투브는 특히 동영상을 직접 제작하여 올림으로써 전 세계의 수많은 사람들에게 본인의 메시지를 전달할 수 있다는 점, 그리고 그 내용이 강연이든 노래든 춤이든, 동영상으로 제작할 수만 있으면 무엇이든 올릴 수 있다는 점이 매력으로 작용한다. 이 역시 트위터와 마찬가지로 일방향성을 지니며, 불특정 다수의 수많은 사람들에게 알릴 수 있다는 특성을 지닌다. 이런 점에서 유투브도 동영상 형태의 공공 커뮤니케이션 범주로 간주할 수 있다.

유투브와 같은 동영상 서비스는 한 개인이 대중을 향해 자기 이야기를 할 수 있는 좋은 공간이 되었다. 단순히 메시지를 전달만 하는 데서 더 나아가, 생생하게 움직이는 시각 자극을 제공함으로써 사람들의 감성을 직접 자극할 수 있는 강력한 힘을 지닌다. 유투브 서비스를 이용하지 않더라도, 지금은 어디서든 여건이 되면 자기가 만든 연설 동영상을 올려 원하는 사람들과 공유할 수 있는 공간이 점점 더 많아지고 있는 상황이다. 특별한 기술을 가진 사람만 동영상을 찍어 올릴 수 있는 것이 아니라, 이제 동영상을 만들고 올리고 즐기는 것은 거의 누구나 쉽게 할 수 있는 공공 커뮤니케이션의 수단이 된 것이다.

13장

소셜 미디어와
한국 사회의
커뮤니케이션

지금까지 커뮤니케이션학계에서 대부분의 위치를 점해 온 매스 커뮤니케이션도 넓게 보아 인간 커뮤니케이션의 한 하위 영역으로 간주할 수 있다(나은영, 2002; DeVito, 2000). 인간 커뮤니케이션이 없다면 매스 커뮤니케이션도 불가능하다. 강조하고 싶은 점은 매스 커뮤니케이션도 바로 미디어가 아닌 사람이 중심이 되어 사람이 사람에게 보내고 받는 메시지로 구성된다는 점이다.

특히 최근에 인기를 누리고 있는 소셜 네트워크 서비스는 메시지를 받는 사람은 물론이려니와 보내는 사람도 다수이며 서로가 서로에게 영향을 주고 있기 때문에, 매스 커뮤니케이션의 개인화와 대인 커뮤니케이션의 매스화가 동시에 이루어지고 있는 공간이라 할 수 있다(나은영, 2010). 따라서 대인 커뮤니케이션과 매스 커뮤니케이션을 엄밀히 구분하기보다 소셜 미디어의 맥락에서 함께 논의하되, 특히 한국의 상황을 중심으로 살펴보려 한다.

1. 소셜 미디어와 SNS가 인간 커뮤니케이션에 주는 의미

1) 소셜 미디어, SNS, 그리고 인간 커뮤니케이션

소셜 미디어(social media)는 "웹과 모바일 기술을 기반으로 하여 커뮤니케이션을 상호 작용적 대화로 전환시킨 매체"를 말한다(Gladwell, 2010; 홍주현·박미경, 2011, p.261). 엄밀히 이야기하면 예전의 매스 미디어를 통한 일방향적인 커뮤니케이션은 진정한 의미의 인간 커뮤니케이션이라 하기에는 부족한 점이 있었다. 양 당사자가 상호 의미 공유를 완성했을 때 비로소 진정한 인간 커뮤니케이션이 되었다고 할 수 있기 때문이다. 따라서 소셜 미디어가 등장하고, 방송과 통신이 융합되면서 비로소 매스 미디어도 인간 커뮤니케이션의 범주에 들어왔다고 이야기할 수 있다.

SNS는 소셜 네트워크 서비스(social network service/site)로, 사람들을 쉽게 연결해 주는 기능을 한다. 단지 연결만 해 주는 것이 아니라 연결된 사람끼리 각종 정보와 감정을 손쉽게 교환하고 공유할 수 있게 해 주는 장이다. 예전에는 원래 알던 사람들을 중심으로 네트워크 활동이 이루어졌다면, SNS 등장 이후에는 그 네트워크의 범위가 확장되고 다양해져 서로 몰랐던 사람들도 대규모로 쉽게 모일 수 있게 되었다. SNS를 통해 '사람들'의 '힘' 모으기가 훨씬 더 쉬워진 것이다(나은영, 2012b). 어떤 사람이 어떤 힘을 모으느냐에 따라 사업에 활용될 수도 있고 정치에 활용될 수도 있고 개인적인 사교의 장으로 활용될 수도 있다.

마치 미디어가 네트워크화되어 미디어가 소통의 주체인 것처럼 이야기하는 경우도 있으나, 엄밀히 이야기하면 사람들이 소통하는 방식을 미디어가 점점 더 닮아 온 결과라고 이야기하는 것이 더 정확하다. 사람들은 원래 소셜했고(나은영, 2012b), 사람들의 네트워크는 예전부터 존재했다. 그러나 최초에는 사람들을 연결하는 미디어가 (사람 자신의 발성 기관을 제외하고는) 없었고, 그 후에는 일방향적이거나 제한적인 미디어가 있었고 (일방향적인 매스 미디어, 목소리만 전달할 수 있는 전화 등), 마침내 사람과 사람이 마주앉아 대화하는 것과 같은 상태를 만들어 내는 SNS가 등장하기에 이른 것이다.

2) 소셜 미디어의 어포던스

흔히 소셜 미디어가 개방성을 지향한다고 하지만, 실제로 많은 조직 장면에서 활용되고 있는 소셜 미디어는 때로 어떤 부분을 숨기거나 의도적으로 애매하게 이야기하거나 선택적으로 내보이는 '전략적 어포던스(strategic affordance)'를 지니고 있다(Gibbs et al., 2013, p.105). 블로그, SNS, 위키, 마이크로블로깅 등을 포함하는 소셜 미디어는 다른 사람들과 정보나 생각, 느낌, 자료 등을 주고받을 수 있는 연결 수단이다. 미디어의 특성만으로 보면 모든 것을 서로 공유할 수 있기에 '개방적'이지만, 그 미디어를 이용하는 사람들은 자신들의 목적에 따라 선택적, 전략적으로 이용할 수 있다. 이는 해당 미디어를 처음에 설계했던 사람들의 의도와는 다른 방향의 이용법이다(DeSanctis & Poole, 1994). 원자폭탄의 원리를 연구한 사람의 의도와 다르게 그것이 이용자의 목적에 따라 달리 쓰일 수 있듯이, 미디어도 개발한 사람의 의도와 다른 방향으로 이용될 가능성이 충분히 있다.

깁스와 그의 동료들(Gibbs et al., 2013)은 300명 정도의 직원들(150명의 엔지니어와 150명의 마케팅, 판매직, 서비스직 포함)이 있는 회사에서 12명(남성 10명, 여성 2명)을 심층 면접하여, 특히 스카이프 챗과 같은 소셜 미디어 공간에서 발생할 수 있는 긴장을 다음과 같이 정리하고, 각 긴장 상태에서의 전략적 반응을 분석했다.

- "나타날 것인가 숨을 것인가 사이의 긴장(visibility-invisibility tension)": 그룹 내에서 어떤 일이 일어나고 있는지 모두가 알고 있는 상황에서 참여의 압력을 느낌. 할 일이 있을 때나 업무 시간 이후 숨어 버리는 전략.
- "발을 담글 것인가 뺄 것인가 사이의 긴장(engagement-disengagement tension)": 집중해야 하는 상황에서 스카이프 활동 요구가 방해를 할 때 어떻게 대응할지 고민. 주제에 주의를 기울일 필요가 있을 때는 참여. 일하는 도중에는 일시적으로 연결을 종료.
- "공유할 것인가 지킬 것인가 사이의 긴장(sharing-control tension)": 업무의 안정성과 비밀 유지의 필요성으로 인한 긴장. 내용과 청중을 제한하는 전략을 선택.

표 13-1. 소셜 미디어를 통한 교류에서의 긴장과 그에 대한 전략적 대응

긴장	나타날 것인가 숨을 것인가	발을 담글 것인가 발을 뺄 것인가	공유할 것인가 지킬 것인가
동기	멀리 있는 동료들이나 장치에의 접근 가능성을 관리할 필요	주의 집중과 방해를 관리할 필요	업무의 안정성과 비밀 유지 사항을 관리해야 할 필요
긴장	소셜 미디어 어포던스는 멀리 있는 동료들이 더 잘 보이게 할 수도 있지만 숨길 수도 있음	소셜 미디어 어포던스는 빠른 상호작용과 끊임없는 업데이트를 가능하게 하지만 산만해질 수 있음	소셜 미디어 어포던스는 가벼운 지식의 공유를 가능하게 하지만 비밀이 새어 나가기도 쉬움
도전	• 긴급한 요청으로 정말 끊기가 어려울 수 있음 • 시간 영역의 차이가 일의 흐름에 영향을 줌	• 정보 과부하와 시간 부족으로 대화에 참여하기 어려울 수 있음 • 엔지니어들은 사교적으로 덜 개입	• 권력 이동으로 인한 업무의 안정성에 대한 관심 • 중요한 회사 정보의 비밀 유지에 대한 관심
전략적 반응	보이지 않게 숨지만 완전히 끊지는 않음	• 휴가 때도 일하는 상태 • 일시적 비개입 • 인지적으로 촉발된 참여	• 선택적 공유 • 공유 문서에의 접근을 통제함

출처: Gibbs et al., 2013, p.115.

이러한 심층 면접 결과를 체계적으로 정리한 것이 표 13-1이다.

스카이프나 밴드, 카카오톡과 같은 소셜 미디어에도 자료들이 흘러들어오고 쌓이지만 최근의 자료들에만 주의 집중이 가기 때문에 "하루살이 지속성(ephemeral persistence)"이라는 어포던스를 지니고 있다고 이야기하기도 한다(Gibbs et al., 2013, p.111). 모든 소셜 미디어 그룹에 항상 개입하지는 않더라도, 어떤 일들이 일어나고 있는지를 바로바로 확인하면서 필요한 경우에 선택적으로 개입하려면 인지적으로 "촉발된 참여(triggered attending)"를 하게 된다(Gibbs et al., 2013, p.112; Majchrzak et al., 2013, pp.42~43). 동시에 많은 사람들과 연결되어 있는 소셜 미디어라 하더라도 그 공간의 모두에게 모든 것을 공개하는 것은 아님을 알 수 있다. 결국 미디어의 기능보다 더 중요한 것은 그것을 이용하는 사람들의 선택이다.

포스트먼(Postman, 2014)이 다섯 가지로 요약해서 이야기했듯이, 기술이 변화함에 따라 새로이 생겨나는 이익이 있는 만큼 그 대가도 따른다. 새로운 기술로 인한 승자가 있듯이 패자도 생겨난다. 또한 "망치를 가지고 있는 사람에게는 모든 것이 못으로 보인다"는 말처럼, 펜을 가지고 있는 사람에게는 모든 것이 문장으로 보이며, TV 카

메라를 가지고 있는 사람에게는 모든 것이 이미지로, 컴퓨터를 가지고 있는 사람에게는 모든 것이 데이터로 보여(p.12), 모든 기술은 편견을 지닌다. 더 나아가, 기술의 발전은 생태적이기 때문에 문화 전체를 바꾼다. 끝으로, 일단 기술이 탄생하면 마치 원래 있었던 것처럼 간주되어 쉽게 바꾸거나 통제하기 어려워짐으로써 신화가 되어 버린다. 마치 처음부터 우리와 함께 있었던 것처럼 당연시하면서 그것이 유발하는 편견 속에 갇혀 살아가기 쉽다(나은영, 2015).

2. 한국의 진보와 보수

1) 이념 차이와 커뮤니케이션

한국 사회에서 소통이 잘 되지 않는 이유 중 하나는 진보와 보수의 이념 차이에 대한 극화된 지각과 불협화음이다. 따라서 이러한 이념 차이의 사회심리학적 기반을 먼저 살펴보고, 실제 차이와 지각된 차이가 어떻게 다를 수 있는지를 분석해 볼 필요가 있다.

진보와 보수, 그리고 중도 비율의 추세 변화를 살펴보면(홍기원·이종택, 2010). 대체로 보수의 비율이 약간 높은 추세가 유지되며 엎치락뒤치락하다가, 2009년 이후 최근에 점차 진보와 보수 비율이 함께 줄어들면서 중도 비율이 많아지는 추세다(그림 13-1 참조).

그럼에도 불구하고 중도는 SNS에서도 '보이지 않는 상호작용'에 해당하는 이른바 '눈팅(lurking)'을 주로 하며 적극적인 의견 개진이 적은 반면, 극단의 진보와 보수는 SNS 등에서 과격한 언어를 포함한 많은 말을 하며 가시성이 극대화되어, 중도 비율은 실제보다 더 적어 보이고 진보와 보수 비율은 실제보다 더 많아 보인다(한규섭 외, 2013). 이로 인해 한국인의 의견 분포가 겉보기에는 양극화된 모습으로 비친다. 그러나 자세히 살펴보면 실제로는 중도의 폭이 크고, 미국에 비해 이념 간의 차이가 크지 않아 화합의 여지가 많다.

그림 13-1. 2002년부터 2009년까지의 이념 비율 변화

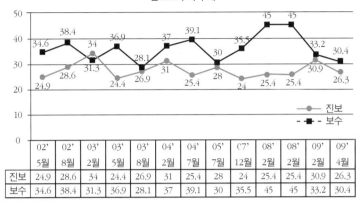

진보 보수의 추세

	02' 5월	02' 8월	03' 2월	03' 5월	03' 8월	04' 2월	04' 7월	05' 7월	07' 12월	08' 2월	08' 2월	09' 2월	09' 4월
진보	24.9	28.6	34	24.4	26.9	31	25.4	28	24	25.4	25.4	30.9	26.3
보수	34.6	38.4	31.3	36.9	28.1	37	39.1	30	35.5	45	45	33.2	30.4

출처: 홍기원·이종택, 2010, p.4.

그림 13-2. 한국과 미국의 정치 성향 분포: 왼쪽은 트위터 내, 오른쪽은 현실 내의 분포

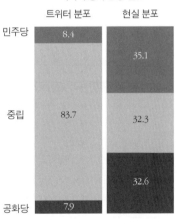

출처: 한규섭 외, 2013, pp.295~336.

2) 진보와 보수의 도덕 기반 차이

진보와 보수 둘 중 어느 한쪽이 좋고 다른 한쪽이 나쁘다고 할 수 없는 이유는 둘 모두 그 나름의 정당한 도덕적 판단 기준이 있기 때문이다. 다만 도덕적 판단에서 어떤 것을 더 중요시하느냐에 따라 도덕 기반에 차이를 보인다.

이재호와 조긍호(2014)는 도덕 기반 이론이 한국의 진보와 보수에도 적용되는지를 검증했다. 도덕 기반 이론(Haidt & Joseph, 2004)에서는 진보는 정의와 돌봄의 원칙을 중요시하며 보수는 이 두 가지에 충성, 권위, 신성이라는 집단의 결속 관련 원칙까지 합한 5가지를 도덕 기반으로 삼는다고 보았다.

한국의 진보와 보수는 도덕 기반에서 어떻게 차이가 나는지를 살펴본 결과(이재호·조긍호, 2014), 그림 13-3과 같은 결과가 나타났다. 전반적으로 공정(즉 정의)과 돌봄의 가치를 중요시하는 가운데, 상대적으로 진보 성향이 강할수록 공정과 돌봄을 더 중요시했고, 보수 성향이 강할수록 충성, 권위, 신성을 더 중요시하는 경향이 있었다. 그림 13-3의 왼쪽에서 볼 수 있듯이, 결과적으로 진보 성향은 다른 도덕 기반보다 공정과 돌봄을 월등히 더 중요시하며, 보수 성향은 이 둘을 포함한 다섯 가지 도덕 기반을 고루 유사한 정도로 중요시하고 있음을 알 수 있다. 이러한 도덕 기반들을 '개별화' 및 '결속' 기반으로 범주화하여 비교한 결과, 진보 성향이 강할수록 개별화 기반에, 보수 성향이 강할수록 결속 기반에 더 큰 비중을 둔 것으로 나타났다.

그림 13-3. 정치 성향에 따른 도덕성 기반의 차이

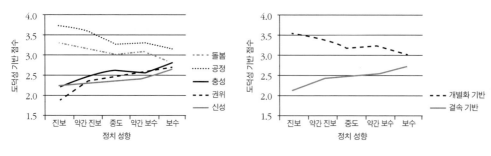

출처: 이재호·조긍호, 2014, p.10.

3) 사회의 변화 가능성에 대한 믿음과 진보–보수 사안 판단

변화 가능성에 대한 믿음은 일종의 암묵적 이론(implicit theory)에 속한다(이진안 외, 2012). 이는 어떤 대상에 과연 변화가 일어날 수 있다고 생각하는지에 대한 아주 근본적인 신념이다. '암묵적'이라는 뜻은 이러한 신념이 다른 판단에 영향을 주는 과정을 의식하지 못함을 의미한다.

이러한 암묵적인 믿음은 영역 특정적이기 때문에, 어떤 영역은 변화 가능하지만 또 다른 영역은 변화 가능하지 않다고 믿을 수 있다. 크게 가변론자와 불변론자로 나뉘는데(Dweck et al., 1995), 예를 들어 지능이 변화 가능하다고 믿는 가변론자의 수학 성적은 크게 상승했지만, 지능은 변하지 않는다고 믿는 불변론자의 수학 성적에는 큰 변화가 없었다(Black, Trzesniewski, & Dweck, 2007).

이진안 등의 연구에서(이진안 외, 2012), 요인 분석을 통해 한국의 정치적 이슈들을 4개 요인으로 분류한 다음, 특히 제1범주(한미 FTA, 4대강 사업, 미디어법, 용산참사, 세종시 수정안)와 제2범주(반값 등록금, 공무원 노조, 전작권 환수)에 대한 참여자들의 변화 가능성 믿음과 그들 스스로 지각한 정치 성향에 따라 각 범주별 이슈를 판단한 정도가 어떻게 달리 나타나는지를 분석했다.

그림 13-4. 사회의 변화 가능성에 대한 믿음과 정치 성향에 따른 사안 판단의 차이

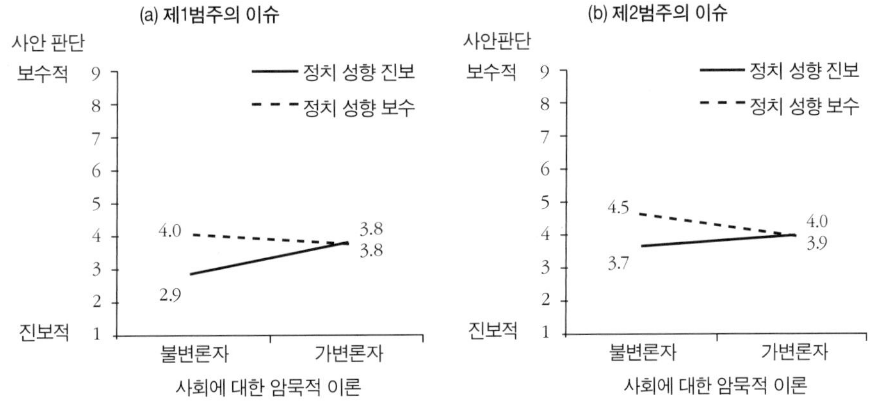

출처: 이진안 외, 2012, pp.78~79.

연구 결과(그림 13-4 참조), 변화 가능성에 대한 믿음이 있는 가변론자들은 본인의 정치 성향에 따라 이슈 판단에 영향을 받지 않았으나, 불변론자들은 본인이 보수 성향이면 보수적인 쪽으로, 본인이 진보 성향이면 진보적인 쪽으로 판단했다. 이러한 결과는 정치적인 이슈와 관련하여 우리 사회의 변화 가능성을 믿는 유연성이 필요함을 시사한다. '한 번 적이면 영원한 적'이라 규정하고 변화 가능성을 부정할 때 소통을 통한 화합이 어려워진다.

3. 미디어에 비친 현실과 실제 현실의 차이

1) 지각과 현실의 차이: 미디어에 비친 현실과 실제 현실

미디어에 비치는 현실을 잘못 지각하는 것은 일관성을 추구하는 인간의 선택성에서 비롯된다. 온라인과 오프라인의 삶이 미디어로 얽혀 있는 현재의 상황이 더 발전되어 갈 것이라고 전망할 때, 미디어에 비치는 타인의 삶을 현실 속의 타인의 삶과 착각 없이 최대한 객관적으로 받아들일 수 있을 때 오해와 편견이 개입되지 않은 커뮤니케이션이 가능해질 것이다.

미디어가 '사람'에 대해, '사람의 의견'에 대해, 그리고 '사회의 모습'에 대해 보여주는 현실이 상당 부분 현실을 반영하고 있기는 하지만, 실제 현실과 다를 수 있음을 항상 고려해야만 객관적인 판단을 내릴 수 있다. 트위터 사용자 분포를 보면, 사용자들 대부분이 대도시에 모여 있음을 알 수 있다. 따라서 트위터 내에 나타나는 의견은 사용자 분포가 밀도 있게 나타난 지역의 의견만을 반영하는 것이며, 한국인 전체의 의견을 반영하는 것은 아니다.

단지 트위터뿐만 아니라, 어떤 미디어든 마찬가지다. 아무리 좋은 미디어라 하더라도 현실 속의 일부에만 조명을 비출 수 있기 때문에, 어디에 조명이 비춰지느냐에 따라 해당 미디어에서 무엇이 현실로 다루어지는지가 달라진다. 더욱이 SNS에서는 1인 1목소리가 아니라, 사람에 따라 1인 여러 목소리일 수도 있고 여러 사람이 아무

목소리도 내지 않을 수 있어, 현실 속의 어떤 사람들이 의견은 있으나 목소리를 내지 않고 있는지, 또 어떤 사람들이 혼자만의 의견을 몇몇 동료들과 함께 서로 리트윗하며 여러 목소리인 것처럼 보이게 하고 있는지를 잘 구분하려 노력할 필요가 있다. 구분이 안 되더라도 최소한 미디어의 특성, SNS의 특성상 현실을 100% 그대로 반영하기는 어렵다는 점을 잊어서는 안 된다.

나은영(2012c)의 연구에 따르면, 트위터 중이용자는 현실 속의 진보-보수 비율과 SNS 속의 진보-보수 비율 간 차이를 더 적게 지각하는 경향이 있었다. 트위터 중이용자와 경이용자의 현실 및 SNS 진보, 보수, 중도 비율 인식 차이를 t검증한 결과를 표(13-2)에 제시했다. 트위터 중이용자와 경이용자가 공통적으로, 보수 비율은 SNS 내에서보다 현실 속에서 더 높고 진보 비율은 현실보다 SNS 내에서 더 높다고 지각한다. 그러나 트위터 중이용자는 경이용자에 비해 현실과 SNS의 비율 추정치 간 차이가 적고 상관관계도 높다. 이로 미루어 보아, 트위터를 많이 이용하는 사람들이 현실과 SNS 간의 차이가 적다고 인식하는 경향이 있음을 알 수 있다. 즉 트위터 중이

표 13-2. 트위터 이용도에 따른 현실 및 SNS상의 보수, 진보, 및 중도 인구 비율 추정 차이

트위터 이용도에 따른 비율 추정		평균 (%)	표준 편차	평균 차이	t (차이 검증)	r (상관계수)
트위터 경이용 (N=165)	현실 보수 비율 추정	42.68	15.77	14.36	11.86***	.453***
	SNS 보수 비율 추정	28.32	13.79	14.36	11.86***	.453***
	현실 진보 비율 추정	28.45	10.09	−16.94	−13.03***	.213***
	SNS 진보 비율 추정	45.39	15.64	−16.94	−13.03***	.213***
	현실 중도 비율 추정	28.87	17.09	2.58	2.29*	.601***
	SNS 중도 비율 추정	26.29	15.13	2.58	2.29*	.601***
트위터 중이용 (N=160)	현실 보수 비율 추정	41.15	16.87	9.40	7.18***	.498***
	SNS 보수 비율 추정	31.75	16.15	9.40	7.18***	.498***
	현실 진보 비율 추정	31.78	13.63	−9.82	−7.33***	.380***
	SNS 진보 비율 추정	41.60	16.52	−9.82	−7.33***	.380***
	현실 중도 비율 추정	27.08	16.26	.43	.44	.723***
	SNS 중도 비율 추정	26.65	16.71	.43	.44	.723***

*p<.05, **p<.01, ***p<.001.

용자들은 경이용자들에 비해 SNS가 현실을 더 잘 대표한다고 믿는 경향을 보인다. 페이스북의 경우도 이와 유사한 결과가 나타나, 어떤 미디어든 본인이 많이 이용하는 미디어가 보여 주는 현실을 실제 현실과 가깝다고 생각한다는 사실을 알 수 있다.

2) 판단의 양극화를 가져오는 온라인 코멘트의 무례함

온라인에서 접하는 블로그 코멘트의 정중함-무례함에 따라 사안 판단의 양극화 정도가 달라질 수 있음을 보여 주는 연구가 최근에 발표되었다(Anderson et al., 2014). 온라인 미디어가 민주주의에 기여하기 위해서는 온라인상에 사용되는 언어의 정중함과 예의가 필요하다(Papacharissi, 2004). 이러한 맥락에서 '무례함'을 정의한다면 "숙고적 토론이라는 민주주의의 이상을 방해하는 공격적 토론 방식"이라 할 수 있으며, 막말이나 무관한 비판, 중상, 비방, 욕설 등을 포함한 비이성적 플레이밍(flaming) 등을 사례로 들 수 있다(Papacharissi, 2004; Anderson et al., 2014, p.375).

무례한 대화가 미디어에 나오는 것은 일정 수준의 예의를 갖춘 행동 수준을 기대하는 사회적 규범을 위반하는 것이며, 특히 TV에서 이것을 클로즈업하여 보여 주는 것은 마치 면대면 상호작용을 하는 것처럼 가까이 느껴지기 때문에(Mutz, 2007), 부정적 정서를 더욱 강화시킨다. 면대면 대화에서는 무례한 표현을 대할 때 즉각적으로 나오는 부정적 반응이 피드백으로 작용하여 어느 정도 무례함을 억제하는 방향으로 작용하지만 인터넷에서는 이러한 즉각적인 부정적 피드백이 없기 때문에 무례함이 억제되지 않아(Dutton, 1996), 무례한 표현이 '탈억제(disinhibition)'되어 강하게 표출될 수 있다.

앤더슨 등(Anderson et al., 2014)의 연구에서 2338명의 미국 시민을 대상으로 온라인 조사를 실시할 때, 나노 기술에 대해 "나노 기술의 이익을 모르면 너는 바보다"라는 식의 표현은 '무례함' 조건의 코멘트로 사용되었고, 보다 예의바른 언어로 표현한 내용은 '정중함' 조건의 코멘트로 사용되었다.

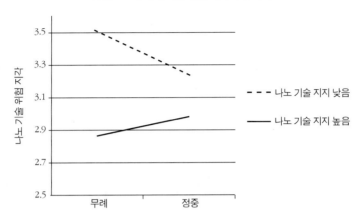

그림 13-5. 나노 기술 위험 지각의 양극화

- - - 나노 기술 지지 낮음
—— 나노 기술 지지 높음

출처: Anderson et al., 2014, p.382.

연구 결과, 온라인 블로그에서 정중한 코멘트를 접한 사람들은 나노 기술에 대한 지지의 높고 낮음에 따라 위험 지각 차이가 그리 크지 않은 데 비해, 무례한 코멘트를 접한 사람들은 지각이나 판단에서 양극화가 일어나는 결과를 보여 주었다(그림 13-5 참조). 이러한 결과는 종교성 여부나 이슈에 대한 지지 여부와 무관하게 나타나, 온라인에서 무례한 코멘트를 접하는 것이 양극화를 부추길 수 있음을 더욱 강력하게 지지하고 있다.

3) 모두와 연결, 그러나 선택적

미디어가 눈부시게 발전함에 따라 연결성이 극대화되고 있다. 그러나 다양한 사람들과 연결될 수 있는 미디어임에도 불구하고 인간의 선택에 따라 연결되고 싶은 사람들끼리만 연결되어 끼리끼리 커뮤니케이션에 몰입하게 될 수도 있다. 이런 경우 동일 정보의 과다 수용으로 고정관념의 골이 더욱 깊어지게 되어, 소통에 도움을 주기 위해 발전시킨 미디어가 오히려 폭넓은 소통에 방해가 될 가능성도 있다.

인간은 '일관성'을 추구하기 때문에(3장과 6장 참조), 자기 생각에 찬성해 주는 사람과 함께 있고 싶어 하고 자기 생각에 반대하는 사람을 멀리 하고 싶어 하는 것은 어찌 보면 인간의 본성에 충실한 자연스러운 행동이다. 그럼에도 불구하고 '다른' 생각들을 폭넓게 바라보도록 노력해야 하는 이유는 미디어의 발전으로 인해 인간의 선택성이 증가함으로써, '힘을 들여 노력하지 않으면' 유유상종의 틀에서 벗어나기가 예전보다 더 힘들어졌기 때문이다. 유유상종으로 마음의 평화를 얻는 데는 도움이 되지만, 사회 전체에서 일어나는 다양한 생각들을 객관적으로 판단하고 수용하는 데는 방해가 될 수 있다는 점을 염두에 두어야 한다.

월터 리프먼(Lippmann, 1922)은 저서 《여론》에서 이러한 위험성을 '고정관념'이라는 용어를 중심으로 설명하고 있다. "대부분의 경우에, 우리는 우선 보고 그 다음에 정의하는 것이 아니라, 일단 정의부터 하고 그 다음에 본다"(Lippmann, 1922/2012, p.97). 이 책에 소개된 한 실험 사례를 보면, 괴팅겐의 심리학 학술대회에서 어떤 장면을 연출한 다음, 그 장면에 관한 보고서를 사람들에게 제출하도록 했다. 그 장면이란 총을 든 흑인에게 쫓기는 광대가 뛰어들어, 회의장 한가운데서 흑인이 광대에게 총을 쏘며 싸우다가 둘 모두 나가는 장면으로, 아주 짧은 20초 동안 진행된 일이었다. 그곳에 있던 사람들에게 보고서 작성을 요청하여 40개의 보고서를 받았는데, 그중 1개에서만 세부 사항에 관해 20% 미만의 착오가 있었고, 14개에서는 20~40%의 착오, 12개의 보고서에는 40%~50%의 착오가, 13개의 보고서에서는 50% 이상의 착오가 있었다. 심지어 세부 사항이 조작된 부분들도 상당히 발견되었다"(Lippmann, 1922/2012, pp.98~99).

중요한 점은 이들이 일부러 조작한 것이 아니라, 각자 본 사실을 최대한 정확히 기술하려 노력했음에도 불구하고 '각자 보고 싶었던 것'을 보았다는 사실이다. "사람들이 보았던 것은 그런 싸움에 대한 그들의 고정관념이었다(Lippmann, 1922/2012, p.99).

사람이 고정관념으로부터 자유롭기란 매우 어렵다. 어쩌면 불가능할지도 모른다. 그래서 선거 캠페인 기간에 자기가 지지하는 후보가 눈물을 보이면 진정성이 반영되었다고 해석하면서, 자기가 반대하는 후보가 눈물을 보이면 연출된 쇼라고 비아냥거린다. 물론, 속마음으로 느낀 것과 달리 표현을 전략적으로 한 것일 수도 있지만, 상당 부분은 실제로 그렇게 '보이는' 것이다. 객관적인 사실은 하나인데, 각자 가지고 있는 고정관념에 따라 '달리' 느껴지고 해석되는 것이다.

이러한 경향이 미디어 선택권까지 넓어진 현 시대에 더 커질 수 있다는 사실을 알아야 한다. 내가 지지하는 후보가 눈물을 보이는 것이 진심이라고 생각하는 사람은 자기가 선택한 미디어를 통해 그와 동일한 생각을 하고 있는 사람들로 둘러싸여, 자기 생각이 더 진실이라 믿게 된다. 반대로 내가 반대하는 후보가 눈물을 보이는 것이 연출이라고 생각하는 사람도 역시 자기가 선택한 미디어를 통해 자기와 동일한 생각을 하고 있는 사람들로 둘러싸여, 자기 생각이 더 진실이라 믿게 된다. 이 두 가지를 함께 보려 노력하는 것이 선택권 넓어진 디지털 미디어 SNS 시대에 필요한 지혜다.

4. 매스 커뮤니케이션의 영향과 인간

이 절에서는 소셜 미디어가 등장하기 이전까지 매스 미디어가 인간에게 영향을 주는 방식에 관해 제시되어 왔던 주요 이론들 중 몇 가지를 소개하려 한다. 미디어 발전의 흐름 속에서 인간이 점점 더 미디어와 밀접한 관계를 맺게 되어 왔음을 알 수 있다.

1) 매스 미디어에서 무엇을 경험하는가

매스 커뮤니케이션의 효과를 인간 중심의 개념으로 바꾸면 '사람은 매스 미디어에서 무엇을 보고 들으며, 이를 통해 무엇을 생각하고 느끼고 행동하는가' 하는 물음이 될 수 있다. 인간의 다섯 가지 감각(시각, 청각, 후각, 촉각, 미각) 중에서 특히 시각과 청각을 통해 받아들이는 매스 미디어 정보(이메일이나 문자 메시지를 이용할 때는 '촉각'까지 포함된다)가 우리의 머릿속에서 어떻게 처리되고 우리의 가슴으로 어떻게 느껴지기에 우리의 생각과 느낌과 행동을 변화시키고 사회 전체의 가치와 문화적 측면에까지 영향을 줄 수 있는 것일까? 인간 중심의 패러다임에서는 엄밀히 말해 매스 미디어의 '효과'라는 용어가 적절치 않을 수 있다. '효과'라는 말 자체에 이미 인간의 존재는 작아져 있고 미디어의 존재만 크게 부각되어 있기 때문이다. 커뮤니케이션 혹은 매스 커뮤니케이션 연구가 수용자를 "효과적으로 설득하고, 조작하고, 조종하는 방법을 연구"하는 것도 아닐뿐더러, "커뮤니케이션이라는 개념은 저널리즘 연구 혹은 매스 커뮤니케이션 연구, 또는 매스 미디어 연구와 관련된 개념을 훨씬 뛰어넘은, 인문사회과학적 개념"이기 때문이다. 따라서 이미 매스 커뮤니케이션 연구자들 사이에서도 수용자 개념은 "미디어 수용자라는 한정된 울타리에 가둬놓고 바라보는 개념이기보다는 엄청나게 넓은 의미의 인간 커뮤니케이션 내지 사회적 커뮤니케이션의 실질적 담당자 또는 실질적인 주체자로 바라보아야 한다"는 생각이 점차 폭을 넓혀 가고 있다(이강수, 2001, p.6). 양적 연구 방법을 택하든 질적 연구 방법을 택하든 '인간'을 중요시하는 관점이 확장되고 있는 것만은 사실이다.

인간 패러다임 속의 커뮤니케이션 연구에서 '효과'라는 용어가 부적절한 만큼 '수용자'라는 용어도 부적절할 수 있다. '능동적인 이용자'의 개념만으로도 부족하다. 적극적인 이용자이면서 능동적인 해석자, 그리고 원자처럼 서로 연관성 없는 개인의 단위가 아니라 서로 연결되어 있는 네트워크 속의 적극적인 인간으로서 메시지를 만들고 전달하고 처리하고 느끼고 경험하는 그런 모습의 인간이기 때문이다. 미디어를 통해 지각된 현실 속에 '다른 사람'이 존재하는데, 그 '다른 사람'도 네트워크 속에 있고, 이를 바라보는 '나'도 네트워크 속에 있다. 우리가 책을 읽고 '간접 경험'을 하듯이 TV를 보고도 '간접 경험'을 한다. 이 말은 곧 다른 사람들의 삶의 모습을 직접 보지 않고 미디어를 통해 간접적으로 접하더라도 우리는 마치 다른 사람들을 직접 대한 것과 흡사하게 그들이 말하고 느끼고 행동하는 것의 영향을 받는다. 그리고 역으로 우리가 살아가고 있는 삶의 방식 중 일부가 매스 미디어 속에 반영되기도 한다. 사람은 매스 미디어를 통해 자기와 유사한, 혹은 전혀 다른 삶을 간접적으로 경험함으로써 일상생활을 살아가는 데 통찰을 얻기도 한다. 그러므로 사람과 매스 미디어의 관계 속에서 사람을 단순한 미디어의 '수용자'로 보기에는 너무나 많은 적극적인 체험과 활동을 사람들이 하고 있다.

우선 기존의 '효과' 개념대로 매스 미디어가 수용자에게 미치는 다양한 효과들을 분류해 보면, 그림 13-6과 같이 단기 효과-장기 효과 차원과 의도성-비의도성 차원으로 이루어지는 2차원 평면 속에 정리가 된다(McQuail, 2000, p.426).

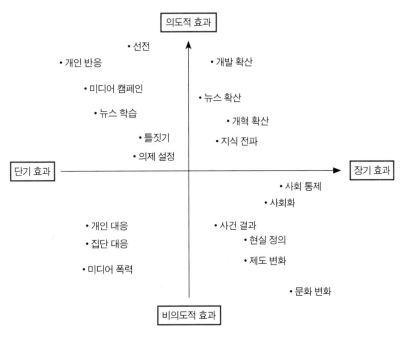

그림 13-6. 매스 미디어가 수용자에게 미치는 효과를 '의도성(계획성)'과
'기간'에 따라 구분하는 2차원 틀

출처: McQuail, 2000, p.426.

'대중(mass)'을 향해 대량으로 동시에 유통되는 정보의 흐름이라고 할 수 있는 매스 커뮤니케이션은 필연적으로 인간 이외의 기술적인 미디어의 도움을 받기 마련이지만, 이것도 '정보의 흐름을 통해 사람과 사람이 의미를 공유'하게 되는 인간 커뮤니케이션의 하위 개념임에는 분명하다. 커뮤니케이션의 효과 중에 유독 매스 커뮤니케이션의 효과 연구가 많이 이루어져 있는 이유는 그만큼 효과의 규모나 파급 정도가 개인 수준을 넘어서 엄청난 결과로 이어질 수 있기 때문이다.

(1) 폭력물의 영향과 배양 효과

대인 커뮤니케이션에서 폭력적 언행으로 어떤 보상(예컨대, 자기가 원하던 것)을 얻었다면 나중에도 그 폭력적 언행이 또 발생할 가능성이 높아지듯이, 매스 커뮤니케이션에서 매스 미디어를 통해 다른 사람의 폭력적 언행이 보상을 받는 것을 보면 의식적이든 무의식적이든 '나도 저렇게 하면 보상을 받을 수 있겠구나' 하는 심리가 작용하여 그 행동을 모방하게 된다. 그리고 매스 미디어의 영향력이 더욱 무서울 수 있는 이유는 폭력물 미디어를 계속 반복적으로 접함으로써 점점 더 둔감해질 수 있기 때문이다.

폭력물의 장기적 효과에 관한 연구는 그리 많지 않으나, 8세 때 본 폭력물의 양이 18세 때의 공격 행동과 상관관계를 보인다는 연구도 잘 알려져 있다(Eron et al., 1972). 그림 13-7에서 알 수 있듯이, '8세 때의 공격 행동이 18세 때 보는 폭력물의 양과 상관관계'를 보이는 정도보다 '8세 때 본 폭력물의 양이 18세 때 보이는 공격 행동과 더 높은 상관관계'를 보이고 있기 때문에, 타당한 인과관계의 방향은 폭력물 시청에서 공격 행동의 방향으로 이어진다고 결론을 내릴 수 있다.

폭력물에 반복적으로 노출됨으로써 둔감화가 일어나, 나중에는 더 큰 자극이 있어야만 이전과 같은 정도의 짜릿한 흥분을 느낄 수 있게 된다. 한 연구에서 소년들이 권투 시합 장면을 볼 때 그들의 흥분 상태를 측정한 결과, TV를 자주 보는 아이들이 자주 보지 않는 아이들보다 흥분하는 정도가 더 약했다(Cline et al., 1973). 영화가 점점 더 폭력적이 되어 가고, 엽기적 웃음까지 곁들여 폭력성을 희석해 버리는 시도까지 이루어지고 있는 현 시점에서도 아직까지 폭력물 미디어의 효과적인 제지 방안에 대한 대책은 미흡해 보인다.

그림 13-7. 폭력물 미디어가 폭력 행동에 미치는 영향에 관한 교차 지연 상관계수 결과

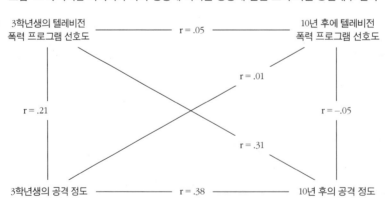

출처: Eron et al., 1972.

특히 위험한 것은 아동들의 모방 행동이 일어날 때 악당의 폭력 행위보다 주인공의 폭력 행위가 더 잘 모방된다는 것이다. 그 이유는 악당의 폭력은 영화 속에서 대부분 후반부에 처벌을 받게 되는 반면, 주인공의 폭력은 나중에 보상을 받게 되는 경우가 많기 때문이다. 아동들은 자기가 직접 보상이나 처벌을 받지는 않지만, 영화 속의 멋있는 주인공이 폭력 행동을 한 후 보상을 받는 행동을 보면 그 행동이 대리적으로 학습되어 그와 유사한 폭력 행동의 빈도가 차후에 증가하게 된다. 이것은 모방 학습의 기본적인 원리로, 대리 학습 또는 사회 학습이라고도 불리는 과정이다(Bandura, 1977).

근래 간혹 영화의 주인공들은 직접 잔혹한 폭력을 쓰지 않고 간접적으로 악당을 처치하는 방법으로(예컨대, 악당을 물에 빠지게 만든다든지 스스로 폭파되게 함으로써) 주인공의 손을 덜 더럽히는 방법을 사용하기도 하지만, 아직도 주인공의 직접적이고도 잔인한 폭력을 미화시키는 경우가 많은 것 같아 염려스럽다. 사람들이 폭력물을 '좋아하니까' 좋아하는 것을 보여 줄 수밖에 없다고 말한다면, 그것은 아이들이 아이스크림을 좋아하니까 아이스크림만 계속 먹이는 것과 마찬가지다. 결과적으로 해로움을 끼친다는 사실을 알고 있다면, 시청률에만 급급할 것이 아니라 '사람들이 그것을 보고 어떻게 느끼고 어떻게 행동할까'를 생각하면서 작품을 만들어야 할 것이다. 매스 미디어는 말 그대로 '대중에게 단번에 큰' 영향을 줄 수 있는 미디어이기 때문에 매스 미디어로부터 얻어지는 메시지의 부정적 효과를 최소화시키는 것이 중요하다.

폭력물의 효과 이외에도, 거브너와 그의 동료들은 TV를 많이 보는 사람들(중시청자)과 적게 보는 사람들(경시청자) 간에 세상을 바라보는 방식에서 큰 차이를 보인다는 사실을 보임으로써, 텔레비전이 '배양(cultivation)' 효과를 갖는다고 주장했다. TV를 많이 보는 사람들은 적게 보는 사람들에 비해 ① TV에 전문직을 가진 사람들이 많이 등장하기 때문에 전문직의 비율을 실제보다 더 높게 지각할 뿐만 아니라, ② 특히 폭력적인 내용이나 범죄와 관련된 내용을 많이 보게 되는 경우 자기가 범죄의 희생양이 될 것이라고 판단하는 확률도 높다. TV는 현실 세계에 대한 사람들의 관념을 구성하고, 규범화된 역할과 행동을 하도록 사회화하는 기능을 한다(Gerbner, 1970, 1972). 미디어 상황에서 미디어가 주는 메시지에 의해 사람이 세상을 인식하는 방식이 달라지고, 어떻게 행동하는 것이 바람직한지에 대한 틀이 제공되는 것이다.

(2) 2단계 흐름 이론 및 혁신의 확산 이론과 대인 커뮤니케이션

강력하고 무조건적인 매스 커뮤니케이션의 효과를 가정했던 초창기의 '피하 주사' 이론 또는 '탄환' 이론은 매스 미디어 수용자들 간의 대인 관계망과 서로 간의 영향을 전혀 고려하지 않은 이론이었다(그림 13-8의 왼쪽 그림 참조). 그 후 '2단계 흐름(two-step flow)' 이론의 등장은 매스 커뮤니케이션 과정에서 인간이 차지하는 비중을 높임으로써 커뮤니케이션의 전체적인 과정 속에서 매스 커뮤니케이션을 이해할 수 있는 발판을 마련했다는 점에서 큰 진전이었다고 볼 수 있다(Katz & Lazarsfeld, 1955; 차배근, 1999 참조).

2단계 흐름 모형의 기본 가정은 그림 13-8의 오른쪽에서 보듯이 매스 미디어에서 전달하는 정보가 일차적으로 의견 지도자에게 전달되고, 의견 지도자들을 통해 일반 대중들에게 영향을 준다는 것이다. 초기의 2단계 흐름 모형에서는 의견 지도자들이 대중과 구분되는 독특한 사람인 것처럼 가정했으나, 최근으로 올수록 독특한 의견 지도자의 역할이 있다기보다 사람들은 매스 커뮤니케이션의 영향을 받으면서 항상 다른 사람들과의 관계 속에서 대인 커뮤니케이션을 통해 매스 커뮤니케이션의 효과가 조절된다는 방향의 주장이 더 설득력을 얻고 있다.

혁신적인 생각을 가진 소수가 다수에게 영향을 주는 과정은 '혁신의 확산' 이론

그림 13-8. 초기 매스 커뮤니케이션 모델과 2단계 흐름 모델의 비교

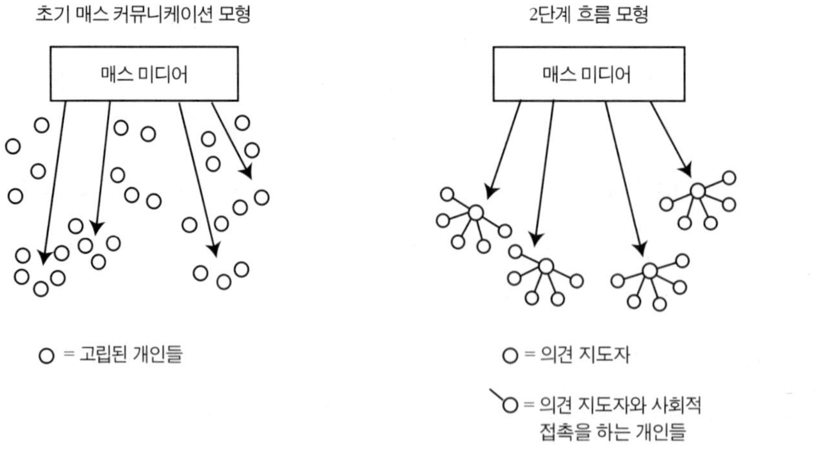

초기 매스 커뮤니케이션 모형　　　　　　　2단계 흐름 모형

매스 미디어

○ = 고립된 개인들

○ = 의견 지도자

⟍○ = 의견 지도자와 사회적
　　 접촉을 하는 개인들

출처: Windahl & McQuail, 1993/2001, p.95; 원전은 Katz & Lazarsfeld, 1955.

과 관련이 있다(Rogers, 2003/2005). 혁신적인 주장을 하거나 혁신적인 미디어를 지니고 있는 사람은 다른 사람보다 앞서 나가는 것으로 보이고, 사회 비교 과정을 통해 사람들은 더 나아 보이는 쪽으로 점차 동조해 간다. 단순히 '많은' 사람들이 주장하는 의견이나 많은 사람들이 가지고 있기 때문이 아니라, '적은' 사람들이 주장하더라도 '더 좋아 보이는, 더 앞서 보이는' 쪽이 혁신적인 쪽이기 때문에 따라가는 것이다. 오늘날 컴퓨터를 사용하지 못하거나 인터넷에 익숙하지 않으면 마치 시대에 뒤떨어지는 느낌이 들고, 처음에는 인터넷에 익숙한 사람이 소수이다가 짧은 시간 내에 대중화된 것도 급격히 '혁신이 확산'된 결과라고 볼 수 있다.

매스 미디어와 대인 커뮤니케이션은 서로 대립적인 기능을 하는 것이 아니라 상호 보완적인 기능을 한다. 혁신적인 미디어나 아이디어를 처음 인식하는 단계에서는 매스 미디어의 역할이 중요하고, 그 미디어나 아이디어를 받아들이는 단계에서는 대인 커뮤니케이션의 역할이 중요하다(Coleman, Katz, & Menzel, 1957; Rogers, 1983; 강길호·김현주, 1995, p.247). 새로운 아이디어나 미디어가 도입되는 초기에는 소수의 진보적인 집단에서 시작하여 매스 미디어를 통해 '알려'지고, 사람들은 주변 사람들과의 대인 커뮤니케이션을 통해 '받아들이게' 된다. 그러다가 차츰 받아들이는 사람이 다수가 되면, 후기에는 다수의 동조 압력으로 더욱 보편화된다. 따라서 매스 미디어를 통해 사람들에게 영향을 주기 위해서는 이러한 '인식'과 '채택' 과정을 염두에 두어야 함은 물론이다. 다수 집단의 영향력은 대다수의 사람들이 따르는 규범에서 크게 벗어나지 않으려는 '평균 지향적' 심리에 기반을 둔 것이라면, 소수에서 시작된 혁신적인 사람들의 영향력은 앞서가고 싶어 하는 '상향 지향적' 심리에 기반을 둔 것이라 할 수 있다.

여론 지도자가 대중에게 미치는 매스컴의 영향을 중개한다고 보는 초기의 2단계 흐름 이론도 점차 수정되어 왔다. 우리가 매스 커뮤니케이션의 영향을 '직접' 받는 부분도 있지만, 이것이 '기존 생각(스키마)'에 비추어 조절되기도 하고 주변 사람들과의 대인 커뮤니케이션을 통해 조절되기도 한다. 주변에 있는 사람들 중에서 특히 더 영향력이 큰 사람들이 의견 지도자의 역할을 하지만, 의견 지도자의 역할이 평생 고정되어 있는 것이 아니라 전문성과 상황에 따라 변화한다. 특히 오늘날의 인터넷 시대와 같은 지식 다원화 사회에서는 일방향적이거나 영향의 단계가 명확히 끊겨 있는 모델이 아니라, '매스 커뮤니케이션의 영향'과 '대인 커뮤니케이션의 영향'이 함께 네트워크처럼 얽혀 영향을 주는 과정으로 보는 모델이 더욱 설명력 있을 것으로 기대된다. 매스 미디어도 주변의 다른 사람들과 함께 '나'를 중심으로 하는 네트워크로 이어져 있어, 서로가 영향을 주고받으며 조절되는 열린 커뮤니케이션 체계를 이룬다.

(3) 의제 설정 이론과 점화 효과, 및 인간의 선택

의제 설정(agenda-setting) 이론에서는 미디어가 우리에게 '어떻게' 생각할지 그 방향에는 영향을 덜 주지만, 무엇에 '관하여' 이야기할지에는 영향을 크게 줄 수 있다고 본다(McCombs & Shaw, 1972). 이 이론이 나온 시기는 미디어 효과가 그다지 크지 않거나 한정적이라고 생각하던 분위기가 퍼져 있던 때였다. 그러나 미디어 효과가 예상보다 적게 나오거나 한정적인 상황에서만 나온다는 연구 결과는 연구의 '방법'에 한계가 있었기 때문이며, 미디어의 효과가 실제로 '없거나 적기' 때문은 아니라는 생각이 다시 고개를 들었다. 그중 하나의 대안이 바로 그때까지 미디어가 우리의 생각하는 방향에 영향을 줄 수 있다고 믿고 그쪽으로만 연구를 해 왔기 때문에 원하는 결과를 못얻었다고 보는 시각이었다. 미디어는 사회에서 일어나는 일 중 어떤 것들을 선별하여 보도함으로써 무엇이 이야기할 만한 가치가 있는 것이며 생각할 만한 비중이 있는 일인지를 결정하는 데 영향을 준다.

미디어가 의제 설정의 기능을 한다는 주장을 검증하기 위해 연구자들은 대체로 어느 정도의 시간 차이를 두고 '미디어 의제(미디어에서 다루어지는 의제)'와 '공중(public) 의제(사람들이 대화에서 화제로 다루는 의제) 간의 교차 지연 상관관계를 비교하는 방법을 많이 써 왔다(그림 13-9 참조). 6월에 신문에서 논의된 의제와 10월에 유권자들이 논의하는 의제 간의 상관계수(.51)가 6월에 유권자들이 논의한 의제와 10월에 신문에서 논의되는 의제 간의 상관계수(.19)보다 크다는 사실에 근거하여, 미디어 의제가 유권자 의제에 영향을 주었을 가능성이 그 역의 인과 관계보다 더 크다는 결론이 가능하다. 이와 같은 연구에서 방법론상의 문제가 완전히 해결된 것은 아니지만, 매스 커뮤니케이션의 효과가 개인의 태도 변화 이상의 효과를 지닐 수 있다는 사실을 보임으로써

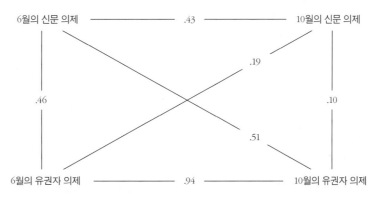

그림 13-9. 미디어 의제(신문)와 공중 의제(유권자) 간의 교차 지연 상관관계 연구

6월의 신문 의제 ——————— .43 ——————— 10월의 신문 의제

.19

.46　　　　　　　　　　　　　　　　　　　　　　　　　.10

.51

6월의 유권자 의제 ——————— .94 ——————— 10월의 유권자 의제

출처: Severin & Tankard, 1997/1999, p.302.

매스 커뮤니케이션의 효과 연구 영역에 희망을 던져 주었다(차배근, 1999 참조).

의제 설정 개념에서 조금 발전된 점화(priming) 효과는 미디어에서 다루는 주제가 우리 머릿속에서 점화되어 그에 관한 생각을 촉진시키고 이야기를 하게 만든다고 본다(Mutz, 1998/2000, p.103). 즉 미디어는 우리 머릿속에 없던 생각을 새로이 만드는 역할을 하기보다 이미 있던 생각 중에 특정 부분(미디어가 조명하는 부분)을 점화시켜 그에 상응하는 사고를 하도록 만든다는 것이다. 점화는 "미디어가 어떤 특정한 이슈는 주목하고 다른 어떤 이슈는 주목하지 않음으로써, 선거 후보자들에 대한 공중의 평가 기준을 바꾸어 놓는 과정"이다(Severin & Tankard, 1997/1999, p.304). 한 연구에 따르면, 인플레이션 문제를 강조한 보도를 접한 피험자들은 카터 대통령의 인플레이션 관련 업무 평가와 전반적인 평가 간에 높은 상관관계를 보였으나, 인플레이션을 강조하지 않은 보도를 접한 피험자들은 상관관계가 그다지 높지 않았다(Iyengar, Peters, & Kinder, 1982). 즉 "최근에 시청한 뉴스에서 강조한 주제"에 따라 평가하게 된다는 것이다.

의제 설정 효과도 모든 사람들에게 똑같이 나타나는 것은 아니다. 의제 설정 이론의 주창자 중 한 사람인 맥콤과 위버(McCombs & Weaver, 1973)의 연구에서도 매스 미디어의 의제 설정 효과는 선거 캠페인에 대한 관심이 높은 사람들에게서 크게 나타났다는 사실을 밝혔다. 미디어 보도의 효과가 개인 경험의 종류와 양에 따라 달리 나타난다는 연구 결과는 미디어의 영향 분석에서 '사람' 변인이 중요한 역할을 함을 시

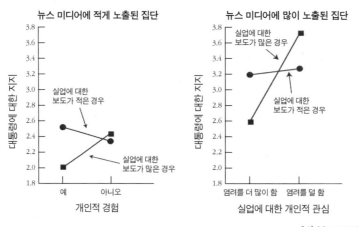

그림 13-10. 미디어 실업 보도가 실업에 대한 개인적 고려 요인들의 정치화에 미치는 영향

사한다. 미디어에서 실업 보도를 많이 한다고 해도 실업 문제에 관심이 적거나 실업 경험이 없었던 사람은 실업에 관해 그다지 많은 생각을 하지 않는다. 그림 13-10은 미디어에서 실업에 대한 보도를 접할 때 개인적 경험을 했는지 안 했는지에 따라 대통령에 대한 지지가 어떻게 달라지는지(왼쪽), 그리고 실업에 대한 개인적 관심이 큰지 적은지에 따라 대통령에 대한 지지가 어떻게 달라지는지(오른쪽)를 보여 준다. 그림 13-10의 왼쪽을 보면, 개인적 경험이 없을 때는 미디어의 보도가 큰 영향을 주지 않았으나 개인적 경험이 있을 때는 미디어에서 실업에 관한 보도가 많을수록 대통령에 대한 지지도가 더 떨어졌음을 알 수 있다. 같은 그림의 오른쪽을 보면, 실업에 대한 미디어 보도량이 적은 경우에는 실업에 대해 염려를 많이 하는 사람과 적은 사람이 대통령에 대해 비슷한 지지도를 보였으나, 실업에 대한 미디어 보도량이 많은 경우에는 실업에 대한 염려가 큰 사람일수록 대통령에 대한 지지도가 크게 떨어지는 결과를 보였다. 이런 연구 결과들은 미디어 보도가 개인적 경험의 영향과 상호작용한다는 사실을 분명히 증명하고 있고, 이는 미디어 보도의 효과가 모든 개인에게 똑같이 단선적으로 나타나지는 않는다는 사실을 확인시켜 준다(Mutz, 1998/2000, p.210).

(4) 이용-충족 이론의 형성과 발전

미디어 효과 연구에서 이용과 충족(use and gratification) 이론의 등장으로 '미디어가 나에게 무엇을 하는가' 하는 물음이 '내가 미디어를 가지고 무엇을 하는가' 하는 물음으로 바뀌었다(Katz, 1959). 기존의 수동적 수용자 개념에서 벗어나 능동적 수용자의 개념으로 변화했다는 것은 인간 중심의 커뮤니케이션 패러다임 속에서 더욱 환영받을 만한 일이다. 이 이론이 등장한 지는 무척 오래 되었지만, 능동적이고 쌍방향적인 커뮤니케이션이 가능해진 인터넷 시대에 들어오면서 더욱 유용성이 높아지고 있는 개념이다(은혜정·나은영, 2002).

이용과 충족 이론은 원래 '커뮤니케이션 연구는 죽었다'고 주장한 배럴슨(Berelson, 1959)의 말에 대한 반박으로 등장했다. 커뮤니케이션학의 4비조(four founding fathers)로 불리던 사람들 가운데 두 사람(레빈과 호블랜드)이 사회심리학자였고 다른 두 사람(라스웰과 라자스펠드)은 각각 정치학자와 사회학자였다. 그런데 1950년대 말 레빈은 이미 사망했고 라스웰은 정치학의 근본 문제를, 라자스펠드는 사회 조사 방법에 수학을 응용하는 문제를, 그리고 호블랜드는 인지에 관한 문제와 컴퓨터 시뮬레이션을 연구하는 쪽으로 관심을 바꾸었기 때문에 커뮤니케이션 연구들이 세련화되거나 승계되지 못하고 있다는 데 근거하여 커뮤니케이션학의 위기를 경고했던 것이다(차배근, 1999, p.225). 그러나 사회학자로서 라자스펠드와 함께 1955년에 2단계 흐름 이론을 입증했던 카츠는 커뮤니케이션 연구가 미디어의 단기적 효과만을 다루면서 시들어 간다고 할 것이 아니라 사람들이 미디어를 가지고 무엇을 하는지, 즉 미디어의 '기능적 접근'에 눈을 돌려야 한다고 주장했다. 이용과 충족 접근은 "인간들의 가치관, 관심 또는 흥미, 사회적 관계, 사회적 역할 등이 그들의 커뮤니케이션 행동에서 중요한 영향을 미치는 선유 요인이며, 인간들은 그들이 보고 들은 바를 이와 같은 그들의 선유 요인에 선별적으로 맞추게 된다"는 가정을 취한다(Katz, 1959; 차배근, 1999, p.229).

인터넷 등장 이후, 인터넷 이용에 대한 기대와 만족 간의 갭(gap)에 관련된 연구는 인터넷이 기존의 미디어와 구별되는 속성을 지니고 있음을 강력히 시사한다(은혜정·나은영, 2002). 즉 인터넷에 만족하며 많이 사용하는 사람이 인터넷에 대한 불만도 더욱 많이 지니고 있었으며, '이유 없이 사이트가 다운된다'거나 '경품에 당선되지 않는

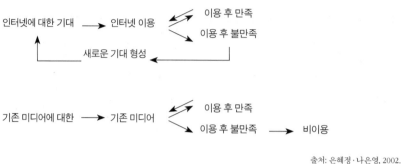

그림 13-11. 인터넷 이용 후 불만족이 새로운 기대와 이용으로 이어지는 모형(위)과
기존 미디어 이용 후 불만족이 비이용으로 이어지는 모형(아래) 비교

출처: 은혜정·나은영, 2002.

다'거나 '새로운 정보가 올라와 있지 않다'는 등의 불만사항은 '다음번에 접속했을 때
는 혹시 더 잘 연결되거나, 경품에 당선되거나, 새로운 정보가 올라와 있을 것'이라는
새로운 기대를 하는 데 오히려 밑거름이 될 소지가 있는 것으로 밝혀졌다. 인터넷이
라는 미디어는 '이번의 불만이 다음의 만족으로' 이어질 수도 있는 개연성을 지니고
있고, 이것이 절차상 불만에도 불구하고 인터넷 이용자들이 이용을 중지하지 않고
계속 인터넷을 이용하게 만드는 동기가 될 수 있다. 바로 이 점에서 인터넷은 기존 미
디어와의 차이가 나타난다(그림 13-11 참조). 어떤 점(예: 접촉, 정보)이 만족스러워 습관적
으로 계속 이용하다 보니 다른 점(예: 경제적 부담, 시간을 많이 허비했다는 심리적 불안)에서 불
만이 커지고, 만족과 불만족이 서로 양립 가능한 상태로 이용자들의 마음속에 공존
하게 되는 것이다.

　이용-충족 이론의 가장 큰 단점은 적극적인 인간상을 가정함에도 불구하고 서
로 뿔뿔이 흩어져 있는 원자화된 인간에게 미치는 영향만을 강조했다는 점이다. 사
람들이 가치를 느껴 기대를 하고 이용을 한 다음 충족을 느끼는 이 모든 과정이 '혼
자의 머리와 가슴속에서' 이루어지는 것이 아니라 주변 사람들과 사회 구조의 영향
을 받으며 이루어지고, 또 나 개인의 가치, 기대, 이용, 충족 등이 주변 사람들과 사회
전체에도 다시 영향을 주는 과정 속에서 이용-충족 이론을 바라본다면 더욱 완전한
모델에 근접할 수 있을 것이다.

2) 매스 커뮤니케이션과 대중 문화

사람이 매스 미디어를 통해 무엇을 생각하고 느끼고 행동하는지 하는 내용 중에 대중 문화의 경험이 상당 부분 포함된다. 흔히 대중 문화를 논의할 때 지배 계층과 피지배 계층 간의 이데올로기적 대립 관계에 초점을 두는 경우가 많지만, 이 책에서는 한 시대를 살아가는 사람들 중 대다수가 경험하며 즐기는 문화적 활동을 통틀어 대중 문화로 보려고 한다. 매스 미디어를 특정 계층이 장악하고 대중을 향해 일방적인 메시지를 보내던 시절에는 매스 미디어를 통해 지배층이 암암리에 주입하는 메시지를 힘없는 다수가 대중 문화로 흡수하여 탐닉하고, 그 과정에서 기존 권력 체제를 유지시키는 방편으로 매스 미디어가 사용되기 쉬웠다(강현두, 1998; 원용진, 2002 참조). 그러나 메시지의 생산과 소비 라인이 다원화된 인터넷 사회에서는 지배와 피지배의 분류보다 디지털 미디어의 소유와 비소유에 의해 그 격차가 더 심화되어 가는 경향이 있다. 결국 인터넷 시대 이전의 대중 문화를 논의할 때는 일방향적 매스 미디어를 장악하는 쪽과 장악하지 못하는 쪽의 대립이 중요한 이슈가 되었으나, 인터넷 시대로 들어오면서 미디어의 쌍방향성과 다원성 증가로 인해 이전의 지배-피지배 대립은 다소 희석되고 새로운 대립 관계가 등장할 소지를 안고 있다.

문화도 인간이 창출하는 것이며, 한 시대와 지역에 편재해 있는 지배적인 문화를 경험해 가면서 자연스럽게 습득해 가는 것이기도 하다. 디지털 미디어의 발달로 인해 시공간을 초월할 수 있게 된 지금, 문화가 어떤 특정 시대와 지역에만 국한되는 특성을 지니기가 더욱 어려워지고 있다. 한국에 살면서도 지구 반대편의 문화를 실시간으로 체험할 수 있고, 오늘날을 살아가면서도 데이터베이스화 되어 있는 오래전의 문화를 탐색하여 경험할 수 있다. 수평적(공간적) 및 수직적(시간적) 경계가 점차 흐려져 가면서 서로 다른 지역에 사는 사람들 간의 연계는 더욱 증가되고 있다. 따라서 대중 문화를 '인간의 경험' 자체에 초점을 두어 이해하려는 노력이 필요하다고 본다.

매스 미디어는 '대중이 한꺼번에 보거나 들을 수 있는' 미디어이기 때문에 대중 문화와 밀접한 관련이 있다. 대중가요 가사의 역사적 변화는 매스 미디어를 통해 많은 사람들이 어떤 메시지에 감동하고 공감하고 즐겼는지를 잘 보여 준다. 대중들이 즐기는 노래 가사는 그 시대의 상황과 사회 현상을 잘 반영한다(나은영, 2010). 동시대 살아가는 사람들이 전하고 싶은 메시지, 들어서 공감하는 메시지를 담고 있기 때문이다. 매스 미디어, 혹은 음반이나 VOD, 그리고 유투브와 같은 미디어 서비스를 통해 함께 느끼고 경험하고 공감할 수 있는 내용이 커뮤니케이션되는 것이다.

영화, 시(문학 작품), 노래도 그 형식은 다르지만 모두 무엇인가 사람의 마음을 표현하려는 메시지를 담고 있다. 메시지가 전달되는 미디어와 장르가 불가분의 관계를 맺고 있는 것이다. 특히 예술성을 띠는 작품이나 대중 문화는 도구적 커뮤니케이션이 아닌 인간의 표현적 커뮤니케이션이다. 인간이 내부의 본성을 발산시킨 그 표현적 커뮤니케이션을 보고 듣고 느끼고 경험하는 주체도 또한 인간이다. 즉 대중 문화를 생산하고 소비하는 관계 속에서 '표현하는' 인간과 '경험하는' 인간 사이에 '의미의 공유'가 일어난 것이고, 따라서 이것도 크게 보아 인간 커뮤니케이션의 테두리 안에 들어간다고 볼 수 있다.

대중 문화를 표현하는 주체도 사람이고 표현된 대중 문화를 경험하는 주체도 사람이며, 그 대중 문화의 표현과 경험을 연결해 주는 것이 미디어다. 따라서 사람이 무엇을 표현하고 싶어하며 표현된 것을 보고 듣고 만지며 어떤 감성 이미지를 갖게 되는가 하는 것은 '언어적 메시지(예: 가요의 가사나 영화의 대사)로 인한 의미의 공유'뿐만 아니라, '비언어적 메시지(예: 가요의 리듬이나 영화의 영상 이미지)로 인한 의미의 공유'가 모두 포함된 인간 커뮤니케이션의 중요한 관심사라고 할 수 있다.

3) 인간과 콘텐츠의 네트워크

향후에는 더욱 매스 커뮤니케이션이 네트워크화된 인간 커뮤니케이션 체계로 합쳐질 가능성이 높아 보인다(14장 참조). 이렇게 보는 가장 큰 이유는 매스 커뮤니케이션마저도 이제는 대인 커뮤니케이션과 유사한 쌍방향성을 지니게 되었기 때문이다. 매스 미디어는 더 이상 인간과 동떨어져 '저기 저만큼' 존재하는 거대한 박스가 아니다. 바로 나의 옆에서 실시간으로 나와 교류할 수 있는 밀착된 존재로서 "마치 실제 사람과 장소인 것처럼" 다룰 수 있는 존재인 것이다 (Reeves & Nass, 1996/2001).

‘미디어의 인간화’라는 말이 아직은 생소할 수 있지만, 피에르 레비가 이야기했듯이 “디지털 테크놀로지의 발달과 문화의 디지털화 현상은 오랫동안 진행되어 온 인류의 인간화 과정(hominization)”이라고 할 수 있다(Levy, 1997/2000, p.10). 미디어는 인간의 확장이며(McLuhan, 1964/2002), 그러기에 미디어의 이해를 위해서는 먼저 인간을 이해해야 하고, 미디어를 통한 커뮤니케이션의 이해를 위해서는 먼저 인간의 커뮤니케이션을 이해해야 한다. 인간의 커뮤니케이션 속에 미디어가 인간과 긴밀하게 밀착되어 있는 인간의 분신으로서 편입되는 것이다.

지금은 인간이 바로 콘텐츠이며, 인간이 만든 콘텐츠가 사람과 사람 사이를 바로 오가며 소통되는 상황이다. 매스 커뮤니케이션의 개인화와 대인 커뮤니케이션의 매스화가 동시에 진행되어 오고 있는 컨버전스(convergence) 환경에서는(Na, 2009), 콘텐츠 생산의 단위가 바로 개인이다. 따라서 개인적으로 만들어 낸 콘텐츠를 바로 연결망 미디어를 통해 퍼뜨림으로써 인간 개개인의 송출 위상이 예전 방송국의 위치로 격상된 것이다.

예전에는 콘텐츠가 있어도 이것을 송출할 수 있는 기능이 부족했다면, 요즘은 사방으로 송출할 수 있는 네트워크가 너무나 많이 갖춰져 있음에도 불구하고 샘솟듯 계속 만들어 낼 수 있는 창의적 콘텐츠의 지속적 생산이 여의치 않은 실정이다. 아무 콘텐츠나 마구 올리다 보면, 애써 닦아 놓은 고속도로에 불필요한 쓰레기들만 왔다 갔다 하는 형국이 되고 말 것이다.

인간의 진정한 경험이 바로 콘텐츠이기에, 그것이 진정으로 공유될 때 커뮤니케이션이 제대로 이루어진 것이라 할 수 있다. 잠재적 콘텐츠를 항시 소유하고 있는 인간 개개인이 잠재적으로 항시 연결되어 있는 다른 사람들과 언제든 무엇이든 교환하고 공유할 수 있는 것이 현재의 미디어와 인간의 구조다. 이런 구조일수록 모든 것이 투명하여, 진정성을 상실한 콘텐츠는 의미 공유를 확대할 수 없고, 이것은 사람 사이의 신뢰를 증진시킬 수 없다. 모든 것이 모두와 연결되어 있는 인간과 콘텐츠의 네트워크 미디어 시대에 진정성, 투명성, 신뢰가 키워드로 떠오르는 이유가 바로 여기에 있다.

14장

대인 공간 인식의 변화와 미래의 인간 커뮤니케이션

21세기는 융합 네트워크 미디어의 시대다. 어디부터 어디까지가 인터넷 커뮤니케이션이고, 어디부터 어디까지가 매스 커뮤니케이션이고, 또 어디부터 어디까지가 인간 커뮤니케이션인지를 정확히 나눌 수 있는 경계가 점차 모호해지고 있다. 인간의 커뮤니케이션 과정을 1장에서 정의한 바와 같이 '정보의 흐름을 통해 인간과 인간이 의미를 공유하는 과정'이라는 큰 틀 속에서 바라보는 관점(나은영, 2002)이 타당함을 지지해 주고 있다. 그렇다면 미래에는 어떤 형태의 인간 커뮤니케이션이 도래할 것인지, 이러한 변화가 가져올 장점과 단점은 무엇이며 인간은 어떤 선택을 해야 하는 것인지 통찰해 볼 필요가 있다.

1. 인터넷 시대의 인간, 미디어, 그리고 커뮤니케이션

1) 커뮤니케이션 발달의 역사

인간의 역사는 커뮤니케이션 미디어의 발달과 더불어 이루어져 왔다. 캐나다의 토론토 대학에서 맥루언 프로그램을 맡아 진행하고 있는 데릭 드 커코브(Derrick de Kerckhove) 교수는 테크놀로지가 이제 우리의 '몸'을 연장하는 것에서 우리의 '마음'을 연장하는 쪽으로 바뀌고 있다고 말하면서, '우리가 무엇을 원하느냐' 하는 질문이 더 중요하다고 역설한다(Kerckhove, 2002). 언어가 '빛의 속도'를 가지게 되어, 속도와 상호 연결성이 동시에 증가한 금세기의 미디어 테크놀로지 발달은 인간의 커뮤니케이션 현상뿐만 아니라 인간의 행동과 인간 사회 전체를 변모시키고 있다.

미디어 발달사와 인간 커뮤니케이션사에서 맥루언의 사상이 차지하는 비중이 오늘날에 이르러 특히 더 커지고 있는 이유는 크게 두 가지로 나누어 볼 수 있다. 그 하나는 맥루언의 경우 공학과 영문학을 넘나드는 통찰력으로 일찍이 기술과 문화의 연계성을 파악함으로써 '미디어' 자체에 집착하지 않고 '인간 생활의 역사' 속에서 미디어의 발달 과정을 바라보았기 때문에, 전체 속에서 부분을 꿰뚫어 보는 안목을 제시할 수 있었다는 점이다. 또 다른 하나는 21세기로 들어오면서 디지털 기술을 이용한 커뮤니케이션 미디어의 발달과 그 속에서 차지하는 인간 및 커뮤니케이션 과정의 의미가 점차 맥루언의 예측과 맞아떨어지고 있기 때문이다(McLuhan, 1964). 경계와 벽을 뛰어넘은 맥루언의 통찰력이야말로 이 시대에 필요한 통합적 사고방식의 선구적 요소라고 할 수 있다.

문자 이전의 구두 커뮤니케이션 시대에는 그야말로 인간의 발성 기관과 신체 이외에는 별다른 미디어가 없던, '좁은 의미의 인간 커뮤니케이션'만이 가능했던 시대였다. 그 후 문자를 사용하게 되고, 뒤이어 활자(인쇄) 시대로 이어져 오면서 인간의 다섯 가지 감각 중 특히 시각에 많이 의존하게 되었다. 그러다가 전자 미디어의 등장으로 다시 감각을 다면적으로 이용할 수 있는 시대가 도래하여, 인간이 여러 감각을 다시 함께 이용하게 되었다(김정탁, 1998, p.165).

디지털 미디어의 발달이 진전될수록 협의의 인간 커뮤니케이션(즉 사람과 사람이 직접 마주 보고 모든 감각을 동원하여 진행하는 커뮤니케이션)을 더 닮은 커뮤니케이션을 하는 방향으로 변화해 가고 있다. 구두 커뮤니케이션 시대에는 시공간의 제약이 컸으나, 디지털 시대에는 시공간의 제약을 거의 완벽하게 극복해 나아가고 있다. 점차 미디어의 소유 단위도 개인화되어, 지구상의 모든 인간 한 사람 한 사람이 미디어를 바로 자기 옆에 가까이 두고 있으면서 이를 이용하여 시공간을 넘어서는 실시간 연결을 도모하는 시대가 되었다. 사람의 생각과 느낌이 변형된 형태의 언어를 통해 '빛의 속도'만큼 빨리 전달되면서 동시에 이것들이 하이퍼텍스트로 서로 얽혀 그물망을 형성하고 있는 것이다. 인간 감각의 이용 측면에서 미디어의 발달사를 추적한 맥루언의 생각은 이 책에서 줄곧 강조해 온 '인간 중심'의 커뮤니케이션 패러다임과 맥을 같이 하면서, 기술에 의해 인간의 커뮤니케이션이 은연중 제한될 수 있음을 시사한다.

오늘날을 일컬어 인터넷 시대, 멀티미디어 시대, 네트워크 시대, 디지털 시대 등과 같은 여러 가지 명칭으로 부르지만, 한 가지 분명한 사실은 이렇게 화려한 명칭과 함께 등장한 최첨단 미디어일수록 더욱 인간 중심의 커뮤니케이션을 추구한다는 사실이다. 휴대 전화도 사람의 분신처럼 작용하고 있으며, 스마트폰 앱으로 연결된 사람들 사이의 소통은 여러 사람이 실제로 만나 소통하는 장면과 많이 닮아 있다. 사람이 커뮤니케이션하는지 기계가 커뮤니케이션하는지 경계가 불분명해지면서, 사람과 기계가 하나가 되어 사람과 사람 사이의 의미 공유를 위해 정보가 흘러가고 있는 것이다.

유선이든 무선이든 인터넷으로 대표되는 네트워크 커뮤니케이션의 경우, 일상생활로부터의 탈출구, 표현 자유, 정보 사냥, 관계 유지, 관계 형성뿐만 아니라, 실제 인간 사회 속에서 이루어지고 있는 거의 모든 활동들이 유사하게 재연되는 효과를 보이고 있어, 인터넷과 SNS를 비롯한 현재의 미디어 네트워크 커뮤니케이션은 그 자체가 '인간 사회의 확장'이라고 볼 수 있다. 이와 유사하게 사람 바로 옆에 밀착되어 있으면서 소형 컴퓨터로서 이 세상 모든 사람을 연결시켜 주는 스마트폰은 바로 '인간 자신의 확장'이다. 이제 인류는 웨어러블(wearable) 기기에서 더 나아가 미디어를 신체에 완전히 부착시킬 수 있는 방법까지 상상하고 있다. 이렇게 되면 사람과 미디어, 인간과 기계가 한 몸이 되어 작용할 것이고, 인간의 경험은 미디어와 함께 더욱 확산되어, 보다 멀리 보고 보다 넓게 들을 수 있게 된다.

미디어가 발전하여 생생한 이미지나 동영상을 보면 마치 그러한 사건을 눈앞에서 본인이 직접 겪는 것 같은 생각을 하게 되는 것은 사실이지만, 아직은 이미지가 언어를 뛰어넘을 만큼의 위상은 아니라는 주장이 있다. 강력한 이미지의 효과도 적절한 언어 구사와 함께 제시될 때 극대화될 수 있다. 표 14-1은 커뮤니케이션의 표현 방식이 언어로, 그림으로, 그리고 멀티미디어로 전환되어 오는 과정과 그 특성을 요약해 놓은 것이다(이재현, 2009).

멀티미디어 시대로 전환되면서 겉보기에는 언어적 요소가 멀티미디어 구성 요소들과 동일한 위상을 갖는 것처럼 보이지만, 심층적으로는 이미지, 오디오, 비디오 등 표면상의 멀티미디어 표현을 언어적 코드가 규정한다는 점을 이재현(2009)은 강조한다. 멀티미디어 시대에도 언어적 코드가 중요하다는 것이다. 이것을 '신언어중심주의'

표 14-1. 언어로의 전환, 그림으로의 전환, 그리고 멀티미디어로의 전환

	언어로의 전환	그림으로의 전환	멀티미디어로의 전환
전환 시점	20세기 초	19세기 말~20세기 후반	1990년대~21세기 초
담론	언어성에 의거한 예술, 미디어, 문화 형식 등에 대한 성찰	시각적인 것의 폭주 및 이미지의 지배	텍스트, 이미지, 오디오, 데이터 등 멀티미디어의 매끄러운 통합
담론 주도 (화문) 영역	철학, 인문학(언어학, 기호학, 문학, 수사학)	철학, 인문학, 영화학, 문화 연구/영상 산업	공학, 예술, 문학(사이버펑크), 미디어 연구/IT 및 오락 산업
지배적 문화 양식	문자 문화	시각 문화	디지털 문화
모델 미디어	인쇄책	사진, 영화, TV	멀티미디어 DB, 하이퍼미디어, 웹 게임, 미디어 아트
미디어성	텍스트성	시각성	미디어 다중성
수용 탐색	언어 체계	관람 체계	다중 양식 체계
리터러시	문자 해독력	영상 해독력	전자 및 숫자 해독력
언어의 위상(에크프라시스의 이데올로기)	이미지에 대한 언어의 우위 (언어중심주의)	언어에 대한 이미지의 우위 (시각중심주의)	이미지, 오디오들 여타 미디어에 대한 언어의 유희 (신언어중심주의)

출처: 이재현, 2009, p.254.

라 명명하면서, 이미지나 오디오 등 미디어에 대해 언어가 새로이 우위를 점하게 되었음을 강조한다. 이미 이미지의 시대를 넘어 신언어 시대가 되었다는 것이다. 언어 우위의 한 예로, 우리는 이미지 자료를 찾을 때도 언어로 키워드를 입력하여 찾는다.

말과 글의 시대를 넘어 영상을 제3의 언어라고 이야기하기도 하며(김민수, 1999), 말과 글의 문법에 못지않게 기호학적으로 통일된 의미를 부여할 수 있는 영상 언어의 문법도 필요한 시점이지만, 여전히 언어는 우리 인간들 사이의 커뮤니케이션에서 핵심적인 수단이 되고 있다. 5장에서 언급했듯이 이미지가 더 즉각적이고 감성적인 커뮤니케이션을 가능하게 하는 부분도 있지만, 사람과 사람이 의미를 공유하는 커뮤니케이션에서 여전히 언어는 그 표현이 청각적이든 시각적이든, 면대면 상황이든 CMC 상황이든 중심적인 위치를 차지한다.

2) 미디어의 발달 과정과 인간의 선택

미디어의 발달 과정을 단순화시켜 나타내면 그림 14-1과 같이 나타난다(최환진·정보통, 1999, p.57). 이 그림에서 특징적인 사실은 최근 미디어일수록 보급률이 더 급격하게 높아진다는 사실, 그리고 최신 미디어가 생긴다고 해서 이전 미디어가 없어지는 것이 아니라, 기존 미디어부터 뉴 미디어까지 함께 '공존'하는 상태가 바로 지금의 현실이라는 사실이다. 다만, 하나의 예로서 예전에는 모든 것을 라디오에 의지했다면, 지금은 용도가 분화되어 라디오와 TV와 인터넷이 모두 공존하면서 각기 다른 용도로 쓰인다. 라디오가 아직까지 존재하기는 하지만, '라디오만을 듣는 용도'로 계속 사용되고 있는 것이 아니라, '청각 이외의 다른 감각을 이용하는 일(예: 운전, 책읽기 등)을 하면서 동시에' 라디오 청취를 하는 데 이용되고 있다. 물론 라디오나 오디오로 흘러나오는 음악을 잔잔한 배경으로 들으면서 상대방과 '청각을 포함한' 모든 감각을 이용한 대화를 할 수도 있다. 이때는 라디오에서 흘러나오는 메시지가 우리 청각으로 들어와 어떤 의도를 전달하기보다, 전체적인 분위기와 이미지를 형성함으로써 커뮤니케이션의 배경을 구성하는 데 기여하게 된다. 다양한 미디어가 공존하고 있는 현재의 미디어 환경에서 인간의 적극적인 선택과 상황에 따른 이용은 더욱 중요해지고 있다.

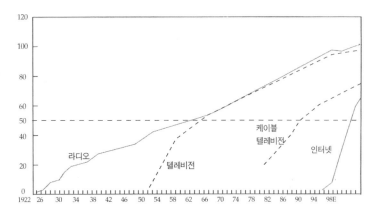

그림 14-1. 미디어 발달 과정

최근 미디어일수록 보급률이 더 급격하게 높아지고 있으며, 현재 모든 미디어가 공존하는 상태

출처: 최환진·정보통, 1999, p.57.

2. 커뮤니케이션 공간의 확장과 변화

1) 미디어를 통한 대인 공간의 확장과 사회적 공간 인식의 변화

처음에 휴대 전화가 등장했을 때 그것은 주로 '나'의 확장 기능을 했다. 이전에는 한정된 공간 내에서만 보고 들을 수 있었던 것을 더 멀리 보고 들을 수 있게 되어, 마치 사람 개인의 눈과 귀의 기능이 확장된 듯한 경험을 하게 되었다.

그러다가 무선 인터넷 기술이 점점 발전하여 스마트폰 하나로 거의 전 세계 모든 사람과 연결이 가능해지자, 이제 스마트폰은 '사회적 공간'의 확장 기능을 하고 있다. 미디어를 통한 타인의 존재가 대인 공간의 확장을 가져오게 된 것이다. 예전에는 동일한 물리적 공간 안에 다른 사람이 물리적으로 존재해야 대인 공간이 형성되었고 사회적 상호작용이 촉진되었지만, 요즘은 아무리 물리적으로 멀리 떨어져 있더라도 소셜 네트워크 서비스 기능이 잘 되는 스마트폰만 각자 가지고 있으면 언제 어디서나 대인 공간이 형성되며 그 안에서 사회적 상호작용이 이루어질 수 있다. 그래서 지금은 옆에 사람이 있느냐보다 스마트폰이 있느냐, 그리고 동일한 연결 서비스를 사용하느냐에 따라 사회적 공간이 사람의 머릿속에서 손끝을 통해 열리기도 하고 닫히기도 한다.

이것은 작은 변화처럼 보일지 모르지만 실로 커다란 변화라 아니할 수 없다. 옆에 사람이 없는데도 사회적 공간으로 지각된다는 것은 엄청난 변화다. 이처럼 미디어를 통해 머릿속에서 형성된 사회적 공간 안에서 사람들은 공적, 사적인 일도 처리하고 사람들에 관한 인상도 형성하며 각종 업무와 홍보 및 작품 전송과 평가까지 온갖 일을 다 한다. 더 이상 '물리적 공존'이 중요한 시기가 지났다. 이제 미디어를 통한 '심리적 공존'이 훨씬 더 중요해지고 있는 것이다.

(1) '타인 존재감'의 변화

미디어를 통해 타인의 존재를 느끼는 '존재감(presence)'은 "비매개성의 지각적 착시"라 정의된다(Lombard et al., 2000, p.77). 실제로는 타인이 미디어를 통해 매개되어 존재하고 있음에도 불구하고 마치 전혀 매개되지 않고 직접 상호작용하고 있는 것처럼 느끼는 것을 말한다. 그래서 이러한 존재감을 "가상적 대상이 실제적 대상으로 경험되는 심리 상태"라고 정의하기도 한다(Lee, 2004). 가상적 대상 중에는 실제 세계에 존재하는 대상이면서 매개된 대상, 그리고 실제 세계에 존재하지 않지만 기술적으로 만들어진 대상이 있다.

1장에서 살펴보았던 사회심리학의 정의가 '타인의 존재가 개인의 생각, 느낌, 및 행동에 미치는 영향을 연구하는 학문'이라는 것을 상기하면, 이 '타인의 존재'에는 미디어를 통해 '매개된 타인'이 포함된다. 더 정확히 표현하면, 실제로는 매개되고 있으나 개인이 느끼기에는 마치 실제로 존재하는 것과 같은 비매개성과 함께 타인의 존재를 느끼며, 이것이 개인에게 영향을 주는 것이다. 타인이 존재한다는 인식은 존재감 중에서도 특별히 '사회적 존재감(social presence)'이라 한다.

사회적 존재감은 결국 타인의 존재를 말하며, 여기에는 실제로 동일한 물리적 공간에 타인이 존재하는 상황, 그리고 미디어를 통해 심리적 공간에 존재하는 상황이 모두 포함된다. 사회적 공간은 다음과 같은 세 개의 차원으로 나뉜다(Lee & Naas, 2005).

① 공존감(copresence): 가상 환경 안에 상상된 또는 시뮬레이트된 사회적 행위자가 존재한다는 인식

② 심리적 관여: 기술 사용자가 자신의 정신적 에너지를 상상된 또는 시뮬레이트된 사회적 행위자에게 할당하는 정도

③ 행동적 개입: 기술 사용자가 자신의 행동이 상상된 또는 시뮬레이트된 사회적 행위자와 상호 의존적으로 이루어진다고 믿는 정도

결국 우리는 SNS와 같은 네트워킹 서비스나 소셜 미디어를 통해 타인과 함께 존재하고 있음을 느끼며, 이렇게 인식된 타인들과 상호 의존적인 언어, 비언어, 및 행동들을 주고받으며 마음속의 사회적 공간을 형성하고 그 안에서 활동하고 있는 것이다. 네트워크 미디어로 포화된 상태의 인간 커뮤니케이션은 이러한 사회적 상호작용을 모두 포함한다.

(2) 네트워크화된 자아와 소셜 스페이스

어디에 주의 집중하느냐에 따라 자아가 달리 형성되며, 그 자아에 따라 다시 어디에 주의 집중하게 되는지가 결정된다(Csikszentmihalyi, 1990, p.13). 따라서 우리는 네트워크화된 미디어의 발달로 사람들의 네트워크에 주의를 기울이고 집중하기 때문에 네트워크화된 자아(networked self)를 갖게 된다(Papacharissi, 2011). 또한 이렇게 네트워크화된 자아로 인해 우리는 우리와 연결되어 있는 사람들을 의식하며 그들에게 주의 집중을 한다.

네트워크 미디어가 발달하기 이전에는 타인이 가시 공간에 들어오기 전까지는 독립된 자기로서 존재하다가 타인이 자신의 가시 공간에 들어올 때 비로소 사회적 상호작용이 가능하다고 지각하는 소셜 스페이스(social space)가 생겨났다. 그러나 요즘은 방 안에 혼자 있어도 스마트폰이나 컴퓨터만 있으면 많은 사람과 거미줄처럼 엮여 있는 상태에서 그 공간에 심리적으로 공존해 있는 상태가 된다. 혼자 있어도 원격 현전(telepresence)의 도움으로 함께임을 인식할 수 있는 사회적 공간이 생겨나는 것이다. 그래서 사람과 사람이 소통하는 인간 커뮤니케이션의 공간도 당연히 미디어로 인한

심리적 확장을 겪게 된다.

초기의 연구들은 온라인과 오프라인의 삶을 구분하여 설명하기를 즐겼으나, 미디어가 점점 더 인간에게 밀착되어 옴으로써 마치 인간의 분신처럼 기능하게 되자, 인간의 오프라인 삶이 온라인 삶으로 상당 부분 옮겨 가게 되었다. 그래서 소셜 스페이스, 즉 사회적 공간을 중심으로 미디어와 함께하는 인간을 새로이 바라보려는 관점도 등장했다(Kennedy, 2012).

(3) 폐쇄형 네트워크와 개방형 네트워크

네트워크라 하여 다 같은 네트워크가 아니다. 그 유형도 매우 다양하다는 뜻이다. 대표적인 분류는 폐쇄형 및 개방형 네트워크로 구분하는 것이다. 김준호와 은혜정(2011)은 싸이월드와 페이스북 네트워크를 대표적인 폐쇄형 및 개방형 네트워크의 사례로 보고 그 커뮤니케이션 특성들을 비교 분석했다.

그림 14-2의 (a)와 같은 폐쇄형 구조는 확장 가능성이 없어 한계에 노출되기 쉬운 반면, (b)와 같은 개방형 구조는 확장 가능성이 커서 새로운 관계가 형성될 여지가 많다. 물론, 프라이버시 보호 측면에서는 (a)가 더 우월할 수 있으나, 대세는 이미 (b)와

그림 14-2. 폐쇄형 네트워크와 개방형 네트워크 비교

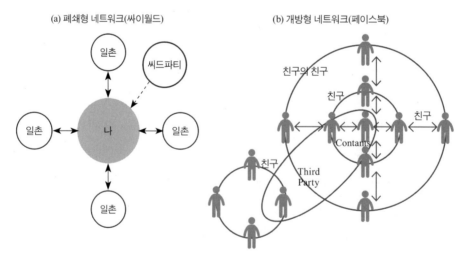

출처: 김준호·은혜정, 2011, pp.33~35.

표 14-2. 대표적인 폐쇄형 SNS 비교

서비스명(업체)	출시 시기	제한 인원(명)	다운로드 수(만 명)
밴드(네이버)	2012.8	1000	1000+
카카오그룹(카카오)	2013.8	500(그룹당)	100+
데이비(SK컴즈)	2013.8.	50	50+
비트윈(VCNC)	2011.12	2	360+
패스(미국)	2010.11	150	1000+

같은 개방형으로 기울었다.

그러나 최근에는 무한정 개방이 아닌 '끼리끼리 개방형'에 사람들의 관심이 모이고 있다. 이른바 '폐쇄형 SNS'라 하여, 밴드나 비트윈과 같은 서비스처럼 한정된 소수끼리만 개방이 되고 외부에는 차단된 형태의 네트워크 서비스다(표 14-2 참조). 결국 사람들은 개방을 선호하면서도 무차별적으로 개방되는 데는 반감을 지니고 있으며, 서로의 진정한 마음을 알 수 없는 피상적인 다수와의 대화보다는 서로의 마음을 이해할 수 있는 범위 내의 깊은 관계를 원하고 있음을 알 수 있다.

2) 시공간의 재할당 및 너와 나의 안과 밖

새로운 미디어가 등장해도 예전 미디어가 쉽게 사라지지 않자, 사람들은 동일한 콘텐츠를 어떤 미디어를 통해 소비해야 할지 선택권을 더 많이 갖게 되었다. 사람과의 대화도 카카오톡으로 할지 문자로 할지 통화로 할지 정해야 한다.

새로운 미디어가 등장함에 따라 사람들이 예전 미디어를 대체하여 이용할 것이라는 생각은 '미디어 대체 가설'로 이어졌다(예: Althaus & Tewksbury, 2000). 이 가설은 맥콤(McComb, 1972)의 '상대적 불변성' 원리에 근거하여, 자본과 시간이 한정되어 있다는 가정하에 새로운 미디어가 시장에 나오면 구미디어와 뉴 미디어에 이를 할당하게 된다고 본다.

그러다가 새로운 미디어가 대체하는 것으로 미디어 이용 시간보다 그 '기능'에 초점을 두어야 한다는 관점이 주목을 받게 되면서, 기능적 대체와 보완에 관한 연구들이 많이 등장했다(이재현, 2005; Ferguson & Perse, 2000). 그러나 미디어의 기능 대체도 결국 미디어 이용이라는 한정된 행동 범주 안에서의 대체에만 머물렀기 때문에, 이를 뛰어넘으려는 시도로 '시간 재할당' 가설이 등장하게 되었다(이재현, 2005).

시간 재할당 가설(이재현, 2005)은 새로운 미디어의 등장으로 사람들이 단순히 미디어 이용 시간을 대체하기보다는 생활 시간 전반을 재할당하게 됨을 강조한다. 이 가설의 검증 연구(이재현 외, 2008)에서는 컴퓨터 게임 이용자가 비이용자에 비해 ① 일, 학습, 가정 유지 활동과 같은 생산적이고 노동 지향적인 행동 시간이 적으며, ② 이동, 교제 활동 시간은 적은 반면 수면과 TV 시청 시간은 더 길다는 결과를 얻었다. 또한 컴퓨터 게임 이용은 ③ 미디어 이용 시간의 변화만이 아니라 전반적인 생활 시간의 재할당을 초래한다는 결론을 도출했다(p.157).

이와 유사한 맥락에서, 특히 스마트폰 애플리케이션(앱)은 미디어뿐 아니라 각종 생활 기기를 상당 부분 대체하고 있기 때문에(이진아·나은영, 2012), 미디어와 생활 기기의 융합은 자연스럽게 인간의 생활 공간과 생활 시간이 미디어로 인해 재편되는 상황을 가져오고 있다. 미디어 중에서는 특히 인쇄 신문, MP3, 라디오, 카메라 등이 스마트폰으로 대체되는 비율이 높았고, 생활 기기 중에서는 알람시계, 스톱워치, 지도책, 사전, 휴대용 게임기 등의 대체율이 높았다(그림 14-3 참조). 전반적으로 미디어 자체보다 생활 기기의 대체율이 높게 나타난 점은 스마트폰이 우리에게 미디어를 넘어서는

그림 14-3. 스마트폰 앱이 기존 미디어와 생활 기기를 대체하는 정도

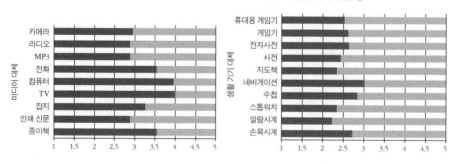

* 그래프 흰색 부분이 넓을수록 미디어 대체 정도가 큼(1=전혀 사용하지 않게 됨, 3=사용량이 절반 정도로 줄어듦, 5=사용량에 변화가 없음).

출처: 이진아·나은영, 2012, pp.24, 27.

생활 편의 기능을 상당히 많이 제공하고 있음을 보여 주며, 이것은 미디어의 변화가 단순히 미디어 대체뿐 아니라 생활의 변화까지 가져올 수 있음을 시사한다.

시간의 재할당과 함께 이 책에서 강조하고 싶은 것은 새로운 미디어의 등장으로 인한 공간 인식의 변화와 심리사회적 공간 할당의 시각이다. 2장 후반부에서 논의했 듯이, 새로운 미디어는 우리가 다른 사람들과 교류할 수 있는 공간, 그리고 그 공간에 대한 인식 및 그 안에서 이루어지는 활동 자체를 크게 바꿔 놓았다.

미디어의 발전으로 인한 공간 인식의 변화(황주성·박윤정, 2012), 그리고 이로 인한 생활 문화 전반의 변화(임종수, 2011)는 사람들 사이의 소통 양식에도 많은 변화를 가져 오고 있다. 이제 같은 물리적 공간에 함께 있는 사람과의 커뮤니케이션뿐만 아니라, 미디어 서비스를 사이에 두고 마음과 마음이 만나 심리적 공간을 형성하면 그곳은 인간 커뮤니케이션이 이루어지는 장이 되는 것이다.

시간과 공간의 배분에 대한 선택권도 넓어졌다. 이동 중에 연락할 수도 있고 업무 중 사이사이에 연락할 수도 있다. 새로운 미디어의 등장은 미디어를 통해 다른 사람 들과 교류할 때 본인이 어떤 물리적 공간에서 어떤 미디어 공간을 활용하여 어떤 시 간을 할당함으로써 교류할 것인지를 선택한다.

우리는 모두 공간에 존재한다. 방에 있으면 물리적 공간을 차지하고 있는 것이고, 누구의 마음속에 있으면 심리적 공간을 차지하고 있는 것이다. 또한 혼자 존재하는 것이 아니라 다른 사람과 함께 존재하면 공존하는 것이고, 타인과 공존하는 공간은 사회적 공간이다. 물리적 공간이든 컴퓨터를 통한 가상적 공간이든 타인과 함께 존재 하며 의미를 공유하면 인간 커뮤니케이션이 이루어지는 것이다. 타인은 방에 나와 함 께 있을 수도 있고(물리적 공간에 공존), 마음속에 함께 있을 수도 있고(심리적 공간에 공존), 컴퓨터로 연결되어 있는 공간에 함께 있을 수도 있다(가상적 공간에 공존).

'존재'란 '거기에 있는 것(being there)'을 의미하며, '공존'이란 '함께 있는 것(being together)'을 의미한다. 공존의 느낌이 있을 때 소통이 가능해진다. 공존의 느낌이 있으 려면 서로에 대한 인식이 있어야 하는데, 이것을 상호 인식이라 이야기할 수 있다. 이 러한 상호 인식은 요즘 미디어를 통해 '연결된 존재'로 부각된다(Schroeder, 2006).

연결의 느낌이 있으면 다른 사람과 사회적으로 교류할 수 있다는 인식을 하게 되기 때문에 소셜 어포던스를 느낀다(3장 참조). 사회적 공간이면서 동시에 심리적 공간이 되는 것이다. '소셜 어포던스'란, "어떤 사회적 행위를 할 수 있는 것으로 지각되는 특성들"을 말한다(Kennedy, 2012, p.30). 네트워크화된 개인의 관점에서 소셜 어포던스는 특정 시간과 공간 안에서 상호작용하는 사람들의 연결망과 그 사이를 오고 가는 정보들에 근거하여 발생한다.

웰만(Wellman, 2002)이 이야기한 '네트워크화된 개인주의'는 개인 중심적인 시각을 반영하는 반면, 케네디(Kennedy, 2012)가 말하는 '네트워크화된 공간'은 개인과 개인 사이에 일어나는 상호작용 공간을 더 중요시한다. 이제 인간 커뮤니케이션에서 말하는 공간의 원리는 단순한 물리적 공간을 뛰어넘는다. 몸은 멀리 떨어져 있어도 마음이 함께할 수 있는 심리적 공간이 더욱 중요해졌다. 그리고 이 심리적 공간은 네트워크화된 사회적 공간으로서, 연결되어 있는 사람들의 노드(node) 중 현재 활성화되어 있는 링크(link)들을 중심으로 작용한다.

정리하면, 미디어는 연결의 도구이며, 물리적 공간이든 미디어 서비스를 통한 심리적 공간이든 그 공간에 타인의 존재가 지각되면 타인과 공존하는 것이다. 미디어를 통해 타인과 함께 있음을 지각하는 것은 곧 타인과의 연결된 존재감을 느끼는 것이다. 미디어의 변화는 사람과 사람 사이에 커뮤니케이션이 일어나는 시간과 공간에 대변혁을 가져왔기에, 인간 커뮤니케이션의 원리 안에 이러한 시간과 공간의 원리도 포함시켜야 할 때가 되었다고 본다.

커뮤니케이션의 시작이자 기본이 되는 자기 노출, 즉 자신의 속을 겉으로 보여 주는 데서도 인간의 선택이 넓어졌다. 바로 앞에서 눈으로 보고 있지 않으니 얼마든지 속과 다른 겉을 보여 줄 수도 있게 되었다. 장기적으로 신뢰를 쌓기 위해서는 당연히 속과 일치하는 겉을 보여 주는 것이 커뮤니케이션의 도덕적 원리다. 회사는 안과 밖의 경계가 없어졌지만(윤지영, 2014; 주정민, 2004), 아직 인간 개개인의 안과 밖은 존재한다. 다만 안의 것을 밖으로 어떻게 표현할 것인지, 일치하게 표현할 것인지, 불일치하게 표현할 것인지, 선택적으로 표현할 것인지, 전체적으로 표현할 것인지는 그때그때 개인의 선택으로 남아 있다.

3) 모바일 인터넷과 스마트폰

김용찬과 신인영(2013)은 2010년과 2011년 코호트 데이터를 활용하여 스마트폰 이용자와 비이용자의 사회 환경 통제감과 공간 환경 통제감이 어떻게 변화했는지를 조사했다. 사회 통제감은 "개인이 자신의 가용 자원들을 활용하여 사회적 관계를 스스로 규정할 수 있는 능력에 대한 인식"으로 일종의 '사회적 자기 효능감'을 말한다. 공간 통제감은 "개인이 자신의 가용 자원을 이용하여 자신을 둘러싼 생활 공간을 이해하고 자신의 목적을 이루기 위한 활동을 효과적으로 수행할 수 있는 능력에 대한 지각"을 말한다(김용찬·신인영, 2013, p.20).

그림 14-4에서 알 수 있듯이, 스마트폰 이용자는 공간 환경 통제감이 증가했고 비이용자는 감소했다. 그런데 사회 환경 통제감은 전반적으로 증가하기는 했으나 스마트폰 이용자보다 오히려 스마트폰 비이용자가 더 많이 증가하는 결과를 보였다. 공간 환경 통제감에서는 긍정적 기대 불일치가, 사회 환경 통제감에서는 부정적 기대 불일치가 일어난 결과라고 연구자들(김용찬·신인영, 2013)은 해석한다. 공간 환경 통제감은 기대보다 좋았던 것이고, 사회 환경 통제감은 기대보다 좋지 않았던 것이다.

좀 더 구체적인 결과로서 그림 14-5를 보면, 행동 활성화 체계(BAS: behavioral approach system)와 행동 억제 체계(BIS: behavioral inhibition system)에 따라 사회관계 통제감의 변화가 달리 나타나고 있음을 알 수 있다. BAS는 "어떤 자극에든 적극적으로 다가가는 행동 경향"을 말하며, BIS는 "자극을 피하고 쉽게 위축되는 행동 경향"을 말한다(Gray, 1990; 김용찬·신인영, 2013, p.22).

2010년에는 행동 억제 체계가 우세한 스마트폰 '비이용자'의 사회관계 통제감이 다른 집단들에 비해 낮았다. 그런데 2011년에는 행동 억제 체계가 우세한 스마트폰 '이용자'의 사회관계 통제감이 다른 집단들에 비해 낮았다. 그리고 2011년의 사회관계 통제감은 스마트폰 이용, 비이용을 떠나 대체로 행동 활성화 체계가 우세한 사람들이 높은 통제감을 보였다. 전반적으로 행동 억제 체계가 우세한 사람들이 사회관계 통제감과 관련하여 2010년에 더 큰 기대를 했고 2011년에 더 크게 실망했다고 할 수 있다. 다른 사람과 항상 연결되어 있어야 한다는 부담감(Baym, 2010)이나 호출 대기

그림 14-4. 스마트폰 이용자와 비이용자의 2010년과 2011년 사회 환경 통제감과 공간 환경 통제감 변화

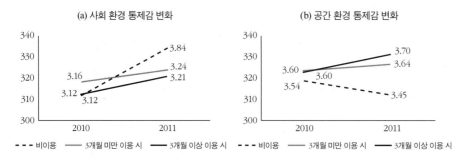

출처: 김용찬·신인영, 2013, pp.28~30.

그림 14-5. 스마트폰 이용자와 비이용자의 2010년과 2011년 사회관계 통제감

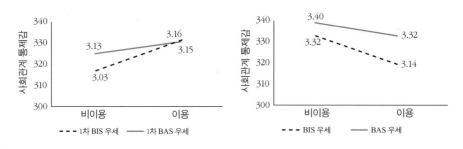

출처: 김용찬·신인영, 2013, pp.31~32.

상태로 기다려야 한다는 피로감(Castells et al., 2007), 이에 더하여 감시와 통제에 대한 두려움(Sherry & Salvador, 2002) 등으로 인해, 스마트폰으로 인한 사회관계 통제성에 부정적 결과를 가져왔을 것이라고 해석된다(김용찬·신인영, 2013, pp.33~34).

3. 다양성의 공존을 위한 커뮤니케이션

1) 변화와 다양성의 수용: 열린 커뮤니케이션 체계

일방향적 미디어가 절대적 권위를 지니고 있던 시대에는 권력이 미디어 장악력과 정비례 관계에 있었다. 그 미디어만 장악하면 원하는 메시지를 일방적으로 다수에게 전

달하여 힘을 발휘할 수 있었다. 인터넷 시대에도 물론 미디어 장악력은 중요하여, 디지털 디바이드로 인해 인터넷 이용 가능성이 희박한 사람들은 권력에서 멀어질 수밖에 없다. 그러나 인터넷 시대에는 미디어를 소수가 완전히 장악하기도 어려울 뿐더러, 일부를 장악했다고 해도 이전처럼 쉽게 대중 전체를 지배하기 어렵다. 인터넷은 본질적으로 동시에 여러 커뮤니케이션 주체를 갖는 다원적인 미디어기 때문이다. 인터넷을 이용하는 '사람들의 마음'까지를 알아야 비로소 인터넷이라는 미디어를 제대로 파악했다고 이야기할 수 있는 바, 인터넷의 확산적 성격으로 인해 '모든 사람의 마음'까지를 포함하는 인터넷 장악력은 이미 근본적으로 불가능하다고 할 수 있다. 그만큼 개인 단위의 민주 사회에 보다 근접했다고도 볼 수 있다. 다만, 개인 정보의 감시가 중앙 집중적으로 이용될 가능성을 최소화시키는 수단으로서(Smith & Kollock, 1999), 서로가 서로를 견제하는 역할은 필요하다.

이런 사회 속에서는 열린 마음으로 다양성을 수용하는 주체가 폐쇄적인 주체보다 생존 경쟁에서 더 '적자(the fittest)'가 되어 미래까지 살아남을 가능성이 더 높다. 다양성을 거부하는 개인과 사회는 21세기 이후 점차 도태되어 갈 확률이 높다. 다양한 인간의 빈번한 접촉은 이제 인간의 '정상적인' 그리고 '적응적인' 모습이지 '예외'가 아니다. 다양성을 인정하고 수평적으로 열린 커뮤니케이션을 하는 개인과 사회가 적자생존의 원리를 뛰어넘을 수 있다.

다양한 인간과 다양한 미디어의 공존 속에서 뗄 수 없는 '관계' 유지하며 네트워크를 형성하고 있는 인간 중심의 열린 커뮤니케이션 체계는 탈중심화된 수평성을 가장 큰 특징으로 한다. 커뮤니케이션 네트워크 속에서 서로 연결되지 않는 닫힌 루트가 전혀 없이 모든 요소들 간의 쌍방향 관계가 가능하고, 커뮤니케이션을 독점하는 개체가 없어지거나 힘을 잃는 다원적 체계를 형성하는 것이다. 이것은 이 책의 앞부분에서 논의한 커뮤니케이션 네트워크의 종류 중 전방위형에 가까운 모델이면서, 동시에 인간과 미디어가 하나의 단위로 연결되어 있는 형태를 띤다.

시공간 압축으로 보다 다양한 정보, 보다 다양한 사람을 보다 빨리 접촉하게 되어 가는 현 상황에서 인간의 '선택'은 그만큼 더 중요해질 수밖에 없다. 왜냐하면, 인간의 정보 처리 능력에는 한계가 있어, 모든 것을 한꺼번에 수용할 수는 없기 때문이다. 산업화를 겪으며 도시 생활의 과부하를 줄이기 위해 사람들로부터 오는 자극을 최소화시키려는 과정에서 소외와 무관심이 등장했듯이, 수많은 미디어를 통해 수많은 사람으로부터 쏟아져 들어오는 각종 정보의 홍수 속에서 그 자극을 줄이고자 인간은 선별적으로 통제를 하게 된다. 과도한 정보의 흐름이 존재하는 데이터 스모그 사회에서는 사람들 간의 커뮤니케이션 자체에 상당한 선택성이 부과될 수밖에 없다. 이미 우리는 발신자 표시 전화기 등을 이용하며 사람들 간의 커뮤니케이션 흐름마저 선택적으로 수신하고 있다. 이 과정에서 수신되는 정보의 다양성을 손상하지 않으면서 최대한 유용한 정보들을 가려내는 것이 중요하다. 1장의 신호 탐지 이론에서 언급했듯이, '필요 없는' 정보를 받지 않으려고 안간힘을 쓰다가 '필요한' 정보까지 놓쳐 버리는 오류를 범하지 않도록 해야 하는 것이다.

2) 인간과 미디어 네트워크 속의 관계 사회

"인간은 사회적 동물이다"라는 말은 너무나 유명하고, 아무도 이를 부정하지 않는다. 이는 곧 인간은 혼자서는 살 수 없으며 반드시 누군가와 함께 살아야만 인간으로서의 존재 자체가 의미를 지닌다는 것이다. 그러므로 사람은 항상 어떤 식으로든 '다른 사람과의 연결'을 필요로 한다. 일정하게 한정된 같은 공간에 살든 살지 않든, 타인과의 연결을 반드시 필요로 하는 것이며, 이 '연결'은 단선적인 연결이 아닌 그물망 형식의 '네트워크'를 의미한다.

타인과의 연결에 개입하여 보다 효율적인 커뮤니케이션이 가능하도록 도와주는 것이 미디어다. 면대면 접촉이 거의 전부였던 원시 시대에는 미디어의 영향이 거의 없었겠지만, 오늘날은 이전에 비해 그 비율이 훨씬 줄어든 면대면 접촉 이외의 거의 모든 '인간과 인간의 연결'에 미디어가 개입되고 있다. 미디어가 연결해 주는 인간은 개인일 수도 있고 집단일 수도 있고 때로는 인류 전체일 수도 있다. 따라서 미디어는 인간의 본질인 인간과 인간의 연결을 가능하게 해 주는, 거의 본질적으로 인간 옆에 있을 수밖에 없는 필수적인 수단이다.

모든 것이 변화하는 가운데 절대로 변화하지 않고 지속되는 것이 본질이라고 볼 때, 인간성의 본질은 바로 '다른 사람과의 연결'이라고 할 수 있다. 다른 사람과의 연결이 없으면 인간의 가장 근본적인 본성이라 할 수 있는 사랑과 양육과 세대 전이도 이루어질 수 없다. 이와 같은 불변의 인간 본성이 지속되어 오는 가운데 가장 큰 변화를 겪어 온 것이 연결의 도구, 즉 미디어다. 사람들은 끊임없이 다른 사람들과의 연결을 추구해 왔고, 바로 옆에 존재하는 사람과의 연결을 넘어 지구 반대편에 있는 사람과의 보다 신속한 연결, 더 나아가 우리 눈에 보이지도 않고 존재 여부가 불투명하기까지 한 우주인과의 연결도 끊임없이 추구하고 있다. 이 과정에서 인간은 교통 기관을 발달시켜 멀리 떨어져 있는 사람과의 대면 접촉을 위한 시간을 단축시켰고, 통신기관을 발달시켜 마침내 멀리 떨어져 있는 사람과 실시간 대면 커뮤니케이션에 가까운 상태까지 이루었다. 1장에서 언급했듯이 '사람과 사람 사이의 정보의 흐름'이 인간 커뮤니케이션의 핵심이라면, 인간 커뮤니케이션은 미디어의 발달 상태가 원시적이던 때부터 최첨단 뉴 미디어 시대에 이르기까지 끊임없이 지속되어 오고 있고, 모든 인간 생활의 근본을 형성하고 있다.

미래 사회의 모습에서도 서로의 연결을 갈망하는 인간의 본성에는 변함이 없을 것이다. 다만, 점차 '인간과 미디어가 밀착'된 상태에서 '하나의 단위'를 이루고, 이것들이 서로 연결되어 네트워크 속의 관계 사회를 이룬다. 이제 미디어가 사람을 벗어나 저기 저 멀리에 독립적인 대상으로 존재하는 것이 아니라, 사람 바로 옆에 붙어 있으면서 사람과 일체가 되어 한 단위로서 네트워크를 형성하는 사회가 되어 가고 있다. 스마트폰에서 더 나아가 시계처럼 몸에 지니고 다니는 미디어가 이미 나와 있고, 이제 눈에 장착할 수 있는 미디어, 귀에 장착할 수 있는 미디어까지 개발되고 있는 시점임을 감안할 때, 미디어는 이제 더 이상 인간과 따로 떨어져 존재하는 대상이 아니다. 바로 시공간을 극복하고 서로의 연결을 희구하는 인간 본성의 실현을 도와, 인간의 경험을 확장시켜 주는 제2의 분신으로서 자리매김해 가고 있는 것이 바로 미디어다. 그 과정에서 기술력이 부족할 때는 인간 감각 기관의 일부만을 확장시킬 수 있었지만, 이제는 인간의 감각 전체가 확장되고 표현되는 단계로 진입하고 있다.

미디어의 역할 중 가장 중요한 것은 '먼 곳의 사람들을 조금 더 가까이' 놓는 역할이다. 이 점에서 교통과 통신의 역할이 겹친다. 통신 수단의 발달로 사람이 서로를 가까이 느낄 수 있는 것은 공간과 시간의 극복을 함께 제공한다(Brown, Green, & Harper, 2002 참조). 시간과 공간의 극복은 별개가 아니라 동전의 앞뒷면과 같이 하나다. 타임머신을 이용해 빛의 속도보다 더 빠른 속도로 공간을 움직이면 시간이 극복될 수 있다. 사람은 비단 현 시대의 원거리 사람들과의 연결을 추구할 뿐만 아니라, 다른 시대의 사람들과도 접촉하고 싶어 하며 끊임없이 시공간을 극복하여 다른 사람과 연결되고자 한다. 바로 그 '연결의 욕구' 속에 미디어의 본질이 숨어 있다.

인쇄술이 발명되기 전에는 '해당 장소에 함께 있는 사람'만이 구술자의 이야기를 듣고 영향 받을 수 있었다. 그러나 책이 대량으로 인쇄되면서 한 사람이 전달하는 같은 메시지가 수많은 사람에게 동시에 전달될 수 있게 되었다. (한 사람의) 저자와 (수많은) 독자 간의 거리를 좁히는 역할을 책이라는 미디어가 실행한 것이다. 전화기의 발명으로 비록 청각 정보에 국한되었지만 사람과 사람 사이의 거리가 극복되었다. 여기에 더하여 이제 선의 연결이 없이도 거리가 극복될 수 있고 청각뿐만 아니라 시각 정보까지 무선으로 먼 거리에 전달될 수 있다.

인터넷 시대가 되면서 시간과 공간의 극복이 동시에 무척 빠른 속도로 이루어지고 있다. 인터넷은 사람과 사람의 연결 이외에 '집단 간의 경계'를 점차 무너뜨리는 역할을 한다. 인터넷을 통해 개인 단위로 국경을 쉽게 넘나들 수도 있고, 직장과 가정의 구분을 이전보다 덜 뚜렷하게 만든다. 인터넷과 스마트폰의 도움으로 미국에서 하던 일을 한국에서도 똑같이 할 수 있고, 직장에서 하던 일을 가정에서도 똑같이 할 수 있다. 미디어와 밀착되어 있는 사람들이 개인 단위로 연결될 수 있을 뿐만 아니라, 사람이 글과 소리와 영상으로 생산한 모든 대상들이 서로 무한히 연결될 수 있다. 그것도 순식간에 실시간으로 연결될 수 있다. 이것은 어마어마한 혁명이다.

사람과 미디어가 하나의 단위로서 네트워크를 이루는 관계 사회 속 정보의 흐름을 살펴보면, 지금까지 여성적인 것으로 간주되었던 '관계'와 남성적인 것으로 간주되었던 '정보'가 점차 일체화되어 가는 현상이 나타난다. 사람들은 인터넷을 통해 관계만을 추구하는 것도 아니고 정보만을 추구하는 것도 아니다. '관계에 관한 정보'를 추구하기도 하고, '정보들 간의 관계'를 파악하기도 한다. 이것은 인터넷 세계에서 정보들이 관계를 이루고 있고 관계들이 정보를 형성하고 있기 때문에 가능하다. 바로 이 점에서 미래 사회는 남성적인 것과 여성적인 것, 동양적인 것과 서양적인 것이 수렴되는 열린 커뮤니케이션 체계 속의 통합 사회를 형성한다. 학문들 간의 '경계'를 보다 중요시했던 근대 산업 사회의 테두리를 떠나, 이제 사회과학 전체를 하나로 볼 수 있는 시각이 형성되어 가고 있다.

4. 정보, 데이터, 그리고 인간의 네트워크

1) 인간의 데이터화, 그 끝은 어디인가

디지털 미디어의 발전으로 인간 개인에 대한 기본 데이터는 물론이려니와 사람과 사람이 교류한 모든 내용, 사람이 소비한 물건, 사람의 기분 등이 차곡차곡 쌓여 빅 데이터를 형성하고 있다. 최근의 추세는 이러한 빅 데이터를 분석하여 어떤 지역의 전반적인 트렌드를 예측함으로써 상업적으로나 사회적으로 도움을 주려는 시도가 많아지고 있다. 예컨대, 어떤 지역에서 '우울하다, 슬프다'와 같은 단어들이 집중적으로 나타나면 그 지역에서 자살 사건이 일어나지 않도록 특별히 관리한다든지, 전염병의 창궐을 예측하여 미연에 방지한다든지 하는 사례를 들 수 있다.

이러한 빅 데이터 분석법은 어마어마한 양의 데이터 전체, 즉 모집단 전체를 분석하는 방법으로서, 모집단에서 표본을 추출하여 표본의 특성에서 모집단의 특성을 추론하는 전통적인 통계 분석법에 위협이 되고 있기도 하다. 그러나 모집단 자체의 거대한 데이터를 분석한다고 해도 전반적인 트렌드만을 알아낼 수 있을 뿐, 인간 개개인의 구체적인 마음을 공감하는 데는 큰 도움이 되지 않을 수 있다.

인간 한 사람 한 사람을 고유한 가치를 지닌 개체로 보며, 서로 더 많은 부분에 공감하기 위해 노력하는 데 빅 데이터 분석이 얼마나 도움이 될 수 있을지는 앞으로 이것을 어떻게 활용해 가느냐에 따라 달라질 것이다. 이 단계에서 주의할 점은 인간을 단지 데이터로만 보는 관점을 경계해야 한다는 것, 그리고 어마어마하게 축적된 인간과 그들 간 관계의 데이터를 어디에 활용할 것인지에 큰 주의를 기울여야 한다는 사실이다. 이 지구상에 수많은 인간들이 살고 있지만, 그럼에도 불구하고 인간 한 사람 한 사람의 개성과 그 한 사람 한 사람에 대한 다른 인간의 진실한 관심은 매우 중요하다. 그것이 바로 인간의 존재 이유이기도 하기 때문이다.

예를 들어, 최근 1개월 간 빅 데이터 분석에서 어떤 동네의 자살 확률이 급격히 높아졌다면, 과연 그 동네의 '누가' 그리고 '왜' 자살할 가능성이 높은 것인지를 어떻게 찾아낼 것인가. 개개인의 데이터를 거대하게 모을 수 있는 수단으로 인해 인간은 그저 전반적인 추세 예측에 이용되는 수단으로 전락하는 것은 아닌지, 앞으로만 나아가기 전에 잠시 멈추고 숙고해 볼 필요가 있다. 개개인의 마음을 깊이 공유할 수 있는 소통에 과연 빅 데이터가 활용될 수 있을지, 있다면 어떻게 할 수 있을지를 연구하는 것도 의미 있을 것이다.

빅 데이터는 동일한 주제어라 하더라도 이를 이용하는 개인이나 단체의 성향에 따라 달리 활용될 수 있다. 최근에는 고객 센터에 걸려오는 전화 목소리의 톤을 분석하여 화가 난 고객의 전화가 끊어지자마자 컴퓨터가 '불만 콜'로 분리해 처리하는 단계에까지 왔다고 하니(《조선일보》, 2014. 6. 5), 인간 개개인의 전화 목소리까지 데이터화되어 기업에 활용되고 있음을 부인하기 어렵다. 물론 이 경우는 '누가' 그런 불만을 이야기했는지까지 확인이 되어 불만을 빨리 처리해 줄 수 있는 서비스를 제공함으로써 긍정적인 점도 지니고 있으나, 자기도 모르는 사이에 자기 목소리가 불만 콜로 다른 사람에게 넘어가 처리된다는 사실은 결코 유쾌한 일이 아닐 것이다. 우리 자신이 낱낱이 해체되어 데이터화되고 있다는 사실은 우리가 과연 언제까지 통합된 인격을 지닌 하나의 인간으로 존재할 수 있을 것인지에 의문을 갖게 한다.

2) 인간과 기술은 어디를 향해 가고 있는가

미디어 기술의 발전은 사람이 보는 것과 듣는 것, 그리고 사람과 사람 사이의 관계에 관한 많은 것을 변화시키고 있다. 최근 록펠러재단의 미래 예측 자료를 살펴보면 미래의 변화 방향에 대한 희망과 우려를 가늠해 볼 수 있다(Rockfeller Foundation & Global Business Network, 2010; 나은영, 2015).

록펠러재단의 자료에 따르면, 우리 사회는 여러 잠재적 불확실성 요소들을 지니고 있다. 예컨대 사회적, 기술적, 경제적, 환경적, 및 정치적 트렌드들이 이러한 잠재적 불확실성 요소들에 포함된다. 이 중에서 특히 미래 예측에 중요한 축으로 선정한 두 요소, 즉 정치 경제적 화합과 적응 능력을 바탕으로(그림 14-6 참조), 이 두 차원이 극단적으로 구현되었을 경우에 나타날 수 있는 네 가지 유형의 미래 시나리오를 구성했다.

축이 되는 두 차원 중 '정치 경제적 화합'의 불확실성은 상품, 자본, 인력, 및 아이디어의 흐름과 같은 경제적 통합, 그리고 지구가 마주하고 있는 수많은 문제들을 다룰 수 있는 효과적이고 지속적인 정치 구조를 뜻한다. 또 다른 차원인 '적응 능력'의 불확실성은 사회의 여러 수준에서 변화에 효과적으로 적응하고 잘 대응하는 능력을 가리킨다(나은영, 2015). 즉 외부의 힘에 대항하여 기존 체제와 구조를 탄력적으로 관리하면서, 그것이 적합하지 않을 때는 그 구조와 체제를 변혁시킬 수 있는 능력을 의미한다(Rockfeller Foundation & Global Business Network, 2010, p.15).

그림 14-6. 두 불확실성 축의 양극단을 가정한 4개의 미래 시나리오

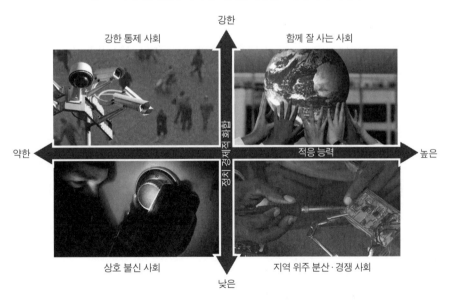

출처: Rockfeller Foundation & Global Business Network, 2010, p.16.

'함께 잘 사는 사회(Clever Together)'는 그림 14-6의 오른쪽 윗부분과 같이 정치 경제적 화합과 적응 능력이 모두 최상일 때 구현될 수 있다. 개방된 신뢰 사회에 필요한 선택을 인간이 올바르게 할 때 이러한 이상향이 가능해진다(나은영, 2015, p.440). 세계적 이슈를 성공적, 균형적으로 해결하려면 이처럼 정치 경제적 화합과 적응 능력이 모두 갖춰져야 한다.

왼쪽 윗부분의 '강한 통제 사회(Lock Step)'는 정치 경제적 화합은 있으나 적응 능력이 약할 때 나타난다. 이 경우 강력한 정부의 통제 아래 혁신에 제한이 생기고, 권위적 리더십이 급부상하여 시민의 권리보다 앞서게 된다. 따라서 국익과 민간 이익이 충돌할 가능성도 커진다.

이와 대조적으로, 오른쪽 아랫부분과 마찬가지로 적응 능력만 있고 정치 경제적 화합이 없을 때는 '지역 위주 분산·경쟁 사회(Smart Scramble)'가 될 것으로 록펠러재단은 예측한다. 이러한 사회는 경제적으로 침체하여, 개인과 공동체가 국지적 수준에서만 발전하고 지역 격차가 증가하며, 포괄적인 문제 해결이 잘 되지 않은 채 임시방편만 추구하는 경향이 있다.

가장 좋지 않은 상황은 적응 능력과 정치 경제적 화합이 모두 부재한 왼쪽 아랫부분과 같은 '상호 불신 사회(Hack Attack)'다. 이런 사회는 경제적으로도 불안정할 뿐 아니라 정부의 권력도 약해 범죄가 난무하고, 위험성 있는 혁신이 나타나기도 한다. 해커를 비롯한 보안 문제, 부익부 빈익빈 현상 등이 증가하여, 가족 유대감이나 종교 등이 중요해질 가능성도 있다.

인간의 미래는 인간의 선택에 달려 있다. 발달한 미디어 네트워크로 끊임없이 오고 가는 정보의 홍수, 수많은 사람과 연결되어 있는 마당발 네트워크를 자랑하는 SNS 유력자들, 그 자체만으로는 인류의 행복이 보장되지 않는다. 연결되어 있는 사람들이 대부분 동질적이라 혹시 집단 사고의 위험에 빠질 가능성은 없는지, 수많은 정보들 중 혹시 겉보기의 그럴듯함만을 추구하는 진실성 없는 정보들은 없는지, 그 사이에서 우리는 어떤 것을 선택해야 하는지 끊임없는 고민 속에 결정을 해야 하는 권한과 선택은 여전히 인간의 손에 남아 있다.

인간과 인간 사이에 의미 공유가 더 많아지도록 돕느냐 그렇지 않으냐를 기준으로 판단한다면 좋은 선택이 가능해질 것이다. 원거리의 기술적 연결을 돕는 텔레커뮤니케이션(telecommunication) 자체보다 원거리 마음 소통(telepathic communication)이 더 중요해지고 있다. 동상이몽보다 이심전심을 추구하는 것이 참된 의미 공유가 이루어지는 소통이기 때문이다. 마음이 통해야 불신 사회에서 신뢰 사회로 나아갈 수 있다. 서로 믿는 사람들 간의 연결, 그 연결망 사이를 흐르는 믿을 수 있는 정보들의 네트워크만이 개방된 신뢰 사회의 발전에 도움을 줄 수 있다. 초고속 미디어가 인간과 인간 사이를 촘촘하게 연결해 주더라도, 인간 커뮤니케이션은 어디까지나 인간이 이룩해 가는 인간 사이의 의미 공유라는 점을 잊지 말아야 할 것이다.

참고 문헌

강길호 (2012). 한국인의 커뮤니케이션에 나타난 대인 설득 전략. 〈스피치와 커뮤니케이션〉, 18, pp.78~120.

강길호 · 김현주 (1995). 《커뮤니케이션과 인간》. 서울: 한나래.

강미은 (2000). 인터넷과 기존 매체 이용의 상호관계에 관한 연구. 〈방송연구〉, 2000 여름호, pp.179~208.

강미은 (2001). 《인터넷 저널리즘과 여론》. 서울: 나남.

강현두 편저 (1998). 《현대 사회와 대중 문화》. 서울: 나남.

권정혜 · 이정윤 · 조선미 (1998). 《사회공포증의 인지 치료: 수줍음도 지나치면 병》. 서울: 학지사.

김동수 · 김도환 · 정태연 (2011). 외국인에 대한 한국 대학생의 인식: 6개 외국인 집단을 대상으로. 〈한국심리학회지: 사회 및 성격〉, 25(1), pp.1~23.

김문수 (2005). CMC를 통한 대인 관계 형성에 대한 연구: 사회적 맥락 단서 요망성을 중심으로. 〈한국언론학보〉, 49(4), pp.191~217.

김민선 · 신희천 (2011). 언어적 억제가 결혼 만족에 미치는 영향: 요구−철회 의사소통 패턴의 매개 효과. 〈한국심리학회지: 사회 및 성격〉, 25(2), pp.35~49.

김보미 · 조성근 · 이장한 (2013). 공감 능력에 따른 정서 인식 민감성 연구: 안구 운동 추적 장비를 이용하여. 〈한국심리학회지: 사회 및 성격〉, 27(1), pp.49~65.

김민수 (1999). 《멀티미디어 인간 이상은 이렇게 말했다: 디지털 풍경, 마음의 도》. 서울: 생각의 나무.

김선정 · 김태용 (2012). SNS 콘텐츠의 감성이 사용자의 감정 상태에 미치는 영향: 페이스북 뉴스피드를 중심으로. 〈사이버커뮤니케이션학보〉, 29(1), pp.5~47.

김아름 · 박민아 · 전대원 · 강미리 · 공혜진 · 구유리 · 진민수 · 김주환 (2011). 트위터 프로필 사진 유형과 메시지 유형이 트위터 계정 소유자(TAO)의 인상형성에 미치는 영향: 트위터 계정 소유자의 온라인 자기 제시 요소와 인상 형성 간의 상관관계 연구. 〈한국HCI학회논문지〉, 6(2), pp.1~9.

김영석 엮음 (1996). 《여론과 현대 사회》. 서울: 나남.

김영애 (2006). 《사티어 의사소통 훈련 프로그램》. 서울: 김영애 가족치료연구소.

김영진 (1996). 의사소통과 사고. 박창호 외, 《현대 심리학 입문》. 서울: 정민사. pp.261~298.

김용찬 · 신인영 (2013). 스마트폰 이용이 환경 통제감 지각에 미치는 영향: 2010년과 2011년 사이에 어떤 변화가 있었을까. 〈사이버커뮤니케이션학보〉, 30(1), pp.5~45.

김위근·오수정 (2012. 8). 종이 신문 기사 다양한 플랫폼에서 소비, 영향력 여전: '언론 수용자 의식 조사' 시계열 분석. 〈신문과 방송〉, No. 500, pp.145~154.

김인희·심민선 (2014). 페이스북 프로필 사진의 유무와 매력도가 친구맺기 의도에 미치는 영향에 관한 실험 연구: 대학생 이용자를 중심으로. 〈사이버커뮤니케이션학보〉, 31(1), pp.95~123.

김자영·박주연·한미지·이미선·박수이 (2012). 동서양 사용자에 따른 온라인 인상 형성에 영향을 미치는 지각적 요소: 3D 온라인 서비스 세컨드라이프를 중심으로. 〈디지털디자인학 연구〉, 12(2), pp.41~53.

김재윤·김정환·김성철 (2013). 시각 장애인의 스마트폰 이용이 사회적 자본과 정서적 웰빙에 미치는 영향에 관한 연구. 〈한국방송학보〉, 27(2), pp.257~185.

김정탁 (1998). 《미디어와 인간》. 서울: 커뮤니케이션북스.

김준호·은혜정 (2011). 인맥 연결형 네트워크 유형에 대한 사례 분석: 싸이월드와 페이스북을 중심으로. 〈사이버커뮤니케이션학보〉, 28(4), pp.5~47.

김창호 (2001. 12. 27). 가부장제 인한 세대차 한국의 주요 갈등될 것. 〈중앙일보〉, p.12.

김학수·김동규·김충현·김용수·노병성·김경만 (2000). 《과학 문화의 이해: 커뮤니케이션 관점》. 서울: 일진사.

김해원·박동숙 (2012). 《소셜 네트워크에서 사진으로 말 걸기》. 한국방송학회 방송과 수용자 연구회 편, 소셜 미디어 연구. 서울: 커뮤니케이션북스. pp.333~383.

김혜숙·김도영·신희천·이주연 (2011). 다문화 시대 한국인의 심리적 적응: 집단 정체성, 문화 적응이 데올로기와 접촉이 이주민에 대한 편견에 미치는 영향. 〈한국심리학회지: 사회 및 성격〉, 25(2), pp.51~89.

김혜숙a (1993). 신체 매력이 대인 지각과 인상 평정에 미치는 영향. 〈한국심리학회지: 사회〉, 7(2), pp.46~62.

나은영 (1995). 문화 간 의사소통의 관점에서 본 국제 협상. 〈한국심리학회지: 사회문제〉, 2(1), pp.199~226.

나은영 (1996). 사회심리. 박창호 외 저, 《현대 심리학 입문》. 서울: 정민사. pp.331~362.

나은영 (1998). 강한 태도의 편파적 처리 과정을 포괄하는 새로운 패러다임의 모색: 이중 처리 과정 이론의 확장. 〈한국심리학회지: 사회 및 성격〉, 12(1), pp.37~70.

나은영 (1999). 신뢰의 사회심리학적 기초. 〈한국 사회학 평론〉, 5, pp.68~99.

나은영 (2001a). 국가 투명성에 영향을 미치는 문화적 요인들: 61개국의 자료 2차분석. 〈한국심리학회지: 사회문제〉, 7(2), pp.65~90.

나은영 (2001b). 이동 전화 채택에 영향을 미치는 이동 전화 커뮤니케이션의 매체적 속성에 관한 연구: 개인 중심성, 즉시성, 및 직접성을 중심으로. 〈한국언론학보〉, 45(4), pp.189~228.

나은영 (2001c). 정치 광고와 상업 광고에 응용되는 사회심리학적 원리. 〈한국심리학회지: 일반〉, 20(1), pp.177~209.

나은영 (2002). 《사회심리학적 관점에서 본 인간 커뮤니케이션과 미디어》. 서울: 한나래.

나은영 (2010). 《미디어 심리학》. 서울: 한나래.

나은영 (2012a). 소셜 미디어와 사회심리학: 트위터를 중심으로. 김대호 외, 《소셜 미디어》. 서울: 커뮤니케이션북스, pp.85~111.

나은영 (2012b). 심리학적 관점에서의 소셜 미디어. 한국언론학회 엮음, 《한국 사회의 정치적 소통과 SNS》. 서울: 나남, pp.49~74.

나은영 (2012c). SNS 중이용자와 경이용자의 현실 인식 차이: 배양 효과와 합의 착각 효과. 〈한국심리학회지: 사회 및 성격〉, 26(3), pp.63~84.

나은영 (2014. 10. 18). 분노는 시야를 좁힌다. 〈매일경제〉.

나은영 (2015). 스마트 미디어와 네트워크 인간의 선택. 김영석 외, 《스마트 미디어: 테크놀로지, 시장, 인간》(가제, 인쇄 예정). 서울: 나남.

나은영·한규석·고재홍 (2003). 제16대 대통령 선거에서 TV 토론의 효과와 제3자 효과. 〈한국심리학회지: 사회 및 성격〉, 17(3), pp.145~158.

나은영·차유리 (2010). 한국인의 가치관 변화 추이: 1979년, 1998년, 및 2010년의 조사 결과 비교. 〈한국심리학회지: 사회 및 성격〉, 24(4), pp.63~93.

나은영·차유리 (2012). 인터넷 집단 극화를 결정하는 요인들: 공론장 익명성과 네트워크 군중성 및 개인적, 문화적 요인을 중심으로. 〈한국심리학회지: 사회 및 성격〉, 26(1), pp.103~121.

노명우·이선이·이현서·최지연 (2012). 사이버 공간 상호작용을 통한 '자랑'의 의미 형성: 디시 인사이드의 자랑거리 갤러리에 대한 사례 연구. 〈사이버커뮤니케이션학보〉, 29(3), pp.5~48.

노혜경 (2011). 게임 이론을 이용한 다자간 협상의 연구. 〈한국심리학회지: 사회 및 성격〉, 25(4), pp.1~26.

문찬기·한규석 (2013). 서열적 교류의 사회심리: 공손성과 서열 관계 스트레스. 〈한국심리학회지: 사회 및 성격〉, 27(4), pp.1~28.

〈문화일보〉 (2002. 3. 14). 홈쇼핑 상품−배경 음악 궁합 맞아야 잘 팔린다. p.32.

민경환 (2002). 《성격심리학》. 서울: 법문사.

박기순 (1998). 《대인 커뮤니케이션》. 서울: 세영사.

박석철 (2010). 인스턴트 메신저 매개 경험 분석: 고프만의 '인상 관리' 관점에서. 〈사이버커뮤니케이션학보〉, 27(1), pp.5~51.

박성복 (2007). 온라인 대인 관계의 정서적 애착 형성에 관한 연구: 온라인 커뮤니티의 번개모임의 영향력을 중심으로. 〈한국언론학보〉, 51(3), pp.407~429.

박승관 (1994). 《드러난 얼굴과 보이지 않는 손: 한국 사회의 커뮤니케이션 구조》. 서울: 전예원.

박승관 (1996). 한국 사회와 커뮤니케이션 엔도가미. 〈한국언론학보〉, 36, pp.5~71.

박영순 (2001). 《한국어의 사회언어학》. 서울: 한국문화사.

박정순 (1990). 커뮤니케이션과 지역감정. 〈신문학보〉, 25, pp.35~74.

박정순·원우현·김정탁 (1987). 다원적 무지 현상과 제3자 효과에 대한 논의. 〈신문학보〉, 22, pp.5~27.

박희정·김현정·최승혁·허태균 (2011). '누구'의 생각이니까: 거점 효과에서 제공자 신빙성의 효과. 〈한국심리학회지: 사회 및 성격〉, 25(3), pp.47~60.

배진한 (2001). 이동전화의 충족과 대인 커뮤니케이션 매체로서의 이동 전화의 적합성 인식. 〈한국언론학보〉, 45(4), pp.160~188.

배진한 (2006). 공적 공간의 유형과 성별, 연령, 라이프스타일 등 수용자의 인적 속성이 모바일 콘텐츠 이용에 미치는 영향. 〈언론과학연구〉, 6(4), pp.133~171.

설기문 (1997).《인간관계와 정신 건강》. 서울: 학지사.

성동규·라도삼 (2000).《인터넷과 커뮤니케이션》. 서울: 한울아카데미.

성영신·박규상·이영철·황택순 (1991). TV 광고에 나타난 가족 가치관 연구. 〈광고연구〉, 12, pp.77~103.

안재웅·한승철·이상우 (2013). 트위터 '대나무 숲' 현상을 통해 바라본 사회적 소통 증진의 가능성 탐색. 〈사이버커뮤니케이션학보〉, 30(2), pp.151~189.

양윤 (1993). 〈평균화 모형과 소비자 정보 통합 과정〉. 한국심리학회 1993 연차대회 발표논문집, pp.109~122.

오상화 (2002). 〈대중 매체가 여대생의 신체 변형에 대한 태도 및 행동에 미치는 영향력 연구〉. 서강대학교 신문방송학과 석사 학위 논문.

오세철·정항철 (1982). 한국인의 의사소통 방식에 관한 연구. 오세철,《한국인의 사회심리》. 서울: 박영사. pp.159~202.

윤준수 (1998).《인터넷과 커뮤니케이션 패러다임 변화》. 서울: 박영률출판사.

윤지영 (2014).《오가닉 미디어: 연결이 지배하는 미디어 세상》. 서울: 21세기북스.

원용진 (2002). 대중 매체와 대중 문화. 강상현·채백 엮음,《대중 매체의 이해와 활용》. 서울: 한나래. pp.38~61.

은혜정·나은영 (2002). 인터넷에서 추구하는 충족과 획득된 충족 및 이용 행동 간의 관계. 〈한국언론학보〉, 16(3), 인쇄중.

이강수 (2001).《수용자론》. 서울: 한울아카데미.

이옥기 (2012). 소셜 리더와 추종자의 사회학적 의미. 한국방송학회 방송과 수용자 연구회 엮음,《소셜 미디어 연구》. 서울: 커뮤니케이션북스. pp.333~383.

이원설·강헌구 (2001).《아들아, 머뭇거리기에는 인생이 너무 짧다 2: 커뮤니케이션 편》. 서울: 한언.

이원태·차미영·박현유 (2010). 모바일 소셜 미디어에서 유력자의 역할. 〈정보통신정책연구원 보고서〉 (디지털 컨버전스 기반 미래 연구 II 시리즈 10~26).

이재수 (1999).《광고심리학》. 서울: 조형사.

이재현 (2005). 인터넷, 전통적 미디어, 그리고 생활 시간 패턴: 시간 재할당 가설의 제안. 〈한국언론학보〉, 49(2), pp.224~254.

이재현·이현우·이관섭 (2008). 컴퓨터 게임 이용과 생활 시간 패턴: 시간 재할당 가설의 검증. 〈한국언론학보〉, 52(6), pp.146~166.

이재현 (2009). 디지털 에크프라시스: "멀티미디어로의 전환"과 언어적 표상. 〈한국언론학보〉, 53(5), pp.244~267.

이재호·조긍호 (2014). 정치 성향에 따른 도덕 판단 기준의 차이. 〈한국심리학회지: 사회 및 성격〉, 28(1), pp.1~26.

이제석 (2010).《광고 천재 이제석》. 학고재.

이준웅 (2009). 가는 말이 험해야 오는 말이 곱다: 의사소통 예절, 권력, 그리고 전략. 〈한국언론학보〉, 53(4), pp.395~417.

이진아·나은영 (2012). 스마트폰 애플리케이션 이용 동기와 혁신성·적합성이 앱 이용 및 미디어·생활 기기 대체에 미치는 영향. 〈한국언론학보〉, 56(5), pp.5~35.

이진안·최승혁·허태균 (2012). 정치적 판단에서 심리적 요인의 역할: 변화 가능성에 대한 암묵적 이론을 중심으로. 〈한국심리학회지: 사회 및 성격〉, 26(2), pp.69~86.

이한검·이수광 (2001). 인간관계(개정판). 서울: 형설출판사.

임종수 (2011). 현실-가상 세계 컨버전스 시대의 삶의 양식. 〈사이버커뮤니케이션학보〉, 28(2), pp.53~98.

임태섭 (1997). 《스피치 커뮤니케이션》. 서울: 연암사.

장수지 (2010). 대인 간 갈등 해결 전략에 대한 비교 문화 연구: 한국, 일본, 미국 대학생을 대상으로. 〈한국심리학회지: 사회 및 성격〉, 24(4), pp.1~17.

전우영·김병준 (2010). 인터넷 댓글이 정치인에 대한 판단에 미치는 영향. 〈한국심리학회지: 사회 및 성격〉, 24(2), pp.133~150.

정현숙 (2002). 커뮤니케이션 관점에서 고찰해 본 한국적 협상 커뮤니케이션 스타일과 문제점. 〈스피치와 커뮤니케이션〉, 1, pp.252~275.

〈조선일보〉 (2014. 6. 5). 요즘 콜센터, 나보다 나를 더 잘 알고 있다. 최규민. B1~B2면.

조성은·한은영 (2013). SNS의 이용과 개인의 사회관계 변화 분석: SNS 연결 관계를 통한 신뢰 사회 구현에 대한 전망. 〈정보통신정책연구원 기본연구 보고서〉, 13~19-02.

조윤경·정일권·김은미 (2012). 인터넷 공간에 대한 인식과 교류 행위의 관계: 친밀성과 위험성 인식을 중심으로. 〈사이버커뮤니케이션학보〉, 29(4), pp.305~350.

조종혁 (1992). 《커뮤니케이션학: 이론과 관점》. 서울: 세영사.

조희정 (2012). 소셜 미디어 정치의 국제적 비교: 연결과 단절의 갈등을 중심으로. 한국언론학회 엮음, 《한국 사회의 정치적 소통과 SNS》. 서울: 나남. pp.345~378.

주아영·장병희·남상현·임성철 (2011). 텍스트 기반 온라인 협상 상황에서 행동 유형이 협상 결과에 미치는 영향. 〈사이버커뮤니케이션학보〉, 28(1), pp.127~164.

주정민 (2004). 이동전화 이용과 공적 영역의 사적 영역화에 관한 연구. 〈한국방송학보〉, 18(4), pp.117~147.

주창윤 (2000). 영상 언어의 이해. 한국언론정보학회 엮음, 《현대 사회와 매스커뮤니케이션》(제2개정판). 서울: 한울아카데미, pp.333~362.

〈중앙일보〉 (2014. 3. 13). 우리 반에 왕따 있을까? 포도송이가 알려주네요.

차배근 (1999). 《매스 커뮤니케이션 효과이론》 (제2판). 서울: 나남.

차배근·리대룡·오두범·조성겸 (1992). 《설득 커뮤니케이션 개론》. 서울: 나남.

차운아 (2010). 부러움: 연합과 접근의 동기를 알리는 전략적 커뮤니케이션. 〈한국심리학회지: 사회 및 성격〉, 24(2), pp.51~72.

최낙균 (2014. 6. 5) SNS 선거 운동, 트위터 활용도 더 높아져. http://ebuzz.etnews.com/news

최상진 (2000). 《한국인 심리학》. 서울: 중앙대학교 출판부.

최영 (1998).《뉴 미디어 시대의 네트워크 커뮤니케이션》. 서울: 커뮤니케이션북스.

최준식 (1997).《한국인에게 문화는 있는가》. 서울: 사계절.

최환진·정보통 (1999).《인터넷 광고: 이론과 전략》. 서울: 나남.

최훈석·이지현 (2010). 집단에서 신입 성원의 변화 시도: 신입 성원의 상호작용 지향성 및 집단 구성 변화 특성의 효과.〈한국심리학회지: 사회 및 성격〉, 24(3), pp.1~15.

KBS (2001. 1. 21).〈KBS 일요스페셜: 혼불 최명희〉.

KISDI STAT Report (2013). 스마트 세대 20대의 미디어 이용 행태. 보고서 13–05.

탁진영 (1999).《정치 광고의 이해와 활용》. 서울: 커뮤니케이션북스.

하코자키 소이치 (1990).《광고 심리의 분석》. 서울: 미진사.

한국교육컨설팅연구소 (1994).《퍼스털 프로파일 시스템(Personal Profile System)》. 서울: 한국교육 컨설팅연구소.

한국언론재단 (2000).《인터넷 시대의 새로운 정치 환경과 언론》. 서울: 커뮤니케이션북스.

한규석 (1995).《사회심리학의 이해》. 서울: 학지사.

한규석 (2000). 한국인의 공과 사의 영역: 공정과 인정의 갈등.〈한국심리학회지: 사회문제〉, 6(2), pp.39~63.

한규석 (2002).《사회심리학의 이해》(개정판). 서울: 학지사.

한규석 (2009).《사회심리학의 이해》(제3판). 서울: 학지사.

한규석·오점조 (1993). 아동의 교류 양상에 대한 분석: 집단주의–개인주의 이론의 적용.〈한국심리학 회지: 사회, 7(1), pp.185~197.

한규섭·박주용·이덕재·이혜림 (2013). 트위터 팔로잉 관계에 대한 대표성과 양극화에 대한 논의 검증: 한국과 미국의 의회 구성원들의 트위터 팔로워들 네트워크 비교 연구.〈사이버커뮤니케이션 학보〉, 30(1), pp.295~336.

한덕웅 (1985). 우정의 형성과 발전에 관한 종단적 연구.〈사회심리학 연구〉, 2(2), pp.169~192.

한덕웅 (1992). 성격 특성 용어의 사용빈도, 호오도 및 사회적 바람직성.〈한국심리학회지: 일반〉, 11(1), pp.147~171.

한상진 (1997). 온라인 대화방의 담론 분석을 통한 전자 공간의 특성 연구. 한국사회학회 전기사회학 대회 발표 논문. p.2.

함진선·이장한 (2010). 성별에 따라 성격 차원과 사랑 유형이 성적 부정의 질투에 미치는 영향.〈한국 심리학회지: 사회 및 성격〉, 24(3), pp.109~124.

홍기원·이종택 (2010). 한국 성인의 이념적 지형과 심리적 요인.〈한국심리학회지: 사회 및 성격〉, 24(2), pp.1~25.

홍주현·박미경 (2011). 선거 기간 중 트위터에 나타난 후보자와 유권자의 정치적 행위 연구.〈사이버 커뮤니케이션학보〉, 28(4), pp.257~301.

황유선 (2012). 소셜 미디어의 언어와 맥락. 한국방송학회 방송과 수용자연구회 엮음,《소셜미디어 연 구》. 서울: 커뮤니케이션북스. pp.92~112.

황유선·신우열·김주환 (2010). 너의 표정을 통해 읽는 것은 나의 감정이다: 감정의 변화가 상대방의 표정 인식에 미치는 영향에 관한 연구.〈커뮤니케이션학연구: 일반〉, 18(1), pp.247~271.

황주성·박윤정 (2012). 휴대 전화 인터넷과 공간 인식의 변화: 풀브라이징 인터넷으로 중심으로. 〈정보와 사회〉, pp.17, 1~31.

Abelson, R. P. (1988). Conviction. *American Psychologist*, 43(4), pp.267~275.

Abelson, R. P., Kinder, D. R., Peter, M. D., & Fisk, S. T. (1982). Affective and semantic components in political person perception. *Journel of Personality and Social Psychology*, 42(4), pp.619~630.

Adolphs, R. (2002). Recognizing emotion from facial expressions: Psychological and neurological mechanisms. *Behavioral and Cognitive Neuroscience Review*, 1, pp.21~62.

Akinnaso, F. N. (1982). On the differences between spoken and written language. *Language and Speech*, 25(2), pp.97~125.

Allport, F. (1968). The historical background of modern social psychology. In G. Lindzey & E. Aronson (Eds.), *Handbook of social Psychology* (2nd ed., Vol. 1). Reading, MA: Addison–Wesley.

Althaus, S. L. & Tewksbury, D. (2000). Patterns of internet and traditional news media use in a networked community. *Political Communication*, 17(1), pp.21~45.

Altman, I. & Taylor, D. (973). *Social penetration: The development of interpersonal relationships*. New York: Holt, Rinehart, & Winston.

Anderson, A. A., Brossard, D., Scheufele, D. A., Xenos, M. A., & Ladwig, P. (2014). The "nasty effect:" Online incivility and risk perceptions of emerging technologies. *Journal of Computer-Mediated Communication*, 19, pp.373~387.

Anderson, N. H. (1962). Application of an additive model to impression formation. *Science*, 138, pp.817~818.

Archer, D. & Akert, R. M. (1977). Words and everything else: Verbal and nonverbal cues in social interpretation. *Journal of Personality and Social Psychology*, 35, pp.443~449.

Argyle, M. (1992). *The social psychology of everyday life*. London: Routledge.

Asch, S. E. (1955). Opinions and social pressure. *Scientific American*, 19, pp.31~35.

Aune, R. K. & Kikuchi, T. (1993). Effects of language intensity similarity on perceptions of credibility, relational attributions, and persuasion. *Journal of Language and Social Psychology*, 12, pp.224~238.

Axtell, R. E. (1990). *Do's and taboos around the world* (2nd ed.). New York: Wiley.

Bandura, A. (1977). *Social learning theory*. Englewood Cliffs, NJ: Prentice–Hall.

Barnlund, D. C. (1970). A transactional model of communication. In J. Atkin, A. Goldbert, G. Myers, & J. Stewart (Eds.), *Language behavior: A book of readings in communication*. The Hague: Mouton.

Barnlund, D. C. (1975). *Public and private self in Japan and United States*. Tokyo: Simul Press.

Barsade, S. G. (2002). The ripple effect: Emotional contagion and its influence on group behavior. *Administrative Science Quarterly*, 47, pp.644~675.

Baxter, L. A. (1988). A dialectical perspective on communication strategies in relationship development. In S. Duck (Ed.), *Handbook of personal relationships* (pp.257~273). New York: Wiley.

Baym, N. (2010). *Personal connections in the digital age*. Malden, MA: Polity Press.

Bazarova, N. N. & Yuan, Y. C. (2013). Expertise recognition and influence in intercultural groups: Differences between face-to-face and computer-mediated communication. *Journal of Computer-Mediated Communication*, 18, pp.437~453.

Beckar-Israeli, H. (1996). From <Bonehead> to <cLoNehEAd>: Nickname, play, and identity on internet relay chat. *Journal of Computer-Mediated Communication*, 1(2).

Beier, E. (1974). How we send emotional messages. *Psychology Today*, 8, pp.53~56.

Bell, R. R. (1981). Friendships of women and men. *Psychology of Women*, 5, pp.402~417.

Bem, D. (1972). Self-perception theory. In L. Berkowitz (Ed.), *Advances in experimental social psychology* (Vol. 6). New York: Academic Press.

Bennis, W. G., Berlew, D. E., Schein, E. H., & Steele, F. I. (Eds.) (1973). *Interpersonal dynamics: Essays and readings on human interaction* (3rd ed.), Homewood, IL: Dorsey Press.

Berger, C. R. & Bradac, J. J. (1982). *Language and social knowledge: Uncertainty interpersonal relations*. London: Arnold.

Berger, C. R. & Calabrese, R. J. (1975). Some explorations in initial interaction and beyond: Toward a developmental theory of interpersonal communication. *Human Communication Research*, 1, pp.99~112.

Berkowitz, L. (1971). Reporting an experiment: A case study in leveling, sharpening, and assimilation. *Journal of Experimental Social Psychology*, 7, pp.237~243.

Berkowitz, L. (1974). Some determinants of impulsive aggression: The role of mediated associations with reinforcements of aggression. *Psychological Review*, 81, pp.165~176.

Berkowitz, L. & Lepage, A. (1967). Weapons as aggression-eliciting stimuli. *Journal of Personality and Social Psychology*, 40, pp.687~700.

Berman, J., Murphy-Berman, V., & Singh, P. (1985). Cross-cultural similarities and differences in perceptions of fairness. *Journal of Cross-Cultural Psychology*, 16, pp.55~67.

Berry, J. W. (2003). Conceptual approaches to acculturation. In K. M. Chun, P. B. Organista, & G. Marin (Eds.), Acculturation. *Advances in theory, measurement, and applied research*. Washington, D.C.: American Psychological Association.

Berscheid, E. & Walster, E. (1974). Physical attractiveness. In L. Berkowitz (Ed.), *Advances in experimental social psychology* (Vol. 7). New York: Academic Press.

Bilous, F. R. & Krauss, R. M. (1988). Dominance and accomodation in the conversational behaviors of same- and mixed-gender dyads. *Language and Communication*, 8, pp.183~194.

Binder, J. & Diehl, M. (2008). Entscheidungsregeln in multilateralen Konflikten. Research Report, Deutsche Stiftung Friedensforschung, Osnabrueck.

Blanchard, K., Zigarmi, P., & Zigarmi, D. (1985). *Leadership and the one minute manager.* New York: Morrow.

Blieszner, R. & Adams, R. G. (1992). *Adult friendship. Thousand Oaks*, CA: Sage.

Bloch, J. D. (1980). *Friendship.* New York: Macmillan.

Blumstein, P. & Schwartz, P. (1983). *American couples: Money, work, sex.* New York: Morrow.

Bochner, A. P. (1984). The functions of human communicating in interpersonal bonding. In C. C. Arnold & J. W. Bowers (Eds.), *Handbook of rhetorical and communication theory.* Boston, MA: Allyn and Bacon.

Bochner, A. P. & Insko, C. A. (1966). Communicator discrepancy, source credibility, and opinion change. *Journal of Personality and Social Psychology*, 4, pp.614~621.

Bolter, J. D. & Grusin, R. (1999). *Remediation.* MIT Press. [이재현 옮김 (2006). 《재매개: 뉴 미디어의 계보학》. 서울: 커뮤니케이션북스.]

Boon, S. D. (1994). Dispelling doubt and uncertainty: Trust in romantic relationships. In S. Duck (Ed.), *Dynamics of relationships* (pp.86~111). Thousand Oaks, CA: Sage.

Bretherton, I. (1992). The origins of attachment theory: John Bowlby & Mary Ainsworth. *Developmental Psychology*, 28(5), pp.759~775.

Brown, B., Green, N., & Harper, R. (Eds.). (2002). *Wireless world: Social and interactional aspects of the mobile age.* London: Springer–Verlag.

Brown, P. & Fraser, C. (1980). Speech as a marker of situation. In K. Scherer & H. Giles (Eds.), *Social markers in speech.* Cambridge: Cambridge University Press.

Brown, R. & Gilman, A. (1960). The pronouns of power and solidarity. In T. A. Sebeok (Ed.), *Style in language* (pp.253~276). Cambridge: MIT Press.

Buck, R. W. (1975). Nonverbal communication of affect in children. *Journal of Personality and Social Psychology*, 31, pp.644~653.

Buck, R. W. (1976). A test of nonverbal receiving ability: Preliminary studies. *Human Communication Research*, 2, pp.162~171.

Buck, R. W. (1984). *The communication of emotion.* New York: Guilford. [전환성·조전근 옮김 (2000). 《감성과 커뮤니케이션》. 서울: 나남].

Buckley, W. (1967). *Sociology and modern systems theory.* Englewood Cliffs, NJ: Prentice Hall.

Buller, D. B. & Aune, R. K. (1992). The effects of speech rate similarity on compliance: Application of communication accommodation theory. *Western Journal of Communication*, 56, pp.37~53.

Buller, D. B., LePoire, B. A., & Aune, R. K. (1992). Social perceptions as mediators of the effect of speech rate similarity on compliance. *Human Communication Research*, 19, pp.286~311.

Burnstein, E. & Vinokur, A. (1975). What a person thinks upon learning he has chosen differently from others: Nice evidence for the persuasive arguments explanation of choice shifts. *Journal of Experimental Social Psychology*, 11, pp.412~426.

Burnstein, E. & Vinokur, A. (1977). Persuasive argumentation and social comparison as determinants of attitude polarization. *Journal of Experimental Social Psychology*, 13, pp.315~332.

Castells, M., Fernandez-Ardevol, M., Qiu, J. L., & Sey, A. (2007). *Mobile communication and society: A global perspective*. Cambridge, MA: The MIT Press.

Chaiken, S. & Eagly, A. H. (1976). Communication modality as a determinant of message persuasiveness and message comprehensibility. *Journal of Personality and Social Psychology*, 34, pp.605~614.

Choi, I. & Nisbett, R. E. (2000). The cultural psychology of surprise: Holistic theories, contradiction, and epistemic curiosity. *Journal of Personality and Social Psychology*, 79, pp.890~905.

Cialdini, R. (1985). *Influence: Science and practice*. [이현우 옮김 (1996). 《설득의 심리학: 사람을 움직이는 여섯 가지 원칙》. 서울: 21세기북스].

Clark, H. H. (1992). *Arenas of language use*. Chicago: University of Chicago Press.

Clifford, M. M. & Walster, E. (1973). Research note: The effects of physical attractiveness on teacher expectations. *Sociology of Education*, 46, pp.248~258.

Cline, V. B., Croft, R. G., & Courrier, S. (1973). Desensitization of children to television violence. *Journal of Personality and Social Psychology*, 36, pp.107~116.

Cohen, H. (1994). *You can negotiate anything*. Kensington Publishing Co. [강문희 옮김 (2001). 《협상의 법칙》. 서울: 청년정신].

Coleman, J., Katz, E., & Menzel, H. (1957). The diffusion of an innovation among physicians. *Sociometry*, 20, pp.253~270.

Correa, T. (2014). Bottom-up technology transmission within families: Exploring how youths influence their parents' digital media use with dyadic data. *Journal of Communication*, 64, pp.103~214.

Cory, C. (1980). Bafflegab pays. *Psychology Today*, 13(2).

Covey, S. R. (1997). *The 7 habits of highly effective families*. New York: Golden Books. [김경섭 옮김 (1998). 《성공하는 가족들의 7가지 습관》. 서울: 김영사].

Csikszentmihalyi, M. (1990). *Flow: The psychology of optimal experience*. New York: Harper & Row.

Dadds, M. R., El Masry, Y., Wimalaweera, S., & Guastella, A. J. (2008). Reduced eye gaze explains "fear blindness" in childhood psychopathic traits. *Journal of American Academy of Child and Adolescent Psychiatry*, 47, pp.455~463.

Dance, F. E. X. & Larson, C. E. (1976). *The functions of human communication: A theoretical approach* (Appendix A). New York: Holt, Rinehart & Winston.

Davis, K. (1949). *Human society*. New York: Macmillan.

Davis, K. (1985). Near and dear: Friendship and love compared. *Psychology Today*, 19, pp.22~30.

Davison, P. W. (1983). The third person effect in communication. *Public Opinion Quarterly*, 47, pp.1~15.

Demo, D. H. (1987). Family relations and the self–esteem of adolescents and their parents. *Journal of Marriage and the Family*, 49, pp.705~715.

DeSanctis, G. & Poole, M. S. (1994). Capturing the complexity in advanced technology use: Adaptive structuration theory. *Organiation Science*, 5, pp.121~147.

DeVito, J. A. (1989). *The interpersonal communication book* (5th ed.). New York: Harper & Row, Publishers.

DeVito, J. A. (1997). *Human communication: The basic course* (7th ed.). New York: Addison Wesley Longman.

DeVito, J. A. (2000). *Human communication: The basic course* (8th ed.). New York: Addison Wesley Longman.

Dickerson, C. A., Thibodeau, R., Aronson, E., & Miller, D. (1992). Using cognitive dissonance to encourage water conservation. *Journal of Applied Social Psychology*, 22, pp.841~854.

Dickson, F. C. (1995). The best is yet to be: Research on long–lasting marriages. In J. T. Wood & S. Duck (Eds.), *Understudied relationships: Off the beaten track* (pp.22~50). Thousand Oaks, CA: Sage.

Dion, K., Berscheid, E., & Walster, E. (1972). What is beautiful is good. *Journal of Personality and Social Psychology*, 24, pp.285~290.

Dollard, J., Doob, L., Miller, N. E., Mowrer, O. H., & Sears, R. (1939). *Frustration and aggression*. New Haven, CT: Yale University Press.

Donnerstein, E. & Wilson, D. W. (1976). The effects of noise and perceived control upon ongoing and subsequent aggressive behavior. *Journal of Personality and Social Psychology*, 34, pp.774~781.

Dutton, W. (1996). Network rules of order: Regulating speech in public electronic fora. *Media, Culture & Society*, 18(2), p.269.

Du, S., Tao, Y., & Martinez, A. M. (2014). *Compound facial expressions of emotion*. PNA Early Edition, 1~9. www.pnas.org/cgi/doi/10.1073/pnas.1322355111.

Eagly, A. H. & Chaiken, S. (1993). *The psychology of attitudes*. Fort Worth, TX: Harcourt Brace Jovanovich.

Ehrenhaus, P.(1983). Culture and the attribution process. In W. B. Gudykunst (Ed.), *Intercultural communication theory: Current perspectives* (Ch. 15, pp.259~270). Beverly Hills, CA: Sage.

Ekman, P. & Friesen, W. V. (1969). The repertoire of nonverbal behavior: Categories, origins, usage, and coding. *Semiotica*, 1, pp.49~98.

Ekman, P., Friesen, W. V., & Ellsworth, P. (1972). *Emotion in the human face: Guidelines for research and an integration of findings.* New York: Pergamon Press.

Ekman, P., Levenson, R. W., & Friesen, W. V. (1983). Autonomic nervous system activity distinguishes amoong emotions. *Science*, 221, pp.223~230.

Ellis, D. S. (1967). Speech and social status in America. *Social Forces*, 45, pp.431~437.

Ellis, A. (1973). *Humanistic psychotherapy: The rational emotive approach.* New York: Julian Press.

Elwell, C. M., Brown, R. J., & Rutter, D. R. (1984). Effects of accent and visual information on impression formation. *Journal of Language and Social Psychology*, 3, pp.297~299.

Emerson, R. M. (1954). Deviation and rejection: An experimental replication. *American Sociological Review*, 19, pp.688~693.

Eron, L. D., Husemann, L. R., Lefkowitz, M. M., & Walder, L. O. (1972). Does television vilence cause aggression? *American Psychologist*, 27, pp.253~263.

Feeney, J. A. (2005). Hurt feelings in couple relationships: Exploring the role of attachment and perceptions of personal injury. *Personal Relationships*, 12, pp.253~271.

Ferguson, D. A. & Perse, E. M. (2000). The World Wide Web as a functional alternative to television. *Journal of Broadcasting & Electronic Media*, 44(2), pp.155~174.

Festinger, L. (1954). A theory of social comparison processes. *Human Relations*, 7, pp.117~140.

Festinger, L. (1957). *A theory of cognitive dissonance.* Evanston, IL: Row & Peterson.

Festinger, L. & Carlsmith, J. M. (1959). Cognitive consequences of forced compliance. *Journal of Abnormal and Social Psychology*, 58, pp.203~210.

Festinger, L., Schachter, S., & Back, K. (1950). *Social pressures in informal groups: A study of human factors in housing.* San Francisco, CA: Stanford University Press.

Fiedler, F. E. (1978). The contingency model and the dynamics of the leadership process. *Advances in Experimental Social Psychology*, 12, pp.59~112.

Fiedler, F. E. (1993). The leadership situation and the black box in contingency theories. In M. M. Chemers & R. Ayman (Eds.), *Leadership theory and research: Perspectives and directions* (pp.1~28). San Diego: Academic Press.

Field, T. M. & Walden, T. A. (1982). Perception and production of facial expressions in infancy and early childhood. In H. Reese & L. Lipsett (Eds.), *Advances in child development and behavior* (Vol. 16). New York: Academic Press.

Fischer, J. L. & Narus, L. R., Jr. (1981). Sex roles and intimacy in same-sex and other-sex relationships. *Psychology of Women Quarterly*, Vol 5, pp.444~455.

Fiske, J. (1990). *Introduction to communication studies.* London: Routledge. [강태완 · 김선남 옮김, (2001). 《커뮤니케이션학이란 무엇인가》. 서울: 커뮤니케이션북스].

Fitzpatrick, M. A. (1988). *Between husbands and wives: Communication in marriage.* Beverly

Hills, CA: Sage.

Fitzpatrick, M. A. & Bochner, A. (1981). Perspectives on self and other: Male–female differences in perceptions of communication behavior. *Sex Roles*, 7, pp.523~535.

Fitzpatrick, M. A. & Indvik, J. (1982). Implicit theories in enduring relationships: Psychological gender differences in perceptions of one's mate. *Western Journal of Speech Communication*, 46(4), pp.311~325.

Forsyth, D. R. (1999). *Group dynamics* (3rd ed.). Belmont, CA: Wadsworth. [고재홍·구자숙·구정숙·김혜숙·나은영·남기덕·안미영·이진환·홍기원 옮김 (2001). 《집단역학》. 서울: 시그마프레스].

Foss, S. K. (1992). Visual imagery as commnication. *Text and Performance Quarterly*, 12, pp.85~96.

French, J. R. P., Jr. & Raven, B. (1959). The bases of social power. In D. Cartwright (Ed.), *Studies in social power*. Ann Arbor, MI: Institute for Social Research.

Frentz, T. (1976). A general approach to episodic structure. Paper presented at the Western Speech Association Convention (San Francisco). Cited in Reardon (1987).

Gackenbach, J. (Ed.). (1998). *Psychology and the internet: Intrapersonal, interpersonal, and transpersonal implications*. New York: Academic Press.

Galvin, K. M. & Brommel, B. J. (1996). *Family communication: Cohesion and change* (4th ed.). New York: HarperCollins.

Garfield, J. C., Weiss, S. L., & Pollack, E. A. (1973). Effects of the child's social class on school counselors' decision making. *Journal of Counseling Psychology*, 20(2), pp.166~168.

Gelfand, M. J. & 44 more authors (2011). Differences between tight and loose cultures: A 33-nation study. *Science*, 332, pp.1100~1104.

Gerbner, G. (1970). Cultural indicators: The case of violence in television drama. *The Annals of the American Academy of Political and Social Science*, 388, pp.69~81.

Gerbner, G. (1972). Communication and social environment. *Scientific American*, 227(3), pp.153~160.

Gibbs, J. L., Rozaidi, N. A., & Eisenberg, J. (2013). Overcoming the "ideology of openness": Probing the affordances of social media for organizational knowledge sharing. *Journal of Computer-Mediated Communication*, 19, pp.102~120.

Gibson, J. (1977). The theory of affordances. In Shaw, R., & Bransfords, J. (eds.), *Perceining, acting, and knowing: Towards an ecological psychology*, pp.67~82. Hillsdale, NJ: Lawrence Erlbaum.

Gilbert, S. J. (1977). Effects of unanticipated self–disclosure on recipients of varying levels of self–esteem: A research note. *Human Communication Research*, 3(4), pp.368~371.

Gilbert, S. J. & Horenstein, D. (1975). The communication of self–disclosure: Level versus valence. *Human Communication Research*, 1, pp.316~322.

Giles, H. & Farrar, K. (1979). Some behavioral consequences of speech and dress styles. *British Journal of Social and Clinical Psychology*, 18, pp.209~210.

Giles, H., Mulac, A., Bradac, J. J., & Johnson, P. (1987). Speech accomodation theory: The first decade and beyond. In M. L. McLaughlin (Eds.), *Communication yearbook*, Vol. 10, pp.13~48. Thousand Oakes, CA: Sage.

Giles, H. & Powesland, P. F. (1975). *Speech style and social evaluation*. London: Academic Press.

Giles, H. & Sassoon, C. (1983). The effects of speaker's accent, social class background and message style on British listeners' social judgments. *Language and Communication*, 3, pp.305~315.

Giles, H. & Smith, P. M. (1979). Accomodation theory: optimal level of convergence. In H. Giles & R. St Clair (Eds.), *Language and social psychology*. Oxford: Blackwell.

Goffman, E. (1959). *The presentation of self in everyday life*. Garden City, NY: Doubleday.

Goss, B. & O'Hair, D. (1988). *Communicating in interpersonal relationships*. New York: Macmillan Publishing Company.

Gray, J. A. (1990). Brain systems that mediate both emotion and cognition. *Cognition & Emotion*, 4(3), pp.269~288.

Gray, J. (1992). *Men are from Mars, Women are from Venus*. New York: Harper Collins. [김경숙 옮김 (1993). 《화성에서 온 남자, 금성에서 온 여자》. 서울: 친구미디어].

Gross, L. (1991). The contested closet: The ethics and politics of outing. *Critical Studies in Mass Communication*, 8, pp.352~388.

Gudykunst, W. B. (1988). Uncertainty and anxiety. In Y. Y. Kim & W. B. Gudykunst (Eds.), *Theories in intercultural communication* (pp.123~156). Newbury Park, CA: Sage.

Gudykunst, W. B. (1989). Culture and the development of interpersonal relationships. In J. A. Anderson (Ed.), *Communication Yearbook* (pp.315~354). Newbury Park, CA: Sage.

Gudykunst, W. B., Yoon, Y. C., & Nishda, T. (1987). The influence of individualism-collectivism on perceptions of communication in ingroup and outgroup relationship. *Communication Monographs*, 54, pp.295~306.

Haggai, J. (1986). *Lead on*. Texas: World Publishing.

Haidt, J. & Joseph, C. (2004). Intuitive ethics: How innately prepared intuitions generate culturally variable virtues. *Daedalus*, 133(4), pp.55~66.

Hall, E. T. (1966). *The hidden dimension*. New York: Doubleday.

Hall, J. K., Hutton, S. B., & Morgan, M. J. (2010). Sex differences in scanning faces: Does attention to the eyes explain female superiority in facial expression recognition? *Cognition and Emotion*, 24, pp.629~637.

Han, G. & Park, B. (1995). Children's choice in conflict: Application of the theory of individualism-collectivism. *Journal of Cross-Cultural Psychology*, 26(3).

Harmon-Jones, E. & Gable, P.A. (2013). Anger and attentional myopia. Paper presented in 2013 APA (American Psychological Association) 121st Annual Convention (#3220 Symposium: Attentional and cognitive advances in understanding anger and anger regulation).

Harris, R. J. (1989). *A cognitive psychology of mass communication.* Lawrence Erlbaum Associates. [이창근·김광수 옮김 (1991). 《매스 미디어 심리학》. 서울: 나남].

Heerdink, M. W., van Kleef, G. A., Homan, A. C., & Fischer, A. H. (2013). On the social influence of emotions in groups: Interpersonal effects of anger and happiness on conformity versus deviance. *Journal of Personality and Social Psychology,* 105(2), pp.262~284.

Heide, B. V. D., D'Angelo, & Schumaker, (2012). The effects of verbal versus photographic self-presentation on impression formation in facebook. *Journal of Communication,* 62, pp.98~116.

Heide, B. V. D., Schumaker, E. M., Peterson, A. M., & Jones, E. B. (2012). The Proteus effect in dyadic communication: Examining the effect of avatar appearance in computer-mediated dyadic interaction. *Communication Research,* 40(6), pp.838~860.

Heider, F. (1958). *The psychology of interpersonal relations.* New York: John Wiley.

Hénault, A. & Greimas, A. J. (1979). *Les enjeux de la semiotique.* Presses Universitaires de France. [홍정표 옮김 (1997). 《기호학으로의 초대》. 서울: 어문학사].

Hersey, P. & Blanchard, K. H. (1976). Leader effectiveness and adaptability description (LEAD). In J. W. Pfeiffer & J. E. Jones (Eds.), *The 1976 annual handbook for group facilitators* (Vol. 5). La Jolla, CA: University Associates.

Hiltz, S. R. & Turoff, M. (1978). *The network nation: Human communication via computer.* Addison-Wesley.

Hocker, J. L. & Wilmot, W. W. (1995). *Interpersonal conflict* (4th ed.). Dubuque, IA: Wm. C. Brown Communications, Inc.

Hofstede, G. & Bond, M. H. (1988). The confucius connection: From cultural roots to economic growth. *Organizational Dynamics,* 16(4), pp.4~21.

Hofstede, G., Hofstede, G. J., & Minkov, M. (2010). *Cultures and organizations: Software of the mind* (3rd ed.). London: McGraw Hills. [차재호·나은영 옮김 (2014). 《세계의 문화와 조직: 정신의 소프트웨어》. 서울: 학지사].

Holmes, T. H. & Rahe, R. H. (1967). The social readjustment rating scale. *Journal of Psychosomatic Research,* 11, p.213.

Hoshino, A. (1973). The characteristics of Japanese self-expression. *Eigo Kyoiku,* 22(3), pp.16~18.

House, R. J., Schuler, R. S., & Levanoni, E. (1983). Role conflict and ambiguity scales: Reality or artifacts? *Journal of Applied Psychology,* 68(2), pp.334~337.

House, R. J., Spangler, W. D., & Woycke, J. (1991). Personality and charisma in the U.S. presidency: A psychological theory of leader effectiveness. *Administrative Science*

Quarterly, 36, pp.364~396.

Hovland, C. I., Harvey, O. J., & Sherif, M. (1957). Assimilation and contrast effects in reactions to communication and attitude change. *Journal of Abnormal and Social Psychology*, 55, pp.244~252.

Hovland, C. I., Janis, I. L., & Kelley, H. H. (1953). *Communication and persuasion: Psychological studies of opinion change.* New Haven, CT: Yale University Press.

Hovland, C. I. & Sears, R. (1940). Minor studies in aggression: VI. Correlation of lynchings with economic indices. *Journal of Psychology*, 9, pp.301~310.

Inglehart, R. (1997). *Modernization and postmodernization: Cultural, economic, and political change in 43 societies.* Princeton, NJ: Princeton University Press.

Inglehart, R., Basañez, M., & Moreno, A. (1998). *Human values and beliefs: Across-cultural sourcebook.* Ann Arbor: University of Michigan Press.

Insel, P. M. & Jacobson, L. F. (Eds.) (1975). *What do you expect? An inquiry into self-fulfilling prophecies.* Menlo Park, CA: Cummings.

Iyengar, S., Peters, M. D., & Kinder, D. R. (1982). Experimental demonstrations of the 'not–so–minimal' consequences of television news programs. *American Political Science Review*, 76, pp.848~858.

Janis, I. L. (1972). *Victims of groupthink.* Boston: Houghton–Mifflin.

Janis, I. L. (1982). *Groupthink: Psychological studies of policy decisions and fiascos* (2nd ed.). Boston: Houghton Mifflin.

Jones, E. E. & Nisbett, R. E. (1972). The actor and the observer: Divergent perceptions of the causes of behavior. In E. E. Jones, D. Kanouse, H. H. Kelley, R. E. Nisbett, S. Valins, & B. Weiner (Eds.), *Attribution: Perceiving the causes of behavior* (pp.79~94). Morristown, NJ: General Learning Press.

Jones, E. S., Gallois, C., Callan, V. J., & Barker, M. (1995). Language and power in an academic context: The effects of status, ethnicity, and sex. *Journal of Language and Social Psychology*, 14, pp.434~461.

Jones, S. (Ed.) (1999). *Doing internet research: Critical issues and methods for examining the net.* Thousand *Oak*, CA: Sage. [이재현 옮김 (2001). 《인터넷 연구 방법》. 서울: 커뮤니케이션북스].

Jourard, S. (1964). *The transparent self.* New York: D. Van Nostrand.

Kagan, N. I. (1978). Affective sensitivity test: Validity and reliability. Paper presented at the meeting of the American Psychological Association. San Francisco, CA, U.S.A.

Kalin, R. (1982). The social significance of speech in medical, legal, and occupational settings. In E. B. Ryan & H. Giles (Eds.), *Attitudes towards language: Social and applied contexts.* London: Edward Arnold.

Kaptein, M., Castaneda, D., Fernandez, N., & Nass, C. (2014). Extending the similarity–

attraction effect: The effects of when–similarity in computer–mediated communication. *Journal of Computer-Mediated Communication*, 19, pp.342~357.

Karakayali, N. (2009). Social distance and affective orientations. *Sociological Forum*, 23(3), pp.538~562.

Kassin, S. M. & Keichel, K. L. (1996). The social psychology of false confessions: Compliance, internalization, and confabulation. *Psychological Science*, 7, pp.125~128.

Katz, E. (1959). Mass communication research and the study of popular culture. *Studies in Public Communication*, 2, 2.

Katz, E. & Lazarsfeld, P. F. (1955). *Personal influence*. Glencoe: Free Press.

Kelley, H. H. (1973). The processes of causal attribution. *American Psychologist*, 28, pp.107~128.

Kennedy, J. (2012). Conceptualizing social interactions in networked spaces. In F. Comunello (Ed.), *Networked sociability and individualism: Technology for personal and professional relationships* (Ch. 2, pp.24~40). Hershey, PA: Information Science Reference (IGI Global).

Kenrick, D. T. & Gutierres, S. E. (1980). Contrast effects and judgments of physical attractiveness: When beauty becomes a social problem. *Journal of Personality and Social Psychology*, 38, pp.131~140.

Kerckhove, D. de (2002). Unwired to wireless. Invited Lecture at SK Lecture Hall (Feb. 18, 2002). Art Center Nabi.

Kernis, M. H. & Wheeler, L. (1981). Beautiful friends and ugly strangers: Radiation and contrast effects in perception of same–sex pairs. *Personality and Social Psychology Bulletin*, 7, pp.617~620.

Kim, K., Park, H. J., & Suzuki, N. (1990). Reward allocations in the United States, Japan, and Korea: A comparison of individualistic and collectivistic cultures. *Academy of Management Journal*, 33, pp.188~198.

Knapp, M. & Hall, J. (2005). *Nonverbal Communication in Human Interaction* (6th Ed.). Belmont, CA: Wadsworth. [최양호·민인철·김영기 옮김 (2012). 《비언어 커뮤니케이션》. 서울: 커뮤니케이션북스].

Kneidinger, B. (2012). Sociability in social network sites: Facebook as trial platform for social behavioral patterns. In F. Comunello (Ed.), *Networked sociability and individualism: Technology for personal and professional relationships* (Ch. 7, pp.127~146). Hershey, PA: Information Science Reference (IGI Global).

Kurdek, L. A. (1994). Areas of conflict for gay, lesbian, and heterosexual couples: What couples argue about influences relationship satisfaction. *Journal of Marriage and the Family*, 56, pp.923~934.

LaFollette, H. (1996). *Personal relationships: Love, identity, and morality*. Cambridge, MA: Blackwell.

Langlois, J. H. & Roggman, L. A. (1990). Attractive faces are only average. *Psychological Science*, 1, pp.115~122.

Lariscy, R. A. W. & Tinkham, S. F. (1999). The sleeper effect and negative political advertising. *Journal of Advertising*, 28(4), pp.13~30.

Larsen, R. J., Kasimatics, M., & Frey, K. (1992). Facilitating the furrowed brow: An unobtrusive test of the facial feedback hypothesis applied to unpleasant affect. *Cognition and Emotion*, 6, pp.321~338.

Larson, C. U. (1995). *Persuasion: Reception and responsibility* (7th ed.). Belmont, CA: Wadsworth.

Lawyer, J. (1994). *Negotiation: Theory and practice*. Henneberry Hill Consultants, Inc.

Lazarus, R. S. & Lazarus, B. N. (1994). *Passion and reason: Making sense of our emotions*. Oxford: Oxford University Press. [정영목 옮김 (1997). 《감정과 이성》. 서울: 문예출판사].

Leary, T. (1955). The theory and measurement methodology of interpersonal communication. *Psychiatry*, 18, pp.147~161.

Lee, A. M. & Lee, E. B. (Eds.). (1939). *The fine art of propaganda: A study of father Coughlin's speech*. New York: Harcourt, Brace and Co.

Lee, K. M. (2004). Presence, explicated. *Communication Theory*, 14, pp.27~50.

Lee, K. M. & Nass, C. (2005). Social-psychological origins of feelings of presence: Creating social presence with machine-generated voices. *Media Psychology*, 7, pp.31~45.

Lelieveld, G. -J., Dijk, E. V., Beest, I. V., & Kleef, G. A. V. (2013). Does communicating disappointment in negotiations help or hurt? Solving an apparent inconsistency in the social -functional approach to emotions. *Journal of Personality and Social Psychology*, 105(4), pp.605~620.

Lemay, E. P., Overall, N. C., & Clark, M. S. (2012). Experiences and interpersonal consequences of hurt feelings and anger. *Journal of Personality and Social Psychology*, 103(6), pp.982~1006.

Lester, P. M. (1995). *Visual communication: Images with messages*. Wadsworth Publishing Company. [금동호·김성민 옮김 (1997). 《비주얼 커뮤니케이션: 메시지가 있는 이미지》. 서울: 나남].

Levinger, G. & Schneider, D. J. (1969). Test of the 'risk is a value' hypothesis. *Journal of Personality and Social Psychology*, 11, pp.165~169.

Levinger, G. & Snoek, J. D. (1972). Attraction in relationship: A new look at interpersonal attraction. In G. Levinger & J. D. Snoek (Eds.), *Attraction in relationships* (pp.1~22). Morristown, NJ: General Learning Press.

Levy, P. (1997). *Cyber-culture*. Les Editions Odile Jacob. [김동윤·조준형 옮김 (2000). 《사이버 문화: 뉴 테크놀로지와 문화 협력 그리고 커뮤니케이션》. 서울: 문예출판사].

Lindenfeld, J. (1969). Social conditions of syntactic variation in French. *American*

Anthropologist, 71, pp.81~88.

Linder, D. E., Cooper, J., & Jones, E. E. (1967). Decision freedom as a determinant of the role of incentive magnitude in attitude change. *Journal of Personality and Social Psychology*, 6, pp.245~254.

Lippmann, W. (1922). *Public Opinion*. [이충훈 옮김 (2012). 《여론》. 서울: 까치.]

Lipschultz, J. H. (1987). The nonreader problem: A closer look at avoiding the newspaper. *Newspaper Research Journal*, 8(4), pp.59~70.

Littlejohn, S. W. (1999). *Theories of human communication* (6th ed.). Belmont, CA: Wadsworth Publishing Company. [김홍규 옮김 (1996). 《커뮤니케이션 이론》. 서울: 나남].

Loftus, E. F. & Doyle, J. M. (1997). *Eyewitness testimony: Civil and criminal* (3rd ed.) Charlottesville, VA: LEXIS Law Press.

Lombard, M., Reich, R. D., Grabe, M. E., Bracken, C., & Ditton, T. B. (2000). Presence and television: The role of screen size. *Human Communication Research*, 26, pp.75~98.

Luft, J. & Ingham, H. (1955). The Johari window, a graphic model of interpersonal awareness. In Proceedings of the Western Training Laboratory in Group Development. Los Angeles, CA: UCLA.

Lulofs, R. S. & Cahn, D. D. (2000). *Conflict: From theory to action* (2nd ed.). Boston: Allyn & Bacon.

Maier, S. F. & Seligman, M. E. P.(1976). Learned helplessness: Theory and evidence. *Journal of Experimental Psychology: General*, 105, pp.3~46.

Majchrzak, A., Faraj, S., Kane, G. C., & Azad, B. (2013). The contradictory influence of social media affordances on online communal knowledge sharing. *Journal of Computer-Mediated Communication*, 19, pp.38~55.

Mann, L. (1977). The effect of stimulus queues on queue-joining behavior. *Journal of Personality and Social Psychology*, 35, pp.437~442.

Markus, H. & Kitayama, S. (1991). Culture and the self: Implications for cognition, emotion, and motivation. *Psychological Review*, 98, pp.224~253.

Marston, W. M. (1979). *Emotion of normal people*. Minneapolis, MN: Persona Press.

Matsumoto, D. (1989). Cultural influences on the perception of emotion. *Journal of Cross-Cultural Psychology*, 20, pp.92~105.

McArthur, L. A. & Baron, R. (1983). Toward an ecological theory of social perception. *Psychological Review*, 90, pp.215~238.

McComb, M. (1972). Mass media in the marketplace. *Journalism Monograph*, 24, pp.1~102.

McCombs, M. E. & Shaw, D. L. (1972). The agenda-setting function of mass media. *Public Opinion Quarterly*, 36, pp.176~187.

McCombs, M. E. & Weaver, D. (1973). Voters' need for orientation and use of mass communication. Paper presented to the International Communication Association.

McCroskey, J. C. (1984). The communication apprehension. In J. A. Daly & J. C. McCroskey (eds.), *Avoiding communication: Shyness, reticence, and communication apprehension* (pp.13~38). Beverly Hills, CA: Sage.

McGill, M. E. (1985). *The McGill report on male intimacy*. New York: Holt, Rinehart & Winston.

McLuhan, H. M. (1964). *Understanding media: The extension of man.* [김성기·이한우 옮김 (2002). 《미디어의 이해: 인간의 확장》. 서울: 민음사].

McQuail, D. (2000). *McQuail's mass communication theory* (4th ed.). London: Sage.

Mikulincer, M. (1998). Adult attachment style and individual differences in functional versus dysfunctional experiences of anger. *Journal of Personality and Social Psychology, 74,* pp.513~524.

Milgram, S. (1974). *Obedience to authority.* New York: Harper & Row.

Milgram, S., Bickman, L., & Berkowitz, L. (1969). Note on the drawing power of crowds of different size. *Journal of Personality and Social Psychology,* 13, pp.79~82.

Minkov, M. (2011). *Cultural differences in a globalizing world.* United Kingdon: Emerald Group Publishing Limited.

Moreno, J. L. (1934). *Who shall survive?* New York, NY: Beacon House.

Morris, M. E., Consolvo, S., Munson, S., Patrick, K., Tsai, J., & Kramer, A. D. (2011). Faceook for health: Opportunities and challenges for driving behavior change. Proceedings of the 2011 annual conference extended abstracts on human factors in computing systems (pp.443~446). Vancouver, BC, Canada: ACM.

Mutz, D. C. (1998). *Impersonal influence: How perceptions of mass collectives affect political attitudes.* Cambridge University Press. [양승찬 옮김 (2000). 《미디어 정치 효과: 비개인적 영향력》. 서울: 한나래].

Mutz, D. C. (2007). Effects of in-your-face television discourse on perceptions of a legitimate opposition. *American Political Science Review,* 101(4), pp.621~635.

Myers, D. G. & Lamm, H. (1976). The group polarization phenomenon. *Psychological Bulletin,* 83, pp.602~627.

Na, E. -Y. (1992). Resistance of identity-relevant beliefs under threat from an antagonistic outgroup. Unpublished doctoral dissertation, Yale University.

Na, E. -Y. (2002). Value consensus and diversity between generations and genders in Korea. Social Indicators Research, in press.

Na, E. -Y. (2009). Upgrade of the position of audience caused by the convergence of broadcasting and communication. *Communications & Convergence Review,* 1, pp.107~130.

Na, E. -Y. & Cha, J. -H. (2000). Changes in values and the generation gap between 1970s and 1990s in Korea. *Korea Journal* (UNESCO), 40(1), pp.285~324.

Na, E. -Y. & Min, K. H. (2000). Discrepancies between formal/explicit and informal/implicit norms in Korea and generational gaps: Theoretical points and evidence from existing survey data. *Korean Social Science Journal*, 27(1), pp.111~140.

Newcomb, T. (1953). An approach to the study of communication acts. *Psychological Review*, 60, pp.393~340.

Norman, D. A. (1988). *The psychology of everyday things*. Harper Collins Publishers. [이창우 · 김영진 · 박창호 옮김 (1996). 《디자인과 인간 심리》. 서울: 학지사].

Nyquist, L. V. & Spence, J. T. (1986). Effects of dispositional dominance and sex role expectations on leadership behaviors. *Journal of Personality and Social Psychology*, 50, pp.87~93.

Noelle-Neumann, E. (1974). The spiral of silence: A theory of public opinion. *Journal of Communication*, 24, pp.43~51.

O'Gorman, H. J. (1975). Pluralistic ignorance and white estimates of white support for racial segregatron. *Public Opinion Quarterly*, 39, pp.313~330.

O'Keeffe, G. S. & Clarke-Pearson, K. (2011). The impact of social media on children, adolescents, and families. *Pediatrics*, 12(4), pp.800~804.

Oremus, W. (2014. 5. 1) Twitter is not dying. It's on the cusp of getting much bigger. Here's why. http://www.slate.com/articles/technology

Overall, N. C., Simpson, J. A., & Struthers, H. (2013). Buffering attachmet-related avoidance: Softening emotional and behavioral defenses during conflict discussions. *Journal of Personality and Social Psychology*, 104(5), pp.854~871.

Overmier, J. B. & Seligman, M. E. P.(1967). Effects of inescapable shock upon subsequent escape and avoidance responding. *Journal of Comparative and Physiological Psychology*, 63, pp.23~33.

Papacharissi, Z. (2004). Democracy online: Civility, politeness, and the democratic potential of online political discussion groups. *New Media & Society*, 6(2), pp.259~283.

Papacharissi, Z. (2011). Conclusion: A networked self. In Z. Papacharissi (Ed.), *A networked self: Identity, community, and culture on social network sites* (pp.304~318). New York: Routledge.

Parlee, M. B. (1979). The friendship bond. *Psychology Today*, 13, pp.43~54.

Pena, J. & Blackburn, K. (2013). The priming effects of virtual environments on interpersonal perceptions and behaviors. *Journal of Communication*, 63, pp.703~720.

Petty, R. & Cacioppo, J. (1981). *Attitudes and persuasion: Classic and contemporary approaches*. WCB Publishers. [오택섭 편역 (1994). 《설득 이론과 광고》. 서울: 나남].

Pleck, J. H. (1975). Man to man: Is brotherhood possible? In N. Glazer-Malbin (Ed.), *Old family/ new family: Interpersonal relationships* (pp.229~244). New York: Van Nostrand.

Postman, N. (2014). Five things we need to know about technological change. In D. Mittleman (Ed.), *Annual Editions: Technologies, social media, and society* (pp.10~14). McGraw-Hill

Education, Create.

Pratkanis, A. & Aronson, E. (2001). *Age of propaganda: The everyday use and abuse of persuasion* (Revised Edition). New York: Freeman. [윤선길·정기현·최환진·문철수 옮김 (2005). 《프로파간다 시대의 설득 전략》. 서울: 커뮤니케이션북스].

Price, V. (1989). Social identification and public opinion: Effects of communicating group conflict. *Public Opinion Quarterly*, 53, pp.197~224.

Prisbell, M. & Andersen, J. F. (1980). The importance of perceived homophily, level of uncertainty, feeling good, safety, and self-disclosure in interpersonal relationships. *Communication Quarterly*, 28, pp.22~33.

Rachman, S. (1967). Systematic desensitization. *Psychological Bulletin*, 67(2), pp.93~103.

Rainie, L. & Wellman, B. (2012). *Networked: The New Social Network Operating System*. Cambridge, MA: MIT.

Ramsey, S. & Birk, J. (1983). Preparation of North Americans for interaction with Japanese: Considerations of language and communication style. In D. Landis, & R. W. Brislin (Eds.), *Handbook of intercultural training* (Vol. 3, pp.227~259). New York: Pergamon Press.

Reardon, K. K. (1987). *Where minds meet: Interpersonal communication*. Belmont, CA: Wadsworth.

Reeves, B. & Nass, C. (1996). *The media equation: How people treat computers, television, and new media like real people and places*. CSLI Publications. [김정현·조성민 옮김 (2001). 《미디어 방정식: 컴퓨터, 텔레비전, 뉴 미디어를 실제 사람과 장소처럼 다루는 방법》. 서울: 커뮤니케이션북스].

Reis, H. T. (1998). Gender differences in intimacy and related behaviors: Context and process. In D. J. Canary & K. Dindia (Eds.), *Sex differences and similarities in communication: Critical essays and empirical investigations of sex and gender in interaction* (pp.203~231). Mahwah, NJ: Erlbaum.

Richmond, V. P. & McCroskey, J. C. (1998). *Communication: Apprehension, avoidance, and effectiveness* (5th ed.), Scottsdale, AZ: Gorsuch Scarisbrick.

Rockefeller Foundation & Global Business Network (2010). Scenarios for the future of technology and international development (pp.1~54). Retrived from http://www.rockefellerfoundation.org/uploads/files/bba493f7-cc97-4da3-add6-3deb007cc719.pdf

Rogers, C. (1951). *Client-centered therapy*. Boston, MA: Houghton Mifflin.

Rogers, E. M. (2003). *Diffusion of innovations* (5th ed.). New York: Free Press. [김영석·강내원·박현구 옮김 (2005). 《개혁의 확산》. 서울: 커뮤니케이션북스]

Rogers, E. M. & Shoemalser, F. F. (1971). *Communication of innovation*. New York: Free Press.

Rogers, W. (1978). The contribution of kinesic illustrators toward the comprehension of verbal behavior within utterances. *Human Communication Research*, 5, pp.54~62.

Roll, S., McClelland, G., & Abel, T. (1996). Differences in susceptibility to influence in Mexican

American and Anglo Females. *Hispanic Journal of Behavioral Sciences*, 18, pp.13~20.

Roloff, M. E. (1987). Communication and conflict. In C. R. Berger & S. H. Chaffee (Eds.), *Handbook of communication science* (Ch.16, pp.484~534). Newbury Park, CA: Sage Publications.

Rosenblatt, A. & Greenberg, J. (1991). Examining the world of the depressed: Do depressed people prefer others who are depressed? *Journal of Personality and Social Psychology*, 60, pp.620~629.

Rosenthal, R. & DePaulo, B. M. (1979). Sex differences in eavesdropping on nonverbal cues. *Journal of Personality and Social Psychology*, 37, pp.273~285.

Rosenthal, R. & Jacobsen, L. (1968). *Pygmalion in the classroom*. New York: Holt, Rinehart, and Winston.

Rosenthal, R., Hall, J. A., DiMatteo, M. R., Rogers, P. L., & Archer, D. (1979). *Sensitivity to nonverbal communication: The PONS test*. Baltimore: Johns Hopkins University Press.

Rubin, R. B. & Martin, M. M. (1994). Development of a measure of interpersonal communication competence. *Communication Research Reports*, 11, pp.33~44.

Rubin, R. B. & Martin, M. M. (1998). Interpersonal communication motives. In McCroskey, J. C., Daly, J. A., Martin, M. M., & Beatty, M. J. (Eds.), *Communication and personality: Trait perspectives* (pp.287~307). Cresskill, NJ: Hampton Press.

Russell, B. (1938). *Power*. London: Allen & Unwyn.

Sabourin, T. C. (1996). The role of communication in verbal abuse between spouses. In D. D. Cahn & S. A. Lloyd (Eds.), *Family violence from a communication perspective* (pp.199~217). Thousand Oaks, CA: Sage.

Sapir, E. (1949). *Language*. New York: Harcourt, Brace, & World.

Satir, V. (1972). *Peoplemaking*. Science and Behavior Books. [성민선 옮김 (1991). 《사람 만들기》. 서울: 홍익재].

Satir, V. Banmen, J., Gerberm, J., & Gomori, M. (1991). *The Satir Model: Family therapy and beyond*. PaloAlto, CA: Science & Behavior Books.

Schachter, S. & Singer, J. (1962). Cognitive, social, and physiological determinants of emotional state. *Psychological Review*, 69, pp.379~399.

Schank, R. & Abelson, R. P. (1977). *Scripts, plans, goals, and understanding*. Hillsdale, NJ: Erlbaum.

Schoen, R. & Wooldredge, J. (1989). Marriage choices in North Carolina and Virginia, 1969~1971 and 1979~1981. *Journal of Marriage and the Family*, 51, pp.465~481.

Schoenewolf, G. (1990). Emotional contagion: Behavioral induction in individuals and groups. *Modern Psychoanalysis*, 15, pp.49~61.

Schramm, W. & Porter, W. E. (1982). *Men, women, messages and media: Understanding human communication*. New York: Harper & Row. [최윤희 옮김 (1990). 《인간 커뮤니케이션》. 서울:

나남]

Schroeder, R. (2006). Being there together and the future of connected presence. *Presence*, 15(4), pp.1~17.

Scott, G. G. (2014). More than friends: Popularity on facebook and its role in impression formation. *Journal of Compute-Mediated Communication*, 19, pp.358~372.

Seligman, C., Lambert, W. E., & Tucker, G. R. (1972). The effects of speech style and other attributes on teachers' attitudes toward pupils. *Language in Society*, 1, pp.131~142.

Severin, W. J. & Tankard, J. W. (1997). *Communication theories: Origins, methods and uses in mass media* (4th ed.). New York: Addison Wesley Longman Inc. [김흥규·박천일·강형철·안민호 옮김 (1999). 《현대 매스 커뮤니케이션 개론》. 서울: 나남].

Shenk, D. (1997). *Data smog: Surviving the information glut.* New York: International Creative Management. [정태석·유흥림 옮김 (2000). 《데이터 스모그》. 서울: 민음사].

Sherif, M. (1936). *The psychology of social norms.* New York: Harper & Row.

Sherif, M., Harvey, O. J., White, B. J., Hood, W. R., & Sherif, C. W. (1961). *Intergroup conflict and cooperation: The robbers cave experiment.* Norman, OK: Institute of Group Relations.

Sherif, M. & Hovland, C. I. (1961). *Social judgment: Assimilation and contrast effects in communication and attitude change.* New Haven, CT: Yale University Press.

Sherif, C. W. & Sherif, M. (Eds.) (1967). *Attitude, ego-involvement, and change.* New York: Wiley.

Sherry, J. & Salvador, T. (2002). Running and grimacing the struggle for balancing in mobile work. In B. Brown, N. Green, & R. Harper (Eds.), *Wireless world: Social and interactional aspects of the mobile age* (pp.108~120). London: Springer.

Simpson, J. A., Winterheld, H. A., Rholes, S., & Orina, M. (2007). Working models of attachment and reactions to different forms of caregiving from romantic partners. *Journal of Personality and Social Psychology*, 93, pp.466~477.

Smith, M. & Kollock, P. (1999). *Communities in cyberspace.* Routledge. [조동기 옮김 (2001). 《사이버 공간과 공동체》. 서울: 나남].

Sternberg, R. J. (1986). A triangular theory of love. *Psychological Review*, 93, pp.119~135.

Stogdill, R. M. (1974). *Handbook of leadership.* New York: Free Press.

Stoner, J. A. F. (1961). A comparison of individual and group decisions involving risk. Unpublished master's thesis, Massachusetts Institute of Technology, Cambridge, MA, U.S.A.

Sunnafrank, M. (1986). Predicted outcome value during initial interactions: A reformulation of uncertainty reduction theory. *Human Communication Research*, 13(1), pp.3~33.

Sunnafrank, M. (1990). Predicted outcome value and uncertainty reduction theories: A test of competing perspectives. *Human Communication Research*, 17(1), pp.76~103.

Sussman, N. & Rosenfeld, H. (1982). Influence of culture, language, and sex on conversational distance. *Journal of Personality and Social Psychology*, 42, pp.66~74.

Sutherland, M. (1993). *Advertising and the mind of the consumer: What works, what doesn't and why?* Allen & Unwin Pty Ltd. [윤선길·김완석 옮김 (1998). 《광고를 움직이는 소비자 심리》. 서울: 경문사].

Tang, J. (1997). The model minority thesis revisited: Counter evidence from the science and engineering fields. *Journal of Applied Behavioral Science*, 33, pp.291~314.

Tajfel, H. & Turner, J. (1986). The social identity theory of intergroup behavior. In S. Worchel & W. G. Austin (Eds.), *Psychology of intergroup relations* (pp.7~24). Chicago, IL: Nelson-Hall.

Taylor, D. G. (1983). Pluralistic ignorance and the spiral of silence. *Mass Communication Review Yearbook*, 4, pp.101~125.

Tedeschi, J. T., Lindskold, S., & Rosenfeld, P. (1985). *Introduction to social psychology*. New York: West.

Thibaut, J. W. & Kelley, H. H. (1959). *The social psychology of groups*. New York: Wiley.

Thibaut, J. W. & Kelley, H. H. (1986). *The social psychology of groups* (2nd ed.). New Brunswick, NJ: Transaction Books.

Triandis, H. C. & Fishbein, M. (1963). Cognitive interaction in person perception. *Journal of Abnormal and Social Psychology*, 67, pp.446~453.

Troutman, C., Michael, R., & Shanteau, J. (1976). Do consumers evaluate products by adding or averaging attribute information? *Journal of Consumer Research*, 3, pp.101~106.

Tuckman, B. W. (1965). Developmental sequences in small groups. *Psychological Bulletin*, 63, pp.384~399.

Turner, J. C., Hogg, M. A., Oakes, P. J., Reicher, S. D., & Wetherell, M. S. (1987). *Rediscovering the social group: A self-categorization theory*. Oxford: Basil Blackwell.

Tversky, A. & Kahneman, D. (1974). Judgment under uncertainty: Heuristics and biases. *Science*, 185, pp.1124~1130.

Utz, S. (2012). Social network site use among Dutch students: Effects of time and platform. In F. Comunello (Ed.), *Networked sociability and individualism: Technology for personal and professional relationships* (Ch. 6, pp.104~126). Hershey, PA: Information Science Reference (IGI Global).

Valins, S. (1966). Cognitive effects of false heart-rate feedback. *Journal of Personality and Social Psychology*, 4, pp.400~408.

Verderber, K. S. & Verderber, R. F. (2001). *Inter-act: Interpersonal communication concepts, skills, and contexts* (9th ed.). Belmont, CA: Wadsworth/Thomson Learning.

Vinogradova, N. (2000). *On the functions of Russian computer sublanguage in comparison with other sublanguages and argot*. [한국사회언어학회 창립 10주년 기념 국제학술대회 발표 논문집].

Wallace, P. (1999). *The psychology of the internet*. Cambridge, UK: Cambridge University Press.

[황상민 옮김 (2001). 《인터넷 심리학》. 서울: 에코리브르].

Walster, E., Walster, G. W., & Berscheid, E. (1978). *Equity: Theory and research*. Boston: Allyn & Bacon.

Walther, J. B. (1996). Computer-mediated communication: Impersonal, interpersonal, and hyperpersonal interaction. *Communication Research*, 23, pp.3~43.

Wayne, M. (1974). The meaning of silence in conversations in three cultures. In Patterns of Communication in and out of Japan. Tokyo: ICU Communication Department.

Weaver, R. L. (1996). *Understanding interpersonal communication* (7th ed.). New York: HarperCollins College Publishers.

Wegner, D. M., Wenzalaff, R., Kerker, R. M., & Beattie, A. E. (1981). Incrimination through innuendo: Can media questions become public answers? *Journal of Personality and Social Psychology*, 40, pp.822~832.

Weiner, B. (1974). *Achievement motivation and attribution theory*. Morristown, NJ: General Learning Press.

Weiss, R. S. (1969). The fund of sociability. *Trans-Action*, 6, pp.36~43.

Wellman, B. (1983). Network analysis: Some basic principles. In R. Collins (Ed.), *Sociological theory* (pp.155~200). San Francisco, CA: Jossey-Bass.

Wellman, B. (2002). Little boxes, glocalization, and networked individualism, In M. Tanabe, P. van den Besselaar, & T. Ishida (Eds.), *Digital cities II: Computational and sociological approaches* (pp.10~25). Berlin: Springer.

Werner, C. & Parmalee, P. (1979). Similarity of activity preferences among friends: Those who play together stay together. *Social Psychology Quarterly*, 42, pp.62~66.

Westerman, D., Spence, P. R., & Heide, B. V. D. (2014). Social media as information source: Recency of updates and credibility of information. *Journal of Computer-Mediated Communication*, 19, pp.171~183.

White, S. (1989). Backchannels across cultures: A study of Americans and Japanese. *Language in Society*, 18, pp.59~76.

Whorf, B. (1956). Science and linguistics. In J. Carroll (Ed.), *Language, thought and reality: Selected writings of Benjamin Lee Whorf*. Cambridge, MA: MIT Press.

Wiemann, J. M. & Giles, H. (1988). Interpersonal communication. In Hewstone et al. (Eds.), *Introduction to social psychology*. Oxford: Basil Blackwell.

Wilmot, W. W. (1987). *Dyadic communication*. Random House. [김명혜 옮김 (1996). 《인간 커뮤니케이션의 이해》. 서울: 나남].

Wilmot, J. H. & Wilmot, W. W. (1978). *Interpersonal conflict*. Dubuque, IA: Wm. C. Brown Company Publishers.

Windahl, S. & McQuail, D. (1993). *Communication models: For the study of mass communication*. Pearson Education. [임상원·유종원 옮김 (2001). 《커뮤니케이션 모델: 매스

커뮤니케이션의 이해》. 서울: 나남].

Wolf, M., Mees, H., & Risley, T. (1964). Application of operant conditioning procedures to the behavior problems of an autistic child. *Behavior Research Therapy*, 1, pp.305~312.

Wood, J. T. (1982). Communication and relational culture: Bases for the study of human relationships. *Communication Quarterly*, 30(2), pp.75~83.

Wood, J. T. & Inman, C. C. (1993). In a different mode: Masculine styles of communicating closeness. *Journal of Applied Communication Research*, 21, pp.279~295.

Wrong, D. (1979). *Power: Its forms, bases, and uses.* Chicago: University of Chicago Press.

Yerby, J., Buerkel-Rothfuss, N., & Bochner, A. P. (1995). *Understanding family communication* (2nd ed.), Scottsdale, AZ: Gorsuch Scarisbrick.

Zajonc, R. B. (1968). Attitudinal effects of mere exposure. *Journal of Personality and Social Psychology* (Monograph Suppl., Pt. 2), pp.1~29.

Zillman, D. (1971). Excitation transfer in communication-mediated aggressive behavior. *Journal of Experimental Social Psychology*, 7, pp.419~434.

Zhong, Z. J. (2009). Third-person perceptions and online games: A comparison of antisocial and prosocial game effects. *Journal of Computer-Mediated Communication*, 14, pp.286~306.

Zuckerman, M. & Przewuzman, S. (1979). Decoding and encoding facial expressions in preschool-age children. *Environmental Psychology and Nonverbal Behavior*, 1979, 3, pp.147~163.

찾아보기